U0029920

教養

BILDUNG

—— Alles, was man wissen muss ——

迪特瑞希・史汪尼茲 Dietrich Schwanitz 著

劉銳、劉雨生 譯

〈導讀〉
從知識提升爲智慧

許倬雲

　　《教養》此書，是相當有趣，卻也不是輕鬆的讀物。本書作者顯然認為一個知識人，可以從各個方面列舉的知識中，提煉為人生的修養。這一境界，也是中國傳統讀書人企求的智慧。孔門弟子，知識只在實用層次，不過是「器」；學問的最高目標是從萬事萬物中，悟出一個「道」。「學」是不斷提升的過程，到了因「悟」而獲得了「慧」，這一層次大致都可凝聚一個人處世待人的原則。智慧圓熟時，得失不縈於懷，是非曲直，自有準則，不會因貪瞋怨欲而有改變。這樣的一個人，理智清明，不迷不惑，而又有仁民愛物的胸襟。中國讀書人無時不努力的境界，又何嘗不是「教養」！本書標誌的努力方向，是「教」，德文教養的字根，儒家要求的努力是「學」，又更注重於自發的追求專業，不僅在於受「教」而已。

　　本書是一個德國學者認為知識人應具備的知識，其範疇甚寬廣，包括神話、傳說、哲學、歷史、文學與科學，本書列舉的書目，不是僅為德文，也有法文、英文、拉丁文、西班牙文與俄文的重要作品。他所關心的智識範圍，是西方文明的全部。今日臺灣，有一股提倡本土「主體性」的訴求。如果本書作者也強調日耳曼族群的「主體性」，則他選定知識領域的寶藏，將剩下紊亂殘缺的若干碎片，前無淵源，旁無交流！

　　本書作者列舉的書單，代表了西方文明的精華。今天一個美國的大學教授，即使是在人文專業，也未必能掌握木書涵蓋的廣大領域。言念及此，我們更痛感今日大學教育重視專業的實用，卻忽略了有教養者的博雅。

　　當然，本書所要追求的智識，全是西方文明系統中的「博雅」，他幾乎沒有

提到東方諸主要文明系統的「博雅」選萃。這是他的誠實之處，知之為知之，不能強不知以為知。他的目的，不在炫耀，而在彰顯在他列舉的範圍內，知識大海之無涯，鼓勵讀者從中盡力以赴。

我在閱讀譯稿時，多少能感受到作者想要傳達的信息：在各個知識領域，都有其演變的譜系，而各個領域之間，又時時可以看到有彼此呼應。

單以本書所舉傳說、神話及信仰的部分，他在希臘與希伯來兩個文化源頭中，提示了前者自由與混亂的特色，及後者規律與權威的特色。這兩個源頭，匯合為基督教文明，在日後歷史的發展中，自由與約束、混亂與紀律、情與理……無時不在心靈與理性的對立與協調中，出現諸種辯證的發展。如此的變化，我們竟可在文學、藝術、音樂……種種演變模式中，觀其旋律。同樣地，在數理科學的領域，雖然越來越以實證為準，但其中各種理論的遞嬗更迭，也常呈現類似的脈動線索。

本書是為西方人閱讀的。我們還是不無隔離之感。若從中國文明體系中，選取珠玉，也未嘗不能編為具有啟發性的名著導讀。如在本書基礎上，增加中國文明體系的重要著作，則對於我們自己，將有助於啟發民智，並由此落實的學問提升為教養的自修。

（本文作者為中央研究院院士）

〈導讀〉
教養：從知道「沒教養」開始

南方朔

德國漢堡大學教授迪特瑞希‧史汪尼茲所寫的這本暢銷書《教養：關於歷史、文學、藝術、音樂、哲學與世界風俗文化，你必須知道的事》，乃是西方文化史的小型百科全書，但它並非簡單的工具書，而是被作者的意圖所穿透的書，而作者的意圖就是要用這樣的書，替不甘於庸碌低俗，而想讓自己變成「有教養」的人，開啟一道新的機會之窗。

而在談何謂「教養」之前，我們可能必須先來討論和「教養」有關的許多概念，如「文明」、「格調」、「人品」等。所有這些概念，都極難定義，如果硬是要定義，可能在定義定成之前，人們就已經為此爭得面紅耳赤了。

因此，何謂「教養」？何謂「文明」？何謂「格調」？我們實在很難說得清楚。不過，前代奧地利裔英國籍社會思想家埃利亞斯（Norbert Elias）在他那本名著《文明的進程》裡，卻以一種反向思考的方式，替我們解開了這道難題。他指出，「文明」其實是針對我們心中存在著，但卻未明言的「不文明」而來的，而「不文明」主要是指「骯髒下流」，包括了生活上、行為上和價值上的每個層面。當我們對骯髒下流有了覺悟，並對自己有些事情覺得「羞恥」，看到別人做的一些事覺得「不安」，這時候所謂「文明」的內涵就一點點地出現，並逐漸累積。這也就是說，雖然我們很難定義「文明」，卻很容易知道什麼是「不文明」。而所謂「文明」，就是以一種「負面消去法」的方式，藉著消去「不文明」而達成的。而要有「負面消去法」的能力，必須有高度的自我期許、自我的反省和批判創造能力。

基於同樣的道理，我們對所謂「教養」，也必須用這種「負面消去法」來看

待。「教養」以認識到什麼是「沒教養」為起點。當人們能透過自我期許、自我反思，進而自我改造，則「有教養」的自己就可能出現，而且還是越來越有教養。由於「文化」是人類教養的沉澱場，文化裡有著真善美各種元素，以它作為鍛鍊及反思教養問題的起點，也就成了面對教養問題的最好途徑。

而這或許也正是本書作者史汪尼茲教授的心情。因此他在本書裡沒有試著去做學究式的定義，而是以不明言的「教養」標準存心，重述西方文化和價值歷史的變遷。它看起來像小型百科全書，但卻不是簡單的工具書，而是企圖提供反思的空間。對教養問題做出反思，不能沒有一定歷史及知識的基礎，本書因而等於提供給了我們一個參考架構。

而史汪尼茲教授會特別關心「教養」問題，這其實是個非常值得注意的課題。近年來，無論歐美甚或其他地區，都早已出現了一種「沒教養」、「反教養」的趨勢，這種趨勢主要是透過日益庸俗化的媒體和網際網路等而展開的。於是缺乏教養的行為和言語遂告大盛。而這種「沒教養」和「反教養」的趨勢擴散後，它不只是讓「人性」（Humanity）越來越往「動物性」（Animality）方向移動；更嚴重的乃是它向公共領域擴散後，種種沒教養的欺騙、詐偽、挑撥、煽動、惡搞，也都開始跟著蔓延。教養是公序良俗，以及人類賴以不斷提升的基礎；當「沒教養」和「反教養」的人都可以得到鼓勵，整個人類不就等於走到了集體退化的方向？近年來西方討論「教養」、「斯文」、「有水準的談話」，以及「政治的脫教養化」這類問題的著作已多得難以勝數。這已反映出西方社會有識者的隱憂。

古詩有「暖暖內含光」這樣的人生境界，它可以作為「有教養」的注解。有教養的人具有一定的以人文知識為基礎的人文關懷。由於有關懷，遂能有反省，知道是非喜惡的判斷標準，並能以善良的意志存心，以恰得其分的方式表演出來，而讓自己成為一種具有磁力的人物，這種人的內在就有一種吸引人的光，而那光是溫暖的，是有格調的。當人到此境界，他們就已成了精神上的紳士淑女，整個人都有了品味，已無須其他包裝。而如何去尋找自己內在的這種教養之光，不也正是今天我們社會的迫切課題嗎？

（本文作者為評論家、作家）

〈導讀〉
教養：公民人文主義

胡忠信

　　教養就是培養紳士與淑女，是一種人文素養、宗教關懷與歷史意識，是終身學習、止於至善的過程，是要透過博覽群書、廣結善緣、有志竟成而來，用最精簡的理念來形容，教養就是公民人文主義的體現，是國民總體競爭力的落實。

　　德國哲學家康德認為教育有四個目的：一、學習遵守法律秩序，二、處理好人際關係，三、養成勤勞的習慣，四、成為有品德的人；學習遵守法律秩序是邁向文明的第一步，成為有品德的人是文明的目的。人類有著天然的使命，就是建立更美好的生活方式；政治、企業、社會領袖有一個崇高的理想，就是盡力改善世界，營造一個安居樂業的環境。上述理念能否落實，均來自國民的教養，也就是公民人文主義的累積與養成教育。

　　教養如何形成呢？最有效的方式，當然是來自家庭、學校、社會的養成訓練，這是一個終身學習的歷程；然而，透過自我潛能的不斷提升，將理念與生活加以結合，也是日日精進的必要歷程。學會做人，學會做事，學會學習的方式，學會與人相處，學會抽象哲學的思考，這就是管理學大師彼得・杜拉克所形容：「領導與管理就是一種人文素養。」

　　沒有比研讀經典更好的教育方式了。直接與歷史、文學、哲學大師對話，「轉益多師」、「尚友古人」、「緣尋機妙」、「多逢聖因」，就是直接從大師汲取養分，與他們進行心靈的啟迪與對話。沒有比聆賞偉大音樂家的作曲與演奏更能開闊我們的胸襟了，人要回到靈魂的深處探討生命的意義，音樂正是有著Ｘ光般的透視力，直接開啟我們的第三隻眼，喜怒哀樂因而得到抒發。沒有比觀賞偉大藝術家的作品更能增長我們的美學素養了，藝術家引領我們進入更高層次的人

生境界，增添我們的世界觀與處世之道，從而更深沉地掌握內在的精神個體。

在茫茫的學海世界，我們如何找到一本導航之書呢？如何找到一條有效的終南捷徑呢？又如何循序漸進由淺入深、由小而宏觀呢？這本《教養：關於歷史、文學、藝術、音樂、哲學與世界風俗文化，你必須知道的事》，無異解答了前述三個疑問，為我們提供了一個分析架構，也為我們的自我經典教育提供了一個延伸閱讀的書目。

教養就是培養公民人文主義，首先就是具備理性與道德的處世態度，透過說服與推理的能力，養成判斷是與非、好與壞、善與惡、公正與不公正的天生正義感。其次是具有羞恥心與正義感，在乎別人對我的評價，遇見不公義之事要仗義直言。其三是對生命意義保持一種宗教情懷，對人生意義保持終極關懷。其四是對社區、社會、國家乃至全世界有一種承諾與責任感，做一個有社區意識的世界公民。其五是做一個知識人、組織人，由價值觀與信仰歷練出人際關係、執行力與領導力。上述五個面向的養成，這本「教養之書」正提供了一個精神基礎與願景方向。

教養不單只是理念的培養而已，還必須貫徹在生活的每個細節，也就是創造一種新價值，成為生活方式的一部分。研讀這本「教養之書」以後，我們必須更深刻地自我省思下列問題：我是不是隨著年紀的改變而改變？我是不是隨著職務的改變而改變？我是不是讓別人有所改變？我是不是確立了自由民主人權的核心價值？我是不是致力於人文素養與宗教關懷？我是不是培養了多元主義與包容精神？我是不是以「尊重」、「理解」、「接受」、「欣賞」四種態度與人交往？

教養就是一種生活方式，一種思想簡潔的邏輯態度，一種自尊、自信、積極、正面人生觀的培養，將文化視為一種生命力，不斷提升心性與生活品質，讓自己的潛力發揮到無窮，並對社會做出更多的貢獻。莎士比亞說：「無論是生，是死，人都要學習承擔，成熟乃是一切。」這句話把「教養」的最高境界發揮得淋漓盡致。

閱讀完這本「教養之書」，我驚歎於作者的知識廣博與深刻見解，作者是一位德國人，他從德國人、歐洲人所做的另類思考，給予我們不同的腦力激盪，也予我們開啟了另一扇思想之窗，思考公民人文主義的文化淵源。懷著崇敬與感恩

之心，我樂於與讀者分享心得報告，並盼大家一起來進行「教養的英雄旅程」，重新建立價值觀，追尋內心直覺的喜悅，做一個崇尚理想與自由的天國子民。

（本文作者為歷史學者、政治評論家）

〈導讀〉
教養

周惠民

　　學習是維持生活的最重要方法，大部分的生物都必須經過學習，才能掌握求生的必備技能。史前人類所以能夠超越其他物種，主導地球，不僅因其有學習能力，還能進而累積經驗，組織社會，創造文明。有了社會組織之後，人類開始分工，每一種行業有其特定的學習內容，經由口傳心授，往下傳遞，形成世襲的現象，社會階級因此逐漸固定。社會階級不同，生活的方式也有極大的差別，領導階級的學習內容並不為「稻粱謀」，也有閒暇美化生活，「學習」因此開始有新的內容。社會史家埃利亞斯（Nobert Elias）認為：西歐地區在中古時期以後，王權逐漸擴張，貴族開始制定繁複的禮節，以提高生活的趣味，顯現自己的身分，遂有宮廷文化的發展；以後新興的中產階級開始模仿，形成一種社會規範，稱為「教養」。

　　人類應當學習的具體內容因時、因地而有差別。新石器時代生活較為單純，一個七歲的小孩就已經可以掌握所有生活必須的技能，獨立生活。隨著人類文明的發展，需要學習的項目越來越多，接受教育的時間也隨著個人的社會狀況而產生極大的差異，而我們現在所說的「學校教育」大概只有貴族階級才能享有，內容雖然不一，卻多以實用為主。古希臘貴族所受教育主要包括修辭、音樂、體育等，與《周禮》中所說的「養國子以道，乃教之六藝：一曰五禮，二曰六樂，三曰五射，四曰五馭，五曰六書，六曰九數」的概念相當接近。

　　一些思想家、哲人教育自己子女時，往往有自己的領悟，孔子就要兒子孔鯉讀詩、學禮，認為：「不學詩，無以言。不學禮，無以立」。至於一般人，教育的內容仍傾向學習謀生的技能，古代中國農村中，十來歲的小孩子就已經結婚生

子，「畫出耘田夜積麻、村莊兒女各當家」。

　　近代以前，人們多半早婚，地域與身分差異不大，著名學者但丁（Dante）也在十二歲上下就結婚，而且子嗣甚蕃，但不一定妨礙念書，但丁的學問也不是在結婚以前就有成就。當時的「小朋友」十歲左右上大學的也不少，十二世紀時，英格蘭著名的貝克特大主教（Thomas Becket）十歲出頭就在著名的梅墩修道院（Merton Priory）念書，十二歲開始在巴黎念大學，遊歷西歐，成為重要的學者。寫下〈滕王閣序〉的王勃，六歲就能作文，九歲讀顏氏漢書，十歲念完六經，二十歲不到就成了進士。

　　除了天賦之外，教育內容為集中也是古人年輕就可以有成就的重要關鍵。古代的學生以經書為主，《漢書》〈藝文志〉蒐羅了漢代主要的書籍，內容有限，一位學者要讀完所有的書，並非不可能。西方情況也類似，中古時期的學校多附屬於教會，教育內容以基督教義為主要準繩，除了神學外，教學重心多圍繞在「三藝」（trivium，包括文法、修辭、邏輯）及「四藝」（quadrivium，包括數學、地理、音樂及天文），兩者又合稱「七藝」（the Seven Artes Liberales or Liberal Arts）。

　　當時，念書是花大錢的活動，根據統計，一個人念書要花掉三個成年勞工的所得，所以一般人念不起書。加上身分世襲且固定，「布衣卿相」只是鼓勵人努力的話，鮮有實現的可能，所以古人念書意願不高，除了負擔不起之外，沒有用處也是考慮因素之一。

　　薩克森邦位居德國中部，算是要衝之地，國君雄才大略，在歷史上一直都有舉足輕重的地位，鼓勵學術不遺餘力，1409年在萊比錫（Leipzig）創建大學，成立之際，只有46名教師、369名學生，規模還不如現在臺北市絕大多數的中學，所學的內容恐怕也沒有現在中學生豐富，到1850年前後，學生人數也才成長到5000左右。

　　十六世紀以後，學校附屬於教會的形式才稍有改變：「基礎教育」的想法出現，逐漸成為大家接受的趨勢，也發展出新的教育內容；其中又以「國民教育」概念最為重要。

　　蘇格蘭在1561年實施國民教育，每個教區設置一名教師，窮人可以免費入

學；甚至立法徵稅，以確保教育經費來源。此後兩百年間，國民教育的觀念逐漸普及。開明專制時期的許多君主都接受這樣的想法，將國民視為國家資產，必須養之、教之，以提高人民的素質，教育逐漸成了許多國家的大計，大學中甚至開設專門的研究機構，研究並設計教育的內容。1770年代德國中部的哈樂（Halle）大學率先成立了「教育研究所」，以研究及設計國民教育為重點之一。

文藝復興以後，東方許多知識傳入西歐，在十七世紀以後逐漸開花結果，學者對基督教神學以外的東西有更多的了解，天體運行、人體結構，乃至細胞、化學等自然科學的研究開始萌芽。心態上，更擺脫了傳統基督教義的束縛，對許多事物感到新奇。許多學者認為中古時期相當蒙昧，自認為「重見光明」，後人也稱他們所處的時代為「大光明」或「啟蒙」時代，英文 enlightenment 就有「使見光明」之意。

這個時期的學者、哲士見到許多新知，欣喜之餘，恨不得與所有人分享，便開始編輯一套名為《科學、藝術與行業的系統字典》（*Encyclopedia, or a systematic dictionary of the sciences, arts, and crafts*），也稱為《百科全書》（*Encyclopedia*）。這種教育全民的思想慢慢為許多國君接受，並付諸行動。

大約在這個時期，歐洲政治出現了新局面，有雄心壯志的地方諸侯企圖建立中央集權體制，為了擺脫貴族豪門的掣肘，他們從平民中選拔公務人員，為推動富國強兵的政策，必須提高國民素質，兩者都與教育有關，如何改善學校教育，自然屬當務之急。

1717年，普魯士國王菲特烈威廉一世（Friedrich Wilhelm I, 1683-1740）頒布詔令，五歲到十二歲的國民必須入學，學習讀寫，會背誦《教義問答》（*Katechismus*）以後，才算受完基礎教育。國家推動國民義務教育，目的不在培養學者通儒，內容自然簡單，學童主要學習讀書、寫字、算術及基督教義，也要會唱教會歌曲，為了兼顧生產，上課時間並不長。但要加入官僚體系，就必須學有專精，他們逐漸形成一個「教育公民階級」（Bildungsbürgertum）。與戰國以後中國士大夫集團相當類似。他們的成功，凸顯了教育的重要及實用，也給教育一些新的意義。自此以後，教育也迅速發展，學校擴張，學科內容越來越多，學習的知識也越來越專門，因此有了化約的必要。

只是多數國家的化約多從「實用」（Utilitarianism）的角度出發：為平民而設的學校，勢必考慮成本及最大效益。要在最低成本、最大效益的考量下，畫一內容與進度勢在必行。教育內容分為兩種，高等教育著眼於國家建設者，例如十七世紀的歐洲地區，許多建築、科學、工程、航海等專門學校應運而生；基礎教育則目的在於灌輸國民忠君守法的愛國思想，古代教育的「博雅」理念只能懸為理想。

二十世紀以後，學術分工越細，知識量越多，教育的內容在豐富中顯得貧乏，自然有許多哲人、學者對此現象表示悲觀，希望重尋桃花源。《教養》一書的問世，就是這種想法的表現，出於古代博雅教育的憧憬，發表「國民基礎教育」的藍圖。「Bildung」這個字，原有「教育」的意思，但在教育的內容改變之後，如何理解這個字，就要看作者的想法及讀者的會心了。

《教養》是作者史汪尼茲（Dietrich Schwanitz）在1999年出版的一本暢銷書。本書標題已經提示作者的目的：並非討論一般的教養或教育問題，而是討論「常識」或「通識」（Allgemeinbildung）；也對「一個現代德國人應有的教養」這個重要議題提出個人的看法。史汪尼茲認為：教養應當包括「知識」與「能力」兩種；歷史、文學及藝術等屬於「知識」，語言、地理、創造等屬於「能力」。他還開列了一長串的書單，作為追求教養的重要輔助工具，認為書單所列都是一個現代德國人應當閱讀的重要文獻。

從本書的內容看來，作者是夫子自道。史汪尼茲生於1940年，父母均為教師，因為宗教信仰及第二次世界大戰的影響，並未如正常學童一般入學，而是由父母自行教育。十一歲以後才正式入學。大學時期主修英語、歷史及哲學，曾遊學倫敦及美國費城。之後任教於漢堡大學，1997年因身體健康不佳而提前退休，專事寫作。

1995年他曾寫過一部暢銷小說《校園》（Der Campus），甚至改拍為電影。《教養》則在1999年成為暢銷書。正因作者受教育過程不同於絕大多數的德國人，學術活動也以人文學科為主，所以對教養的看法，接近中古時期以前的博雅理想，對古代的文學、藝術、音樂及代表身分的語言訓練情有獨鍾。

本書第一部分以歷史為主，所占篇幅極大，顯示他對歷史的重視，但也顯示

其歐洲中心觀。他約略地敘述了歐洲政治、文學、藝術及音樂的發展過程。他又列舉了重要的哲學家、影響近代的重要理論,甚至加入兩性議題的歷史。以作者的學術背景而言,除了英國文學史之外,其他部分並非其研究精髓,多是平日讀書所得,有些討論不免流於空泛,例如書中討論小家庭制度的出現,就與目前學界的結論有些出入;討論兩性議題不免令人有媚俗的疑慮,作者也只介紹英格蘭與德國兩地的兩性觀,又令人聯想到德意志地區的英國文學研究者經常流露的「英國瘋」(anglophile)。其實作者大可以將開列的書單擴大一些,伊斯蘭世界中有許多影響深遠的文學作品,中國、印度及日本也有許多可以洗滌心靈的哲學作品,卻少這一部分,只凸顯作者的歐洲中心觀,難怪最近許多人一直要討論「東方主義」的議題。

至於有關「能力」的部分,只有不到一百頁的篇幅,比重顯得不足,內容又多為語言學的一些概念。自古以來,德意志地區貴族就強調外語能力,認為「通外語」就是「能力」。神聖羅馬帝國皇帝卡爾五世(Karl V., 1550-1558)通西班牙語、法語、拉丁文、德文及義大利文,平常不屑使用德語,公開表示與馬匹才使用德語。

普魯士國王腓特烈二世(Friedrich II., 1712-1786)除了母語德語,還能說法語、英語、西班牙語、葡萄牙語、義大利語,也通拉丁文、希臘文及希伯來語,晚年還學斯拉夫語、巴斯克語和中文。只是通外語與世界觀兩者是否有一定關聯就因人而異了。作者討論一個現代德國人應有的知識如果仍侷限在英語及德語世界中,如果仍抱持歐洲中心觀,則與文藝復興時期的學者並無多大差異,反而不及啟蒙時期的哲人。

這本書一問世之後,聲譽鵲起,謗亦隨之。贊同者認為:他的主張及所列的書單確實可以彌補現代學校教育中的不足,也規畫建構一個「富而好禮」的理想書香社會。但批評者卻從另一個角度出發,認為他只重視「人文學科」,完全忽略幾百年來自然科學的成就以及所代表的意義,彷彿回到啟蒙前的世界。

費雪(Ernst Peter Fischer)是批評者的重要代表,他長期從事科學史研究,並致力於科學普及工作。對自然科學受到如此忽視自然有「是可忍,孰不可忍」的義憤,於是也依著史汪尼茲的筆意,寫了一本《另一種教養》(*Die Andere*

Bildung），他開宗明義地表示：即使一些自認為有教養的人，也未必能對自然科學有足夠的認識，暗諷史汪尼茲不知道應將自然科學納入教養的概念及實際中。費雪仿效史汪尼茲的做法，將一個現代人應當具備的自然科學知識羅列出來，算是對《教養》一書的抗議及補充。

其實兩派的意見倒也未必完全針鋒相對，都是要檢討現代學校教育。從個人的、精緻的博雅教育發展到類似生產線的現代教育的過程中，人類到底喪失多少審美觀及多元價值？各種考試及格式又抹殺多少創意？兩位作者共同關心這個主要議題，也表現出許多學者對現代教育的關心之處。

（本文作者為政治大學歷史學系教授）

〈導讀〉
教養的閱讀之旅

夏慕帆

本來我打算自己來翻譯這本書，只可惜我晚了一步。

在日本和美國之外的確還有另一個世界。這本書從一個德國人的觀點，或者說得更確切些，是從一個德國的英語學者的觀點出發，期能帶您進一步了解歐洲以及「您不可不知的相關知識」，盼能喚起您對這個略顯陌生的另一個世界的興趣。

就我而言，這本書的確發揮了這個功能，因此我樂於和各位分享我閱讀此書的感想。

您是個什麼樣的讀者呢？若要將世間讀者加以分類，這張分類表該是什麼樣子呢？我想，不妨將讀者歸類於兩個極端之間：位於其中一端的讀者，有足夠的時間、興致、耐心和精力，把一本書從頭到尾一口氣讀完。而在另一端則是那些跳躍式的讀者，一次只讀一部分，而且不見得順著頁數讀。

從我自己的閱讀習慣來看，我多半屬於後者。的確，我最後一次從頭到尾一口氣讀完一本書是在大學期間為了寫報告而讀的，而那已經是好多年前了。我還清楚記得那本書的書名：《小阿爾特與老赫克托爾》（*Young Art and Old Hector*），作者是奈爾・米勒・坎恩（Neil Miller Gunn, 1891-1973），蘇格蘭文藝復興（Scottish Renaissance，一次世界大戰後的蘇格蘭文學運動）的代表人物。那篇故事的確引人入勝，但我當時的閱讀熱情肯定與迫在眉睫的報告繳交日期有關。

在一般的情況下，我喜歡一次讀個幾句或幾段，有時也讀上幾章，文學類或非文學類的書籍均然，而《教養》這本書在編排上很適合我的閱讀方式。原文

五百多頁的篇幅，無疑是本厚書，然而井然有序，讓我很容易找出頭緒，可以先翻閱我特別感興趣的部分。開卷處就有三層目錄便於讀者了解全書梗概，足見作者煞費苦心地想讓讀者能更省力地閱讀這本內涵豐富的書籍：先是大略的一般目錄，接著是十分詳細的目錄，之後作者又把每一章的重點提綱挈領地做了簡短的摘要，作為導引，讓人一目了然。書末的人名索引也有助於讀者參照。當然，倘若能再附上名詞索引或關鍵字索引，以便讀者檢索特定的概念與主題，將會更加理想。

史汪尼茲在此書中簡介了歐洲的歷史、文學、哲學、社會學、語言學、藝術與音樂。他帶領我們重遊熟悉之地，也讓我們從宏觀的角度去理解陌生之地，在此處彼處稍作流連，探訪一兩條曲徑，有時也離開既定的路線，走向全新的目的地。在這趟穿越西方世界之旅中，作者用路標、警示牌和實用的忠告不時提供協助，滿足了我們探險的欲望和求知的渴望，也喚起了讀者的興趣。

作者就像個嚮導，學養俱佳、文筆優美、見解獨特，但從不盛氣凌人，尤以藝術史那一篇為然。在這一篇裡，史汪尼茲可說是牽著我們的手，帶領我們參觀一座虛擬的博物館，館內陳列著不同時期與流派的藝術品。

我個人特別感興趣的一章是在第二部的「各國風俗」，我就是從這一章開始讀起。身為歐洲人並且在臺灣一所大學裡教授德文，了解並面對文化差異可說是我日常生活的一部分。再加上在臺灣的歐洲人乃是多重意義上的少數：一來為本地人之中的外國人；二來為外國人當中的非美國人；而來自歐洲大陸的人由於英語非其母語，在外國人當中又屬於少數。文化的摩擦和誤解在所難免，唯有敏感細心、寬容和諒解才能化解。

而在外語課上，文化差異往往也是討論的主題。學生常針對所學外語的文化提問，想知道該語言的文化與其他文化有何不同。身為異國女子，在德國或法國需要擔心嗎？法國人和德國人或英國人有什麼不同？歐洲和美國的差別何在？造成這些差別的原因是什麼？不論是交朋友還是做生意，哪些知識有助於我們與歐洲人打交道？

針對這些問題，史汪尼茲以討喜而幽默，有時略顯誇張的方式提出了具有啟發性的答案，也鼓勵讀者自行思考、觀察與比較。以德國為例，從一家美國廣告

公司的角度來看，這個國家的形象大有問題。世人對德國人往往存有種種公式化的刻板印象，諸如酒鬼、走火入魔的學者、瘋狂的科學家、冷血的機器人和抑鬱的納粹軍官。這些刻板形象令人讀之莞爾，也為文章平添幾分趣味，不過史汪尼茲也設法讓讀者了解這些刻板印象有其侷限，並促請讀者自行思考，以求進一步了解自身文化與他種文化。其目標始終是恰如其分地面對他者與他種文化，此章中列舉了與非德國人相處的五點行為準則即是一例。

史汪尼茲喜歡以條列規則的方式來傳授知識，對於「有教養的人之間的溝通」中所隱藏的規則尤其著墨甚多。他希望能讓讀者了解這種他稱之為「教養遊戲」的「遊戲規則」，讓讀者也能參與其中。此書第二部「語言之家」這一篇亦然，這裡談的是有教養的人之間的溝通規則。

此篇中他提出了四點他認為不可或缺的規則。首先，切勿強調自己與對方之間語文程度的差異。其次，須明瞭外來字的意義，就算使用外來字常屬多餘。第三點，他認為有能力識別句子的結構是溝通的必要條件。第四點，他指出必須具備將所見所聞加以概述的能力。

這一篇中有些部分尺度較寬，像是作者稱「性」為支配語言的原則，稍後並言及語言上的「人工受精」。身為語言學者，不免要問如此談論語言是否恰當？而身為德語教師，我也不免要自問能否心安理得地向學生推薦這本書？不過，細加觀察，就會明白此乃作者為了便於讀者理解而採取的具象化比擬，倒也無可厚非，同時也顯示出作者的幽默感和豐富的想像力。

近幾年來，臺灣在文化與經濟上都逐漸把目光投向歐洲，臺灣將發行此書的中文譯本無疑適逢其時。此書值得每一所圖書館收藏，有了這本書，教師能更省力地傳授基礎歐洲文化，學生則能以輕鬆有趣的方式吸收知識，且能看出其間的關聯，從而以不同的角度來重新看待自己。凡是對此感興趣的讀者，藉此書汲取知識乃是一種享受。

最後，讓我再回到文章開頭的第一句話。在初翻閱此書後，我就覺得這本書十分成功、誠實、引人入勝而且充滿創意，心中確實浮現將此書譯成中文的願望。一來能讓臺灣的讀者有機會以既全面又輕鬆的方式一窺歐洲文化；二來我可藉此一改平日的習慣，把這本《明鏡》（*Der Spiegel*）週刊譽為「穿越歷史、文

學、藝術與世界觀的閃電之旅」讀完，逐字逐句，從頭到尾。讀了原書和部分中譯之後，我不得不說：「還好不必由我來翻譯！」也要說聲：「佩服！」因為這著實是件壯舉。我佩服出版社、編輯群和譯者，佩服他們有遠見與勇氣來完成這樣一個計畫。但願讀者均能享受閱讀此書的樂趣，一探這個也許有點陌生但卻豐富多采的世界，我就是自這個世界而來。

（本文作者為東海大學外國語文學系講師）

致讀者
An den Leser

誰沒有過這種感覺，學校教育的內容死氣沉沉、無聊透頂，與生氣勃勃的現實生活一點關係都沒有？

那些學生時代有過這種經歷的人，往往要到很久以後才會揉著眼睛赫然發現，原來人類的文化蘊藏著如此豐富的寶藏。為什麼他們以前在學校沒想到，只有好好研究過歷史才能更正確地理解當前社會？就像是塗了提神的清涼油，忽然發現其中令人難以置信的神奇之處。

其實，浩瀚的作品並不乏味，它更像是魔法，不僅可以讓你參與他人的經歷，身入其境，同時還能對其進行觀察。

誰沒有過這種體驗，一個以前認為很枯燥的想法，突然之間像一顆星球爆炸開了一般，綻放出耀眼的光芒？

越來越多人有這樣的體驗。這是因為我們正處於一個知識變革的年代，教育體系陷入一場危機，舊有教材變得面目可憎、形式僵化，就連教育家都失去信心，不敢苟同。但是我們不能故步自封，若想要與時並進，必須從新的角度來審視文化資產。許多人都希望能夠這麼做，尤其是那些對現行教育體制感到難以適應的人。

在他們的心目中，只有那些真正有意義的知識，才是他們想學的。這些學生之所以拒絕接受陳舊的教育垃圾，因為他們的感覺器官是活生生的。即使是成年人，仍有許多人想透過文化知識來充實自我，並參與文明的交談，只要管道是開放的。

這本書就是為這些人寫的。它將從以下角度進行闡述：

是什麼決定了我們的自我認知？

現代社會、國家、科學、民主、管理是如何源起的，其發祥地為何在歐洲而不是其他地方？

為什麼熟知唐吉訶德、哈姆雷特、浮士德、魯濱遜、化身博士……這些人物形象是很重要的事情？

海德格說過什麼我們早已知曉的東西？

在佛洛伊德之前，潛意識又是怎麼一回事？……

立足於上述觀點，我在描述歐洲歷史這部重頭戲時，盡量保持一個整體清晰的框架。在文學、藝術、音樂、哲學和科學部分同樣也是如此。只不過這些章節採用了大膽的構思，以激發讀者的閱讀興趣。如果你理解了，便能體會到其中無盡的美妙，禁不住會讚歎：啊！原來人們可以不斷地變換角度來看世界！原來我們可以重新塑造自己！

為了把這些生動活潑的知識變成我們的教養，有一個必要的前提：徹底拋開先前崇敬的神聖色彩、因盛名而產生的印象以及模糊不清的概念。對作家或藝術家的敬仰應該源於對作品的熟悉與理解，而不是盲目地崇拜，人云亦云。那些狂熱的崇拜會被本書毫不留情的不敬言詞打得粉碎。只有這樣，文化知識才能脫離厚重形式的盔甲，經受一番語言的按摩，而讓每位擁有求知欲的人都能盡享箇中滋味。正是因為徹底清除了理解上的障礙，陳述時才能暢所欲言，即使是糾葛複雜的關聯性也能清楚表達，直指事物核心。

如果您聽了上述介紹之後，覺得本書值得一讀，那麼就開始吧。

我深深覺得，出版這樣一本書的時機已經成熟；而且我也認為讀者有權利要求讀到這樣一本書。我與那些求知若渴的人深有同感，我們早已厭倦別人只是拿一些陳腔濫調來搪塞。因此，我寫了這樣一本書，它是我以前夢寐以求的——人生旅程中所必備、一只囊括豐富知識、不斷提升教養的「旅行背包」。

魯濱遜的故事是烏托邦的前奏曲：
就在離烏托邦之岸不遠的地方，擱淺著一艘遇難的破船，
魯濱遜自己游上岸，憑著他善於學習的能力生存下來。
沉入海底的是知識的貨物，而人的能力，
卻是可以不斷再生的。

——古斯塔夫・符騰堡（Gustav Württemberger）

目次
Inhalt

詳細目次
Ausführliches Inhaltsverzeichnis

Wissen

Die Geschichte Europas

知識

1 | 歐洲歷史 050

Die europäische Literatur

2│歐洲文學 244

Die Geschichte der Kunst

Die Geschichte der Musik

3 | 藝術史 324

4 | 音樂史 354

Große Philosophen, Ideologien, Theorien und wissenschaftliche Weltbilder

5 | 偉大的哲學家、思想家、理論與科學的世界觀 380

Zur Geschichte der Geschlechterdebatte

6 | 兩性議題史 436

Können

能力

Das Haus der Sprache

Die Welt des Buches und der Schrift

1 語言之家 470

2 書海泛舟 494

Länderkunde für die Frau und den Mann von Welt

Intelligenz, Begabung und Kreativität

3 | 各國風俗 508

4 | 智力、天賦與創造性 534

Was man nicht wissen sollte

Das reflexive Wissen

5 | 不應該知道的事情 546

6 | 反思的學問 556

概述
Übersicht

知識 | Wissen
學校及教育體制現狀的省思

描述德國中學教育體制令人沮喪的狀況，指出歷史觀的殘缺不全，以及語言規範、文學典籍閱讀準則的喪失。此外，深入探討評分制度，揭露分數主義正是導致教育內容輕重不分的罪魁禍首。接著我們看到教師無助、可憐的處境，他們肩負重任，卻被現行教育政策所拋棄。最後談到這種狀況對各門學科造成的影響，並說明本書寫作的宗旨。

1 | 歐洲歷史
Die Geschichte Europas

本篇首先向大家介紹了歐洲文化的兩個源頭——希臘文化與聖經，其中包括希臘眾神的家族、特洛伊戰爭、奧德修斯之旅和希伯來聖經的主要內容。然後，描述古希臘羅馬文化在哲學、民主、藝術、戲劇等方面的輝煌成就。接下來，便自然而然地講到古羅馬歷史：從共和國到帝制的過渡；帝國的危機與基督宗教的引入；在日耳曼和阿拉伯民族大遷移的影響下，帝國的覆滅以及封建采邑制在法蘭克王國的萌芽。然後是對中世紀的描述，主要談到了典型的社會結構、修道院生活、城市、騎士階層、宗教、等級社會和中世紀的世界觀。

在文藝復興的部分，敘述偉大藝術家的生平及作品。然後描繪從宗教改革和信仰大戰中浴火重生的歐洲。主要討論現代化的進程和三條不同的道路：自由議會制——英國、美國、荷蘭和瑞士；從專制主義中誕生的革命——法國；獨裁統治下的現代化——普魯士和俄國。此處，對於現代國家的歷史描述，循著現代化的發展進程，重點是英國，因為那裡是現代政治制度的發源地。最後分析了，歐洲大陸為什麼會走上暴君獨裁、恐怖統治的災難之路。它把整個世界都捲入了驚懼之中，之後也導致文化上必要的新起點。

2 | 歐洲文學
Die europäische Literatur

首先談到文學的各種形式，主要是從兩方面來分類的：故事的風格與敘述方式。然後，根據歌德的生平討論了「成長小說」的形式，以及與教養之間的關係，相當於這本「教養手冊」遲來的序言。接下來，介紹歐洲文學名著，並且順帶談到關於小說的歷史。最後，根據天才與瘋子的微妙關係，在讀者眼前上演一齣關於瘋人院故事的戲劇。此劇中，有五個瘋子以為自己是劇作家蕭伯納、皮藍德羅、布萊希特、尤奧斯高和貝克特，他們在討論現代戲劇。而劇中的對話則採取了劇作家所發明的戲劇形式——討論劇、後設戲劇、教育劇、荒誕劇和玄劇。

3 | 藝術史
Die Geschichte der Kunst

以參觀博物館的形式，首先向大家介紹了羅曼與哥特風格的來龍去脈，以及文藝復興、巴洛克、洛可可、古典主義、浪漫主義和印象派的藝術風格與代表作。然後，我們乘坐電梯，來到現代藝術的展廳，它位於博物館中的博物館模型裡。在那裡，我們並非虔誠地沉浸於對藝術品的遐思之中，而是學會一種新的觀看方式。借助於謬論、謎語、電影、幻燈片、投影和畫面，在此要傳遞一項訊息，現代藝術其實已經將作品轉換為一個觀看的過程。

4 | 音樂史
Die Geschichte der Musik

本篇引導讀者認識音樂理論的基礎知識，解釋一些技術性的概念。在對畢達哥拉斯的天體音樂觀、中世紀的音樂進行了一番概述之後，接著便列舉從韓德爾到荀伯格等偉大作曲家的貢獻及簡要生平。

5 | 偉大的哲學家、思想家、理論與科學的世界觀
Große Philosophen, Ideologien, Theorien und wissenschaftliche Weltbilder

首先，以今天世人所感興趣的問題為出發點，向大家介紹了一系列重要的哲學家及其思想。他們是笛卡兒、霍布斯、洛克、萊布尼茲、盧梭、康德、黑格爾、馬克思、叔本華、尼采、海德格。接下來，介紹了在當今知識界頗具影響力的意識形態和理論，包括馬克思主義、自由主義、批判理論、論述理論、解構主義和精神分析。最後，此篇嘗試描繪出一幅科學進步的畫面，並闡述那些對我們的世界觀產生深刻影響的科學理念。

6 | 兩性議題史
Zur Geschichte der Geschlechterdebatte

教養的最低標準還包括熟悉兩性關係的基本狀況。因此，本篇將說明生物性別和社會角色之間的關係是如何隨著歷史發展而演變；這種變化與家庭功能的變遷有何關係；爭取政治與法律權利平等的婦女運動，以及主張文化象徵系統變革的女性主義是如何產生的。最後提出的結論是：女性在文明的進程中，發揮著越來越重要的影響力。

能力 | **Können**

有教養的人之間的溝通規則入門指導

教養的內容不僅包括知識，還有能力，尤其是溝通能力。相關研究顯示，溝通規則極其模糊不清，而且頗為荒謬。這是為什麼除了本書，並沒有太多手冊對此問題進行過詳細描述與分析的原因。

1 | 語言之家
Das Haus der Sprache

一個人的談吐與言語最能暴露出他的教養水準，所以本篇針對語言的自如運用提供寶貴的建議。其中包括對外來語的理解、如何在書面語言和口語之間自由切換、如何培養概括事物的能力，以及如何分析句子結構等等。接下來要向讀者說明：語言類似於「句型結構」和「詞彙選擇」這兩種原則之間的「交配」。接著便會談到「詞彙家族樹」、「隱喻婚姻」和「詩歌特徵」等。它們全部都居住在「語言之家」中。

2 | 書海泛舟
Die Welt des Buches und der Schrift

首先解釋從口語轉換到書面語言的重要性。令人感到遺憾的是：首先，電視已破壞了許多人組織表達的能力和閱讀習慣；其次，儘管學生筆試相對於口試的比重已經低得不能再低了，但仍繼續呈現下滑的趨勢。這裡，要引導讀者進入書籍的世界，並提出一些如何與書店店員和圖書館管理員打交道的建議，介紹了面對成千上萬本書籍時的自我心理保護措施，以及如何運用最短的時間從一本書中獲得最多的資訊。

最後，談到了副刊的幾種類型。

3 | 各國風俗
Länderkunde für die Frau und den Mann von Welt

因為教養還包括與世界接軌的能力，所以本篇介紹了西方各國的行為標準和往來模式。從歷史的角度出發來分析，為什麼德國不是一個充滿宮廷文化色彩、優雅而都市化的社會，為什麼德國人不像他的鄰居那樣討人喜歡。此篇將在歷史的脈絡中，介紹各國舉止風格的特色與源由，談到的國家包括德國、美國、大不列顛、法國、西班牙、義大利、奧地利、瑞士與荷蘭。

4 | 智力、天賦和創造性
Intelligenz, Begabung und Kreativität

本篇介紹了當代關於智力、天賦與創造性的討論。智力、天賦與創造性這個複合體在許多人的自我價值感中扮演了重要的角色。這裡從創造性與智力之間的區別入手，展示了大腦是如何運作的，以及五種不同的智力。

5 | 不應該知道的事情
Was man nicht wissen sollte

本篇談到的是知識世界中的荒山野嶺，例如演員、貴族和名流的私生活等。對於這些事情，最好保持無知。此處還列舉了一系列古怪、沒教養、庸俗和魯莽的行為，它們也都涉及個人的知識與教養。

6 | 反思的學問
Das reflexive Wissen

本篇向讀者表明，教養本身是一門能用於自我評估的學問。然後，我們可以對自己的知識進行盤點，列出清單，從紛繁蕪雜之中理出頭緒，認清楚哪些知識屬於必須掌握、一般教養的範疇，值得傾畢生之力去追求。

Wissen

關於知識，要從看似無關宏旨的細節中，萃取出重要而根本的事物。

知識

學校及教育體制現狀的省思（此章或可略過）

Einleitung über den Zustand der Schulen und des Bildungssystems

　　船遇險之後，魯濱遜・克盧梭游上岸並稍微休息了一下，然後，他開始思考：這時一個優秀的公民能做些什麼。於是，他起身巡視了一下破船、清點了剩餘的物資、推測未來可能會發生的事情，並對他的現實處境進行了分析。

　　在教育方面，其實我們正處於魯濱遜的困境；我們的船隻在大海中觸了礁，儘管情況很糟糕，但並非滅頂之災。只要人們能夠打起精神，不陷入恐慌，善於學習，並且有足夠的韌性，那麼一切必能豁然開朗，再現生機。

　　首先，讓我們來清點存貨，回顧自己所具備的知識，把重要的與不重要的分開；檢查我們的標準，修正其中的錯誤。這樣才能做出正確的判斷，了解情況到底是什麼樣子？只要我們不粉飾太平的話。

蛇髮怪物

　　今天，教育體系彷彿變成了黃泉冥府。在那裡，「該學什麼」這個想法早就蒸發，杳無蹤影了。沒有人對教育的目的做一番嚴肅、專業而全面的考察，而是任由兩個蛇髮怪物──「惶惶不安」和「霧裡看花」對莘莘學子施展淫威。

　　總是不斷推行新的教育模式，但學校已退化成信奉「以物易物」原則的市場。語文科的成績可透過體育來平衡，而數學課則可與音樂課交換。「重點課程」要加重計分，其分數價值是普通課程的兩倍。

　　於是，學校變成了買賣分數的市場，而學生則在市場上與老師討價還價。任何一門課程都可以與其他課程組合、替換、補償。於是乎，第三個蛇髮怪物──「恣意妄為」便粉墨登場了。

　　它的大行其道否定了學科的不可替代性和客觀的教育價值；背棄了知識結構

的基本原則，即混淆了根本與可替換、重要與次要、指定與自選、必修與選修科目之間的區分。

神話和宇宙學使我們明白，凡事發展達到了最低點，就會逐漸回升，否極泰來。子夜，意味著黎明即將來臨；陰曹地府走一回之後，就能投胎再生。因此，現在正是終結「惶惶不安」、「霧裡看花」和「恣意妄為」蛇髮怪物胡作非為的時刻。

就像神話中對付目光能殺人的美杜莎那樣，在她面前放一面鏡子，讓她死於自己致命的目光之下。好，摩拳擦掌開始吧！

中學

德國的中學教育體制存在一個嚴重的矛盾，全國的學生應該學習一樣的東西，這樣才能讓各種結業考試，尤其是中學的畢業會考（Abitur，決定大學錄取與否）在全國各地的標準能夠一致。

然而，各邦都有自己的一套教育政策，它取決於該邦執政黨的政策。在今天這個功利主義掛帥的社會中，個人的成功與否與教育體制密切相關，所以各黨派對於中學教育問題的論戰尤為激烈。

社會民主黨（SPD）和基督教民主聯盟（CDU）執政的各邦路線截然不同。社會民主黨把重點放在綜合中學（Gesamtschule）上，並以犧牲文理科高級中學（Gymnasien）的發展為代價。他們希望透過綜合中學打破等級觀念，讓所有的孩子都有機會進入大學，接受更高等的教育並提升自己的社會地位，進而擁有成功富裕的生活。除此之外，綜合中學也肩負一項任務：促進不同資質、家庭背景孩子之間往來互動的能力，讓他們有機會學習理解在智能水準上和自己不一樣的人。

而由基督教民主聯盟執政的各邦則繼續推行「三頭馬車」的教育制度，分成文理科中學或稱高級中學、實科中學（Realschule）、主科中學或稱作普通中學（Hauptschule）。

然而，從教育成果來看，基督教民主聯盟贏得了論戰的勝利，因為綜合學校並沒有實現世人預期的目標。比較學生各科成績的結果顯示，綜合學校的學生比

文理科中學表現得差，甚至還不如實科中學年級相當的學生。

此外還證實了，藉由學生之間的往來互動以輔導弱勢的願望並沒有實現。根據確切的研究分析，與其他中學相比，綜合中學的學生出現更多的暴力行為、更高的犯罪率和吸毒率、更加肆無忌憚，而他們的語文和數學成績也較差。

而且，社會民主黨各邦的中學畢業會考比基督教民主聯盟的要容易，所以可以說，對於漢堡地區中學畢業生的學習要求，低於巴伐利亞邦的中學畢業生。儘管如此，全國所有大專院校都以中學畢業會考的成績作為各科系的錄取依據，而不管這個考試是在哪裡通過的。

這是雙重意義上的不公平，為了與漢堡的同學取得相同的分數，巴伐利亞的學生必須表現得更好；而漢堡的學生可以較輕鬆容易地達到限制性學系所規定的錄取標準。

另一方面，在漢堡，天分較高的學生沒有機會像巴伐利亞的同學那樣學習更多的知識，因為沒有人要求他那麼做。於是，分數就像通貨膨脹中的紙幣一樣，票面價值大於實際價值。優秀的學生容易淹沒在一群程度中等的學生之間，無法充分發揮。

看到這種令人失望的結果，教育官員採取了一個久經歷史考驗的彌補方案。就像是俄國公爵波坦金的村夫在一面可移動的布幕上，展示海市蜃樓般的富饒農場來迷惑沙皇那樣；或者仿效某些社會主義國家虛假的統計數字；甚至乾脆搬出國王新衣的伎倆，若用四個字概括來說，就是「粉飾太平」──政府最高教育機關規定，所有關於中學生成績比較的研究結果都要嚴加保密。

因此，就出現一種怪現象，除了教育界和中學教育政策，幾乎找不到其他什麼地方有這樣多的謊言。

所有問題的癥結在於一個簡單的錯誤，就像是任何一個小孩子都能認出國王沒穿衣服一樣，人們把學生在成績競爭上的「機會均等」和所期望的「相同結果」給本末倒置了。

今天社會上僅是不能接受，在教育體系與資源不再取決於社會出身而對所有人開放之後，卻又造成了新的差別；這不再是出身差別，而是取決於天分、學習意願和熱情、興趣和好勝心所形成的差別。

然而我們做了什麼？我們掏空了所有課程所依賴的社會技術，那就是透過分數來衡量學習成果，原本學生自己也可以藉此來自我評估，與他人比較，並且自我激勵。這個基礎現在已經搖搖欲墜。

當然，分數不是絕對的，它只是一個衡量的尺度，就像價格能讓不同的東西變得可以比較一樣。對成績較好的學生來說，都有與之不同的成績中等或較差的學生。沒有成績較差的學生，就沒有成績較好的學生。然而，這一點卻遭到否定。分數貶值，就像在通貨膨脹中發生的那樣，儘管每個人的荷包裡都塞滿了鈔票，但是卻買不起東西。每個學生，只要不是弱智，現在都能得到漂亮的分數；但是，這個分數卻無法反映學生的素質能力而變得一文不值。

於是，學校的學習標準被破壞了。這是那些從小受家庭影響、很重視標準與規範的年輕人，輕視學校的原因之一。

老師

不管怎麼說，老師的日子也不好過。

首先，他們受到其他社會群體的輕視。因為老師從來沒有離開過學校並真正跨入社會的大門，先是從中學到大學，然後又為能成為國家公務員再回到中學當老師，他們一直在這方面努力不懈，這簡直就是害怕現實生活和無能的表現。

除此之外，許多人的腦海中都有一個源於自己中學時代特別清晰的老師形象——一個整天抱怨不停的可憐蟲。這只能使人們對老師更加不尊敬。而且，老師的的確確是有一種職業病：他們整天和孩子打成一片，這只能讓他們變得也很天真。在這種環境的長期薰陶下，自然而然影響到他們的社交風格。所以，老師的表現往往傾向小題大作。

然而，這種針對某一職業的輕視是不公平也不合理的。因為，讓一個頭腦靈光的經理，或者是性格堅毅的企業家在講台上站一個上午的話，十之八九他也想逃避這項任務——讓一群不願意學習的、淘氣的、愛看電視的頑童對國民教育的理想目標產生興趣。尤其那些孩子們認為，除了大家聯手起來去侵犯老師的尊嚴有趣以外，其他的事都很無聊。

學校之外的人根本就無法想像，老師每天要面對這樣的無禮放肆、粗野無

知，以及施虐狂般的搗亂破壞。然而，最不公平的還是社會上竟然充斥指責之聲，學生的頑皮放肆和粗魯無禮要歸咎於他們的老師；是老師沒有帶好他的班級，他講的課不吸引人，打動不了孩子們的心，反而令他們感到厭煩。

家長想看到的是，老師闡述歌德的偉大名著來感動教化孩子。然而，許多家長根本就不曾想到，孩子最基本的文明教養其實來自於家庭，如今孩子們的行為卻被認為是學校教育的後果。事實上，「注意力不集中」、「缺乏教養」等毛病的根源是在家庭，不是課堂。

在這種情況下，那些根本不了解實際情況的教育官員和學校管理者，把制裁的工具從教師手中拿走，導致了現在這種「武器裝備」不平衡的狀態。警告、嚴重警告、通知家長，以及對嚴重違紀行為的留校察看和開除等懲罰措施，就在繁瑣規定、提案、調整表決和學校協商會議的運作下變質，以至於教師寧願放棄懲罰措施，因為這些麻煩反倒讓他們成了最大的受罰者。

由於學生看穿了這一點，於是他們就以此來譏笑老師，並利用這項弱點。

因為官方認為，老師應對自己的問題負責，於是他們被逼上了撒謊之路，隱藏自己的困難。從來沒有什麼研討會（思想和意識的交流）專門來探討這些問題。教師之間失去團結聯繫，只有互相競賽搞虛偽的形象工程。他們假裝自己很成功，沒有一點問題。

事實上，許多教師都十分氣餒沮喪。尤其是那些曾懷有崇高教育理想的人，更加洩氣。他們認為自己是雙重意義上的失敗，但必須否認這一點，為的是先撐過心理煎熬這一關。

同時，學校又成為政黨的犧牲品。幾乎沒有一個校長的位置不帶有政黨關係的色彩。各邦的執政黨都認為自己應該在學校教育上有所建樹，以便於下次競選時拿來當資本炫耀。

於是乎，新措施、激動人心的新概念、有趣的新標誌層出不窮，使得原本應當致力於長期規畫的學校教育，被那些相繼出爐的新花樣——跨領域的課程、專案、新校規、同步決策模式、家長參與等搞得不得安寧，這些新玩意就像是空穴來風，還吹散了原本就很稀薄的希望。

一言以蔽之，學校的處境相當悲慘，它的苦不為人所知，而且其涉及範圍之

廣和程度之深令人難以置信。

　　當然，這並不意味著沒有運作良好的學校、敬業的校長、成功的老師和差不多還算是幸福的學生。或許這樣的例子也不少。但是，他們不再是習以為常的情況，那些「恐怖學校」反倒成了見怪不怪、不足為奇的現象。

　　之所以會這樣，深層原因在於標準、尺度的喪失。我們不再清楚知道，該以什麼樣的目的去教授什麼。因為舊的教育規範顯得狹隘過時，於是人們就乾脆將它丟得一乾二淨。這是錯誤的做法。在這種不確定的狀況下，仍必須嘗試闖出一條新的路。

歷史

　　歷史課的問題就是納粹留下的巨大創傷，那段時期像是一顆星球爆炸之後形成的巨大黑洞，吸蝕了所有的光華。

　　好像歷史上沒有其他事情了，歷史課總圍繞著這段歷史打轉，它阻擋了人們的視線，而無法看到另一段歷史——歐洲歷史，這是講述如何戰勝專制的文明發展史，它博大精深，然而，學校對這個題材的著墨卻很少。

　　眾所周知，每種政治文化都有其形成的歷史背景，它既是該政治文化的基礎，也是其合理化的來源。

　　我們只有了解歷史，才能理解當前的社會，並以一種正面、積極的態度去認識自身文化，這比一味迴避惡夢般的往事要有意義得多。如果總是停留在自己災難般的歷史上，只會讓人的精神陷入一種病態，加深自己和其他國家的隔閡，使「具有本國特色的發展道路」更加漫長。

　　因此，必須重新編寫歷史，強調整體的關聯性。在此，我們還必須理解，為什麼我們會犯錯；我們必須明白，自己和其他民族的不同之處在哪裡；然後，勇敢果決地宣示與過去的錯誤行徑一刀兩斷，展示出民族原有的優良品質。

　　這首先意味著，從歷史中找回自己的特徵。在回溯歷史的同時，我們也處於歷史之中，學會整理過去的災難歷史，也屬於教養的範疇。

　　所以本書以歷史為主要架構，然後將其他的知識填補進去，所教授的知識是按歷史進程編排的，並非系統性的。歷史進程的編排則依據年代的先後順序，如

此便能對整個時間框架有概括性的了解。

此處摒棄已往教育改革的弊端——在編歷史教科書時，割裂了時間的線性發展，而以事件作為分章斷節的依據，如「中世紀的城堡」、「越南的水稻種植」等。這麼做的理由是反對死背硬記歷史年代數字，但是它忽略了一點，年代並不是一些簡單的數字，而是不同事物間的比較點、章節畫分的標記、事件之海中的浮標、黑夜中發光的街牌，它指明了歷史發展的道路。

那些反對按年代去編纂歷史的人，就像把「拆除書架上每層之間的隔板」視為畢生事業一樣。一些教育改革者做的正是這樣的事情，導致學生無法意識到歷史是由時代的連續、承先啟後所構成，從而也就喪失了歷史的「時代形態感」。

我曾對大學英語系的新生做了一個長達十年的調查，結果平均一百個人中只有六個人知道誰是奧利弗・克倫威爾（Oliver Cromwell）、他生活在什麼時代，而對莎士比亞生活年代的回答，則散落分布於十二至十九世紀之間。

歷史的感覺器官彷彿遭到截肢。因此，本書在敘述歐洲歷史的部分，特別強調歷史的整體性與關聯性，希望讀者很容易就能對歷史的全局了然於胸。

文學典籍和教師培訓的問題

教師是專業知識和實踐相結合的職業。先要在大學中修習專業知識，然後在學校的教學實習中訓練講課的技能。一位優秀的教師不僅僅專業知識底子好，而且懂得如何去傳授這些知識。

至於在課堂上，真正有意義的知識要「採取什麼樣的語言和表達方式去傳授」，在大學的專業學習中往往涉獵太少。

以所有中學都開設的英語課為例，大學英語系的主要內容是閱讀和解釋從莎士比亞到現代的英語文學名著。從系統化的角度來看，該專業研究的是敘事文學、戲劇和抒情詩，又可細分為長篇小說、中篇小說、短篇小說和史詩，還有與之相關的慣例和風格。

從歷史的角度來看，該專業考察各個時代的風格、屬於時代的典型題材、某種精神或概念的來龍去脈以及社會歷史背景等。這些東西著實散發著無窮的魅力，誰能真正理解它，誰就會感到無比充實。

只是中學生在學校裡不可能這樣去學習英語。

在文學方面只是分析一些短小的故事，再閱讀一下莎士比亞的《馬克白》（因為它是莎翁最短的作品）。除此之外，講的都是一些兒童英語。

如果在大學英語系還能輔修或選修教育學分的話，基本上也學不到什麼東西，大多只是浪費時間而已，並讓人感到十分沮喪。當然大家都明白這個道理，但是他們又能拿師範體系和教授怎麼樣呢？

在本國語文科系中這種不協調不是很明顯，畢竟不是外語。但是，母語也是需要學習才能掌握的。這就是本國語文課程的最大任務。

首先中學生必須學好，如何把口語轉換成書面表達。一般而言，書面語言對邏輯性、思維的條理性、語法的正確性、整體的結構性、句子的連貫性以及整體上的說服力，有非常高的要求，必須經過長期而刻苦的練習才能掌握，且運用自如。然而以德國的情況為例，事實上，大學的課程不會涉及這些東西，而且大學也不會去教授優秀的德語。

相反地，德語系流行的行話是那些令人費解、既不通順也不流暢、不知是從哪裡來的「方言」。老實說，大多是洋涇濱德語，也就是文學評論和某種時髦理論的雜交品種。這種語言之所以會流傳開來，也要歸功於媒體的推波助瀾，它讓年輕人誤以為，這些詞彙可以完整體現他們的生活感受、個人觀點和民族認同。這種「神祕」手法和「深奧」語言，讓人幻想一旦掌握了它就等於發現了解開世界之謎的萬能鑰匙。

這種「科系的方言」構成了不同文化圈子的門檻。它們也廣泛出現在各教養的領域之中。

「教養」曾經指的是，透過閱讀所謂的「典籍」來彌補大學專業學習和中學課程之間的鴻溝。舊的典籍範篇將大學對經典作品的研究，和中學強調的閱讀課程緊密聯繫在一起。它形成了大學和中學的交集。

然而隨著時代的變遷，當這些範篇不再具有說服力時，我們忘記了它的作用是，作為大學與中學學習的紐帶，而把它當成有文化教養的社會階層，為了阻擋他人分享這塊教育大餅所設的障礙。結果是，大眾並沒有變得比較有學術氣習，反倒是大學變成了泛泛群眾的大學。

　　當舊的閱讀規範失去了在中學和大學之間搭起橋樑的作用之後，它就陷入了危機。人們只能看到國家民族教育的初衷，卻不可能實現它。

　　因此，此書企圖提出一種新的閱讀規範，它遵循了當代文化建設的方向。

結論和新觀點

　　由於舊的文學典籍範篇是以古典與浪漫主義的經典著作為導向，本書將對浪漫主義之前的格律詩文學，以及反映世界真實面目的寫實主義小說，進行擴充。

　　此外，在所有關於大學文化課程教學計畫的討論中，都要求學生特別關注現代的潮流；然而，我們得到的教訓卻是：如果大學生對歷史一無所知的話，他們就不可能理解現代的東西。因此，本書將對藝術表現、音樂和哲學的歷史做一番介紹。

　　本書對繪畫藝術的介紹參考歷史和博物館的布局，而音樂的部分則以形式上的創新為導向。我們對各種思想的介紹歸入「哲學」一類，在此將比已往更加強調政治的因素，並且用英國的「公民人文主義」來補充德國的「教育人文主義」。對於當代思想，我們將其畫分為哲學、意識形態、理論和科學來探討。

　　一個社會的文明程度總是能從女性所發揮的影響中，看出端倪。因此，毫無疑問，了解兩性議題的基本狀況亦屬於教養的範疇。所以，在最後一章介紹了女性以及婦女運動對文明的影響。

技術性的閱讀指導

　　在本書的敘述過程中，不可避免地會出現交錯與重複的主題，我將在文中用箭頭標示出來。這樣，讀者就可以在相關篇章中獲得更詳細的資訊。

　　重複主要是指歷史與其他領域的交疊。例如，某個歷史時代以某一文化範疇為特徵；西元前四、五世紀的雅典以哲學著稱；而十五、十六世紀文藝復興時代的義大利則以繪畫聞名於世。

　　在這種情況下，我們在歷史篇中詳細介紹雅典哲學和義大利繪畫，為了避免重複，在哲學和藝術篇中則不再贅述。對於古希臘和羅馬時期的文學和藝術同樣如此。如果你想了解柏拉圖、亞里斯多德、歐里庇得斯、菲迪亞斯、塔西佗、西

塞羅的話，那麼就必須翻開歷史篇，若要查閱波提切利、米開朗基羅和達文西也同樣如此。

另外，讀者也可從附錄中迅速查到歷史上發生過什麼大事，以及帶有附注的書單——改變世界的書籍和推薦延伸閱讀的書目。

這本書的編纂既有百科全書式的簡潔明瞭，又有對某些問題的深入研究。好吧，現在就祝大家有一趟愉快的「教養之旅」！

1

文化是歷史的寶藏。

兩種文化、兩個民族、兩本經文
Zwei Kulturen, Zwei Völker, Zwei Texte

1922年，愛爾蘭作家詹姆斯・喬伊斯（James Augusta Joyce）的巨著《尤利西斯》（*Ulysses*）面世了。它描述了愛爾蘭的一個小市民——利奧波德・布魯姆（Leopold Bloom），在1904年6月16日這一天的遊蕩經歷。

● 西方文化受到兩條河流的灌溉，一條源於以色列，另一條則源於希臘。

這一天被喬伊斯的崇拜者命名為「布魯姆日」（Bloomsday，這個名字是仿照Doomsday所做的文字遊戲，其意指聖經中預言的最後審判日）。小說的主角布魯姆是一位猶太人，然而，喬伊斯卻借用了希臘史詩《奧德賽》（*Odyssee*）的框架來描述布魯姆的經歷。

經由這種方式，喬伊斯提醒我們，歐洲大陸受到兩條文明之河的灌溉，一條源於以色列，另一條則源於希臘。這兩條大河其實是兩本非常重要的經文，它們給整個歐洲大陸的文化灌溉系統提供了寓意豐富的故事。

因為一種文化，尤其是指把一個社會凝聚起來的故事寶庫，其中包括關於自身起源的描述，也就是這個社會的來龍去脈；它回答了「我是誰？」的問題。

歐洲文化的兩本核心經文是：

▶ 猶太聖經；

▶ 希臘史詩姊妹篇：《伊里亞德》（*Ilias*）和《奧德賽》。《伊里亞德》描述了圍攻特洛伊的戰爭（特洛伊在希臘文中為伊利昂〔Ilion〕）。而《奧德賽》則記述了攻下特洛伊之後，足智多謀的奧德修斯歷盡千辛萬苦，終於回到妻子珀涅羅珀身邊的返鄉之旅。

希臘史詩的作者是荷馬，而聖經的作者則是上帝（聖經被認為是「神的話」，是先知在上帝的默示下所寫的）。兩者都籠罩著神祕的光環：荷馬是一位盲人，看不到世人；而上帝則不能被世人所看到，而且為上帝塑像

也是禁止的。

為什麼這兩本經文會變得如此重要呢？為了回答這個問題，讓我們先回到1500年前後，即人文主義、文藝復興和宗教改革的年代。

▶ 1444年，約翰內斯‧古騰堡（Johannes Gutenberg）發明了書籍印刷術，這是傳媒業一場劃時代的變革，它讓人文主義者重新發掘的古希臘羅馬時期經典文章，得以廣泛流傳。而此時也正是一個諸侯割據的時代。為能攀援，他們附庸風雅、推崇宮廷禮儀。在此過程中，繪畫藝術、以古代英雄和傳說中的眾神為原型的宮廷戲劇形成特有風格。人們在劇中扮演朱庇特、阿波羅、阿耳忒彌斯和阿芙羅狄蒂，這也促進了相關文學創作的蓬勃發展。

▶ 在同一時期，改革家——路德（Luther）、喀爾文（Calvin）和丁道爾（Tyndale），從神父手中奪過聖經，並把它從拉丁文譯成方言，這就使大眾能自己讀經、解經，自己做自己的傳道士。新教運動標誌著宗教民主化，但是以尊崇聖經為基礎。

希臘人、奧林匹斯與文學作品中的英雄

希臘城邦（西元前800-500年）

上溯至西元前800年，多個民族匯聚到希臘本土和愛琴海諸島，漸漸形成了希臘民族。在上古希臘時代（西元前800-500年），貴族剝奪了國王的權力，建立了以各個城市為政治中心的城邦制度。其中著名的城邦有雅典、斯巴達、科林斯（Corinth）、底比斯（Thebes）、阿戈斯（Argos）。而希臘人的整體歸屬感則是藉由共同的慶典、體育競賽和文化活動來維繫。

奧林匹克運動會（西元前776年-西元393年）

像所有打上貴族烙印的文化一樣，希臘人也很喜愛運動。他們在奧林匹亞舉行體育競賽。從西元前776年開始，有文獻記錄這四年一次的比賽，直至西元393年為止。人們對一系列的比賽項目，諸如長跑、短跑、拳擊、賽馬、駕車、帶兵

器競跑等以及裁判方式，都制定了相應的規則。冠軍會獲得一頂桂冠，是用大力神海格立斯所種植橄欖樹的枝條編織而成。在富裕的雅典，得勝者還會獲得一筆500塊銀幣的獎賞、出席公共慶祝大會的榮譽席位，以及終身的社會保障。

特爾菲神殿

整個希臘民族信仰的中心是特爾菲的阿波羅神殿。當時的希臘人是這樣得到神諭的：一位服過藥的女祭司處於極度興奮狀態，她神情恍惚地說了一番前後不連貫的話；另一位男祭司把這些神的話「翻譯」成具有多重意涵的箴言；而求籤者得到的箴言就像今天所謂「資深顧問」給你的建議一樣，往往是前後矛盾、模稜兩可的。[1]

眾神的起源

希臘人信奉的眾神都起源於一個大家族，他們之間有著或近或遠的親戚關係。諸多的傳說其實是整個家族故事的部分章節。

故事源於烏拉諾斯和他的母親大地女神該亞之間的亂倫。於是，該亞先後生下了獨眼巨人奇科洛普和巨人泰坦。然而，當烏拉諾斯把反叛的奇科洛普投入塔塔羅斯（希臘神話中冥府的最底層）時，該亞給了她最小的兒子時間之神克洛諾斯一把鐮刀，他用這把鐮刀割下父親的生殖器扔進海中，鮮血頓時染紅了波濤洶湧的大海。然後，從紅色的浪花中，冉冉升起了愛與美的女神──阿芙羅狄蒂，這就是「從泡沫中誕生的愛神」的來歷。

克洛諾斯娶了他的姊姊瑞亞並奪取王位。然而，一個預言者對他說，他將被自己的孩子廢黜，因為他為他們做了一個「好榜樣」。為了避免這樣的事情發生，克洛諾斯把五個孩子赫斯提、德墨忒耳、赫拉、哈德斯和波塞冬統統吃掉。

● 希臘人信奉的眾神都有屬於自己的傳說，最後就形成了一個「大家族的故事」。

妻子瑞亞出於憐憫之心而把三子宙斯藏到了克里特島，由居住在山林水澤中的山羊仙女照顧，和養兄弟潘一起喝山羊奶

1 　《科學人》（*Scientieic American*）雜誌曾指出，所謂神靈附身的女祭司，實際上是處於催眠狀態。因為，神諭所建在石灰石地層一個釋放乙烷和乙烯的天然裂縫上。而接觸乙烯氣體會使人亢奮、精神恍惚、健忘，甚至是抽搐和死亡。根據歷史記載，至少有一位女祭司死在這裡。

和蜂蜜長大。（後來宙斯出於感激之情，用山羊角製作了一個象徵富饒，能夠產出奇花異果與各種美味食物的「豐饒角」。）

宙斯的反叛

長大之後，宙斯以侍者的身分潛伏到父親克洛諾斯的身邊，在他的烏左（希臘的一種酒）中混入催吐劑，讓他把吃下去的孩子全都吐了出來，從而引發了克洛諾斯和孩子之間一連串的戰爭。宙斯把奇科洛普從塔塔羅斯放出來，奇科洛普給三兄弟配備了不同的兵器：宙斯獲得閃電，哈德斯是一頂隱形帽，波塞冬是一把三叉戟。哈德斯戴著隱形帽偷走了克洛諾斯的兵器，波塞冬用三叉戟牽制住克洛諾斯，引開他的注意力，而宙斯則用閃電劈死了克洛諾斯。

之後，宙斯準備與巨人泰坦們大戰，但是還沒等他大顯身手，巨人們就被潘（Pan）的一聲怒吼嚇得四散奔逃。從此以後，人們就用panic表示「恐慌」。巨人們必須為膽小怯懦付出代價，他們的頭目阿忒拉斯受到馱著天的懲罰，其他的男巨人則做天地之間的支柱，而女巨人得到了饒恕。從此以後，三兄弟共同掌管這個世界：哈德斯掌控陰間，波塞冬管轄海洋，而宙斯則統治陸地。

雅典娜

從此開始了「眾神之父」宙斯的統治。他上任後做的第一件事情就是性騷擾女巨人美狄斯。但隨後馬上有神諭傳出：美狄斯和他所生的兒子會奪取他的王位。宙斯聽到這個傳言之後，毫不猶豫地吞下了剛懷孕的美狄斯，並頒布一道命令：兒子因痛恨父親而仿效父親對待爺爺的方式報仇，將萬劫不復。九個月之後，宙斯感到劇烈的頭痛。在普羅米修斯的幫助之下，宙斯從腦袋生下了全副武裝的雅典娜。雅典娜是自宙斯的大腦中誕生、沒有母親的孩子，她被封為智慧女神。

在此後諸多桃色事件中，宙斯越來越肆無忌憚。例如，科林斯的領主西西弗斯在河神的逼問之下，透露了宙斯誘騙他女兒的地方。之後，倒楣的西西弗斯受到宙斯的懲罰，必須不停地把一塊巨石推向山頂，而每當到達山頂之際，石頭又會自動滾落山腳下。

宙斯的婚外情——忒彌斯、勒達與塞默勒

宙斯與天后赫拉生的孩子不多，其中有戰神阿瑞斯和鐵匠赫菲斯托斯。赫拉把宙斯的無能歸咎於他的風流成性，並時常指責宙斯之所以不肯賣力，是要為其他女人「養精蓄銳」。的確，宙斯和忒彌斯生了三個命運女神，與記憶之神尼莫西妮生了九個繆斯，又與阿忒拉斯的女兒生下了信使神赫爾墨斯，他為眾神傳信並掌管商業和道路交通。

宙斯常常運用變身術以躲避赫拉嫉妒的視線，為了和勒達共眠，他變成了一隻天鵝，後來勒達產下了一枚蛋，於是雙胞胎卡斯托爾和波拉克斯便從中破殼而出，他們還有個美麗的妹妹海倫。宙斯與酒神狄奧尼索斯的母親塞默勒之間的風流韻事最具戲劇色彩：在赫拉的勸說之下，已有身孕的塞默勒不願讓宙斯再接近她，宙斯在情欲得不到滿足的痛苦之中，用雷電猛劈塞默勒。好心的赫爾墨斯就把塞默勒的孩子縫到宙斯的大腿裡，救了他一條小命，於是，三個月之後，酒神便從宙斯的大腿誕生了。

赫爾墨斯

赫爾墨斯在眾神中算是天資很高的。當他還是小孩子的時候，就因為各種違法的小把戲，如偷牲口、撒謊等而引人注意。傳說他發明了里拉琴（Lyra，古希臘的五弦或七弦豎琴）、字母、音階、拳擊術、數字、重量，以及橄欖樹的種植與文化。他的兩個兒子分別繼承了其天資的兩個面向：奧托利庫斯成了一個賊；而達夫尼斯則是田園詩歌的始祖。赫爾墨斯的表現頗為卓越，和阿芙羅狄蒂生下了雙性人赫爾瑪弗洛狄忒，他長著女人的胸脯還留著一頭長髮。

阿芙羅狄蒂

儘管阿芙羅狄蒂嫁給了鐵匠赫菲斯托斯，她也像宙斯一樣放縱自己的愛欲。她曾引誘過脾氣暴躁的戰神阿瑞斯，與酒神生下了一個奇醜無比的孩子普里阿普斯，儘管他的生殖器傲人無比，也掩蓋不過醜陋的事實。此外，阿芙羅狄蒂也與凡人安喀塞斯相好，並生下了埃涅阿斯，在戰後地獄般的特洛伊城中，他是唯一倖存的人，為取代特洛伊，他建造了羅馬。

阿芙羅狄蒂也是一個喜歡爭風吃醋的女人。出於妒忌，她施展愛神的魔力讓美女謬拉愛上自己的父親。謬拉用酒灌醉了父親並與之同房。酒醒之後，又懊又惱的父親追打女兒，於是阿芙羅狄蒂趁機將謬拉變成了「謬拉樹」，即「沒藥樹」。不久之後，這棵樹生下了一個俊美無比的男孩阿多尼斯。這孩子成年後，阿芙羅狄蒂受到他的吸引而與他發生了關係。這段風流事挑起了戰神阿瑞斯的狂妒，於是他變成了一頭野豬，用獠牙撕碎了阿多尼斯。

阿耳忒彌斯

與阿芙羅狄蒂截然相反的是宙斯的女兒阿耳忒彌斯。她懇求父親賜予她永恆的處女之身。她用弓箭武裝自己，成為純潔的狩獵女神。後人稱她為狄安娜，或提泰妮婭。莎士比亞在《仲夏夜之夢》中，為仙后取了同樣的名字。而且，她還是「處女女皇」伊莉莎白的原型。

狄奧尼索斯

宙斯最放蕩不羈的兒子是酒神狄奧尼索斯，他教人學會釀酒、舉辦盛大的節日慶典。他經常與森林之神薩蒂爾為伍，挑起祭祀酒神的女祭司和女信徒們的淫欲。他所到之處瀰漫著狂熱、躁動之氣。而希臘悲劇就誕生於雅典祭祀酒神的慶典上。（→歷史｜悲劇）

普羅米修斯與潘朵拉的盒子

人類的創造者是普羅米修斯。他也是個巨人，阿忒拉斯的兄弟。但是，他比阿忒拉斯聰明。他預見到宙斯會勝出，便選擇站在宙斯那一邊。然而，後來他違反天條，教人類學會用火。為了懲罰人類，宙斯創造了一個絕世美女潘朵拉，並給了她一個小盒子，裡面裝著人類所有的不幸——衰老、疾病、瘋癲、惡習和狂熱。宙斯把潘朵拉送給普羅米修斯的兄弟埃庇米修斯，普羅米修斯警告埃庇米修斯不要打開潘朵拉的盒子。宙斯為了懲罰普羅米修斯，把他鎖在高加索的山崖上，每天讓兩隻老鷹啄他的肝臟。就這樣，普羅米修斯這位盜火者，同時也是啟蒙者，便成為革命家的原型。

歐羅巴

　　如果神與人交歡，就會生下半人半神的英雄。來自巴勒斯坦的阿革諾耳有一個漂亮女兒歐羅巴。一日，赫爾墨斯把歐羅巴的牛群趕到海邊時，宙斯趁機變成了一頭美麗的公牛，拐走了歐羅巴。阿革諾耳派兒子去尋找女兒，福尼克斯去了腓尼基，成為迦太基人的祖先；基立克斯遊歷到了西里西亞（Cilicia）；塔爾蘇斯到了薩索斯島（Thasos）；卡德摩斯則朝相反的方向走，而到了希臘，成為著名的城市底比斯的創作者，並娶了阿瑞斯的女兒哈墨尼亞。所有的神都來參加他們的婚禮，並送給哈墨尼亞一條神奇的項鏈，能使主人擁有不可抗拒的魅力，但同時也會帶來災難。這在他們的後人拉伊俄斯國王的身上，尤其應驗。

伊底帕斯

　　特爾菲神殿的祭司告訴拉伊俄斯，他的兒子會殺掉他，並娶自己的母親伊俄卡斯特為妻。為避免這種瀰天大罪成真，拉伊俄斯就把年幼的伊底帕斯遺棄到宮外。結果一個牧人收養了他，並將他撫養成人。一天，伊底帕斯在路上為了「誰先行」的問題，與一個陌生人發生激烈爭吵，一怒之下殺死了這個陌生人。他不知道這人正是他的親生父親——拉伊俄斯。

　　後來，伊底帕斯猜出了斯芬克斯的謎語（斯芬克斯是希臘神話中帶翼獅身女怪，凡是過路行人猜不出謎語的就要被殺死）——誰是先用四條腿走路，然後用兩條腿，最後用三條腿走路。實際上，這個謎語並不難猜，一旦有人解出謎底，斯芬克斯就得自殺。伊底帕斯將底比斯從食人怪獸口中解救出來，他得到的獎賞便是娶寡居的美麗王后伊俄卡斯特為妻。就這樣，神諭一一應驗了。

　　後來，城裡爆發一場瘟疫，國王伊底帕斯就到神諭所求問消災解厄的辦法，他得到的回答是：趕走殺害拉伊俄斯的凶手。然而凶手是誰呢？半男半女的盲人先知提瑞西阿斯告訴伊底帕斯：正是他，親手殺死了自己的父親，並娶母親為妻。這個事實令伊底帕斯感到錯愕震驚、懊惱至極。後來，他用母親長袍上的一根針戳瞎自己的眼睛。

　　詩人索福克勒斯（Sophocles，西元前496-406年）以伊底帕斯為題材，寫了兩齣著名的悲劇。然而，佛洛伊德比索福克勒斯更狠，他把歐美的男性全都詮釋

成伊底帕斯。

　　伊底帕斯的舅舅（也是小舅子）——克利翁，接替伊底帕斯當上底比斯的國王，並為兒子與伊底帕斯的女兒安蒂岡妮婚配。安蒂岡妮的哥哥波呂涅克斯在反叛底比斯的戰鬥中陣亡。克利翁不許波呂涅克斯的屍首下葬，這使安蒂岡妮陷入了國家利益和親情倫理的兩難之中。歷史上知名劇作家如索福克勒斯以此為題材又寫了一部悲劇。

安菲特律翁

　　古希臘歷史上第一部真正的喜劇取材於安菲特律翁的故事。邁錫尼的國王把女兒阿爾克墨涅許配給了安菲特律翁，然而他卻恩將仇報把國王給殺了。為躲避王子的報復，安菲特律翁逃到了底比斯，被叔叔克利翁派往前線幫他打仗。然而，宙斯愛上了安菲特律翁的妻子阿爾克墨涅，於是就變成安菲特律翁的模樣乘虛而入。當安菲特律翁從前線歸來時，卻發現另一個自己已經在家裡了。歷史上知名劇作家如普羅托斯（Plautus）、莫里哀（Molière）、克萊斯特（Kleist）和季洛杜（Giraudoux）都以此為題材創作了陰錯陽差的精采喜劇。

海格立斯

　　大力神海格立斯是宙斯一椿風流韻事的結晶。他的驚世之舉是完成了十二項艱巨的任務：清掃乾淨奧吉亞斯王的牛廄（相傳其中飼養三千頭牛，三十年未曾打掃過）；抓住看守地獄的三條狗；殺死九頭蛇；掐死獅子怪獸，並披上獅皮；從赫斯柏利提斯（希臘神話中看守金蘋果諸女神）的園中盜走金蘋果，為此他必須在摔跤比賽中戰勝安泰里斯。安泰里斯可是個難纏的傢伙，每當他的頭在打鬥中碰到地面，他都能獲得新的力量。

迷宮

　　宙斯把歐羅巴拐騙到克里特島。歐羅巴在那裡生下了彌諾斯，他也很喜歡漂亮的公牛，這一點大概是遺傳自母親。由於彌諾斯並沒有把波塞冬從海裡送來一頭矯健的白色公牛給殺掉，而是悉心豢養了起來，海神就認為他不順服，於

是施展魔法讓彌諾斯的妻子帕西淮愛上那頭公牛。她請了一位能工巧匠代達羅斯造了一頭叉開腿的母牛，讓她能從後面鑽進去。白色公牛上了當，和這頭假母牛交媾，於是帕西淮就懷上了半人半牛的怪物彌諾陶洛斯——他後來成了可怕的食人獸。

為了掩蓋這樁醜事，代達羅斯建造了一座迷宮圈住彌諾陶洛斯。彌諾斯不讓代達羅斯離開克里特島，因為他是這樁醜聞的知情人。然而代達羅斯不愧是一個能工巧匠，他用羽毛和蠟為自己和兒子伊卡洛斯各造了一對翅膀以飛離克里特島。但是伊卡洛斯把父親的警告當成耳邊風，飛得離太陽太近了，炙熱的陽光融化了翅膀上的蠟，他墜海而死，伊卡利亞海（Ikaria）因此而得名。

忒修斯

在這期間，波塞冬有了兒子忒修斯，並把他過繼給雅典的親王埃勾斯。長大成人之後，忒修斯被派到克里特島上去殺彌諾陶洛斯。彌諾斯的女兒阿里阿德涅幫助忒修斯，給了他一條線，使他在殺掉食人獸之後能走出迷宮。應她的請求，忒修斯帶她一同踏上返鄉之旅。然而，不知是出於什麼原因，他把她留在了納索斯島上，這令她痛苦不堪，但命運之神很快就為她報仇解恨了。因為，忒修斯忘了換上代表勝利的白帆，於是，埃勾斯遠遠看到兒子船上竟然懸掛著黑帆，以為他死了，傷心至極，投海自盡。

後來，忒修斯捲入了與亞馬遜女戰士連綿不斷的戰爭中（亞馬遜〔amazon〕是「沒有乳房」的意思，因為這些女戰士為射箭方便，切掉一邊的乳房）。

與伊底帕斯家族悲劇類似的事件，也發生在阿特柔斯和堤厄斯忒斯兄弟的身上。為了爭奪邁錫尼的統治權和一個女人，他們反目成仇。阿特柔斯的妻子埃洛珀是堤厄斯忒斯的舊情人。阿特柔斯的兒子是阿伽門農和墨涅拉俄斯，堤厄斯忒斯的兒子是埃癸斯托斯，這孩子後來殺死了繼父阿特柔斯。

在發生這些罪行之後，阿伽門農登上了王位，並娶坦塔羅斯的女兒克呂泰涅斯特拉為妻（坦塔羅斯必須在地獄中忍受折磨，每當他想喝水的時候，水就會轉向從他面前流走）。而他的弟弟墨涅拉俄斯娶了宙斯和勒達的女兒——美麗的海倫。這兩個女人的命運是阿芙羅狄蒂所設定的，即因她們對婚姻的不忠而把災難

降臨到人間。

這就引出了特洛伊戰爭，以及《伊里亞德》與《奧德賽》。

《伊里亞德》與《奧德賽》

帕里斯與美麗的海倫

普里阿摩斯是靠近達達尼爾海峽入口特洛伊城的國王。他兒女成群，其中有兒子赫克托爾和帕里斯。在帕里斯即將出生之前，母親赫卡柏做了一個夢，夢到他會毀掉特洛伊。於是，普里阿摩斯就把這個嬰孩交給了一個牧人，讓牧人殺掉他。但是牧人不忍心殘害這個小生命，便給他穿上獸皮並混到牲口當中，保全了他的性命。

慢慢地，帕里斯長成為一個英俊的小夥子，並因對牲口有出色的鑑賞力而遠近馳名。於是，宙斯讓他擔任選美大賽的裁判，從雅典娜、赫拉和阿芙羅狄蒂三人中選出最美的一位，授予她金蘋果。因為阿芙羅狄蒂向帕里斯承諾，讓他和美麗的海倫相愛，所以帕里斯就把金蘋果給了她。失望的雅典娜和赫拉決定毀掉特洛伊以洩心頭之恨。

希臘人遠征特洛伊

普里阿摩斯承認帕里斯是他的兒子，之後帕里斯從斯巴達誘拐了海倫，於是阿伽門農召集希臘所有的諸侯去奧里斯港口，商議討伐特洛伊人。但是有一小撮極端分子反對這麼做，奧德修斯裝瘋，阿喀琉斯被母親忒提斯罩上女人的衣服藏了起來。然而，足智多謀的長者和強壯英勇的埃阿斯拆穿了他們的騙術，讓他們無所遁逃只得加入。阿喀琉斯被允許帶著密友派特洛克羅斯同行。

然而，由於沒有風，戰船無法駛出海港。於是，一個投降的特洛伊祭司卡爾卡斯建議阿伽門農殺死女兒伊菲格尼亞，作為給阿耳忒彌斯的獻祭（見前文，是宙斯與黑暗女神勒托所生，與太陽神阿波羅是雙胞胎，她掌管月亮和狩獵。）當利斧將要砍下之時，眾神將伊菲格尼亞救到了陶瑞斯。儘管如此，艦隊終於揚帆出海了。

阿喀琉斯的憤怒

　　希臘人圍困特洛伊城長達十年之久。《伊里亞德》的故事是從第十年開始描述這場戰爭的：阿喀琉斯帶領他的人馬贏得了最重要的一場戰役。但是，由於阿伽門農從他的手中搶走了一個女俘，阿喀琉斯憤而退出戰鬥。特洛伊的赫克托爾趁機突圍，並殺死了阿喀琉斯的密友派特洛克羅斯。這引起阿喀琉斯的暴怒，他把特洛伊人又趕回城中，並殺死了赫克托爾，把他的屍首綁在馬尾上，繞城三圈，將屍體拖得面目全非。

　　阿喀琉斯的母親為讓兒子擁有金剛不壞之身，抓著剛出生阿喀琉斯的腳後跟把他浸入冥河中洗禮。然而，正是她抓在手中的腳後跟沒有沾到冥河水，成為阿喀琉斯的致命弱點。帕里斯一箭正好射到他的腳後跟上，阿喀琉斯犧牲了。特洛伊暫時得以保全。

特洛伊木馬與拉奧孔

　　足智多謀的奧德修斯想出一個詭計，他讓希臘人造了一座巨大的木馬，並教人偽裝投敵，散布謠言──木馬能使它的主人戰無不勝，攻無不克。然後，希臘人假裝放棄圍城，而把最驍勇善戰的鬥士藏在木馬肚子裡面。當祭司拉奧孔警告木馬可能有詐時，阿波羅派出兩條蛇，把拉奧孔和他兩個兒子纏死。普里阿摩斯相信這是拉奧孔詆毀神像所受到的懲罰，於是讓人把木馬拉進城來。等到天黑之後，馬肚中的藏兵悄悄爬了出來，大開城門，一場洗劫破壞和大屠殺於焉展開，堪稱是「屠城的始祖」。最後，特洛伊城被夷為平地。

悲劇小插曲──俄瑞斯忒斯與伊萊克特拉

　　然而，阿伽門農並沒有因勝利而感到喜悅。由於他極少回家，妻子克呂泰涅斯特拉勾搭上其他男人，最後還唆使情夫殺死阿伽門農。他的兒子俄瑞斯忒斯和女兒伊萊克特拉僥倖逃過一劫。八年之後，俄瑞斯忒斯返回，在伊萊克特拉的幫助下殺死了母親及其情人。從此之後，這個弒母凶手便遭到崇尚母權的復仇女神厄里妮厄斯的追捕。最後，他被帶到雅典審判，人們對於「到底是父權至上，還是母權至上」爭論不休。因為雅典娜誕生自父親的腦袋，所以她支持父權至上。

於是，俄瑞斯忒斯被宣告無罪──為了給父親報仇，他可以殺死母親。

到了莎士比亞筆下的哈姆雷特時，弒母可不再被允許。這是一個精采的悲劇題材，它激發美國知名劇作家歐尼爾（Eugene O'Neill）創作了《素娥怨》（*Mourning Becomes Electra*，另有中譯名為《悲悼》）。

奧德賽──奧德修斯的歷險

《奧德賽》描述了奧德修斯漫長的返鄉之旅，以及他抵達家鄉伊塔克時發生的故事。那些不計其數的驚險狀況展現了奧德修斯的聰明智慧。

奧德修斯和他的同伴把吃人的獨眼巨人波呂斐摩斯灌醉，燒瞎了他唯一的一隻眼睛，並躲在他飼養綿羊的肚子底下，逃脫了巨人的手掌心。奧德修斯也阻撓了女巫瑟西想把他變成豬的企圖，這可不是每個男人都能完成的任務。然後，他遇上塞壬（半人半鳥的海妖，以誘人的歌聲致水手於死地），他們的歌聲可與萊茵河畔羅雷萊的歌聲相媲美，都會將人引向死亡。然而，由於聽了瑟西的建議，奧德修斯用蠟塞住手下所有人的耳朵，並教人把自己綁在船桅上，為的是不讓那勾魂攝魄的樂音把他捲入死亡漩渦中。於是，他被法蘭克福學派哲學家、音樂理論家阿多諾（Theoder W. Adorno）稱為第一個聆聽演奏會的人。（→哲學、音樂）

然後，奧德修斯駕船試圖穿越一座海峽，左邊緊挨著海怪的漩渦，右邊有西拉的怪物虎視眈眈，兩面夾攻。結果奧德修斯的船遇了難，最後只有他一人全身赤裸地上岸，到了享清福者之國。在那裡，他受到公主的悉心照料並恢復健康。國王給他配備了一條船，讓他終於返抵伊塔克。

奧德修斯的返鄉之旅

奧德修斯離家二十載，這期間有一百多個求婚者向他的妻子珀涅羅珀展開瘋狂追求。她總搪塞說，等她織好了公公的裹屍布才會答應。實際上，她每天晚上都把白天織的拆掉。奧德修斯回到家時扮成乞丐，他的小狗阿古斯不用看就立刻知道是主人歸來，然而他的妻子卻沒有認出他來。當珀涅羅珀宣布，她會嫁給那個能拉開奧德修斯的弓，並一箭射穿十二把斧柄的求婚者時，奧德修斯才暴露了真實身分，並在僕人和兒子忒勒瑪科斯的幫助下，讓眾多求婚者倒在血泊之中。

他終於和珀涅羅珀團聚了，一如三千年後，都柏林的利奧波德‧布魯姆和他的妻子莫莉的經歷一樣。

聖經

上帝

下面要講述的這段故事，與上文相比，具有完全不同的風格。它是由上帝這位歐洲人心中唯一的真神所寫，因此，世人會對他的每一句話進行考證。這是一段血流成河的故事，就因為詮釋上的些微差別，田園變成荒漠，城市夷為廢墟。

● 關於聖經有一段血流成河的故事。

可以說，西方文化最重要的支柱就是上帝和聖經，即使有人不相信上帝，但是為了反駁上帝的存在，他也需要對上帝有一番了解，所以仍然會去讀聖經。而且如果有一個歐洲人說，我不相信神，那麼他所指的並不是宙斯，而是那自有永有的上帝。

創世紀與原罪

大家都知道這段關於人類起源的故事。上帝想，而且也說出「要有光」，於是就有了光，這件事發生在世界起源的第一個星期一。接著上帝就馬不停蹄地創造萬物，直到星期六。

這時，他照了照鏡子，根據自己的形象造了亞當。為使亞當不感到寂寞，他取出亞當的一根肋骨創造了夏娃。之後，他告訴他們伊甸園的規矩：「你們可以吃所有的果子，但是只有一棵蘋果樹，上面寫著『分辨善惡的樹』，這棵樹上的果子不可以吃，因為這就是惡，而且最終會導致死亡。」

夏娃覺得上帝的話自相矛盾：能分辨善惡就是惡嗎？這好像不符合邏輯吧。為了把這個問題搞清楚，她就去問悖論專家──蛇。蛇從意識形態批判的角度解釋說：「這個禁令顯然是違反民主的，以死亡作為威脅只不過是一種鞏固統治的手段罷了。沒關係，儘管去吃好了，吃了之後你們會變得和上帝一樣能夠分辨是非善惡。」

這樣，就產生了原罪，以及與之相關的一連串後果：發現性和羞恥；發明了

道德與用無花果樹葉來遮羞；被逐出伊甸園；受到詛咒而必須為生存終日勞苦；女人的產道由於直立行走而變窄，因而增加了生產的痛苦，並且孩子提前呱呱墜地，所以出生之後很長一段時間仍不能自理，讓女人註定要承擔家務與照料孩子的雙重壓力，就因為她們是原罪的主犯？

上帝的律法

不像希臘眾神混亂的家庭關係那樣，這裡只有一個神——上帝，他代表一種原則，一種猶太民族認同的生活原則，即上帝的誡命或律法。

聖經地圖

　　如果希臘人觸怒了神，他們就要獻祭請神息怒。而在這裡，《摩西五經》所講述的事件，說明了獻祭是如何逐漸被取代的。該隱殺了他的弟弟亞伯，原因是上帝更喜歡亞伯獻給他的動物供品，而不是該隱的蔬果與穀類。看來，烤肉的香味要誘人得多。

　　後來，上帝發怒，要毀滅這個罪惡滿盈的世界，除了保全義人諾亞一家。於是，他連降暴雨四十天，致使洪水氾濫、生靈塗炭。當洪水退去之後，諾亞一家離開方舟，回到地面，向上帝獻上燔祭。當烤肉的馨香之氣四溢瀰漫，上帝的決心更加堅定——繼續愛護他所創造的世界。從此以後，他不想要任何獻祭了。而且，為了表示人與上帝之間新約定的誕生，他讓彩虹高掛在天上。

亞伯拉罕

　　下一段故事談到人祭是如何廢除的。與此同時，在所多瑪城同性戀活動正方興未艾，結果上帝毀滅了這座城市。上帝曾向亞伯拉罕預言，他將會子孫滿堂，世代綿延不絕，儘管當時他和妻子撒拉都垂垂老矣。亞伯拉罕為了表明他的生殖力是上帝所賜而行了割禮，割下包皮。於是，徹底違背自然規律的事情發生了，百歲的撒拉生下了兒子以撒。

　　接著，上帝又對亞伯拉罕的信仰與順服進行嚴苛的考驗。他要亞伯拉罕把唯一的兒子以撒作為燔祭獻給他，儘管亞伯拉罕萬般不捨，但他還是決定按照上帝的要求去做。然而，就在最後關頭，上帝用一隻公羊把男孩換了下來。歷史在以「摩西十誡」取代「獻祭」的道路上又前進了一步。

雅各，又名以色列

　　雅各是以撒的兒子，他的經歷有點像猶太版的奧德修斯。雅各身穿羊皮，冒充毛髮茂盛的哥哥以掃，欺哄瞎眼的老爸以撒，獲得了長子所應有的一切祝福（就像奧德修斯對波呂斐摩斯所做的那樣）；他還欺負舅舅拉班，在牧羊時耍花招把肥碩的羊據為己有，還賺了拉班的兩個女兒利亞和拉結為妻。後來，他與上帝派來的天使摔角了一整夜，扭了大腿窩的筋。但是，天使不給他祝福，他就是不讓天使走。於是，天使賜予他以色列的名，並給他祝福。

約瑟在埃及

利亞給雅各生了十個兒子，其中一個叫猶大，是猶太人的祖先。拉結生了兩個兒子，約瑟和最年幼的便雅憫。雅各非常疼愛約瑟，望子成龍（兩個妻子中，雅各最先遇見並愛上的是妹妹拉結，而姊姊利亞則是父親「買一送一」硬塞給雅各的。後來，拉結因生便雅憫難產而死。於是，雅各便最愛約瑟）。於是，利亞的那幫兒子出於妒忌，把弟弟約瑟賣到埃及做奴隸。由於約瑟的相貌秀雅俊美，主人波提乏的妻子想勾引他，但他無動於衷。於是，她誣告約瑟非禮，把他送進了監獄。

牢中被囚的有一個法老的酒政，約瑟為他解夢出奇靈驗，而且還準確預言了他的未來。酒政出獄後就把約瑟推薦給法老解夢，於是，埃及能及時儲備糧食，躲過了一場大饑荒。因此，法老很賞識約瑟，提拔他做了宰相。就這樣，約瑟官場得意，平步青雲，後來還給受到饑荒威脅的家人以家庭團聚為名，辦了前來埃及的「居留證」。

摩西

儘管猶太人在埃及不愁吃喝，但是他們受到歧視與排擠，並逐漸被埃及人所奴役。法老擔心猶太人子孫繁衍，竟然對猶太嬰兒進行集體大屠殺。摩西的母親把他裝在一個柳條編的籃子裡，流放入尼羅河中，才讓幼小的摩西躲過劫難。法老的女兒撿到這只小籃子，並把小摩西當成埃及人撫養長大。

根據佛洛伊德這位到處都可以看見不純動機的人推測：這段歷史是捏造的，人們故意把法老女兒所生的埃及兒子說成是猶太人（佛洛伊德認為，由於摩西在向猶太人灌輸埃及法老的一神教時遭到殺害，出於悔恨，猶太人不僅將摩西尊崇為民族聖人，並制定了嚴格的律法來抵償這種負罪感。詳見佛洛伊德所著《摩西與一神教》）。

但是，無論摩西到底是埃及人還是猶太人，他在猶太人受到迫害時沒有袖手旁觀，甚至還殺死了一個殘忍的埃及無賴。摩西因此事逃亡到米甸，他在那裡結了婚，並為岳父牧羊。當時，上帝在燃燒的荊棘叢中向摩西顯現並召喚他，讓他帶領以色列的子孫走出埃及，抵達上帝所賜福的迦南——流淌著奶與蜜的樂園

（迦南是聖經中上帝許與亞伯拉罕之地，指巴勒斯坦）。

出埃及

但是，法老不放猶太人走，摩西費了好多口舌也不管用。於是，上帝給埃及降下許多災難，甚至擊殺所有埃及人的長子。法老終於撐不住，放了猶太人。上帝為了讓猶太人牢記「出埃及」這件事，為他們制定了逾越節。過節時，他們要嚴守複雜的飲食規矩，例如吃無酵餅等。

後來，法老又反悔了，帶領大軍追趕猶太人一直追到紅海邊。上帝讓海水分開，闢出一條路，讓猶太人通過。等埃及人趕過來時，又把海水合上，結果埃及人全軍覆沒。這次，上帝不僅僅是向埃及人，而且向猶太人顯示了他的大能。出埃及不只是一次民族大逃亡，還是奴隸解放運動的開端，正如那句話所言：「容我的百姓去！」（Let my people go.）

摩西十誡

前面所發生的事情都還只是一些暖身，只有當逃出埃及之後，以色列民族才真正誕生。當以色列人來到西乃山的山腳下，上帝讓西乃山出現了類似火山噴發的景象，並於火中降臨山上。摩西在眾目睽睽之下登上山頂，消失在煙火繚繞之中。當他重新返回時，頒布了十誡與其他條目繁多的規定，這些都記載於《舊約》中。之後，摩西又重返山頂，在那兒待了四十天。上帝告訴摩西，他願與他的選民同在，所以人們要按照他所說的造一個約櫃來存放十誡。

然而，摩西消失得太久，以至於大家都以為他不回來了，就取出他們存放的金子打了一頭金牛去祭拜。正當這時，摩西恰巧返回，看到這種情形，頓時大怒，捧碎法版，帶領利未人（以色列人的一支，摩西亦出於此支）血刃那些崇拜假偶像的愚民。之後，摩西再次登上西乃山，代表以色列人與上帝第二次立約。下山之後，摩西懷揣上帝親手所書的兩塊法版，臉上煥發著上帝所賜的榮光。

上帝與他的選民

就這樣，上帝與選民之間的關係確立了，這種關係是透過誡命來維持的。那

放在約櫃中的誡命就代表上帝，而以色列人就是上帝的選民。十誡的第一條是：儘管別的民族崇拜許多其他的神，而且其中有些神滿有同情心；儘管要與別人不同並非容易的事情，然而「除了我以外，你不可有別的神」。但是，在以色列的歷史上，他們總是會偏離上帝的教誨，崇拜一些乍看很吸引人的地方神祇，如蒼蠅之主，也就是鬼王——別西卜。而且他們還描繪上帝發怒的情形以及降下的懲罰。

當猶太人遷入上帝所賜福的迦南之後，這個問題仍然存在，並貫穿了掃羅、大衛和所羅門的統治時期。最後，所羅門在耶路撒冷建了一座神殿來存放約櫃。崇拜其他神的問題籠罩著先知時代和巴比倫被囚期，也就是從西元前609年，尼布甲尼撒征服以色列並把猶太人中的菁英擄到巴比倫，到西元前539年波斯王古列征服巴比倫，並鼓勵以色列人回歸故土。

約伯

終於，在《約伯記》中，對律法忠誠的問題被推上了道德的頂端，並且創造出一個新的形象，他後來在歐洲基督宗教歷史上叱吒風雲，那就是撒旦（本為天使，墮落之後成為上帝的主要仇敵）。他突然出現了，或許他的前身是伊甸園中的那條蛇，但是，現在他就是他自己。他講起話來像《浮士德》中的魔鬼梅菲斯托：「約伯是正直而虔誠。但是，這並不奇怪！因為他的物質生活很充裕。」

於是，上帝決定做一個試驗，就像《浮士德》中所發生的那樣，他允許撒旦去考驗約伯的虔誠；撒旦弄死了約伯所有的孩子，讓他變得一貧如洗，而且還疾病纏身。約伯抱怨上帝的暴虐，而他的朋友認為他這麼指責上帝不符合信仰的原則。於是，約伯求上帝給他一個公正的答覆，最後他得到了上帝含糊的稱讚。

但是，有必要這樣去考驗約伯是否堅信上帝是公正的嗎？而為了維持上帝的公正性，所以必須引入一個撒旦嗎？約伯的故事其實是當人類遭逢災難時，為上帝做的辯解，它讓世人從上帝身上學到一項經驗：歷史是持續不斷的「審判」，在這個過程中充滿急切的辯白，同時歷史也是一種揮之不去的踰越意識，渴望著赦免與救贖，即對彌賽亞的期待（彌賽亞是聖經《舊約》中預言猶太人的復國救主，此處引申為救世主），然而，其中也不乏對這審判過程是否可靠，抱持質疑。

猶太人與基督徒

後來，人們把耶穌當作彌賽亞，已經是羅馬時代的事了。基督徒用普遍的寬恕與赦免代替對律法公正的秉持；而猶太人寧願做約伯，堅守律法，並且認為基督徒這麼做會縱容道德敗壞。於是，基督徒又回到以人作為獻祭的老路上來——把耶穌釘在十字架上，這種野蠻行為在猶太人那裡已經被律法所取代，在希臘人那裡則透過悲劇中的美學手法而洗滌昇華。

為此，基督徒受到哲學家黑格爾的挖苦，黑格爾把法庭的職能導入世界歷史辯證的發展過程中，他認為從此以後，總是會有什麼人指責其他人觸犯了歷史的法則，這使得人類受害犧牲的數量大規模增加。世界歷史變成了一座世界法庭。

希臘羅馬時期的文化與歷史
Die klassische Antike - Kultur und Geschichte

希臘（西元前500-200年）

　　首先來確定一個時間框架，從西元前500至300年這兩個世紀中，對外主要是希臘與波斯帝國之間的戰爭。西元前500至450年是防守期；此時期雅典逐漸強盛起來，因為它把愛奧尼亞海諸島組織成一個商業帝國，並保護其不受波斯的

古希臘

斯巴達與其聯盟

雅典與其聯盟

中立國家

騷擾。在伯里克利（Pericles）的領導下（西元前443-429年），雅典經歷了鼎盛時期。然而，接踵而至的是與軍事強國斯巴達之間長達三十年的伯羅奔尼撒戰爭（西元前431-404年），以雅典的失敗而告終。

西元前400至340年，雅典重新崛起，因為底比斯削弱了斯巴達的力量。西元前340至300年，北希臘的馬其頓軍事王國在菲利浦二世的領導下統一了整個希臘，後來，亞歷山大大帝（Alexander the Great，西元前356-323年）又征服了整個波斯帝國。歷史從此進入了希臘化時期（Hellenismus，希臘化文明、希臘化主義，這個詞是德國歷史學家朵伊森〔Johann Gustav Droysen〕在十九世紀中期提出，意指亞歷山大大帝東征，打到印度邊界之後差不多三百年左右的這段時間）。

希臘文化在整個東地中海地區，包括小亞細亞、美索不達米亞（現在的伊拉克），以及波斯地區廣泛流傳，直至西元前200年，該地區逐漸被羅馬帝國征服為止。這樣，羅馬人便成為希臘文化的繼承人。

雅典

一提到希臘文化，首先會想到雅典。因為英國人在十八至十九世紀才完成的事業，雅典人在西元前幾百年基本上就已經做到了，那便是：在不把貴族趕出政治舞台的情況下，從貴族統治走向民主。這是透過英明僭主領導下的憲法改革來實現的。

▶最高權力機構是公民代表大會（但是公民不包括奴隸、女人和被剝奪公民權的人）。

▶行政機構則是經由定期選舉產生的議事會。候選人不需要擁有什麼專業素質（如詩歌方面的才華），每個公民都有資格擔任任何一級的職務。

▶唯一例外的是，統帥軍隊的首領必須要有經驗，而且是極富影響力的男人，就像伯里克利那樣。另外，他還要負責一般的兵役事務。

這使得雅典成為一個終日熙熙攘攘的辯論俱樂部；人們覺得只有在公共生活中，才能發揮自己的全部天賦，從而「實現自我」。這種全面的共同體形式稱為城邦（Polis），這個詞不僅代表城市或國家，更代表一種「生活方式」，一種讓

人引以為傲的生活方式。只有在城邦中,生命的價值才得以體現。

從這種政治體制中孕育出一種文化,它不是以神,而是以人類自身,作為衡量社會的尺度。

希臘思想

今天我們通常認為:「抽象的東西並不真實,只有那些具體、單一的東西才是真實的。」但是,小牛變大牛,大牛再生小牛這種遺傳學上的規則難道不真實嗎?「那才是唯一真實的東西,」希臘人會這麼回答:「因為它適用於所有我們稱之為牛的動物。」而且他會稱這種規則為「理」。

在希臘思想中,只有不變的東西才是真實的。母牛來了又去,唯一保持不變的是母牛的「原質」。在紛繁蕪雜的具體表象背後是永恆不變的原質。於是,蘇格拉底之前的哲學家們孜孜不倦地探尋,到底什麼是表象背後的原質?泰勒斯(Thales)說,是「水」;阿那克西曼德(Anaximander)說,是「矛盾」(他的觀點已非常接近現代物理學中所強調的「對稱性」);而德謨克利特(Democritus)則認為是「原子」。

● 城邦,這個詞不僅代表城市或國家,更代表一種「生活方式」,一種讓人引以為傲的生活方式。

然而,希臘文化的關鍵、組織行為與思想的綱領、最具影響力的工作核心範疇、不言而喻的理念,就是認為:在真實世界中蘊含著特定模式,它是基本規則與形式,現實即循此運作;而且,這些基本形式都是簡單、可辨認與理性的。

藝術

因此,希臘的雕塑藝術所表現的不是寫實的肖像,而是展現人體在動與靜、放鬆與格鬥時的規則與基本形式,而且往往是某一姿勢最美好的形態。因此,希臘雕塑成為後世許多藝術家臨摹的範本。這些雕塑多出於菲狄亞斯(Phidias)和普拉克西特利斯(Praxiteles)之手。

如果將華麗的哥特式大教堂與希臘神廟做對比就會發現,希臘人是注重房屋功能的建築專家,其山牆下圓柱的排列完全符合建築原理,以及對房屋穩固性的要求,絲毫沒有冗餘。根據對圓柱本身和柱頭不同的處理方式,可以分為多里安式、愛奧尼亞式和科林斯式。

悲劇（源於西元前534年）

乍一看，與愛好形式主義（指在簡單實用的基礎上，有意加上裝飾的建築風格，又稱「典雅主義」）的傾向相矛盾的是：希臘人，尤其是雅典人，講究一種奢華的慶典文化。貴族透過贊助這些慶典來為自己拉選票。慶典豐富了文化知識，並且使城邦生活凝聚為一體。

從雅典人祭祀酒神狄奧尼索斯的慶典中，漸漸發展出「悲劇」的藝術形式。其創始者是泰斯庇斯（Thespis，約西元前534年），他在合唱與對唱之間讓一個男演員以詩體的形式講述神話故事。（在中世紀，以同樣的方式從基督宗教的禮拜儀式中產生了新的歐洲戲劇。）因此，尼采宣揚的是與阿波羅原則（理性適度）相對立的狄奧尼索斯原則（狂熱張揚）。

事實上，與莎士比亞和好萊塢相比，古希臘悲劇的情節簡練，並專注於一個問題。透過悲劇，文化發展的腳步逐漸由迷信崇拜轉向政治，悲劇作為一種民主的國家戲劇遂成為城邦狂熱崇拜的對象。在悲劇中探討的是「人祭」（某個傑出人物的不幸遭遇）的問題：什麼超越了人類可以計畫掌握的範圍？在實現目標的過程中，有哪些神祕的力量在起作用？

戲劇是白天在圓形露天劇場演出，那裡原則上可容下城邦的全體居民，也就是一萬四千人，且以創作者彼此競賽的方式來進行，評分裁判經由選舉產生。在西元前五世紀，大約有一千部悲劇上演；三百部是由三大高手——埃斯庫羅斯（Aeschylus）、索福克勒斯和歐里庇得斯（Euripides）所創，其中三十三部流傳下來，七部出自埃斯庫羅斯之手，七部是索福克勒斯所寫，其餘的十九部是歐里庇得斯。

西元前486年，開始出現了喜劇詩人比賽。最著名的喜劇詩人是阿里斯多芬（Aristophanes）。與悲劇不同的是，喜劇立足於有血有肉的人類，並且對現實社會進行批判，很像現在的「卡巴萊」（cabaret，一種針砭時弊的小型歌舞表演）。

亞里斯多德在他的《詩學》中描述了悲劇的構成與作用原理：它能激起恐懼與憐憫，並使我們的感情從中得到淨化與昇華。然而，後人並沒有發現他對喜劇的評論。在義大利當代知名作家安伯托·艾可（Umberto Eco）《玫瑰的名字》（*Il nome della rosa*）中，小說人物也曾徒勞地尋找過相關文獻。

希臘悲劇的題材被後人不斷地加工創新，從歐里庇得斯的《伊菲格尼亞在奧里斯》（*Iphigeneia at Aulis*），到歌德的《伊菲格尼亞》（*Iphigenie*），從埃斯庫羅斯的《被縛的普羅米修斯》（*Prometheus Bound*）到瑪莉・雪萊（Mary Shelley）的《科學怪人》（*Frankenstein*）。亞里斯多德的《詩學》則成為文學評論中最重要的文本。

詩歌

從希臘詩歌中可以援引許多概念來定義文學的形式。像荷馬一樣吟唱敘事詩的歌手，稱為吟遊詩人；從英雄史詩發展出輓歌（由笛子伴奏），輓歌又發展為感歎所失的悲歌；抒情詩的代表人物阿那克里翁（Anacreon），專門以愛情和生活的享樂為創作題材，於是就有了「阿那克利翁式」一詞，用來表示歡樂、輕快與享樂的。

最豐富多樣的是合唱抒情讚美詩（讚美神與英雄）、凱歌（勝利之歌）、酒神讚歌（由森林之神薩蒂爾用令人心醉神迷的笛聲伴奏），以及頌歌（慷慨激昂地歌頌偉大的人物或事物）。

重要的代表人物是品達（Pindar）和伊比庫斯（Ibycus）。

而且，許多戲劇元素的概念也有其希臘淵源。英雄及其對手分別擔當悲劇的主角（protagonist）和反面角色（antagonist，源於agon＝戰鬥）。英雄有驕傲的毛病，所以會受到痛苦的懲罰，並以一種不幸的嘲諷方式，走入災難性的結局之中。

悲劇結束之後，往往會有一幕詼諧的「羊人劇」來平衡觀眾的心情，由一個頂著馬耳朵、露出陽具的可怕怪物，誇張而諷刺地模仿剛才的悲劇情節。悲劇的對立面是喜劇（源於komus＝慶典遊行＋頌歌），喜劇主要是用於諷刺（譏笑不良現象，不是源於Satyr＝薩蒂爾，而是源於拉丁文satura＝獻祭用的水果盤）。

從希臘數字中還衍生出格律名稱，例如四步詩（tetra-meter）、五步詩（penta-meter）、六步詩（hexa-meter）、七步詩（hepta-meter），以及許多與數字有關的概念，五邊形或五角大廈（Pentagon）、摩西五經（Pentateuch）、五旬節（Pentecoste，又稱聖靈降臨節，復活節之後五十天）、五角星（Pentagramm）、

五項全能運動（Pentathlon）、五日童話集（Pentameron）等等。

哲學

希臘人發明了哲學（Philosophie＝philo愛＋sophie智＝愛智），從而開啟人類歷史的新紀元。人類透過思考認識自身，並把自身從宗教的束縛中解放出來，自己給自己訂立規則，這就是邏輯的規則。

此一過程與社交群體活動和公共演說密切相關。思考是對話，不是獨白，這樣才符合民主的要求。哲學在演講與辯駁中發揮得淋漓盡致，而被當成是一種辯論的藝術，以及從各個面向觀察同一事物的方法，稱之為「辯證法」。此法尤其受到詭辯家的青睞，他們希望藉由反覆練習掌握這門技術。於是，有些哲學家就成了漫遊四方的雄辯術老師，專門為政治家提供培訓。這樣，他們的表現難免帶有「牆頭草」的機會主義色彩，甚至落得聲名狼藉。

● 希臘人發明了哲學，從而開啟人類歷史的新紀元。

然而，哲學界的三大泰斗——蘇格拉底、柏拉圖和亞里斯多德，絕不在此之列。他們對歐洲思想的影響是空前絕後的，直至今日仍無遠弗屆。他們三位是一體的，因為蘇格拉底是柏拉圖的老師，而柏拉圖則是亞里斯多德的老師。蘇格拉底（西元前470-399年）經歷伯里克利時代和伯羅奔尼撒戰爭；柏拉圖（西元前427-347年）生活在雅典重新崛起的時代；亞里斯多德（西元前384-322年）經歷了馬其頓的盛興，並成為亞歷山大大帝的老師。

蘇格拉底

蘇格拉底沒有留下任何著作。今天所知道關於他的一切，幾乎都出自他與學生柏拉圖的哲學對話。透過這些對話，我們聆聽蘇格拉底的聲音，對於如此生動清晰的形象，深覺震撼，無怪乎他能長久留駐世人心中。

蘇格拉底的父親是雕刻匠，母親是助產士。起初，他子承父業，也從事雕刻，後來卻成了一位雄辯家，但是他違反行規——不傳授口頭功夫，而傳授從政的道德素養。他意識到，僅靠宗教信仰並不能解決所有的問題，於是，他致力於透過教育來培養雅典菁英分子獨立思考的能力，讓他們成為出色的管理者。然

而，這在暴民身為統治階層的初級民主政治中，卻遇到了麻煩。

蘇格拉底本人生活儉樸，和一般的平民沒什麼兩樣，但是他只收出身極其高貴的學生，希望把他們教化成體恤民意的菁英。因為蘇格拉底認為自己是在傳播一種信念，所以他不收學費。這讓他的妻子桑提婆（Xanthippe，又譯贊西佩）十分惱火——美德是個什麼東西，難道比餐桌上的食物更重要嗎？於是乎，桑提婆整天和蘇格拉底吵鬧不休，而這無疑讓蘇格拉底的雄辯術在日常生活的「實戰演練」中不斷地琢磨精進。蘇格拉底應該很敬愛自己的母親，所以將他的問答式教學法命名為「助產術」（又曰「產婆法」）。

蘇格拉底把哲學家的視野從自然轉入社會，對於真理的探索他運用了詭辯術，並且發明一套蘇格拉底式的方法：他先裝作不懂的樣子，向看起來很有自信的對方詢問想當然耳的事情。「咦？那不是克里提亞斯嗎？雕像前的那位雕刻家。」「當然！」然後他會藉由繼續追問而把對方引入矛盾的亂石崗，跌跌撞撞，為的是讓那個已經暈頭轉向、垂頭喪氣的傢伙明白：他自認為正確的看法只不過是無知的一種溫和的表達方式而已。

這種誘導走向自我否定的方法充滿蘇格拉底式的諷刺，它所引起的效果是巨大的，常教當事人印象深刻，同時亦以一種令人震驚的方式，戲劇化地表明了哲學的含義：以一種異樣的目光去看理所當然的事物與自身感受，不再想當然耳，這樣才能拆解這個世界，並且根據邏輯的規則去重構它。就像是後世的笛卡兒，他先是有了足以顛覆整個世界的懷疑看法，然後才能重新解釋世界。這就是獨立思考的助產術。

在這些對話中出現的人物形象極其生動。如果你想認識他們，可以從柏拉圖的《饗宴篇》（Symposium，或譯《會飲篇》）開始讀起。此篇實況記錄了一次鬥酒盛筵，酒筵是為慶祝阿迦同（Agathon）在悲劇作家競賽中獲勝而設。在座的有阿迦同、阿里斯多芬、喜劇詩人費德魯斯（Phaidros）、保薩尼阿斯（Pausanias）和蘇格拉底。席中無所禁忌地談及同性戀——對於男童的喜愛同時也是師生關係精神交流的一部分，而貫穿全席的主題則是愛情。他們認為，愛是神與人相通的媒介。

阿里斯多芬講了一個原本是雌雄同體球形人的傳說，由於他太狂妄，神把他

劈成兩半,他們會在愛的牽引下,重新結合在一起。然後,蘇格拉底提出了一種階段式晉升之愛的哲理:從性感經過愛,到美麗的心靈,再到智慧,最後達到分享神永生的奧祕。日後,這種柏拉圖式愛的學說與基督宗教的觀念結合在一起,獲得了非凡的迴響,並且在文藝復興時期的佛羅倫斯復甦。

突然,這時喝得醉醺醺的亞西比德(Alcibiades)領著一群鬧哄哄的民眾衝進宴會。大家要求亞西比德向愛致頌詞,然而他卻發表了一篇關於蘇格拉底的演講。亞西比德宣稱,事實上,蘇格拉底是愛神的化身。他用充滿魅力的話語傳遞不可抗拒的愛,教人入迷,但是他會岔開了話題扯到其他事情上,然後再回到主題,將愛提升至哲學的境界。

沒有哪篇對話與記述能比蘇格拉底之死這一篇,更鮮明地凸顯他的精神。有許多追隨蘇格拉底的人和他一起受到控告,罪名是腐化青年、傷風敗俗。他為自己辯護,而法官投票表決的結果是,以些微差距通過了有罪判決。

根據老規矩,他可以自行建議一種受懲罰的方式。然而,他故意激怒法官,宣稱自己不僅不該受到懲罰,反而應該得到獎勵。法官覺得受到了嘲弄,於是重新表決,最終以多數票通過死罪判決。就在臨死之前,他泰然地與憂傷的學生談論死亡,拒絕別人幫助他逃亡。因為,他不想在城邦之外的任何地方生活,於是他飲下了一杯毒酒。

後世常常將蘇格拉底之死與耶穌之死相提並論:二者都是替罪羔羊式自願獻身之死,而主事者則是一群打著正統旗幟的庸俗暴民。

柏拉圖

柏拉圖在蘇格拉底死後開始雲遊四方,其間還在敘拉古當過一段時間的政府顧問,但卻以慘敗告終(被賣為奴)。之後,他返回雅典,在祭祀古希臘英雄阿卡德穆(Akademos)的花園附近建了一所高等學府,且因此而得名「阿卡德米」(Academia=學院、研究院)。這所學院存在了近千年之久。

與後世大部分的哲學家不同的是,柏拉圖喜歡用美妙而激動人心的文字書寫。因為,他想讓他的學說打動更多的人。他繼續發揚蘇格拉底的教育理念,也研究集體應奉行什麼樣的合理制度。

然而，柏拉圖對後世帶來決定性的影響是：他通過闡明一些基本概念，構築了未來哲學研究的框架。他把世界分成兩個王國──「永恆的存在」和「變換的現象」。現象的王國是一個洞穴，我們背對著一堆火坐在洞中，實際的物件在我們與火之間穿行而過。而我們只看到了「他」被火光投射到岩壁上的搖曳暗影，它們是我們眼中的現實。這就是柏拉圖著名的「洞喻」。

　　真正的現實世界是由理想的基本類型所構成，而個體只是它們的影像而已。這種基本類型被柏拉圖稱之為「理念」。透過把世界畫分成兩個王國，柏拉圖成為形上學（物理的反概念，即物理是形下學）和理想主義的鼻祖。就這樣，他為後世的哲學家奠定了研究的方向，讓基督宗教和哲學在文藝復興時期有了結合的可能性，當然，這也歸功於以普羅丁（Plotin, 204-270）為首的哲學家對新柏拉圖主義的推展，並使其更臻完善。

　　當身體感官把我們的視野限制在現象的陰影中時，現象的世界與理念的世界之間仍然存在交集：如果一個圓或方的形狀傳遞給我們一種理念上的完美（如阿里斯多芬在《饗宴篇》中所述球形人的神話），那麼就達到幾何上的現象與理念的交匯。當然，我們可以透過夢想衝破感官的限制，賦予靈魂翅膀。這樣，我們就處於靈魂獲得新生的前夕，並憶起理念的王國，那裡是我們靈魂的故鄉。當靈魂思考時，便是在分享理念王國的奧妙，並且還有可能改變理念王國的面貌。

　　理念本身形成一個類似於太陽系的重力系統。有些理念有太陽般強大的引力，使「理念衛星」圍繞它運轉。而處於中心地位的太陽則是真、善、美三位一體的理念。

　　因此，在柏拉圖的哲學中，倫理學、認知理論和美學是交融在一起的。從事哲學活動本身已經是一件道德的事情，而對真理的探索則有愛情般的強烈吸引為動力（見《饗宴篇》中愛的階段）。鮮少有哲學能寫得如此扣人心弦。

　　令現代人覺得不甚妥當的是柏拉圖對於理想國所設計的藍圖。（《理想國》〔Politeia〕是第一篇論述烏托邦的著作。）家庭和私有財產被取消，而是由一位國家的教育獨裁官進行統治，實施優生保健的菁英培育政策，並且設立固定的教育計畫：童年時要學習神話故事，之後就是讀和寫，十四至十六歲學習文學創作，十六至十八歲學

● 鮮少有哲學家像柏拉圖一樣，能將哲學寫得如此扣人心弦。

習數學，十八至二十歲參加軍事訓練。之後，智力水準較差的人留在軍隊，有天賦的人接受完備的學院教育。這裡採用淘汰制，有實踐才能的人進入仕途，擔任較低的官職，菁英繼續接受五年的純思想教育，接下來在較高的管理職位上接受十五年的考驗，五十歲時擔任國家領袖。

由此可見，從一開始，烏托邦就顯示出極權主義的特徵，並且展現了一種辯證關係——往往是最好的意圖導致最強硬的嚴肅主義（僵硬地遵守基本原則）。

關於柏拉圖的影響，我們可以毫不誇張地說：歐洲哲學頂多算是柏拉圖哲學的註腳而已。

亞里斯多德

亞里斯多德出生於卡爾息底斯（Chalcidice）半島的斯塔吉拉（Stagira），因此，後人亦稱其為「斯塔吉拉人」。他的父親是一位醫生。他從七歲開始進入柏拉圖學院，在那裡學習了二十年。然後，他在列士波斯（Lesbos）島逗留了一下，遂於西元前342年成為馬其頓菲利浦王朝十四歲亞歷山大的老師。

亞歷山大開始遠征之後，亞里斯多德返回雅典，並在那兒創辦了一所自己的學校——呂克昂（Lyceum，西元前334年）。在學校的林蔭小道中，他與學生們總是或沉思或討論地踱著步，於是獲得了「逍遙學派」的封號。亞歷山大過世之後，他像蘇格拉底一樣遭到「不敬神明」的指控，流亡不久即去世。

從某種意義上講，亞里斯多德是理想主義者柏拉圖的現實主義的孿生兄弟。然而，他並不強調理念和表象之間的差異，而是試圖把二者給聯繫起來。為了達到此一目的，他引入了一個微小但是具決定性的變化，他不再說「理念與表象」，而是說「形式與質料」。

這一對新的差異並不是出現在兩個世界中，而是同一個世界的每個地方，例如陶土是質料，磚就是形式。今天的理論（如系統理論）稱之為形式與介質，音素構成了語言這種形式的介質，而語言則是文本這種形式的介質，文本又是詩行這種形式的介質等。

根據這個原則，亞里斯多德把世界畫分為「質料與形式」關係的階梯序列。它是從不確定到確定，從可能到現實（或者是從不可能到可能）漸進式的階梯結

構。從一堆閒聊廢話的雜訊中可能會突然產生一首詩，就像米開朗基羅的大衛像是從一塊大理石中誕生出來一樣。形式從質料中喚醒充滿張力的形體（今天人們區分為元素的鬆散組合和嚴格組合，例如噪音是音素的鬆散組合，而語言則是嚴格組合）。

　　純粹的形式，既是最不可能的，卻又是最真實的，它就是神的靈。它是形式之所以能從質料中產生出來的第一原因；在其他所有的東西裡面，形式和質料是混合在一起的。這樣就解決了「肉體與靈魂」問題；靈魂是形式，肉體是質料。靈魂是有差別的，它們又可分為植物的、動物的和理性的靈魂。只要某物還在變化和運動，那麼它就未達到最完善的狀態。不變與靜止是極其完美的標誌；上帝就是靜止的。這種把靜止與運動看成截然相反的觀點，在後來的重力理論研究中被證明是一種思想上的桎梏。

● 亞里斯多德是理想主義者柏拉圖的現實主義的學生兄弟。

　　以這種分級的世界和亞里斯多德的邏輯為出發點，中世紀的經院哲學家，如聖托馬斯‧阿奎那（Thomas Aquinas）等，構建了中世紀的世界觀。他們從阿拉伯人那裡發現了亞里斯多德的文章。於是，亞里斯多德變成了中世紀占主導地位的哲學家，直至文藝復興時期新柏拉圖主義的崛起，他對哲學界的主導才被打破。在此之前，亞里斯多德對學術界的統治幾乎是無所不在的，沒有哪門中世紀的學科不學習亞里斯多德的思想。

其他哲學學派

　　其他哲學學派包括犬儒學派，它所追求的最高境界是無欲無求，所以該學派產生了一批像狄奧根尼（Diogenes）一樣的「流浪漢」。

　　當亞歷山大大帝去拜訪生活在桶中的狄奧根尼時（有專家認為，那「桶」實際上是一種用以埋葬死人的甕），問他想得到什麼恩賜，狄奧根尼說出了令無數後人競相引用的話：「只要你別擋住我的陽光就行了。」而亞歷山大大帝的回答更令人跌破眼鏡：「假如我不是亞歷山大，我希望我是狄奧根尼。」這個學派的人希望像狗一樣地活著，所以世人稱之為犬儒學派。今天，德國哲學家彼得‧斯

勞特戴克（Peter Sloterdijk）[2] 重新研究它的意義。

另一個影響深遠的哲學派別是斯多噶學派，其名稱源於「斯多阿」（Stoa），意為圓柱式大廳。這一學派的支持者宣揚沉靜，因此便有了「斯多噶式」（恬淡寡欲、禁欲）這個詞。該學派在尼祿（54-68）等羅馬皇帝的白色恐怖統治時期尤為普遍。另外，和藹可親的伊比鳩魯的追隨者宣稱：感官體驗是獲取知識的唯一源泉，而滿足感官享受則是人生的最高目標（因此，伊比鳩魯主義又稱作享樂主義）。

懷疑學派遵循一種民主、極其老練、不急於做出判斷的行事策略。他們將哲學的開端——懷疑——奉為基本原則，因而被其他傳統學派指責為立場不堅定的牆頭草。

羅馬歷史

在法國南部隆河（Rhône）三角洲的頂端，坐落著美麗的小城阿爾勒（Arles）。那裡有一個保存得相當完整的古羅馬競技場，現在再度對外開放。在中世紀時，整個城市就位於競技場內，人們在場內建造房屋，以競技場的外牆作為城牆。

此處透露著一股象徵力量，即：近代歐洲是從羅馬帝國的廢墟中成長的。這些廢墟似乎在向世人展示著某種歷史輪迴。它首先體現在政權的更替上。當法蘭克親王卡爾大帝（即查理曼）在西元800年的聖誕慶典上，從教皇李奧（Leo）手中接過皇帝的冠冕時，他們兩人都堅信，這標誌著羅馬帝國的復興（translatio imperii）。因此，國家法典用拉丁文編寫，學術界也使用拉丁文。直至今日，羅馬教廷仍通行拉丁文。而整個歐洲都以羅馬歷史作為研究政治歷史變遷的範本。因此，關於這些對後世產生巨大影響的歷史人物與事件，應有一番了解。

● 近代歐洲是從羅馬帝國的廢墟中成長起飛的。

2 1947年出生，1983年以《犬儒理性批判》（Kritik der zynischen Vernunft）一舉成名，現任卡斯魯爾（Karlsruhe）藝術學院美學與哲學教授。

序曲（西元前753-200年）

我們以西元前200年作為分水嶺，在此之前即為「序曲」。然而，為什麼是西元前200年呢？因為在這一年，羅馬統一了義大利，並制定憲法，經過兩次戰爭後征服迦太基人，並在接下來的七十年中，陸續吞併了馬其頓和地中海東岸希臘化的世界。

傳說，大約在西元前753年，孿生兄弟羅慕洛（Romulus）和勒莫（Remus）建立了羅馬城。他們的身世很離奇，剛生下來就被遺棄，是由母狼餵養長大。這對雙胞胎吸吮母狼奶水的雕像成為羅馬城的象徵標誌。

直至大約西元前510年為止，羅馬城一直為伊特拉斯坎（Etruscan）的國王所統治。伊特拉斯坎民族主要居住在羅馬以北，是一個由海盜和享樂主義者組成的民族。這個民族留給後世「瑰麗的文化遺產」就是不計其數的鍋子、土利屋（Trulli，屋頂呈圓錐狀，由石灰岩切成，而牆壁和門窗通常粉刷成白色）和假牙。後來，羅馬城形成共和國（源於拉丁文res publica，即公共事務之意）。

從西元前510至270年，羅馬逐步征服了義大利其餘各地，而內部貴族與平民之間的鬥爭則連綿不斷。鬥爭的結果是憲法誕生了，其中對於官銜的設置沿用至今日。

憲法

羅馬的政治首腦是兩位擁有同等權力的執政官，每年由選舉產生（執政官任期一年，任滿退職，已退職的執政官不得重選連任），他們同時也是軍隊的最高統帥。羅馬的最高權力機構是元老院（起初成員為三百人，之後增多）。元老院實行終身制，成員不是經過選舉產生，而是由執政官從過去的政府官員中挑選出來。在共和國時期，元老院集大權於一身，制定預算法案、對外政策、戰爭與和平法，並負責對各省的監督等等。

除此之外，還有一些官職相當於今天的部長：監察官負責監督社會道德、稅收，以及公共設施的建設；市政官相當於警察局長，負責維持公共秩序；財政官管理國庫；裁判官負責司法。這些高級官吏身著鑲著紫邊的寬大長袍，有侍衛相伴，為了彰顯權威，侍衛手持權標——一束木棍中間捆著一把斧頭（又稱法西斯

〔fasces〕）。日後為了和羅馬帝國風格掛上鉤，墨索里尼便將這個標誌當作黨徽，所以他的追隨者稱作法西斯主義者。

另外，羅馬的護民官扮演著一個特殊的角色，他們有些類似現在的工會，代表人民向官僚機構提出反對意見。他們對元老院的決議擁有否決權，並且能在平民大會上發動自己的提議。在共和國的末期，他們就像現代的工會代表那樣傾向於採取阻撓政策，專門和元老院對抗。

布匿戰爭（西元前264-241 / 218-201年）

第一和第二次布匿戰爭是羅馬度過的第一個重大危機，在此之後，羅馬崛起，並成為強國。羅馬在布匿戰爭中的對手是貿易民族腓尼基人，後世稱為「布匿人」，首都是迦太基（在今天的突尼斯附近），他們於第一次布匿戰爭（西元前264-241年）中戰敗，被迫割讓西西里島。

第二次布匿戰爭（西元前218-201年）由於強烈的戲劇性發展，留給後世許多幻想空間。英勇果斷的迦太基將軍漢尼拔差一點滅掉了羅馬，但是最後功敗垂成。為了把戰火引入義大利本土，他率領十萬大軍、三十七頭大象長征，在兩週之內穿越南法蘭克，雖然在越過阿爾卑斯山時損失慘重，但是在特拉西梅諾湖（Lake Trasimene）戰役中，讓羅馬執政官的軍隊全軍覆沒，並在坎尼（Cannae）會戰中消滅了另外一支羅馬軍隊。

從此之後，羅馬人十分畏懼漢尼拔，害怕他攻打自己的城市。「漢尼拔已經到門口了」（Hannibal ad portas）──而不是才要往這裡開拔過來，即援引自羅馬最傑出的演說家、教育家、古典共和思想的代表人物西塞羅（Cicero，西元前106-43年）第一篇抨擊性演說。

羅馬人在大將費邊（Fabius）的帶領下，採用拖延戰術，避其鋒芒，不與漢尼拔正面交手，而是利用本地人的優勢，採用小規模的游擊戰術，破壞占領軍的後備供給，消耗其實力（日後根據費邊的拖延戰術，英國一群菁英分子建立了「費邊社」，希望透過理智的游擊戰術，漸進地實現社會主義）。

就當西庇阿（Scipio）率領一支軍隊侵入非洲時，漢尼拔不得不撤軍返回家鄉，在札馬戰役中敗北。失敗之後，漢尼拔繼續為反抗羅馬的聯盟效力，羅馬人

要求引渡他，於是他在流亡中自殺。這是一個典型的「末路英雄」人物。儘管並非出自他的本意，但他的行為促使羅馬變為世界強國，並接管了亞歷山大的希臘遺產。這樣，我們又來到西元前200年這個分水嶺了。

在接下來的七十年中（直到西元前120年），羅馬把所有的戰敗國──迦太基、西班牙、馬其頓、希臘和小亞細亞（白加孟〔Pergamon〕），還有相互毀滅的敘利亞與埃及──都變成它的省分，晉升為一個大帝國，同時也一併征服了希臘化文化。

重大政治危機與過渡至帝制

各省的賦稅流入管理者和高級官吏的口袋中，他們用這些錢支付競選所需巨大的額外開銷。就像今天的美國一樣，只有富人或是有富人當靠山的人，才有本錢投入選戰，踏上仕途。於是形成了一個超級富豪階層，而政客只不過是他們的傀儡。同時，羅馬的廣大民眾日益貧困。結果就導致了元老院派系和平民派系之間的階級鬥爭。在平民這一邊，提比略・格拉古和蓋約・格拉古（Tiberius & Gaius Gracchus）兄弟倆的言行堪稱護民官的典範，他們因而成為社會主義效法的榜樣。

接下來便是馬略（Marius）和蘇拉（Sulla）之間的內戰，兩人分別是平民派系與元老院派系的代表者。蘇拉帶領一支剛從殖民戰爭中返回的遠征軍打贏了內戰，正如後世西班牙法西斯主義獨裁者佛朗哥（Francisco Franco, 1892-1975），帶領從摩洛哥返回的殖民軍打贏了西班牙內戰。而且，和法西斯獨裁者如出一轍的是，蘇拉在戰後也搞了「黑名單」，對政敵進行血腥報復。從此之後，軍隊決定了政治遊戲參與者的命運。

龐培與凱撒

現在，危機越演越烈，幾乎達到了頂峰。奴隸們在斯巴達克斯（Spartacus）的帶領下起義（電影《斯巴達克斯》由美國知名影星寇克・道格拉斯〔Kirk Douglas〕主演；1919年的柏林起義也稱為「斯巴達克斯者起義」）。這次起義被龐培（Pompeius）和克拉蘇（Crassus）鎮壓下去了（西元前73-71年）。

此後，由於龐培滿足了人民的願望，他被授予特殊全權，領導對抗外省的戰爭，並取得了赫赫戰功。當時，元老院摧毀了亡命之徒加蒂蘭（Catilina）的陰謀，而西塞羅也有機會大展其演說才能，龐培則在西西里島贏得了令人稱頌的輝煌戰績（西元前63年）。然而當龐培凱旋，元老院卻拒絕了原先承諾給予老兵的獎賞，導致矛盾激化。為了實現自己的要求，龐培與克拉蘇，以及高盧的征服者尤利烏斯·凱撒，組成了一個「三人小組」，即「前三頭同盟」。他們共同控制元老院。

然而安寧只持續了片刻，由於克拉蘇死於與波斯人的戰爭，凱撒與龐培之間的爭權奪勢越演越烈，使羅馬陷入第二次內戰。這場戰爭以凱撒的勝利告終，因為他的軍隊在與維欽托利（Vercingetorix）和阿斯特利斯（Asterix）較量的高盧戰爭中，接受過較嚴苛的訓練（維欽托利是高盧起義的領袖，而阿斯特利斯今天則成了法國家喻戶曉系列漫畫中的英雄）。就這樣，凱撒成為集大權於一身的專制君主。羅馬共和國消亡了，取而代之的是一個新實體——羅馬帝國。

安東尼與克麗奧佩特拉

接下來的故事取材於莎士比亞的《尤利烏斯·凱撒》。在加西阿斯（Cassius）與布魯圖（Brutus）的陰謀指使下，凱撒遭到刺殺（西元前44年3月15日——望日）。凱撒的政敵兼共同執政官瑪爾庫斯·安東尼，他一方面保護密謀者，另一方面以戲劇文學中最精采的演說，挑動人民揭竿而起去對抗他們，他並且與凱撒的養子屋大維、雷比達（Lepidus）結成反元老院派的「後三頭同盟」。他們一起在菲利皮（Philippi，馬其頓東南部）戰役中借助於凱撒的聖靈，戰勝了加西阿斯與布魯圖（「在菲利皮，我們又重逢」）。

之後所發生的事情則記載於莎士比亞的《安東尼和克麗奧佩特拉》中。為了給他的士兵弄到錢，安東尼掉頭向東。他受到埃及女王克麗奧佩特拉的引誘，陷入放蕩的生活中。他與屋大維漸生摩擦，為了消除嫌隙並重修舊好，雙方締結了一樁政治婚姻——安東尼娶屋大維的姊妹奧塔維婭為妻。然而，這卻成為終結的開端。因為，安東尼此時已經離不開克麗奧佩特拉，為了她的利益竟恣意行使統治權，完全喪失了政治家的理智。

在接下來的軍事衝突中，安東尼表現得簡直像個白癡，當他聽到克麗奧特佩

拉死亡的傳聞之後（其實是她自己製造的假消息），便自殺身亡（西元前30年）。

奧古斯都

危機終於過去了。現在屋大維獨攬大權，成了羅馬世界的最高統治者。他汲取了「凱撒被刺」的教訓，為了安慰人們心中的「共和國情結」，他保留了共和國的外殼，元老院繼續存在。元老院授予屋大維終身對軍隊的最高指揮權，並贈予他「奧古斯都」（Augustus＝至尊者）的稱號。

此後，奧古斯都開始在羅馬帝國推行休生養息的政策，鞏固邊疆，並為奧古斯都時代（西元前31-西元14年）的文化繁榮奠定根基。耶穌基督也正好出生在他統治的時期。經過近半個世紀的長期執政之後，奧古斯都終於決定把政權移交給養子提比略（Tiberius）。從此之後，屋大維的養父凱撒的姓Caesar變成了一種稱號；從中演變出皇帝（Kaiser）和沙皇（Zar），所有的帝王自此之後都以「凱撒」自居了。

帝國時代：尼祿與其他皇帝

羅馬帝國生於帝制，亦亡於帝制，總共持續了五百年──從西元前31年，到西元475年。在羅馬皇帝中，不乏極具怪癖的傢伙。從第二代皇帝提比略之後，就出現了一連串古怪的人物，以出人意表的行為而「名留青史」，例如卡利古拉（Caligula，原名為蓋烏斯‧凱撒〔Gaius Caesar〕，在位時間為西元37-41年，這名字是父親屬下取的綽號，意為「小靴子」），竟然瘋狂到封他的一匹馬為元老。而在克勞狄烏斯（Claudius，又譯革老丟）的身上，人們看到的只是他的癡呆與低能，而妻子麥瑟

● 在羅馬皇帝中，不乏英明能幹的君主與極具怪癖的傢伙。

琳娜不斷爆出駭人聽聞的醜事，於是他就處決了她，之後卻娶了更壞的亞基比娜──尼祿的母親，她毒死了他。身為皇帝，他的功績寥寥可數，僅在字母表中加了三個新字母，然而，隨著他的死，這三個字母也就消失無蹤了。

尼祿其實是哲學家塞涅卡（Seneca）的兒子，開始時並不太壞，自從他一手策畫謀殺了母親之後，就變得完全失控。為了和迷人的潑皮厄結婚，他殺害了自己的妻子。然後，他患上「希特勒綜合症」，即極端的「皇帝狂」，結合了華

格納「諸神的黃昏」（日薄西山、滅絕淪亡）、對音樂的業餘愛好以及不可遏制的建築狂熱。為了給他瘋狂的建築計畫闢出空間，他竟火燒羅馬城，熊熊大火的壯觀景象使他詩興大發，像荷馬吟誦烈火中的特洛伊一樣，口中也念念有詞。然後，他把縱火犯的帽子扣到基督徒和猶太人的頭上，對其殘忍迫害。

　　就這樣，尼祿給希特勒樹立了一個壞榜樣，無怪乎希特勒會以出師傑作「國會縱火案」告慰尼祿的在天之靈（1933年2月27日，希特勒唆使人火燒國會大廈，然後誣滅是共產黨所為，目的是為血腥鎮壓反法西斯分子尋找藉口）。然而，與希特勒不同的是，連尼祿的護衛都無法忍受他的瘋狂，紛紛離去，最後剩下他孤家寡人，只有自我了結性命。

　　之後，從維斯帕先（Flavius Vespasian）開始，又出現幾位精明能幹的皇帝（69-180），其中，維斯帕先和他的兒子提圖斯（Titus）在歷史上受到憎惡，因為根據記載，他們鎮壓了猶太人的起義，並摧毀耶路撒冷的神殿（西元70年）。

羅馬帝國

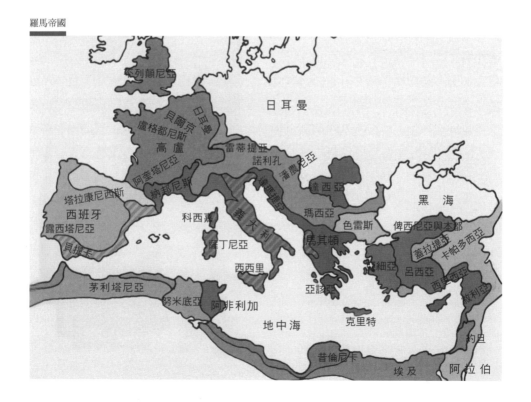

在這些賢明皇帝中還有「過繼皇帝」圖拉真（Trajan）、哈德良（Hadrian）和馬可‧奧熱流（Marcus Aurelius）[3]。

衰落

西元180年之後，皇權成為軍隊和皇家衛隊的傀儡長達百年之久。而且，在西元三世紀，發生諸多重大的社會變動，導致公民喪失自由、城市居民貧困、城市自治終結、佃農淪落成家奴、行會受到國家的監控。這一連串危機促使皇帝戴克里先（Diocletian, 284-305）把中央政府遷出羅馬。為了擺脫元老院的影響，他用等級特權取代歷史上遺留下來的「補丁地毯」，用中央集權取代各城市和行省的自治，並且嘗試以專制政體的模式，透過一套複雜的宮廷禮儀，借助於「神授君權」的宗教魅力，來重建皇權。同時，他視基督徒為威脅皇權統治的異端而加以迫害。

羅馬成為基督宗教的天下

戴克里先的後人君士坦丁大帝（Constantinus I Magnus，統治時期西元325-337年），在這條道路上走到了盡頭，因而不得不改變方向。他突然想出一個主意，讓基督宗教為政治服務，並且藉由東方化來拯救皇權。這是一項對世界歷史產生重大影響的決定——基督宗教成為國教。西元325年的尼西亞（Nicea）大公會議確定了阿塔納修斯派（Athanasius）的教義（聖父、聖子、聖靈三位一體，承認耶穌的神性）為基督宗教的正統版本，並將其對手馬克森提（Maxentius）的追隨者（大部分是後來信奉基督宗教的哥特人）斥為異端。君士坦丁大帝並遷都至拜占庭，也就是今天的伊斯坦堡，象徵著皇權透過基督宗教而東方化。

羅馬教皇

皇帝遷出羅馬之後，羅馬的主教就趁機扮演「精神皇帝」的角色，並自命為

3　羅馬帝國最強盛的時期是始於涅瓦爾（Nerva）於西元96年開創的安東尼烏斯王朝，他與接下來的四位皇帝圖拉真、哈德良、安托尼烏斯、披烏斯和馬可‧奧熱流都是「過繼皇帝」——被收為義子而繼承王位的家族外的賢才，史稱「五賢帝」。

基督宗教的首領。他說，因為使徒彼得曾經在羅馬逗留過一段時間，而且耶穌說過一句雙關語：「在這個『彼得』之上，我要建立我的教堂。」（因為彼得在希臘文中是「岩石」的意思）。

由此看來，教皇統治的基礎只不過是一句妙語而已，但這本來也沒有多糟糕。只是教皇自己覺得不保險，於是偽造了一份名為《君士坦丁之饋贈》的詔書。上面記載著，君士坦丁大帝在臨終的病榻上將整個世界——尤其是教皇國——的統治權授予了羅馬教皇西弗斯特（Silvester）。後來，十五世紀義大利的人文主義學者洛倫佐・法拉（Lorenzo Valla）發現，整個文件都是偽造的。但是為時已晚，因為教皇的統治早已根深柢固。於是，往後路德只有尋找其他理由才能動搖教皇的統治。

基督宗教

耶穌

西元325年，孕育歐洲文化的兩條大河希臘文化與猶太文化，匯聚在一起了。然而在此之前，它們也各自經歷一番變化；希臘文化成為希臘羅馬文化，猶太文化則轉為猶太基督宗教文化。

拿撒勒的先知耶穌（大約生於西元前7年，卒於西元30年）的出現，使以色列人的神與民之間的關係產生全新的轉折。它將人與神的關係「狂歡節化」。「狂歡節化」這個詞本身也有一種「顛倒」的含義，傻子變成了國王，而國王則被貶低。這種情況正好發生在耶穌基督身上，道成肉身，以一個赤貧之家柔弱嬰孩的身分來到人間。耶誕節的故事對此有清晰的描述：沒有錢去小客棧，真正的無家可歸者，就在一間舊馬廄中，耶穌誕生了。

這對後來歐洲文學的發展產生了潛移默化的作用，因為即使是一個出生貧賤、沒沒無聞的人，他的尋常生活，也能對後世產生巨大的影響。

當然，耶穌是不平凡的：他的母親是個處女，他的父親不是馬利亞的丈夫約瑟，而是上帝（約瑟相信這是事實，而且後來他也表示，他的命運與安菲特律翁相似。安菲特律翁被他的妻子阿爾克墨涅和宙斯給騙了，成為海格立斯的繼父。

所以就像耶穌顯神蹟一樣，海格立斯也被安排去完成許多英雄事蹟）。而且耶穌的誕生也有星相顯示，木星與土星匯合，因此東方三博士（賢士）也是星相學家的卡斯帕（Caspar）、默爾爵（Melchior）、巴爾塔撒（Balthasar）都來拜見這個神奇的嬰兒。

而且也有預言說，這個小孩將來會成為猶太人的王，並且威脅到希律王的政權。於是希律王殺了很多孩子，耶穌全家逃往埃及（天使事先托夢給約瑟，讓他帶領全家逃離；而希律王則殺盡了耶穌的降生地伯利恆，以及附近所有兩歲以下的男孩），這是典型英雄的故事。（希律王在中世紀的戲劇中經常代表著邪惡勢力。根據歷史記載，他西元前四年就過世了，所以耶穌的出生年肯定是錯的。事實上，耶穌大約生於西元前七年。）

● 拿撒勒的先知耶穌將神與民之間的關係「狂歡節化」，傻子變成了國王，而國王則被貶低。

神蹟

在耶穌身上所展現的另一個英雄特徵就是，他創造了神蹟。海格立斯把奧吉亞斯王那裡養了三千多頭牛，而且三十年來沒掃過的牛廄清理乾淨，而耶穌則把各式各樣的商販從廟宇中趕了出來；他治好一個下半身癱瘓的人；喚醒了死去的拉撒路，讓他死裡復活；而且他在迦拿的一場婚禮上，當酒喝空時，他變水為酒；他平息怒濤；他從一個瘋子身上把污鬼趕了出來，這些鬼又附身到一群豬上，這群豬後來跳海自殺了；他還在水上行走。他宣導「愛」，反對「爭鬥」，這正是後世嬉皮的信條——「要做愛，不要作戰」。他相信寬恕的力量，並推行簡樸的生活方式。

門徒與彌賽亞

然而，耶穌並非唯一的「嬉皮」先知。在他之前，約翰就開創了用約旦河的水給人施洗的做法。他也給耶穌施洗，當他把他浸入水中時，天開了，一隻鴿子飛下來，空中迴盪起一個聲音：「你是我的愛子，我喜悅你。」後來，耶穌召了十二個門徒來跟隨他，傳播他的福音。他們是彼得和安德烈兄弟、雅各和約翰兄弟（這兩對兄弟都是漁民）、馬太（稅吏）、腓力、巴多羅買、達太、西門、另

一位雅各、多馬（後來成為「不信的人」的代名詞）和加略人猶大。經過一段時間的共同生活之後，耶穌問：「眾人如何議論我？他們認為我是誰？」

「啊呀，」他們說：「人們的議論各種各樣，有人說，您是耶利米；也有人說，您是先知以利亞；還有一些人則把您和約翰相混淆。」

「就是那個施洗的約翰嗎？」耶穌問。

「正是。」他們回答。

「那麼你們認為我是誰呢？」

眾人一時語塞，然而彼得終於有了一個好主意：「您是彌賽亞——永生之神的兒子。」

在這種情形下，耶穌做了一個著名的文字遊戲，教皇的統治權亦源於此：「你是『彼得』（Petrus），在這個『岩石』（petros）之上，我要建立我的教堂。」

其他門徒都笑了（後來耶穌被捕時，彼得曾三次不認主）。

然而，耶穌是認真的（英國劇作家喬治・蕭伯納〔George Bernard Shaw〕認為，正是彼得的回答啟發了耶穌將自己視為彌賽亞）。不管到底是真還是假，從此之後，耶穌的行為舉止就像是彌賽亞了。於是事態變得嚴重了。

法利賽人

彌賽亞是猶太人所堅信的一位救世主。他們盼望他能使猶太人復國。無論如何，對彌賽亞的盼望是法利賽派的核心。他們是極端的保守主義者，標榜嚴守聖經誡命，與祭司貴族構成統治聯盟。他們不允許一個流浪漢自稱為彌賽亞，也不允許透過正義所進行的民族復興被「立即得救」或「現時重生」所取代。

因此，他們就在耶路撒冷大祭司該亞法的策動下，掀起了一場政治陰謀，而猶太人則為此付出兩千年流血的代價。大祭司派了一個奸細到耶穌的聚會上，為陷害他而故意問：「你認為我們該把稅銀納給污穢的羅馬凱撒嗎？」耶穌拿起一個銀錢，上面有凱撒的頭像，他把它翻來覆去看了一會兒，說：「凱撒的物當歸給凱撒，神的物當歸給神。」他就是這樣擺脫了困境，既沒有惹火猶太人，又不得罪羅馬人，而這句話則成為日後基督徒處理教會和國家關係的準則。

聖餐的建立

除此之外，耶穌還對傳統宗教進行了改革。他在逾越節來到耶路撒冷，儘管對他來說那裡是最危險的地方。特別是當他進城時，受到群眾的熱烈歡迎，這使他更加成為舊教的維護者大祭司的眼中釘、肉中刺。

耶穌藉由象徵性的儀式，賦予逾越節餐一種新的意義。他把這種對出埃及的紀念餐轉變成一種禮拜儀式，而獻祭品則是他本人：酒是他的血，而餅則是他的肉。就這樣，他用對他的犧牲的紀念，取代了對出埃及的紀念。聖餐成為基督宗教的中心儀式。然而，酒和餅是否真的在聖餐儀式中變為基督的血和肉，還是只是象徵性地代表基督的血和肉，對於這個問題，各教派的看法不一。聖餐的祭祀模式後來成為反猶太主義者荒唐思想的依據。他們認為，這是為了讓世人記得猶太人曾蹂躪過聖體。因此，對猶太人的大屠殺（Pogrome，源於俄語的pogrom＝蹂躪）多發生於復活節前後。

● 來自拿撒勒的耶穌說：「凱撒的物當歸給凱撒，神的物當歸給神。」

出賣

「最後的晚餐」描述一個戲劇化的場景：「你們中間有一個人要賣我了。」耶穌說。大家頓時驚慌失措。「天哪！不可能。誰會這麼做？」他們喃喃自語。

「我蘸一點餅給誰，就是誰。」耶穌邊說邊蘸了一點餅遞給猶大。而這個名字聽起來很像猶太人，於是它成為基督徒心中猶太叛徒的代名詞。

之後，耶穌來到橄欖山的花園中，由於想到死亡即將降臨，他倦意全無，而那些門徒則毫無戒備地躺下睡了。這時，猶大把官兵引到耶穌那兒，並給了耶穌一個兄弟間友愛的親吻來向官兵暗示誰是耶穌。他獲得了三十銀幣的賞賜。除了彼得削掉官兵的一隻右耳以外，其他的門徒都腳底抹油，溜了。而正是這個彼得，此後卻三次不認主。

審判

大祭司讓人對耶穌施以酷刑，審問他，並速判其罪名為褻瀆神。然後就把他移交給以彼拉多為代表的羅馬司法機構，並控告他進行反羅馬統治的煽動，傷害教派以及玷污民族之神，因為他宣稱，他就是猶太人的王。

「真的嗎？」彼拉多問。

「是的，」耶穌說：「但我的國在天上。」

「一個無害的瘋子。」彼拉多說，而就在這時候，他的女修指甲師把一盆水端到他面前，為其潔淨雙手。他一語雙關地說：「我洗手（洗去手中的罪惡）。」

最後，他又做了一次嘗試，企圖拯救耶穌，因為根據舊風俗，群眾可以從罪人中選出一人予以赦免。於是，彼拉多把無辜的耶穌和一個臭名昭彰的惡棍巴拉巴放在一起讓群眾挑選。但是，暴民卻狂吼：「赦免巴拉巴！」

這段戲劇化的情節正是上帝拯救人類的現實寫照：耶穌替罪人受死，而這罪人其實就是我們。就這樣，耶穌像一個罪人一樣被釘死在十字架上。整個歷史都記載著，不是彼拉多，而是猶太人對耶穌之死負有責任。

殉難十字架

耶穌釘死在十字架上的畫面成為歐洲的核心聖像。基督那受到嚴刑拷打的軀體位於圖像的正中間。他展開雙臂，渾身是傷，臀部圍著一塊寒酸的布，頭上戴著一頂荊棘編成的冠冕。在他頭的上方是一塊寫著古羅馬文字的牌子「INRI」（Iesus Nazarenus Rex Iudaeorum＝拿撒勒人耶穌，猶太人的王）。這幅畫面表現了最後的侮辱，以及死亡與追求神性之間的衝擊對立。

復活

之後發生的事情是意義重大的復活。耶穌死後，抹大拉的馬利亞（她曾經是個妓女）和另外兩個女人把屍體從十字架上取下來，洗乾淨，抹上油，並把他放在耶穌的一個信徒亞利馬太的財主約瑟夫的家族墓穴中，並搬來一塊大石頭堵住墓口。儘管耶穌被當作罪人處死，但下葬時受到一個光明正大的人所應有的禮遇。

大祭司擔心，耶穌的門徒會偷走耶穌的屍體，然後宣布耶穌復活，於是就派幾個人看守，並在墓門貼上了封條。

然而，當黎明時分，抹大拉的馬利亞來到墓前時卻發現，石頭滾到了一旁，墓中空空如也。於是她就問一個園丁，屍體被弄到哪裡去了，但是他只回了一句：「馬利亞。」然後她定睛細瞧，才認出那原來是復活的耶穌。幾天之後，他

又顯現於門徒的面前，其中有那個不肯輕易相信的多馬，直到他用手觸摸耶穌時，才相信耶穌真的復活了。可是大祭司卻說，他早就料到了，門徒會盜走耶穌的屍體，為的是散布他們的導師復活的謠言。十四天之後，耶穌將門徒領到一座山上，囑託他們去傳播他的道。之後，他便消失於彩雲之中，耶穌升天了。後人便以耶穌升天節來紀念這件事。

之後不久，確切地說也就是聖靈降臨節時，一道火舌從天而來，降到使徒們的頭上；聖靈以一種神奇的方式賦予他們運用外語的能力，讓他們能向外邦人傳福音。這對聖靈來說只是一小步，對人類的歷史發展而言卻是一大步：基督宗教邁出猶太人的居住區，朝向國際化的目標前進；從前信仰者只是「一個國家的基督徒」，現在成為「世界的基督徒」，四海皆兄弟！

保羅廣開基督宗教之門

從保羅的歷史功績來看，或許可稱他是「基督宗教的托洛斯基（Trotsky）」。起初，他狂熱地迫害基督徒。但是，在前往大馬士革的路上，或許是癲癇病發作的緣故，他從馬上跌下來，結果他看到耶穌基督，接著失明了三天。當他復明之後，就皈依基督宗教。他讓人給他施洗，並改名為保羅。與第一代使徒不同的是，保羅出身高貴，且受過良好的教育。

保羅給基督宗教加上一個意識形態的牢固外殼，讓教義超越了導師所處的歷史階段，從而具有普遍的適用性，代代傳揚下去（參見使徒保羅的書信）。他遊歷了無數地方，跨越了猶太人和異邦人之間的界線。他借助基督宗教將羅馬帝國的領土猶太教化，並成為僅次於耶穌本人的重要歷史人物。在羅馬創建教會，實際上應歸功於保羅，而非彼得。保羅最後可能是死於尼祿對基督徒的迫害。

耶路撒冷於西元70年毀於猶太人的起義，而基督徒與猶太人分散至羅馬帝國的各個角落。大概是由於基督宗教反對法利賽人的繁文縟節，因而受到廣大群眾的歡迎。同時基督宗教的教義關懷窮人、奴隸和受壓迫者，在西元三世紀城市日益貧困、許多人淪為奴隸的社會危機中顯得獨具魅力。此後不久，它就成為國教。恰好及時地早於民族大遷移，在日耳曼人闖入羅馬帝國之前。日耳曼人、哥特人與汪達爾人徹底改變了歐洲的版圖。狹義而言，另一段歷史開始了。

中世紀

Das Mittelalter

四百年的混亂（西元400-800年）：地中海流域的分裂

法蘭克人與阿拉伯人

　　接下來考察的是西元400-800年所發生的事情。在這段時期之後，羅馬帝國分裂為三個不同文化的政治實體。

一、以君士坦丁堡為首都的東羅馬帝國，或拜占庭帝國。那裡的人講希臘語。斯拉夫民族如塞爾維亞、保加利亞和俄羅斯受其影響而基督教化，因此，他們的文字是由希臘文演變而來（西里爾字母，根據傳教士西里爾〔Cyril〕的名字命名），而其教會則是承襲希臘東正教。

二、哈里發的統治區和由信仰伊斯蘭教阿拉伯人建立的帝國（哈里發意為真主使者的繼承人，是伊斯蘭國家政教合一的領袖）。西元620年，在麥加出現了先知穆罕默德，並創造了一神教——伊斯蘭教。伊斯蘭的游牧民族——一群因傳播其宗教而被穆罕默德賜予天堂的人——在短短一百年之內就征服了敘利亞、巴勒斯坦、波斯、美索不達米亞、埃及、北非和西班牙的大部分領土（西元711年），並在西班牙建立了科多巴（Cordoba）酋長國。

三、查理曼（Charlemagne，又稱卡爾大帝〔Karl der Große〕）統治下的法蘭克王國。它是日耳曼民族大遷移所產生的王國中唯一倖存的，版圖基本上是第二次世界大戰後的歐洲經濟共同體（法國、西德、義大利、比利時、荷蘭、盧森堡）的大小。因此，在五〇年代，人們曾借用查理曼之名在亞琛（Aachen，又譯阿亨）——卡爾的都城，設立了卡爾獎

（頒發給對歐洲以及歐洲統合有卓越貢獻的人士或機構）。

民族大遷移

　　這段混亂的歷史時期與第二次世界大戰後的情況有些類似。突然之間道路上擠滿了遷移的人群。因為，西元375年出現了一支匈奴的部隊，他們把所有德意志東部地區的日耳曼人趕走。這些日耳曼人又細分為東哥特人、西哥特人、阿蘭人、汪達爾人、勃艮第人和蘇維匯人，他們在當時實際上都是些難民。儘管直至今日英國人還稱德國人為匈奴，但歷史上的匈奴人並非日耳曼人，而是蒙古人。在羅馬帝國的大道上，日耳曼人逃難的車隊一路綿延，幾乎望不到盡頭。

保持日耳曼式的德國

　　這些日耳曼人是從哪裡來的呢？長久以來，羅馬人就想把他們趕離邊界，離萊茵河和多瑙河越遠越好。為求清靜，羅馬人還試圖征服並同化整個日耳曼民族。但是，日耳曼人展現出奮起反抗的「條頓精神」（拉丁文furor teutonicus＝德意志式的憤怒），他們在克魯斯克人（Cherusker）赫爾曼（Hermann）侯爵的帶領下，將敵方將領瓦魯斯（Varus）總督的軍隊誘入條頓森林的沼澤地中，全部殲滅（西元九世紀）。於是，羅馬人對日耳曼人放棄了希望，任其發展為德意志民族（Deutsche，源於通俗用語tiodisc＝民族的領袖，在名字Theoderich或Dietrich中也能找到這個詞根）。

　　為抵禦日耳曼人不斷的侵襲，羅馬人建造了以科布倫茲（Koblenz）、基森（Gießen）、施韋比許格明德（Schwäbisch-Gmünd）為據點、曲曲折折的城牆，並稱之為「界牆」。就這樣，德國算是遭到第一次的分割。羅馬人為「自己人」建立的城市有科隆、美因茲（Mainz）、雷根斯堡（Regensburg）、奧格斯堡（Augsburg）、帕騷（Passau）和特里爾（Trier）──它曾經是羅馬皇帝行宮的所在地，當時的人口比後來卡爾‧馬克思在此出生的時代還要多。就這樣，羅馬占領區的人民過著比自由的日耳曼人富足的生活。

　　我們對日耳曼人的了解主要源於歷史學家塔西佗（Tacitus, 55-125）的《日耳曼尼亞志》（*Germania*）。塔西佗推崇古羅馬共和國時代的美德，並把它與帝

國時代敗壞的道德相對比。因此，他把日耳曼人描繪成一種高貴的野蠻人，正如後世盧梭（Rousseau）所說：他們是頹廢羅馬人的榜樣——民風純樸、驍勇善戰；日耳曼女人金髮、能生養，而且與男人一樣英勇。

哥特人與汪達爾人

塔西佗描繪的是居住在德國地區的小種族，即所謂的西日耳曼人，大約是現在的黑森人（Hessen）和荷蘭人。在始於西元375年的民族大遷移中，出現了諸如哥特人和汪達爾人的東日耳曼人（東、西日耳曼人之間的區別在於不同的語系，除此之外還有北日耳曼人和斯堪的那維亞人）。他們先是在西羅馬帝國的省分建立日耳曼人的殖民地，然後接管政府。

哥特人和阿蘭人在西班牙落戶，並給該省取名為「哥特阿蘭」（Got-Alanien＝Catalonia，加泰隆尼亞）；在西班牙南部則透過佃農與雇工（Landlose）對土地進行了分配，而這個詞後來阿拉伯化，成為al (l)andalus 或 Andalucia（安達路西亞，現為西班牙的一個省）。

狄奧多里克大帝（Theoderic）在義大利建立了東哥特王國。民族主義者菲力克斯·達恩（Felix Dahn）以此為素材創作了《羅馬之戰》（*Ein Kampf um Rom*，強烈推薦那些研究歷史的大學生一定要讀此書）。

汪達爾人一直蔓延到北非。他們的大公蓋瑟里克（Geiserich）在那兒建立了一個帝國，並反過來攻打羅馬（西元455年）。十八世紀法國作家、思想家伏爾泰（Voltaire）由此得出結論，汪達爾人熱中於燒殺搶掠（由此產生vandalism一詞＝對文化或藝術的摧殘，野蠻）。

這幾個國家都比較短命：東哥特人和汪達爾人的帝國被東羅馬帝國滅掉，而西哥特人則被阿拉伯人征服。之後，倫巴德人入侵義大利並待在倫巴第（Lombardy）地區。於是乎，剩下的只有日耳曼金髮的基因、義大利和西班牙貴族的日耳曼名字，以及對過往的回憶。

《尼布龍根之歌》

中古高地德語的詩歌中描繪了許多傳說中的英雄事蹟。《尼布龍根之歌》

（*Das Nibelungenlied*）寫的便是勃艮第人的故事。詩歌敘述了齊格菲如何戴著隱形頭盔，幫助了不善運動的勃艮第國王昆特，在角力中戰勝了強壯如牛的女子布倫希爾德，並使其破貞；然後齊格菲便迎娶昆特的姊姊克里姆希爾特為妻。

不過，齊格菲是個大嘴巴，他向老婆吹噓自己的英雄事蹟。於是，國王不善運動的弱點便傳了開來。因此，陰險的哈根（國王昆特的異父兄弟）出於國家利益至上的原則，謀害了齊格菲。齊格菲的遺孀克里姆希爾特改嫁匈奴國王阿提拉（Attila 或 Etzel，哥特語「父親」的暱稱），在阿提拉的宮殿裡舉辦宴會邀請她全家共襄盛舉，然而為了給齊格菲復仇，她製造了一場大屠殺。「儘管毀滅就在眼前，但仍奮戰至最後一息」──這種堅決果敢的態度，曾在世界大戰時被標榜為「尼布龍根式的忠誠」而受到讚揚與效仿。

尼布龍根人後來遷移到勃艮第的第戎一帶，成了法國人，並且擅長釀造上等的葡萄酒。

法蘭克人與盎格魯撒克遜人

很長一段時間以來，只有兩次開疆闢土的行動：

一、法蘭克人移民至高盧。這些法蘭克人繼續和祖居萊茵河與緬因河畔的人保持聯繫，透過這種方式從家鄉得到支援而變得強大。

二、征服不列顛。西元450年左右，盎格魯人和撒克遜人在亨吉斯特（Hengist）和霍薩（Horsa）兩兄弟的帶領下乘船越過海峽，征服了這個島嶼，把它變為「盎格魯人的土地」（England，英格蘭）。直至1066年，那裡的人使用古英語，並流傳有著名史詩《貝奧武夫》（*Beowulf*）。當時英格蘭與蘇格蘭和愛爾蘭之間仍維持著和平關係，所以羅馬人能在愛爾蘭僧侶的幫助下，成功地讓盎格魯撒克遜人皈依了基督宗教。作為回報，盎格魯撒克遜人也協助愛爾蘭人傳教給黑森和下薩克森（Niedersachsen）的異教徒表親。其中最著名的傳教士是英格蘭人溫弗瑞德（Winfried），又名博尼法蒂烏斯（Bonifacius，又譯聖博義，675-754），被人稱為「日耳曼人的耶穌使徒」。他遭到佛里斯蘭人（西日耳曼人）殺害身亡。

法蘭克王國

來自墨洛溫（Merovingian）家族的國王克洛維（Chlovis）謀殺了所有的親戚，征服勃艮第和阿雷曼人，並皈依天主教，進而統一全國，於是法蘭克王國向前躍進了一大步。他實現了羅馬人和日耳曼人的民族大融合，從而為西方基督教國家，甚至是日後的歐盟奠定了基礎。

在接下來的一百年裡，即西元600-700年，同時有幾次民族的遷移，包括在伊斯蘭教的激勵下，阿拉伯人征服了羅馬帝國的南部。大約西元600年，穆罕默德在麥加起家，西元622年他逃到麥迪那，在那裡建立了他的第一個教會，並頒布誡命。他的追隨者將啟示與訓誡載入《古蘭經》。

西元644年，伊拉克和埃及被阿拉伯帝國征服；700年，北非被征服；711年，接著是西班牙。就這樣，法蘭克王國成為除了拜占庭帝國之外僅存的「日耳曼與羅馬」政治區域（395年，羅馬帝國分裂為東西兩部分。東羅馬帝國建都君士坦丁堡，因此又稱拜占廷帝國。自476年西羅馬帝國被日耳曼人所滅之後，拜占廷帝國繼續存在了近千年。）。

在當時羅馬特殊的社會政治環境中，產生了一種新的社會組織原則——封建制度。

封建制度的產生

克洛維之後，墨洛溫家族的國王一個比一個無能。就像是如果首相無能的話，實權就會落入國務祕書的手中一樣。墨洛溫家族掌實權的是宮相（major domus），即所謂的宮廷總管或大管事。其中最能幹的一位是查理‧馬特（Charles Martel），即有名的「鐵錘查理」。為抵禦阿拉伯人，他不得不重新組織軍隊，並想出一個絕妙主意。他結合了日耳曼隨從對首領的忠誠，以及出租教會資產的做法：誰能把隨從軍事化地組織起來，誰就能租到土地使用，同時還可以分租給下屬。

透過這種方式，查理‧馬特加強了防禦力量，並於西元732年左右，在圖爾（Tours）和普瓦捷（Poitiers）大敗阿拉伯人。

戰爭過去了，但馬特的軍事組織原則保留下來，發展日趨完善，最後影響了

整個社會的組織形式——將下屬的忠誠與分封土地相結合，形成金字塔式的社會結構。於是一個處於較高地位的封臣，比如一個大公，繼續向下分封土地；而受封的人再把土地封給下面的人。羅馬「疆域國」便成了「人事結合的國家」。

封建制度的原則

如果你想知道在政治上封建制度是如何運作的，不妨參看當今的政黨制度就知道了。黨主席有權任命黨內最高級別黨員、選舉名單列於前面的候選人，以及各邦主席與部會首長的職位，這些都相當於封建社會的公爵，他們聯繫了整個官僚網路，具體的官銜還包括伯爵、邊境伯爵、帝國伯爵、侯爵等，他們可以再向下分配職務。誰有遠見，並獲得高官，誰就能有很多追隨者。他們支持他，因為他擁有許多官職可分派，我們稱之為「分封采邑」。

唯有靠著自身才能、戰鬥勇氣和受人喜愛的性格，得寵於最高領主，或者藉由裙帶關係青雲直上的人，才有可能擁有許多官職和封地，同時也等於擁有眾多臣僕，人們便會對他表示忠誠。

這宛如一個自動控制迴圈電路。誰有封地，誰就有臣僕；誰有臣僕，誰就有可能獲得更高的官職，也就擁有更多的封地。其反向作用的原理便是，如果首領倒楣——當他犯了太多錯誤，或是染上流行病，那麼好運就會拋棄他，追隨者也會離他而去。

正因為如此，中世紀十分重視宣誓效忠。而法定繼承人和能者之間的競爭也總是接連不斷，這使得中世紀變成派系紛爭的時代，而各派都以其最高領主馬首是瞻，因此，在許多場合總聽到人們高呼著：萬歲！歸爾甫（Guelf，教皇派）；萬歲！吉伯林（Ghibelline，日耳曼神聖羅馬帝國皇帝派）；萬歲！蘭開斯特（Lancaster）；萬歲！約克（York）（日後是英國「玫瑰戰爭」中的兩大家族）；萬歲！卡普萊特（Capulet）；萬歲！蒙太古（Montague）（即日後茱麗葉與羅密歐所屬的家族）！

隨著時間的推移，封建制度創造了一種特殊的社會類型——騎士，並有自己獨特的文化。產生這個新「物種」的「基因突變」是：一位女性取代了所宣誓效忠領主的地位，由此誕生了西方的愛情形式。然而，在扯得這麼遠之前，還是先

回到查理曼如何將封建制度出口到歐洲其他地區。

歐洲的建立

查理曼（西元768-814）

查理曼就是那個阿拉伯征服者「鐵錘查理」的孫子。查理的兒子丕平（Pippin）受夠了無能墨洛溫的統治，於是就自立稱王，而他所缺少的合法性從羅馬教皇那裡得到彌補。丕平先贈予他教皇國，而教皇出於使徒的熱忱，為他舉行了膏禮並封他為法蘭克人的國王。後來教皇里奧面臨對手的威脅而陷入驚慌，他便於西元800年的耶誕節加冕查理曼為皇帝，這樣教皇就可以接受他的保護。

查理曼留給德意志人的遺產：皇冠

於是，羅馬帝國再度出現了。它存在了近一千年之久。1806年，它在拿破崙的鐵騎下滅亡。

查理曼死於西元814年，之後不斷發生王位的爭奪，結果是帝國分裂為德意志和法蘭西。然而，二者都覬覦另一塊地盤，即義大利。後來德意志贏了，這卻成了詛咒，因為如此一來它也贏得了羅馬教皇和皇冠，而必須成為「德意志民族神聖羅馬帝國」，而非一般的國家。西元962年，德意志國王奧托一世（Otto I）加冕為皇帝。

從此以後，德意志人未再失去皇權，其結果是：

德意志諸侯之間為取得皇位爭戰不休。這阻礙了世襲君主制度的產生，國家處於四分五裂之中，無法統一；因為德意志的君王由選舉產生，於是皇帝的冠冕總是不停更換擁有者。

中世紀德意志的皇帝先後有：

▶十世紀，薩克森大公，如海因里希一世（Heinrich I）、奧托二世與三世；

▶十一世紀，法蘭克大公，薩利爾（Salier）王朝，例如康拉德一世（Konrad I）；

▶十二世紀，施瓦本大公，霍亨史陶芬（Hohenstaufen）王朝，如弗里德里

西一世（Friedrich I）；

▶ 十三世紀，統治者交錯紛亂，你爭我奪，甚至形成了一段德國中古史上沒有皇帝在位的「空位期」；

▶ 從1347到1437年，九十年之久，統治者盧森堡人卡爾四世（Karl IV）和他的兒子坐鎮布拉格管轄整個帝國；

▶ 從1438年起，皇冠在哈布斯堡（Habsburg）王朝內出現世襲，哈布斯堡家族的弗里德里西三世長期統治。他在位期間如此平淡無奇，以至於德意志諸侯的野心逐漸沉睡，忘了自己想當皇帝這件事。

然而，不同於德意志，英格蘭和法蘭西已出現了國家的雛型，民主也漸漸萌芽。但是德意志卻走上一條「特殊的道路」（歷史學家用行話稱之為「死

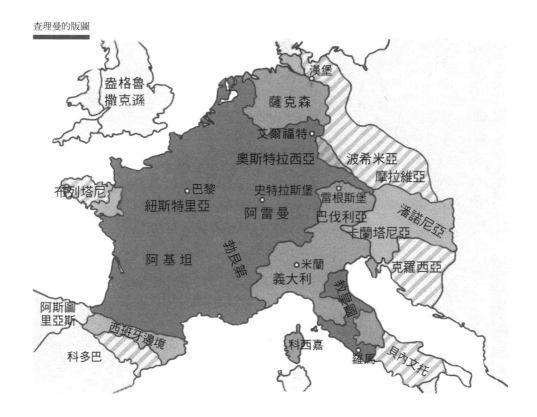

查理曼的版圖

盎格魯撒克遜

漢堡

薩克森

艾爾福特

奧斯特拉西亞

波希米亞

摩拉維亞

布列塔尼

巴黎

紐斯特里亞

史特拉斯堡

阿雷曼

雷根斯堡

巴伐利亞

潘諾尼亞

勃艮第

卡蘭塔尼亞

阿基坦

米蘭

克羅西亞

義大利

教皇國

阿斯圖里亞斯

西班牙邊境

科西嘉

貝內文托

科多巴

羅馬

胡同」），成為一個「後進國」（歷史學家有一另句行話，「誰來晚了，誰就等著受懲罰」）。

查理曼留給歐洲的遺產：封建制度

查理曼征服了法蘭克王國周圍的國家，讓帝國日益強壯，封建制度也因此推廣開來，成為歐洲國家的基礎。具體說來查理曼的功績有：

▶ 他征服義大利的倫巴第王朝，並與教皇維繫長久關係。

▶ 他從阿拉伯人手中收復了西班牙北部各省。從此開始了西班牙人對阿拉伯人的「逆向征服」，即所謂「收復失地」時期（結束於1492年）。封建制度伴隨著征服來到了這些地區，同時騎士制度也進入西班牙，於是產生了希達哥（Hidalgo，西班牙和葡萄牙封建時代的騎士），並且流行開來。

▶ 1066年，法蘭西的諾曼第人征服了英格蘭，帶來了加洛林（Carolingian）王朝的封建制度，並使英格蘭崛起成為封建主義強國。

▶ 諾曼第人在西西里島重演了上述事實。

▶ 查理曼征服了倔強的異教徒薩克森人（這是他最耗時，也是最艱巨的戰鬥）。他在費爾登（Verden），以薩克森人的首領染紅了阿勒爾河（Aller），並讓信奉異教的北德意志人明白，他們必須與文明的南德意志人締結為一個國家，這樣才能在東拓的進程中，繼續把封建制度的成就帶給較落後的東部地區。

就這樣，查理曼奠定了法國、荷蘭、比利時等幾個歐洲國家的基礎，並為日後的德國建立雛型。

對德國與德意志民族主義的剖析

到底什麼是「德國」？

直至1871年，德意志帝國統一之前，並沒有「德國」之說。

也就是說，世界上不存在德國，而只有羅馬帝國，它還包括義大利、捷克（波希米亞地區）、東法蘭西、荷比盧三國、瑞士和奧地利。當然了，確實存在一個德意志的君王，他統治著捷克人、洛林人和荷蘭人。但是德意志人不像英格

蘭人和法蘭西人有一個統一的國家，因此，德意志民族不是一個「國家意義上的民族」（這個民族的國家被分成許多小國，如奧地利、呂北克〔Lübeck〕、普魯士、巴伐利亞等）。

1800年左右，如果德意志人自問：「我們是誰？」他們只能找到一個共同特徵：語言、文化和詩歌。於是，德意志人會說：「我們是一個『文化意義』上的民族。」或者，「我們是一個詩人和思想家的民族。」他們之所以這樣說，不是因為他們在文化方面有比其他方面更多的共通性，而是因為除此之外，他們別無共通性可言。

他們還會說：「我們是說德語的民族。」這是個糟糕的定義，後來被希特勒所利用，他讓一些瘋子相信：所有說德語的人都應隸屬同一帝國，或者是，帝國的疆域應該延伸到任何一個講德語的地方，即布拉格、日瓦爾（Reval，今愛沙尼亞的塔林）、切爾諾維茲（Tschernowitz）的猶太人禮拜堂（那裡的猶太人講意第緒語，它是猶太語和德語的混合）。

也許有人會問：「這難道不對嗎？就像法國人是講法語的人，而英國人是講英語的人。」他之所以這麼問，是因為他不是美國人、紐西蘭人、印度人、加拿大人、飛行員或外匯商。

實際上，「法國人」這一概念是從政治上，而不是從語言上來定義的；而英國人則認為，無論是講英語、蓋爾語（Gaelic，使用於蘇格蘭部分地區），還是講日語，只要是過英式生活，接受大列顛民主的人就可以是「英國人」。因此，對於英國人來說，一個政治上的民族或者國家並非由天命決定，而比較是取決於意志的抉擇，這就像俱樂部，只要願意遵守俱樂部的各種規章制度，或者說只要守法，任何人都可以加入。

不難看出，和西方民主國家相比，德國人對「民族」概念的理解侷限於德意志的背景。

請注意，今天德國人必須放棄這種「種族語言」的民族觀，並接受西方民主觀點，也就是說，德國人並不是指父母是講德語的人，而應該是願意在德國生活並且遵守法律的人，即使他是在某個小地方工作的外籍勞工，講著帶有土耳其口音的德語。

德意志種族

　　現在，我們從上述立場出發來剖析一下德國的「種族語言」形象。

　　首先，德國由各日耳曼部落組合發展而來，它們至今仍以其特殊的方言為特徵。包括六大部落：

　　▶巴伐利亞人，他們向奧地利移民。

　　▶阿雷曼人，他們分布在瑞士、奧地利的福拉爾貝格邦、亞爾薩斯（法國）和巴登符騰堡邦大部分地區。

　　▶圖林根人，他們後來向薩克森共和國和西里西亞移民，而薩克森人的姓氏則隨著朝代的更替而漸漸東移。

　　▶薩克森人，籠統地說也就是今天的下薩克森人和威斯特法倫人，他們後來往梅克倫堡和布蘭登堡的方向遷移。

　　▶佛里斯蘭人，即北、東和西佛里斯蘭人，他們分布在沿海地區而且長期壟斷萊茵河航運業。

　　▶最複雜的部落是法蘭克人，他們分散在萊茵、美茵、摩澤爾和下法蘭克地區。他們是巴伐利亞地區法蘭克人、黑森人、法耳茨人、洛林人、薩爾人、萊茵人、佛蘭人、盧森堡人和荷蘭人（不包括荷蘭的佛里斯蘭人）的祖先。

德語的發展

　　從中世紀初開始，此地區在語言上經過了所謂的第二次輔音轉移，而分成高地德語區和低地德語區，二者之間的分界線從杜塞爾多夫向東延伸，且自近郊的小城賓拉特（Benrath）開始，稱為「賓拉特線」。

　　賓拉特線以南，突然出現變音，而北部則不變。這種區別至今仍可以從高地德語與英語、荷蘭語、低地德語方言的對比中看出來。比如，t在高地德語變成ss或z：water（英語的「水」）變成Wasser（德語的「水」），two變成Zwei（二）；p變成f：ape變成Affe（猿），weapon變成Waffe（武器），leap變成laufen（跑）；而d變成t：drag變成tragen（負重），devil變成Teufel（魔鬼），dead變成Tod（死），deep變成tief（深），daughter變成Tochter（女

兒）等等。而且從舊的th（仍保留在英語中），演變出高地德語的t或d，因此three變成drei（三），thou變成du（你），think變成denken（想），thing變成Ding（東西），thanks變成Danke（謝謝），thick變成dick（胖）等。

這樣，就形成了兩種語言：高地德語和低地德語。屬於低地德語的有下薩克森語、下法蘭克語和荷蘭語。在中世紀，「漢薩同盟」整個區域，即從布魯日（Brugge）經呂北克到但澤和多派特（Dorpat）直至哥德蘭（Gotland）都講低地德語。

在南德地區，從古高地德語中發展出中古高地德語。瓦爾特‧馮‧德爾‧福格威德（Walther von der Vogelweide）的宮廷抒情詩、《尼布龍根之歌》、沃爾夫拉姆‧馮‧埃申巴赫（Wolfram von Eschenbach）的《帕西法爾》（*Parzival*）都用這種語言寫成。以上作品創作於西元1200年左右。

德國今天所講的高地德語是南德德語的細微變種。但是，因為北德是新教教會的統治地區，而路德的聖經以高地德語寫成，因此當時講低地德語的北德人要讀聖經就要學一種「新」的語言——高地德語，結果反倒是高地德語在北德地區流傳開來，而且他們講的高地德語不像南方人受到當地方言的影響而帶有口音。於是，此地區的高地德語就成為「標準德語」。

南德的方言和口音由於與傳統的高地德語相似而沿襲至今，而北德的土話則消失了，只剩下幾個「語言島」。但它的「表弟」——英語，在與法語結合之後，至今是飛黃騰達。

羅曼語系的發展

由拉丁文發展而來的羅曼語系出現在法國、義大利和伊比利半島上。

▶ 法國分成北部的「奧伊語」（Langue d'oil）和南部的「奧克語」（Langue d'oc）。而普羅旺斯語則是那裡宮廷抒情詩人使用的語言。後來，這種語言征服了整個巴黎。

　▶ 義大利有許多區域性語言，如那不勒斯語、羅馬語、威尼斯語、倫巴第語和托斯卡尼語。而佛羅倫斯的托斯卡尼語最為普遍。

　▶ 在伊比利半島上，巴塞隆納一帶講加泰隆尼亞語，而中部則講卡斯蒂利

亞語（Castillian），加利西亞人（Galician）講加利西亞語（Galego）。最後，卡斯蒂利亞語席捲了整個西班牙，而加利西亞語除了通行於西班牙，在葡萄牙也會說這種語言。

▶ 東部羅曼語地區經過南部斯拉夫人（介於保加利亞、希臘和匈牙利）的征服之後，只剩下羅馬尼亞語中存有一些「羅曼語言島」。

中世紀的社會及生活方式

中世紀的社會是金字塔式的等級社會。最上面是貴族，而他們本身又畫分成許多等級，最頂端是皇帝，之下是若干國王、大公、侯爵、伯爵和騎士。然後是城市的自由公民，他們又有自己的等級，例如給貴族出主意的社會名流、富裕的商人、手工業者、工匠、夥計和學徒。手工業者組織成行會。在鄉村有農民、佃農、雇工和農奴。

而教會則形成另一個與之平行的等級體系，最高是教皇，之下有樞機主教、大主教、修道院院長、大教堂教士、神甫、修道士和修會僧侶。

這種社會在很大程度上是靜止的。每個人從一出生開始就待在他的等級內，社會地位決定了個人全部的特徵，即在法律、政治、經濟、宗教信仰和個人修養上的表現。每個人都隸屬於他自己的等級。從各方面來看，一個人或者是商人，或者是農民，要不然就是手工業者，或者是騎士。如果他是個混合體，那麼他就是個怪物。與現在不同的是，在當時個人的身分地位與社會角色之間沒有區別。因此，人們並不注重獨特性和原創性。藝術作品中，著力刻畫的不是某個人，而是某類人。

社會等級的不平等透過宗教來抵消，人世間的痛苦則透過天堂的幸福來平衡。然而，規範另一個世界的秩序也是等級式的，人們的想像很難脫離這種秩序：在最頂端的當然是上帝與耶穌基督、馬利亞、耶穌使徒，以及最高級別的天使們；接下來是天軍、先知和聖經中的英雄們；然後是殉道者、聖徒和享受永恆之福的亡靈。這秩序透過教會的等級制度（教皇、高級教士等）而延續至人世間。在下層的最底端，相對應的是魔鬼和一大群怪物、幽靈、小鬼，他們在地獄中折磨那些受詛咒的靈魂。

在天堂和地獄之間，中世紀的人認為還有煉獄。那些罪人遭受煉獄的煎熬之後，既不會變得清白，也不能得到永生。他們必須再經過一段時間的受苦來贖罪，才有可能由親友透過靈魂彌撒和天主教的赦罪而得到赦免，當然這都是要付錢的。透過這種方式，家庭成員可以與去世的人取得聯繫。

教會成為集體經濟的銀行

人們可以把教會看作管理聖財和恩典的銀行。基督徒和聖人將一大筆神聖的產業「存入」這間銀行，而神甫則把它們用於投資和聖貸。透過支付的行為（饋送、朝聖、捐助等）來表示悔過，或者投入「象徵性的資本」，如懺悔、贖罪或公開的苦修，這樣世人就能得到聖貸，用它來勾銷罪責。人們還可以透過特別虔誠的生活方式自動往銀行中「存款」，這筆款項由教會作為總資產的一部分進行管理，並可向其他人貸出。

對上述的一切，教會擁有壟斷的權力，而神甫則是唯一有權接觸聖資和檢驗誓言的人。對於聖財的分配有固定的收費標準，如兩個金幣一場靈魂彌撒，一個金幣一次代禱，五個金幣能赦罪，一半農莊便可得到寬恕。

教會信貸機構的財力各不相同。聖財最多的是那些得到著名殉道者遺骨的教會。聖人遺骨有很強的廣告效應，並能使資產增值，因為人們相信，它能夠創造不可思議的奇蹟，例如使疾病痊癒等。這種機構往往設在著名的聖地，並給整個地區帶來繁榮和利益。

著名的朝聖地有，聖徒彼得的墓地所在——羅馬；聖徒雅各的遺骨所在——聖地牙哥‧德‧孔波斯特拉（Santiago de Compostela）；東方三博士（賢士）的聖物所在地——科隆。著名的《坎特伯雷故事集》（*Canterbury Tales*），就是英國詩人喬叟（Geoffrey Chaucer）以聖徒湯瑪斯位於坎特伯雷大教堂的靈柩，所引發的朝聖之行作為題材創作的。在聖地，幾乎所有的產業都仰賴朝聖維生。

十字軍東征

十字軍東征是一種形式特殊的「旅遊潮」。1096年，穆斯林統治者關閉了原本對所有人開放的耶路撒冷朝聖地，成為十字軍東征的導火線。世人自發地組成

軍隊，在洛林人戈特弗里德・馮・布永（Gottfried von Bouillon）的率領下攻占了耶路撒冷。在接下來將近兩百年的歷史中，出現了六次十字軍東征和一次兒童十字軍東征。在此過程中形成了一些特殊的軍團，例如由僧侶組成的聖殿騎士團、聖約翰騎士團（醫護團）和德意志教團。

在其中一次十字軍東征中，十字軍戰士一不小心攻陷了君士坦丁堡。於是，引發了一場與當地穆斯林在哲學、建築、園藝等領域廣泛的思想交流。後來，德語劇作家萊辛（Lessing）參考此題材創作了《智者納旦》（*Nathan der Weise*），劇中便出現聖殿騎士團的僧侶。當德意志教團失業時，皇帝弗里德里西派他們去東普魯士和波羅的海地區傳教。結果，這個騎士教團便建立了一個自己的國家，即所謂的「教團國」。由於行事作風相當粗暴，在波蘭人眼中，他們的形象就如同阿拉伯人眼中的十字軍一樣可怕。

● 十字軍東征是一種形式特殊
　的「旅遊潮」。

修道院

修道院呈現了宗教集體生活的最高形式，在某種意義上是進入天堂的集訓營。就像對成績優異的運動員那樣，這裡推行嚴格的紀律和禁欲主義，每天作息固定，控制飲食，進行有規律的禱告和禮拜，其餘時間則是工作，以作為精神上的訓練。生活的座右銘是禱告和工作。簡而言之，遵循嚴格的生活規範。

不同的教團規矩各異，有的嚴格，有的溫馨，有的推崇文雅，而有的重視禁欲。最早的教團是本篤會，西元529年由聖本篤（Benedictus von Nursia，本尼狄克・馮・努西亞）在義大利的卡西諾山（Monte Cassino）建立，其影響力最大的修道院是在法國的克呂尼（Cluny）。

隨著日新月異的改革浪潮，越來越多的教團如雨後春筍般出現了，如加爾都西會（Carthusian）、熙篤會（Cistercians，又名啞巴會）、奧古斯丁會、加爾默羅會（Carmelites，又名聖衣會）、普雷蒙特雷修會（Premonstratensian）、聖方濟的托鉢修會和多明我會，有些後來成為迫害異端和女巫的專家，而且在面對大屠殺的行動時，亦不退縮。曾為僧侶的馬丁・路德，晚年仇視猶太人，反猶太主義者甚至引用路德的言論作為迫害猶太人的依據。

在中世紀的早期（550-850年），修道院堪稱是蠻荒大海中的文明孤島。從

那裡產生的不只是對精神生活的影響,還有教育訓練、宗教活動、森林開墾、令人欣喜的發明,如啤酒的釀造和神奇的生物療法。其中,修道院發揮的最大功能便是當作圖書室,在那裡,大批的手稿經過抄寫得以拯救和保存,而將珍貴的文化遺產流傳給後人。愛爾蘭的僧侶使團走出修道院,前往英格蘭傳教,而這兩個地區的僧侶使團,再繼續前往德意志地區傳教。

除此之外,工業社會規律的勞動生活似乎已在修道院中預先排練過了。今天我們的工作時間根據打卡鐘而定,從這個意義上講,大家都變成了僧侶,生活簡直就像是一場高效率的運動。

相反地,中世紀普通人的工作並不按鐘點進行,而是根據日照時間的長短,夏季長一些,冬季短一些,還要看手頭工作的輕重緩急,在收穫季節便工作久一些,如果沒什麼事,就最好什麼都不做,而且一年有三分之一的時間要花在宗教活動和慶典節日上。

騎士階層

從經濟結構上來看,修道院是一個農莊,它有附屬的中小型工商企業,如釀酒坊、磨坊、酒莊和提供草藥的藥房,而且通常還有醫院。

除此之外,在鄉村有村莊和城堡,此二者常常是毗鄰的。城堡是當地貴族的住處,那裡會有一位諸候和一支小型的私人衛隊,其組織就像一個中隊的編制,或是人口眾多的大家庭。在權力擴張階段,城堡的規模可能會急速增長。在中世紀的鼎盛時期,城堡成為騎士文化的中心,那裡會舉行騎士的馬上比武、宮廷慶典和馬術表演。而城堡的女主人則成為騎士崇敬的對象。

這時,騎士的忠君思想昇華為向貴婦人獻殷勤(城堡的男主人並不反對),城堡女主人的美貌與優雅氣質會在愛情詩歌中得到頌揚。從這裡蘊育出的宮廷仕女文化便成為貴族文化的一部分。

基本上,騎士階層是藉由仕女文化(為一位女士的榮譽而戰)和道德情操(保護弱者、寡婦和孤兒),讓戰鬥變得文明。於是在浪漫的愛情故事中,騎士往往被塑造成魅力無窮的帥哥,為了實現女主人交付的任務出生入死,保護窮人和弱者;無論在思想還是行為方面,都表現得豪爽大方、不計較個人得失;他不

斷地浴血奮戰，而且忠誠不渝；不僅如此，他還風度翩翩、極富個人魅力。這對歐洲文化產生了持久的影響，通俗小說中的情人常常就是騎士般的貴族。直至今日，許多女人仍喜歡沉浸於白馬王子的童話中，因為其中有騎士的浪漫色彩。

其中最著名的便是圓桌武士的故事，關於亞瑟國王和他的騎士們。亞瑟是來自威爾斯的凱爾特國王，他身邊的騎士都是各地的佼佼者，有蘭斯洛、崔斯坦、加文、艾里克、加拉漢、帕塞瓦爾和巫師梅林。與其他愛好騎士運動的朋友們相較，為了突顯自身的超絕群倫，他們將一只極其珍貴的獎盃——聖杯，視為爭取的目標。

然而，在這裡騎士的美德已不像從前那般。崔斯坦愛上了伊索德，儘管她已經和他的叔叔訂婚了；蘭斯洛與亞瑟的妻子桂妮薇發生一段不倫之戀，所以他也不能贏得「聖杯」。彼此之間的不信任讓朋友們反目，甚至刀槍相見，互相殘殺。文學評論家認為，這顯示了騎士價值的衰落。事實上，這故事證明了，騎士價值抵擋不了封建社會中的各種挑戰。

在文學史上，不少人曾以亞瑟國王的傳說為創作主題，在日耳曼語系中有沃爾夫拉姆‧馮‧埃申巴赫，羅曼語系是克雷蒂安‧德‧特羅亞（Chrétien de Troyes），英語的代表人物是湯瑪斯‧馬洛里（Thomas Malory）。不只如此，圓桌武士也頗受音樂家的青睞，華格納就是明顯的例子。

城市

近代文明的發源地總是在城市。儘管城市往往受某一個貴族所統治，但更為普遍的現象是，城市是自由的；也就是說，它自己管理自己，自己訂立法規。這些法規往往是按某一模式建立的，如呂北克式或紐倫堡式等等。於是，民主和現代國家在這種小範圍內得到試驗。通常，城市新貴和手工業行會成為對立的兩派，並為爭奪城市的管理權而互鬥，就像是以前羅馬貴族和護民官之間的關係一樣。

像城堡一樣，城市會進行武裝以自衛。對於城市的公民來說，祖國並非德意志，而是紐倫堡或呂北克。

與修道院透過教團聯結的網絡一樣，城市也經由城市同盟組織起來。北德的「漢薩同盟」並非是唯一，然而是當時規模最大的城市同盟，大約涵蓋了七十個

城市，領頭的是呂北克，在十四、十五世紀達到鼎盛時期。德意志人也在易北河以東的墾殖地（後來的德意志民主共和國〔東德〕和波蘭的西里西亞及波莫瑞地區）一邊建造城市，一邊組織城市同盟。東殖民地同盟成立於1150年，存在有兩百年的時間（其中有關於柏林最早的文獻記載，是在1244年）。

尤其在歐洲的兩個地區，城市如雨後春筍般冒了出來，並演變成現代的微型國家，發展出自己的文化與管理制度。這兩個地區就是：義大利的北部（威尼斯、維羅納〔Verona〕、米蘭、佛羅倫斯、熱那亞），以及比利時的佛蘭德地區（布魯日、根特〔Gent〕、安特衛普〔Antwerpen〕）。在德意志地區，除了漢薩同盟之外，還有奧古斯堡（Augsburg）和紐倫堡，它們是市民文化的搖籃，而義大利和佛蘭德的城市則是現代繪畫藝術的發祥地。

大教堂與大學

在一般情況下，大城市的教區都擁有體現中世紀建築藝術的宏偉文物——主教大教堂。從它高聳入雲的尖頂可辨認出哥特式的建築風格，這與之前圓拱頂的羅曼式建築大相逕庭。眾多的圓柱和尖頂暗示著向上升騰的火焰和光芒。這種風格給人一種印象，彷彿建材擺脫了地心引力的影響，再加上不計其數的石雕像也都遵循唯一的視覺原則布局，即向上升騰的垂直。

法國夏特（Chartres）、蘭斯（Reims）、巴黎、史特拉斯堡和德國科隆的大教堂，都是此建築藝術的驚世傑作。它們反映出中世紀的世界觀，簡而言之就是：與人世間物質的多樣性相對應的是，彼岸唯一存在的超然物——光。

城市中還產生了另外一種機構——大學，其中幾所從中世紀保存至今日。最著名的大學在法國巴黎、英國牛津、劍橋、義大利帕多瓦（Padua）和捷克的布拉格。人們可以在那裡學習七種學科，也就是所謂的「三科」（Trivium，語法、邏輯和修辭）和「四藝」（Quadrivium，算術、幾何、天文和音樂）。除此之外，當然還有法學、醫學、神學（包括哲學）的專業學習。

當時主流的哲學思想是亞里斯多德的學說，他的文章從阿拉伯的高等學府流傳過來。中世紀的哲學流派——經院哲學，是由基督宗教的世界觀和亞里斯多德的哲學所組成的對稱體系。中世紀最著名的經院哲學家是聖托馬斯·阿奎那。至

今他仍在天主教的哲學思想中扮演重要角色。另外，他的身材十分福態，以至於不得不把他的桌子鋸下一塊木板，這樣他才能夠拿到飯菜。

宇宙學

中世紀的人認為，宇宙是一個富有詩意、按等級畫分的世界。它的中心是地球，各行星（包括月亮和太陽）環繞地球；它們都裹在純淨的水晶殼中，其純淨度隨著與地球的距離而增加；月球的下面是變化無常的國度——月下世界，而上面則籠罩著和諧與寧靜。水晶殼在旋轉時會產生音樂，即所謂的天籟。因此，大文豪歌德的《浮士德》（Faust）便以「太陽在天體弟兄的歌詠比賽中，以古老的方式鳴唱著……」揭開序幕。

地球由四種元素組成，並且不斷重新結合冷、熱、乾、濕四種特性，如火（熱而乾）、空氣（熱而濕）、水（濕而冷）和土（冷而乾）。人也是由這些元素所組成，它們與四種體液相對應：黃膽汁、黑膽汁、血液和黏液。

如果這四種體液均衡地混合，人的性格就很平和；如果某一種體液明顯多於其他體液，人就會表現出某種鮮明的個性，或暴躁（黃膽汁過多），或抑鬱（黑膽汁過多），或活潑（血液過多），或冷漠（黏液過多）。這些性格類型也有相對應的代表物：易怒者是火魔，抑鬱者是土疙瘩，活潑者是輕浮的氣體，冷漠者是水精。在莎士比亞的戲劇中便可以發現這些類型，哈姆雷特是典型的抑鬱質，而李爾王是不折不扣的暴躁質。

在眾天體之上，包裹著它們的是上帝那永恆而寧靜的住所。而月下世界卻是一片繁忙。這個世界也是按等級排列的，最下面一層是礦物的領域，然後才是生命，它又分為植物和動物領域，再往上就是理性的領域，那裡住著以靈的形式存在的天使；而人類就恰好站在中間，如同地球的位置一樣，上、下兩邊都有他的份。人類的靈魂分成三級，植物的、動物的和理性的。他既是動物，也是天使；既是物質，也是精神。他透過死亡得到精煉（乾淨地分離），也就是說，塵世的部分將歸於土，而理性的靈魂則上升到水晶般的天空，那裡是靈魂生活的地方。因為他的靈魂此時已結晶，所以他就像是一面鏡子，自己是不可見的，但是能夠使別的東西變成可見的。

因此，人作為世界的中心，他自己也是一個小宇宙，而在世俗的肉體之上，理性的太陽照耀著。

這個世界大約在六千年前由上帝創造，且會慢慢地自行老化。如果有一天上帝不想再維持這個世界了，他便會立刻摧毀它。世界並不是透過環環相扣的因果關係來維持的，而是透過上帝之手。因為，遵循因果原則不能實現的事情，上帝隨時可以藉由創造奇蹟來完成。上帝不是在創造世界之後馬上就消失了，而是住在另一個平行世界中，可以說是住在宇宙的閣樓上，並看管著一切。他存在於萬物之上，並且會定時光臨那為他而設的場合，如聖餐儀式、慶典或其他的聖禮。

● 在中世紀，人是世界的中心，而且他自己就是一個小宇宙。

惡魔與鬼

根據中世紀的想法，人與人交往的社會並非只是由人所組成，參與其中的還有天使、惡魔、動物、靈魂、幽靈、植物、鬼、死人、聖人、殉道者和上帝。奧爾良（Orléans）的少女貞德便定期受到聖安娜和聖卡特琳娜的拜訪。女巫會與叫作伯納德阿（Bonadea）或後勒（Holle）的森林女神保持密切聯繫。這世界充滿了各種靈，所以有許多光怪陸離的事。除了人之外，還有一大群其他的生物，從小精靈到惡魔，他們糾纏著那些著魔者。在中世紀，人們和它們之間的聯繫不曾間斷，也有專門研究如何與它們打交道的專家。因為，如果有人對它們說錯了話，它們往往會翻臉，甚至報復。有時候，人會與它們交歡，生下後代；有時候，人也會與守護天使或其他的聖者交流。

在這個充滿靈的世界中，形象最鮮明的就是惡魔。當法國南部出現各種被正規教會視為危險的教派時，一些惡魔開始粉墨登場了。其中清潔派（Cathar，或譯卡利他派）認為：世界分成光之王國和黑暗王國，而統治黑暗王國的是惡魔。

為了駁斥這個教派，教廷設置了宗教裁判所，誰與惡魔打交道，就會被視為異端而遭定罪。宗教裁判所制定了關於惡魔的特點、引誘技術、惡魔幫凶，以及幫凶之幫凶的理論。透過這種方式，教廷自己也推波助瀾，傳播了本來斥為異端的觀點。等到瘟疫的大災難席捲歐洲時，一整套的「惡魔學」也於焉成形。

對女巫與猶太人的迫害

1347年，從亞洲傳來淋巴腺鼠疫。它肆虐了三年之久，直至1350年才結束，所造成的後果是三分之一的人死亡。在此後的五十年裡，瘟疫（黑死病）一再爆發。這場災難就像世界末日來臨，它點燃了偏執狂（被迫害妄想症）的火苗，人們開始尋找替罪羔羊，目標鎖定兩種人：女人和猶太人。

突然間，一種舊有民俗被妖魔化。在其特定的儀式中，一些女人（當時稱為女巫）處於一種極度興奮的入迷狀態，她們會秉燭夜遊，與志同道合者在偏僻處相聚，宣誓放棄基督宗教的信仰，自願敬拜並獻身於惡魔。在這種夜間聚會中，據說有放蕩淫亂，或是朝拜惡魔、吸毒和野獸般的行為。許多人曾在法庭上證實了上述報導。很多人相信它，就像今天有人相信某人被外星人挾持到飛碟上，並與之發生關係的報導一樣。

在中世紀，這種形式的「派對」相當聞名，並稱之為魔女盛會。在許多文學名著中對其有形形色色的記載，例如莎士比亞的《馬克白》，以及歌德在《浮士德》中所描繪的「五朔節前夕」（Walpurgisnacht，五月一日前夕）。到了十四、十五世紀，「女巫」和惡魔之間的往來被視為罪行，為了讓她們的靈魂得救，人們將她們推進熊熊大火中淨化。對女巫的追捕一直沿襲至十七世紀。

有人散布謠言說，企圖以黑死病消滅人類的魔鬼另有一批幫凶——猶太人，他們在井中投毒，傳播黑死病。因此，哪裡出現黑死病，哪裡就會留下屠殺猶太人的血腥。它從奧地利地區，橫貫瑞士，一直蔓延到德國的萊茵區，到處都有猶太人遭殺害的消息，僅在史特拉斯堡一地，就有一萬六千人之多遇難。對猶太人的仇恨源於宗教上的偏見（人們認為，是他們害死了耶穌，而且他們遵循奇怪的飲食規定，有褻瀆聖體和殺害兒童的傾向），也與基督徒的經濟道德有關。

這些看法又以下述聖經章節為依據：「借給外邦人可以取利，只是借給你弟兄不可取利。」（《申命記》23：21）因此，天下的基督徒都是兄弟姊妹，所以借錢不應收利息。（當然他們還是會收的。）但是，對於猶太人來說，基督徒是陌生人，所以他們可以收利息。然而，錢本身並無生殖能力，當猶太人藉由利息增加財富，那麼他們就像是巫師，與錢交歡生下「小錢」。這裡繁衍的不是孩子的孩子，而是利息的利息。

由於猶太人不能從事基督徒的職業，他們只好去放高利貸，這種人特別容易招人忌恨，如果欠他的債，只要沒有還清，便會隨著時間越欠越多，債台高築。在基督徒的眼中，猶太人就是異類——他們是放高利貸者，他們屠殺兒童，他們褻瀆聖體，他們在井裡投毒，他們害死了耶穌基督，而且他們受撒旦之託傳播黑死病。沒錯，他們簡直就是撒旦。他們留著山羊鬍子，渾身散發臭味，而且總是人丁興旺。因此，迫害他們就是敬神的壯舉。

　　於是，具有煽動天賦的托缽僧們呼籲，社會輿論應強烈譴責那些放高利貸者，他們在佈道中預言：關係到世界末日、光明與黑暗之間的決戰即將來臨。這些人並非阿道夫‧希特勒，而是聖徒伯恩哈德（Bernhardin）或約翰內斯（Johannes）。但是，他們都有驚人的相似之處：私生活方面堅持苦行主義的原則，深切體會平民大眾的疾苦、困惑和憂慮；他們都有演說的才能，且深陷於魔鬼學說與世界末日的幻想中。他們的佈道總是一再激起屠殺猶太人的狂潮。當中最著名的幾位還被教廷授予聖徒的稱號。

　　教皇皮亞斯七世（Pius XII）沒有反對希特勒，是否因為他看到希特勒與聖徒費爾特雷（Feltre）的伯恩哈德（1439-1494）、錫耶納（Siena）的伯恩哈德（1380-1444）以及約翰內斯（Johannes von Capestriano）相似的緣故呢？

　　黑死病引發的災難加速了中世紀的結束。為什麼呢？大屠殺和瘟疫造成人口驟減，土地變得便宜，勞動力緊缺，工資上漲。為了不使田地荒蕪，地主必須用金錢來吸引雇工。舊的封建領主土地所有制的根基動搖了，現實的一切都在為貨幣經濟的加速發展創造有利條件。貨幣經濟意味著，封臣與附庸之間的關係由貨幣支付所取代。軍隊不再是由封臣和他們的隨從組成，而是由付錢雇來的傭兵。而且，國家不再是經由向大臣分級下放主權的方式進行管理，而是透過付給官員薪水。這就為現代國家的誕生奠下基礎。

　　到了十五世紀，中世紀已是氣數將盡，一個嶄新的時代漸漸拉開了帷幕。

近代
Die Neuzeit

文藝復興

　　文藝復興（Renaissance）這個詞的意思是「再生」，它是喬吉奧·瓦薩里（Giorgio Vasari）在1550年介紹義大利藝術家的生平中首先提出的。它指的是：非基督宗教的古希臘羅馬文化經過中世紀長期沉睡之後的甦醒。「復興」首先體現在建築、雕塑、繪畫等方面，它創造了雄偉壯觀的義大利城市，至今仍令我們驚歎不已。

　　這一切並非偶然，因為當時甦醒的是人類對生命的享樂感受，包括感官、色彩、光線和人體美。人們收回仰望天堂的目光，發現了地上的樂園，這是一個由形式與色彩創造的樂園。這個發現讓世人陶醉其中。文藝復興是熱情洋溢的盛典，它積聚了人類智慧的精華，因此，它首先表現在以建築和繪畫為代表的藝術方面。那麼，它是從什麼時候開始的呢？文藝復興大約始於西元1400年，終於1530年，大約持續了一百三十年的時間。

● 文藝復興時期，世人收回仰望天堂的目光，發現了地上的樂園。

　　然而，這場復興的盛典為什麼源於義大利呢？

　　因為，貨幣經濟最早在這裡萌芽，並不斷瓦解封建主義的大廈。最後的結果是，義大利從一個封建的君主制國家，成為由諸多城市所結合的自治政府。

　　要結合為自治政府，錢是從哪裡來的呢？

　　▶義大利是東西貿易的必經之地。由此匯聚的資本，流入手工業和紡織業等領域中，並養肥了一批資產階級。

　　▶整個歐洲的教會稅源源不斷地流入羅馬。從1450年開始，教皇對整個城市

進行翻新擴建，召集大批藝術家聚集羅馬。直至1517年，聖彼得大教堂搾乾了基督徒的捐稅，從而引發了宗教改革。

▶ 貨幣經濟的蓬勃發展使義大利成為銀行業和信貸業的發祥地（許多與銀行業務有關的詞彙都源於義大利語，例如：帳戶、匯款帳戶、破產、貼水、信貸、貼現等等）。銀行業的中心則是佛羅倫斯，而擁有最大銀行的家族，同時也成為佛羅倫斯的統治者，就是梅迪奇家族（Medici）。

在梅迪奇家族的帶領下，佛羅倫斯成為新時代的雅典和文藝復興的搖籃。來自佛羅倫斯以及阿雷佐（Arezzo）文藝復興的先驅們創造了義大利的文學用語，並使它發展成為今天義大利的官方語言，代表人物是但丁、佩脫拉克和薄伽丘。

（→文學）

▶ 但丁在《神曲》中重新向世人描繪了中世紀的世界。它由地獄、煉獄和天堂所組成，道德規範了那裡的秩序，賞罰分明。

▶ 佩脫拉克在寫給蘿拉的情詩中，即《十四行詩》（Sonnet），創造了現代抒情詩體。

▶ 薄伽丘以《十日談》奠定了小說的典範，並且為文藝復興時代的性自由確立了尺度。

1439年，在佛羅倫斯舉行的宗教會議中，羅馬教廷和希臘東正教合而為一，因此許多希臘學者湧入佛羅倫斯。1453年，土耳其人占領拜占庭，併吞奧地利，大批希臘學者逃往佛羅倫斯，促進了當地人文主義的興盛。人文主義者指那些既熱愛古希臘文化，

● 在梅迪奇家族的帶領下，佛羅倫斯成為文藝復興的搖籃。

又喜歡用拉丁文寫作的學者，他們研究古典人文學科，並習得其中強調的人性。他們讚揚古典的文學形式，並推崇為新典範。重新發掘的人物有：

▶ 悲劇作家塞內加（Seneca）。

▶ 喜劇作家普羅托斯（Plautus）和泰倫斯（Terence）。

▶ 古希臘羅馬的歷史學家，從希羅多德（Herodotus，著有《歷史》，後世尊稱為「歷史學之父」）、修昔底德（Thucydides，《伯羅奔尼撒戰爭史》的作者），到李維（Livius，撰寫《羅馬史》）以及薩盧斯特（Sallust，著有《喀提林陰謀記》和《朱古達戰爭》）。

▶ 詩人有賀拉斯（Horace）、卡圖盧斯（Catullus）和奧維德（Ovid）。

▶ 在哲學上，最受推崇的人物是柏拉圖（而柏拉圖的學生亞里斯多德的思想則在中世紀占有領導地位）。因此，實際上在佛羅倫斯發生了一場柏拉圖的復興。而且，人們還重建一所柏拉圖大學。柏拉圖式的愛情觀也發揮了影響力。

此外，在梅迪奇家族上台之前，佛羅倫斯實行的是各黨派相互攻訐的準民主制度。所以，在爭奪政權的過程中，透過鋪擺華麗的場面，展示宏偉的藝術創作來博得市民的歡心是非常重要的；而且，在掌權之後，委託公共設施的建設更能加強統治地位。其結果就是：

▶ 梅迪奇家族成為歷史上最大的藝術贊助商，佛羅倫斯也成為文藝復興的發祥地。

▶ 大多數藝術家成名於佛羅倫斯。

▶ 統治者透過建設豪華的公共設施，以及富有象徵意義的國家劇院，讓原本並不穩固的統治權合法化。

經過許多戰爭之後，五個城邦在義大利脫穎而出。它們的勢力龐大，統治者往往藉由欺詐、詭計以及賄賂等非法管道奪得權力。通常的手段就是饋贈金錢，或分封官爵來換取政治上的支持。就像現代社會的政黨組織一樣，建立由黨派和小集團組成的利益關係網絡，以鞏固統治地位，從而形成代代相傳的王朝。

這五個重要勢力是：

▶ 佛羅倫斯共和國：統治者是梅迪奇家族。

▶ 米蘭公國：統治者是斯福爾札家族（Sforza）。

▶ 教皇國：統治者是教皇，然而他們為登上權力的頂峰同樣採取上述方式；要成為教皇就必須賄賂有權選舉教皇的樞機主教們。有一位來自博爾吉亞家族（Borgia）的教皇具有強烈的家族觀念，他甚至企圖讓他的家族代代統治教皇國。

▶ 威尼斯共和國：這裡實行的不是世襲的王朝而是寡頭政治，由固定幾個家族組成了議會，再由議會選出政府首腦。政府擁有非常專業的祕密員警機構，因此威尼斯成為義大利歷史上最穩固和富饒的城邦，當其他城邦走向

衰落時依然屹立不搖。

▶ 那不勒斯王國：它是一個城市色彩並不濃厚的王國，統治著義大利整個南部地區。它與西班牙阿拉貢（Aragón）王朝和法國安茹（Anjou）王朝之間的鬥爭連綿不斷。這促使外來勢力（法國、西班牙等）介入義大利，導致自由城邦走向衰落（威尼斯除外），讓文藝復興在十六世紀終結。由此可見，那不勒斯對文藝復興的貢獻最微薄。

因此，文藝復興的中心是佛羅倫斯、米蘭、羅馬以及威尼斯。而一些次中心，包括：費拉拉（Ferrara）、曼圖亞（Mantua）和烏爾比諾（Urbino）。在烏爾比諾有一位叫巴德薩·卡斯蒂廖內（Baldassare Castiglione）的作家，寫了一本文藝復興時期朝臣行為準則的手冊——《侍臣論》（*Il Cortegiano*），這本書流傳整個歐洲。

上述城市成為接下來一百五十年藝術競賽的大舞台。

台上的表演者陸續登場。

波提切利

桑德羅·波提切利（Sandro Botticelli, 1444-1510）接到的創作案子大都出自梅迪奇家族，其中兩幅畫對後世產生巨大的影響，成為風靡現代的圖像。一幅是《維納斯的誕生》，誕生自海上泡沫的維納斯女神全身僅披著一襲金色長髮，從張開的貝殼中冉冉升起。

另一幅則是寓意深長的《春》，由於佛羅倫斯是柏拉圖主義的中心，《春》所表達的是一種柏拉圖式的愛情。

畫作最右邊是西風之神，吹送神的氣息，他的手環繞著居住在山林水澤中的女神克洛莉絲，並讓她在腦海中幻想著交歡。而克洛莉絲就在愛的擁抱中昇華為下一個形象花神芙洛拉。芙洛拉是整幅畫的中心人物——春（Primavera）。這亦是一幅「愛之圖」，在熱情的驅使下，天空擁抱大地，並透過「春」讓大地煥然一新。

對面站在左邊的是商業之神赫爾墨斯，他是天與地之間的仲介者，正仰望著天空，代表精神上的昇華。在他和中心人物「春」之間，站著美慧三女神——維

桑德羅・波提切利，《春》

納斯、赫拉和雅典娜，代表美麗、和睦與智慧。她們的玉手分別在頭頂、眼前和胯部挽在一起，這六隻手臂象徵著柏拉圖式的精神之路。

由此可見，如果想要理解文藝復興時期的繪畫，就必須認識希臘神話、哲學，尤其是愛情的含義。

達文西

李奧納多・達文西（Leonardo da Vinci, 1452-1519）是佛羅倫斯一位成功律師兼地主的私生子。母親出自佛羅倫斯的農戶，後來嫁給當地的一個工人。達文西在其父位於恩波利（Empoli）附近的老宅裡長大成人。

達文西創作了世界上最著名的畫《蒙娜麗莎》，目前展示於巴黎的羅浮宮。達文西是文藝復興的偶像級人物，即素質全面的天才。他是一位建築師、傑出的畫家、孜孜不倦的自然科學家、充滿智慧和靈感的工程師；他設計服裝和首飾、繪製濕壁畫和肖像、建造給排水系統、設計浴室、裝飾馬棚、完成了聖母畫和祭壇；他還發明了各式各樣的器具。

在米蘭，他創作了名畫《最後的晚餐》。畫面呈現出，當使徒聽到耶穌說「你們當中的一個，今天會出賣我」，那一刻使徒的各種神態。之後，達文西來到佛羅倫斯，展開了和對手米開朗基羅之間的競爭。達文西畫了一幅濕壁畫，而米開朗基羅在同一座大廳對面的牆上也畫了一幅。達文西失敗了，因為他的畫失去了色彩。當時，他花了三年的時間（1503-1506），請法蘭西斯科・吉奧亢多（Francesco del Giocondo）的夫人來到畫室，試圖將她那哀婉的笑容、謎一樣的表情展示在畫布上。他還請來樂手在旁邊演奏，為了讓她的表情更加哀婉幽怨，就這樣，達文西捕捉到世界上最著名的笑容。

不只一個人曾歇斯底里地在這幅畫前自殺。牛津大學教授沃爾特・佩特（Walter Pater）認為，這張臉蘊含了人類所有的情感經歷。也許，那個以蒙娜麗莎之名聞名於世的吉奧亢多夫人是在譏諷畫家那不為人知的祕密——達文西是個同性戀，而且他有一個怪毛病（佛洛伊德對此頗感興趣），他無法完成自己的傑作。他便是以《蒙娜麗莎》沒有完成為藉口，把這幅畫留在自己手上。

此外，達文西體格強壯，能赤手折彎馬蹄鐵，善騎馬格鬥，喜歡高貴的服

飾，用左手寫字，而且極為好奇，對怪異的事物表現出狂熱的興趣。他那畫家的目光完全不帶任何偏見，像對待美麗的事物一樣，他也熱中於展示怪誕醜陋。他對一切變幻莫測的東西感到如癡如醉——水之漩渦、雲之繚繞、巍峨的群山、突兀的岩石、曼妙的花莖、不可言狀的情感和縹緲的風。

達文西孜孜不倦地研究飛行的問題，設計了飛行器、降落傘、滾軋機、萬能扳手、潛水船、槍械和蒸汽驅動的火炮，其中一些他甚至製造完成。他鑽研熱力學、聲學、光學、機械和水力，對比人和動物之間的構造，並且畫下不計其數的人體器官、血管以及神經纖維。他是個全面的天才，堪與他媲美的也許只有萊布尼茲和歌德。

米開朗基羅

米開朗基羅（Michelangelo Buonarrotti, 1475-1564）的成名極富戲劇性。當他還是一個學徒，正在雕刻半人半羊的農牧神時，洛倫佐·梅迪奇（Lorenzo Medici）從他旁邊經過，帶著批評的口吻說：「這麼老的一個人，牙齒怎麼還很齊全啊？」米開朗基羅馬上拿起錘子打掉一顆牙。於是，洛倫佐被他的氣質與才華所震撼，將他請到家中創作。

後來，米開朗基羅因為和別人吵架被打斷了鼻梁骨，便離開那裡前往帕多瓦和羅馬。其間創作了大理石雕像《哀悼基督》（聖母馬利亞哀痛地抱著耶穌基督的身體），之後，他又回到了佛羅倫斯，花了兩年時間雕刻大理石像《大衛》（其複製品在維奇歐宮〔Palazzo Vecchio〕，而原作在佛羅倫斯藝術學院，建議大家有機會一定要去觀賞一下）。

米開朗基羅受教皇尤利烏斯二世（Julius II）的委託繪製梵蒂岡的西斯汀教堂。他躺在腳手架上，在教堂的屋頂上描繪了聖經舊約中的故事：創世紀中上帝伸出右手，觸碰他所創造的亞當的手指，喚醒他沉睡中的生命；原罪；諾亞醉酒等等。他以預言的形式栩栩如生地展示了舊約精神；他不像是在繪畫，而更像是在雕塑。他把自己的創造力與激情融入創世圖中。

整幅作品中大約有五十個人物形象，沒有風景與植物，只有力與美。他展現出肌肉發達的軀體，向世人傳達的並非性感，而是強而有力。他既是一位畫家，

又是一位雕塑家，更確切地說，是一位人體雕塑家。米開朗基羅花了四年時間繪製那座屋頂，但是教皇卻不斷地和他爭吵，想先目睹那幅畫，甚至威脅要拆掉腳手架。米開朗基羅拒絕了他，教皇甚至要把他推下腳手架。當教皇最終看到那驚世傑作之時，震攝得無地自容。

米開朗基羅放棄了所有的風景、背景、裝飾、阿拉貝斯克（Arabesque，繪畫藝術中阿拉伯風格的裝飾，以纏繞交錯的線條為特點），而只是集中於表現人

● 米開朗基羅既是一位畫家，又是一位雕塑家，更確切地說，他是一位人體雕塑家。

物軀體。畫中散發著舊約和新教的精神。作品色彩稍微有些昏暗，這並不是文藝復興時期繪畫的特點。然而，恰恰是這一點讓米開朗基羅躋身該時期最偉大的藝術家之列。他如癡似狂地沉迷於創作之中，常常在工作室和衣而眠。當作品完成時，米開朗基羅幾乎霎時老去。儘管如此，他還是活到近九十歲。

提香

提香（Tizian, 1477或約1487/90-1579）出生在哪一年已不可考，也許活過了一百歲。他人生主要的舞台不在佛羅倫斯，而在威尼斯。他的風格與米開朗基羅恰恰相反，也許他是最能代表文藝復興時期的畫家。提香的特長在於描繪女性之美。他畫了很多幅維納斯、阿芙羅狄蒂，以及如維納斯般的聖母馬利亞。從他的作品中看不到米開朗基羅那種向舊世界宣戰的反抗精神以及生活中較為陰暗的一面。色彩、光亮和感官享受是重頭戲。他對於光線與色彩的細膩表現，無人望其項背。

筆下除了女性之外，華麗的肖像是他的第二項特長。他的肖像作品神采奕奕、精神煥發，許多王公貴族都慕名而來請他畫像，包括皇帝卡爾五世，還有教皇、大公等等。他在威尼斯去世時，受到了國葬的禮遇。其遺體安葬在威尼斯的聖母之光教堂（Santa Maria Gloriosa dei Frari）。

拉斐爾

拉斐爾（Raffaello Santi, 1483-1520）生於烏爾比諾，曾前往佩魯賈（Perugia）和佛羅倫斯發展，之後來到羅馬。在那裡，他接受教皇尤利烏斯二世

的委任，繪製了簽字大廳（Stanza della Signatura，教皇簽特赦令之廳，又譯署名室）其中的壁畫。

這不朽的作品傳達了文藝復興的核心：宗教與哲學、基督宗教與希臘羅馬文化、教會與國家的和解。三位一體的神、使徒和神學家代表教會；三位哲學家及他們的聽眾代表哲學，象徵理想主義者的柏拉圖食指指向天空，實踐主義者亞里斯多德手指地面，蘇格拉底則掰著手指列舉論據，而亞西比德則入迷地傾聽。

這群人中還有其他的學者專家，如半裸的狄奧根尼、帶著圓規的阿基米德、闡述和諧概念的畢達哥拉斯以及正在構思謎語的赫拉克利特（Heracleitus）。在這群傾耳聆聽的學生中，還有一個長得很像拉斐爾的人。

拉斐爾所繪的聖母像融合古典文化的優雅與基督宗教的虔誠於一身，充分表現二者的兼容並蓄，且是如此感動人心，無與倫比。拉斐爾的畫集達文西、米開朗基羅和吉奧喬尼（Giorgione）等眾家之長。他那幅著名的《西斯汀聖母》成為後世所有聖母畫像的典範。

在古典的金字塔式的構圖中，聖母肩上藍色的披風隨風輕揚，露出紅色的襯衣。她的臉是玫瑰色的，以一種憂傷的目光注視著世界。在她懷中是天真無邪的聖嬰，天堂透過她身後開啟的帷幕展現在世人眼前。這是基督宗教世界最受歡迎的一幅聖母像，它流傳至全球各地，其複製品懸掛在不計其數的教堂中，印製在各式各樣的明信片上。

在這幾位藝術家中，拉斐爾的性格是最明朗的。在他身上，人們感覺不到任何傑作誕生時的陣痛，也嗅不到達文西那謎一樣的氣息，更不會震驚於米開朗基羅所傳達的那種超自然力量（因此，十九世紀的某個英國畫派認為拉斐爾過於膚淺，宣導發揚拉斐爾以前的藝術精神，並自命為「拉斐爾前派」）。在拉斐爾的作品中，靈與肉、感情與理智是渾然一體的。人們曾推測，「聖母」的原形應是他的情人。根據瓦薩里所述，拉斐爾沉湎於情愛，過早耗盡了精力，三十七歲便英才早逝。

城市

義大利的藝術家與眾多建築師、手工業者和建築工人聯手合作，打造出許多

「國寶級」建築物，收藏著美輪美奐的藝術珍品，吸引了無數的藝術愛好者和渴慕美的尋常百姓前來朝聖。於是，義大利的城市便成為波瀾壯闊藝術之海中璀璨耀眼的明珠。

教皇以聖彼得大教堂——最大的基督宗教教堂——為中心，在古老城市的廢墟中建起一座巴洛克式的壯麗羅馬。而在佛羅倫斯，建築師布魯內萊斯基（Brunelleschi）巧妙地克服了重力作用，讓圓頂大教堂成為該地的標誌之一，梅迪奇和皮蒂（Pitti）這樣的百萬富翁便將他們的宮殿建在教堂的兩側，那裡有上百間文藝復興時期藝術家的工作室。

比薩斜塔原本已是令人歎為觀止的奇蹟了，當伽利略在斜塔上做了證明自由落體定律的著名實驗之後，其結果帶給世人的震撼遠超過斜塔本身的魅力。建築師帕拉迪奧（Palladio）在維琴察（Vicenza）與附近地區建造了許多古典形式的宮殿與別墅，後世如英國的鄉間別墅、美國南方石柱裝飾的豪宅以及華盛頓白宮都深受其風格的影響。

還有如海市蜃樓般屹立在水面上的威尼斯，擁有許多金碧輝煌的宮殿和圓頂建築，被譽為不朽的世紀皇冠。這個神奇的水上之都激發了許多詩人的靈感，從莎士比亞的《威尼斯商人》到湯瑪斯‧曼（Thomas Mann）的《魂斷威尼斯》，還有當今德語女作家唐娜‧利昂（Donna Leon）的偵探小說等等，不勝枚舉。

● 想要擴展視野、提高品味，就該前往威尼斯、佛羅倫斯或者羅馬一遊。

長期的繁榮讓威尼斯成為宴樂文化的舞台，且在歐洲聲名遠播，從領主的任職慶典、婦女節、城市守護聖徒的生日慶典、聖馬可的誕辰，到年度最盛大慶典——與大海的婚禮等等，所有慶典都會舉辦划船比賽，上千艘裝飾著三角彩旗的小船聚集在大運河與聖馬可廣場前的海面上，岸上富麗堂皇的聖馬可教堂和總督府宛如一幅典雅優美的圖畫。威尼斯的嘉年華也是享有盛名的。

隨著時間的推移，越來越多的詩人、觀光客以及蜜月中的新婚夫妻嚮往造訪威尼斯。不過，威尼斯也有一個不太名譽的發明——猶太人聚居區（Ghetto），因為在那裡剛好有一座鑄造廠（getto，義大利語意為「鑄造廠」），所以如此稱之，流傳開來後，其他地區也以此為猶太人聚居區的名稱。

最晚從十七世紀末開始，義大利城市成為歐洲青年成長之旅的必經之地。建

議大家今天不妨也來一趟文化成長之旅。如果你想開拓視野、提升品味，那麼不要老往海灘上跑，應該到威尼斯、佛羅倫斯或者羅馬一遊，你會發現拉斐爾和提香筆下的美女，比起沙灘上穿比基尼的辣妹還要美麗動人。

文藝復興的終結

為什麼一百三十年之後，創造美的泉源就枯竭了呢？因為，一個義大利人和一個德國人把這孔泉眼給堵上了。

▶ 1492年，哥倫布發現了美洲，而葡萄牙人找到了前往印度的航線。於是北歐和西歐的商人放棄陸路，選擇水路，經過安特衛普和里斯本從事進出口貿易。從此，尼德蘭取代義大利，成為東西貿易的必經之路。

▶ 1517年，馬丁·路德將九十五條論綱貼在維騰堡（Wittenberg）教堂的大門上，以表示對羅馬教廷的不滿，從此點燃了宗教改革的烽火，最終導致教會的分裂。

▶ 天主教徒：他們是那些仍然對羅馬教廷保持忠誠，或是在威逼利誘之下回到教廷懷抱的人，主要在西班牙、義大利、法國、波蘭和愛爾蘭等地區。

▶ 路德教派和英國聖公會：路德派信徒遵循馬丁·路德的教義，建立了聽命於政府的國家教會，主要地區包括斯堪的那維亞、波羅的海東岸三國和德國；英國聖公會也聽命於國王，但是它仍沿用天主教的禮拜儀式，並遵循喀爾文教派的宿命論教義。

▶ 喀爾文教派和清教徒：喀爾文教派的名稱源於激進的改革者喀爾文，他在日內瓦建立了嚴格的神權統治；清教徒在英國稱為極端的新教徒，他們主張在禮拜中廢除所有天主教的儀式。這兩派都反對有神甫和主教的官方教會，包括帶

● 喀爾文教派和清教徒以民主為基礎，主張每個人都應該做自己的牧師。其盛行地區是民主國家的發祥地。

有官方教會色彩的路德教會。兩派主張以民主為基礎，建立沒有牧師和高級教士的自由教會，每個人都應該做自己的牧師。這也促使喀爾文教派分裂成眾多觀點各異的小教派，但嚴格的宗旨是共通點。其教徒主要分布於瑞士、荷蘭、蘇格蘭、英格蘭，尤其在美國得到充分的發展，這些地區恰好又是民主國家的發祥地。相較之下，在德意志地區，路德教派擁有對國

129

　　家最忠誠的教徒，這反而帶來不良後果。

　　對於義大利來說，教會分裂意味著財源的枯竭。因為，在分裂之前，大筆錢財以名目繁多的賦稅形式流入羅馬，「滋養」了整個義大利。

　　就這樣，發現新大陸和宗教改革讓義大利一下斷送了兩大財源，從此一蹶不振。歐洲的中心向西轉移。

宗教改革與歐洲各國的誕生
Die Reformation und die Entstehung der europäischen Staaten

如果說十五世紀的歐洲是義大利的時代，那麼十六世紀則是德意志、西班牙、英國和法國的天下。它們都生於此時並建於此時，但作為一個民族的「所在」，德國則不在此列。如果說文藝復興是場序曲的話，那麼近代這場精采大戲在十六世紀隆重登場。具體說來，各國的發展道路與重頭戲碼不盡相同。

現代國家的形成

西班牙、法國和英國的發展具有相似的基本特徵：隨著貨幣經濟的迅速擴張和中產階級地位的上升，封建貴族的舊勢力日漸衰退，他們首先失去軍事上的獨立權。國王身為這兩個階級的仲裁者，則是獨攬大權，從而削弱了貴族的力量。因為國王的權力不受限制，所以稱為「專制主義」（具體地說是「早期專制主義」）。

這種專制主義對於各國自身的發展而言卻是一大福音。因為，一方面專制主義結束了國內諸侯混戰的局面，帶來內部安定，並為經濟發展、文化繁榮創造有利的環境；另一方面，國家的統一不但激發了民族的歸屬感與自信心，也為國民經濟開闢出較大的市場。接下來看看歐洲各國具體的發展道路。

西班牙

當時，在葡萄牙的旁邊有兩個王國：卡斯蒂利亞（Castilla）和阿拉貢。由於卡斯蒂利亞的伊莎貝拉（Isabella）與阿拉貢的斐迪南（Ferdinand）聯姻，奠定了西班牙的統一大業。1492年，這對夫妻終於將最後一個摩爾人趕出格拉納達（Granada），結束了長達百年之久的反征服（自穆斯林手中收復西班牙）。

同一年，他們派遣哥倫布尋找通往印度的航線。哥倫布卻在這次航行中發現了新大陸。於是，西班牙人的反征服馬上演變成對墨西哥和南美洲的占領，以及對印第安人的基督宗教洗腦活動。就像他們對穆斯林所採取的手段一樣，是透過血與火、刀與劍展開的。藉由這種方式，科德斯（Cortés）和皮薩羅（Pizarro）摧毀了墨西哥的阿茲特克帝國與南美的印加王國，奪走了他們的黃金。於是，源源不斷的貴重金礦流

● 如果文藝復興是場序曲的話，那麼近代這場精采大戲在十六世紀隆重登場。

入西班牙，使十六世紀成為西班牙的「黃金時代」。在很短的時間之內，西班牙崛起，成為歐洲最強大的國家──一個日不落的帝國。

當時王族之間崇尚通婚，哈布斯堡王朝便是一例。哈布斯堡家族中綽號「最後的騎士」的馬克西米利安（Maximilian），便很聰明地娶到當時最富有的女繼承人──勃艮第大公美麗的女兒瑪麗亞。瑪麗亞的嫁妝中包括勃艮第大公的領地，橫跨德法邊界的大片土地（今日的比利時、荷蘭、盧森堡三國以及洛林和勃艮第），就像現在的歐盟一樣，以布魯塞爾為中心進行統治。美麗的瑪麗亞帶著廣大領土嫁給了最後的騎士馬克西米利安，並生下一個遺傳其姣好容貌的男孩菲利浦。

菲利浦長大後與西班牙的公主約翰娜結婚，不過這位俊美的丈夫很難保持對婚姻的忠誠，當約翰娜再次懷疑他有外遇時便毒死了他。但是這次約翰娜發現自己錯殺了丈夫，於是發瘋，無論到什麼地方旅遊都帶著菲利浦的遺體，人們稱她「瘋子約翰娜」。

約翰娜和菲利浦兩人所生的兒子成為基督宗教國家中最有權力的國王，統治著新大陸和西班牙，還包括那不勒斯、勃艮第、波希米亞，他也是奧地利第一大公，占領了整個上義大利地區，並且成為德意志民族神聖羅馬帝國的皇帝。他就是查理五世（Karl V）。其子菲利浦二世吞併了葡萄牙，父子二人的統治將近一個世紀（1516/19-1598）。他們試圖征服整個世界，但這項計畫遭到兩個人的破壞，那就是馬丁‧路德與英國女王伊莉莎白。

儘管如此，西班牙仍是十六世紀歐洲文化的中心。西班牙戲劇在卡爾德隆‧巴爾卡（Calderón de la Barca）與羅貝‧維加（Lope de Vega）的引領下百花齊放。兩個典型西班牙的人物形象──唐璜與唐吉訶德，轟轟烈烈地走進了歐洲文化。唐璜是個專門引誘女人的感情騙子，而唐吉訶德則是個勇於向風車挑戰、悲

劇式的瘋狂騎士。他生活在理想之中，堅信自己能夠像中世紀的騎士那樣生活在新時代。今天，我們仍然可以看到許多唐吉訶德式的人物，他們忘記了現實，活在過去。（→文學）

幾位哈布斯堡的國王以馬德里為首都，菲利浦二世在埃斯科里亞爾（Escorial）建造了行宮。西班牙藝術與義大利藝術的競爭，造就了一批天才，畫家維拉斯奎茲（Velázquez）便是其中一人。哈布斯堡王朝維繫了西班牙的天主教傳統，堪稱是對教廷的一大貢獻。與穆斯林長達百年的戰爭，也讓西班牙人對異教徒特別敏感，他們用嚴厲的宗教裁判所來對付穆斯林和猶太人。

1492年，哥倫布發現新大陸，也是西班牙人趕走了最後一個摩爾人的那一年，西班牙開始驅逐猶太人。這麼做是為了確保社會的同一性，剔除無法同化的族群。這次猶太民族的大遷徙簡直可與「出埃及」相提並論。

法蘭西

法蘭西與英國之間的百年戰爭一直持續到1435年。英國人曾試圖占領法國。1429年，奧爾良的聖女貞德激勵了法國軍隊的士氣，終於戰勝了英國。後來，路易六世（1461-83）降服了法蘭西的幾位大領主，統一全國。然而，宗教改革引發了第一次內戰，威脅到國家的統一。新教教徒（喀爾文教派）在法蘭西稱為胡格諾派（Huguenot，是法國人對德語Eidgenossen〔瑞士同盟〕一詞的發音）。因此，第一次法國內戰又稱為「胡格諾戰爭」（1562-1598）。這場戰爭打了三十年之久。

1572年8月25日，巴黎的天主教徒對新教徒進行了一次大屠殺，這就是歷史上著名的「聖巴托羅繆之夜」。血腥瀰漫整個歐洲，讓新教徒的反抗更加激烈，戰爭最後以亨利四世登上皇帝寶座而告終，他是波旁王朝的創始人。儘管他是新教徒，但為了討好人民，他改信天主教。（他有一句名言：「巴黎值得做一場交易。」）同時，他亦對新教徒採取保護措施。亨利四世為法蘭西的專制主義奠定了基石。後來，法國終於在樞機主教黎塞留（Richelieu）和「太陽王」路易十四的帶領下，成為十七世紀的歐洲強國。

英國

十五世紀末，在蘭開斯特和約克家族之間有一場爭奪王位的「玫瑰戰爭」（1455-1485，因兩個家族的徽章上都有一枝玫瑰而得名）。這場戰爭是老諾曼第貴族之間的相互殘殺和火拚，而都鐸家族坐收漁翁之利。

之後，亨利八世登上了王位，他為了解決自己的婚姻問題，使整個英國，甚至於整個世界，都發生了歷史性的變化。他的第一任妻子是來自阿拉貢家族的卡塔林娜。由於她沒能生出兒子來繼承王位，亨利八世請求教皇解除婚約。雖然這在當時很普遍，但因為教皇在查理五世的統治之下，而受到離婚威脅的卡塔林娜恰恰是查理的姨媽。由於查理五世的施壓，教皇不敢同意解除婚約。於是，亨利八世宣布脫離羅馬教廷，而把英國教會立為國家教會──「英國聖公會」，國王自己擔任最高主教。

接著，亨利八世自行離婚，並且與安娜‧伯林（Anna Boleyn）結婚。她生下了伊莉莎白女王。

亨利關閉了修道院，並把教會財產分給部下。他用這種方式創造了一個新興的貴族階層。他們在把英國轉變為新教國家的道路上與亨利患難與共，因為他們有一個共同的願望：無論如何不能把搶到手的財產歸還給羅馬教廷。新興貴族的致富之道並不合法，但是他們對國王絕對忠誠，並有強烈的愛國心。這些新貴們想透過「形象工程」和自我宣傳來扭轉他們的非法性，於是他們供養了一批文人歌功頌德，從而促成十六世紀末期英國文學和戲劇的蓬勃發展，其中一顆璀璨的明星就是莎士比亞。

然而在此之前，亨利八世殺死了第二任妻子安娜，據說是她欺騙了他。於是，亨利和第三任妻子結婚，並終於生出了一個男孩，後來妻子過世，亨利梅開四度，但是火速離婚，因為他另結了新歡。接下來，亨利的第五任妻子因為不忠而被砍頭。在退位之前，他還娶了第六任妻子。這最後一位老婆終於有幸活得比亨利久（英國學校的孩子按照亨利六任老婆的順序學習下列詞語：divorced, beheaded, died / divorced, beheaded, survived，也就是：離婚，砍頭，死亡／離婚，砍頭，倖存）。

亨利八世留給後人的形象就是：鐵腕國王和凌辱婦女的藍鬍子。他肆無忌憚

地大玩政治手腕，例如掠奪修道院的財產，培養自己的嫡系，把教會騎在胯下，同時也將躺在「玫瑰戰爭」廢墟中的英國建設為一個以專制主義為基礎的新型國家。他建立了形式上的國會，分為上下兩院。實際上，議院中聚集的是對國王效忠的新貴，他們只是協助執行國王所下達的命令而已。

直至一百年之後，英國議會才真正不再順服於國王，並發揮應有的功能。在此之前，議會一直都是國王的附庸，到了亨利的第三任繼承人，著名的伊莉莎白女王執政期間（1559-1603）同樣如此。不過這段時期，文化上的蓬勃發展到達巔峰。英國且得天獨厚，在天候的優勢條件下，大敗西班牙的「無敵艦隊」（1588），阻撓其入侵。伊莉莎白女王也趁勢利用這個大好機會，以謀殺叛亂之嫌剷除了蘇格蘭女王瑪麗亞・斯圖亞特（Maria Stuart）。（→文學）

宮廷文化與國家

十六世紀是歐洲走向現代民族國家的過渡時期。因封建的人脈結盟成為疆域領土國，政治權力由君王所壟斷，並集中在他的宮廷之中。如果貴族也想分享權力的大餅，就必須離開自己的城堡到宮廷中去，謀得一個有權有錢的職位。為了達到這個目的，他們必須博取君王的青睞。同樣的競爭對手還真不少，大家也都想取悅君王。因此，貴族必須結成朋黨，以獲得至關重要的資訊。

這些來自窮鄉僻壤城堡中的「土」貴族，在宮廷中第一次見識到，原來還有人比他們更高高在上，更有權有勢，其中甚至包括女人。若想縱觀情勢，不失時機地打入權力核心，光靠殘忍凶猛是不夠的，還必須具備某些特質，例如懂得自制，會察言觀色、打小算盤、忍辱負重，必要的時候偽裝自己。

想在宮廷中受歡迎，行為舉止要彬彬有禮，符合身分地位，並展現出個人魅力。為了達到目的，還要有洞察他人心理的銳利目光，甚至要懂得利用人心，實現自己的計謀。就這樣，宮廷孕育出一種嶄新的行為文化，優雅的風度、迷人的舉止、節制自律、裝模作樣、工於心計、逢場作戲和自我表現，均為其特點。

於是，宮廷成了一座大舞台，演員們在台上展現精湛的演技。可以把它看成另一種「國家劇院」，君王是這裡的主宰，朝臣職位的升降取決於他們的演技，一切都與權力和金錢掛鉤。簡而言之，誰身段柔軟、長袖善舞，誰講的話君王聽

得順耳，誰就能平步青雲。

　　「國家劇院」的管理，仰賴一套挖空心思安排出來的繁文縟節。這並非只是些中看不中用的花架子，其作用在於確認君王的「寵愛等級」，以保證朝臣之間的爭寵之戰繼續下去。只要那些朝臣還在勾心鬥角、相互競爭，君王就能高枕無憂。為了控制這些驕傲的貴族，宮廷還要不斷地提供「劇本」來消耗他們的精力。這就是歐洲宮廷文化形成的背景。在宮廷文化中，國王和貴族都很樂於讓畫家和詩人把他們描繪成古代的神祇或英雄。

　　經過了人文主義和文藝復興的洗禮，古希臘羅馬文化成了君王和朝臣自我表現的戲服與道具。透過這種方式，他們體會到宮廷交易不僅涉及人情世故，並且取決於是否會演戲，這就是政治。義大利人馬基維利（Niccolò Machiavelli）在《君王論》（Il Principe）中對此進行了有系統的探討。

　　如果說，現代國家的發展是歐洲現代化的動力來源之一，那麼其他的動力則來自於宗教改革。

德意志

　　十五世紀義大利的文藝復興給德意志南部的城市帶來一線曙光。它們與阿爾卑斯山另一側的城市結成貿易夥伴，踏上相似的發展道路。就像梅迪奇家族是佛羅倫斯的領主一樣，富格爾家族（Fugger）統治奧格斯堡，並擁有一個強大的金融帝國。他們在資金上支援馬克西米利安皇帝，提供查理五世皇冠，以保障在新、舊大陸上的礦山開採權，並獲得貴重的金礦。他們的金礦帝國和葡萄牙的香料帝國相會於安特衛普，讓這座佛蘭德城市成為最重要的金融中心。紐倫堡則是手工藝品的中心，那裡有許多金銀飾物的匠師，他們的作品遍布全歐洲。

　　阿爾布希特·杜勒（Albrecht Dürer, 1471-1528）領導德意志繪畫藝術從哥特式過渡到文藝復興時期。他與達文西的相似之處在於，眼睛所見的一切事物都是他描繪的對象；他與米開朗基羅的相似之處在於，他沉迷於宗教題材和創世的奧祕；他與提香的相似之處在於，他所繪的肖像亦是栩栩如生。於是，他成為德意志最著名的畫家。然而，無人可比的是他對藝術所做出的貢獻，他被世人尊為「木版畫王子」、「銅版畫親王」和「插畫大帝」。這些畫作的優點在於，可以通

過印刷技術不斷複製，讓畫家聲名遠播並帶來豐厚利潤。他的銅版畫《騎士、死神與魔鬼》成為民族資產，《書齋中的聖哲羅姆》和《憂鬱》則是僅次於前者的另外兩部代表作。透過這些畫作，德意志人重新認識了自己，而那時的德意志正處於教會分裂的時代。

宗教改革的起因

來自梅迪奇家族的羅馬教皇里奧十世，需要大筆金錢來建造聖彼得大教堂，於是他派遣了大批托鉢僧到各地出售贖罪券。他們代表教皇並透過贖罪券來饒恕民眾的罪過。而各地的親王對此很不滿意，因為金錢從他臣民的手中，流到了教皇的小金庫裡。里奧為了安撫親王，就答應讓親王分紅。於是，親王弗里德里西忘記了薩克森智者讓他在領地內禁售贖罪券的勸告，而答應了里奧。

在這些托鉢僧中，有一個特別狡猾的多明我會的修士泰澤爾（Tetzel）。他就站在薩克森的邊界上兜售，維騰堡附近的居民從那裡經過，聽到他說：「錢幣『噹』地一聲掉進箱子裡，靈魂『咻』地一下就升入天堂。」於是，他們紛紛掏錢購買，但心裡並不確定它是否靈驗，於是就到維騰堡大學向一位神學教授求證贖罪券的可靠性。然而，那位教授拒絕證實它。

他的名字是馬丁・路德。

第二天，路德在教堂的大門上貼了九十五條論綱反對出售贖罪券。而且，為了讓大家都看得懂，這九十五條論綱是用拉丁文和德文相互對照寫成的。這一天是1517年10月31日。直至今日，新教教徒仍視這一天為宗教改革的紀念日。

馬丁・路德

馬丁・路德是何許人也？他是一個礦工的兒子，本來要攻讀法律。然而，他遇上一場突如其來的災難，他在暴風雨中發誓：如果能逃過此劫，就要把一生獻給教會。事情過後，他進入奧古斯丁修會並成為修道士。他試圖透過清苦的修行來擺脫心理上的負罪感。他曾把自己餓到半死，然後又從這種折磨中清醒過來，當他讀到關於使徒保羅的事蹟時，突然領悟到：不是因為善行，只要相信上帝是慈愛的，就能夠得到救贖。之後，他很快有了一番成就。他去羅馬朝聖，被授予維

騰堡大學的教授職位，並在教會中平步青雲，升至管理各大主教的總助理一職。

與羅馬教廷的決裂

路德的論綱引起強烈的反應。不僅是傳單滿天飛、大打口水仗，統治階級還舉起了威脅人民最常見的工具——刀槍。於是教皇傳喚路德前往羅馬。馬丁努斯博士（Dr. Martinus，馬丁‧路德的拉丁文敬稱）變成了一枚政治棋子。當時教皇里奧為了給十字軍東征籌募經費，決定增稅，人們必須把收入的百分之十到十二繳給教堂（除了其他稅賦之外）。馬克西米利安皇帝和眾親王都覺得這太過分了，於是激烈抗議，並悄悄地把路德當成意識形態的一項武器用來對付教皇。

結果，路德不是去羅馬，而是去了沃爾姆斯（Worms）的會議。在那裡，路德必須要在教皇的使者樞機主教卡耶坦（Cajetan）面前表示懺悔，並收回那些異端邪說。

然而，路德拒絕了。他在維騰堡大學的同事菲利浦‧梅蘭希頓（Philipp Melanchthon）和安德列亞斯‧卡施塔特（Andreas Karlstadt）也站在路德這一邊。英戈爾施塔特（Ingolstadt）大學的副校長約翰內斯‧埃克（Johannes Eck）為教廷竭力辯護，這激起了路德昂揚的鬥志。在辯論中，路德還追本溯源質疑羅馬教廷的合法性，這種做法顯然非常激進。

埃克返回羅馬，建議教皇開除路德的教籍。然而，整個德意志將路德視為民族英雄。人文主義學者烏爾里希‧馮‧胡騰（Ulrich von Hutten）盛讚路德將德意志從羅馬教廷的壓迫下解放出來，並自願和其他幾位騎士一起擔任這位民族英雄的保鏢。

當教皇真的以開除教籍脅迫路德時，他感慨萬千，並用德語寫下那篇〈致德意志基督宗教貴族公開書〉（An den christlichen Adel der deutschen Nation）。文中，路德建議世人不要再順服羅馬教皇，應該建立德意志民族自己的教會，停止讓財富繼續流失到羅馬；不要迷信教皇，只有聖經才是唯一的權威；每個人應該做他自己的牧師。這樣就徹底否定了羅馬教廷。因此，衝突在所難免。在路德的號召下，伴隨著民族國家興起的宗教改革拉開了序幕。尤其是在英國，人們改信新教很大程度上是基於民族因素。

當路德真的被開除教籍後，他以〈教會中的巴比倫監獄〉（Die babylonische Gefangenschaft der Kirche）一文作為回覆，表示就像當年猶太人在巴比倫一樣，信奉《新約》的教會長期受到羅馬教皇的壓制。從此開始，兩個陣營之間就以呼籲、公開信和教皇訓諭作為工具展開了論戰。最後，路德宣稱：「不會有人因為拒絕教皇的訓諭，而不能升入天堂。」他建立了反羅馬教廷的教會，並把教皇開除教籍，宗教分裂勢不可當。

「這是我的立場，我別無選擇！」

　　在此期間，政局發生了劇烈的變化：馬克西米利安皇帝的繼任者是孫子查理，也就是後來的查理五世。首先，他是西班牙人的國王，而天主教是西班牙的國教，因此他無法忍受新教的教義。再者，他也需要教皇的支援來對付不斷形成威脅的土耳其人。

　　1521年，在沃爾姆斯召開的德意志王國會議上，發生了影響深遠的事件。查理答應保證路德的人身安全，請他前往沃爾姆斯。路德不顧朋友們的勸阻，毅然前行。這是一趟勝利之旅。在眾親王面前，教皇的使者提出兩個問題：第一、這些文章是否是他所作（使者把路德的文章堆在一張桌子上）；第二、他是否願意收回這些觀點。路德對第一個問題做出了肯定的回答，但是請求給他一天思考的時間再回答第二個問題。

　　第二天，會議繼續召開，當這個問題再次提出的時候，所有人都屏息以待。路德回答，他所指出教廷的過失是眾所公認的。這時皇帝突然打斷他的話，厲聲喝道：「不是的！」然而，關於神學理論的問題，路德繼續說道，他可以收回所有的觀點，如果人們能夠證明它們違背聖經的話。接下來，教皇使節問到關於教皇合法性的問題：路德是否真的相信，只有自己是對的，而古往今來所有的使徒、教皇和神學家都錯了。針對這個問題，路德的回答是，他只相信聖經。「這是我的立場，我別無選擇！」查理五世放走了路德，但作為懲罰，他宣布剝奪路德的法律保護令。

宗教改革的發展

路德喬裝改扮成騎士，化名為榮克・約格（Junker Jörg）藏身於瓦特堡（Wartburg）。在這之間，反對派從羅馬教會獨立了出來。路德的同志卡施塔特脫下修士的長袍，結了婚。緊接著，又有十三個來自路德所屬奧古斯丁修道院的修士也結婚了。沒多久，德國的修道院空了一半。學生們開始搗毀祭壇和聖母像。於是，德意志地區變成了傳單、標語和宣傳手冊滿天飛的戰場。

隨著路德的出現，德國出版業興盛了起來，七年之間從一百五十本書的出版量增加到大約一千本。其中，大部分是支持宗教改革的書籍。而路德的著作出版後成為暢銷書，全歐洲都有人爭相購買。可以毫不誇張地說，宗教改革之所以能夠成功，歸功於書籍印刷所帶來的傳媒革命。由此看來，新教也成為了「書籍的宗教」。

德文聖經

路德的重大貢獻之一就是把聖經譯成了德文。

1521年，第一本德文《新約》面世。譯文是以伊拉斯謨斯（Erasmus von Rotterdam）的希臘文和拉丁文雙語的新版聖經為本。

1534年，路德把《舊約》也譯成了德文。

路德的聖經成為非常重要的文獻。

因為新教教徒把這本聖經當成上帝的話，所以他們奉它為聖書。人們不僅能夠在教堂中讀這本書，還可以在茶餘飯後、家庭團契，或是一個人獨處的時候閱讀它。這樣，聖經本身就成為一位傳道者。

幸運的是，這位宗教改革家同時也是一位天才作家。德文版聖經行文優美，語言鏗鏘有力，描繪栩栩如生，而且通俗易懂。因此，路德的聖經為廣大讀者

● 路德的著作出版後成為暢銷書，歐洲各地的民眾爭相購買，新教也成為「書籍的宗教」。

提供了豐富的成語、故事、格言、諺語和許多生動的人物形象。藉此路德彌補了各語言分支之間的裂縫，讓德語書面文字在諸多方言和口語的基礎上漸漸成形。因此，宗教改革對德意志民族意識的凝聚起了決定性的作用。

新教會

馬丁・路德以聖經作為評判各種宗教觀念的唯一準則。因為在聖經中並沒有出現煉獄之火、尊馬利亞為聖、聖徒、懺悔的聖禮、臨終的傳油禮，因此路德把這些統統廢除。他把傳道，而不是上述種種禮節，作為禮拜儀式的核心內容。就這樣，新教信仰透過傳道和聖經成為一種語言和文字的宗教。

新教強烈反對教皇和羅馬教廷的權威性，神甫不再享有充當人與神之間溝通者的特權，於是神甫的獨身制也就顯得毫無意義。每個人是自己的牧師，這點對羅馬教廷是一個致命的打擊。整個等級制度被廢除，教會不再行使管理上帝恩典之職。所有在傳統中被視為異教的東西合法化，這讓基督宗教返璞歸真。

從前的全能教會被臣服於民族國家的教會所取代。於是，宗教大幅度地回歸彼岸，而此岸則留給政府來管轄。所以，路德教派的信徒十分重視對國家效忠。

從這一點上來看，路德的命運很像某些革命者的命運，他被捲入了比他原本意圖更加激烈的社會狂潮之中。打著路德文章中所提出的口號，南德意志農民轟轟烈烈地掀起一場大起義。路德對此採 ● 教會不再行使管理上帝恩典
之職，基督宗教返璞歸真。
取敬而遠之的態度，起義終被血腥鎮壓。路德在很恰當的時機掉轉矛頭，站到了統治者的一邊。

再洗禮派

大約在相同時期，瑞士出現了第一個再洗禮者。再洗禮者採取成人洗禮的形式，盼望基督的降臨。他們主張文明的不順服方式，用非暴力的形式抵抗當權者的壓迫，他們之中的一些人還採取某種形式的共產主義和一夫多妻制。他們很快獲得了大批的支持者。於是，再洗禮派迅速發展，但馬上就遭到了天主教，甚至是路德教的迫害。

再洗禮派的教義從德意志的施瓦本傳到荷蘭，並說服了先知揚・馬提斯（Jan Mathys）和他來自萊頓（Leiden）的門徒揚・博克森（Jan Bokelsen）。不久後，他們接到路德派牧師伯恩哈德・羅特曼（Bernhard Rottmann）從明斯特（Münster）發出的呼救，因為他與當地主教發生了難以解決的衝突矛盾。在想要有所作為和上帝之愛的感召下，這兩個荷蘭人披星戴月趕到明斯特，把主教

和他的傭兵趕出了城外。結果，主教又聚攏了一幫士兵圍困明斯特城。

在大軍壓境的情況下，明斯特實行與再洗禮教義相結合的軍事管理，其中包括：公有制經濟，以及後世許多男人夢寐以求的一夫多妻制。因為當時這座城市中女人的數目大大超過男人，據說，他們的領導者萊頓人揚・博克森，曾經被保守的基督徒給抓了起來，是這座城市的女人解救了他。然而，這並不能保證他們免於主教的瘋狂報復。經過長期的圍困，城被攻破。他們受到酷刑的折磨，遍體鱗傷地被關在籠子裡，並置於教堂的高塔上，任憑烏鴉啄食。迄今為止，那裡還掛著這些籠子，提醒世人不要忘記殘酷的歷史。

再洗禮派又回到了非暴力的老路上，他們為了紀念教派領導人，來自荷蘭的門諾・西蒙斯（Menno Simons），而自稱是門諾派，並在尼德蘭受到了第二波迫害浪潮的襲擊。之後，許多再洗禮派教徒逃到了美洲，在賓夕法尼亞建立了阿米什教會（Amish）。其他的倖存者躲藏到了瑞士的艾門塔爾（Emmental）和伯恩旭拉（Berner Jura）。這些無政府主義的反抗為後來的民主運動提供了前車之鑑，鼓舞了後世的荷蘭喀爾文派、英國清教徒和美洲朝聖者（移民美洲的新教教徒）。

瑞士

瑞士的地方行政與尼德蘭的城市有一些相似之處，正是這個相似之處將他們推上了平行發展的軌道。它們都占據著重要的交通要道：瑞士據守了出入阿爾卑斯山的關隘；而尼德蘭則掌控萊茵河三角洲的海港。他們的統治者都曾是哈布斯堡家族。經過起義抗爭之後，他們成功地從德意志民族神聖羅馬帝國獨立出來，1648年得到在明斯特簽署的「威斯特法倫和約」所承認。

也許是因為經過阿爾卑斯山的通商路線頗為重要，瑞士的發展很早就起步了。1291年，三個奠基邦烏里（Uri）、施維茨（Schwyz）以及翁特瓦爾登（Unterwalden）以「呂特利宣誓」（Rütli-Schwur）為基礎，建立了「永久同盟」，以對抗奧地利。

如果德語詩人席勒（Schiller）的劇作《威廉・泰爾》（*Wilhelm Tell*）所描寫的故事屬實的話，那麼起義的導火線就是：凶殘的奧地利軍官蓋斯勒命令一位勇敢的施維茨人——威廉・泰爾，要他用箭射穿站在一百米之外親生兒子頭上的

一顆蘋果。這一惡行激起了瑞士人民憤慨激昂的情緒，他們再也無法忍受奧地利和勃艮第軍隊的壓迫。於是，勇敢的瑞士人民拿起刀槍，站了起來。

然而，瑞士人的打法並不是很公平，他們不像貴族那樣遵守騎士運動的規則，穿著鎧甲、坐在馬上、一決生死。因為他們是農民，所以他們站在地上，用五公尺長的帶鉤長矛刺擊馬背上披盔帶甲的騎士。當那些滾鞍落馬的騎士像翻肚甲蟲般無助地躺在地上時，他們會毫不猶豫地補上致命的一擊，以減少他死亡前的痛苦。由於那些貴族（在英格蘭的除外）簡直是不善於學習，所以瑞士人屢戰屢勝，得到不可征服的美名。

從此之後，無人再敢侵犯瑞士。歐洲的親王們紛紛挑選瑞士人組成禁衛軍，教皇甚至把這一習俗延續至今。依仗著軍事實力和對阿爾卑斯山要道的把持，瑞士幾乎成了無人敢覬覦的強權。因為它反對權威，崇尚自治。所以，除了三個奠基邦之外，瑞士其他地區也都歡迎宗教改革派的到來。於是，瑞士成為宗教改革的第二故鄉：烏爾里希·慈運理（Ulrich Zwingli）在蘇黎世，而尚·喀爾文（Jean Calvin）在日內瓦。

蘇黎世大教堂的教士慈運理透過對信仰的嚴肅反思，得到了和路德相似的結論，並於1524年在這座城市掀起了宗教改革的浪潮。然而，二者的學說在對聖餐禮的看法上不盡相同：路德反對「變質說」（Transsubstantiation，酒與餅實際上變成了基督的血與肉），而相信「同質說」（Consubstantiation，餅與酒雖沒有改變，但基督自己，即他的身與血卻是在餅與酒之中，也與餅與酒同在）；而慈運理則相信「象徵說」，即酒與餅只是象徵基督的血與肉而已。

據說，在「馬堡（Marburg）宗教會談」上，二者曾試圖達成共識，但功敗垂成。曾經有很短的一段時間，大半個德意志地區都屬於慈運理教派。1531年，慈運理在與瑞士天主教徒的戰鬥中不幸身亡。然而，日內瓦的宗教改革卻取得了異常豐碩的成果。

日內瓦喀爾文主義的神權政體與資本主義精神

在日內瓦，出現了一位對世界歷史產生重大影響的人物，也是這號人物讓日內瓦成為一座世界名城。當時，這座位於商貿十字路口的城市陷入了反抗統治階

層，即反抗主教與薩沃恩（Savoyen）大公的爭鬥中，貿易活動受到影響。於是，日內瓦就向瑞士人求救。瑞士人很樂意伸出援手，幫助日內瓦人趕走了主教和薩沃恩大公。因此，這座城市與天主教結下不解之仇，這就為新教的傳播創造了契機。兩個月之後（1536），喀爾文來到這座城市，並讓它的命運發生巨大變化。

喀爾文生於法國的尼壅（Nyon），學過法律，之後成為神學改革家，與其著作一同名留青史。

喀爾文相信宿命論：上帝在創造人的時候就預定好了，誰會受到赦免，而誰應該下地獄。

乍聽這個理論，世人擔心道德將由此而敗壞。因為果真這樣的話，做什麼都沒有關係了，因為一切早已預定。這種看法理論上是對的，實際上卻恰恰相反，因為做神所喜悅的事情，是判斷一個人是否被神挑選的標誌。而每個人都想在自己身上發現這標誌，那麼他就要有與此相符的行為舉止。喀爾文學說其實是一個循環論證。

而且它還隱含了一個內在系統：因為人們不斷擔心自己是否真的屬於被赦免的人，所以就會格外努力做出特殊的奉獻，比如說苦行，或者受到壓迫時堅苦卓絕的表現，以此突顯得到上帝挑選的標誌。這樣就培養出喀爾文主義者的菁英意識和成聖感，而壓迫者的所作所為只會更加堅定喀爾文主義者的信念。他們的關係有點像虐待狂和受虐狂之間那種怪異的惺惺相惜與難分難捨。

喀爾文一來到日內瓦，馬上就成為宗教改革家法雷爾（Farel）的親密戰友。法雷爾剛剛引入了嚴格的美德統治制度，然而喜歡縱欲的蕩放主義者便把這些改革家趕出了日內瓦。於是，天主教的大主教趁機重返日內瓦，跟著他一起回來的還有荼毒商業活動的「貪污腐敗」。日內瓦的商人們感到很後悔，又把喀爾文召喚了回來，並將一切大權交給他。

喀爾文彷彿成了新教的「阿加托拉」（Ajatollah，伊朗神權政體的領袖），建立了一個神權國度。如果說，人類歷史上曾經實現過烏托邦的話，那就是在喀爾文領導下的日內瓦了（1541-1564）。它幾乎成為荷蘭、英國與美國所有清教教會的典範。

神權國家的最高原則是：教會的法規以聖經為依歸。而對法規的解釋權掌

握在牧師和長老的手中。教會的最高機構（在日內瓦是宗教法院）領導著世俗的最高機構。這表示，它其實是一個類似古代以色列的神權政體。參加禮拜成為應盡的義務，美德變成必須遵守的法律。享樂，從另一個角度去看就是惡習，所以也要禁止。具體來說，唱不正經的歌、跳舞、賭博、酗酒、逛小酒館、大擺筵席、鋪張浪費、奢侈、看戲、髮型怪異、奇裝異服，這些行為都是禁止的，連吃飯時上幾道菜都有十分嚴格的規定。

● 喀爾文成了新教的「阿加托拉」，並建立了一個神權國度。教會的法規都以聖經為依歸。

　　首飾和衣服上的花邊，就像取了一個聖人的名字一樣，是不受歡迎的。受歡迎的名字是聖經中的哈巴谷、撒母耳等。如果誰犯了淫亂、通姦、褻瀆神明或是崇拜偶像，就會被處以死刑的懲罰。然而，喀爾文允許借錢收利息（但是不許放高利貸）。

　　認為自己是神的選民，尊崇聖經，以律法而不是以良心作為行事的準則，還有借錢生利，這些特點讓喀爾文主義者與以色列民族很相似。因此，喀爾文主義者所展現的精神氣質與路德派教徒有明顯的不同。尤其，在喀爾文主義色彩濃重的國家如荷蘭、英國和美國等，反猶太主義就像洩了氣的皮球，成不了什麼氣候。相較之下，西班牙、法國、德國、波蘭和俄國的情況截然不同。

　　喀爾文主義在日內瓦的統治是極權式的。長老和牧師身為風化員警，監控著家家戶戶。他們有權審訊，並將犯罪者逐出城市。

　　日內瓦的好名聲傳遍了整個歐洲。旅遊者都十分驚訝，因為那裡沒有搶劫、沒有惡習、沒有妓女、沒有謀殺，也沒有黨派之間的鬥爭。遊客在家書中描述到：在日內瓦，人們不知道犯罪和貧窮是何物；大家熱心公益、認真負責、純樸溫良，把工作當成修行的方式。

　　喀爾文教派的信徒遵循上帝的戒律，他們相信，世人不應該把上帝賜予的寶貴時間浪費到浮華虛榮的事情上，否則就屬於該下地獄的人。因此，如果人把時間用於有意義的工作，那麼他就是被上帝挑選的人。而財富的增加則是工作帶來的美好附加品，同時也是上帝選民的標誌之一。因此，擁有成功與財富便等於得到神的挑選。

　　喀爾文主義符合商人性格，尤其是資本家的利益，與美國式的成功理念如

出一轍。關於這一點，可以從德國社會學教父馬克斯‧韋伯（Max Weber）
的《新教倫理與資本主義精神》（*Die protestantische Ethik und den Geist des
Kaptialismus*）中得到印證。

　　路德使宗教與國家結為連理，（→歷史｜普魯士）而喀爾文則讓宗教與財富比翼雙
飛。因此，宗教改革成為現代化的接生婆。

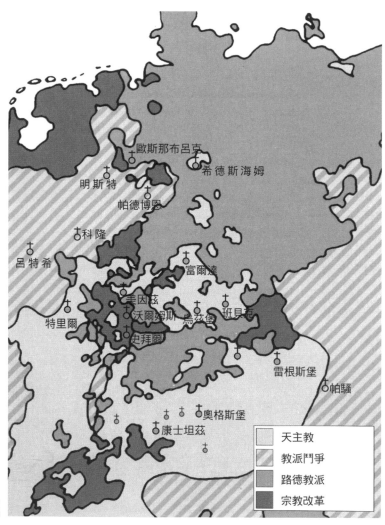

1600年的教派分布圖

國家與宗教：宗教戰爭

　　宮廷文化和君主極權政體下的國家發展，是貴族統治階層的事情。而宗教改革則是城市和市民階層的事情。

　　在路德教派中，宗教委身於國家。而喀爾文教派則宣導宗教領導國家。

　　一般情況下，幾乎所有的歐洲黨派都認為：宗教信仰的統一是社會團結的保障。也因此，許許多多的戰爭都起因於教派紛爭。

　　歷史上「胡格諾戰爭」的結果就是國家戰勝了宗教：信奉新教的王儲拿瓦拉（Navarra）的亨利，即亨利四世，出於國家利益至上的原則改信天主教，並為路易十四的專制統治奠定了基石。

　　接下來的一場宗教戰爭於1618年在德意志爆發，持續了三十年之久。其結果就是田地荒蕪，地方勢力凌駕於中央之上。路德、杜勒以及其他改革者所激起的民族文化發展也逐漸凋零，德國陷入沉睡。由於德意志民族缺少一個帶動風潮的首都，遲遲無法甦醒。相反，法蘭西和英國的命運從此便由首都巴黎和倫敦引領向前。德意志出現了地區割據的局面，並退出歐洲文化舞台長達百年之久。德意志的貴族變得法國化，而平民則變得悄然無聲。剩下那些還沒有完全麻木的人，則以音樂作為與塵世溝通的語言。

● 三十年戰爭之後，德意志地區一片荒蕪，地方勢力凌駕於中央，退出歐洲文化舞台長達百年之久。

　　宗教改革已經踏入了第二階段。

天主教的反宗教改革

　　為什麼宗教改革能在十六世紀的上半葉蔓延開來，而沒有受到皇帝和教會的強烈抵抗呢？

　　答案是：

　　一、教皇必須先對教會進行一番改革，才能說服民眾相信天主教是正宗的宗教。為此，教皇需要一段助跑，然後召開了特倫多大公會議（Tridentinum），修訂教義。從1545至1563年，他們在今日義大利特倫多省的省會特倫多（Trento）開會，並通過了以下改革措施：

▶ 確定天主教的基本路線，畫清與新教異端分子、修正主義分子和保羅派的界線；

▶ 嚴格加強領導幹部的培訓制度；

▶ 改革教會等級制度和對教士的管理；

▶ 引入書籍審查和禁書制度；

▶ 引入宗教裁判所制度，採用密探、酷刑和白色恐怖等手段；

▶ 將教會幹部以軍事化形式組成耶穌會（1534年由伊納爵·羅耀拉〔Ignacio de Loyola〕創立，喀爾文曾參加過這個組織）。

經由這些措施，德意志的大部分地區、整個法蘭西以及波蘭又回到了天主教的懷抱中。

二、查理五世無法給予新教徒致命的打擊，因為他的另一側受到土耳其的強烈威脅。

土耳其

土耳其人自稱鄂圖曼（奧斯曼）人，這是因為奧斯曼親王（Osman, 1299-1326）曾經征服過小亞細亞。從西元800年開始，他們開始信奉伊斯蘭教。奧斯曼的兒子烏爾汗（Orhan）也是歷史上的一個重量級人物。他把人民組織成移動的軍事機器，而且還擁有外籍軍團——土耳其禁衛步兵（他們是基督徒的孩子，很小的時候就被帶離父母身邊，訓練成精銳士兵），以及驍勇善戰的騎兵部隊。因為皈依伊斯蘭就意味著進入土耳其的軍事階層，所以當土耳其人在十四、十五世紀占領巴爾幹半島之後，很多基督徒都這麼做。

1389年6月28日，土耳其人在科索沃的原野與塞爾維亞人決戰，儘管土耳其蘇丹穆拉德（Murad）被塞爾維亞詐降的貴族奧比利奇（Obilie）刺殺，但最終土耳其還是戰勝了塞爾維亞。從此之後，塞爾維亞人視奧比利奇為民族英雄，並將這一天當作節日來慶祝。然而，就在1914年的同一天，恐怖分子普林西普（Princip）刺殺了奧匈帝國皇儲弗朗茨·斐迪南（Franz Ferdinand）。

而且，就是因為科索沃原野的那場戰役，塞爾維亞人至今仍把科索沃視為聖地。他們不原諒那些皈依伊斯蘭教、甘願被侵略者壓迫的人——波士尼亞的穆斯

林。六百年之後，他們在波士尼亞對這些人進行了報復。長期受壓迫的民族總是有很好的記憶力，因為他們手中還有未付清的帳。

　　土耳其前進的步伐彷彿是東方的普魯士，捷報頻傳。土耳其人於1453年占領了君士坦丁堡並將其改為首都伊斯坦堡，就這樣，長達千年以上的基督宗教國度東羅馬帝國灰飛煙滅。蘇丹塞里姆一世（Selim I）先後征服了波斯、亞美尼亞、巴勒斯坦、敘利亞和埃及，最終成為麥加和麥迪那聖地的庇護者，並且獲得了哈里發的稱號（哈里發是伊斯蘭國家政教合一領袖的稱號）。

　　當伊斯蘭在西歐受到基督徒（西班牙人）的打擊而節節敗退時，卻在東歐大舉擴張，並征服了信奉基督宗教的巴爾幹半島。在蘇雷曼大帝（Suleiman, 1520-1566）的統治下，土耳其成為查理五世的巨大威脅。1526年，土耳其攻占了葡萄牙，並在1529年圍攻維也納，但無功而返。只要土耳其的威脅存在，查理就無法把精神投入到與新教徒的宗教戰爭中。因此，可以說是土耳其人幫了宗教改革者的大忙。由此說來，新教徒還真該感謝土耳其人。

尼德蘭起義

　　查理五世把今日的比荷盧三國統一為一個省分，並任命一位女省長以布魯塞爾為省會進行統治。隨著1555年查理的退位，帝國分裂。他的弟弟斐迪南繼承了帝位，管轄奧地利。兒子菲利浦二世擁有西班牙和尼德蘭，並馬上著手執行特倫多大公會的決議。然而，尼德蘭大多數省分信奉喀爾文教。在貴族的領導下，發生了「反革命」的破壞聖像運動。菲利浦派阿爾巴（Alba）公爵以天主教兄弟之名，對「反革命分子」進行了血腥鎮壓。

　　然而北方七省，也就是今天的荷蘭，宣布獨立，不再效忠國王，並成立共和國（1581）。他們在奧倫治（Oranje）王朝的王子莫里茨（Moritz）帶領下，進行了長期的浴血奮戰，最終獲得了自由。就這樣，新教國家荷蘭（北尼德蘭）從受西班牙天主教控制的比利時（南尼德蘭）獨立出來。

荷蘭──貿易與寬容之國

　　在尼德蘭共和國，立法權隸屬於類似聯邦議會的共和國七省代表大會。由各

省挑選出的執政官組成政府，他們大部分來自奧倫治家族。此家族的名稱源於法國城市奧倫治（Orange，橘子）。因此，荷蘭國家足球代表隊的球衣至今仍是橘色的。此外，奧倫治家族的威廉於1688年成為英格蘭國王，並且打敗了信奉天主教的愛爾蘭。信奉新教的荷蘭人至今仍會慶祝「奧倫治日」（Orange Day）。

荷蘭在整個「三十年戰爭」中繼續鬥爭，直至1648年在明斯特簽署「威斯特法倫和約」才獲得真正的獨立。在此期間，它成為海上霸主，壟斷運輸業，奪走葡萄牙在南非、東印度（錫蘭）和西印度（加勒比海）的殖民地，並征服了西班牙的「運銀艦隊」。荷蘭成為世界貿易的焦點，歐洲銀行業的中心從安特衛普轉移到阿姆斯特丹，就像昔日的佛羅倫斯、奧格斯堡和安特衛普一樣，銀行業的盛興促進了文化的繁榮。

隨著自由貿易的發展，各種思潮湧入荷蘭，科學技術和書籍出版一片欣欣向榮。荷蘭成為廣納百川的寬容之國。受迫害的歐洲人、學者、知識分子和發明家紛紛移居荷蘭。阿姆斯特丹宛如猶太人的「新耶路撒冷」，他們可以在那兒不受干擾地實踐自己的信仰。

自宗教戰爭的精神中，衍生出兩項決定了歐洲未來的文明創新，其誕生地在英國，這兩項創新是：

▶ 議會控制下兩黨體系的君主制，以及對於宗教信仰持寬容態度的現代行政機構；

▶ 以科學和理性為主導的現代啟蒙運動。

在進一步了解它們之前，必須先補充介紹一下，僅次於現代國家的形成和宗教改革的現代化第三驅動力——天文學家、航海家和科學家的大發現。他們為天空、大地、自然和人類描繪出一幅嶄新的圖畫。

天空、大地與社會的藍圖

1453年，土耳其征服了君士坦丁堡，從而控制了東西方的貿易。這激發了葡萄牙王子亨利，綽號「航海者」，去探索繞過非洲、通往印度的航線。直到1498年，瓦斯科・達・伽馬（Vasco da Gama）才找到了這條航線。從此之後，水路的費用比陸路便宜，這給義大利的商業發展帶來致命的打擊。

1492年，哥倫布費了一番功夫，獲得了卡斯蒂利亞伊莎貝拉女王的首肯，揚帆啟航。實際上他想繞地球一圈前往中國，而非印度。但他不知道美洲位於這之間。直至臨終之時，他一直都以為自己發現的是西印度。因此，至今仍有人稱加勒比海為西印度洋。1492年10月12日，哥倫布抵達聖薩爾瓦多（San Salvador）。

　　梅迪奇家族在西班牙的代理人阿美利哥・維斯蒲賽（Amerigo Vespucci），受到哥倫布航海大發現的鼓舞，於1497年踏上美洲大陸。他的報告引起了德國弗萊堡（Freiburg）宇宙誌學者馬丁・瓦爾德澤米勒（Martin Waldseemüller）的注意，而建議將新世界命名為「阿美利加」。這個建議被採納。製圖者格哈德・默卡托（Gerhard Mercator）在他那幅著名的世界地圖中，便將美洲標示為阿美利加。當地的原住民則稱阿美利加人。

　　可以說，是義大利人發現了新世界，德國人為它命名，從中獲利並對其實行統治的，則是葡萄牙和西班牙。此後，大批移民從伊比利亞半島湧入新世界。他們之中有開拓者、冒險家、傳教士、罪犯、淘金者、投機分子和難民。他們以貪婪的金錢欲望、可怕的流感病毒、令人髮指的罪惡和基督宗教喋喋不休的傳道，騷擾當地的原住民。

　　因為在他們眼中，那些原住民是異教徒，所以信奉天主教的西班牙人認為，對他們進行掠奪、殺戮、敲詐、謀殺、洗劫，都是合情合理的。因此，距1492年對不信基督宗教摩爾人的血腥殺戮尚未滿一年，同樣的凶狠殘暴就在美洲大陸上演。

● 義大利人發現了新世界，德國人為它命名，從中獲利並對其實行統治的，則是葡萄牙和西班牙。

這些征服者都是嗜血成性、殺人不眨眼的劊子手。就這樣，科德斯（Hernán Cortés）於1521年征服了位於今日墨西哥的阿茲特克帝國。此後不久，皮薩羅（Francisco Pizarro）摧毀了祕魯的印加帝國。卡波特（Sebastian Cabot）考察了南美洲的拉普拉塔河地區。

　　麥哲倫（Fernando de Maggellans）帶領的人口販子們於1519至1522年繞地球航行一周，並且發現了太平洋。德・索托（De Soto）穿越了佛羅里達——繁花盛開之地，阿瓦拉多（Pedro de Alvarado）發現德克薩斯，科羅納多（Francisco de Coronado）則長驅直入堪薩斯。最後只剩下北部森林留給英國人和法國人，幾百

年來他們企圖橫越加拿大的冰天雪地，探索從西北方進入中國的路徑，但都徒勞無功。

美洲的發現在人類歷史上具有革命性的意義。

▶歐洲經濟的重心從地中海轉移到大西洋。與義大利的衰落相對應的是，大

● 發現新大陸在人類歷史上具
有革命性的意義。

西洋國家葡萄牙、西班牙、英國和荷蘭的崛起。最先嶄露頭角的是西班牙。後來，它在與荷蘭、英國的較量中敗北。原因也許是，天主教的西班牙喜歡午後小睡片刻的「希達哥」（封建時代的騎士），打不過荷蘭和英國喀爾文教派的工作狂。

▶對於新大陸的原住民來說，地理大發現是一場可怕的災難。因為缺乏抵抗力，他們成為歐洲感冒病毒肆虐下的犧牲品。而且，還遭到大屠殺，被迫從事無法忍受的苦役。剛剛發現美洲大陸時，墨西哥有一千五百萬人；但一百年之後，卻只剩三百萬人了。

▶地理大發現帶來的第二場災難是：非洲的黑人遭到捕捉，他們挺得住惡劣氣候和種植園苦役的折磨，竟因而淪為奴隸被販賣。

▶1545年，在拉丁美洲玻利維亞的波托西（Potosi）發現了銀礦。從此以後，每年都有一支運銀船隊橫渡大西洋。對於貴重金礦的貪婪欲望，點燃了歐洲人繼續掠奪美洲的幻夢。而西班牙的運銀船隊則成為英國海盜覬覦的目標。所謂的「三角貿易」逐漸穩定成形：人們把玻璃珠與無用物品從歐洲運往非洲，購買或獵捕奴隸，然後再把奴隸賣到美洲的種植園和礦山，將白銀、甘蔗、煙草、玉米和棉花等物資帶回歐洲。因此，船舶從來不曾空艙航行。這種三角貿易後來落入荷蘭和英國的控制之中。

▶貴重金礦源源不斷地流入西班牙，腐蝕了當地的文化（驅逐猶太人、摩爾人），大量的金錢揮霍到非生產性的帝國政治上（軍工事業、華麗建築），結果西班牙在與英國的紡織業競爭中落敗。同時，由於缺乏把資金留在國內的基礎設施，於是，金錢流往荷蘭，或是進了英國海盜，如德拉克（Drake）或哈金斯（Hawkins）之徒的腰包。這些英國海盜認為，洗劫西班牙人是愛國的表現，因此非常樂意從事這項活動，並還邀請英國女王一同分享豐碩的成果。

▶隨著美洲的發現以及印度和東亞的納入，統一的世界經濟體系於焉成形。與此相符的是，出現了新的分工版圖：精密工業的發展在「核心地區」，包括荷蘭、英國、法國，並擴展至義大利北部和德國南部，那裡實行工資報酬制度；單一經營的種植園經濟、農奴與奴隸制度則在「邊陲地區」，例如東歐和殖民地。

同時，歐洲以其擁有的先進武器與軍事技術，讓世界開始歐化，殖民主義時代降臨。繼古希臘羅馬時代之後，進入另一個奴隸時代。

騎士小說由探險小說所取代，聖杯變為黃金城，唐吉訶德成了魯濱遜，而且他還擁有一個名為「星期五」的奴隸。

天體──從托勒密到哥白尼的世界觀

1540年，維騰堡大學數學教授雷蒂庫斯（Georg Joachim Rbeticus）首次討論到生於波蘭北部桑城（Thorn）尼古拉斯‧哥白尼的研究。哥白尼曾在克拉科夫（Kraków）和波隆納（Bologna）學習法律和醫學，之後成為西普魯士弗勞恩堡（Frauenburg）主教大教堂教士會成員。他以地心說鼻祖老托勒密的學說為基礎計算得出，如果地球是圍繞著太陽運轉的，那麼對於行星的運行便能有更合理的解釋。在當時，這種想法是如此悖離傳統，以致哥白尼只敢私底下講一講。

事實上，同時代的學者都不贊同這個觀點。他們認為不可思議，而且與世人親眼所見的背道而馳。路德與另一位宗教改革家梅蘭希頓都拒絕接受這種觀點。因為聖經記載著，約書亞讓太陽停下來，並非地球。雖然雷蒂庫斯教授狡猾地在他的文章中寫著「獻給教皇」，但是教廷對「日心說」仍感到非常火惱。

當激進的新柏拉圖主義者喬爾丹諾‧布魯諾（Giordano Bruno），大膽地將他異教徒的泛神論與哥白尼的日心說聯繫在一起時，羅馬教廷再也按捺不住心頭的怒火，公開燒死了這位哲學家。

1543年，布魯諾死後不久，哥白尼的理論出版問世，書名為《天體運行論》（*De revolutionibus orbium coelestium libri VI*），這六本書描述了天體運行的原理。然而當另一位科學家伽利略宣稱，哥白尼有可能是對的時，教皇馬上將他關入監牢。於是，伽利略又檢查了一下他的資料，承認自己錯了，地球是靜止的。

不過，當他從震驚中恢復之後，科學家擇善固執、堅持真理的熱情燃起，他嘟囔道：「地球還是在動的。」1616年，也就是莎士比亞去世那一年（莎士比亞也認為托勒密描繪的世界比哥白尼的更富詩意），教廷將《天體運行論》列為禁書，直至1757年方才解禁。在此之後，波蘭人承認哥白尼是波蘭人，而德國人也搶著說，哥白尼是德國人，與之前的情況不可同日而語。

　　教廷之所以如此頑強地抗拒哥白尼的學說，主要是因為它摧毀了那個「三層別墅」──最上層是天堂，中間是人間，底層是地獄。突然之間，地球無異於其他行星，一起漂浮在浩瀚的宇宙中。這就像是一次強制拆遷，或是二度被逐出伊甸園。人類不再居住於世界的中心，這意味著流放。人類失去了家園，而那位住在人類頭頂上的上帝又到哪裡去了呢？

　　經過了很長一段時間之後，哥白尼學說才普遍被接受。整個十六世紀，世人緊緊抱著托勒密的世界觀不放，害怕在茫茫宇宙中流離失所，無依無靠，於是各種迷信乘隙而起。天空變成了一幅夜色蒼茫的恐懼地圖。原本只是為了幫助記憶而標示星座的巴比倫舊曆，搖身一變成了具有神奇影響的星座體系。一時之間，流言滿天飛，於是真的有人相信，出生時辰的星相能決定一生的命運，天體塑造了人的性格。如果出生受到木星的影響，個性就會傾向憂鬱（可以比較杜勒的版畫《抑鬱者》）。星相占卜成為時髦行業；江湖騙子、巫師和星相家生意興隆。

　　不僅哥白尼時代是這樣，到了諾斯特拉達姆士（Nostradamus）、阿格里帕（Agrippa）和浮士德的時代依舊如此。諾斯特拉達姆士預言法蘭西國王查理二世能活到九十歲。儘管他二十四歲就英年早逝，但人們仍然相信諾氏。科隆的巫師阿格里帕設計了一種念咒語的宗教儀式，藉此控制惡魔，他還宣稱把惡魔變成了一隻陪伴他的狗（其實阿格里帕只要把他的狗取名為「惡魔」即可，這並不是什麼難事）。這亦是魔鬼和浮士德立約故事的起源。

　　當時，這種轉變正如日後法國哲學家布雷瑟・帕斯卡（Blaise Pascal）所說：「蒼茫的宇宙令人感到毛骨悚然。」

社會

　　現在，人類即等於社會──這在歷史上是開天闢地頭一遭。中世紀時，如前

所述，屬於社會的有天使、殉道者、聖徒、神、死人和鬼，更別提還有妖怪、小精靈、巨獸、仙女和整個「惡魔動物園」，他們廣泛參與世人之間的往來溝通。對此，新教做了一番大刀闊斧的刪修，他們抹掉殉道者、聖徒和不計其數夾在上帝與人類之間的牛鬼蛇神，將它們批得狗血淋頭；並砸爛煉獄，搗毀死人所居住的平行世界。在此之前，活人原則上仍可與死人接觸（透過代禱影響他們的狀況），但現在逝者已和

● 現在，人類即等於社會——這在歷史上是開天闢地頭一遭。

活人分道揚鑣，他們屬於過去，消失在忘川之中，他們不再開口，僅剩上帝和人類之間還有對話。

這就掀開了籠罩大千世界的神祕面紗，有利於人們將注意力傾注於文字上。一種新的媒介——書籍，誕生了！它成為人類智慧的源泉。

文字

活字印刷創造了奇蹟。一致、標準化的字體讓書籍所傳達的內容具有一定程度的客觀性，也因為人們看不到作者，所以並不會直接把資訊本身和作者聯繫起來。而口語所賴以維繫的語氣或是情境，在書面文字中所剩無幾，而是透過較緊密的關聯和邏輯結構得到彌補。在口語和書面語言之間開始有了比較，但在二者的轉換過程中，保持不變的是「意義」。於是，靈魂變得抽象，不再被視為另一個「自我」，而是理解為「意義」。新教徒尤其重視此點。

世人開始集中精神在與上帝的對話中，和其他鬼怪靈魂的交流便被斥為異端。巫師、逝者和聖徒沒有了立足之地，中世紀百花爭鳴的文化枯萎凋零，他們只能在天主教教會的「保護區」或文學作品的大觀園中，苟延殘喘。

文學

文學透過虛構的手法，為卸下神祕外殼的世界重新塗上迷幻色彩。雖然人們不再相信仙女，但是她們仍然出現在莎士比亞《仲夏夜之夢》的舞台上。那些不懂得消遣娛樂的喀爾文主義者，把劇院當成偶像崇拜的寺廟，禁止涉足。他們認為，人們在那裡與魔鬼的影子打交道。

但並非所有的神靈都在這場大屠殺中倒下了，就像哈姆雷特被謀殺的父親

一樣，他們成為幽靈再度顯現。對於幾代人來說，中世紀的舊世界依舊是鬼影幢幢。這讓宗教改革的世界特別容易爆發「惡魔恐慌症」，導致迫害猶太人和女巫的事情一再上演。教派鬥爭實際上是在給惡魔輸血，而反對派的首領往往被批為惡魔。

可以說，黑死病肆虐橫行的十四世紀，滿目瘡痍；荒涼的十六世紀則預示著新時代的來臨，而對德國人來說，更慘的是三十年戰爭的十七世紀和犯下大屠殺罪行的二十世紀。但是在歷史上，很少有一個世紀像十六世紀那樣具有兩面性。舊勢力為了生存仍在奮力搏鬥，渾然不知自身的沒落衰敗已成定局，這股勢力包括地中海文化、疆域遼闊的帝國、無所不能的教廷和中世紀的世界觀。新勢力已經勝券在握，它們是企圖聯結全球的世界經濟、民族國家、新教與科學。十六世紀的人類同時經歷了此二者，無怪乎，新舊之間的衝突常令他們緊張不已。

● 在歷史上，很少有一個世紀像十六世紀具有兩面性。這種緊張衝突強烈反映在人類最耀眼的一顆明星身上——威廉·莎士比亞。

這種緊張衝突尤其強烈反映在人類最耀眼的一顆明星身上——來自斯特拉特福（Stratford）的威廉·莎士比亞。他在戲劇中既描繪義大利，又勾勒出古典時期的羅馬、雅典和特洛伊，當然也少不了以重彩渲染一下中世紀的倫敦。在他的劇作中粉墨登場的人物，既有著名的政治家和不信神的馬基維利主義者（為達目的不擇手段的人），也有女巫、惡魔、幽靈和小精靈。他們表現出最柔美的愛情、血腥的謀殺、不可思議的忠誠和冷酷的瘋狂。

莎士比亞的喜劇是如此明亮瑰麗，在現實生活中根本找不到更歡快的場景；而他的悲劇充斥著陰謀與懷疑，地獄也比不上那裡陰森。他的戲劇既宣揚異教徒的思想，又散發出基督宗教的光芒；既受到新教的影響，又帶有天主教的色彩；既頌揚個人自由，又讚美封建制度的忠君思想；既是利益至上，又重視道德；既帶有啟蒙色彩，又相當迷信；既現代，又傳統。儘管他本人仍相信托勒密的世界觀，但卻一再重申哥白尼的革命原則：表面現象會迷惑人，最肯定的事物一眨眼也會變成幻影。在他的著作中，我們可以發現新世界在誕生時刻所照射的萬丈光芒。一定要好好讀他，最好是買張劇院的門票親自去拜訪他，就能身歷其境。

十七世紀

Das 17. Jahrhundert

十七世紀，三個民族的命運決定了三條不同的建國之路。

德意志──驟然隕落

三十年戰爭（1618-1648）對德國來說是一場血腥災難。原因有兩方面：

▶ 天主教和新教爭奪主導權；

▶ 皇帝和地方諸侯爭奪統治權。

其結局是諸侯分立，皇權軟弱無能，使得這個民族國家處於解體的邊緣。這對宗教之間的鬥爭來說，意味著不分勝負──諸侯各行其是，自己決定在他的小國內信仰何種宗教。

在拜羅伊特（Bayreuth）侯爵的領地，人們信福音派新教，而在離它不遠的主教管轄區班貝克（Bamberg），卻信奉天主教。教派紛爭讓德意志變成了一塊七拼八湊的拼布地毯，它至今仍影響著各地區的風土民情。在南部（包括奧地利、巴伐利亞、巴登〔Baden〕，但不包括符騰堡〔Württemberg〕）人們信奉天主教；在西部仍是昏暗不明，例如萊茵地區，那裡的創世紀神話是：「上帝說：要有光！但只有兩個地方仍然昏暗，那就是帕德博恩（Paderborn）和明斯特。」相反地，東部與北部地區如黑森、薩克森和普魯士等，信奉的是福音派新教。

即使到了現代，有很長一段時間，這張教派地圖被描摹成政黨風景畫：在天主教區，人們投票給基督教民主聯盟；而新教區則是社會民主黨的大票倉。

德意志的分裂局面一直持續到1870-71年帝國的建立。小國割據自然造成了偏狹閉塞的風氣。也因為缺乏一個讓人翹首企足的首都，所以無法形成能起示範

與主導作用的城市化社會，在生活方式、語言和品味上引領整個民族。於是德意志民族的不善言談交際，成了眾所周知的事，風度翩翩、談吐優雅、長袖善舞、幽默風趣、開朗熱情，均非德國人所長。於是，他們乾脆悶不吭聲，或一頭栽進那超然於語言之上的語言——「歌聲和音樂」之中。

此外，三十年戰爭的持續殺戮讓德意志人變得抑鬱寡歡，對死亡有一種執迷。有些地區，三分之二的人死於戰爭。幾乎整個歐洲都參與了這場大屠殺，包括法國、丹麥、瑞典、西班牙、波蘭還有其他國家。最後，德意志成了一片廢墟，社會發展退化到原始的野蠻狀態，人民精神遭受巨大創傷。在集體記憶中，這是一道難以撫平的傷痕。

在十七世紀民族的競賽中，德意志被淘汰出局。直到兩百多年之後，它才重新出線。這之間，德意志分裂為兩大塊：普魯士和奧地利，中間夾著今天的南德。為了走上現代化，德意志選擇了災難性的發展道路——分裂，這給整個民族帶來了不幸，也讓建立一個統一民族國家的夢想成為泡影。然而，也是從這分裂的形式中，民主冒出了稚嫩的幼苗。

法蘭西、英國的情形迥然不同。此時他們紛紛崛起，並分別踏上自己的康莊大道。

法蘭西——朕即國家

在法蘭西所產生的是一個中央集權政府，國王具有絕對的權威。

兩位樞機主教和一位國王促成了這一局面：

▶ 在路易十三的統治時期（1610-1643），實權掌握在樞機主教黎塞留手中。關於他的生平，可以從大仲馬的《三劍客》中略窺一二。

▶ 在年幼的路易十四長大成人之前，先由樞機主教馬薩林（Mazarin）代理朝政。

▶ 從1661年開始，雄心勃勃的路易十四親自執政。他賦予法國的政府體系一個考究的外表、一種獨特的風格、一門精采的戲劇藝術和一座漂亮的舞台。那就是巴洛克式的凡爾賽宮廷文化。（→藝術）那些原本對王位虎視眈眈

的貴族，受到隆重的儀式、歡樂的慶典、陰謀和好戲連台的宮廷劇碼所吸引，目眩神迷，因而纏住了手腳、渙散了鬥志。

路易十四的王宮成為全歐洲效仿的典範，而他自己也陶醉在崇拜者對他的「太陽王」（le roi soleil）尊稱中。他擁有絕對的權力，不受任何人的控制。在那個時代，歐洲各鄰國正遭逢連綿內戰之苦，為了和平，路易的臣民甘願付出代價，完全屈服於他的極權統治之下。從國王的身上可以反映出國家的本質——權力壟斷，路易十四便曾說過：「朕即國家。」（L'État c'est moi.）

法國的建設是系統性的：

▶系統性的經濟政策：藉由從殖民地輸入原料，並向其出口製成品，來促進手工業的發展，此即「重商主義」。

▶建立常備軍並擴建要塞。

▶加強基礎設施的建設：修建道路、橋樑和隧道（至今仍被視為典範）。

▶加強政府職能：任命專業部長，在外省設國王代表。

▶系統性的殖民政策：獲得北美洲路易斯安那——密西西比河流域的西半部，從新奧爾良到加拿大魁北克的整個地區。

▶發揚宮廷文化，使之成為舉國參拜的新型「宗教儀式」：不是造教堂，而是建宮殿；不是做禮拜，而是舉行宮廷慶典；人們所要敬拜的也不是上帝，而是國王。

這種文化藉由巴洛克式的「裝模做樣」表現出來。在那個時代，女人穿著用鯨魚骨或藤圈撐起來的鐘式裙，男人戴著撲滿香粉的假髮。路易的宮廷時尚成為歐洲所有宮廷競相追逐的目標。歐洲的貴族吹起了一股法國風，無論是在俄國沙皇的皇宮中，還是在普魯士國王腓特烈的王宮裡，人們都講起了法語。

文化、戲劇與文學

日後當德意志人建立起民族國家，並進一步認識自己的語言時（大約1750年），德意志貴族階層意識到必須推廣這項成就，因而積極推動「去法國化」。這就是德意志民族主義者法國過敏症的根源。他們竊走了原先的認同，取而代之

強行置入德意志人的集體認同。這與法國人的風格形成鮮明對比。在世人眼中，法國人高貴、詼諧、時尚、精緻、彬彬有禮、風度翩翩。而這些則被德意志民族主義者批判為虛偽、頹廢和做作，藉此襯托出德國人的深沉、質樸、有教養、知分寸、值得信賴，並且大肆宣揚這些「美德」。

這才是德法世仇之謎的源頭，而非所謂國家之間的衝突。

從那時起一直到1945年，德國人對法國人的態度就像是阿拉伯人或波斯人對美國人的態度一樣：仇恨！因為對方的表現令人自慚形穢，又羨又妒。就這樣，民族感情被文化上的偏執沖昏了頭。

就像已往，隨著宮廷文化一片欣欣向榮，法國的戲劇也得到豐沛的滋養，而邁向顛峰，因為宮廷本身就是一座大舞台。

1643年，演員莫里哀（Jean-Baptiste Molière）成為享有盛譽「法國喜劇」的鼻祖。（→文學）他編寫精采的丑角滑稽戲，誇張地表現某種性格特色，至今仍活躍在舞台上的還有：《達爾杜弗》（*Le Tartuffe*）——偽君子的代名詞，《恨世者》（*Le Misanthrop*）——讓人同情的壞人，以及《吝嗇鬼》（*L'Avare*）。

高乃依（Corneille）和拉辛（Racine）太拘泥於亞里斯多德訂下的規則，強調悲劇在情節、時間和空間上統一的三一律。直至德國的狂飆運動和莎士比亞戲劇的影響，悲劇的形式才獲得解放。

儘管如此，法國人仍然把高乃依和拉辛當作最偉大的悲劇作家。

拉封丹（La Fontaine）所創作關於蟋蟀、螞蟻、狼和羊的寓言膾炙人口，至今仍是法語教科書中的範文。

仕女們主持沙龍、創作和閱讀浪漫小說，其中知名的有：史居里小姐（Madeleine de Scudéry）、塞維尼夫人（Madame de Sévigné），尤其是拉法葉夫人（Madame de Lafayette），她的《克萊芙王妃》（*La Princesse de Clèves*）是心理學小說的先鋒。古典作家拉羅什福科（François de La Rochefoucauld）便經常出現在薩布萊夫人（Madame de Sablé）的沙龍中，每個受過教育的法國人都熟悉他那揭示人類自私本性，並閃爍著黑色幽默之光的警句——「偽善是惡習向美德鞠躬」，是不是很絕？還有，「真愛就像是一個幽靈，人人都談論他，但誰也沒見過他的真面目」；「品德美好的女子就如隱藏的寶藏，之所以安全，因為

沒有男人追求她們」。

　　直至今日，羅浮宮的柱廊以及凡爾賽的宮殿仍向世人炫耀著路易十四時代的風華。

　　然而，他不太光彩的事蹟有：廢除南特敕令，驅逐胡格諾派教徒。他們逃到英國和普魯士，也帶去了大量的技術和新教的美德。這對法國來說意味著嚴重的「人才流失」，就像後來德國驅逐猶太人一樣。

　　專制主義也是通往現代化的道路之一，它導致了法國大革命的爆發。

　　英國走的是另一條道路，它創造了議會民主制。

英國——清教徒革命與議會民主制的誕生

英國：1588到1688年的光榮革命

　　1587年，英國女王伊莉莎白處死了蘇格蘭女王瑪麗亞·斯圖亞特。然而並不是因為瑪麗亞長得比較漂亮，而是由於她信奉天主教，而且還與陰險的西班牙菲利浦二世勾結起來，密謀殺害伊莉莎白女王。

　　於是，菲利浦於1588年派出了無敵艦隊，想讓英國在信仰上改邪歸正。由於船上的僧侶多於士兵，風也聽從了新教上帝的差遣，再加上西班牙海軍上將雖然家世顯赫，但是揮軍作戰的能力遜了一大截，結果無敵艦隊才剛離開西班牙的勢力範圍，就沉沒了。

　　就在此後不久，劇作家莎士比亞如一顆璀璨之星，冉冉升起，世界為之驚歎。他代表了輝煌鼎盛的伊莉莎白時期。儘管這段時期是在伊莉莎白執政的最後幾年，但其燦爛耀眼的程度是英國歷史上前所未有的，並一直持續到1603年伊莉莎白去世，把王位傳給被砍頭的瑪麗亞·斯圖亞特之子——新教徒詹姆斯一世（James I）之後。

　　儘管詹姆斯統一了蘇格蘭，並納入英格蘭，卻也流露出專制主義的傾向，結果他與具有自我意識的議會對峙上。議會分上、下兩院；上議院，即參議院，由貴族組成；下議院，即眾議院，代表普通民眾。眾議院的前身是各省代表，負責稅收。

　　因為整個十六世紀議會對國王十分忠誠，所以國王並沒有把它廢除，而是利用它來貫徹自己的宗教政策（推行宗教改革、建立英國聖公會、強占教會資產，並把它賣給對國王效忠的貴族）。到了十七世紀，議會全權行使立法權，從一個馴服的辯論俱樂部變成自我意識高漲的團體。它有自己的章程、委員會和次級團體，有權制定稅法與其他法律。它變得十分自主，而且這種發展仍繼續著。

　　在大城市，尤其是倫敦，源自日內瓦的喀爾文教很快傳播開來。它吸引到那些對英國聖公會的天主教儀式表示反感的新教徒。他們認為，禮拜應集中精神於佈道上，並主張把羅馬教皇那套繁瑣儀式「清除」出去，所以人們稱他們為「清」教徒。

　　最終，由於不滿聖公會有主教和高級教會的等級制度，清教徒建立了自由教會。因此，人們亦稱他們為公理會教徒、分裂主義者、非國教派或異黨分子。他們是信奉新教的基本民主派，越來越多人受到喀爾文神學思想的影響，尤其相信：神已預先確定好挑選誰，而得到眷顧的受選者僅是鳳毛麟角。

　　在蘇格蘭，他們取得勝利，建立了自主的長老制教會（有教會代表大會和選出的長老）。

　　當查理一世（Charles I）於1625年從父親手中繼承了英格蘭和蘇格蘭的王位時（英格蘭和蘇格蘭由詹姆斯一世以君合國的形式統一），英國議會全是清教徒議員。首先，他們拒絕批准賦稅條款。經過多次解散、重組議會，條款再度遭到駁回，議會讓國王明白：要想獲得議會的批准，國王必須嚴格按照規定，並認同議會的核心是：

　　「沒有代議，沒有稅款」（No taxation without representation，後來，北美洲爆發革命正是因為這項原則遭到破壞）。

　　之後，查理解散議會，並在兩個男人的幫助下建立了準專制主義的政體。

　▶首相斯特拉福德伯爵（Earl of Strafford），仿效樞機主教黎塞留，建立了一套嚴格的管理體制。

　▶大主教勞德（Laud）把英國聖公會又拉回天主教的傳統，保護天主教徒，並迫害清教徒。

此舉對世界史所產生的影響是：

受迫害的清教徒自稱為「朝聖者」或「走天路的人」（Pilgrim Fathers，清教徒前輩移民），飄洋過海來到美洲。1640年，在今天的新英格蘭地區，大約有兩萬五千名這樣的清教徒。他們的風俗、信仰和觀點對社會發展產生了深刻的影響，就在那裡，USA——美利堅合眾國——誕生了。

　　另一方面，英國聖公會教徒又成為天主教徒，例如巴爾的摩爵士（Lord Baltimore）。他從查理那兒獲得特許，在美洲建立殖民地，但是他必須信奉天主教。爵士接受了這個條件，並且按照聖母馬利亞的名字，為它取名為馬里蘭（Maryland），而它最大的城市則命名為巴爾的摩。

　　查理一世被專橫獨行取得的成功沖昏了頭，開始對付蘇格蘭的長老制教會。針對這種情況，長老會教徒結合了一個信仰同盟，並訂立「民族聖約」（National Covenant）。為了打擊他們，查理需要一支軍隊；為了籌組這支軍隊，他需要金錢；為了得到金錢，他需要英國議會的支持。於是查理任命了國會議員，結果議會不聽從他的命令，於是他解散了它，另外成立了新的國會。照理說，它應該成為「萬年國會」載入史冊，因為查理不會再搞垮它了，但沒想到被搞垮的卻是查理自己。

　　這個國會迅速起草了改革法案，並宣布國王的作為是違法的。他們把耶穌釘在十字架上的塑像從教堂中扔出去（清教徒反對敬拜教堂的一切聖像，而且他們以耶穌的復活為根據，反對朝拜釘在十字架上的耶穌。他們認為十字架應該是空的，因為主已經復活，而且升天），並處決了首相，一切演變為革命。一份呼籲革除弊端的訴狀擺在了國王面前，並且要求獲得軍隊的指揮權。

　　當國王企圖以謀反罪處置議員時，倫敦市民則為國會張開保護的羽翼。查理一世倉皇逃出城外，把這座城留給他的對手。國會呼籲人民不要再順服國王的統治，同時建立了一個福利委員會作為代理政府，並且著手組織一支軍隊。1642年8月，英國爆發內戰。

　　農民和貴族屬於保皇派；部分低位階的農村貴族、商人和手工業者——主要是倫敦市民，支持國會。海軍也與國會同一陣線，並切斷了保皇派的國外援助。再加上堅持長老會制度的蘇格蘭人也助國會一臂之力，最後，查理一世戰敗被俘。國會在軍事上取得的勝利要歸功於一位小地主，他訓練了一支新式的騎兵隊

伍，由信仰堅定的清教徒所組成，紀律嚴明，所向披靡，其虔誠的態度恐怕也是無可匹敵，這位地主的名字是奧利弗・克倫威爾（Oliver Cromwell）。

這支軍隊比變成長老會的國會更加激進。當凱旋的革命者之間產生衝突齟齬時，溫和派再度倒向國王那一邊。於是，克倫威爾揮兵進入國會，剷除所有溫和派和保皇派的黨羽，只留下一個所謂的「殘餘議會」。它宣告人民主權的原則，並稱自己是主權的行使者。因為一個國家不可能有兩個至高無上的主權，而國王反對人民主權，所以國會以謀反罪起訴國王。

審判的結果是：法庭判國王死罪。1649年1月30日，查理一世上了斷頭台，把腦袋放在垛子上；劊子手一刀揮下，查理一世身首異處。

就這樣，英國成為一個共和國。

革命將國王送上了斷頭台，在世界歷史上是破天荒。據說當國王的人頭落地時，在場群眾聽到一聲深沉的歡息，彷彿預示了這起事件將會對世界歷史帶來重大影響。同樣的場景也在法國和俄國上演了兩次。

英國的共和政體命名為國協（Commonwealth），它也帶著這個名稱走入歷史。到1660年為止，英國共和制度只維持了十年時間。它未能制定保障人民權利的憲法，溫和的議會和激進清教徒軍隊之間的對立衝突，一直無法解決。克倫威爾最終以「護國主」的頭銜（近似於軍事獨裁者），像拿破崙一樣進行統治。當他去世時，查理的兒子查理二世從法國被接回英國。在他和兄弟詹姆斯二世的統治下，英國進入了復辟時期（1660-1688年）。

英國革命的文化成果

儘管如此，「共和」的理念深入民心。首先，人們體會到：沒有國王，地球照樣運轉。突然之間，許多人加入委員會、民兵組織和各種協會，參與管理並獲得了政治經驗。

在共和國時期，執政的是恪守道德準則的清教徒。於是，儉樸取代了奢侈，勤奮驅趕了懶惰；停止體育運動，關閉戲院，酒館就變成了今天的模樣（營業時間沿襲至今），禮拜成為義務，閱讀聖經是人生第一要務，僧侶的苦行變成了日常生活的典範。人們試圖分分秒秒都活出意義來，不把時光浪費到惰行中。這便

培養出以良心不安來監督自我品德，這是「自虐」原則誕生的時刻，內心的苦修變成現代工業社會的敬業精神；沒有清教主義，資本主義會是另一番樣貌。

沒有清教主義，英國也不會成為現代化的先鋒。

沒有清教主義，美國的發展也會大不同。如果想比較一下基督宗教中的兩個極端，那麼最明顯的對照組就是：里約熱內盧的天主教和紐約羅德島州普羅維登斯（Providence）的清教。

新教徒傾向在內心世界不斷地自我反省與自我控制（這大概是今天美國人喜歡做心理分析的原因之一），宗教裁判所遷徙陣地，進駐了人的內心，它時時刻刻考驗著良心。良心是唯一的行事準則，它讓靈魂備受煎熬，但它也是反對權威、爭取獨立自主的活水源頭。私下懺悔日益式微，公開認罪大行其道。自我觀察把人生變成了充滿考驗與挑戰的場域，讓清教徒樂於藉由戲劇化的「頓悟」來審視自我。過去屬於死神，明天永遠是嶄新的，機會無窮。

這也許是為什麼美國人那麼欣賞「fresh starts」的原因所在，一種「一元復始」的修辭以及「雲程發軔」的姿態。直至今日，在對換工作和換住宅的正面評價中仍可見到它的影子。這種經歷被當作神之恩典的標誌，與「神恩預定論」結為一體，成為美國文化形象的根源。

光榮革命與兩黨制的發展

查理二世，就是那位於1660年繼被砍頭的父親而登上皇位的人，是一位心無成見的君主。他那玩世不恭的可愛性格、寬容的態度，還有數不清的情婦，為他博得世人的好感。不過，他有一個倔強的弟弟。當詹姆斯二世繼承王位時，他重蹈查理一世的覆轍，極力把英國拉回天主教的懷抱中。因此，清教徒將希望寄託在他的女兒瑪麗身上，她的新教色彩較濃，因為她嫁給了喀爾文教派的荷蘭人——威廉·馮·奧倫治（William von Oranjen）。然而，當詹姆斯娶了一個天主教徒為妻，並生下了天主教的繼承人時，清教徒忍耐到了極限。1688年，他們把那位奧倫治人給請了過來，將他推上了王位。

威廉一來，國王詹姆斯便倉皇出逃。於是產生了兩黨間對於憲法的爭論：進步派——輝格黨（whig，是罵蘇格蘭盜馬賊的話）認為王位既然空缺，威廉就應

該當王；正統派——托利黨（tory，是罵愛爾蘭無法無天者的話）則認為，威廉只是詹姆斯的代理人，而詹姆斯才是合法的國王。

最後輝格黨占了上風，托利黨成為反對黨。然而，兩黨都從1660年的復辟中得到教訓。因此，在威廉登基之前，他必須先簽署「權利法案」（Bill of Rights）。

「權利法案」成為大不列顛憲法的基礎，其內容是：國會自由選舉，國會議員自由發言、自由辯論並享有言論免責權；任何稅賦未經國會允許不得增加；

● 信仰自由——從政治文明和人權的發展來看，可說是一躍千里。

國王不可廢除國會制定的法律，不可成為天主教徒，未經國會允許不得統率軍隊。接著還宣布了清教徒的信仰自由。但是，一個嚴格的公告規定，如果他們拒絕在傳統的宣誓儀式上向英國聖公會鞠躬，就不得擔任公職。貴格會成員允許在法庭上不摘帽；浸禮會和門諾會可以給成年人施洗；而且，所有人可以自由地、用他認為正確的方式，去敬拜上帝。

就這樣，政治與宗教分離。國家放棄了以宗教統一的形式去維繫社會的統一。於是，社會也與國家分開了，它可以是色彩斑斕，甚至四散分離，一切只要不違反法律就行了。

從政治文明和人權的發展來看，這可說是一躍千里。

在這個框架下，議會式政府在十八世紀初萌芽了。

▶議會君主制：由於王室中一連串的巧合，威廉和瑪麗，以及下一任女王安娜，都沒有孩子（而之後的繼承人則是天主教徒）。於是，議會不得不一再地選舉國王，人們也漸漸習慣了議會掌握大權的事實。

▶三位統治者不是經常缺席，就是無能：威廉埋頭於和路易十四之間的戰爭，而且他是個荷蘭人；女王安娜太孩子氣；喬治一世（George I）是漢諾威人，不會說英語。因此，他總是讓第一部長代他出席內閣會議，於是便產生了首相這個職位。

▶最奇妙的是兩黨制的形成與發展。黨派對立往往會導致內戰，就像「埃及的七個災難」（出自聖經《出埃及記》）之一。但輝格黨和托利黨卻因一個自相矛盾的事實而學會了妥協：輝格黨原本反對一個強大的君權，但威廉並不是他們的國王，所以他們必須支持他；托利黨贊成一個強大的君

權，但威廉並不是他們的國王，所以他們又必須和他作對。除此之外，身為反對黨，托利黨懂得操縱宣傳，大搞諷刺文學和批判，結果是不民主的政黨大肆運用了民主的技術。總之，基於彼此不同的原則與立場，兩黨必須相互對立。

▶除了煽動公眾和黨派爭論，也出現了新聞自由，它隨著1694年「授權法」（Licensing Act）檢查制度的結束而誕生。之後，各種報章如雨後春筍般冒出，成為公眾意見的傳聲筒，而公眾意見這個概念繼雅典時代之後再次顯現。

▶因為英國作家大都與黨派和報紙有密切關係，他們用筆進行論戰，並為熱中此道的公眾寫作，所以文字必須通俗易懂，並具娛樂消遣。相較於其他國家的文學，英國文學因而更受大眾的喜愛。

▶由於政府機關的擴張，越來越多的議員仰賴為政府工作維生，甚至被政府收買了，操縱決策。這可說是執政黨黨團的前身。只有那些得不到職務或金錢的人，才能保有美德，成為憤慨的反對派。由此看來，政黨不過披了一張「議會」的外皮而已。當時的人認為整個官僚體系已腐敗到了極點。

同時，英國在1688年的光榮革命之後衝入了現代化的跑道。

▶貨幣經濟宛如現代化的馬達一般，高速運轉：證券交易所和銀行在英國出現了；股份制企業遍地開花；股票投機和樂透彩券蔚為風潮；紙幣誕生了；百萬富翁成為一個家喻戶曉的名詞；新興的人壽保險讓世人不必靠購買土地，也能預防天有不測風雲，為後人的生活提供保障。

▶哲學家約翰・洛克（John Locke）在《論寬容》（*Epistola de tolerantia*）和《政府論二篇》（*Two Treatises on Government*）中闡述了議會制發展的理論。尤其是《政府論二篇》意義重大，特別是第二篇，提出了立法權（議會）和行政權（政府和國王）分離的學說（後來，孟德斯鳩又提出司法權的概念，作為對立法權的補充）。

很少有文章像政府論第二篇那樣，影響深遠。它就像是美國獨立戰爭和法國大革命的辯護詞，提供了法律上的依據。洛克的措詞不但出現在美國的「獨立宣言」中，而且也被法國大革命的「人權宣言」所引用。

洛克關於制憲代表的理論，點燃了人民為自由奮鬥的熱情。當哲學家湯瑪斯・霍布斯（Thomas Hobbes）在《利維坦》（*Leviathan*）中提出，國家是內戰的阻擋者此一觀點之後，洛克便說明了，集體的統一性是以持續的「意見內戰」為基礎。然而，這種戰爭是文明的，因為在野黨均冀望未來能接替政權，所以必會維繫某種程度的平和。

就這樣，洛克指引了一條通往文明社會的康莊大道。（→哲學）

嶄新的世界觀

在這個時期，英國的科學發展突飛猛進。1660年創立的英國皇家學會迅速成為歐洲頂尖學者雲集之地。它所效法的對象是「所羅門之屋」（Domus Salomonis），即科學政治和科學規畫之父培根在他的科學烏托邦《新大西島》（*Nova Atlantis*, 1627）中所描繪的藍圖（後來，斯威夫特〔Swift〕曾在1726年出版的《格列佛遊記》中嘲弄英國皇家學會）。（→文學）

為了給英國船隊提供更精確的經度測量，天文學家約翰・弗藍斯提（John Flamsteed）在格林威治建立了國家天文台。格林威治的位置成為地球的起始子午線。羅伯特・胡克（Robert Hook）透過顯微鏡向世人展示了微觀世界的奧祕，他還用螺旋彈簧代替鐘擺，將鐘錶變得易於攜帶——西裝上衣裡的懷錶讓整個世界同步行動。

羅伯特・波義爾（Robert Boyle）在《懷疑派化學家》（*The sceptical Chymist*, 1661）中，描述了魔術師、巫師、煉金術士、向亡魂問卜的巫師和江湖騙子的嘴臉，消解了人們對煉金術的盲目崇拜，給他們頒發了應得的「荒謬獎章」，並向醫學中傳統的「氣質學派」揮出致命的一拳。愛德華・哈雷（Edward Halley）發現了彗星的軌道，排除世人對彗星的恐懼。在此之前，人們一直以為它是上帝發怒的預兆。

所有這些和更多的發現一起納入到由以撒・牛頓（Isaac Newton）所提出的體系之中。1687年，英國光榮革命的前一年，英國皇家學會推出牛頓的巨著《自然哲學之數學原理》（*Philosophiae naturalis principia mathematica*）。書中提出了萬有引力的理論，並把它作為解釋天體運行的唯一原則。

它是現代發展歷程的一座里程碑。因為它終結了「天堂、人間、地獄」的世界觀，而認為世界是由唯一的一個空間所構成；在這個空間中，所有的物體都在相互作用。

更重要的是對時間的認識與看法。現在時間是均質而抽象的，所有事物可以在時間上進行協調。在中世紀，人們認為時間是雙重的，它既是彼岸的永恆也是此岸的易逝，世間並非由因果關係而聯結，它容易受到天國的干預介入，例如上帝的奇蹟。

牛頓的時間觀像他的宇宙觀一樣徹底而絕對。天國不復存在。時間被區分為過去和未來，因此，現實與可能之間產生聯繫。未來可能發生的事情不再由住在另一個平行世界中的上帝來決定，而是取決於「過去、現在、未來」形成的因果關係鏈。

人所處的世界成為由縝密的因果網絡構成的封閉體系。它就像鐘錶一樣，自行運轉。如果上帝存在的話，那麼他頂多只能干擾它。空間和時間組成永恆的運動相互聯繫。在宇宙這個體系中，它的組成部分彼此環環相扣。身為造物主的上帝退回到宇宙的起

● 人們不再將對美好世界的希望寄託在天國，而是放眼未來。

始點。而世界正如萊布尼茲所言，已經是所有可能情況中最好的了，上帝的插手不過是一種搗亂。由此開始，人們不再將對美好世界的希望寄託在天國，而是放眼於未來。

除此之外，因果關係的網絡也打破了鬼神之說，滌蕩了偏僻陰暗的角落，世界一片光明。嶄新、均質的宇宙被徹底照亮了，理性的火炬驅趕了黑夜，喚醒那些精神處於休眠狀態的夢遊者，雄雞一唱天下白！英國的思想家和科學家在光榮革命之後，為法國的啟蒙運動創造了前提。關於這一點，沒有誰能比伏爾泰在《哲學書簡》（*Lettres philosophiques*, 1734）中解釋得更清楚了。

就像以前在雅典的情況，在英國，民主的萌芽直接造就了科學與哲學的飛躍發展。伏爾泰說：「英國憲法的至善至美即在於，它使每個人都能享有與生俱來的權利，而這在所有的君主政體中幾乎都被剝奪了。」

於是，十八世紀初英國獨領風騷，在爭奪西班牙王位繼承權的戰爭中，挫敗了法國的路易十四，並以歐洲統治者之姿登上王座。

十八世紀：啓蒙運動、現代化與大革命

Das 18. Jahrhundert : Aufklärung, Modernisierung und Revolutionen

十八世紀，「新世界」雛型初具，兩種模式起了決定性的影響：

▶ 英國憲法成為法國知識分子效仿的典範，並激發了啟蒙運動的思潮，其結果就是美國獨立戰爭和法國大革命，並且推翻了專制統治，建立極端的民主制度。

▶ 法國的專制統治成為當時歐洲東部發展中國家參照的對象，結果形成一種開明的專制政體，在這種政體下，現代化是自上而下施行的，如俄國、普魯士和奧地利。

當歐洲東部的獨裁強權被奴才們的血汗餵得脂腴體壯之際，英國和法國正透過擴建殖民帝國將世界歐洲化。到了十八世紀中期，他們的競爭達到了頂峰。

兩條發展路線導致七年戰爭，並演變為世界性的戰爭。一方陣營是普魯士和英國，另一方陣營則是俄國、法國和奧地利。戰爭同時也在西里西亞（Schlesien）、加拿大和印度展開。

1763年，當戰爭結束時，歷史來到三岔口，出現了不同的發展方向：

▶ 世界的歐洲化從英國起步。

▶ 法國踏上革命的道路，將一個專制統治的國家變成民主的國家。

▶ 三個新興強權的形成：美國、普魯士和俄國。

這三種發展趨勢影響遠及二十世紀。兩個自上而下現代化的國家——俄國和普魯士（德國），成為極權國家。它們先後與盎格魯撒克遜式的民主以及法蘭西對抗。

在我們進行個別分析之前，先要探討法國的啟蒙運動。

法國的啓蒙運動與知識分子的嶄露頭角

　　他們自稱「哲學家」，但並非是建構深奧理論孤獨的思想者；他們為大眾撰寫優美的雜文、絕妙的諷刺、精采的小說和幽默的對白。其實，他們是哲學化的作家：狄德羅（Diderot）、達朗貝爾（d'Alembert）、霍爾巴赫（d'Holbach）、愛爾維修（Helvétius），以及其中的佼佼者弗朗索瓦・阿魯埃（François Arouet），他自稱伏爾泰（Voltaire）。

　　他們是一類人的原型，後來稱為「知識分子」；他們不會對別人死心塌地，因為他們只忠於自己的理智；他們以批判的態度面對權威，主要是針對權貴；他們的臉上總是一副嘲諷的表情，時時刻刻準備著進行論戰；他們不是隱世的學者，而是現實的新聞工作者；對於政府未經思考的舉措和諸多社會弊端，他們憂心忡忡；他們推崇理智，將其視為一切社會機構的最高法官；他們掀起對抗神話、教條和迷信的鬥爭，在他們眼裡，教會是愚民政策的代表，而最荒謬的就是基督宗教。

　　就這樣，這些「哲學家」從巴黎開始，以其桀驁不恭的態度改變了歐洲的人文氣候。這對文化的影響是如此深刻，就像之前的宗教改革。因此，它需要一個全新的總結。

　　1745-46年，各出版商齊聚一堂，討論出版反映當代知識的百科全書。最初的想法是把英國1711年出版的百科全書譯成法文。他們只委託了一位「哲學家」，也就是狄德羅去編輯這套百科全書。在當時，狄德羅僅有若干顛覆性文章和一本小說略受人矚目。在這本小說中，豔遇者描繪了女人的性器官（《輕率的珍寶》〔Les bijoux indiscrets〕，1748年）。他現在要費心的事情就是，說服他的朋友——知名人士達朗貝爾——將才思與文筆獻給編纂百科全書的事業。

　　但是等到工作展開之後，兩人改弦易轍，放棄以英文版的百科為遵循目標，他們要根據人類的基本能力描繪出一張知識的新地圖：歷史代表記憶，科學代表思辨，神學代表理智，文學代表幻想等。而組織這一切的則是——自然，從而引申出：自然的宗教信仰、自然的哲學、自然的倫理學和自然的心理學。

　　達朗貝爾撰寫的序言是一篇極具說服力的信仰表白，它推崇理性的力量。

這篇文章堪稱法國散文中最重要的作品。百科全書所頌揚的英雄與模範是法蘭西斯·培根與約翰·洛克。

出版第一卷時，審查不過關。國王（路易十五）的情婦龐巴度夫人（Madame de Pompadour）出面講情，才使其得以問世。而禁令卻挑起了公眾的好奇心，訂戶從一千躍升到四千。第三卷描述了聖經中自相矛盾之處，並解答了信仰從何而來的疑問。接著伏爾泰加入寫作團隊，解釋字母E中的條目：Eleganz（高雅）、Eloquenz（雄辯）和Esprit（機智風趣）。狄德羅親自撰寫其中的超級條目——Encyclopédie（百科全書），它可能是最好的，肯定也是最長的一則。其中，狄德羅再次闡述了百科全書的啟蒙意圖，並預言即將到來的科學革命。

百科全書每一卷的問世都在整個歐洲引起極大的轟動。教廷和宮廷怒聲四起，百科全書一再遭禁，教皇給它貼上「墮入地獄」的標籤。在普魯士多虧了腓特烈大帝（Friedrich der Große），在他的保護傘下，百科全書能夠在柏林繼續出版。1765年，最後一卷問世時，已出現了七種盜版，大部分來自瑞士。前後共有四十三個版本流傳於二十五個國家。在許多小市民的家裡，它取代了聖經的位置，空閒時家人會聚在一起共同閱讀一章。為了學習它，人們還成立了各種讀書會。

這套百科全書是啟蒙運動的里程碑。它對舊體制的瓦解起了決定性的作用，並為革命做好強而有力的準備。它的宗旨是：科學代替宗教，理智代替信仰。

強悍的男人與開明的君主

法國的專制統治是專制主義和理性管理相結合的產物。它對東歐其他國家的專制君主起了積極的示範作用。各地紛紛出現強悍的男人，當然也有女人，他們接受新思想，並以新的方式統治自己的國家。其中不乏成功的典範，但也有不幸失敗的例子。

波蘭——揚三世索別斯基與奧古斯都

波蘭患了和德意志神聖羅馬帝國同樣的毛病。自從1569年與立陶宛合併之

後，儘管國家疆域擴張到波羅的海和黑海之間廣袤無垠的平原。但是，就像德國一樣，諸侯阻撓了強大世襲君主制的形成。每任國王都由選舉產生。而且，在由貴族所組成的議會中，只要有一張反對票就足以妨礙決議的生效。

1674年，能幹的軍隊統帥揚三世索別斯基（Jan Sobieski）被選為國王，這意味著波蘭選擇了一位浪漫的英雄；索別斯基外貌英武，性格果敢，是個天才型的常勝將軍。他與美女瑪麗亞之間的浪漫故事引發了後人無盡的遐想。故事是這樣的：瑪麗亞是他的青春初戀，但他必須拋下她上戰場，結果她嫁給了一個昏庸之輩。當他返鄉歸來時，她為情所苦，日漸憔悴。然而因緣巧合讓兩人舊情復燃，再度成為情人。最後，昏庸的丈夫身亡，退出了這道三角習題，於是有情人終成眷屬。

索別斯基的遠大理想是改革波蘭，征服土耳其人。1673年，維也納被土耳其人圍困，他帶領波蘭軍隊突圍解救了維也納。他的王宮成為啟蒙運動的中心。新教徒和猶太人享有近乎宗教自由的權利。他讓波蘭在文化上受法國的影響，但在政治上卻沒能進行改革。當他去世時，議會成員收受賄金，選薩克森的諸侯奧古斯都（August der Starke）為王。在啟蒙運動的薰陶下，奧古斯都的思想堪稱開明，為了當波蘭的國王，他從福音新教改信天主教。

俄國與彼得大帝

862年，自從東斯拉夫人被瑞典維京人的國王留里克（Rurik）統一之後，就稱為「羅斯」（Rus）。在弗拉基米爾（Vladimir, 980-1015）統治時期，羅斯人皈依基督宗教。那是一個希臘東正教版本的基督宗教，採取拜占廷教會的禮拜儀式。當時俄國文化的中心是基輔。

1223年，羅斯遭到成吉思汗大軍鐵騎的席捲；1242年，它成為蒙古帝國的一部分。大公在蒙古人監督下繼續進行相當獨立的統治。伊凡一世（Iwan I, 1323-1340）定莫斯科為羅斯人的首都。1472年，伊凡三世把俄國從蒙古人的統治下解放出來，自立為所有羅斯人的大公，並自稱是1453年衰落的拜占庭帝國皇統的繼承人，使其統治顯得更加合理化。因此，他的兒子瓦西里三世（Wassilij III）自稱為「沙皇」，並請義大利建築師重新修建莫斯科的皇宮——克里姆林宮。他

的兒子伊凡四世（1533-1584）以血腥鎮壓的方式對待每一個反對其極權統治的人，因此得到「伊凡雷帝」這個綽號，意為「恐怖的伊凡」。伊凡雷帝促使俄國走上現代化的道路，還組織了沙皇的禁衛軍。

1613年，留里克王朝覆沒。一個支系羅曼諾夫（Romanovs）成為沙皇，開始了羅曼諾夫王朝的統治，直至1917年。從1682年開始，索菲亞（Sophia）在禁衛軍的幫助下，代替她弱智的哥哥與同父異母的兄弟彼得一世共同攝政。在此期間，彼得在莫斯科所謂的「德意志殖民區」深入考察，並得出結論：那裡居住的外國人在教育、文化，尤其是製造技術方面，遠優於俄國人。

實際上，俄國在中世紀處於一種半昏睡的狀態。它沒有羅馬法，沒有文藝復興，也沒有宗教改革，但卻有專制君主的強權統治。農民只知道種田的辛苦、統治者的殘暴和東正教神父的咕噥聲，他們在黃金打造的神像前，籠罩著教堂昏暗的光線，機械地反覆搖動手中的香爐。

彼得在1689年，也就是英國光榮革命之後的一年，透過政變取得王位。俄國歷史從此翻開嶄新的一頁。從來沒有哪個人像沙皇彼得那樣，讓俄國發生如此巨大的變化。歷史上能與其相提並論的大概只有列寧了。

彼得的腦海中一直縈繞著一個念頭，那就是要突破歐洲對俄國的封鎖，找到一個出海口，或者在黑海——這意味著和土耳其人的戰爭；或者在波羅的海——這意味著和瑞典人的戰爭。那時的瑞典是歐洲強國，統治著波羅的海三國。

因此，彼得先試著拿土耳其人開刀。當經歷失敗之後，他意識到：俄國必須先走上現代化的道路。接著，身為統治者的他做出一項驚人之舉：他派出一個大約兩百五十人的使團前往西歐，學習造船等技術；他自己則喬裝改扮成使團中的一員。當然了，他總是一再地被人認出來。布蘭登堡的選帝侯寡婦對彼得不喜歡用刀叉的習慣感到驚訝。她很奇怪，為什麼俄國人在跳舞時會抱怨德國女士的骨頭太僵硬，原來他們並不知道那是女人緊身衣中的魚骨。

在荷蘭的造船聖地——贊丹（Zaandam），彼得扮成造船工匠，在一個工人的小屋中居住了很長一段時間。後來，那間小屋掛起一塊木牌，上面刻著：對於一個偉人來說，沒有什麼是渺小的。後來，十九世紀德國的舞台劇作曲家洛爾青（Lortzing）編寫了歌劇《沙皇與工匠》（*Zar und Zimmermann*），獻給彼得大

帝。在贊丹，彼得停留的時間長達十個月之久。白天他是一個普通的造船工人，晚上他便努力學習相關的理論知識。

之後，彼得前往各地拜訪學者和科學家：在列文虎克（Anton van Leeuwenhoek）那兒用顯微鏡探究奇妙的微觀世界；在博爾哈弗（Boerhaave）的解剖學大廳裡仔細觀察人體的內部構造；聆聽工程技術和機械原理的課程；他還順便學習了拔牙的技術，並把部下的牙齒當成聯繫的信物。為了培訓他的國民，彼得把許多新式的工具與器械運回俄國，分發給一些船長、軍官、廚師和醫生。他造訪倫敦、維也納，並在返鄉的途中拜訪了波蘭的奧古斯都——他終於找到能與他共謀大業、分擔憂愁的人，可以齊心協力把「瑞典」這兩個字從地圖上給抹去！當丹麥也加入這個聯盟時，北歐戰爭爆發了。它從1700年一直持續到1721年。

查理十二世與瑞典

其實這是一場天才統帥——瑞典國王查理十二世，與俄羅斯嚴冬之間的戰爭。查理戰無不勝，攻無不克，丹麥、波蘭和彼得大帝都曾是他的手下敗將。當時彼得軍隊的訓練尚未達理想的水準，而查理廢黜了奧古斯都，並從波蘭進軍俄國。這讓他成為拿破崙和希特勒的先驅。沙皇彼得節節敗退，沿途燒毀了城市和糧倉，把查理一步步誘到荒原的深處。接著，冬天來了，瑞典士兵全凍傷了手腳，苦不堪言。

1709年5月11日，在哈爾科夫（Kharkiv）西南的波爾塔瓦（Poltava）附近上演了一場十八世紀的「史達林格勒戰役」。查理十二世戰敗，整個世界發生了改變。俄國進軍歐洲，吞併了波羅的海諸邦和烏克蘭。奧古斯都受彼得恩澤，重新登上波蘭王位。查理十二世逃到土耳其，並率領土耳其軍重新出發，再次讓彼得大帝備感威脅。後來，土耳其蘇丹對查理感到十分厭煩，於是，查理騎馬狂奔十四天，從伊斯坦堡來到施特拉爾松（Stralsund），率領這個城市奮起抵抗侵略者。後來，他返回瑞典，訓練出一支隊伍，但卻在進攻挪威的戰鬥中不幸喪生，年僅三十六歲。

查理十二世是瑞典的漢尼拔。他是一位天才將領，維京人眼見有機會再次統

治俄國，結果適得其反。他最終成為瑞典強權的掘墓人和俄國強權的助產士。

彼得大帝的改革

　　彼得在俄國推行的現代化，就像後來列寧和史達林所領導的蘇維埃一樣專制。首先，俄國人必須刮掉鬍鬚，否則就要交鬍鬚稅。其次，也不能再穿著俄羅斯的民族服裝。此外，他也禁止包辦婚姻，宣導婦女解放；削弱東正教的勢力，嚴禁神祕主義者和狂熱分子成為傳教士，並推行宗教信仰寬容的政策。他依照功勳大小分封等級，用「功勳貴族」取代「血統貴族」。政府由議院和主管各行業的部會組成，省長對議院負責。在城市中有三個等級：富裕的商人和學者、教師和手工業者、工人和職員。農村實行集體制，稱為「米爾」（Mir，農村公社）。

　　彼得並未改革農奴制度。同時，他推行積極的工業政策，並促進採礦業、手工業和紡織工業的發展。就像後來蘇聯的集體化一樣，農民被迫去從事工業勞動，這樣就產生了某種形式的工業奴隸。

● 自彼得大帝之後，俄國便在傳統的斯拉夫派和西方改革派之間搖擺不定。

　　在與瑞典的戰爭結束之後，彼得引進了自由貿易。他採用羅馬西曆，宣布學習西里爾（Cyrillic）字母是義務（當時教會仍使用古斯拉夫字母）。他印報紙，創建圖書館並模仿德國的文理科中學。他從德國引入演員，從義大利請來建築師，並從歐洲各國聘請科學家來到俄國。但他主要的功績是把俄國的疆域拓展到波羅的海，並在那兒打造新首都——聖彼得堡。如同蘇聯的大工程是建立在古拉格囚犯和戰俘的白骨上，聖彼得堡也建立在俄國勞工和瑞典戰俘的屍骸上。超過十二萬人永遠地沉入了涅瓦河的沼澤中。

　　當五十二歲的彼得於1725年去世之時，世人對他懷著仇恨之心。因為他是亨利八世或列寧一樣的人物——暴虐殘忍、異常堅定、百折不撓、精力充沛、天資非凡且無所忌憚，為了實現理想可以不顧一切。他以殘暴的方式將俄國推上了現代化的跑道。

　　就這樣，他給後人如列寧、史達林，當然也包括戈巴契夫，樹立了一個「榜樣」。從此之後，俄國就總是在傳統的斯拉夫派和西方改革派之間搖擺不定。

女沙皇：安娜、伊莉莎白與凱薩琳大帝

一個男人可能是非凡的，然而更非凡的是：一個非凡的男人身旁擁有一個非凡的女人。

凱薩琳，也就是後來的女皇凱薩琳一世，生於路德教派的牧師家庭，這位純潔少女在瑪麗恩堡（Marienburg）幸福地長大。當這座城市遭到占領時，她也被征服了。從此，她便有了一個新的身分──情婦。司令官的床笫成為她通往成功的跳板。最後，她攻下了沙皇的臥榻，並讓沙皇日益沉迷。她不僅毫無怨言地隨他東征西討，和他分享那簡陋的行軍床，而且在他急躁忙亂時給他安慰，沮喪時給他鼓舞。1712年，他正式迎娶了她，並於1724年封她為皇后。凱薩琳終於像查士丁尼的夫人狄奧多拉（Theodora）一樣，麻雀飛上枝頭變鳳凰。

彼得死後，她廢黜法定繼承人，自己坐上沙皇的寶座。這樣就讓她的女兒伊莉莎白在安娜女皇退位之後，有足夠的實力得到皇位。伊莉莎白在七年戰爭中，險些讓普魯士的腓特烈大帝跌入深淵。她立彼得大帝的孫子無能的彼得三世為繼承人。為了彌補這個錯誤，她為他挑選了一個非凡的妻子索菲亞·馮·安哈爾策普斯特（Sophia von Anhalt-Zerbst）。在宮廷陰謀叛變的混亂中，無能的彼得走完了他平庸的一生。於是，索菲亞成了凱薩琳二世──所有俄羅斯人的女皇（1762-1796）。

為了鞏固其統治，凱薩琳大帝除了發揮高超的智慧，還善用了女人的武器。儘管她的前任者也熱中自由戀愛，但凱薩琳把愛情的實戰演習發展成一種新的統治手段；為了確保眾臣之首對她的忠誠，她將自己的貞操奉獻到政治的祭壇上。換句話說，首相會變成她的情夫，或者是她的情夫會變為首相。這是建立在政治基礎上的一夫一妻制。

在英國，占多數席位的黨派所組成的議會黨團選舉出首相，而凱薩琳自己則代替了議會黨團的角色。在她的寵臣中，波坦金（Potemkin）是很出名的一位，因為他所發明的美麗村莊著實把女皇騙得暈頭轉向（波坦金，這位女皇的情人兼幕僚，曾在伏爾加河〔Volga〕兩岸搭起畫有鄉村圖案的看板，並找來衣著光鮮的農民在女皇遊河時揮手，讓女皇誤信俄國鄉間一片欣欣向榮。此後「波坦金村莊」一詞就成為用誇大和虛假手段招待貴客的代名詞）。

　　凱薩琳是一位受到伏爾泰啟蒙的女哲學家。她不僅與伏爾泰保持聯絡，幾乎也與所有啟蒙運動的「哲學家」往來互動。政治上，她繼續推行彼得的改革。她將對農奴的權利從地主手中移交給法官。她取消酷刑，並重新執行彼得去世後曾一度廢止的宗教信仰寬容政策。她把東正教置於國家的領導之下，改善教育體系，強化大學教育。但由於教會的阻撓，對教育體制的改革曾一度停滯。

　　在改革的過程中，她沒有忽略婦女教育，並興建了女子學校。她還創辦醫院，改善衛生保健，親自示範防疫的無害性，她是第二個接種牛痘（預防天花）的俄國女性。

　　儘管她透過那套任人唯親的手段賦予貴族特權，但是她仍持續推行彼得在位時積極的工業政策。在治國日理萬機之餘，她還騰出時間寫歌劇、詩歌、戲劇、童話、論文和回憶錄。她出版了一份匿名的諷刺雜誌，並在上面發表關於羅馬皇帝的故事。她是除了英國的伊莉莎白和瑞典的克里絲蒂娜（Christine）之外，又一位傑出的女皇。

普魯士、軍曹國王與腓特烈大帝

　　當強勁的俄國出現在歐洲的地平線上，幾乎在同一時刻，德意志帝國的肥料堆上突然冒出了一個田鼠掘出的小丘——布蘭登堡普魯士。為此，大選帝侯腓特烈・威廉（Friedrich Wilhelm）奠定了前期的準備工作（1640-1688）。他以法國為榜樣，建立現代化的管理體系，組織強大的軍隊，採取重商主義的經濟政策。他的兒子腓特烈三世與皇帝談判交易，取得了國王的稱號，從1701年起，自稱普魯士國王腓特烈一世（1657-1773）。

　　另外，普魯士是一個像當時的俄羅斯一樣落後的國家。農民仍是地主的農奴，受貴族的欺壓。因此，也像俄羅斯一樣，普魯士的現代化是透過軍事化來實現的。而且，在信奉新教的普魯士，絕對服從成為一種義務，並列為功動。

　　於是，不足為奇，德國之父——腓特烈一世的兒子腓特烈・威廉一世（1688-1740）——是個像彼得大帝一樣殘暴的人，人稱「軍曹國王」。他彷彿是個小學教師和軍隊上士的綜合體：手杖不離身，痛打他看不慣的人。他的手杖是學校和軍隊的象徵，就在這兩個機構的基礎上，他建立普魯士的豐功偉業。

1722年，普魯士成為第一個實行義務教育的國家，每個教區都必須供養一所學校。三十年之後，普魯士在普通教育方面超越了歐洲其他國家。對於軍隊的擴增，國王總是殫精竭慮，國庫中三分之二的財力都消耗在這方面。貴族有義務擔任軍官，與普通士兵一起接受魔鬼訓練，騎兵、炮兵和步兵都得經過嚴格的磨練，他們在機動性和靈活度方面教其他軍隊望塵莫及。因此，對於長得高大健壯的小夥子，國王從不吝於表達他的偏愛。

　　威廉一世的一大嗜好就是和一夥人一邊抽煙，一邊開粗俗的玩笑，有一回他們甚至把一位哲學家綁到一頭熊的背上。總而言之，他就像經常泡在酒館中的大漢那樣豪爽，不過他卻生了一個性情截然不同的兒子。

　　經過很長一段時間的平庸乏味之後，我們又遇到一位可以名留青史的大人物，那就是腓特烈二世，即大家所熟知的「腓特烈大帝」。他之所以偉大，是因為他不贊同父親那種「軍事命令」的行事風格。

　　父親想把兒子栽培成一個勤勞節儉的軍人統治者，但是兒子並不喜歡這樣。他嚮往美麗的精神世界，想以輕鬆靈活的態度面對周遭一切。他喜歡說著閒適而動聽的法語，而不是鏗鏘疙瘩、彷彿戰士用語的德語。他對宗教感興趣，與上尉卡特和少尉凱奇之間保持著引起外界猜疑聯想的友誼，而且他還很會吹奏笛子。簡而言之，在大男人主義父親的眼裡，他簡直是個沒骨氣的廢物，根本不是治理普魯士的料。

　　有一次，父親發現他私底下在讀詩，大發雷霆，用手杖狠狠痛揍了他一頓。父親還曾企圖用繩子把他勒死。當腓特烈打算和朋友卡特逃到英國時，他們遭到逮捕，並送上軍事法庭判處死刑，此時的腓特烈·威廉再度顯露出彼得大帝的德性。看在歐洲其他諸侯求情的分上，老爸饒了兒子的小命，但是兒子必須親眼目睹好友卡特踏上黃泉路。之後，兒子被關進監獄，當老爸覺得他吃夠了苦頭之後，開始讓他學習經濟和治國之道，但又給了他一個沉重的打擊，命令他與貝芬（Bevern）家族的伊莉莎白完婚。

　　王儲停留在萊茵斯貝格（Rheinsberg）期間，開始與伏爾泰通信，他們之間的魚雁往返持續了四十年。他成為共濟會成員，贊同英國憲法，並寫下反對馬基維利的文章。當他於1740年繼位時，普天同慶一位哲學家登基成為國王。當時，

啟蒙運動已深植於各國諸侯的思想中。

腓特烈大帝執政的第一天就廢除了酷刑。接著,他宣布宗教信仰自由和新聞出版自由,並任命一位開明的思想家領導柏林科學院,使其躋身入歐洲優秀的學術機構。但是,他也做了一件讓世人感到失望的事情,以漏洞百出的藉口挑起戰端,從奧地利那位令人敬愛的女王瑪麗亞・特蕾西亞(Maria Theresia)手中奪走了西里西亞。然而,女王頑強不屈,與俄國和法國結盟,抗擊普魯士的侵略。就這樣,腓特烈於1756年開啟了七年戰爭。這場戰爭第一次讓世界驚訝地意識到,在偏遠的松樹林後面一個新興國家崛起了,那就是普魯士。

普魯士實質上是一支軍隊,國家只不過是表面一件花俏的外衣而已。這支軍隊在年輕將領腓特烈的統率下征戰沙場,對抗三強國所組成的聯盟。普魯士的盟友只有英國,它僅提供金錢上的援助,但是,普魯士取得了許多輝煌戰果,儘管也有慘痛的失敗。

● 普魯士實質上是一支軍隊,國家只是表面一件花俏的外衣。

雖然腓特烈大帝口操法語,但是他讓那些對於帝國無能習以為常的德意志人感覺到,現在終於出現了一位教人刮目相看的君主。最終,他占領了西里西亞,將這個有一半人口信仰新教的省分納入普魯士的版圖,接著他運用新資源和強悍的軍隊使普魯士成為一個強國。儘管它是最小的一個,卻是歐洲舞台上的一個強權。在這座舞台上活躍的強者,還有法國、英國、奧地利和俄國。經過這七年的堅持,腓特烈大帝協助英國在爭奪海外殖民地的世界大戰中,打敗了法國。

英國與法國之間的世界大戰

1756年,威廉・皮特(William Pitt)成為英國首相。他是第一位代表倫敦城市(即商人和金融家)利益的首相。他制定了建立大英帝國、控制世界貿易的藍圖。在實行的過程中,他在北美和印度與法國交手。尤其是在北美,法國的領土從新奧爾良一路延伸到加拿大的魁北克,把英國十三個殖民地壓得喘不過氣。

當腓特烈大帝從陸路打擊法國時,皮特便以海戰來配合。他攻擊的目標不僅僅是法國本土,還有法國的商船。在這場戰役中,英國商販通風報信,組成了為

軍方提供情報的資訊網。透過這種方式，他們占領了橡膠和奴隸貿易的基地，也就是非洲的達喀爾（Dakar），奪取了捕魚和獸皮的交易中心，加拿大的蒙特婁和魁北克。在印度，東印度公司把法國合夥人一腳踢了出去。同時，皮特還封鎖了東亞的商路，壟斷與中國的茶業貿易。之後，英國人便不喝咖啡，改喝茶了。

法國把歐洲內部的王朝競爭，看得比向海外擴張的世界戰略更重要，白白坐失良機；而英國政府受議會控制，代表著資本家的貿易利益，因此他們贏得了世界帝國。印度、加拿大、從北美東岸到密西西比、從新奧爾良到佛羅里達的整個地區，都成為英國的地盤。腓特烈大帝可謂是大英帝國的推手。

1763年，隨著七年戰爭的結束，歷史邁入了現代。為什麼呢？

戰爭為世界布置了一座大舞台，在這座舞台上，時間異常快速地前進，於是歷史發展形成了四重革命。

一、剷除海外殖民的競爭對手法國，也意味著排除英國殖民地所面臨的危險。換句話說，隨著英國人在七年戰爭中打敗法國，他們也摒除了殖民地必須容忍和仰賴英國的唯一理由。1776年，七年戰爭勝利後的第十三個年頭，美洲十三個英國殖民地宣布獨立。就這樣，除了普魯士以外，又一個新強權誕生了，而未來屬於這個強權，它就是美國。「獨立宣言」意味著革命，美國人身為清教徒的後代不再馴服於國王。

獨立戰爭同樣也持續了七年，從1776到1783年。但事實上這是一場大西洋兩岸的內戰，兩邊都有忠誠者和叛逆者。在英國，叛逆者出現在議會，例如老皮特、劇作家謝里敦（Richard Sheridan）、享樂主義者福克斯（Charles Fox）和政論家伯克（Edmun Burke）。他們反對君主統治，為美國的自由高聲疾呼。在法國大革命的十三年前，美洲革命爆發。「獨立宣言」以高雅的英語散文宣告了人權：「我們認為以下這些真理是不言而喻的：人人生而平等，造物者賦予他們若干不可剝奪的權利，其中包括生命權、自由權和追求幸福的權利。」

二、英國在七年戰爭中的勝利以及對世界貿易的控制，為他們敲開了工業革命的大門。其中三個至關重要的因素是：廣闊的銷售市場、龐大的資本和驅動機器的巨大能源。隨著1765年瓦特發明並改進蒸汽機，世界的變化一日千里。與電力不同，蒸汽機的能量集中於特定地點，這就使得機器和操作者也必須聚集在那

裡，工廠體系於焉成形。從此之後，世界與以前大為不同，一個新地獄出現了，資本主義如影隨形。

● 新地獄出現了，資本主義如影隨形。

在這個體系中，巨大的資本驅使許多機器合力運作，以產生巨大的能量。而這些機器由眾多人力共同操作，向廣闊的市場提供大量的產品，目的是要再獲取巨額的資本。一旦啟動這個程序，它就會自我加速。其中，製造能手在工廠的領導地位會漸漸被資本家所取代。這種體系導致惡劣的剝削，最典型的是在採石場和礦場。工人們不再以同業行會的形式組織起來，因此也就失去了保護。他們住在貧民窟裡，每天在惡劣的條件下工作十到十二個小時，所得的微薄工資僅能糊口。

這就是工會產生的背景，以及馬克思批判資本主義的原因所在。

三、生活狀況的遽變成為文化革命的誘因，浪漫主義時代到來。它大約始於1760年代。想要理解浪漫主義，就必須明白，生活體驗的變化反映在對重要概念的改造上。

變化的核心便是對時間的嶄新經歷。技術的革新也讓日常生活事物加快了老化的速度，自己的童年變成了「過往」，只存在於記憶之中。於是，人們產生了懷舊情緒，一種浪漫情懷。就這樣，世人發現「童年」是過往經歷的一個層面，雖然一去不回頭，但可以不斷回味。同時，人們也重新感受到母愛的偉大。

因為一切都改變了，所以人們認識到「歷史」這個概念。在此之前，只有複數形式的歷史（＝故事）。它們原則上是可以重複發生，並體現永恆持久的基本道德，例如「驕者必敗」之類的準則。所以，以歷史為借鏡，可以從中學習經驗和教訓。但是，現在產生了集體單數形式的歷史——世界史，它不斷向前推進，而且不重複發生，只因一切都在變化中，這帶來了深遠的影響。

歷史成為一種新的主導思想。如果將其視為一種進步，那麼所有以前依附於宗教的希望，都將轉而寄託於歷史發展的未來。於是它有了一個目標，在烏托邦中尋找人類的救贖。

這導致了意識形態的產生。隨著宗教走向末路，意識形態的時代幡然而至；二十世紀意識形態的鬥爭就像是十七世紀宗教戰爭的延續。

▶歷史本身的不可重複性，讓人們第一次感受到自己身處於人類歷史之中，

是獨一無二的個體。這就提高了原創性的價值。「個體」（Individuum，原意是「不可分割體」）這個概念現在則用來表達原創性。每個個體以自己的方式生活在世界上，這在藝術和詩歌上的表現尤為突出。

藝術所遵循的基本原理徹底改變。以前，藝術循著大師們預先設定的規則，對自然進行模仿。但是，「原創性」則禁止模仿。於是，藝術家不再頂禮膜拜這個世界，而是去創造世界。像上帝那樣，藝術家變成了造物主，他們擁有創作的自由。有了上帝這位大哥為榜樣，藝術家的身分地位狂飆猛漲，甚至被世人視為「天才」。這股潮流始於1750年。

▶因為所有的個人都是原創的，所以其價值亦是相等的。人不再被畫分為價值不同的等級。根據社會地位，把人粗略地畫分成貴族、教士、市民和農民的做法是專橫的，這是人類自己發明的，卻違背了自然天性。現在，自然被提升為社會的對立概念。相比之下，社會是人造的、虛偽的，而自然就是好的。因此，人們認識了像印第安人那樣的「自然民族」，並有「高貴的野性」這個概念。

法國大革命希望重建自然的秩序，於是它消滅了一切所謂社會的產物。他們崇拜自然女神，並希望有一條自然的國界線，如萊茵河。但德國人不同意他們的想法（萊茵河在德國的內陸。法國人想以萊茵河為界，則意味著吞併德國的大塊領土）。法國人廢除了舊有省分，並將新的行政區按照它們的自然環境，如河流等來命名。月分也被賦予了新的自然名稱，如熱月、霧月等。政治上最具重大意義的是，所有人擁有「自然的權利」，包括平等、自由等，一如美國「獨立宣言」所言。如果這些權利受到侵害，那麼人們有權利進行革命。

為了能夠體會人世間的美妙，浪漫主義詩人沉浸於美麗的大自然，從中尋求靈魂的共鳴，讓靈魂得到洗禮，以除去身上的社會污垢。社會變成一個虛偽、扭曲、墮落的世界。在那裡，人們會漸漸失去自我，認不得自己。只有一種例外情況：一個人在孤獨中找到了相似的靈魂伴侶，共同沐浴在愛河裡。

▶親密的愛情補償了社會的扭曲。它是一種氣氛，讓人能夠徹底回歸自我。

因此，人與人之間相互理解的媒介不再是有形言語，而是一種特殊的屬靈
語言——感覺。感覺是不能偽裝的，它總是真實的（如果誰在感情上還像
騙子一樣作假，那麼他可真是奸滑到底了）。因此，「感覺」成為這個時
代的口號。

這聽起來很像是個謬論：在啟蒙運動中，感情和理智並未成為對立的矛盾。
感情就像理智一樣，都是自然而然的。只有當理智掌權，凌駕一切，並傷害到感
情時，才會發生矛盾。

當時有一位人物以不同的方式發跡，他宣導靈魂的展露，對於傳播這種感情
觀所做的貢獻無人能比，他就是讓‧雅克‧盧梭（Jean-Jacques Rousseau, 1712-
1778）。他的作品《愛彌兒》（*Emile*）被世人當作教育天真兒童的參考書（儘
管他卻將自己的孩子塞進孤兒院）。在《懺悔錄》（*Confessions*）中，他扯下靈
魂的褲子，讓全歐洲分擔一個遭到排斥、蔑視、孤獨的叛逆者的痛苦。因為每
個人或多或少都曾覺得孤獨，整個歐洲與他共鳴，感同身受。他激勵了法國大
革命，點燃了歌德創造「少年維特」的靈感，提出了悲天憫人和「普遍意志」
（volonté générale）的概念。由於「普遍意志」這個概念的定義含糊不清，在法
國大革命中成為一項危險的武器。它有些類似於後來無產階級的客觀利益，每個
人都能以其之名行事，同樣也可以為自己的罪行辯白。於是，歷史進入了第四重
革命——政治革命，這場革命在美國拉開序幕，主戲則在法國上演。

序曲：美國的獨立

當人民陷入最糟糕的境地時，未必會立刻揭竿而起。革命之所以會爆發，是
因為人民相信，如果不革命，狀況就不會有所改善；或是因為極度不合理，不但
被統治者忍無可忍，連統治者也不再相信自己的意識形態了；或者是人們找到了
一支可以懸掛起義旗幟的「鉤子」。

在美國，這支「鉤子」便是稅。它損害了英國憲法的基本原則：未得議會
同意不得徵稅——「沒有代議，沒有稅款」。儘管美國各殖民地有自己的議會，
也有立法權，但是，財政與經濟事務不在其範圍內，整個殖民帝國的相關立法事

宜仍由倫敦的國會負責，美洲淪為原料供應商和產品銷售市場，工業發展受到阻礙。除此之外，美國人只能透過英國商船運輸進出口貨物。為捍衛自己的權益，美國人組織了一起抗稅行動。由於英國人用關稅代替稅收，美國人便聯手抵制英國商品，以作為回應。當東印度公司不予理睬，仍然在波士頓卸下一批茶葉時，1773年12月16日，幾個波士頓人喬裝改扮成莫霍克族的原住民，將茶葉傾倒入海中。這就是歷史上的「波士頓茶葉事件」，它是美國獨立戰爭的導火線。

● 革命之所以會爆發，是因為人民相信，如果不革命，狀況就不會有所改善。

　　這是英國為數不多失敗戰役中的一場。但是，這次戰勝英國人的是另一群英國人，他們是清教徒的後代，在革命中已征服過一次這塊土地。與英國人並肩而戰的還有來自黑森的德國士兵，黑森的侯爵把他們當作奴隸賣給英國人，大賺了一筆黑心錢。眾所周知，喬治·華盛頓是殖民地軍隊的最高統帥，普魯士軍官施托伊本（Steuben）是華盛頓的支持者，自願幫助他訓練軍隊（直至今日，在紐約仍有施托伊本閱兵式）。看到英國人挨打，法國人樂不可支，不僅支援了殖民地大筆金錢、六千名士兵，還有一位拉法葉（Lafayett）將軍。

美國憲法

　　繼1783年與英國簽定停戰協議之後，1787年在費城舉行了制憲會議。主導人物有原華盛頓的副官，亞歷山大·漢彌爾頓（Alexander Hamilton），作為聯邦派的首領，他希望加強聯邦中央政府的職能。他的對手是湯瑪斯·傑弗遜（Thomas Jefferson），獨立宣言的作者，他強調各州的獨立性。這個問題引起了後來的內戰。南部各州堅持加入聯邦的首要條件是，聯邦允許其保留奴隸制度。在這種情況下，會議制定了一部憲法，根據孟德斯鳩提出的模式，擬定了嚴格的國家權力分配制度——立法、司法、行政三權分立。

　　立法權在議會，它由兩院組成：參議院，又稱上院，每州不論大小均派兩位參議員；眾議院，又稱下院，席次與各州人數多寡成正比，但保障每州至少有一席（整個體系基本上相當於德國的聯邦參議院和聯邦議院）。參議院約每兩年有三分之一要重新選舉。參議院可以在聯邦最高法院首席大法官的主持下，對總統提出彈劾。眾議員每兩年直接由各選區選舉產生，任期兩年。總統對立法擁有否

決權。但是，如果兩院中都有三分之二的議員贊成被總統否決的法案，這項法案仍可以通過。

總統不是由選民直接選舉產生，而是由選民所選派的選舉人選舉產生。各州派出的選舉人數量與它送到參議院和眾議院的議員人數相符。選舉人是由有選舉權的公民選出。美國總統並不需要像德國總理或英國首相那樣，必須得到議會多數的支援，美國總統即使失去了議會多數的支持，也不會下台。這也有缺點，一方面，美國的行政機關和立法機關之間會發生激烈鬥爭，甚至陷入僵局，就如比爾‧柯林頓（Bill Clinton）任期中所發生的那樣；另一方面，憲法賦予總統更大的獨立性和權力。這把白宮變成了某種形式的王宮。在那裡，是總統的利益，而非政黨的，決定了官員是否能夠飛黃騰達。

司法權歸於獨立的聯邦最高法院。它由一位首席大法官和八位大法官組成。每位大法官都由總統提名，經過參議院聽證後批准委任，並且只能由國會罷免。

美國憲法透過修正案不斷得到補充，但是實質並沒有改變。憲法在美國人眼中是神聖的，它也成為移民融入美國的工具。於是，憲法之父成了近代的聖人。美國人對憲法的愛慕，就像是基督教徒對聖經的感情一樣。他們對法律的崇敬，就像《舊約》中對上帝律法的敬重一樣。所以，美國的愛國主義其實是一種憲法愛國主義。

爲什麼大革命在法國爆發——與英國的結構性比較

與英國不同的是，法國貴族不用繳稅。在英國只有長子能繼承封地和封號，非長子必須與市民階層的女繼承人聯姻，或是從事某項職業賴以謀生；而法國卻禁止貴族與「第三等級」（中產階級、手工業者、城市貧民、農民）通婚。英國的貴族透過資本主義經濟而市民化，市民階層則在紳士文化的薰陶下接受了貴族的生活習慣；但是在法國，貴族努力維護特權階層的形象，不願受外界影響。

在英國，教會早在亨利八世統治時期便屈服於政府的領導，寬容的信仰態度使得宗教問題所引起的狂熱激情日漸消退。教會被視為一種社會福利設施，它用基督宗教的方式去撫慰和幫助窮人。在開明的圈子中，人們越來越覺得，承認自

己是基督教徒並非明智之舉。只有在清教徒身上，才能看到宗教的狂熱和屬於基督徒的美德。

在法國的情形則不同，教會手中握有僅次於國王的權力。他們占據了大約三分之一的土地，而且不用納稅。除此之外，他們還從農民手中徵收超過十分之一的牲畜和莊稼，這造成了教區人民和底層傳教士的貧困，而主教則過著奢靡的生活，並且支持官方對書籍的審查，推行愚民政策。

在英國，議會政府體系極其活絡，不同社會階層的利益有表達溝通的管道，並能相互協調；而在法國，矛盾則越來越尖銳。

法國大革命

法國國王是封建專制主義的代表。世人本來就懷疑這種體制的合理性，特別當國王是一個不可救藥的白癡時，人們的疑問便更深了。這個白癡就是路易十六。除此之外，他還有包皮緊縮的毛病，這使得房事成為一種折磨，因此他的妻子，來自奧地利的瑪麗・安托伊內特（Marie-Antoinette）很瞧不起他。為了彌補這一切或是出於自慚形穢，他縱容她插手國政、揮金如土、豢養寵臣、豪華奢靡。當飢餓逼得巴黎的人民揭竿起義時，她問道：「如果人們沒有麵包可吃，為什麼不去吃蛋糕呢？」可悲呀！竟然有這樣的王后。

最後，國王不得不宣布國家財政破產。為走出困境，他於1788年召集了三級會議。這是一個中世紀的國會，上一次開會是在1614年。貴族、僧侶和平民的代表分開進行討論和投票。

國民議會

1789年5月5日，當三級會議的各等級代表聚在一起時，巴黎掀起了天翻地覆的大震盪。形形色色的政治俱樂部紛紛冒了出來。人們在那裡熱烈評論國家大事，並形成各種派別。其中最重要的是布列塔尼（Breton）俱樂部，在那裡出現了推動革命的人物：西耶士神父（Abbé Sieyès）、米拉波侯爵（Graf Mirabeau）、喬治・丹東（Georges Danton）和一位瘦骨嶙峋的律師羅伯斯比

（Robespierre）。這個俱樂部是雅各賓派（Jacobins）的搖籃，該派主張實行激進的共和黨制。

自從第一次共同會談之後，開始有僧侶和貴族階層的代表跑到第三等級（即平民階層）的會場中去。國王派使者傳達命令，讓三個等級的代表分開開會。這時，一臉天花疤痕的米拉波侯爵站起來，以雄獅怒吼般的聲音發言：「國王的命令？國王在這裡無權發號施令！我們代表人民群眾。如果有人用暴力威脅我們，那麼我們就會站起來！」這是民主對專制的鬥爭宣言。三級會議變成了國民議會。於是，國王罷免了受群眾愛戴的財政大臣內克（Necker），並且調遣軍隊包圍巴黎。

巴士底獄

當事情傳開，據說記者卡米爾·德穆蘭（Camille Desmoulins）跳到一家咖啡店前的桌子上，號召群眾武裝起來。於是，人們貼上藍白紅標誌，進攻軍械庫。7月14日，彈藥不足，於是起義群眾向巴士底獄的舊堡壘進軍。群眾派出一個代表團去見監獄的要塞司令——可愛的洛內侯爵（Marquis de Launay），請求他不要開火。洛內答應了，並宴請代表團。其實他不應該這麼做，因為群眾失去了耐心，開始鼓譟，一些膽大的人翻過高牆並放下吊橋。當大批群眾經由吊橋進入要塞時，士兵雖開槍攻擊，但很快就被制伏了。於是，人們釋放了為數眾多的囚犯，搬走彈藥，並將洛內毆打致死。後來，法國的國慶日便訂在7月14日，且一直延續至今，紀念這歷史上驚天動地的一天。

攻陷巴士底獄讓激進派和巴黎群眾的信心大增，這從報紙的報導中便可看出端倪。最激進的新聞記者是讓·保爾·馬拉（Jean-Paul Marat），他也是一位醫生，因為患有慢性皮膚炎，所以大部分時間必須泡在浴缸中。他成為無產階級的代言人，煽動市民群起對抗富人，實行無產階級專政。一個騷亂不安、動盪不已的時代開始了。農民武裝起來，攻陷宮殿和寺院。國民議會眼見革命從巴黎持續延燒至鄉村，便宣告農民自由，而這必須得到國王的批准。所以，此舉標誌著封建社會在法國的終結。

1789年8月27日，國民議會宣布「人權宣言」，它由深受美國「獨立宣言」

精神影響的拉法葉所提出。「人權宣言」第二條中寫道:「自由、擁有私有財產、安全無虞、反抗壓迫,這些是人民的權利。」第六條中說:「該法是普遍意志的體現。」

被捕的國王

1789年9月底,巴黎的大街小巷流傳著國王要調集軍隊的謠言。於是,諸多記者呼籲,應該讓國王從凡爾賽宮遷到巴黎,這樣,人民就可以好好控制住他。10月5日,市場女販集結成遊行隊伍,輾轉來到十里之外的凡爾賽宮。她們才剛抵達便與士兵們結成聯盟。為保護國王,拉法葉帶著國民警衛隊匆忙趕來,並決定請國王遷往巴黎。第二天早上,出現了一條壯觀的隊伍,緩緩前進:首先是國民警衛隊,接下來是國王及其家眷的馬車,然後是一長隊載滿麵粉的手推車,用於賑濟巴黎的饑荒,最後是市場女販的隊伍,陪伴她們的則是槍尖挑著宮廷哨衛頭顱的革命者。

1790年的憲法

在此期間,制憲會議由選舉產生,負責起草新憲法,將革命成果透過法律的形式確定下來。於是,法國畫分成不同的行政區,取消貴族的稱號和特權,只有納稅人才有選舉權,刑法變得人性化。人們採納了法國中部歐坦(Autun)的主教所提出教會資產國有化的建議,從而解決了國家財政崩潰造成的危機。這位主教就是塔列朗(Charles Maurice de Talleyrand)。從人們對憲法的激烈辯論,可預見未來資產階級和無產階級大眾之間的矛盾。制憲會議邀請群眾到巴黎的閱兵場慶祝新憲法的誕生,並一同宣誓效忠憲法。三十萬人應邀而至並同聲宣誓。法國每個城市都舉行了類似的儀式。這一天是7月14日,恰值革命兩週年紀念日。

一年半之後,國王和王后喬裝改扮成科爾夫(Korff)先生和夫人,趁著月黑風高,企圖逃出巴黎,前往比利時。就在離邊界不遠的地方,他們被農民逮住並送回巴黎。俱樂部趁機鼓動罷免國王,然而國王表示了同意制定新憲法。於是,制憲會議準備選出一個立法議會,然後自行解散。接下來,法國發生了翻天覆地的變化。

立法議會

立法議會的選舉是在報紙輿論和政治俱樂部的喧鬧聲中進行的。布列塔尼人俱樂部因遷往一座雅各賓修道院，此後便稱為雅各賓派。他們在外省建立了六千八百個分支機構，有五十萬成員，成為除了巴黎公社之外組織最嚴密的一支革命力量。巴黎公社透過委員會控制國民警衛隊。對左派來說，雅各賓派太傾向中產階層。雅各賓派成立了高德里耶（Cordelier）俱樂部，它是丹東、馬拉和德穆蘭的發跡之地。另一派則是君主政體的擁護者，如拉法葉、塔列朗等，另外成立了自己的俱樂部。

選舉是在雅各賓派、高德里耶俱樂部製造的街頭恐怖下進行的。在席位的分配上，忠於國王派坐在右邊，激進派則坐在左邊。

自此之後，產生了右派和左派的概念。因為左派坐的位置比較高，所以又被稱為「山嶽派」。較為溫和的雅各賓派成員一般是外省工業中心的代表，因為主要成員大多來自吉倫特省（Gironde），所以又稱為「吉倫特派」。他們擁護共和國，只不過相對於巴黎革命專政，他們代表的是外省自治。

極端化

當奧地利和普魯士組成反法聯盟，而國王也企圖與其互通時，為了慶祝革命並在必要時捍衛革命成果，激進的馬賽人代表團進軍巴黎。在路上，他們高唱著革命歌曲，即因這次行軍而得名的〈馬賽曲〉，後來成為法國的國歌：「前進，祖國的兒女！光榮的時刻已來臨。」

當侵法軍隊的首領，德意志布朗史威克（Braunschweig）大公號召「人民應該服從他和國王」時，極端主義者據此判斷，國王是叛國者，於是要求廢黜國王。然而，立法議會對此無動於衷。於是，馬拉透過報紙鼓動人民衝鋒突圍國王的宮殿。當時宮殿由一千名瑞士警衛防守。當群眾靠近警戒線時，瑞士人先開槍。在馬賽代表團的率領下，群眾衝破警衛線，殺死了國王所有的僕人，而國王全家則被囚禁在一個戒備森嚴的修道院裡。

在此期間，由於恐怖活動的影響，除了左派之外，所有議員都退出了立法議會。由於國王遭到罷黜，所以便建立一個行政機關來取代他，主席由議員喬治‧

丹東擔任。

丹東的形象彷彿就是為革命而生。他身材高大，言詞激烈，有點破相的是那張麻臉，還有臉上的一道疤痕。他並不是一個狂熱的革命信徒。他喜歡享樂和女人，擁有翻攪世界的幽默感，老是滿口褻瀆神明的謾罵。他沒有成見，感覺極其敏銳。身為政治家，他試圖馴服一頭猛虎，在外有軍事威脅，內有無政府主義者的干擾下，他要保衛革命。為此，他不斷地變換盟友。

九月殺戮

在此期間，巴黎公社和立法議會加強了反教會的措施，禁止在公共場合穿教士的長袍，神甫必須承認國家對教會的監督，否則要移居國外。聖父、聖子、聖靈由新的神聖的三位一體所取代，那就是「自由、平等、博愛」。所有為自由辯護的外國人可以得到法國國籍。在德語大文豪弗里德里希·席勒（Friedrich Schiller）之前，享有此項殊榮的幾乎只有美國人和英國人。

● 新的神聖的三位一體是「自由、平等、博愛」。

正值此時，普魯士軍隊在布朗史威克大公的率領下，向巴黎挺進。於是，恐慌四起，謠言紛飛，說有人暗中計畫要拯救背叛革命的人。為此，馬拉呼籲，趕緊在那些囚犯被釋放前將他們處死。於是法官和劊子手就在嗜血暴民的陪同下，一家監獄挨一家地處決了那些犯人，其中包括神甫和貴族，也有瘋子和年輕女子。總之，就是所有可能的對象。大屠殺持續了五天。

立法議會認識到，國王的廢黜使憲法有重新訂定的必要，於是宣布重新選舉國民公會。立法議會於1792年9月20日自行解散。這是瓦爾米（Valmy）之戰的日子。在這一天，法國革命軍頂住了布朗史威克大公的攻擊。親眼見證這一切的歌德立即感慨道：「從此時此地，世界歷史翻開了嶄新的一頁！」

國民公會

國民公會的選舉被雅各賓派的街頭恐怖活動所操縱。因此，當選的代表只有雅各賓人和吉倫特人。國民公會所做的第一件事情就是，制定一個革命日曆，藉此讓人民忘記舊有的聖人和宗教節日。他們按照大自然規律給月分命名，例如春

季三個月是：芽月、花月和牧月。七日之週被十日之旬所取代，每旬的第十天就是休息日。

由於發現了一個裝有祕密檔案的箱子，顯示國王和流亡國外的政客密謀，所以國王被送上了法庭。接著，英國革命的那一幕重演了，遵循的也是相同邏輯：處死國王。

● 處死國王，彷彿是佛洛伊德所說的弒父場景。

對激進主義者來說，這樣做的好處就是，透過一起共謀的血債把革命者綁在一起，並斷掉他們的後路。也就是說，誰參與了這件事，日後就不能再跑到敵人陣營中，與革命作對。處死國王在政治上極具象徵意義。1793年1月16日，國民公會以多數票通過對國王的死刑判決。1月21日，路易十六上了斷頭台。幾乎是在一百五十四年後的同一天，他沿著英王查理一世的腳印踏上同一歸途。就像當年一般，行刑之後，群眾沮喪地離開現場，彷彿他們觀看的是佛洛伊德所說的弒父場景。他們擔心，自己再也沒有替罪羔羊了；他們已遭詛咒，難逃自相殘殺的命運。

反擊

法國人處死國王並併吞比利時，激起了英國人的不滿。因為，法國人占領了斯海爾德河（Schelde）的入海口之後，就威脅到英國與歐洲大陸的貿易。在革命軍中，大批的士兵開小差溜掉。在比利時，法國人對上奧地利人並吃了敗仗。這些問題帶來許多壓力，國民公會授權委員會負責處理貿易、財政和農業等事務。其中，三個重要的委員會是：負責治安的警察局、革命法庭——迅速判決革命敵人的人民法庭、發揮行政管理職能的救國委員會。實際上它施行專政，以革命鬥爭來對付外敵。為了護衛專政，甚至棄那剛剛公布的「人權宣言」於不顧。

從1793年4月6日到7月10日，丹東任救國委員會主席。在此期間，激進的雅各賓派和溫和的吉倫特派之間發生清算鬥爭。吉倫特派企圖透過調查委員會來阻止由公社操縱的街頭恐怖活動，但是效果不彰，街頭恐怖活動越演越烈，使得國民公會被迫做出逮捕並懲罰吉倫特派的決定。馬拉宣讀了被捕者的名單。三名吉倫特人逃到了康城（Caen），在那兒舉行演講，細數馬拉的暴行。

在聽眾之中，有一位二十五歲的夏綠蒂．科黛（Charlotte Corday），她原是

一所教會學校的學生。受演講的煽動，她弄到一封推薦信，然後帶著一把刀子，動身前往巴黎。當她找到馬拉時，馬拉正因皮膚炎而浸泡在浴缸裡。於是，她將尖刀刺入了馬拉赤裸的胸膛。據此，革命畫家大衛（Jacques Louis David）創作了《馬拉之死》（*Death of Marat*）。馬拉的屍體後來移葬聖賢祠（Pantheon），夏綠蒂則在協和廣場（Place de la Concorde）被處死。

恐怖統治

　　救國委員會的領導者現在成了羅伯斯比。他藉由美德之名，大行恐怖統治之實。其實，恐怖統治是對於外來軍事威脅和內在革命激進化的一種反應，而此二者又緊密相連。

　　為對付外部的軍事威脅，委員會成員卡諾（Carnot）徵募革命軍戰士，接著還頒布了肅清革命敵人的法律規定。王后瑪麗‧安托伊內特當其衝，就在群眾的一片嘲諷聲中，她以揮霍人民財產和猥褻其子的罪名，被送上了斷頭台。接著是一連串的貴族，最後是革命者自己，即所謂「曾經背叛革命的人」。就像希臘神話中宙斯之父克洛諾斯一樣，革命開始吞食自己的兒子。中央還調遣特派員到外省，負責斷頭台器械的使用操作。

　　隨著大屠殺而來的是反基督宗教的宣傳行動。巴黎聖母院改名為「理智的神廟」，巴黎的主教也戴上了革命者的帽子，所有的教堂都關閉了。由此引發了旺代省（Vendée）的一場暴動，奪去了五十萬人的性命。

　　與此同時，有一批軍官因戰功顯赫，自革命中脫穎而出。其中一員就是炮兵部隊首領——拿破崙‧波拿巴，他來自科西嘉島的阿雅丘城（Ajaccio），所建功勳是奪回土倫港（Toulon）。這項勝利讓丹東改變策略，他呼籲：結束恐怖，走向和平。

　　同時，以阿貝爾（Hébert）為首的極端激進分子開始攻擊救國委員會。在這兩股勢力的鷸蚌之爭中，羅伯斯比等著坐收漁翁之利。他挑動阿貝爾起義，然後在丹東的協助下判他死罪。接著，他又策動起訴丹東。丹東是革命的偶像。看來，他們兩人準備扮演史達林和托洛斯基的角色。在法庭上，丹東為自己所做的辯護是如此精采，以至於經常為後人所引用。1794年4月5日，他被送上協和廣

場的斷頭台。在他躺在鍘刀下之前，曾對劊子手說：「向人民大眾展示我的頭顱吧，它值得你這麼做。」革命也是一場戲。十九世紀德國天才詩人、劇作家畢希納（Georg Büchner）在其作品《丹東之死》（*Dantons Tod*）中記述了這一幕。

此後，羅伯斯比以妥協的方式結束了反基督宗教活動。1794年6月8日，他以盧梭的風格，為宇宙最高主宰舉行了慶典，類似豐收的感恩慶典。之後，羅伯斯比制定了「傳播不實消息者，死罪」這條法令，強化對人民公敵的恐怖政策，於是人們足不出戶，噤若寒蟬。

在此期間，救國委員會中受到羅伯斯比威脅的人組成了祕密聯盟。在一次騷動的會議上，羅伯斯比遭到指控和判決。他試圖自殺，但槍射偏了而傷到頜。當他於7月27日被送上斷頭台時，鍘刀上沾著遭他陷害者的血還未乾。不少群眾穿著節日的盛裝目睹了這一幕。羅伯斯比有個綽號「無法收買的人」，他就像死神一樣難以收買。和他一起受死的還有七十名追隨者，那場面就像是一場狂歡節。恐怖統治結束了。

革命攀上了頂峰，從此開始下滑，代表資產階級利益的右派開始掌權。吉倫特派重新進入議會，雅各賓俱樂部遭關閉，恐怖法律被廢除，國家不再禁止宗教信仰，新聞出版重獲自由。最後，國民公會制定了一部和美國相似的新憲法，這卻激起了右派的起義。於是，國民公會委託一位恰好在巴黎停留的年輕軍官鎮壓動亂，他敏捷而漂亮地完成任務，他的名字是拿破崙·波拿巴。

五人執政內閣與拿破崙政變

從1795年11月到1799年11月，法國由五人執政內閣進行統治。兩個議院，即五百人院和元老院，同時行使立法權。政府由五人組成的委員會構成，所以稱作「五人執政內閣」。在此期間，拿破崙為了革命而征服義大利，並且像凱撒一樣使埃及臣服。五人執政內閣由共和派的三人委員會所控制，它代表著資產階級的利益，結果國庫被占為己有且洗劫一空。由於它的諸多缺點弊端，因而引發了第二次同盟戰爭，對手是英國、俄國和奧地利所組成的聯盟。

在危急之中，執政內閣迅速將拿破崙從埃及召回。當雅各賓派企圖捲土重來，威脅到內閣的統治時，執政內閣鼓勵拿破崙策動政變。他毫不猶豫地跨過盧

比孔河（Rubecon），踏上通往凱撒寶座的權力之路。就這樣，他接管了一個無法擺脫自身危機的共和國。

拿破崙的天賦

　　1804年之前，拿破崙一直以首席執政官的身分統治法國；1804年之後，直到1815年失敗，拿破崙的身分則是皇帝。他為互相殘殺、支離破碎的民族帶來和平；他降低賦稅，致力於建立良好的管理體系。憑著軍事上的勝利，他迫使奧地利人放下刀槍；他制定了《拿破崙法典》，並與教會維繫和平共處的關係。在他吞併倫巴第、熱那亞和瑞士之後，英國、奧地利、俄國和普魯士便於1805年結成第三同盟。結果是，俄奧聯軍在奧斯特利茨（Austerlitz）被拿破崙所征服。

> ● 在德國歷史上，拿破崙是早於俾斯麥和希特勒帶來重大影響的統治者。

　　是什麼因素造就了拿破崙如此優秀的將軍？他擁有罕見的天賦，能從混亂移動的人群中發現其結構主線。然後，集中炮兵的火力攻擊對手弱點，並以此為據點，一舉突破防線。另外，他懂得如何贏得軍官的忠誠和士兵的信任。那就是，給大家一種感覺——他是屬於他們的。他還擅長運用地理條件，讓軍隊的行軍速度比敵人快。他擁有老鷹般銳利的目光，只看到重要的東西。

　　以這種老鷹般的戰略眼光，他重新勾勒出歐洲的版圖。由此看來，在德國歷史上，他是早於俾斯麥和希特勒帶來重大影響的統治者。

拿破崙與神聖羅馬帝國的終結

　　在1800年左右，神聖羅馬帝國實際上是由兩百五十個獨立的侯爵領地所組成的大雜燴。其中，有兩大強權鶴立雞群，哈布斯堡家族所統治的天主教國家奧地利，和信奉新教的普魯士。二者的重心都在東部，而且不斷擴展領土，已遠遠超出帝國的邊界。奧地利和匈牙利結盟，將土耳其人驅離匈牙利。而普魯士則從德意志騎士團東普魯士手中，接管了原本不屬於帝國的領土。另外，二者還與俄國一起瓜分了波蘭。1795年，波蘭甚至完全從歐洲地圖上消失。

　　大部分的小國散落於今天的德國西部，也就是後來的德意志聯邦共和國（BRD）。因為拿破崙的關係，它們第一次擁有完整的形貌。為了補償法國兼併

萊茵河北岸而給眾多侯爵造成的損失，帝國代表大會做出決議：取消精神上的統
治與自由城市，國家數量減少至可一目了然的程度。於是，這些小國在1806年結
成萊茵聯盟，並接受拿破崙的庇護。於是，奧地利弗蘭茨一世（Franz I）宣布，
德意志神聖羅馬帝國告終。它從西元800年到1806年生存了一千多年，卻從未發
揮應有的功能。它是一隻變形蟲，在惡劣的環境中具有驚人的生存能力。法國革

拿破崙時代的歐洲

命也為它帶來翻天覆地的變化——拿破崙法典、法律之前人人平等、宗教信仰自由、上軌道的管理等。萊茵聯盟的形成意味著,在法國領導下對於「德法歐盟」的首次嘗試,其中德國西部發揮了影響力,而普魯士和奧地利則排除在外。

馬背上的世界精神與普魯士的垮台

在耶拿(Jena),德國哲學家黑格爾正著手進行一項新計畫:以成長小說的形式撰寫一部世界史,小說的主角是「精神」,因此他將小說命名為《精神現象學》(*Phänomenologie des Geistes*)。

一如小說所應有的,黑格爾把敘事的角度放在主角經歷的現場,而他總是誤解了自己。於是乎,在他有限的自我認識和他所看不到的東西之間,便產生了矛盾。就像是有一堵牆,精神朝它衝過去,因撞擊產生的腫包與瘀青,讓他進一步認識了自己。「我是一個感受到了我與牆之間不同的個體。如果我知道這一點的話,那麼我就把我(正〔These〕)與牆(反〔Antithese〕)之間的不同提升到我的新意識(合〔Synthese〕)中。」黑格爾稱這種學習過程為「辯證法」。

透過這種方法,世界精神吞下並處理過的矛盾越多,他達到的層次級別就越高。所有矛盾的最高「合」,即處理過一切矛盾最有經驗的精神,他就在這部小說的結尾,率領著大軍從黑格爾的書房旁邊呼嘯而過,那就是拿破崙,他將在耶拿和奧爾施泰特(Auerstedt)附近與敵人交鋒。在1806年10月18日的這場戰役中,他滅掉了普魯士。

拿破崙是馬背上的世界精神,他是研究世界史的必然目標,在研究的過程中,精神認識了自我。然而拿破崙自己並不知道這一點,必須由黑格爾來告訴他。因為,黑格爾比拿破崙更了解拿破崙。於是,世界史就進入了最後一個「合」,拿破崙、主角和黑格爾之間的「合」,並由黑格爾來講述拿破崙的故事,因為他理解它們。

此後不久,有一位聚精會神的讀者盯上了這些故事。他就是來自特里爾(Trier)的卡爾・馬克思。正如他自己所說,他把黑格爾的歷史觀從頭到腳顛倒了過來。馬克思認為,矛盾並不是精神上的自然現象,而是由於物質上的原因,即生產條件、生產

● 拿破崙是馬背上的世界精神。然而拿破崙並不知道這一點,必須由黑格爾來告訴他。

197

資料與占有之間的不平衡所造成。而且，他扭轉了黑格爾和拿破崙之間的關係：前者不是了解後者的過去，而是知道他的未來。誰能像黑格爾那樣理解世界史，他就能像拿破崙那樣運籌帷幄，征服世界。

這個結果便是俄國1917年的革命，它所產生的影響與法國革命相對應。革命的繼承人史達林，集羅伯斯比和拿破崙的角色於一身，向其他國家輸出革命，他所征服的不是西歐，而是東歐，同時毀滅了普魯士，吞併德國東部，使萊茵聯盟於第二次世界大戰後再次誕生。這一切都是拿破崙和黑格爾相遇的後果。

普魯士的復興

耶拿和奧爾施泰特戰役結束之後，普魯士國王腓特烈・威廉三世逃到東普魯士，拿破崙入主柏林。他吞併了普魯士在易北河以西所有領土，並在波蘭的疆域上打造出一個華沙大公國，還直接從普魯士的國庫中提取戰爭賠償金。

上述打擊刺激了普魯士的內政大臣施泰因（Stein）男爵和他的助手與接班人，從根本上對普魯士進行改革，其改革方案如下：

▶ 他將農民從農奴制度中解放出來，使他們可以購買土地。

▶ 他宣布職業自由，讓人人有機會擺脫封建制度的限制，自由選擇職業。資產階級可以買賣商品，貴族可以工作。

▶ 他規定，城市應該要自我管理，從而在德國建立起典型的地方自治。

▶ 此外，沙恩赫斯特（Scharnhorst）等人重新組建普魯士軍隊。1814年，普魯士開始實行一般兵役制。

▶ 當拿破崙強迫施泰因辭職之後，他的接班人哈登貝格（Hardenberg）徵收教會資產，給貴族定稅，並且解放了猶太人。

▶ 教育大臣威廉・馮・洪堡（Wilhelm von Humboldt）改革教育體系，建立統一的公立國民學校和高級中學。1810年，他創立了柏林大學。在這所大學中，教授不應再按照教學計畫講課，而是與學生共同研究。這一理念在實踐中獲得極大的肯定，後來美國也仿效了這個制度。

▶ 1806年，為了打垮英國工業，拿破崙命令不得從英國進口商品。於是，擺脫了英國競爭的德國工業便得到充分的發展。

拿破崙的隕落

　　龐大的帝國總是衰敗於過度的擴張，而超越了自身所能負荷的極限。納爾遜（Nelson）將軍在海戰中的勝利便證明了，拿破崙是不可能打敗英國的。他的軍隊在西班牙與威靈頓（Wellington）公爵打了一場毫無遠見的消耗戰。他的兄弟們也在各自所統治的國家引起了暴動不安：約瑟夫在西班牙，路易在荷蘭。而且，沙皇亞歷山大拒絕加入封閉港口以抵制英國商品的行動。

　　於是，拿破崙犯了和日後希特勒相同的錯誤，他率領一支龐大的軍隊入侵俄國，其成員除了法國人，還有被迫結盟的德意志人和普魯士人。俄軍統帥庫圖佐夫（Kutusov）就像當年彼得大帝對付查理十二世那樣，他一邊撤退，一邊沿途火燒糧倉。當拿破崙進入被棄空無的莫斯科時，俄國人點燃熊熊大火，將整座城燒毀殆盡。這迫使拿破崙得在冬天到來之前（1812年10月19日）開始撤退。因行軍勞頓和風雪嚴寒的折磨，大軍精疲力竭。當他們打算渡過貝雷西納（Beresina）河時，遭到庫圖佐夫的軍隊一舉擊潰。

　　當時，普魯士人趁機倒戈，跑到了俄國人那邊。因遭到法國占領和隨之而來的經濟剝削，喚醒了德意志人的民族意識，紛紛成立各種自願聯合會（呂佐夫〔Lützow〕的志願軍戴著黑紅金三色標，後來成為德國國旗的顏色）。奧地利加入反法同盟，並於1813年10月16至19日的萊比錫大會戰中挫敗拿破崙，終結了他在德國的統治。

　　1814年，同盟軍進駐巴黎，迫使拿破崙退位，並把他流放到厄爾巴島（Elba），前國王的弟弟登基為路易十八。勝利者齊聚維也納召開和平大會，但又因拿破崙的捲土重來而虛驚一場。最後在比利時的滑鐵盧附近，拿破崙終於被普魯士和英國聯軍徹底打敗，遠遠放逐到南大西洋的聖赫勒納島（St. Helena），在那裡只剩下人世間名利競逐之後的空虛相伴。

十九世紀

Das 19. Jahrhundert

維也納會議1814-1815

　　在和平大會上，世人載歌載舞。就在歡樂的間隙，維也納的首相梅特涅（Metternich）帶領著人民，建立起十九世紀的國家制度。在此過程中，一個巨大的矛盾產生了，它決定了往後一百五十年的歷史：

　▶法國革命證明，一個國家若想現代化，就應具備民族國家的形式。因為，人們以民主的方式參與政治，前提是必須有一個在文化和語言上相互理解的共同體。民主與民族統一密不可分；如果民族不統一，國家會面臨分裂的威脅，民主的進程就會受到阻礙。

　▶維也納的和平協議重申侯爵大公與基督宗教在革命前的合法性。於是乎，它便阻礙了國家和民主的發展。然而為能達到此一目標，倒退的政權──普魯士、奧地利和俄國──建立了「神聖同盟」。在這三個國家中，充其量只有普魯士算是民族國家，但它並不包括整個德意志民族。

維也納會議對德國的影響

　　維也納會議對德國所產生的重大影響是，普魯士失去了波蘭這個囊中之物，而得到了相當於今日北萊茵・威斯特法倫邦的大塊土地。如此一來，普魯士向德意志化和西方化邁進了一大步，並將西部與東部德國合為一體，日後還從工業區中賺進大筆錢財。

● 維也納的和平大會上，在歡樂的間隙，建立起十九世紀的國家制度。

　　作為神聖羅馬帝國的後續組織，德意志邦聯成立了，首都在法蘭克福，因為從前德意志國王是在那裡選舉產生的。德意志邦聯由三十九個各自獨立的國家所

組成，其中的一些國家，如巴伐利亞、巴登‧符騰堡，相當於今日的邦聯，此外還包括奧地利的幾個邦和今日的捷克。除了德意志邦聯，普魯士和奧地利兩大強國也擁有廣大的土地。普魯士有東、西普魯士和波蘭的波茲南省（Poznan）。

而奧地利好像沒有一個正確的名字，這也顯示了它正處於國家與民主快速發展的核心，日新月異。它的名稱不斷變化，從奧匈帝國、哈布斯堡王國、雙君王國、多瑙河君王國，到「人民監獄」，或是一如作家穆齊爾（Robert Musil）在小說《沒有個性的人》（*Der Mann ohne Eigenschaften*）中所稱的「卡卡尼亞國」（Kakanien，源於k.u.k.〔kaiserlich-königlich〕，皇帝國王之國）。除了講德語和捷克語的地區之外，屬於它的還有匈牙利、斯洛伐克、波蘭南部、斯洛維尼亞、克羅埃西亞、南蒂羅爾和後來的波士尼亞。

奧地利在權衡利弊得失之後，決定放棄比利時，讓它成為一個獨立的國家。比利時隨後與荷蘭合併，卻又鬧翻，並於1830年獨立。其他的強國宣布保證比利時的中立，然而德國卻在第一次世界大戰中破壞了它。

對於奧匈帝國來說，所有的民族運動，包括德意志民族運動在內，都是純粹的有害之物。因此，狡猾的梅特涅在下一場革命，即1848年之前，除了在德意志邦聯內扼殺民族與民主的豪情以外，可以說是一事無成。當時德國除了去破壞奧地利，或者一腳把它踢開，是不可能實現統一的。這便出現兩種方案，分別稱為大、小德意志。因

● 德意志的民族主義充滿沮喪與怨恨，而且表達的方式相當惡劣。

此日後，當本是奧地利人的希特勒將他的國家併入帝國時，便產生了「大德意志帝國」（希特勒生於德奧交界處的小城，據說是在奧地利國界線的內側，所以德國人傾向將希特勒視為奧地利人）。

因為神聖同盟（尤其是奧地利）不斷阻撓德意志民族的統一，導致德意志的民族主義日益沮喪、充滿怨恨，而且表達的方式相當惡劣。所以1848年，當民族與民主相輔相成的自由革命失敗之後，德意志的民族主義與民主傳統分道揚鑣，已是勢在必行。

回顧歐洲各國的發展，上述情況只發生在德國人身上。對英國人和法國人來說，民族國家與民主是渾然一體的，他們的民族主義同時也促進了民主的實現。

三月革命的前夕

「三月革命前夕」指的是，從維也納會議之後到1848年三月革命爆發之前這段時間，屬於「畢德麥耶爾」（Biedermeier）時期。德國中產階級由於政治上的失意而退回到起居室，在那裡陶冶德意志情操，玩味閉塞的舒適感；而學生的民族民主運動則在大學城裡鬧得轟轟烈烈。他們組織慶典、高唱德語歌、暢飲啤酒、不斷地搞破壞活動。

1819年，大學生卡爾‧路德維希‧桑德（Karl Ludwig Sand）出於愛國心，謀殺了知名劇作家科策布（Kotzebue），因為桑德認為他是個俄國間諜。桑德在海德堡的城門前遭到處決。於是，歐洲大反動分子梅特涅發布了一項相當極端的公告，即所謂的「卡爾斯巴德決議」（Karlsbader Beschlüsse）：引入審查機制，禁止組織學生社團。接下來，整個國家充斥著警察的密探和告密者。

不僅如此，普魯士的改革被迫停止，農民解放也出現了一些反常現象：農民受到驅逐，貴族大地主藉由剝削農民增加自己的財富。因此，易北河東部是農莊經濟，而德國西部的村莊則仰賴自由農民。解放戰爭（1813-1815年德國人民反對拿破崙統治的戰爭）開始時，腓特烈‧威廉三世為了徵召農民入伍，曾允諾他們，將透過立憲讓農民擁有參與行政管理的權利。但是，戰爭結束後，他卻把這個諾言拋諸腦後。

當腓特烈四世上台時，自由黨人士懷抱著極大的希望。然而，國王的靈魂卻深陷於中世紀的泥沼之中。當國王於1847年像路易十六那樣召開三級會議時，在他身邊便出現類似的情況：革命爆發了。而且，與路易十六的反應如出一轍，他也在匆忙中召開了普魯士國民議會（1848）。

1848

事實顯示，德意志革命由於第二項任務未完成而受挫，也就是未能先完成民族的統一。法國和英國在大革命爆發之前就已是統一的民族國家，人民只需要爭取參與國家管理的權力。那裡有首都、國家的舞台、新聞媒體、公眾輿論、政府與國民議會，即國會。在德國，這一切仍有待建立，人們選擇了德意志邦聯的首

都法蘭克福作為舞台。1848年5月18日,在法蘭克福的聖保羅大教堂,舉行了第一次全德議會——德意志國民議會。

這是一個由教授組成的議會,所以顯得不通世故,有許多繁文縟節,但是充滿追根究柢的精神。他們無休止地爭論,到底該選擇大德意志還是小德意志路線(即是否包括奧地利),帝國權力機構該強還是弱,要建立君主制還是共和制。一年之後,即1849年3月28日,新的帝國憲法終於問世。它規定了君主立憲制,政府的最高首腦是一位世襲的皇帝,立法機構由國家議院(相當於聯邦參議院)和人民議院(相當於聯邦議院)組成。

在此期間,奧地利王室鎮壓了所有在維也納和義大利爆發的動亂,所以,它仍維持中央集權式的專制統治;而在普魯士方面,儘管引入了憲法,但議會仍有社會等級,分為上議院和下議院(上議院的議員由國王任命,多為易北河以東的貴族),下議院的議員是由三級選舉制選出,選民按納稅額的多少分為三等,所以,議會代表的只是貴族和富人的權益。

聖保羅大教堂的議會奮鬥了很久,想為普魯士的國王腓特烈·威廉四世加冕為皇帝。但他錯過了在民主的基礎上,以和平方式統一德國唯一的一次機會。儘管英國的威廉三世早在1688年就順理成章地從議會,而不是從代表上帝的教皇手中接下了王冠。但是,腓特烈·威廉卻拒絕這麼做,因為他不想從一群「賤民」手中接過皇帝的冠冕。

德國的民主人士和愛國分子遭受打擊,他們似乎已無法避免各走各的路,因為如果民族的統一不能自下而上透過民主的方式完成,那麼它就得自上而下藉由國家的強制力量來實現,這是俾斯麥要走的道路,他把德國人領上了歧途。

然而荒謬的是,直至今日仍有許多歷史學家對俾斯麥佩服得五體投地,因為他們認為,對於日益高漲的民族氣焰,這位首相採取了降溫措施。

馬克思

在1848年的革命爆發之前,那年的一月出版了一本小冊子,開頭寫道:「一個幽靈,共產主義的幽靈,在歐洲的上空徘徊……。」作者是卡爾·馬克思和弗里德里希·恩格斯。前者是來自特里爾的自由新聞記者,而後者則是來自烏珀塔爾

（Wuppertal）的工廠主人。這本小冊子叫作《共產黨宣言》（*Das kommunistishe Manifest*）。幾乎沒有人注意到它，除了比利時的警察，因為那時馬克思正好在比利時。他們認為這篇狂放不羈的文章與幾週之後爆發的革命有所關聯，於是將馬克思驅逐出境。於是，這位馬克思主義之父做了一生中相當重要的決定：移民倫敦。他在大不列顛博物館找到了撰寫《資本論》（*Das Kapital*）的所有資料。

於是，馬克思主義由於一個誤解而誕生，但這個誤解在1917年提升為一種原則：資產階級革命需要社會主義理論的詮釋。剛開始時，社會主義是自由思想的寄生物，然而最後卻反將它給吞噬了。

1850-1870年的法國、義大利與美國

當德國還在努力編織著封建主義的蜘蛛網時，其他國家已經開始著手解決現代化所帶來的矛盾了。

▶在法國，第二位拿破崙於1850年發動了第二次革命。與腓特烈‧威廉四世不同，他通過公民投票獲得皇帝的冠冕，並自命為拿破崙三世（拿破崙的小兒子拿破崙二世雖然只當了幾天法國的名義首腦，但也得把他計算在內。新皇帝路易‧拿破崙是拿破崙的大姪子）。在法國，只有得到人民的愛戴，才可能當上皇帝。

▶義大利像德國一樣分裂成許多小國，它們受反動分子奧地利的控制。於是，義大利的民族主義像德國一樣，陷入失望沮喪之中（後來這兩個國家都成了法西斯國家）。義大利的小普魯士是皮德蒙‧薩丁尼亞（Piedmont-Sardinia），首府在都靈（Turin）。其首相加富爾在統一義大利的過程中，獲得拿破崙三世的支持，兩人聯手在索非里諾（Solferino）附近重創奧地利軍隊（傷亡異常慘烈，促使瑞士慈善家亨利‧杜南〔Henri Dunant〕在震驚之餘創立了紅十字會。紅十字正好是瑞士國旗的反色）。

後來，義大利爆發了一場起義，領袖是生於法國尼斯的朱塞佩‧加里波第，他被人們譽為義大利的民族英雄。1860年，當國王維克多‧埃曼努埃

爾（Vittorio Emmanuele）完成北義大利的統一大業時，加里波第帶領他的志願軍把波旁王朝的殘餘勢力，從西西里島和那不勒斯趕了出去。

▶ 1861到1865年，發生了一場繼拿破崙戰爭之後，十九世紀損傷最為慘烈的戰爭——美國南北戰爭。亞伯拉罕·林肯當選美國總統之後，維持奴隸制度的南方各州退出聯邦，並且組織了另一個聯邦政府。美國南方的種植園經濟是建立在偽貴族地主對奴隸的血汗搾取之上（普魯士的地主也從農奴身上獲利，普魯士農奴於1807年獲得自由）。

美國北方的經濟命脈則是工業，它是以流動性和自由為前提。因此，雖然爆發南北戰爭的表面原因是「贊成還是反對聯邦」，或「贊成還是反對奴隸制」，但背後其實是兩種生產方式無法協調的矛盾。許多看過瑪格麗特·米切爾（Margaret Mitchell）的小說或電影《飄》（*Gone with the Wind*）的人都能明白這一點。

像所有內戰一樣，美國內戰也引發了巨大的仇恨。而且，北方的勝利給南方留下的心理創傷至今仍未完全消失。假如南方勝利的話，結果會如何呢？大家可以看看德國，擁有騎士封地的普魯士征服了工業化的西部，這直到前民主德國（即東德）被西德統一後才發生扭轉。現在德國才算終於達到了美國內戰結束後的狀況。

統一德國之路

在普魯士的政海星空中，兩顆星會合了，迸發出驚人的能量，世界為之震撼。他們就是威廉一世和奧托·馮·俾斯麥。威廉一世從1860年起開始執政；擔任過下議院議員的俾斯麥曾贏得「保守的激進分子」此一名聲。威廉一世計畫進行軍隊改革，但遭到普魯士下議院的反對。

1862年，普魯士的政壇陷入僵局，沒有解決方案。正當威廉苦於找不到合適的首相時，俾斯麥毛遂自薦。就像亞歷山大大帝用劍劈開難解的繩節一樣，俾斯麥在沒有議會批准的情況下，遂行軍隊改革，並在贏得幾場戰役之後，才回頭徵求同意。他運用這種策略把德國推上統一之路，其結果正符合了自由黨實現民族

國家的願望。

石勒蘇益格‧荷爾斯泰因（Schleswig-Holstein）的問題成了導火線。它是如此糾葛難解，以至於人們隨時都可以引爆它，製造出衝突矛盾。英國首相帕麥爾斯頓（Palmerston）曾說過，只有三個人能理解這個問題：他的前任，但他已經死了；一個德國教授，但他已經被這個問題逼瘋了；還有他自己，但他也忘了這個問題究竟是什麼。好吧，就讓我們來瞧瞧。

首先必須釐清兩件事：根據一項古老的協議，石勒蘇益格以及荷爾斯泰因大公國永遠不可分離。管理統治這兩個大公國的是丹麥國王，但一個大公國允許女繼承人繼位，而另一個則不行。荷爾斯泰因是德意志聯邦的成員，石勒蘇益格則不是。為了徹底排除這種複雜性，丹麥國王弗里德里希七世將兩個大公國併入丹麥。這引起1848年在石勒蘇益格‧荷爾斯泰因的一場起義和德國民族主義的浪潮，產生了所謂的「倫敦協議」，確認了宗德堡‧格呂克斯堡（Sonderburg-Glücksburg）家族的王位繼承權，而且這兩個大公國不得併入丹麥。

然而，丹麥的克利斯蒂安九世（Christian IX）在登基之後忽視這項協議，並於1863年再次兼併這兩個大公國。這可給俾斯麥提供了一個練兵的大好機會。他馬上聯合奧地利打敗了丹麥，奪走兩個大公國，並與奧地利分享這塊「不可分離」的土地。這便為日後的爭端種下了禍根。

當奧地利因此衝突而呼籲召開聯盟議會時，俾斯麥將其視為破壞協定的行為，普魯士退出德意志聯邦，並向奧地利宣戰（1866）。歸功於現代化的武器裝備，普魯士在克尼格雷茨（Königgrätz）戰役中獲勝。俾斯麥狠不下心對奧地利下手，卻吞併了北德幾個選錯邊的倒楣國家，如漢諾威、黑森、法蘭克福，以及石勒蘇益格以及荷爾斯泰因。德意志聯邦解體，由普魯士領導下的北德意志聯邦所取代。

北德意志聯邦更像是一個「聯邦國家」，而不是僅由許多國家組成的聯盟。它有一個統一的對外代表機構，一位決定戰爭與和平的軍隊最高統領；它有聯邦參議院和透過選舉產生並擁有預算審核權的國會；它還有一位由聯邦總統，即普魯士國王任命的聯邦總理。這已具備日後帝國的雛型。

俾斯麥帶著凱旋的榮耀登上下議院的講台，請求議會豁免他因改革軍隊而破

壞憲法的罪責，並且通過事後的批准。這讓自由黨人陷入兩難：如果同意，就違反了法治國家的原則；如果拒絕，便意味著背叛了對於民族國家的理想。

換句話說，俾斯麥的詭計撕裂了原先屬於一體的東西──民主與民族感情。

結果，自由黨分裂為：

▶民主自由黨以及

▶民族自由黨。

其中，民族自由黨占大多數，俾斯麥便靠著閃閃發光的民族玻璃球，收買了他們的民主原則。從此，自由主義在德國便脫離不了此一原罪。

德意志帝國的建立

踩著征服法國的階梯建立新帝國，這打從一開始就是個錯誤。再說，德國掠奪了法國的亞爾薩斯・洛林，這讓人們一提起新帝國，馬上就聯想到法國的恥辱與德國的軍事強權。而且，帝國的國慶典禮總是變調為慶祝戰勝法國，這大大危害了兩國之間的關係。

當時，一位信奉天主教的霍恩佐倫（Hohenzollern）親王，突然成為繼承西班牙王位的人選。這引起法國輿論界的激烈反應，他們想起當年哈布斯堡王朝的勢力，便因查理五世而無所不在的情形。於是，這位親王明智地做出決定──放棄繼承王位。接著，拿破崙三世提出一項過分要求：身為霍恩佐倫家族的大家長，威廉一世應承諾，永遠放棄對西班牙王位的繼承權。對此，俾斯麥表達強烈反彈，並公諸報端，這激起德意志人的反法浪潮。拿破崙三世一下子亂了陣腳，倉促向普魯士宣戰。

於是，出現一種意想不到的情況：南德意志各國加入北德意志聯邦。歸功於鐵路的鋪設，交通往來便利，再加上優秀的指揮領導，德國在色當（Sedan）和梅斯（Metz）附近重創法軍。拿破崙三世退位，法國成為共和國，並在巴黎淪陷之後繼續抵抗。

經過與各諸侯曲折的談判，威廉一世終於在凡爾賽宮的鏡廳登基，成為德意志皇帝。

聖保羅大教堂的德意志議會二十二年之後，當初努力爭取的成果終於實現

了，儘管發展過程大相逕庭，因為，議會並未參與其中。諸侯與軍隊創建了統一的德意志帝國，他們藉「民族」之名，各行其道。從此之後，民族不再與人民相關，而是和國家的統治階層結為一體，這個詭計的主謀就是俾斯麥。然而，那些被他欺騙的人還把他當成英雄，盛讚他為「鐵血宰相」、德意志統一的締造者。就這樣，民主人士的民族之夢，就由一個絕頂聰明、無所忌憚的農村貴族，在封建主義本能的驅使下，憑著一番伎倆實現了。這是一個相當荒謬的現象。

這種不尋常也出現在德意志帝國的憲法上：皇帝是帝國的領導人；宰相與普魯士首相，只對皇帝而不對議會負責，並由皇帝任免；聯邦參議院由各邦代表所組成；聯邦議院透過自由、祕密且直接的方式選舉產生（無記名投票）。因為核心人物宰相完全效忠君主，不對聯邦議院負責，所以議會不能彈劾或罷免他。就這樣，憲法阻礙政黨學習如何扮演好執政黨與反對黨的角色，也無法累積治理國家的經驗。政黨變成了意識形態的俱樂部，只是發表發表意見而已。

遲到的民族

德意志民族與歐洲其他占有一席之地的民族相比（如果不把波蘭人考慮在內的話），是一個遲到的民族。當其他民族開始瓜分世界、擴張殖民帝國的時候，它才建立起自己的國家。同一時期，達爾文「適者生存」的生物演化理論，彷彿水珠子掉進熱油鍋，引起的討論之聲鼎沸不絕。就是這股氣氛和開放國家資源的政策，讓德國發展的腳步一日千里，也讓德國人後來居上：

▶ 迅猛的工業化增強了經濟實力，但同時也創造出快速膨脹的無產階級。

▶ 工人黨派的建立：1875年，由拉薩爾（Lassalle）建立的德國工人聯合會，與倍倍爾（Bebel）和李卜克內西（Liebknecht）的社會民主黨合併成「德國社會民主黨」（SPD），以經典馬克思主義為黨綱，既非修正主義（革命的任務有利於進化發展），也非列寧主義（把大多數人的意志授權給一位職業革命家先鋒）。

▶ 俾斯麥管理國家的方式是「大棒加麵包」。「大棒」是政府的迫害和禁令（例如「反社會主義非常法」）；「麵包」是進步的社會立法（工人的醫療、事故和退休保險）。他對待社會民主黨人就像對待自由黨人那般，用

民族主義的麵包來軟化威權國家的大棒，藉此籠絡人心。

▶ 在法律、貨幣體系、郵政、鐵路、交通網絡和基礎建設方面迅速現代化。

經濟成長速度曾經超越美國。

簡而言之，德國迅速崛起。也正因為如此，俾斯麥的對外政策普遍受到讚譽。他強調和平對德國的重要性，並用複雜的聯盟政策牽制歐洲各強國，讓他們彼此之間無法挑起戰火，尤其不會對德國開戰。

這個政策的基礎是：法國是無法和解的，因此必須孤立它。

起初，俾斯麥尋求在德國、奧地利和俄國之間建立一個三角聯盟。然而，當時土耳其在歐洲的勢力已逐漸衰落瓦解，導致俄國和奧地利在巴爾幹形成了對立之勢。

於是，俄國便被剔除，只剩下奧地利了。

然後，俾斯麥又試圖在德國、奧地利和義大利之間建立一個三國同盟。但是義大利卻不能原諒奧地利，因為它還在威尼托（Veneto）占據著義大利的地盤。於是，老奸巨滑的俾斯麥一邊促使奧地利、義大利和英國結成東方三同盟，抵抗俄國攻擊達達尼爾海峽；另一邊又與俄國簽定了祕密協議（保險條約），承諾支持俄國對達達尼爾海峽的進攻。

● 這些挖空心思、費盡心機的計畫，大概也只有俾斯麥才想得出來。然而，災難突然降臨。

這些挖空心思、費盡心機的計畫，大概也只有俾斯麥才想得出來。然而，災難突然降臨。1888年，威廉一世與世長辭，而他那自由派的繼承人腓特烈三世，也在同年撒手人寰，由於後者的去世，整個自由派的世代隨之告終。於是，年輕的威廉二世繼承了王位。

威廉與威廉主義

威廉二世與俾斯麥兩人經常意見不合，威廉一直等到1890年3月20日，才解除俾斯麥的職務。新帝國只維持了二十四年，接著就爆發了第一次世界大戰。就在俾斯麥下台十一個月前的同一天，來自下奧地利、曾經當過女僕的卡拉娜為丈夫阿洛伊斯生了一個男孩，名字叫作阿道夫·希特勒。威廉為他的成長鋪了一條平坦的道路。

　　威廉是一個不自量力、驕傲的牛皮大王；喜歡誇誇其談，卻毫無幽默感；酷愛閱兵和宣揚武力。在一些普魯士的諷刺漫畫中，他戴著單眼鏡片，翹著鬍鬚，頭上還有一頂羽毛帽子。他有一隻手不幸殘疾，在閱兵式上，他會特意把那隻手隱藏起來。他對英國懷有一種自卑情結。他知道，自己必須擁有一支強大的海軍，因為未來決勝於海上。雖然他已經有了一支龐大的陸軍，但是如果沒有海軍，他盎格魯撒克遜的堂兄會怎麼看他？他感覺自己像個暴發戶。事實上，他的確是個暴發戶，會妒忌別人天生的優越感。但是，他也感覺到自己的力量，並希望展示給別人看。於是，他到處吆喝，虛張聲勢，弄得雞犬不寧。

　　威廉二世其實是那個時代德國市民的典型代表：沉醉於自我強而有力的感覺中，被國家統一、實力猛增的情況沖昏了頭。由於一般兵役制和軍隊的良好聲譽，讓市民的生活變得軍事化，他們感覺自己成了半個貴族，並養成一些習慣，例如政府機關中充斥著軍營式命令的吼聲；中小學校以威武的軍訓為時尚；大學之間用論戰來聯絡感情；臉上流行帶一塊刀疤，因為這看起來像是剛從沙場歸來；軍裝成為深受大眾喜愛的服飾。

　　世界瞪大了眼睛，驚訝地看著這群「新機器人」。漸漸地，他們的作風令人退避三舍。德國人以前的形象——「沉溺於幻想的詩人」或「滑稽古怪的學者」，

● 一隻怪物在中歐出現了！

已不復存在。現在，他們是一群難以捉摸、沒有感情、戴著尖頂頭盔的人；他們是用金屬做的傢伙，人們無法用理性的言語和他們溝通交流。一隻怪物在中歐出現了！

陣營

　　威廉的政策破壞了俾斯麥的聯盟體系。首先，他把俄國趕到法國的床上，於是，「孤立法國」的戰略成為歷史。然後，他為挑戰英國，大力擴建海軍。由於英國在1900年左右的「英布戰爭」（Anglo-Boer War）中嘗盡了孤立無援的苦頭。因此，它也告別了「光榮孤立」的原則，與法國結為軍事上的盟友。英國一貫奉行不加入固定聯盟的政策，因此人們心照不宣地稱之為「友好協議」。

　　就這樣，俾斯麥的聯盟體系由祝福變為詛咒。歐洲產生了兩個全副武裝的對峙陣營：一邊是德國和奧匈帝國，即所謂的中歐列強；另一邊是英國、法國和俄

國（義大利儘管與中歐列強結盟，但卻在後來的戰爭中加入了協約國）。

　　只有在受到戰爭威脅的時候，人們才結成聯盟。然而身處和平的人們透過聯盟的形式已經可以預知，誰將是下一回戰爭中的對手。這使和平成為戰爭的前戲，滋長了不信任的風氣，毒化了氛圍，喚醒了偏執狂，並讓反猶太主義復甦。例如，法國的猶太上尉德雷福斯（Dreyfus）遭誤判為德國間諜；當人們追查叛徒的時候，總把焦點放在猶太人身上。

　　此時，德國參謀總部已在和平中醞釀著戰爭，這就是那個被許多歷史學家稱頌的俾斯麥聯盟體系瓦解的後果。然而，不僅於此。由於令人難以置信的愚蠢，帝國政府把德國的命運和一個在民族自由運動的硫酸池中，逐漸消融的昔日強國連結在一起，它就是奧匈帝國。於是，這唯一的同盟夥伴的瓦解，迫使德國的政治家們必須立刻做出決定——等死，還是冒險進行「最後一搏」？

二十世紀
Das 20. Jahrhundert

　　二十世紀初，對於不平靜的歐洲大陸來說，是它多姿多彩歷史中最荒謬的時刻。當時，歐洲正處於權力的巔峰，以殖民帝國的形式瓜分世界。於是，歐洲文明也隨之輸出到世界各地，並發揮了無遠弗屆的影響力。

　　經過了十九世紀，人們不僅在物質生活水準方面有大幅的提升，在文化上亦取得長足的進步。科學知識延長了人類的壽命，科技也方便了人類的生活。儘管工人的生活算不上奢侈，但也不再像十九世紀初那麼苦。工會和社會主義政黨為工人爭取了最基本的權益；婦女解放運動促使國家改革教育體制，提供女性更多受教育的機會。儘管那些在俄國和奧匈帝國統治下的民族在政治上沒有自由，但畢竟生活在有秩序（等級制）的管理之中，處於一種堪稱文明的狀態。

　　1900年左右，歐洲各民族從未生活得那麼好過。然而就在四十五年之後，歐洲成為一片廢墟。在冒著狼煙的殘垣斷壁中，躺著大約七千萬具屍體。由於極度的輕率，政客們從牢籠中放出戰爭之狼，進行瘋狂的自我毀滅。這段可怕的歷史與黑死病和三十年戰爭相比，有過之而無不及。

　　歷史上從來沒有哪段時期，曾發生過如此規模的大屠殺。從1914到1945年，如果不將戰爭間隙計算在內的話，共持續了約三十年的時間。為什麼會發生如此可悲的事情？難道真的是別無選擇了嗎？──這一直是個難解之謎。然而，可以肯定的是：集體瘋狂從德國開始，並把它變成了一個瘋人院。在那裡，任由一個狂躁症患者發號施令。於是，文明向自己宣戰。人們只能驚愕地看著事情不停往最壞的方向發展，彷彿打開了潘朵拉的盒子一般。第一次世界大戰堪稱是二十世紀的災難之母，所有的野蠻化行徑都從那裡湧出，之後幾十年變成專政暴君和大屠殺的時代。

● 1900年左右，歐洲各民族從未生活得那麼好過。然而就在四十五年之後，那裡變成一片廢墟。

第一次世界大戰的掀起

當第一次世界大戰的勝利者在凡爾賽宮召開和平大會時，他們確定「戰爭是由同盟國陣營……有預謀地發動的……」。這種所謂的「戰爭責任論」被當成懲罰德國、使其支付戰爭賠款的依據，因而備受德國歷史學家的爭議。當第二次世界大戰結束後，這一次可以確定，希特勒是罪魁禍首。此時，德國人不願還要再背負第一次世界大戰的罪責，因而繼續為戰爭責任論唇槍舌戰。

關於第一次世界大戰爆發的經過，今天普遍認可的事實是這樣發生的：

1914年6月28日，塞爾維亞的恐怖分子加夫里羅・普林西普（Gavrilo Princip）槍殺了正在訪問薩拉耶佛（Sarajevo）的奧地利王儲弗朗茨・斐迪南大公及其夫人。於是，以皇帝、國家總理貝特曼・霍爾維格（Bethmann-Hollweg）、高級官員和軍隊為代表的德國政府認為，這是一個攤牌的大好時機。因此，他們逼迫奧地利馬上做出強硬反應。這種行為隱藏在假日氣氛的面紗之下，目的是為了把自己裝扮成大吃一驚的受害者。

首先，他們希望影響英國的輿論，讓英國不要因反對德國而加入戰爭；其次，他們希望德國的社會民主黨人相信，德國應當自衛；然後，他們就會同意發行戰爭公債。就這樣，奧地利於7月23日向塞爾維亞人遞交了最後通牒。他們故意將通牒的內容表達得很不合理，目的就是讓塞爾維亞人拒絕它。

德國得知了奧地利的時間進程：先是等待塞爾維亞人的回應；接下來是斷絕外交關係；然後進入戰前動員，動員時間達十四天；之後便是宣戰。但因為這樣有可能讓其他國家藉由外交斡旋來平息危機，所以德國催逼奧地利立刻宣戰。7月28日，也就是暗殺之後一個月，戰爭爆發。「最後一搏」就這樣開始了！聯盟協議的自動機制已啟動，德國開始總動員，全國實行軍事管制。

戰爭

對今天來說不可思議的是，戰爭的爆發在德國先是引起了「普天之下皆同志」的狂喜與眩暈。就像過節一樣，人們體會到了集體生活的其樂融融。對於生活因工業社會而變得僵化不堪的人來說，這的確是一種解放。

　　由於並沒有真正意識到武器的快速進步，在人們的腦海中，即將發生的戰爭不過就像上次的一樣。在1870-1871年的戰爭中，德國人採取閃電戰和有力的鉗形攻勢，在國內頗受肯定。這一回，他們打算在所謂的「施里芬計畫」（Schlieffenplan）中重施故技，以大規模的鉗形戰術攻擊巴黎。

　　為能實現這一計畫，德國必須穿越中立國比利時，此舉促使英國加入戰爭，因為英國要保障比利時的中立。然而歷史是諷刺的，德國人所計畫的一切都是枉費心機。當時，機關槍的發明讓防守者占了上風；德軍的進攻受阻。在瑞士邊境和佛蘭德之間，德軍深陷泥沼。當無能的將領們意識到事態的嚴重性時，已經有一千萬年輕人丟掉了寶貴性命。

1914年之前的歐洲

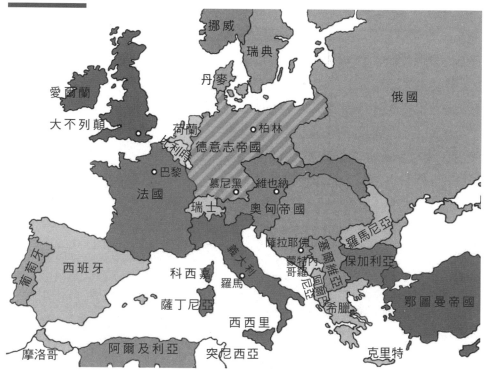

這是一場用大炮和機關槍進行的屠殺。它以戰爭為名，但實際上是敵對雙方輪流搶占幾個小山丘。但為了攻下這樣一座小山丘，卻要賠上成千上萬條生命。一整個世代的年輕男子在此飽受長達四年的折磨，身心備受創傷，且變得野蠻殘忍。其中一員就是前線通訊兵阿道夫・希特勒。

可以說，是戰爭把希特勒從邊緣存在的孤立中釋放出來。他熱愛戰爭，戰爭讓他感受到男性之間團結友愛的同袍情誼，所以他大肆頌揚前線生活。許多人由於這種前線經歷，而無力適應後來的文明社會。而希特勒本來就社會適應不良（他曾長期失業）。

於是，像這類的人便發出諸如此類的感慨：與衝鋒隊一同出生入死時，他只不過是在演出一場經由華格納的戲劇所美化的前線生活。他，一個「男子之家」的戀慕者，變成了大導演，執導的戲碼便是，多年來他如何與其他男人一起躲在戰壕中，觀看頭頂上五彩繽紛的炮火。

彼得格勒的革命

第一次世界大戰是俄國革命之母。這是一場資產階級革命，於1917年3月8日到14日在彼得格勒爆發（從戰爭開始便稱為聖彼得堡），導火線是政府混亂的作戰指揮。

3月16日，沙皇尼古拉斯（Nicholas）退位，王子羅烏夫（Lwow）組織了一個臨時的資產階級政府，希望由它來繼續領導戰爭。這顯然是一個錯誤，因為那些在蘇維埃（委員會）中組織起來的工人和農民，已經吃夠了戰爭的苦頭，他們正翹首企盼一位能夠結束戰爭的人。

然而，這號人物此時卻被敵對勢力囚禁在蘇黎士的一個小屋中，坐困愁城。他絞盡腦汁不停地盤算，如何才能到達彼得格勒。德國人知道，這個男人有足夠的影響力，光靠著他的和平宣傳便能削弱俄國人的戰鬥意志。

於是1917年4月12日，德國人將他和幾位志同道合者，送上密封的火車，穿越德國再渡海前往瑞典。他從那裡輾轉於4月17日來到彼得格勒。他就是弗拉基米爾・伊里奇・烏里揚諾夫（Vladimir Ilyich Ulyanov）──那位自稱為列寧的人。

列寧

俄國知識分子自1830年代以來,分為斯拉夫派(主張走有俄國特色的道路)和西方派。當斯拉夫派的社會革命演變為恐怖行動時,歷史的天平偏向了西方派。他們在普列漢諾夫(Plekhanov)的影響下轉型成馬克思主義者,並且在俄國強制推行的工業化中找到信仰的根據。

弗拉基米爾·伊里奇·烏里揚諾夫亦是他們其中的一員。他的父親是學校的督察,母親是信奉新教的德國人。他的兄弟因為參與襲擊沙皇的恐怖行動而遭到處決。

大學時,弗拉基米爾·伊里奇·烏里揚諾夫攻讀法律,參加了社會民主黨,以一篇論俄國資本主義的文章樹立了馬克思主義理論家的形象。1900年,他創辦了地下刊物《火星報》(Iskra,又譯《火花》)。它的編輯小組其實是一個組織嚴密地下黨派的核心,藉由定期的通訊聯繫,指揮地方小組的行動。他們還組織了第一屆俄國社會主義代表大會。

大會中,人們在「列寧對馬克思主義的貢獻」這個問題上產生分歧。欣賞列寧的人認為,列寧是革命戰略理論家。對於革命的戰略問題,馬克思講的很少,因為他相信,在自由的西方社會,資本主義的矛盾會自動形成贊成革命的大多數。但是,列寧知道,在俄國這樣的警察國家那是不可能發生的。於是,他計畫成立一個由職業革命家所組成,像教團一樣,組織縝密、紀律嚴格的政黨,以帶領群眾實現社會主義為首要目標。

列寧的追隨者自稱是布爾什維克(Bolshevik,多數派),並稱其對手為孟什維克(Menshevik,少數派)。最後,列寧達到了目標。因為當群眾接受黨的教育,那麼根本就不需要等到資本主義成熟階段,便可以直接進行社會主義革命。

當列寧在德國人的幫助下,於1917年4月17日抵達彼得格勒時,他是唯一具備清晰理論、明確計畫和有力工具,並能快速採取行動的人。藉由要求土地改革與立即實現和平的提議,他贏得群眾的信任。在五月的布爾什維克黨大會上,列寧取得領導權。布爾什維克重新獲得對蘇維埃的控制。

夏天,首相羅烏夫引退,克倫斯基(Kerensky)建立了一個自由孟什維克政府,它因接二連三的危機搞得焦頭爛額。11月7日,布爾什維克占領了彼得格勒

的幾個戰略要地，建立了以列寧為主席，托洛斯基為外務部長，史達林為內務部長的人民委員會。這個政府號召所有為戰爭服務的人停止工作，並於1917年12月3日與中歐列強簽署了停戰協定。透過這種方式，他們獲得了士兵、農民和工人的支持。

在一場危機中，一小撮職業革命家正確評估了當時人民的意願，因而接管了政權。這場變革的首領就是列寧，他身為蘇聯國父的地位，至今無可爭議。幾個重量級人物的聯手，就能讓國家在一夕之間變天，這種經驗誘發了史達林式的妄想。後來，蘇聯的宣傳機構把「奪取政權」美化為「群眾起義」，將攻占冬宮描寫得像攻下巴士底獄一樣地轟轟烈烈，並按照俄羅斯舊曆稱之為「十月革命」。然而，它並不是一場革命，而是政變。

德國的崩潰

第一次世界大戰一開始，英國就對德國採取了海上封鎖，德國則以潛艇進行反封鎖。當英國人有意加強封鎖時，德國人宣稱「無限制的潛艇戰」即將開打，美國船隻亦遭到波及而被擊沉。這給美國總統威爾遜（Wilson）提供了絕佳藉口。1917年4月，美國向德國宣戰。於是，戰爭轉向對協約國有利的一面。

1918年，德軍在戰場上連連失利。當英國將坦克調度至前線時，協約國突破了德軍的防線。為避免德軍徹底覆沒、顏面掃地，將領魯登道夫（Ludendorff）建議政府媾和。柏林突然願意考慮威爾遜所提出不論勝負的公正和平方案——「十四點原則」，並且吸收社會民主黨人進入政府，推行憲法民主化，最後於10月3日請求停戰。

這一消息傳來，德國前線與後方均感震驚不已，因為在此之前，政府一直大力宣傳：國家正處於勝利光明的前夕，前線並沒有完全崩潰，而且國家也沒有遭到敵軍占領。現在政府卻突然宣布戰敗，一切是如此出乎意料，以至於後來「背後一箭」之說甚囂塵上。許多人仍相信，前方的軍隊是所向無敵的，沒有人能戰勝它，但是因為猶太人和布爾什維克的背叛，讓他們背後挨了冷箭。這種說法的根據是：皇帝迫於政變和起義的壓力而退位，社會民主黨領袖謝德曼（Scheidemann）自行宣布共和國成立，宰相一職亦由社會民主黨人弗里德里

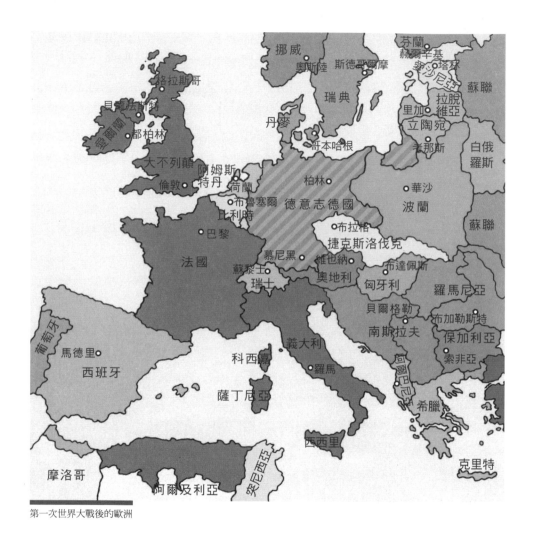

第一次世界大戰後的歐洲

西・艾伯特（Friedrich Ebert）擔任。這一切似乎表明了，社會主義者是戰敗的
受益人。

凡爾賽和約

　　「凡爾賽和約」是一紙對於協約國近視與弱智的診斷證明書，它到處撒下衝
突矛盾的種子。哈布斯堡王朝已分崩離析，然而，後繼國家之間不合理的國界畫

分，導致以人為方式製造出不計其數的「少數民族」。

德國被迫割地，一方面要承受被譴責為戰爭罪犯的恥辱，另一方面要擔負沉重的金錢賠償。這個國家陷入絕望，對戰勝國心懷仇恨，同時也讓世界經濟墜入谷底。戰勝國禁止奧地利與德國結盟。在德國割給捷克斯洛伐克和波蘭的大塊土地上，被遺棄的德意志人成了當地的少數民族，必須面對不友善政府的管理。德國在武器和軍事方面受到監控，再加上諸多限制和強加的義務，德國主權被大幅削弱。

尤其致命的是，這一切讓德國人民將年輕的共和國與戰敗畫上等號，把皇權帝國與尊貴美好的時光聯想在一起。大多數人把被迫簽署的和平條約視為奇恥大辱，稱之為「喪權辱國的凡爾賽和約」，簽署代表被當作是賣國賊，其中幾人還遭到暗殺。所以，當有人提議要修訂「凡爾賽和約」時，沒有哪個政治家膽敢說不。這是何以當時德國中產階級沒有認同新型民主的重要原因之一；而且，除了經濟危機之外，它也是導致國家社會主義工人黨（簡稱國社黨，即納粹）崛起的主要因素。

威瑪共和國

舊政權垮台之後，權力突然落入左派手中。但是他們在下述問題上因意見不合而產生分裂：究竟是要依照蘇聯模式建立一個蘇維埃式共和國，還是要遵循西方模式建立一個議會式的民主國家？社會民主黨（SPD）和參謀總部聯盟，最後決定採用議會式民主。就這樣，社會民主黨也選擇了反對自己的同志——那些希望建立共和國的人，結果社會民主黨和共產黨分道揚鑣（當時流行一句話：「是誰出賣了我們？社會民主黨」）。

於是，社會民主黨的兩難很早就成為威瑪共和國的矛盾處境。為了擊潰左派激進分子，社會民主黨和皇帝的軍隊與官僚串通一氣，然而，這些人對民主接受的程度和共產黨一樣低。所以，當共和國受到來自右派的威脅時，他們馬上棄社會民主黨於不顧。

現在看來，社會民主黨錯在沒有建立一套行政體系和自己的軍隊。任何一個明眼人都看得出來，原本拒絕資產階級民主的人，竟然與資產階級沆瀣一氣，這

根本就違背了初衷與原則。於是，社會民主黨小心翼翼地駕駛著威瑪共和國這艘大船，既不能讓它撞上左派共產主義的暗礁，又要避免被右派資本主義的海怪所吞噬，真可謂進退維谷。

1929年，當世界經濟危機鋪天蓋地席捲而來時，一個好戰、尚且沒沒無名的右翼政黨突然跳上政治舞台，馬上就把社會民主黨打了個措手不及。

希特勒

他的靈魂是空虛而沉悶的，然而他卻擁有魔鬼般的影響力——沒有人能解釋二者之間的矛盾。也許，希特勒正好處於一個臨界點，到達這個臨界點，一個人就會蒸發掉，變成一種氣氛，代表群眾集會中千萬人情緒的交集，他感受、影響並引導眾人的情緒。當他強化了眾人的共通性，並再還給他們的時候，他便成為聯繫群眾的紐帶。

● 也許，希特勒正好處於一個臨界點，到達這個臨界點，一個人就會蒸發掉，變成一種氣氛。

因為他是一位「導演」，所以沒有能力做常規的工作。第二次世界大戰之前，他往來維也納與慕尼黑之間，將光陰獻給他未來的春秋大夢，為此他精挑細選了華格納的歌劇作品來裝點門面。

第一次世界大戰後，希特勒在慕尼黑以警察密探的角色出現在一幫遊手好閒的小嘍囉面前，他想把他們變成納粹黨的生殖細胞，這時他突然發現自己擁有麻醉大眾的演講天分。終於，他找到了一門技藝，能將他的大夢搬上舞台！

一些研究希特勒的專家認為，也是在此時他才發現，應該採取反猶太主義的策略。或許對希特勒來說，只有當有利於演出時，那些作為舞台布景的意識形態——社會達爾文主義、種族主義妄想、生存空間論、反布爾什維克主義、反猶太主義——才變得舉足輕重。

由此顯示，希特勒其實代表了一個集體的陰險奸刁。他突發奇想，讓沒有社會地位的人和失業者穿上統一的軍裝，這種挑選劇組人員的做法可說是一舉數得。這些人穿上制服之後，重獲自信，感覺自己是組織中的一員，不再孤立。希特勒靠著媚惑的言詞，在人們腦海中描摹前線戰事告捷的景象，讓失敗在想像中消失得無影無蹤。他誘導市民相信，一支紀律嚴明的軍隊能夠有效遏制左派帶來

的混亂局面。

藉此，希特勒把自己變成未來政治聯盟中維護國家秩序的最佳人選。他仿造出一套軍隊指令結構，自己儼然就是下屬絕對服從的領袖。只要有需要，他便讓那些穿著制服的行動隊伍和會議糾察，四處搧風點火，製造街頭動亂，以便恐嚇敵手。然而，他最慣用的伎倆是，把許多身穿制服的人當樣品一般擺設，自己則以令人心醉神迷的「雄辯詠歎」，在那布景的襯托下，粉墨登場。

希特勒借助戲劇，跨越了理想和現實之間的差距。在光彩流溢的舞台上，「天生優秀」的德意志民族飛躍翻騰，然而在後台卸裝之後，它卻變成兩個可憐的小丑——一個失業者和一個瀕臨崩潰的民族。

希特勒總是做著與現實相反的夢。他的劇碼有特定的儀式，靠著布景和咒語來虛構現實。透過這種維妙維肖的戲劇藝術，他製造出一種真實而熱烈的氣氛，使聽眾對他的「狂人囈語」信以為真。他把德國人的渴望搬上舞台，並在那裡解決他們的矛盾：他們的軍隊是攻無不克、戰無不勝的！沒有任何外敵可以擊垮它，不過有個內奸卻可以辦到這一點，他的武器不是長槍大炮，他是祕密隱藏在組織內的寄生蟲，並腐蝕著寄主的生命，那就是——永遠的猶太人！

於是乎，德國人有了一個敵人，比起法國人或英國人，他們更願意把自己的失敗歸咎於他。玩弄種族主義的目的就是要在反猶太人的鬥爭中，把全體德意志人凝聚起來。而且，反猶太主義提供了集體的反面典型，因為那永遠的猶太人正是起誓後又脫離組織的背叛者原型；他被視為天生的叛徒，總是腳踩兩條船——德國和外國、基督宗教和猶太教、內部和外部；他藏在人民的內部，同時又是寄生蟲和破壞者，並為外國政權暗渡陳倉。

為什麼當希特勒一開始煽動民眾，就以猶太人為仇恨的對象？因為他知道，猶太人沒有被他一手導演的戲劇所感染。對於那些不鼓掌的觀眾，他暗中惱怒，因而大肆宣揚反猶太主義，就像薩滿憎恨那些漠視他能扭曲肢體的人一樣。

蘇維埃俄國

在俄國，共產黨藉由恐怖手段鞏固統治，並且在托洛斯基的領導下建立了一支「紅軍」，與「白軍」打內戰，直至1922年才終於獲勝。之後，社會主義的蘇

維埃共和國成立了。

這個嶄新的國家是一個由蘇維埃（委員會）構成的金字塔，由下至上分別是區、縣、市、省，直到國家一級的蘇維埃。每層蘇維埃由來自低一級蘇維埃的代表組成。然而，候選人由黨推薦，透過公開選舉產生。實權掌握在黨的手中，他們是壟斷「馬克思列寧主義聖經」解釋權的特權階層，並受自上而下的獨裁式管理。最重要的領導機關是中央政治局及其救國委員會，也就是中央委員會。

法國大革命時期，國民公會與雅各賓俱樂部是平行結構；在俄國革命中，蘇維埃與黨卻是雙重組織。在法國，決定權在國民公會手中，而「政黨俱樂部」只是針對各項提案進行辯論；而在蘇維埃俄國，一切由黨做決定，蘇維埃只對其進行表決，事實上表決只是同意黨的決定而已。此外，在法國有許多「俱樂部」，而在俄國卻只有一個政黨，就像是政府臣服於教會一樣，俄國政府臣服於那唯一的政黨。

這種情況與杜斯妥也夫斯基的名著《卡拉馬佐夫兄弟》中那則寓言相似，西班牙宗教法庭的庭長取代了救世主耶穌的位置。而列寧扮演的正是這個角色，一直到他1922年中風為止。

接著，繼任者展開了權力鬥爭。當時，候選人包括紅軍的創始人和黨內耀眼的領袖托洛斯基、彼得格勒蘇維埃主席齊諾維耶夫（Zinoviev）、莫斯科蘇維埃主席加米涅夫（Kamenev）、黨報《真理報》（*Pravda*）的負責人尼古拉·布哈林（Nikolai Bukharin）。然而最後勝出的卻是一匹黑馬——被列寧相中其組織才能而任命為祕書長的史達林。就在擔任黨祕書長時期，史達林已悄悄地把所有重要位置換上自己的人馬。

1924年，列寧逝世，史達林馬上和齊諾維耶夫、加米涅夫組成了反托洛斯基的三人聯盟。此時，史達林終於現出一代梟雄的原形，而齊諾維耶夫與加米涅夫則像牆頭草般左右搖擺。1927年，托洛斯基被共產黨掃地出門。這同時也意味著，史達林在建立一個社會主義國家的計畫中，戰勝了托洛斯基把革命輸出到資本主義國家的理論。獲勝之後，史達林開始構築他血腥的專制統治。自那時起，這個世界從精神病院變成了恐怖屋。

墨索里尼

　　曾經當過老師的本尼托‧墨索里尼，起初是以記者的身分，為社會主義政黨從事宣傳。受到工聯主義（syndicalism，又譯工團主義）關於自發性力量理論的影響，他建立了一個軍事組織「戰鬥法西斯」（fascio di combattimento），參與工廠主對付罷工工人的鬥爭中。

　　只要哪裡有罷工的工人，或是占有土地的農民，哪裡就會出現穿著黑衣的墨索里尼戰鬥隊。於是，法西斯主義作為社會主義的寄生蟲，吃得越來越肥。同時，墨索里尼也搖身一變，成為打著民族主義旗號、施展暴力的法西斯領袖。在一個被罷工、街頭惡鬥和恐怖活動嚇得瑟瑟發抖的國家中，老百姓將希望寄託在他們的「領袖」（Duce，即墨索里尼）身上，相信他是唯一能夠重建公共秩序的人。

● 法西斯主義作為社會主義的寄生蟲，吃得越來越肥。

　　在這種氛圍下，墨索里尼指揮他的戰鬥隊從四面八方向羅馬進軍，並於1922年10月30日威逼國王維克多‧埃曼努埃爾（Vittorio Emmanuele）任命他為總理。

　　然後，墨索里尼建立了一個法西斯資產階級聯合政府，並組織法西斯民兵，它不是對國王，而是對墨索里尼效忠。他取消新聞自由，成立法西斯委員會，對政敵採取恐怖手段，並透過選舉占有國會四分之三的席次，成為第一大黨。藉由政府的擴大就業計畫和重建公共秩序（甚至包括列車必須準時到站，以表示績效），墨索里尼獲得公眾輿論的支持。然後，他剷除了政府中非法西斯的成員，並將全體公務員和所有職業工會拉攏到他的陣營。

　　1929年的選舉結果是史無前例、空前絕後的——墨索里尼得到百分之百的支持。這種成績即使在社會主義國家也是難以企及的。

　　在法西斯主義意識形態的祭壇上，國家、活力與鬥爭擁有最高價值。它要求男性具備英雄氣概和充沛活力。毋庸置疑，法西斯主義是擴張至意識形態的男性沙文主義，而且還帶有一絲孩子氣。

　　墨索里尼運動成為希特勒的榜樣。早在1923年，希特勒就試圖模仿墨索里尼的進軍羅馬，而在慕尼黑策畫一場進軍統帥廳的活動。儘管因遭到巴伐利亞警察的射擊而潰敗，希特勒本人也被判一年監禁，然而他卻由此產生了一個念頭：在

對死者的祭奠中，將此次行動的殉難者與一次大戰將士的英靈聯繫起來，讓德國人在哀慟陣亡子弟的情緒中，默默地接受了他。

喘息之機

1923年，希特勒失敗的政變是戰後時期最後的造反行動。接下來，由於賠款條例有所鬆動，加上1923年11月的貨幣改革穩定了經濟，讓德國得以喘息。越來越多極左或極右黨派的選民轉而支持走中間路線的政黨。

1925年，皇家軍隊總司令興登堡（Hindenburg）被選為總統。就這樣，威瑪共和國終於擁有一位名副其實的代表，以體現它自身的矛盾──在國家權力的頂端站著一位拒絕民主與憲法的總統。他之所以能站在那裡，是因為民主陣營的選民自身分裂所致。由於是一位皇軍將領擔任共和國的總統，所以共和國與「舊制度」形成聯盟，共同抵制共產黨。然而，當新聯盟夥伴以「領袖」（Führer，或元首，指希特勒）的姿態，帶著身穿褐衫的群眾出現時，保皇派馬上棄共和國於不顧，而選擇了「褐衫隊」。

希特勒上台的前夕：從1929年的黑色星期五到1933年1月30日

1929年10月成為一次大戰戰後與二次大戰戰前兩個時期的分水嶺。在紐約股市大跌的「黑色星期五」，世界經濟危機一觸即發。一方面是美國的過度生產，另一方面是向德國索賠所造成的經濟惡果。在德國的情況是，大批工廠倒閉，失業人數暴增為六百萬。

世界末日的宣告者──希特勒，利用這場災難指責民主黨派無能；而金融形勢的不明朗，又讓人們把矛頭對準眾所周知的理財高手──猶太人。

這時，國會由社會民主黨和資產階級黨派組成的大聯盟所控制，總理是米勒（Müller）。他們占了450席中的289席，這番陣容本應可戰勝經濟危機，但是他們以令人難以置信的輕率態度，玩掉多數席的優勢，並掀開了潘朵拉的盒子。1930年春，聯盟內部在失業保險金0.25％的費率上意見相左，彼此爭得面紅耳赤。各黨派已準備達成協議，但是在工會的壓力下，勞動部長魏斯爾（Wissell）拒絕妥協。於是，內閣總辭，此一舉動為德國歷史帶來難以平復的災難後果。

當時，這個政府尚有國會大多數議席的支持。此後，興登堡任命布呂寧（Brüning）為總理，他帶領一個少數派組成的內閣進行統治。他削減政府開支的做法導致失業率急遽上升，於是遭到國會多數議員的杯葛。作為報復，布呂寧啟動緊急狀態法，解散國會，並訂定1930年9月舉行新的選舉。

　　「黑色星期五」之前，共產黨在國會中占54席，納粹黨占12席。此時，由於經濟危機這隻惡魔在大街小巷狂吼肆虐，1930年9月的大選後，共產黨在國會上升到77席，而納粹黨則猛增至107席。此時，要聯合多數派已成破局。於是，布呂寧只有靠著緊急狀態法來維繫他的統治。

　　1931年，協約國禁止奧地利與德國建立關稅同盟，這更激發了德意志民族的復仇情緒。於是，納粹黨與德意志民族人民黨（Deutschnationale Volkspartei）等右派政黨以及鋼盔團（Stahlhelm），組成了「哈茨堡陣線」（Harzburger Front）。

　　命運又給了德國人一次機會。在1932年春季的總統選舉中，希特勒挑戰興登堡，結果是：一千九百萬人支持興登堡，一千三百萬人支持希特勒（三百七十萬人支持共產黨候選人台爾曼〔Thälmann〕）。在希特勒敗選之後，內政部長格羅納（Groener）取締了他的戰鬥組織——禁衛隊和衝鋒隊，而且失業人數也減少了。然而，命運的大門又關上，並有跡象顯示普魯士的反動派即將登場。

　　他們既是陰謀家，又是易北河以東大地主農業利益的代言人。帝國政府付給貴族的地產補貼，視地主交給農民墾殖土地的條件而定。而地主們為了拉攏興登堡，還贈予他騎士封地。當布呂寧打算實施一項「對資不抵債者沒收財產」的法令時，興登堡拒絕了，並且免除了布呂寧的總理之職。

　　就在這時，國防軍的將領施萊歇爾（Schleicher）將軍和總統府國務祕書邁斯納（Meißner）密謀建立一個右翼政府，兩人在老態龍鍾的興登堡面前翻脣弄舌。於是，興登堡任命騎兵隊長弗蘭茨‧馮‧巴本（Franz von Papen）為新總理。巴本組織了一個由反動貴族所組成的政府，廢除對衝鋒隊的禁令，並宣布舉行新的選舉。

　　在競選活動中，希特勒掀起一場席捲全國的恐怖浪潮。其結果是：在新國會中，納粹黨占了230席，社會民主黨133席，共產黨89席。納粹黨一躍成為國會

Wissen

第一大黨，並且排除了與其他政黨結為多數聯盟的可能性。巴本想給希特勒一個副總理的職位，與他聯合執政，但遭到希特勒的斷然拒絕，因為他想獨攬大權。於是，巴本宣布舉行第二次國會選舉。

1932年11月6日第二次選舉的結果是：納粹黨所占席次由37.4％縮小至33.1％。德國的命運又一次出現轉機。希特勒失望至極。納粹的宣傳首腦戈培爾（Goebbels）在日記中描述了納粹黨人有多麼沮喪，他們認為自己錯失良機，但是命運之神此時卻開始垂青納粹黨，而把德國推向深淵。

1932年12月1日，巴本和已任命為國防部長的施萊歇爾將軍，向興登堡做了分析時局的彙報。巴本希望擺脫國會的牽制，以國防軍為政府的後盾，並制定一部威權憲法；施萊歇爾則認為，這樣會導致內戰。他建議，利用希特勒與其對手施特拉索（Strasser）鷸蚌相爭的局面，從中得利；然後藉由納粹黨的分裂來組織一個國會支持的政府。

因為興登堡非常害怕爆發內戰，於是就任命施萊歇爾為帝國總理。巴本的花招沒有得逞，於是就開始與希特勒往來。而此時的納粹黨已從上次的敗選中學到教訓，希特勒之前雖曾拒絕，但現在他願意接受與巴本建立執政聯盟的提議，但唯一的條件是：希特勒要當總理。

1933年1月30日，興登堡任命希特勒為總理。在歷史上，此舉可謂是「一失足成千古恨」，但一切已成定局。極少有人所做出的事情，能夠導致如此災難性的後果。施萊歇爾和巴本兩個半瓶醋的政客玩起火，一不小心卻讓整個世界燒了起來。

施萊歇爾將軍為自己的錯誤所付出的代價是，在「長刀之夜」遭到納粹殺害（見下文）。易北河貴族大地主集團出於政治利益，把最後一任帝國總理推下了台，他的政府原本是德國抵擋納粹之患的最後一道屏障。作為報應，易北河東部大地主最後也從地球上消失了。

希特勒是全體德意志人錯綜複雜的混合體；他的性格形成於富於夢幻色彩的黃泉冥府——「卡卡尼亞國」（Kakanien，皇帝國王之國，即落沒的奧地利）；政治生涯始於巴伐利亞的啤酒屋；選舉的勝利取得於北德的清教徒地區；最終把他推上台的，是那些性格狹隘固執、在政治上過於天真的普魯士貴族大地主。

由於自大，眾人低估了希特勒，還一廂情願地認為，他們能像對待一隻動物般馴服他。結果，他們追隨了他，成為他手中毀滅世界的工具。尤其是，他們在關鍵點上與希特勒的意見一致，大家都想挽回一次大戰的失敗所造成榮譽和威望的損失。兩者其實是世界大戰製造出來的怪胎。

希特勒與國會的自裁

剛任總理時，希特勒與德意志民族人民黨主席胡根貝格（Hugenberg）聯合組閣。只有三個部會的首長是納粹黨黨員，但是，他們占據了下一次競選的重點資源。其中戈林（Göring）是個沒有業務範圍的部長，也就是說無所不管；弗立克（Frick）是內政部部長，主管警察體系；戈培爾是宣傳部部長。

這一切被視為聯合民族力量所取得的勝利，希特勒並在波茨坦國家慶典上對興登堡行鞠躬大禮。希特勒把新國會的選舉日期訂在1933年3月5日（因為上次選舉中納粹只取得33.3%的席位）。競選時期，前有衝鋒隊的恐怖活動做開路先鋒，後有國家機器的威嚇做後盾，希特勒掀起了一場史無前例的愚民宣傳運動。

2月27日，國會大廈起火燃燒（直至今日還無法完全解釋清楚，是納粹放的火，還是一個來自荷蘭、名叫盧貝〔Lubbe〕的瘋癲怪傢伙點的火），納粹馬上放出謠言說：大火是共產黨起義的信號。於是，希特勒於2月28日依照威瑪憲法第48條啟動緊急法令，打著保衛國家和人民的旗號，廢除了公民的基本權利（這個狀態一直持續至1945年）。然後，他掃蕩共產黨，逮捕重要幹部，並且壓制其文宣。

為迫害基督徒，尼祿火燒羅馬，然後嫁禍給基督徒。此後，還沒有哪樁縱火案像國會縱火案一樣，如此老奸巨滑、一箭雙鵰。選舉結果是：288個納粹黨徒和52個德意志民族人民黨黨員進入國會。在總數為647的國會議席中，聯盟占大多數，共計340席；而反對黨只有307席，他們包括中央黨、社會民主黨、共產黨以及一些資產階級的小黨。如此一來，希特勒就可以在國會多數派的支持下執政。但是，這時國會卻踏上了自殺行動的最後一步。

儘管已取得國會的大多數議席，但是希特勒仍要求通過一項法案，允許他在沒有國會的情況下執政四年。換句話說，他要求獨裁，並解散國會。要通過這項

法案，他必須獲得國會三分之二以上的贊同票。然而，不可思議的事情發生了。反對黨中的資產階級勢力──中央黨（即基督教民主聯盟的前身）和資產階級的小黨竟然同意了。唯一一個挺身而出，勇敢地投下反對票的政黨是社會民主黨（94張擲地有聲的反對票），而共產黨在此之前已被趕出了國會。

就這樣，希特勒透過合法途徑，當上了獨裁者。小牛自己選擇了屠夫，並且在權力的控制機構──國會，交給他一把屠刀，讓屠夫用這把刀宰殺了小牛。而且，事前屠夫還清清楚楚告訴了小牛，他要做什麼。愚昧至極的德國政客就是這樣自掘墳墓的。

後世不禁要問：德國人為何如此愚蠢？其根源在於「德意志人浪漫主義的本色」和「對國家極權的絕對服從」，兩相結合就成了這副模樣。長期以來，在這個混合體的督促下，德國人熟練了兩個奧林匹克運動的非競賽項目：順從以及用幻想世界代替現實。希特勒為這兩項運動提供了絕佳的訓練場地──軍隊和虛妄的民族觀。

事實上，德意志民族可以幸福快樂地過日子，如果這些男男女女能打從心底喜歡做一件事情：獨立思考；不讓他人剝奪自己的權利；不盲從屈服自己不理解的規定。

納粹統治

「授權法」的誕生標誌著威瑪共和國的終結，以及第三帝國的開始（根據此法，議會將立法權授予政府），前兩個帝國指的是神聖羅馬帝國和威廉帝國。之後，專制統治日益強大。

首先，衝鋒隊成為警察體系中的一員，於是恐怖行動升級為國家行為。然後，各邦議會被解散，社會民主黨被取締，工會、職業聯合會、青年團和各種利益團體都成為納粹黨的次級機構。

同時，希特勒在奪取國家政權的過程中，被迫在納粹組織內部進行了一次重大改組。原因在於，衝鋒隊使他感到很棘手。雖然，他靠著衝鋒隊而將國家領導人扮演得煞有其事，最終還奪取了政權。但是，現在衝鋒隊對他來說，不僅是多餘的，而且還給他製造了不少麻煩。

也許衝鋒隊希望追隨希特勒南征北討，但是，他怎麼可能帶領一支由暴徒和流氓組成的隊伍去征服整個世界呢？也許還是讓它當個小陪襯，就像歌劇中常有模仿軍人滑稽角色的橋段一樣。最後，希特勒決定神不知鬼不覺地出賣他的舞台小丑們。

　　衝鋒隊的首領是老戰友羅姆（Röhm），他希望把他三十萬人的手下和十萬人的國防軍相結合，建立一支屬於納粹的革命軍（就像托洛斯基在俄國的作為）。這卻引發了他與希特勒的政治夥伴——國防軍中的普魯士貴族地主，彼此的矛盾衝突。

　　希特勒隔山觀虎鬥，趁機削弱雙方勢力。他給羅姆扣上政變的帽子，在1934年6月30日的「長刀之夜」，把羅姆和其他聚集在療養勝地巴德威西湖（Bad Wiessee）的衝鋒隊將領統統處決。這只是連續殺戮的一個開端。希特勒藉機清算舊帳，把幫助他上台的施萊歇爾將軍也殺害了，因為他是希特勒上台內幕唯一的知情人。這位將軍把行刑的繩索親自交給了劊子手。

　　國防軍對這一連串的謀殺行動感到相當滿意，儘管他們自己也有兩個將軍遭到處決。希特勒為國防軍犧牲了衝鋒隊，他用衝鋒隊夥伴的鮮血讓國防軍和納粹結為一體；共謀的罪行將他們緊緊地綁在一起。希特勒犯下的不是謀殺國王，而是謀殺兄弟的罪行。透過這種方式，他還安撫了深受衝鋒隊之害廣大群眾的心。這就是希特勒向世人自我推銷的方式——解決一個由他自己所製造的問題。在接管政權之後，他提出了「停止街頭打鬥、重建社會治安」等口號。

　　就這樣，匪徒穿上了高雅的禮服，裝成肩負國家民族重任的模樣。國家法教授卡爾・施密特（Carl Schmitt）為此獻上熱烈的掌聲，他寫道：「元首捍衛了法律。」

　　這些謀殺是由一支訓練有素的專業隊伍執行的，它就是向希特勒個人宣誓效忠的貼身護衛——禁衛隊（SS）。他們穿黑色制服（有別於穿褐色制服的衝鋒隊），佩帶骷髏頭標誌，從1929年起由海因里希・希姆萊（Heinrich Himmler）領導。他們覺得自己是納粹國家新一代的菁英，為完成未來艱巨的任務不斷自我錘鍊。他們在納粹奪取政權之後還吸收了一部分員警，並且在戰爭中成立了武裝禁衛隊——國防軍的一支精銳部隊。禁衛隊殺手主要集中在國家安全總局（蓋世

太保、祕密警察和安全部門），還有集中營的司令部和警衛組織等。

希姆萊為禁衛隊設定的目標是，在已被占領的東歐推行擴大生存空間的政策，包括強制被征服的民族遷移，進行日耳曼化以及奴役，繁殖優秀種族，滅絕猶太人。他最後成為納粹中僅次於希特勒握有權力的人物。毫無疑問，他是整個謀殺幫中最瘋狂的一個。

搖身一變

如果人們想要解釋這令人驚異的事實——文明民族的菁英分子，卻幹了瘋狂殺手的勾當，那麼可以找到以下四個原因：

一、起初，他們的表現不僅像瘋狂的連環殺手，也像無私的理想主義者，他們把生命奉獻給為人民服務的事業，但是其中出現了過失行為。

二、在政治道德的領域中，「文明」這個概念幾乎沒有立足之地，而且往往也被高估了。

三、納粹把自己裝扮成為資產階級合力抵禦共產主義「紅色浪潮」的最後一道堤壩。

四、其餘的解釋就像是對於自暴自棄行為的辯白：

▶公共就業措施雖然降低了失業率，然而當時人們並不知道，貸款是要靠掠奪未來才能償還的。

▶宣傳和謠言讓人變得非常歇斯底里。

▶協約國像白癡一樣信守承諾，把他們拒絕給共和國的東西，大方地交給了希特勒，這是希特勒外交政策的勝利。他接二連三修訂「凡爾賽和約」的條款，再次推行一般兵役義務制，擴充軍備，把薩爾邦從法國人手中討回來，占領萊茵邦（它沒有軍事武力，由於德國破壞了條約，法國大可以派兵進駐），吞併奧地利（實現了自1848年以來的大德意志夢想），為了占領講德語的蘇台德區而肢解了捷克斯洛伐克。

在1938年的慕尼黑會議上，英國、法國和義大利的代表，將他們保護傘下的捷克斯洛伐克當成一道大餐獻給了希特勒，這是英國首相張伯倫所主導「綏靖政策」的高峰，同時也是轉捩點。張伯倫以為，希特勒是一隻用點

肉屑餵飽後就不再亂吠的狗，所以他很少違背希特勒的意願。然而，希特勒卻搖身一變成了滿嘴獠牙的餓狼，一口吞併捷克其餘的領土，他用實際行動嘲弄了張伯倫的幼稚。這在英國引起軒然大波，促使希特勒的對頭邱吉爾在戰爭爆發之後登上權力的高峰。

種族政策

在實施種族滅絕政策之前，納粹對猶太人採取的是迫害與歧視；把他們當成危害德意志民族的怪物，排斥在社交圈子之外。這些猶太人擁有德國國籍，就像其他千千萬萬的德國人一樣。然而，納粹卻把他們當成犯人，剝奪他們的公民權，彷彿回到中世紀用黃星記號來標誌他們，刁難他們，咒罵他們，詆毀他們，折磨他們，對他們採取恐怖手段，剝奪他們填飽肚子、受教育、自由行動和獲取資訊的機會，掠奪他們的財產，摧殘他們，殺害他們。

然而，更奇怪的是沒有人挺身而出幫助他們，儘管他們有鄰居、上級、下屬、房客、房東、俱樂部夥伴、老師、學生、幼稚園阿姨、失業的同伴、老主顧、醫生、病人、律師、當事人、朋友、大學生和家僕。但是，沒有人為他們辯護，沒有人抗議，沒有人感到氣憤，沒有人站出來說：「這樣對待猶太人有損我們民族的榮譽！」

誠然，許多人是被嚇怕了，感到無能為力。但是，那些菁英和將領們呢？他們為什麼也不吭一聲？他們為什麼不能正義凜然地說：「這種對待猶太軍官的歧視行為，違背了德國國防軍的榮譽手則？」為什麼大學也一片沉寂？那裡可是有許多猶太教授啊！還有那些商界領袖和高官、貴族和大地主、企業領導人和銀行家，他們為什麼也噤若寒蟬？那些主教和神甫、教會成員和心靈導師，他們都怎麼了？難道所有人都比街坊婦女埃納姨媽還要無力嗎？她還敢痛罵那些搗毀她心愛麵包舖的衝鋒隊混混呢！

毫無疑問，德國的菁英們已經在道德上徹底崩潰瓦解了，即使沒有後來的屠殺，他們對猶太人（也有可能是「騎自行車的人」，這種選擇完全是任意的）冷漠的態度象徵著精神的荒蕪和政治的野蠻。儘管他們在後來自作自受的痛苦中表現得勇敢而堅定，但是他們已經名譽掃地──這就是1968年學生運動給他

們的回應。

那些將早期的迫害當成警告而紛紛逃走的德國猶太人是幸運的，由於他們的警覺才能倖免於難，逃過浩劫。

史達林

當我看到祖父母或父母輩的人，在狂歡節時將世界的奴役者化為可笑的丑角遊行大街時，我都會不寒而慄，毛骨悚然。尤其令人困惑不解的是，二十世紀為什麼在將工人從工資奴隸制度下解放出來的過程中，會產生若干這樣的大獨裁者。然而，事情卻如假包換在俄國發生了，獨裁者就是史達林，他像希特勒一樣粗野、多疑而奸詐。

史達林不考慮經濟的複雜性，強制推行工業化，貿然對農業採取集體化的形式。農民在革命中獲得的土地又被奪走，收歸大型國營農場或集體農場所有。富農被肅清，驅逐入勞改營，進行強制勞動，結果幾百萬人被餓死。史達林為了推卸責任，不承認自己計畫失誤，宣稱是陰謀破壞者搞的鬼。於是，為了尋找代罪羔羊，他在蘇聯展開一場搜尋人民公敵和害群之馬的行動。這股恐怖浪潮又吞噬了幾百萬人的生命。

史達林的瘋狂政治引起了黨內一部分人士的反對。當他還在思索如何才能全身而退時，希特勒用「長刀之夜」給他樹立了一個「堅決果斷」的榜樣。於是，列寧格勒（原來的彼得格勒）的黨委書記基洛夫（Kirov）不明不白地被殺害了——不知道史達林有沒有暗中插手。

這是所謂「大清洗」的前奏。內務人民委員部（NKWD）逮捕了數以千計的黨員，並且控告他們在史達林從前三人聯盟的同志——齊諾維耶夫以及加米涅夫——帶領下，策畫謀反。（→歷史｜蘇維埃俄國）在怪異的公審中，早期的革命領袖被帶到法官面前，受到嚴刑逼供，去承認那最荒謬的罪行，他們的供詞令全世界震驚。今天人們才知道，那些不願招認的人根本沒有機會被帶到公開的法庭上，而是私下就處決了。紅軍中幾百個將領和幾千名軍官遭到肅清，他們每一位朋友，甚至連朋友的朋友都受到牽連。

十七屆黨代會中，半數以上的代表以及70％的中央委員會委員都被剷除。

在彼此猜忌懷疑的氣氛下，每個人都千方百計想證明自己的忠誠，方法就是：在被告發之前，先告發別人。這不僅重蹈法國大革命的恐怖統治，甚至將它發揚光大。革命吞噬了自己的孩子，這次從革命中又變出一個克洛諾斯，他的名字就叫作史達林。

「清洗」的意義何在？它的源頭也是第一次世界大戰。比起其他人，史達林更清楚洞悉了希特勒的意圖。清洗開始於納粹取得政權之後。史達林估計，與德國的戰爭恐怕在所難免，1917年的情況也許會重演。到那時，他將處於沙皇的角色，而他的對手則是紅色革命者。於是，他搶先肅清異己，把心腹安排在重要的位置上。

同時，那些被告在法庭上把最惡劣的罪名栽到自己頭上，為的是免於讓偉大的史達林被懷疑犯了嚴重的政治錯誤。於是乎，出現了馬克思主義學說始料未及的一個後果：在自由的王國中，如果社會主義已經實現，但還有什麼事情沒辦好，那肯定是有人故意搗亂。史達林要糾舉出罪人，為的是不讓自己被告發。

史達林還是一個怪異的彼得大帝。在他的暴政下，俄國變成一個工業奴隸之國，在這個疆域遼闊的帝國中到處都是勞改營。

其實史達林和希特勒都是奸刁的專制暴君，不過因為左派的暴君是右派的敵人，所以西方左派知識分子的雙眼長期被反法西斯主義的願望所蒙蔽，而看不到史達林殺人無以計數的事實。

西班牙內戰

像威瑪共和國一樣，西班牙共和國誕生於君主制的斷垣殘壁之中。二者另一個共通點是：它們都受到資產階級政黨和工人黨之間衝突的危害。於是，西班牙與德國一樣，經濟危機導致社會危機更加激烈。

1936年，罷工、街頭打鬥和左派民族戰線反教會的過激行為造成一片混亂，在這種情況下，法西斯主義者佛朗哥將軍於摩洛哥發動了起義。在德國人和義大利人的幫助下，他們渡海到西班牙，占領了半個國家，並向馬德里挺進。當時，蘇聯出手協助共和國抵禦佛朗哥。

在共和國方面，不是靠無助的政府，而是靠各地方的工人與農民組成的防

禦委員會，聯手抵抗佛朗哥。根據地區的不同，這些組織由無政府主義者、社會
主義者或共產主義者所領導。這些委員會先是屠殺了當地的反對派，並且恐嚇教
會。最後，自由主義的政府被社會主義和共產主義組成的聯盟所取代。這時，國
家民族派的恐怖行動變本加厲。二十世紀最知名的西班牙詩人、劇作家加西亞·
洛爾卡（García Lorca, 1898-1936）便是受害者之一。

對於那些早就看不慣希特勒和墨索里尼糟蹋民主的知識分子、民主主義者和
文學家來說，他們終於有了一個機會，能親自參與反法西斯的戰鬥。於是，許多人
自願加入「國際縱隊」（International Brigades），捍衛共和國。他們寫下關於戰
爭、死亡和犧牲的報告，使後人永遠不會忘記那段反法西斯的歷史——儘管充斥
著慘無人道的暴行，但也煥發出理想主義五彩繽紛的光芒，以及對西班牙的一份
愛。其中最有名的作品是海明威的小說《戰地鐘聲》（*For Whom the Bell Tolls*）。

在德國和義大利的武力援助下，最後佛朗哥贏得戰事。在西班牙內戰中，
德國搞了一場恐怖行動的首映式，當然後來它自己也遭到恐怖百萬倍的報應；僅
為了讓飛行員得到一些實際經驗，德國空軍自願兵組成的「兀鷹軍團」（Legion
Condor）轟炸了巴斯克人（Basque）的城市格爾尼卡。畢卡索的知名畫作《格
爾尼卡》（*Guernica*）描繪的正是這令人髮指的一幕。

第二次世界大戰

1939年9月1日，德國軍隊不宣而戰，入侵波蘭。第二次世界大戰在歐陸爆
發了。這場夢魘之所以會成真，主要是因為史達林與希特勒簽定了「互不侵犯
條約」，並且瓜分了波蘭。共產主義者和社會主義者後來不惜歪曲事實，為史達
林的動機辯護。事實上，他希望資本主義國家之間內訌，因為英國終止了綏靖政
策，並與法國聯手，向波蘭提供保護。但是，阻止希特勒的行動來得太遲了。英
國和法國在希特勒突襲波蘭之後，倉促向德國宣戰。

希特勒領導戰爭的手法很像是匪徒打劫，靠著猝不及防的突襲，並與空襲和
快速移動的機動部隊相結合，發揮加乘的作用。法國當時還維持一次大戰時的裝
備水準，並沿著東北部的馬其諾防線精心構築了一條戰壕。戴高樂將軍希望擁有

一支坦克部隊的夢想遲遲未實現，而德國的坦克部隊已經大軍壓鎮，穿過比利時和荷蘭開了過來。結果，法國人馬上亂了陣腳。

到1941年6月22日為止，希特勒入侵了整個西歐和北歐（除西班牙、瑞士和瑞典之外），以及南斯拉夫和希臘。英國首相邱吉爾走馬上任，他並不打算在法國淪陷之後與德國簽定和平協定。於是，希特勒試圖用空襲把英國人轟回談判桌上，但在「不列顛之役」（Battle of Britain）中，這個盤算完全落空。於是，希特勒於1941年6月22日開始進行「巴巴羅薩」（Barbarossa）作戰計畫：入侵蘇聯。

● 希特勒在二次大戰的作戰方式很像是匪徒打劫。

1941年10月，冬天讓德軍滯留在距離莫斯科二十公里遠的地方。希特勒沒有給部隊冬季裝備，戰士們也許相信，他們會在秋天返回家鄉。這是戰爭的轉捩點，因為在同一時刻，12月7日，日本偷襲美國在太平洋上的軍事基地珍珠港。四天之後，希特勒向美國宣戰。於是，這場戰爭升級為世界大戰。

1942年，德軍對蘇俄展開新的攻勢，直至1942年12月，第六軍因執行希特勒頑固的命令，而在史達林格勒陷入包圍，經過一番堅苦卓絕的戰鬥，最後是全軍覆沒。從那時起，德軍只有撤退、撤退、再撤退。在撤退的過程中，德國人破壞了一切能破壞的東西，目的就是要給對手製造麻煩，讓他們疲於收拾殘局。

1943年7月10日，英國人和美國人在義大利登陸；1944年6月6日是D-Day（Debarcation Day）——諾曼第登陸日，美國人和英國人登陸法國，在西部開闢了第二條戰線。

這早就是擺明了的事實，德軍不可能贏得戰爭的勝利，但是高級將領中並沒有人想到要挾持希特勒，早日結束戰爭，反而繼續把士兵送上戰場當炮灰。對於許多人來說，效忠希特勒的誓言比士兵的生命還珍貴，這是因為軍國主義思想中違反自然的道德觀荼毒了他們的腦袋。最後，史陶芬伯格（Stauffenberg）上校，一位成了獨眼獨臂的低階軍官，被賦予重大任務——暗殺希特勒，剷除暴君。1944年7月20日，暗殺行動失敗，結果導致一場屠殺，密謀者和希特勒的其他政敵一併遭到處決。

此外，德國人仍繼續奮戰，直到柏林被俄國軍隊占領。1945年4月30日，希特勒在地堡中飲彈自盡。5月8日，海軍總司令鄧尼茨（Dönitz）上將簽署了無條

件投降書。德國人直到最後一刻仍然忠於希特勒，並跟隨他一起走向滅亡。在德國，從來沒有一個領袖像希特勒那樣深深擄獲民心。剛開始時，他是他們病態心理的具體化身；到後來，他誘騙他們一起參加獨一無二的魔鬼盛會。藉此，「元首」與人民就更加緊密地聯繫在一起了。直至今日，人們仍然可以看到這個國家為他著魔的痕跡——平均每兩分鐘就有人信誓旦旦地表示，克服了他對德國人的影響。

這種臍帶關係來自於共同犯下的滔天罪行，然而在當時其罪行嚴重的程度尚不為世人所知。

罪行

這些罪行的根源是第一次世界大戰長達四年的殺戮。德國人的理智變得殘缺不全，心理因超過負荷的重壓而扭曲，許多人失去了文明的素養。納粹和那些不願承認失敗的將軍們固執地認為，他們之所以失敗是因為自己還有所顧忌，不夠恣意妄為。於是，現在他們想再較量一次。達爾文主義種族學說的「物競天擇，適者生存」，讓他們對自己的罪行感到心安理得。

在人類的文明史上，從來沒有哪一個民族打過比德意志民族在二次大戰時更野蠻的戰爭：

▶ 就在東部戰線之後，機動化的突擊部隊獵捕人類，把占領區的猶太人趕到挖好的大坑邊，開槍打死。其中有男人、女人和孩子。這種手段下的犧牲者大約有兩百萬人。

▶ 遭到逮捕的共產黨機關工作人員全數被槍決。

▶ 與游擊隊作戰時，不相干的平民百姓被當作人質抓起來並遭殺害。

▶ 俄國戰俘成為勞動奴隸，即使被搾乾了血汗，也不得溫飽，導致幾百萬人餓死。

▶ 在波蘭，納粹迫害政治家，滅絕社會菁英，奴役波蘭民族。在這過程中，納粹殺害了幾百萬人。

相對地，德國人自己也成為以暴制暴下的犧牲品：

▶ 英軍和美軍以空襲的方式摧毀德國的城市，無所遁逃的百姓因而喪生。

▶蘇聯紅軍攻入德國時，用集體強暴的方式對待東普魯士、波莫瑞（波
　蘭）、西里西亞（波蘭）和蘇台德地區的德意志人。在大逃難中，幾百萬
　人喪命。

對猶太人的種族屠殺

　　「浩劫」（Shoah）與「大屠殺」（Holocaust）的景象，已經超越人類想像
力所能到達的極限。

　　在奧斯威辛（Auschwitz）、特雷布林卡（Treblinka）、馬伊達內克
（Majdanek）和索比堡（Sobibor）等滅絕集中營裡，德國人採取系統化、工廠
模式的方法屠殺猶太人，再加上軍隊殺害的人數，大約有六百萬人，其目的就是
要滅絕以色列民族。

　　為什麼德國人能夠犯下此等慘絕人寰、喪盡天良的惡行？常人感到不可思
議、無法理解。有人試圖從宗教的觀點去解釋，歷史學家也對此進行了研究。在
這個問題上，主要有兩派學術觀點：

▶國際主義者認為：希特勒一心想要屠殺猶太人，從一開始就有此計畫。

▶功能主義者認為：屠殺是一步一步隨著矛盾的尖銳而形成的。起初，納粹
　想為德意志人爭取更大的生存空間，於是就把猶太人趕到強行畫定的猶太
　人居住區。但是，在那裡沒有辦法養活他們。於是，納粹想出一個點子：
　消滅他們。

　　一直未曾發現由希特勒所簽署種族屠殺的明確指令。檔案記載的只是一次工
作談話，出席者包括內政部、司法部、東部地區事務部、外交部、總理府的代
表與四年計畫的委任者，對於如何具體執行滅絕計畫進行表
決。這場會議於1942年1月20日，在親衛隊首領萊茵哈特‧
海德里希（Reinhard Heydrich）的主持下，在柏林郊區萬湖
（Wannsee）旁的別墅中舉行，會後還有輕鬆愉快的香檳酒會。

● 為什麼德國人能夠犯下謀殺
猶太人此等慘絕人寰、喪盡
天良的惡行？常人感到不可
思議、無法理解。

　　值得注意的是，這次會議的時間恰好是希特勒進攻俄國失敗、美國捲入戰爭
之際。難道是希特勒知道自己不可能贏得這場戰爭，打算在自我毀滅的同時拉猶
太人墊背嗎？事實上，他也找了許多德國人陪他送死，而他們還在過程中助他一

臂之力。沒有哪個民族幹過比這更精神錯亂的事了。就這樣，他們得到原本想送給猶太人的東西。他們把自己從人類文明的圈子中攆了出去，並在自己身上留下永難磨滅的烙印（因為烙印──「猶太人殺害了耶穌基督」，讓猶太人長期受到基督徒的迫害）。

身為德國人若不能深自警惕，而想忘記這段歷史，那將教人完全無法苟同。

世界末日的預言

當德國人已經倒在烏煙瘴氣的廢墟中，日本人仍然奮戰不懈。雖然美國人從日本人手中將被占領國一個個奪了回來，然而若要進攻日本本土，仍會葬送美國無數的青春生命。

在戰爭爆發前夕，奧托・哈恩（Otto Hahn）和弗里茨・史特拉斯曼（Fritz Straßmann）發現了如何透過原子裂變釋放出巨大的能量。只有寥寥幾位物理學家理解這個過程，包括奧托・哈恩、馮・魏茨澤克（von Weizsäcker）、恩里科・費米（Enrico Fermi）、尼爾斯・玻爾（Niels Bohr）、羅伯特・奧本海默（Robert Oppenheimer）、愛德華・特勒爾（Eduard Teller）、阿爾伯特・愛因斯坦等。戰前，他們大多在德國哥廷根（Göttingen）大學，甚至彼此認識。其中大部分人像愛因斯坦一樣，因納粹的迫害而前往美國。

當愛德華・特勒爾獲悉，尼爾斯・玻爾在哥本哈根與魏茨澤克的一次討論中推測，德國的物理學家要為希特勒製造原子彈。於是，他馬上找到愛因斯坦，請他向羅斯福總統強烈申明，美國必須趕在德國之前完成原子彈。愛因斯坦立即給羅斯福總統寫了一封信。羅斯福大為震撼，下令製造原子彈。

於是，在洛斯阿拉莫斯（Los Alamos）旁的沙漠中，出現了一片物理學家的居住區和實驗室，在首腦人物羅伯特・奧本海默的帶領下，科學家們通力合作製造對付希特勒的炸彈。他們幾乎都是從法西斯國家逃過來的，揚姆斯・弗蘭克（James Franck）、馬克思・玻恩（Max Born）、魯道夫・佩爾斯（Rudolf Peierls）、漢斯・貝特（Hans Bethe）、歐根・維格納（Eugen Wigner）來自德國；恩里科・費米和布魯諾・朋第哥瓦（Bruno Pontecorvo）來自義大利；萊奧・西拉德（Leo Szilard）、愛德華・特勒爾和約翰・馮・諾伊曼（Johann von

Neumann）來自匈牙利。

德國投降後不久，美國完成原子彈的製造。假如歐陸戰場拖的時間再久一點，後果不堪設想。然而，令物理學家震驚不已的是，羅斯福的繼任者杜魯門總統決定，要將原子彈投擲到日本，以逼迫它立即投降。1945年8月6日，在廣島和長崎的上空分別因爆炸而出現濃豔亮光、高溫火球與蕈狀塵霧——兩座城市幾成灰燼。一個新時代也就此展開。幾天之後，日本投降，第二次世界大戰結束。

● 令物理學家震驚不已的是，杜魯門總統決定要將原子彈投擲到日本。

分裂的世界：1945至1989

隨著二次大戰的結束，歐洲對全球的統治也一去不復返。美國和蘇聯兩大強權瓜分世界。率先走上擴張道路的是史達林，在各國共產黨的推波助瀾下，他把紅軍占領的東歐國家和東德變成了蘇聯的衛星國。1949年，中國在革命領袖毛澤東的帶領下，變成了共產黨掌權的國家。

為了遏阻蘇聯的擴張，美國藉由馬歇爾計畫幫助西歐和西德從廢墟中站起來，並在西德引入貨幣改革（1948年），運用「空中橋樑」（1948年）對抗共產主義勢力對西柏林的封鎖，還建立了北大西洋公約組織（NATO）。終於，一道鐵幕重重落下，將柏林、歐洲以至於整個世界一分為二。此時，蘇聯也發展出原子彈。於是，世界在恐怖的均衡中僵化——「冷戰」時代開始了。只有在分裂的韓國，當北方共產政權企圖侵入南方時，美國打了場「熱戰」（1950）。

極少有戰勝者對待昨日的敵人，像美國對待德國和日本那麼寬容大方。因應世界新的局勢，美國把德國和日本變為自己的盟友，並幫助他們在國內建立穩定的民主政治。1949年，德意志聯邦共和國（BRD）浴火重生。它在制定憲法時記取威瑪共和國的教訓，通過「百分之五附加條款」阻止小黨派參政（依選舉法規定，一個政黨所得的選票少於百分之五，就不能在議會中占有席位）；而且，聯邦議院只有在提出候選的聯邦總理的情況下，才能對現任總理提出不信任案，因此稱為「建設性不信任案」，可避免負面的政治阻滯效應。

這部憲法也讓聯邦德國成為德國歷史上最穩定和平的民主國家。其成功的祕

訣在於，基督教民主聯盟（CDU）把民族和反民主的資產階級政黨殘餘聚攏在一起，教育他們學會了民主，並讓普魯士的貴族地主這個社會階層消失瓦解。

此外，西德也成為將歐洲凝聚為一體的主力。而為了讓精神科醫生好好監督德國這個病人，第一任總理——基督教民主聯盟的康拉德·艾德瑙（Konrad Adenauer），抵擋了反對黨社會民主黨（SPD）的反對聲浪，將聯邦德國整合入西歐。為此，他贏得了與法國的夥伴關係。因為法國人在二次大戰中曾經被希特勒打敗，其世界地位明顯遜於英國，所以法國也想藉由歐洲統一來彌補權力上的損失。他們先在沒有英國參與的情況下，建立了歐洲經濟共同體，它幾乎與查理曼當年統治的疆域完全吻合（比、荷、盧三國、義大利、法國和西德）。

藉著與西歐的整合、穩定的民主、歐洲的統一、美國文化的影響，以及對本

1945 年之後的歐洲

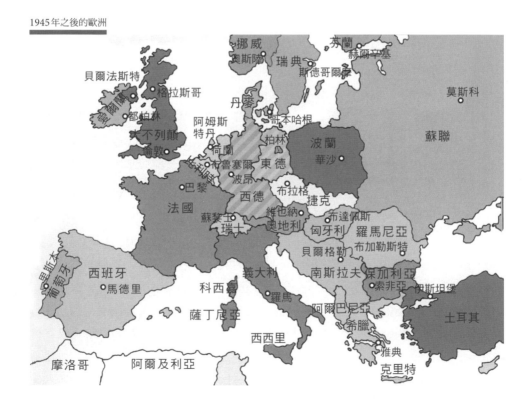

國民族傳統的貶抑，西德經歷了一場深刻的變化。首先，社會特徵的改變；德國人在生活方式、行為舉止和態度方面逐漸西化。其次，社會結構扁平化；由於戰爭的關係，東部人民遷徙，人口大規模流動，因而打破了社會的等級結構。如果不從政治，而從社會學的角度來看待戰爭，它相當於一場革命。由於紐倫堡國際軍事法庭對戰犯的審判、去納粹化、再教育、美國文化的耕耘、教育政策，最後還有1968年的學生運動，這一切促使德國人正視自己的罪行，並經歷一場心理上的革命。

也因為如此，德國人才能夠做到，給予1948年建國的以色列大量金錢支援，協助他們重建家園；對於曾經破壞他們家園的人不心懷怨恨，沒有任何復仇的反應，即使有一千五百萬德意志人自家鄉被驅逐，而德國東部幾個邦永久畫入了波蘭。就這樣，普魯士人民償付了統治階層所犯的錯誤，而且普魯士自身也從歷史上消失了。總而言之，它在歷史上扮演的是一個極為不幸的角色。俾斯麥的統一之路讓他的人民付出過於昂貴的代價。

不過，這篇悼詞必須把腓特烈大帝、普魯士的改革者，以及十九世紀初柏林沙龍的女王們排除在外。然而，這些人都與典型的普魯士有相當大的距離，腓特烈大帝愛好文藝，沙龍女王是猶太人，改革者也不是普魯士人。

由於戰敗，主權受到限制，加上與西方融合等因素，德國這個獨立政權告別了大國政治。它開始埋頭於發展經濟、改善社會福利，並奉行政治上的「畢德麥耶爾」風格（1814-1848年德意志的文化藝術流派，表達資產階級脫離政治、自鳴得意的庸俗生活）。這引起了1968年的學生運動，帶著政治的綺麗幻想（社會主義的過渡期），冀望於意識形態的改造與重塑。

儘管這次學生運動是一個國際現象，但是德國內部有三股趨勢推動了它：越南戰爭讓美國的信譽陷入危機；教育體系的擴大發展；對於納粹罪行的反思。而納粹問題把政治文化再度引入德意志幻想的迷霧中。學生運動瓦解後，產生了政治亡命徒組成的恐怖主義幫派和綠黨的基要主義運動。此處最能反映出德國人的蛻變，祕密的理論裝置把以前右派的文化批判、崇尚自然和返璞歸真的生活態度改造一番，然後貼上左派的標籤，於是乎，左派的自我意識便與右派的精神氣質結合成一個奇妙的混合體。現在，這群人走進了政府部門，他們是第一代沒有被

打上戰爭烙印的人。

當德國逐漸轉型時，西歐強國的海外殖民帝國在六〇年代終於瓦解。印度於1947年獨立，並痛苦地分裂為信奉伊斯蘭教的巴基斯坦和信奉印度教的印度。而法國為應付中南半島和阿爾及利亞的獨立運動，還打了幾場毫無意義的戰爭。英國整體上表現得還算不錯，它以文明的姿態，對待不計其數離它而去的殖民地。然而在其他地區，往往新國家一成立就面臨著內戰的威脅，超級大國又支持各自的代理人在新興國家打內戰。美國就是一個典型的例子，它竟然支持獨裁或半法西斯式的政權，這實在有損美國的聲譽，難怪學生運動會把資本主義和法西斯主義畫上等號（想必學生們也把美國反對希特勒的戰爭，當成了毫無意義的一場意外）。

美、蘇兩個陣營的世界格局由於核武威脅而變得相對穩定，因為任何一方都可以透過原子彈毀滅另一方，所以雙方不敢輕易動武。這迫使兩大陣營面對敏感問題時，必須採取十分謹慎的態度。只有一次，雙方到了差點攤牌的地步；1962年甘迺迪總統對古巴實施封鎖，不讓一艘載有火箭的蘇聯船隻進入古巴，雙方僵持不下，劍拔弩張。在最後關頭，蘇聯共產黨與國家主席赫魯雪夫同志軟化了，船掉頭開走。其餘大都是間諜活動、相互監督、磋商、危機與外交斡旋。

那個所謂的蘇維埃聯盟就像蘇聯本身一樣，在冰河期和解凍期之間游移不定。每次解凍期都會在衛星國引發起義（東德1953年，匈牙利1956年，捷克斯洛伐克1968年，波蘭於1979年開始團結工會運動）。而每一次蘇聯都以鎮壓作為回應，接著便進入下一個新的冰河期。直到在中央總書記戈巴契夫同志的帶領下，蘇聯自己走入解凍期為止。這個龐大的帝國就像冰塊在太陽底下融化了一樣，而以前只是靠著嚴寒，即暴政的力量，才把它凍結在一起的。恰好在法國大革命之後整整兩百年，意識形態的時代結束了。

歐洲和美國歷經磨難，從等級式的貴族社會過渡到現代化的工業社會，有兩條發展道路：

▶ 現代核心國家如英國、法國、荷蘭、瑞士和美國走的是第一條道路。在實現現代化的過程中，它們放棄用信仰的一致來確保社會的統一，而是將憲法建立在寬容與權力監督的基礎上。就這樣，執政黨和在野黨持久的爭辯

對立形成了社會的統一，而二者的輪流執政帶來社會的變遷。透過這種方式，內戰這隻怪獸被捕獲，交由國會馴服。這是唯一一條通往現代化的成功之路。走這條路的國家深受啟蒙運動和喀爾文宗教改革的影響。

▶ 走第二條路的是那些仰賴官僚制度和軍事紀律，強制推行工業化的國家，它們是俄國、普魯士、沒落的奧地利、日本，某種程度上還包括半發達國家──義大利和西班牙，那裡的政府與教會仍串通一氣。俄國革命之後，在反社會主義的鬥爭中全部變成法西斯主義。然而，法西斯主義和社會主義二者都屬於極權體系，其基礎是：透過權力機關對社會進行徹底的操控，所以二者都是不穩定的。法西斯主義靠「活力」生存，也就是這個「活力」，把人民搞得喘不過氣來，也把自己逼上了侵略之路。反之，社會主義藉由強迫與控制手段來操縱勞動，結果毀滅了經濟。因為它在俄國被實現，因而產生了一個不適合現代工業社會的東方專制政體。1989年東歐集團瓦解，那些固執的知識分子也終於明白了這一點。

終曲：1989至2000

就這樣，我們從現代跨越到後現代。當然，叫什麼名字並沒有太大的意義。關於現代化正確道路的信仰大戰也成為歷史，反正我們已來到後現代。不過我們現在才知道，這條路的開端在哪裡，它可回溯至三百年前英國的光榮革命（1688）。還是1649年斬首查理一世的那一刻？為了確認這一點，必須好好溫習前面敘述的內容，各種疑問才能迎刃而解。

二十世紀的漫漫長夜已然逝去。前半夜，一切跡象顯現，人類陷入最糟糕的境地；而後半夜，我們何其幸運，歐洲的各個民族從災難中記取了教訓。希望我們永遠不要忘記這段非比尋常的歷史。

本章的宗旨即在於，理解西方社會的歷史。

智慧女神雅典娜的寵物貓頭鷹飛了下來，新世紀的曙光照亮了長期暴政下剛剛復甦的歐洲。但是就在這一刻，歐洲的內戰彷彿陰魂不散地又回來了，回到它在1914年開始的地方──巴爾幹半島。

2

文學有兩大形式——詩與散文。

基本類型

Formensprache

　　文學有兩大形式——詩與散文，又可以再分為三種類型——抒情詩、戲劇和敘事文學。

　　起初，這三種類型主要採取「詩」的形式，例如《伊里亞德》和《尼布龍根之歌》，因為在早期的人類社會，歷史故事不是用文字來記述，而是經由口頭流傳。採取詩的形式，可以便於人們記憶；世人樂意傳誦的歌謠，往往也都是小篇的敘事詩。

　　印刷術發明之後，雖然「詩」這種文學形式仍用於戲劇和抒情詩中，但在其他許多場合，則漸漸被散文形式的記敘文所取代。到了二十世紀，戲劇也不再採取詩的形式了。

　　1770 年之前，在前現代（也就是後浪漫主義）文學中，敘事的種類、故事的內容和風格取決於主角的社會地位。具體說來可分為以下幾類：

一、神和英雄屬於奇蹟與超自然的範疇，因此敘事基調是浪漫而抒情的，以冒險為架構故事的原則（如海格立斯、奧德修斯、上帝之子、漫遊騎士），風格則是壯闊恢宏。

二、儘管國王和貴族不屬於平凡人，但他們畢竟要遵循社會和自然的法則。所以這類故事的情節設定是：國王和貴族忘記了這一點，因傲慢而犯罪，於是受到懲罰。其典型就是悲劇。此外，只有貴族才能有激動人心、轟轟烈烈的愛情。直到十八世紀，若平民百姓也想好好愛一回，就像要給自己配個侍從一樣，是滑稽可笑、狂妄自大的念頭。只有貴族才配有嚴肅的、在道德上有意義的命運，因為他們是自由的，充滿智慧、驍勇善戰，並擁有崇高的榮譽感。

三、描寫平民大眾的生活，一般採取寫實的風格，因為他們的生活像散文一樣，平淡之中顯露某種真諦，所以散文是最適合的表達形式。最初的類型大多是可笑的流浪漢小說、滑稽劇和喜劇。在十八世紀，尤其是浪漫主義時期之後，漸漸發展出一種樸實無華的風格，現代文學的主流類型——寫實主義小說——於焉成形，它是描述市民生活最重要的類型。

四、諷刺文學用於描述惡棍、怪胎、罪犯，或是放蕩、庸俗、令人厭惡之人，以及無法忍受或荒謬可笑的情境。它突出的風格便是——怪誕。從類型上來看，諷刺文學與浪漫小說有些相似，它們都是非現實的，只不過前者更強調怪異、庸俗、粗鄙、醜陋、關於肉體不體面的描述，以及花邊新聞、下流的事情、性行為和所有遮蔽羞恥心的東西。總之，諷刺文學藉由破壞美感，來表達社會道德的敗壞。到了二十世紀，它成為現代文學主要的風格取向，強調政治的恐怖、瘋狂、異化、孤立、軀體的痛苦和心靈的悲愴等。這也讓現代文學讀來多少令人感到沮喪。

● 二十世紀，怪誕與諷刺成為現代文學主要的風格取向，強調政治的恐怖、瘋狂、異化、孤立、軀體的痛苦和心靈的悲愴等。這也讓現代文學讀來令人感到沮喪。

小說

在浩瀚無邊的文學作品中，小說的類型並不如想像中的多，大多是前文四種基本模式的變化。它們是：

一、**浪漫小說**：浪漫小說的主軸是一連串的奇遇，而且要極盡想像之能事。最常見的結構是一趟旅行或奧德修斯式的漂泊。其中不少是為了尋找某個寶藏、探索某個祕密、追求世人渴望的寶物、滿足願望，或是解脫困境。追尋的對象可能是一只像中世紀傳說中聖杯一樣的獎盃，也可能是神話中充滿奇花異果的豐饒角，或是金羊皮、黃金國、伊甸園；一件被埋藏的珍寶、一個奇妙的地方、一個不可告人的祕密，或者是一位年輕貌美但遭到囚禁的女子，在她身上還藏有某種寶物。

在一般情況下，烏托邦也屬於浪漫小說（就像湯瑪斯·莫爾〔Thomas More, 1478-1535〕的《烏托邦》〔Utopia〕，在現代社會之前，人們所描述的烏

托邦並不在未來,而在某個遙遠的地方)。浪漫小說的情調如夏日豔陽般熾烈,如童話故事般美妙。其中透過尋找桃花源來釋放心靈的模式,正是現代旅遊活動的精神所在。

二、**悲劇**:悲劇的情節有一個十分講究的線索結構,安排了矛盾、轉折與悖論。剛開始時,主角很幸運。然而,幸運讓他掉以輕心、妄自尊大、容易信任他人。接著,警告頻頻出現。最終,爆發衝突矛盾。為了躲避眼前所面臨的危險,主角做出某項決定。然而,這一切服從了悲劇的嘲諷法則——他的作為恰恰招來原本希望避免的災難。在一番緊張曲折的經歷之後,主角終於痛苦地認識到,是他自掘了墳墓。

按照這種發展結構,悲劇適用於描述絕望的處境、身陷泥淖的景況、進退維谷的選擇,以及價值觀之間不可解決的矛盾。悲劇通常會以一個預兆帶出情節發展,例如夢、神諭、警告、女巫或「專家」的預言等。人們為了趨吉避凶,阻止預言成真,而採取種種措施,往往卻也成為誘發災難的原因。

從社會角度來看,悲劇是個「替罪羔羊的儀式」:一個高貴而顯要的人物,在剛開始時受人歡迎,隨著情節發展的輵轕,自身處境越來越複雜,並陷入孤立無援,直到社會把所有的積怨和罪責都投射到他身上,最後只有藉由犧牲來洗淨自己,別無他途。近代的悲劇常採用醜聞的形式,如暴民受到言論的煽動而亂施私刑、追捕女巫、欺壓弱者、大屠殺、歧視少數民族,或是去迫害臆想出來的叛徒等等。它們都有相似的結構,總是有一隻孤立無援的小動物,面對一群齜牙咧嘴的野獸,等待它的只有死亡。

悲劇強調時間的無情、死亡的必然到來,以及人類在社會與自然規律面前的無能為力。自命清高所得到的懲罰就是孤立,正如悲劇中的主角往往由於驕傲而自絕於群體社會。

三、**古典喜劇**:它是悲劇的反面。如果說悲劇的主題是死亡,那麼喜劇的主題就是愛情。喜劇主角始於悲劇主角結束時的孤立狀態。在喜劇中,社會通常以情人的父親(也就是未來的老丈人)為代表,而在浪漫小說中,老父親這個角色往往替換為看守妙齡女郎的惡龍。在故事的開頭,老父親斷然拒絕主角娶自己的女兒。隨著情節的發展,這個英俊瀟

● 民主符合喜劇的原則。

灑、自信樂觀、朝氣蓬勃的年輕人得到越來越多人的支持，幾乎把所有的反對者都爭取過來。最終，主角透過耍花招和滑稽的矇騙手段，戰勝了糊塗的老父親，讓他心悅誠服地把女兒託付給自己。在接下來的婚禮慶典中，大夥歡聚一堂，死對頭們握手言歡，象徵原先分裂的社會階層達成和解。

如果說悲劇是替罪羔羊儀式的唯美化，因主角的犧牲而達到情感的淨化昇華；那麼喜劇就是婚禮的戲劇化，它所呈現的是戰勝死亡的碩果，性與愛是它處理的主題，目標則是促進社會的融合。

不難看出，民主符合喜劇的原則。反對黨的領袖違背執政黨的意願去引誘他的「女兒」——選民，靠著自身的魅力、諾言和青春活力來吸引她。最後，藉由一種滑稽的手段——競選，讓老者屈服，甘拜下風。於是，年輕的主角贏得了「心上人」——選民，並接管政府，繼承上一任執政者的遺產。

在悲劇中，舊的社會法則戰勝了叛逆的生活；而在喜劇中，卻是叛逆的生活戰勝了不願嫁女兒的老統治者。耶穌基督的故事可謂是悲、喜劇交加：先是律法占上風，耶穌成為替罪羔羊受到審判，並被處死；後來他死而復活，以《新約》取代了《舊約》（律法），並用「愛」撫慰社會，讓新教會成為「基督的新娘」，將自己與教會緊密結合起來。

喜劇的另一套路數就是，避免悲劇的發生，原則是扭轉與律法的關係，撥亂反正。常見的故事情節是：在一個無法無天的社會中，某人奮起捍衛法律，直到其他人都改邪歸正為止。這就是美國西部片的招數，一位治安官單槍匹馬對付一群為非作歹的暴徒，最後讓他們俯首就縛。

四、諷刺小說：如果說浪漫小說是一趟通往自由的旅程，那麼諷刺小說恰好背道而馳，它走的是一條牢籠之路。其事件發生的場景大多在受到逼迫、沒有自由的地方，如監獄、精神病院、住宿學校、醫院、勞改營、集中營、海上孤島、流放地，以及一切可與地獄相比擬的地方。因此，諷刺小說中常見的人物是暴虐的惡魔和無辜的受害者，或是有怪癖的暴君和無辜的孩子。在中世紀，殺害幼兒的希律王是戲劇中大惡棍的原型；而在莎士比亞的戲劇中，則是以查理三世和馬克白為代表，他們殘害幼童，從而扼殺了社會的未來。

諷刺小說典型的發展線索是，如一潭死水般凝滯不前，或沉悶單調的重

複，就像蹲監牢一般，周而復始，一成不變。最傳神的作品是貝克特（Samuel Beckett）的《等待果陀》（*Waiting for Godot*）。當它1957年在美國聖昆丁（St. Quentin）監獄上演時，囚犯因劇情而震懾，個個潸然淚下。諷刺小說是現代文學的典型類別，許多作家曾運用它絕妙再現了二十世紀的極權主義，深刻描述了發生在軍營、酷刑室和集中營中的故事。歷史本身也不幸地受到諷刺文學的嘲弄，當人們試圖將烏托邦當成革命的浪漫小說來表現時，卻反諷地造就出一座人間煉獄；於是，革命變成了吞食自己兒女的暴君。

透過虐待狂和無辜受害者之間對比的白描，諷刺文學輕易滑向充滿暴力與激情的恐怖文學——這是浪漫派的拿手好戲。於是，地獄就成了中世紀的地牢、宗教裁判所的監獄或破敗的城堡。在那裡，無辜的少女被瘋狂的貴族、殘暴的僧侶、精神錯亂的學者或魔鬼般的惡徒所囚禁，在他們奸邪的笑聲中，少女隨時會慘遭毒手。今天許多電影，包括吸血鬼的恐怖片、惡魔殺人片等，都靠這種黑色浪漫和天方夜譚般庸俗的故事情節換取票房。

文學史與文學名著

上述的初步分類對於現代文學的理解，應已足夠。

在中世紀，浪漫小說獨領風騷。到了文藝復興時期，以古代偉人為原型的悲劇和英雄主義蔚為潮流。

隨著十八世紀的到來，尤其是十九世紀寫實主義小說的興起，在中世紀曾一度停滯不前的寫實主義散文體，成為平民文學的準則以及各種平民小說中最常見的表現形式。

到了二十世紀，文學再次變得「不現實」。它打破了那個自然而然的基本假設——以性格、行為、因果關係、邏輯和語言作為理解的媒介，它透過破壞文學美好的形式，來呈現殘缺不全的社會道德。如今，以怪誕、扭曲、誇張、驚恐、分裂與仇恨為特徵的諷刺小說，似乎占據了主導地位。

因此，時髦前衛的現代文學除了害怕變得美麗之外，一無所懼。因為，一旦形式優美，馬上就會被懷疑是媚俗而層次低的。事實上，這種懷疑並沒有道理。閱讀時髦前衛的文學往往令人感到很費力，甚至會有抑鬱之感。

不過換個角度來看，舊文學儘管優美，但它所描述的是一個逝去的世界，與現代人的生活經驗已無法產生共鳴。

文學教養

　　歐洲人透過重新發掘古希臘羅馬時代的文學作品，而擺脫了教會的思想束縛，實現了精神解放，因此這些作品便成為帶有貴族印記的文化典範。

　　直到1770年，隨著浪漫主義興起，情況有所改變。憧憬平等與民主的市民階層並不欣賞以社會地位決定文學基調的方式；氣勢恢宏的詩歌和波瀾壯闊的英雄命運是貴族的專利，而平鋪直敘的散文體和滑稽的場景才是為平民大眾量身打造的。

　　因此，人們不再從古典文學中援引創作的準則，也不再將創作理解為「模仿生命」，這對歐洲文學產生了深遠的影響：

▶ 首先，作家從循規蹈矩的工匠，晉升為創造者。上帝賜予作家一份神聖的洞察力，也就是所謂的「天賦」。於是，身為一位創造者，一位擁有天賦的人，作家就像造物主一般，能在作品中創造出一個眾生百態的新世界。但那份神聖的洞察力讓他變得異常敏感，幾近瘋狂的邊緣，並陷入與庸人市儈格格不入的境地。

▶ 其次，文學創作不再是對現實或經典的模仿，從而具有了原創性，具體展現作家「創造者」的身分。這種變化是以對歷史的重新認識為前提。以前，在人們眼中，歷史就是那些能夠讓自己了解人情世故，汲取經驗教訓的典型事件之重複。而現在，人們認為歷史總能超越古人的經歷，帶來新的東西。也就是說，每個時代的歷史都是不同的。因此，每個時代都能產生新的文學。於是，文學就變成了一種不斷以新的手法來表達「時代精神」的媒介，它成為人類加工組織自身閱歷的形式。於是，文學成為一部人類經驗史。

▶ 最後，我們來談談德語文學。與其他歐洲國家不同，德語文學的鼎盛時期是浪漫主義，它跨越了古典主義文學和新興市民文學之間的鴻溝。由於古典主義文學是貴族的，而十八世紀歐洲的貴族文化是法國式的。所以，德

國文學從一開始就致力於發展與法國文學截然不同的東西;它摒棄對古典
文學的模仿,推崇原創性和獨特性;它放棄理智,著重非理性和幻想;它
忽視文學創作的規則,強調靈感與天賦;它排斥深入社會與人交往,注重
孤獨的靈魂與自然所產生的共鳴;它拋棄慣例,去擁抱自由、反叛與憤世
嫉俗。

另外,由於德意志人沒有一個統一的國家,他們藉由德語文學第一次感受
到民族的一體(他們是詩人與思想家的民族)。因此,恰恰是在德國,產
生了一種由新文學所催生的教育思想,其內容是:有教養的人必須熟知文
學名著,並將它們視為人類經驗史,因為文學是理解自身文化的最佳途
徑。在歌德以及威廉·馮·洪堡的大學改革政策影響下,這種教育思想也
漸漸為其他國家所接受,並深入中小學教育和大學人文學科中。

歌德與其具示範性的生平

古希臘羅馬文學的優勢在於,對全歐洲具有影響力,整個歐洲都能理解它。
因此,歐洲的「貴族文學」並沒有國界疆域,而新文學則是以各國語言書寫成
的,往往帶有強烈的地域色彩。事實上,民族文學的形成有賴於集體記憶,對歷
史事件進行回顧,從而形塑出民族特點與民族認同。

這種自願自我設限的傾向正與「世界文學」全面性的教育理念相抗衡,而後
者的代表人物正是歌德。

此外,由於歌德將浪漫主義和非浪漫主義兩股潮流,成功地融合在一起,他
也成為新式教育理念的代表者。簡而言之:

▶與浪漫派的民族主義相對應,歌德代表的是「世界文學」的理念;

▶針對天才文化和自我中心,他提倡回歸古典的題材與形式(作品《伊菲格
尼亞》即為一例);

▶當別人強調異化、憤世嫉俗時(其實他自己也走過這一遭,見《少年維特
的煩惱》),他則以出任大臣職務,順應權貴階層,表示對於體制的適應;

▶他以天真質樸來回應浪漫主義的脆弱,以及與現實的反差;

▶他強調適應世俗社會並通曉人情世故,反對不食人間煙火的陽春白雪。

歌德藉由強調浪漫主義的反面來平衡內心浪漫主義的衝動，這就在某種程度上彌補了德國所缺乏的古典傳統。而作為一個現實生活中的凡人，他本身就是「平民式浪漫」與「貴族式古典傳統」的綜合體；他一方面提升德國文學以接近歐洲的標準，另一方面又讓它廣為大眾接受。

　　歌德的生平具有示範性，他歷經階段性的認同危機與蛻變。他的一生如同黑格爾的歷史哲學，受制於矛盾的辯證法。我們必須了解這種矛盾辯證的原則，因為作為一種思考模式，它在近代占有舉足輕重的地位，尤其是它的三段論證——正命題、反命題與綜合命題（正、反、合）。

　　在現實生活中，這一公式意味著什麼呢？每個事物（人物形象、經驗、世界觀和生活態度等）達到臨界值時，都會轉而凝聚為一種難以駕馭的能量，功能會發生改變。簡而言之，「過剩」會導致走向截然相反的另一面，比如說，舊體制刺激了法國大革命的爆發，類似的情況還有：古典主義與浪漫主義、輝格黨與托利黨、烏托邦與不信任、啟蒙運動與非理性等等。其中的反命題是在正命題的基礎上蔓生出來的。然而，它並不是以拒絕或摧毀的方式進行簡單的否定，而是透過綜合，再把矛盾提高到一個更高的層次上。

　　黑格爾稱這個過程為「棄存揚升」（dreifache Aufhebung）——否定、保留與提升（如上文所描述的喜劇就是：父親和情人先是對立，但最終達成和解，慶祝同歡）。

　　為什麼我們要研究這種詭辯術？

　　因為黑格爾相信，他用這種方法發現了世界歷史的規律，而且馬克思也相信這一點。事實上，黑格爾筆下的世界史宛如一部個人「成長小說」，他描述了具示範性的生命經歷，其中蘊涵了各種危機，就如同歌德的生平一般。

　　就像文學名著是時代的鏡子一樣，歌德的小說是他不同生活階段的體現，其中所描述的正是一連串具示範意義的經歷。

成長小說或一篇遲到的序言

　　歌德的生活與作品對德國人具示範與教育意義，幾代以來的教育官員和教育學者都將其奉為圭臬。在他的自傳體著作《詩與真實》（*Dichtung und Wahrheit*），

以及成長小說《威廉・邁斯特的學習時代》（*Wilhelm Meisters Lehrjahre*）、《威廉・邁斯特的漫遊時代》（*Wilhelm Meisters Wanderjahre*）與《親和力》（*Die Wahrverwandtschaft*）中，反映的都是他自己的生活。

此處可以清楚看出，為什麼教養理念會如此緊密地與文學和歷史結合在一起，並產生一種新的文學形式——成長小說（Bildungsroman）或發展小說（Entwicklungsroman）。這類小說往往聚焦於人物生命的某段時期，在此階段中，他由稚嫩走向成熟，並找到人生的目標。情節發展逐步顯示，主角如何因為經驗不足，而犯下不可避免的錯誤；如何為此付出代價；最後，他終於領悟並改正了錯誤，而在自我認知方面達到了一個新的高度。當他回顧自己走過的路時，發現那些錯誤其實是成長所必經的；也就是說，教育本身就是要讓人們理解這個過程。這種小說的結構是環狀的。

● 教養理念緊密地與文學和歷史結合在一起，並產生一種文學形式。

另外還有兩種形式的小說，也具有類似的結構，即「藝術家小說」和「愛情小說」。

在藝術家小說中，成長小說的環狀結構更為明顯，即透過錯誤所造成的崎嶇路達到自我更正，並以此為立足點，看清自己所走過的彎曲路。藝術家小說描繪了，成長中的藝術家藉由上述方式找到通往藝術殿堂的康莊大道，而這往往也反映出，作家本人是如何走上一條正確的創作之路。

詹姆斯・喬伊斯的《青年藝術家的畫像》（*A Portrait of the Artist as a Young Man*）就屬於這類小說。而且，作家常常把影射自己的主角，改頭換面成畫家或雕刻家，例如十九世紀德語文學最著名成長小說歌德《威廉・邁斯特》的主角、哥特弗德・凱勒（Gottfried Keller）《綠衣亨利》（*Der grüne Heinrich*）中的畫家、赫曼・赫塞（Hermann Hesse）《知識與愛情》（*Narziß und Goldmund*）裡的雕刻家。

如果愛情小說不僅僅是一個有情人終成眷屬的故事，那麼它往往還是經過乾坤挪移的成長小說。那些開始時對愛情造成威脅的種種障礙，不再只是表面問題，如父母的聯姻政策、社會地位的懸殊等，而是主角不成熟的性格以及自我認知的欠缺。於是，愛情故事變成一連串的誤解、阻礙愛情發展的差錯，然而就在

克服障礙的過程中，情侶雙方體會到對彼此真實的感覺，也從中發現了自我。

這類小說總是圍繞著兩個人物，所以「認識自我」與「理解對方」是相輔相成的。也就是說，只有當一個人認清自己與自己的感情時，他才能理解別人，反之亦然。這類愛情小說的情節大多設定為，一種克服偏見、浪漫空話或驕傲自負的過程，而感情教育常常是與伴侶一起攜手完成的。珍‧奧斯汀（Jane Austen, 1775-1817）的《傲慢與偏見》（*Pride and Prejudice*）、《感性與理性》（*Sense and Sensibility*）是這類愛情小說的上乘之作。

由此得到一個結論，教養可透過認識小說所塑造的人物與情節來實現。也就是說，如果想認識自我，就必須認識文學作品所表達的事物。

文學作品是以個人閱歷或經驗形式書寫而成，這些經驗又凝聚為鮮明的文學形象，人們在閱讀之後，對他們的理解，甚至比對自身還要深刻。這些人物不勝枚舉，例如哈姆雷特、唐吉訶德、李爾王、奧菲莉亞、羅密歐與茱麗葉、唐璜、魯濱遜、浮士德、梅菲斯托、哈克貝利‧芬（Huckleberry Finn，馬克吐溫《頑童歷險記》主角，暱稱哈克）、奧利弗‧崔斯特（Oliver Twist，狄更斯《孤雛淚》主角）、科學怪人、德拉庫拉以及漫遊仙境中的愛麗絲等等。有教養深度的人能從這些人物的身上，看到自己、熟人或朋友的影子。

偉大的作品

Die großen Werke

《神曲》

在歐洲民族語言（即非拉丁文）文學的起點，巍然屹立著義大利、也是歐洲中世紀最偉大的作品——佛羅倫斯詩人但丁（Dante Alighieri）的《神曲》（*Divina Commedia*，寫成於1321年）。

我們必須知道，由於當時還沒有印刷術，知識大多透過口述的方式流傳下來。那些沒有寫下來的東西，則必須記在頭腦中。因此，當時存在一種發達的記憶文化：世人用一座「道德博物館」來闡明世界的象徵秩序；那裡有各式各樣的展覽廳，標示著罪與罰。如果人們隱約想到什麼，可在導遊的帶領下，讓心靈穿梭於這座道德博物館之中，尋找要援引的人物和故事。但丁的《神曲》就屬於這種記憶系統。

故事始於1300年的耶穌受難日，但丁在森林中迷路。在那裡，他碰到了維吉爾（Vergil）——《埃涅阿斯記》（*Aeneis*）的作者（維吉爾是但丁特別崇拜的古羅馬詩人，但丁視其為精神導師。他的史詩《埃涅阿斯記》歌頌了羅馬祖先建國創業的豐功偉績，公認為史詩中的傑作）。

但丁就在維吉爾的帶領下，陡然墜落，依次穿越了九層地獄。首先是地獄的邊境，那裡住著一生光明磊落、無可指責的古代偉人，但他們沒有受洗，不是基督徒。然後是地獄的第一層，犯下「愛之罪」的戀人們在那裡受苦，他們受的是最輕的懲罰。接下來是暴飲暴食者、吝嗇貪婪者、狂躁暴戾者和乖僻鬱悶者。在地獄的第六層住著異教徒，從這裡才開始真正可怕的折磨。第七層有為謀殺者、自殺者、褻瀆神明者和變態者設置的刑訊室。第八層展示了騙子、巫師、江湖庸

● 人們用一座「道德博物館」來闡明世界的象徵秩序；那裡有各式各樣的展廳，供人參觀。

醫、謀反者和奸細所受的苦。在第九層的中心，但丁看到永恆冰湖中的魔鬼，它有三顆頭，分別啃噬著謀殺凱撒的布魯圖與加西阿斯，以及出賣耶穌的猶大。

穿過一個隧道，維吉爾帶著但丁進入了另一個半球，來到煉獄之山。這座山是地獄之洞的對稱物，在九個同心圓中有一條直通頂峰的路。就像勞改營的組織，地獄全部都是苦刑與勞役，犯人必須贖罪，包括貪婪、貪吃或沉迷於享樂，全是反常行為，它們源於人類對自己所愛之物的追求，當原本應是神聖的追求，受世俗的誘惑而偏離常軌或真正的使命時，便產生了罪。

維吉爾在人間天堂的入口處離開了但丁，透過積極的人生便能由此到達（教徒）懺悔禱告所祈求的永恆幸福。在這座幸福樂園的大門，迎接但丁的是貝德麗采，她就是但丁柏拉圖式的情人──貝德麗采‧波提納里（Beatrice Portinari）。但丁將她理想化，成為歐洲文學中激發創作靈感的女性原型。歌德筆下讓人淬鍊成長的「永恆女性」，也承襲了此一傳統。

正是這位貝德麗采引導但丁進入天堂。他們先是聽到了天籟之聲，然後兩人不斷向上飄，穿行於燦爛的星空，那些星辰分別代表特定美德所享有的永生之福，最後，他們到達第九層天；那裡按照天使級別畫分為九層。之後，一條光之河映入眼簾。在河中央，上帝的朝臣以白玫瑰的形體冉冉升起。花瓣上坐著教父、先知和天使，他們沐浴在上帝的關愛下，臉上滿是榮光。貝德麗采坐在離上帝很近的位置上。透過這趟心靈洗滌之旅，潔淨的但丁獲准看到上帝。

在這裡我們發現，成長之旅的模式正是成長小說的先驅。讀者從書中認識了神話和歷史中的偉大人物。從這個意義上而言，《神曲》對於中世紀末期來說亦是一本名為「教養」的教科書。誰讀了《神曲》，誰就能得到但丁的指引，像他自己受到維吉爾和貝德麗采的引導一樣。後來，歌德仿效了此一做法，他讓梅菲斯托領著浮士德走過大起大落的一生。雖然浮士德經歷了地獄的種種苦難驚恐，但畢竟是曲終奏雅，圓滿收場。所以，《浮士德》堪稱為「另一部神曲」。

弗蘭齊斯科‧佩脫拉克

弗蘭齊斯科‧佩脫拉克（Francesco Petrarca, 1304-1374）生於阿雷佐，以其對人文主義的研究，尤其是他所創作的愛情抒情詩，聞名於世。他的詩包括歌

謠、田園抒情詩、敘事詩，以及拿手好戲——十四行詩（商籟體），獻給愛人蘿拉。顯然，與但丁的貝德麗采不同，現實中並不存在一個蘿拉的原型；然而，蘿拉比宮廷抒情詩人或但丁筆下的天使要稍微接近現實一些。獻給蘿拉的詩表達了後世抒情詩人的矛盾：戀愛中的男人都希望情人能敞開雙臂接納他，但同時他也明白，如果真的如願以償，就不利於自己的文學創作。佩脫拉克的十四行詩及其主題成為接下來幾個世紀歐洲文學的典範，就連莎士比亞的十四行詩也以它為遵循的楷模。

去過法國南部普羅旺斯旅行的人都知道，為了讚美大自然，佩脫拉克曾登臨沃克呂茲省（Vaucluse）境內卡爾龐特哈（Carpentras）旁的馮杜山（Mont Ventoux），儘管這一說法並不真確。

喬萬尼·薄伽丘

喬萬尼·薄伽丘（Giovanni Boccaccio, 1313-1375）與佩脫拉克是朋友，他從1341年起住在佛羅倫斯。他的名字與那不朽的故事集《十日談》（*Decamerone*，源於希臘文，deca＝十，hemera＝天）緊密相連。在瘟疫肆虐的那一年，也就是1348年，七個年輕女子和三個年輕男子從城市中逃出來，在一棟位於群山之中的鄉村房舍萍水相逢。為了打發時間，他們每天講十個故事，十天講了一百個。這些名人軼事與中、短篇小說構成了一個歷史故事寶藏，讓歐洲幾代劇作家和小說家挖掘到豐沛的創作素材；而歐洲幾代中學裡的少男少女也從中體會到情色故事的自由浪漫，並且發現一件事：不壓抑情欲的文化原來是如此的明朗和令人愉悅。

緊隨著義大利文學蓬勃發展的還有西班牙文學、英國文學和法國文學；而德國文學一直沉睡，直到浪漫主義時代來臨才甦醒。

《唐吉訶德》

西班牙最著名的小說是米蓋爾·德·塞凡提斯（Miguel de Cervantes, 1547-1616）的《唐吉訶德》（*Don Quijote*）。西班牙地主貴族唐吉哈諾看了舊騎士小說而著迷，決心改變自己的生活。他做的第一件事情就是把名字改成聽起來浪漫一點的唐吉訶德。然後，他披上一副祖上流傳下來、鏽跡斑斑的盔甲，從馬廄

中牽出一匹駑馬，還物色了一個農家姑娘當作自己的心上人，並為她取了一個貴族式的名字——杜爾西內雅‧德‧托波索。

在一個被他當成城堡的鄉村小酒館裡，店主招攬他加入漫遊騎士團，並建議他給自己找個侍從。唐吉訶德的朋友看不過去，放火燒了他的藏書，希望藉此治好他的瘋癲，結果證明一切徒勞。唐吉訶德挑了土裡土氣的桑丘‧潘沙當他的侍從，便踏上縱橫天下的征途。他們要濟弱扶傾，為受到欺壓的人討回公道！寒酸騎士騎在一匹又老又瘦的馬上，旁邊是胖侍從跨著一匹驢子，真是經典的一對。主僕二人形成了鮮明的對比，一個是充滿幻想的理想主義者，另一個則是有著狡點農夫性格的現實主義者。

為了他的英雄形象，唐吉訶德四處為人打抱不平，他把罪犯當作身陷囹圄的貴族；把一群羊誤判成敵軍；將風車視為大巨人；還把桑丘‧潘沙在風車裡看到的情景假想成敵人擺的迷魂陣。

後來，主僕兩人成為一位公爵的座上賓。公爵和宮廷侍衛配合演出，進入了唐吉訶德的幻想世界，實際上不過是花點錢供他們吃喝，尋開心而已，直到唐吉訶德的天真、浪漫和理想主義讓公爵深感羞愧為止。最後，唐吉訶德被迫接受一個騎士的挑戰，如果輸了就要放棄騎士頭銜一年。唐吉訶德在決鬥中落敗，他卸下騎士的披掛，開始痛苦的自我反省，思索理想是如何變成了恥辱。最後，他終於認清自己的幻想，清醒而理智地活了片刻，接著就死去了。

《唐吉訶德》創造的人物形象，越來越常出現在現實中，尤其當一個曾經紅極一時、但已陳腐的意識形態行將就木時，或是當一種衰敗的生活形式變得陰森可怕時。因此，在我們這個年代仍可以看到很多唐吉訶德。

塞凡提斯透過嘲弄騎士小說，而與騎士小說畫清界線，進一步表明這部作品本身是寫實的。他運用其中的自我指射，同時也是寫實的手法，展現了小說無邊幻想的魅力。因此，《唐吉訶德》堪稱是第一部意義重大的小說。

這部作品起了典範作用，後人不斷仿效它的套路，例如英語作家亨利‧菲爾丁（Henry Fielding, 1707-1754）《約瑟夫‧安德魯斯》（*Joseph Andrews*）中的若干情節。同時，我們也從這對西班牙騎士和侍從的身上，看到了西班牙人鮮明的性格輪廓。

《塞維利亞的風流客》

西班牙文學貢獻給歐洲的另一個典型人物是唐璜（Don Juan）——誘騙婦女的浪蕩子。他源自於蒂爾索‧德‧莫利納（Tirso de Molina, 1584-1648）的戲劇《塞維利亞的風流客》（*El Burlador de Sevilla y convidado de piedra*）。如人們所知，唐璜是一個狂放不羈、寡廉鮮恥的人。他在一次豔遇中殺害了情人的父親。一年之後返回家鄉時，他在教堂裡發現了死者的雕像。唐璜嘲諷地拉扯雕像的鬍子，並邀請他吃飯。然而，雕像真的來赴約了，還回請唐璜到他的墓室中享用消夜。唐璜這個大膽的傢伙，接受雕像的邀約。最後，雕像用冷硬的手將唐璜拉進了地獄。

這個故事衍生出許多版本，其中莫札特的《唐喬萬尼》（*Don Giovanni*）以歌劇的形式深深烙印在世人的腦海中，似乎是在警告那些負心的花花公子，也安慰了戴綠帽的丈夫、被女兒傷透了心的老父。還是，並非只是如此呢？無論如何，在唐璜欺騙女人感情的功力，與他目無一切的膽大妄為之間，顯然有某種關聯性。

威廉‧莎士比亞

這是英國當之無愧的榮譽，它獻給人類一位詩人中的詩人，劇作家中的劇作家，創造力僅次於上帝的人物——威廉‧莎士比亞（William Shakespeare, 1564-1616）。1564年4月23日，也就是聖喬治日（聖喬治是英國的守護神），莎士比亞出生在英格蘭埃文（Avon）河畔的斯特拉特福德（Stratford），日後與大他八歲的安娜‧海瑟威（Anne Hathaway）結婚。婚後，莎士比亞消聲匿跡了一陣子，之後又在倫敦重出江湖。

● 這是英國當之無愧的榮譽，它獻給人類一位詩人中的詩人，劇作家中的劇作家，創造力僅次於上帝的人物——威廉‧莎士比亞。

同行嘲諷他是凡事都要插一手的萬事通；他既是演員，又是張伯倫勳爵劇團（The Lord Chamberlain's Men）的合夥人兼劇作人，寫過喜劇、歷史劇和悲劇。他擁有無窮的創造力，可謂戲劇方面的天才。他的劇作票房極佳，深受王公貴族和一般民眾的喜愛，被德國浪漫主義詩人奉為典範。身為上帝的小兄弟，他在「創造的第八天」產生的詩韻作品，可說將老大哥的成果翻了一倍。他逝於生

日——1616年4月23日，圓滿地結束了一生，安葬於斯特拉特福德教區的禮拜堂。他那永垂不朽的作品，讓他得到了永生！

莎士比亞所創造的人物形象，直至今日仍然活躍在世界各地的舞台上。

哈姆雷特的父親死於謀殺，他的亡靈向兒子顯現，要他為自己復仇。哈姆雷特與心中的疑問不斷抗爭（而唐吉訶德也是這個疑問的犧牲者）：我是見鬼了，還是這個影像是真實的？人類用什麼標準去檢驗自己的觀察呢？然而這點又只是他對自己的觀察。這便跌入了一個無窮反射的深淵——主觀的內心世界。於是，哈姆雷特，一個憂鬱、歇斯底里、有自我毀滅傾向的角色，成為第一位思想豐富卻缺乏行動力的知識分子。他還是浪漫主義者的原型，沉溺於狂熱夢想和自我懷疑的幻覺之中。德國人應能從這個角色中看到自己，因為過往的糾葛無法釋懷，而陷入謀殺與犧牲的執迷中，無法自拔。

莎士比亞筆下許多人物形象深植於人們的記憶中。例如摩爾人貴族奧賽羅，他與威尼斯女子、美麗的德絲底蒙娜結為連理，由於受到人面獸心、不擇手段的陰謀家伊亞高的挑撥，而產生嫉妒。伊亞高的作為，讓我們驚駭於那種無由來的惡毒。

或者是《威尼斯商人》中的夏洛克，放高利貸的猶太人，他象徵一個被排斥於正常社會之外的民族。他是貧民區的代表，貪婪且具有強烈的復仇心理。莎士比亞借他的口，喊出了那激動人心的口號：「公平、人性與博愛！」就這個意義而言，他與萊辛（Lessing）筆下的《智者納旦》（*Nathan der Weise*）是相對立的人物。

或者是出現在《亨利四世》的福斯泰夫，一座強壯的肉山和噴火的嘲諷者。就像嘉年華與富裕生活的化身，他是個聰明的胖子、制度的扭曲者、世界的破壞王、皇室跟前的小丑，以及一個在找藉口、扯謊言、虛構故事和演戲方面才華洋溢的發明家。在這些事情上，他簡直抵得上兩個造物主，就像是一個被埋沒的莎士比亞。他是慶典之神的化身，出沒不定，時隱時現，就像戲劇本身，總會發生意想不到的事。

此外，還有馬克白和他的夫人。這個女人野心勃勃，像個男人婆，她逼迫丈夫一次又一次地進行謀殺，直到馬克白變成像希律王一樣殺害兒童的暴君。這種

暴君真是死有餘辜。

或者是李爾王。這個老人想試探三個女兒誰最愛他。彷彿童話故事的情節那樣，真正心地善良的女兒被趕走，而另外兩個奸詐狡猾的繼承了王位。後來，李爾王嚐到自己種下的苦果，他遭到壞女兒的放逐。舞台上那個衰落凋零的人物內心所承受的巨大痛苦，讓我們感同身受。老國王變得暴躁易怒、怨天尤人，他失去了權利、社會角色、王位、宮殿、華服、孩子，他曾經擁有的一切都化為烏有。最後，自身的軟弱與憤怒的痛苦所形成的張力，讓他無法承受，因而喪失了理智。

或者是羅密歐與茱麗葉這對永恆的情人。他們共度浪漫柔情的一夜，經歷了愛情所有的甜蜜。然而，事情發展到巔峰，同時也墜入了深淵。最後，他們在死亡中再度合而為一。就像茱麗葉所預見的那樣，隨著一聲歡息，它化為千萬閃亮的碎片，點綴出文學星空的愛之圖，為黑夜中的情侶們指路。而永恆的羅密歐與茱麗葉，則反覆低吟著初相見時脫口而出的雋永詩句。

《仲夏夜之夢》呈現的是一個神奇的夜晚，它以仙后提泰妮婭與丈夫奧布朗之間的齟齬揭開序幕。奧布朗出於報復派出小精靈帕克，把大家搞得人仰馬翻，後來提泰妮婭還愛上了一頭驢。在這個奇妙的世界中，莎士比亞創造了自己的「小人國」童話，並對中世紀的女巫盛會進行藝術加工，濾去毒素之後，出現一個變幻莫測的世界，其中一切事物的界限流動自如。總而言之，它是一場化裝舞會，就像戲劇本身一樣。

這個神奇的魔法世界與《凱撒大帝》或《查理三世》的政治世界有著天壤之別。在凱撒那裡只有算計、對手之間的勾心鬥角、玩弄政治手腕以及冷酷無情的策略；而查理三世的周遭籠罩著馬基維利的現實主義精神，不摻雜任何的幻想。在馬基維利眼中，政治不帶一絲道德色彩，純屬技術層面的東西。

《馬克白》和《李爾王》描繪了陰森的地獄，《皆大歡喜》裡有詼諧的羅瑟琳與淳樸的田園風光，《無事生非》因那些酒鬼、情侶和天真無邪的傻子等人物，醞釀出輕鬆歡樂的節慶氣氛。這些作品如此迥然不同，真令人難以置信，它們都是出自同一位名家之手，莎士比亞到底有什麼不為人知的本事？

他是一位能讓語言產生「核聚變」的大師，從中釋放巨大能量，照射出思想

的萬丈光芒。例如喜劇《一報還一報》中的一段：

原文：

> but man, proud man,
>
> Drest in a little brief authority,
>
> Most ignorant of what he's most assured
>
> (His glassy essence) like an angry ape,
>
> Plays such fantastic tricks before high heaven
>
> As make the angels weep; who, with our spleens,
>
> Would all themselves laugh mortal.

譯文：

> 然而，人啊！驕傲的人，
>
> 剛剛穿上件權威的小背心，
>
> 就忘記了眼前是個鏡中人。
>
> 像撒野的猴子一般，
>
> 在蒼穹之下扮出種種怪相，
>
> 使天使為之哭泣。
>
> 他們若和我們一樣蠢，
>
> 不僅不會哭，
>
> 反而會笑死。

　　莎士比亞透過譬喻的方式讓語言產生「核聚變效應」。「Drest in a little brief authority」，這裡將權威譬喻成衣服，便引起連鎖反應，導致「堆芯熔毀」，從而把整個世界變成一座大舞台：人類成了在鏡子前扮鬼臉的猴子；水晶罩般的天空（伊莉莎白時代的人是這麼比喻天空的）成了觀眾席，天使坐在那裡觀看人類像猴子一樣瞎鬧，他們將鏡中像誤認為自己。那鏡中像既像天空穹蒼，又像玻璃製的鏡子，它既看不透，又無法改變，為的是要映照出變化多端的現象，使之可

見。從這一點上，它與戲劇相似。戲劇彷彿是在眾人面前擺上一面鏡子，演員的真面目是不可見的，為的是要把劇中的人物形象真實地展現出來。於是，天空下起了雨，那是天使在為我們的荒誕扭曲而哭泣；而我們卻由於自身的侷限性而為之歡笑。人類處於天使與猴子之間。猴子代表的是死亡的一面，牠們看不見永恆的東西，只看到易逝的表象。

● 莎士比亞是一位能讓語言產生「核聚變」的大師，從中釋放出巨大能量，照射出思想的萬丈光芒。

只用了區區幾行詩句，莎士比亞就成功地將整個宇宙、天使、猴子、人類、戲劇、笑與哭、天與地，透過語言之鏡像變魔法一樣映照了出來，他向我們展示什麼是權威的狂妄要求——政府機關正以此來誘騙老百姓。莎翁的筆真是神奇。

如果誰能透過詩的韻律和節拍，不緩不急地領悟它的寓意，那麼他就有一種感覺，彷彿親眼目睹第一個創造日的上帝；他會聽到那詩韻高潮中的激越聲響，活在世上沒有比這更好的感覺了，所有的沮喪失意、苦惱煩悶，全都一掃而空，煙消雲散！這一刻，你只能滿懷感激地說聲：「活著真好！」

讓‧巴蒂斯特‧莫里哀

經典的法語文學流傳至今，主要歸功於莫里哀（Jean-Baptiste Molière, 1622-1673）創造出形形色色、栩栩如生的人物形象。讓‧巴蒂斯特‧莫里哀原名讓‧巴蒂斯特‧波克蘭（Jean-Baptiste Poquelin），法國喜劇的鼻祖，路易十四眼前的紅人兒。他是個戲劇全才，寫劇本，當導演，還擔任主角登台演出。從其作品的名稱中，可以看出來他取笑的是哪種類型的人，他們的共通點是：因為某種狂熱而失去平衡，並執拗於這種錯誤，無法自拔。莫里哀塑造的人物形象深入民心，婦孺皆知。

在《恨世者》（Le Misanthrope）中，主角阿爾賽斯特發誓，不再按照虛偽的社會慣例行事，從今以後只說誠實而正直的話。不幸的是，他愛上了一個言語犀利、愛慕虛榮，且善於賣弄風情的小寡婦塞利梅娜，她恰恰是他所鄙夷的一切事物的化身，而他竟然為了這個女人拒絕了正直的愛麗央特的愛慕。莫里哀藉此揭示出人類感情的矛盾，人們總是特別痛恨他暗自愛著的東西。因此，往往是那些在社會上一事無成的人，才會對這個社會深惡痛絕。

在《吝嗇鬼》（*L'Avare*）中，莫里哀生動描繪出一個對生活恐懼不安，因而苛刻成性的瘋子，於是乎只有錢能打動他。莫里哀筆下的另一個人物達爾杜弗成了「偽君子」（Le Tartuffe）的代名詞。達爾杜弗是一個油滑的道德騙子。為了騙取單純的奧爾貢的信任，他在言談舉止上故作莊重。他插足奧爾貢的生活，離間他和家人之間的關係，想藉機霸占他的財產。直到他性騷擾了奧爾貢的妻子，狐狸尾巴才露了出來。

這部戲抨擊當時那些道貌岸然的假善人、偽基督徒和逢場作戲的高手。他們往往扮演成心靈導師或諮商者的角色，潛入豪門世家，騙取主人的信任，其真實目的是圖謀他人的財產。權貴們對這部戲的反應相當激烈——禁演，並威脅將開除所有演員與參與者的教籍，甚至建議把莫里哀放在焚燒巫婆和異教徒的木柴堆上燒死。這些紛擾隨著國王從戰場返回而平息了下來。然而，這恰恰證明了喜劇的作用，藉由令人發笑的情節揭露出社會弊端。這部喜劇長盛不衰，從側面反映出一種令人擔憂的事實，整個社會並沒有改變多少，當今仍有無數達爾杜弗和在政治上偽善的人，他們打著道德的旗號，為自己謀取金錢與特權。

莫里哀另一齣引起轟動的喜劇《沒病找病》，直接演變成一場悲劇。這部戲描寫一個自疑患病的人，為了能夠得到長久的醫護，強迫女兒嫁給一位醫生。莫里哀扮演這個主角，而那時他真的生了病，因此在舞台上表演得非常逼真，讓觀眾笑得前仰後合；然而莫里哀卻在演出時倒在舞台上，從此再也沒有站起來。

《癡兒西木傳》

《癡兒西木傳》（*Der abenteuerliche Simplicissimus*，又譯《癡兒歷險記》）是德語新文學第一部意義重大的作品，至今仍吸引很多讀者。作者是漢斯・馮・格林斯豪森（Hans J. Chr. von Grimmelshausen，大約1621-1676）。它是所謂「流浪漢小說」的代表作品。書中描寫了年輕的主角西木（Simplicius，天真的人），在最瘋狂的冒險三十年戰爭（1618-1648）中的經歷。他曾在一個騙人的戲法中裝成一頭小牛，遭到其他民族的拐騙，男扮女裝，再次出現時以真實身分去服侍皇帝，被迫成親，周遊巴黎、維也納、莫斯科，得到一筆財產，然後又失去所有，積累了許多和女人周旋的本領，最後成為一位智慧的隱士，在一座孤

島生活以終。

　　《癡兒西木傳》也是某種類型的成長小說，象徵著靈魂尋求復原的朝聖之旅。它描繪了在基督教厭世主義影響下，命運的不確定性，但是有一個堅定的聲音總是在對這種厭世精神說「不」。由於此書的成功，格林斯豪森成為樸素文學的重要推手，他還採用此文體繼續創作了《女騙子和流浪者的大膽媽媽》（*Landstörtzerin Courasche*），這部作品為日後德國劇作家布萊希特的《大膽媽媽和她的孩子們》（*Mutter Courage*，又譯《勇氣媽媽》）提供了素材。有一份著名的諷刺報刊名為《樸素主義》（*Simplicissimus*）也源自於格林斯豪森的《癡兒西木傳》。

《魯濱遜漂流記》

　　如果暫不將《唐吉訶德》列入考慮的話，那麼丹尼爾・狄福（Daniel Defoe, 1660-1731）的《魯濱遜漂流記》（*The Life and Strange Surprising Adventures of Robinson Crusoe*）堪稱世界文學第一部寫實主義小說。而且狄福「第一位記者」的桂冠當之無愧，他向讀者報導了現代化與市民階層的世界。狄福是威廉・奧倫治的狂熱追隨者。威廉於1688年被輝格黨人推上王位，他所簽署的「權利法案」保障了每位英國公民在憲法規定範圍內的自由權利。他對宗教信仰採取寬容政策，並且取消新聞的檢查制度，這使英國最早出現新聞自由，並為一個新的權力——輿論——而戰。

　　相較於其他人，狄福更深入涉足這場變革，他創辦了第一份不僅有新聞，並且還有評論的報刊《評論》（*The Review*）。除此之外，他不停地變換角色，從企業家、破產者、選舉代理人、政黨間諜、政府顧問、出版商，到作家等等，閱歷豐富；而且身為作家，他撰寫歷史小說、人物傳記、遊記、教育書籍和傳奇故事，涉獵廣泛。

　　1719年，他寫了《魯濱遜漂流記》，這是一部在現代文學史上舉足輕重的作品。人們總是把這部小說的青少年版，濃縮為魯濱遜在荒島上的那一段，忽略了船艘遇難只不過是一系列故事的第三部分而已。

　　在整本小說中，魯濱遜總是犯同樣的錯誤，他把父親要他安於現狀的警告

當成耳邊風,離家出走,打算藉由海上貿易迅速致富。在這個過程中,上帝又給了他兩次警告:第一次是遭遇風暴,第二次被販賣為奴隸。在重獲自由之後,他成了巴西一個富裕的種植園主。然而,他的野心越變越大,他加入了轉運買賣奴隸的航程。途中因發生海難而沉船,他來到一座荒島並在那裡生活了很長一段時間。島上所經歷的精神危機,讓他認識到:自己的命運是因背叛上帝所制定的社會秩序而受到懲罰,於是他接受這一切,並將它當作試煉。

在島上,魯濱遜靠著不斷地實驗操作解決了許多問題,重演人類從農藝到馴養動物這個征服自然的歷史過程。魯濱遜擁有豐富的創造、發明能力,並且獨具慧眼,能從每件事物身上發掘可堪應用的功能。於是乎,整個世界在同一觀點下成為可以比較的,那就是:有利於人類自我生存的工具化程度。（→哲學｜霍布斯）

在時間上也是如此。魯濱遜的時間管理像在處理倉庫存貨一樣,這證明他是個不折不扣的資產階級清教徒。他有系統地管理他的人生光陰,他要對自己,並且日後要對上帝繳交漂亮的報告。島上的生活,也讓魯濱遜學會如何充分利用時間來工作。為了掌握整體概況,他養成了每天寫日記的習慣,並且練習自我觀察與反省的藝術。透過合理的分配時間,他學會過著有計畫、有條理的生活。規律性賦予他的存在一種安定感,所以,儘管是孤單一人,他仍然能夠平穩自持。

魯濱遜的荒島生活反映了市民資產階級的命運,社會孤獨感、自我控制、有條不紊的生活、獨立自主和技術方面的創造才能,這些的混合體成為未來幾個世紀的主流。魯濱遜是清教徒主義與資本主義結合下的產物。

在敘述魯濱遜驚險的荒島生活時,狄福擅長以寫實主義的風格描寫細節。這種場景的描述異化了日常生活,讓人們原本習以為常的生活習慣,突然間變得不再理所當然。日常生活顯得有趣了起來,昇華為文學刻畫的對象,而非庸俗瑣碎的小事,由此便開創了寫實主義小說的時代。

同時,《魯濱遜漂流記》還是一部成長小說,書中的主角帶領讀者學習到,如何藉由自我開導去接受災難,如何將災難轉化為人生意義。因為,享受生活而欠下的債,必須藉著承受痛苦來償還。這裡又一次引入煉獄的概念,不過它是人死前就能走一遭的;這便是小說中反映的現代生活。

當「星期五」出現時,魯濱遜的荒島生活發生了根本性的變化。島上的日子

千篇一律，生活與社會隔絕，彷彿淹沒於時間漫無邊際的汪洋中，魯濱遜的自我開始動搖，他無時無刻不被恐懼所纏繞，害怕遭大海滅頂、害怕被野獸吃掉、害怕成為食人族的盤中飧。因此，當他看到沙灘上的第一個腳印時，馬上就陷入了恐慌。從這時開始，小說變成了一部殖民史。魯濱遜將星期五從一群食人族手中營救出來，把他變成自己的僕人，教導他歐洲的風俗與語言。最後，魯濱遜和另一批擱淺的歐洲人在島上定居，並且成為總督。終於，他重返大英帝國的懷抱。

由於它的教育價值，這部小說不僅在當時廣受讀者歡迎，同時也成為其他作家效仿的典範。在短短五年之內，出現了荷蘭版、德國版、法國版、瑞典版，甚至還有一個薩克森地區的版本。透過目標和角色的替換，「魯濱遜式小說」衍生出有細微差別的其他小說類型，著名的包括施納貝爾（Johann Gottfried Schnabel）的「感傷小說」《岩堡島》（Insel Felsenburg, 1721）和聖皮埃爾（Bernardin de Saint-Pierre）的「田園小島浪漫小說」《保爾和薇吉妮》（Paul et Virginie，又譯《離恨天》，1787）。

魯濱遜也點燃了「烏托邦國家小說」、旅遊文學的靈感之火。還有無數在意識形態上稍作變化的魯濱遜故事湧現出來，情節相似的有馬耶特（F. Marryat）的《舵手迅哥》（Masterman Ready, 1843）、豪普特曼（Gerhart Hauptmann）的《大媽島》（Insel der großen Mutter, 1925）以及威廉·高汀（William Golding）的名著《蒼蠅王》（Lord of the Flies, 1954），高汀並被教科書奉為經典作家。

《格列佛遊記》

還有一部描述旅行的著作是喬納森·斯威夫特（Jonathan Swift, 1667-1745）的《格列佛遊記》（Gullivers's Travels, 1726），它與魯濱遜的故事有很多相似之處，但它不僅止於傳奇或冒險故事，而是具有影響力的諷刺文學作品。它記載了隨船醫生萊米爾·格列佛四次航海的旅行報告。第一次旅行把他帶到了里里普特國（Lilliput，斯威夫特自己發明的名稱，即小人國），那裡的居民高只有六英寸（大約十五釐米）。格列佛來到里里普特的王宮，觀察到了特蘭姆克三和斯蘭姆克三之間的黨派鬥爭。透過這段描述，斯威夫特諷刺了英國政黨，尤其是輝格黨。

在第二趟航行中，旅遊的視野恰好相反，格列佛訪問了布羅卜丁奈格（Brogdingnagg）——品德優良巨人的國度。在這裡，格列佛自己變成「里里普特人」。他對英國腐敗政壇的描述，引起了布羅卜丁奈格國王的震驚。這位國王是英國人文主義政治理想的化身。按照斯威夫特的觀點，代表這種理想的托利黨是一個集羅馬美德、樸素生活於一身，並且在政治上主張公共福利的社會團體。此外，格列佛對布羅卜丁奈格人的描繪讓人印象深刻，一切宛如放大鏡下的景象：布羅卜丁奈格人的臉部皮膚變成一片荒涼的凹陷地，那些傷口和潰爛引發人陣陣的反胃。這讓斯威夫特有機會在他的諷刺文學中，表達對人類身體某種歇斯底里的厭惡。格列佛還令人作嘔地描述到，乞丐身上的巨大蝨子像豬隻一樣地蹭來蹭去。儘管如此，他倒也能自得其樂地騎坐於王后漂亮女侍從的乳頭上，沉醉於她的乳香之中。

第三次旅行把格列佛帶到勒皮他、巴爾尼巴比、拉格奈格、格勒大錐和日本。勒皮他是一座會飛行的島嶼，它像英國對待愛爾蘭那樣，將全身重量壓在被它統治的巴爾尼巴比上，並恫嚇它若不乖乖聽命，就要將它壓得粉身碎骨。在巴爾尼巴比，格列佛拜訪了拉格多學院，它以各種大膽且富幻想力的實驗聞名於世。例如，透過腦部手術來弭平政治歧見，藉由分析政客的大便以阻止政變等等。在這裡，斯威夫特把矛頭指向當時世界上最負盛名的科學研究機構——英國皇家學會。

在通往格勒大錐的旅途中，格列佛結識了歷史上的偉大英雄，不過後來卻發現，實際上他們全是為非作歹的大惡棍。斯威夫特在此採用的關聯手法與好友約翰・蓋（John Gay）的《乞丐歌劇》（*The Beggar's Opera*，布萊希特《三毛錢歌劇》〔*Dreigroschenoper*〕師法的對象）如出一轍。約翰・蓋把首相華波爾（Walpole）描繪成流氓頭子（收贓主）皮淳。最後，格列佛在拉格奈格遇到了斯特魯布魯格人（Struldbruggs）。他們雖然在生理上能夠長生不死，但隨著年齡增長，他們變得老態龍鍾、笨拙遲鈍。這粉碎了格列佛對美好永生的幻想。

第四趟旅行也許是所有旅行中最出色的。這次格列佛到了一個住著兩種不同生物的國家，他們的性格截然不同：其中一個物種是慧駰——理性的馬，高貴而忠貞，頭腦中根本就沒有幹壞事的細胞，因此他們費了好大一番勁才聽懂格列佛

所講述的連年不休的內戰、政客撒的漫天大謊、枉法者的營私舞弊等卑鄙行徑；另一個物種是耶胡，他們從人退化而來，有卑鄙、墮落等諸多惡習。經過與值得欽佩的慧駰交往，以及一個耶胡的少女向他求愛，格列佛必須羞愧地承認：比起完美的馬慧駰，身為人類的他寧願與耶胡為伍。於是，格列佛陷入自我厭惡的深淵，這也引發了他對整個人類的厭惡感。

在慧駰和耶胡的對比描述中，斯威夫特也比較了湯瑪斯・霍布斯和約翰・洛克關於人類起源與發展的學說。(→哲學｜霍布斯、洛克) 耶胡處於霍布斯所描述的，所有人都在相互對抗爭戰的動物狀態；而慧駰則符合了洛克的觀點，沒有王侯的管轄，自由自在地生活著，他們並沒有陷入道德的混亂，而是遵循理智與文明的法則；在他們所處的社會中，自然與文化達到和諧的狀態。

實際上，《格列佛遊記》的第四卷呈現了，從十七世紀「黑色」的人類學到十八世紀樂觀主義的轉變。耶胡是傳統基督宗教教義中「人性本惡」的化身，因而需要一個強硬的政府來統領一切；而慧駰則代表了對文明社會自我調節能力的信賴。於是，這便形成了兩種對立的意識形態：認為人類是耶胡的保守派要求有一個強權的國家，而且必須由慧駰來管理；而那些認為人類是慧駰的人，則把國家理解成為耶胡在意識形態上的假面具。

狄福和斯威夫特生活在一個大變動的時期——代表新興資產階級的國家統治機器與商業精神逐漸成形。從魯濱遜身上，我們能體會到一種精神氣質背後的宗教觀與道德觀所起的作用，它一直延續到今天。而在斯威夫特那裡可以發現，政府體制在激烈的黨派鬥爭中，原本所謂「善」的立足點是多麼荒唐。我們看到，斯威夫特把這種對立政黨所體現的相對化引入文學中：一會兒用道德上的矮子，一會兒又用倫理上的巨人來表述同一個人。

《帕米拉》和《克拉麗莎》

接下來要評述兩部經典著作，雖然現在它們擁有的讀者並不多，不過在當時卻引起了相當大的轟動，而且影響力持續至今。它們是撒繆爾・理查生（Samuel Richardson, 1689-1761）的《帕米拉》（*Pamela*）和《克拉麗莎》（*Clarissa*）。二者均屬書信體小說，其內容都在描述貞潔的平民少女如何落入道德淪喪的

貴族手中。

閱讀這些信件時，讀者能體會少女所處的險境，並切身感受到，在無恥貴族的窮追不捨下，她們所展現的堅毅性格，以及面對追求者的矛盾心理。因為對她們來說，追求者並非毫無吸引力。在《帕米拉》中，貴族威脅要奪去她的貞節；而在《克拉麗莎》中，少女真的遭到了性侵害。這是兩部小說的根本不同之處。在《帕米拉》中，疲憊的追求者最後終於開口向少女求婚，儘管她的身分是女僕，她謙和地點頭了，因為一切都是合法、符合社會規範的。而在《克拉麗莎》中，性暴力的舉動將這條路堵死了，少女堅決拒絕了貴族的求婚。

首先，書信體創造了一種新穎的敘述方式。它描述的幾乎總是剛剛經歷過的事件、當下的情緒和事件爆發瞬間的精神狀態。於是，讀者不是在聆聽一個遙遠故事，而是身歷其境，同步體驗這一切。再者，故事情節轉移到了家庭內部和人物的內心世界，讓小說帶有濃重的心理分析色彩，而且這兩部小說允許女人以主角和敘述者的角色出現，這就在情感上前所未有地提高了讀者的參與程度。因此，這兩部小說大大獲得女性讀者的青睞。

然而最重要的是，理查生創造了一則新神話，即以柴米油鹽為題材的平民小說中出現了形象鮮明的神仙眷屬。不過造成這種現象的文化前提正是：對婦女情欲的禁錮，以及建立在感情之上的婚姻。由此時開始，我們步入了一個多愁善感的時代。

感情跨越了社會等級的界限，成為一條聯繫人類的紐帶（「你的魅力把被拆散的兩個世界銜接在一起……」）。這成為平民階層與貴族進行鬥爭的口號，平民以美德來對抗貴族的傷風敗俗。在這種背景下，理查生將貴族與平民的對立關係過渡到一種新的形式：追求者是男性貴族，他積極主動、無所顧忌，自認為有婚外情是理所當然的；被追求者，即女主角，她是天性羞澀、樸素純真、勤儉持家的平民女子。她是感情的承受者，具有貞節美德，在兩性關係中絕對堅持原則。理查生把社會等級的對立，投射到兩性關係上；把社會矛盾轉化成一種貴族惡習與平民美德之間的兩性鬥爭，它肇始於女性天使遭到男性惡魔的侵擾。

於是，理查生創造出平民愛情小說的模式：一個平民女子，出於美德抵抗一個貴族男人不正經的親近，直到他疲憊不堪，學習尊重她的感受和需求，並向

她求婚為止。直到這一刻，女人才發現自己的感情，並且愛上了這個糾纏不休的
傢伙。由此產生了兩個典型的人物形象，他們統治著文學界達一百五十年之久：
一個是貴族的誘惑者，由於他露骨的性衝動，讓純潔的女主角驚覺自己久被壓抑
的情欲蠢蠢欲動；另一個是新式的女主角，年輕、柔弱、敏感、被動、無情欲、
貞潔，並且對她的愛慕者不帶有感情，直到他娶了自己為止。一旦這個界限被打
破，她就會陷入軟弱無能甚至崩潰。

我們能夠從珍・奧斯汀的《傲慢與偏見》（貴族達西與平民女子伊莉莎白），
或者是夏綠蒂・勃朗特（Charlotte Brontë）的《簡愛》（肆無忌憚的羅徹斯特和
品德美好的家庭女教師簡），發現這種模式的昇華。理查生的小說對同時代的人
產生了巨大的影響，他也讓整個歐洲的教士和僧侶鬆了一口氣，因為他最終是頌
揚美德的，而文學也找到了題材：愛與情感。從那時開始，越來越多的作品在這
個主題上著墨，並採取公開談論私生活的形式。透過故事情節強烈的戲劇性，以
及較高的讀者參與感，閱讀成為一種親密的交流，傳遞了大量感情訊息和強烈的
情緒挑逗，引發讀者親身經歷之感。

《少年維特的煩惱》

在理查生的直接影響下，歌德創作了相對應於女性小說的作品——從男人的
角度來刻畫感情，它就是《少年維特的煩惱》（*Die Leiden des jungen Werthers*,
1774）。這部書信體的小說其實反映了歌德年輕時的經歷，而他以寫作的方式度
過這場危機。

為了成為法學家，歌德在韋茨拉爾（Wetzlar）的皇家最高法院實習。他在
一場舞會上邂逅了夏綠蒂，並愛上了她，於是歌德向她求婚。但夏綠蒂已與公使
館祕書克斯特納有了婚約。在這場舞會上，歌德還認識了公使館的另一個祕書卡
爾。當歌德繼續追求夏綠蒂卻毫無結果，而感到異常沮喪時，他聽說卡爾借了克
斯特納的手槍，並且飲彈自盡了，因為他愛上一個已經結婚的女人。

歌德把自己的煩惱和卡爾的絕望凝聚到維特這個人物身上。維特是一個多愁
善感、喜歡幻想的年輕人。他陶醉於泛神論的感情中，並創作抒情散文來謳歌靈
魂與自然的融合。然而，這種豐富情感的洋溢，與社會習俗以及現實的市民生活

所推崇的事物相對立。因此，維特不能表達真實情感，只好孤獨自處，沉浸在自己的世界中。

　　當他在鄉村舞會上邂逅綠蒂時，立即有一種墜入幸福之海的感覺：「我看著她那淚光瀅瀅的雙眸，她將手放在我的手上，說：『克羅伯斯托克啊！』我頓時想起了那首壯麗的頌歌，情緒也隨之洶湧澎湃起來。她僅僅用一個詞，便打開了我感情的閘門。我忍不住把頭俯在她手上，喜淚縱橫地吻著。」（克羅伯斯托克〔Klopstock〕是德國著名抒情詩人；那首「壯麗的頌歌」指的是他的《春祭頌歌》。）但綠蒂理智而現實的未婚夫阿爾貝特給他們的關係籠罩上了一層陰影。於是，維特黯然離去。

　　從此之後，他鬱鬱寡歡，煩惱於工作上的瑣事，身為平民的維特必須與貴族的社會有所隔絕，他越來越覺得生活噁心透了，於是便辭職返鄉，回到了綠蒂的身邊。在那裡，他再次遇見令人痛苦的阿爾貝特。由於閱讀莪相（Ossian）的作品（一部虛構的蘇格蘭史詩），維特的失望演變為絕望。當他最後一次和綠蒂閱讀莪相的時候，他吻了她，跪在她的跟前，而她卻衝入隔壁房間把自己反鎖在裡面。於是，維特向阿爾貝特借了把手槍，給綠蒂寫了一封遺書，穿上那次舞會時穿的衣服，坐在寫字檯前自殺了。他簡直就是多愁善感的哈姆雷特再世。

　　這部小說大獲成功，一整個世代的人都在維特的痛苦中找到了自己的影子。於是，現實世界中出現了維特模式，人們穿著維特的整套衣服模仿他：藍色的燕尾服、黃色的西裝背心、一頂氈帽和不上粉的頭髮。一股自殺的風氣席捲了德意志地區。據說拿破崙總是隨身攜帶這本小說，雖然他與維特的個性恰好相反。

戈特霍爾德‧埃弗萊姆‧萊辛

　　德國戲劇起始於萊辛（Gotthold Ephraim Lessing, 1729-1781）對於莎士比亞戲劇的繼承與發揚，以及他自己的無韻抑揚格五音步詩律（Blankvers）。作品《明娜‧馮‧巴爾赫姆》（*Minna von Barnhelm*，又譯《軍人福》，1767）堪稱德國最引人入勝的喜劇。其內容描述一個過分注重名譽的普魯士軍官，他那唐吉訶德式的癡傻全靠聰明的情人才得以治癒。因為只有當她遭遇不幸時他才會接受她，所以她就假裝落難，身陷危境，以此贏得他的心。

　　另一部劇作《智者納旦》顯示啟蒙運動在德意志地區達到的文明水準。故事發生於十字軍東征抵達耶路撒冷的時候，主角納旦是猶太商人，他認為所有的宗教都是同一個真理的不同表達方式。一個聖殿騎上愛上了他的養女蕾霞，但在他們的關係中又捲入一個穆斯林蘇丹薩拉丁。於是，這三個一神論的宗教發生了正面衝突。最後，人們發現蕾霞和聖殿騎士是兄妹，而且都是薩拉丁的姪輩。他們三人共同的精神之父是納旦，正是因為他，最後主要人物以身為人類大家庭中的一員，彼此擁抱、握手言歡。

　　萊辛所要表達的中心思想表現在劇中一個小插曲中。蘇丹想考驗這位受眾人推崇的納旦的智慧，他問納旦：基督教、伊斯蘭教和猶太教中，哪一個才是真正的宗教？納旦引用薄伽丘《十日談》第三個故事的寓言作為回覆：有史以來，在每一代的家庭裡，父親都留給他最心愛的兒子一枚非常珍貴的戒指，這個戒指能保佑他不偏離美德與幸福之路。終於出現了一個父親，他不知道三個兒子中，他最喜歡誰。於是他又讓人造了兩枚同樣的戒指，給每個人一枚。當父親死了以後，三個兒子爭吵起來，每個人都說自己的戒指才是真的。而法官卻判定，根據父親的遺囑，由於真戒指具有神奇力量，所以那個品行最好的人就是擁有真戒指的人。於是，每個人都有機會去證明他的戒指是祖傳的珍寶。

　　這個充滿智慧的解釋啟發了蘇丹，並表示納旦與萊辛將信仰智慧轉化為真理。這個戲劇與克里斯多夫·馬羅（Christopher Marlowe）的舞台劇《馬爾他的猶太人》（*The Jew of Malta*）的構思正好相反。在《馬爾他的猶太人》中，一個猶太人、基督徒和穆斯林相互捉弄，鬥智鬥勇。同時，《智者納旦》也是《威尼斯商人》的反面，在《威尼斯商人》中出現的是一個放高利貸的陰險猶太人夏洛克。

弗里德里希·席勒

　　弗里德里希·席勒（Friedrich Schiller, 1759-1805）是威瑪時代僅次於歌德的文學泰斗。在世紀遞嬗的十年中，也就是1794-1805年，他的工作與歌德有非常密切的關聯。

　　與歌德不同的是，席勒將他的詩人才氣運用至穿著歷史古裝的政治戲劇中。

此外，他有寫箴言詩句的天賦，他的作品成為名言警句寶庫中的璀璨明珠。1782年，席勒以《強盜》（*Die Räuber*）一炮而紅，開始了他輝煌的創作生涯。這部戲劇是1767-1785年德語文學史上「狂飆運動」的代表作。狂飆運動是以克林格（Max Klinger）、歌德、席勒、倫茨（Lenz）和比格爾（Bürger）為首所發起的一場文學運動，它偏離法國古典主義的風格模式，而以莎士比亞、莪相、盧梭等人為導師，強調叛逆、普羅米修斯的精神和一切讓人瘋狂著迷的事物。

《強盜》敘述的是兩兄弟法蘭茲和卡爾‧摩爾的故事，他們之間的對立關係就像法蘭西的自由意志（法蘭茲）與德意志的狂飆運動（卡爾）。弟弟法蘭茲為爭奪繼承權而陷害哥哥卡爾，被剝奪繼承權的卡爾和他的夥伴們，一群無法無天、憤世嫉俗的大學生，策馬入林為盜寇。大夥推舉卡爾為首領，他便成了羅賓漢。然而，為了能再看愛人亞瑪莉艾一眼，卡爾溜出了密林，但此時他的雙手已經沾染上了許多無辜者的鮮血。最後，一切就在糾纏不清、自殺、謀殺和崩潰中結束。

導演席勒的手法維妙維肖，強烈突顯人物的性格特徵，例如：「他以狂野的動作奪門而入，在房間劇烈地上竄下跳」；「他踱得地板都要冒煙了」；亞瑪莉艾說：「殺人犯，魔鬼！我不可能把你看成是天使。」首演時，台下的觀眾反應極其激烈，眾人幾盡瘋狂，即使是陌生人也禁不住相互擁抱。儘管席勒筆下反叛的哥哥是從莎士比亞《李爾王》中嫁接過來的，但對觀眾們來說無所謂。

《唐卡洛斯》（*Don Carlos*, 1787）取材於西班牙國王菲利浦二世之子的故事。儲君唐卡洛斯與年長而富有經驗的波薩侯爵都是理想主義者，兩人志同道合。當他們密謀推翻暴君的統治時，事跡敗露，唐卡洛斯遭到懷疑。為了保護王子，波薩犧牲自己，承擔了一切罪責，因而被處死。當唐卡洛斯獲得釋放時，他終於按捺不住理想主義的熱情，當面嚴厲指責暴君，於是受到嚴刑拷打。

這部劇作中最有名的一句話出自波薩侯爵對菲利浦的呼籲：「……請給思想自由！」此一名言也曾在納粹期間引起潮水般的掌聲。義大利作曲家威爾第也根據這作品寫下了歌劇《唐卡洛斯》（1867）。

「華倫斯坦三部曲」（1798-99）包括《華倫斯坦的陣營》（*Wallensteins Lager*）、《皮柯洛米尼父子》（*Die Piccolomini*）和《華倫斯坦之死》

（*Wallensteins Tod*）。它講述了皇帝的大將軍華倫斯坦在三十年戰爭中垮台的經過。以「華倫斯坦」為起點，席勒開始創作生涯中的古典時期。這幾部作品代表席勒戲劇的一座高峰。

華倫斯坦以新和平秩序的代表者自居，為了武裝自己以對付皇帝的不信任，並讓他意識到自己的獨立性，華倫斯坦與瑞典的敵軍接觸。後來他被朋友奧克他佛·皮柯洛米尼出賣了，而皮柯洛米尼的兒子馬克斯是華倫斯坦的支持者。由於華倫斯坦相信星相給他的預示，所以表現得猶豫不決，這卻為他帶來了一心想要避免的災難──下台與死亡。席勒在開場白中所做的評論，不僅對華倫斯坦，對現代人而言也深具啟發：「被黨派的愛憎搞暈了頭／他的性格在歷史上苦無定位。」關於華倫斯坦，大文豪湯瑪斯·曼的兒子戈洛·曼（Golo Mann）曾寫過一本很有意思的傳記。

《瑪麗亞·斯圖亞特》（*Maria Stuart*, 1801）描寫了強大的英國女王伊莉莎白和她的俘虜──美麗的蘇格蘭女王瑪麗亞·斯圖亞特──之間的恩怨。緊張的情節建立在「到底要不要處決瑪麗亞」這層不確定性上。主題涉及政治秀和形象工程。

《奧爾良姑娘》（*Die Jungfrau von Orleans*, 1802）是一齣浪漫悲劇，改編自聖女貞德的事蹟，她讓法國和英國之間的百年戰爭轉向對法國有利的一面。然而，當聖女貞德出於人的本性愛上了英國人里昂奈時，她的歷史使命受到損傷。正是這種與「神的意志」的衝突，顯示出她身為人的偉大之處。這部戲劇以其充滿歌劇色彩的舞台造型而聞名。讀者可以閱讀蕭伯納的《聖女貞德》（*St. Joan*），作為比較，它敘述貞德受教皇敕封聖徒的稱號，但後來卻又被誣陷為女巫而燒死。

《威廉·泰爾》（*Wilhelm Tell*, 1804）取材自瑞士人為自由而戰的建國傳說。個人的恥辱（泰爾必須射中頂在他兒子頭上的蘋果）引發了一場全民的自由運動；該劇處理了個人舉動與公眾行為之間的交互影響，這在瑞士成功導向了自我解放運動。劇中有激動人心的文句：「不，暴君的統治到了末日／如果被壓迫者得不到任何的權利／如果重擔大到無法承受──那麼就伸手抓住／從天而降的勇氣／並彎腰撿起那永恆的權利……。」

席勒可說是德意志市民革命的替代品，他屬於少數幾個法蘭西共和國在大革命之後授予名譽公民資格的德意志人。他就像是一位革命家，將自由的狂熱、宗教鼓舞人心的教義，與戲劇藝術融合在一起，而成為崇尚自由的德意志市民階層的代言人與「家庭詩人」。同時，他在戲劇中的政治傾向也說明了，為何東歐的猶太人會偏愛德意志文化，因為他們喜歡席勒；這也反映出，在德國歷史往往取代了政治的地位。

海因里希・馮・克萊斯特

海因里希・馮・克萊斯特（Heinrich von Kleist, 1777-1811）是浪漫派詩人中的一員，他們在法語中稱為 poètes maudits（字面意思是「被詛咒的詩人」）。他們身上交織著冒險的生活方式、精神上的自我敗壞以及詩人的獨特風格。1811年，克萊斯特與海妮瑞特・沃格爾（Henriette Vogel）相約自殺於柏林的萬湖，兩人共赴黃泉。

同樣令人驚訝不已的還有克萊斯特堪稱德語文學最佳喜劇的《碎罐》（*Der zerbrochene Krug*, 1808）。故事內容是：荷蘭村莊的法官亞當必須調查一件性騷擾案（事件中摔碎的罐子象徵著女子夏娃受損的聲譽），事實上，亞當自己就是那個罪犯。這是伊底帕斯的偽君子版本，全劇的滑稽之處就在於，法官使出種種可笑伎倆，企圖在司法顧問瓦爾特的面前，為自己脫罪。

該劇嘗試把人類的心理世界描述為一個內心的法庭。這一方面繼承了新教的思想，另一方面與佛洛伊德的學說很相似（否認、審核、稽查）。

關於精神分裂的問題，克萊斯特在精采的喜劇《安菲特律翁》（*Amphitryon*, 1807）亦有提及。劇中，安菲特律翁的妻子阿爾克墨涅做出對丈夫不忠的事情，然而她自己卻渾然不知，因為是宙斯變成了丈夫安菲特律翁的形象來與她相好。此劇涉及到「神的情人」和「人的丈夫」，以及「自願的愛」和「義務的愛」之間的區別。

在《洪堡王子》（*Prinz Friedrich von Homburg*, 1811）中，克萊斯特回到「自我判決」這個主題上。該劇的主角洪堡王子，也是選帝侯的騎兵隊將軍，滿腦子的浪漫夢想。在一場戰役中，他並沒有接到命令就對敵人採取攻擊行動。結

果他們勝利了，但他因為不服從命令而被判處死刑。在經歷了面對死亡的恐懼之後，王子終於承認了判決的公正性。只有當他屈服於法律時，選帝侯才赦免了他的罪。

1808年，克萊斯特將一個馬販的故事寫成中篇小說《米赫爾・戈哈斯》（*Michael Kohlhaas*），成為德語文學的經典之作。主角戈哈斯有幾匹心愛的駿馬，卻因貴族地主的惡意對待而死於非命，由於法律掌握在少數幾個人手中，他無法從法庭上得到應有的賠償。一直苦無門路的戈哈斯憤怒不已，決定靠自己的力量尋回公平正義。於是他放火燒了地主的莊園，並結夥征戰四處掠奪土地，直到正義在他身上落實為止：他的馬得到賠償，他也因搶劫遭到處決。米赫爾・戈哈斯成為法律偏執狂的代名詞。

《浮士德》悲劇二部曲

《浮士德》（*Faust*）悲劇二部曲（第一部1797-1806，第二部1824-1831）的作者即大名鼎鼎的約翰・沃爾夫岡・馮・歌德（Johann Wolfgangvon Goethe）。

《浮士德》是最恢宏壯闊的德語詩歌，西方文學中能與之媲美的只有但丁的《神曲》和喬伊斯的《尤利西斯》。它涵蓋的範圍從天堂到人世，所描述的歐洲歷史從荷馬到歌德，所以它也是一套記憶系統。浮士德的形象透過歌德之手成為現代社會中「無所節制與不安」的代表，這種無所節制與不安涉及科學、技術以及漫無邊界的未知將來。於是，產生了「浮士德式」（*faustisch*）一詞來表達上述含義。

在劇情設計上，歌德把浮士德和梅菲斯托之間的魔鬼計畫，與上帝和魔鬼之間的「約伯之賭」（→歷史｜約伯）相提並論。浮士德是十六世紀一位帶有傳奇色彩，並身兼巫醫、魔術師與學者的人物，與莎士比亞同時代的克里斯多夫・馬羅在《浮士德博士的悲劇》（*Dr. Faustus*）中描述了他的生平，另外也有一本民間傳奇記述了這個巫師的事蹟。在他身上還摻雜了其他魔術師，如煉金師帕拉塞爾蘇斯（Paracelsus）與巫師海因里希・阿格里帕（Heinrich Agrippa）等人的形象。因此，歌德稱他的浮士德是海因里希，儘管歷史上的浮士德名為喬治（「浮士德」是姓，「喬治」是名），而馬羅給他取名為約翰。

歌德的《浮士德》在天堂拉開了幃幕。在那裡，魔鬼和上帝打賭，他有辦法讓浮士德停止那永無休止的追求，而用平凡庸俗的事物來滿足他——「讓他享盡凡塵人間的樂子」。為此，上帝撒手不管，任由魔鬼行事，就像對待約伯那樣。

劇情開始，我們看到學者浮士德夜晚仍在書房中孜孜不倦。接下來，復活節時他與學生瓦格納一起散步，並不斷抱怨傳統科學以及平民的生存困境。這種氣氛讓梅菲斯托靈機一動，想出了一個主意。他變成一隻狗，溜了進來（「問題原來在這兒！」）並與浮士德訂約：梅菲斯托將幫助浮士德去認識「世界最本質的關聯」；而浮士德為此付出的代價就是，將靈魂出賣給他，但有以下附加條款：「如果我對某一瞬間說／且留步！此刻多美好！／那時給我套上枷鎖，我也心甘情願！」在對大學校園及其風氣（學生不認真讀書，而且還酗酒）進行了一番諷刺挖苦之後，浮士德變成了一個衣著考究的年輕人。於是，甘淚卿的好戲上場了，它是《浮士德》第一部的主線。

這部悲劇參考了理查生的構思（→文學｜理查生）：年輕放蕩的浮士德在魔鬼的幫助下，不顧一切引誘一個無辜的平民女子甘淚卿，並在決鬥中殺死了甘淚卿的哥哥瓦倫廷。而甘淚卿因失誤毒死母親、未婚懷孕、溺嬰、最終入獄發瘋。在此，歌德明顯援引了《哈姆雷特》中的奧菲莉亞；浮士德對照於哈姆雷特，甘淚卿相當於奧菲莉亞，瓦倫廷等同於萊阿替斯，而梅菲斯托則唱著奧菲莉亞的歌。為

● 「如果我對某一瞬間說／且留步！此刻多美好！／那時給我套上枷鎖，我也心甘情願！」

了刻畫性慾的魔力，歌德在甘淚卿這段戲中鑲入了浪漫的「五朔節前夕」。這是一場女巫盛會，歌德的描述中模仿了《馬克白》和《仲夏夜之夢》的場景。

相較於第一部悲劇情節的跌宕起伏，第二部轉為象徵著世界舞台的全景風格。序曲中，浮士德從一種睡眠狀態中甦醒過來，彷彿心靈剛充飽電一般。第一幕是浮士德在梅菲斯托的陪伴下出現在皇帝的宮廷中，身為宮中的魔術師，他為原已一塌糊塗的財政狀況又做了不少貢獻。由此可見，梅菲斯托應是英國經濟學家凱因斯（Keynes）的擁護者，因為他親眼見證了太多的貨幣會導致通貨膨脹。在文化政治方面，浮士德將海倫與帕里斯樹立為古典美的化身，以促進希臘古典文化的復興，但最後以失敗告終。

第二幕又回到了浮士德的舊書房。剛剛取得博士學位的瓦格納在那裡設立

了一間基因技術實驗室，就像是著名的弗蘭肯斯坦所從事的研究一樣，他用試管裡的一堆東西做出一個人造胚胎，一個小矮人。他的名字叫作「荷蒙庫路斯」（Homunculus，「小人」之意，源自中世紀煉金術士的造人）。這個小人兒給浮士德指引了一條通往古代「五朔節前夕」的道路。在那裡有一場海洋盛會，荷馬筆下的人物、希臘眾神和自然哲學家齊聚一堂，共襄盛舉，一如柏拉圖《饗宴篇》(→歷史｜蘇格拉底)中所述，慶典就在對至高無上愛的讚美聲中到達高峰。

在第三幕，浮士德與海倫相遇了。海倫代表古典的形式之美，而浮士德這個浪漫主義的北方代表，則代表著精神的活力。從他們的結合中，誕生了詩的靈魂歐福里翁（Euphorion）。此處，歌德試圖捕捉拜倫那流星般的閃現，歐福里翁在詩人的極度興奮中隕逝，一如拜倫在解放希臘的壯志豪情中奉獻了自己的生命。後來，海倫也死去了。這樣一來，她的軌道便與甘淚卿的相結合。於是，浮士德從這個不受時間約束的天體返回地球，並在梅菲斯托的支持下幫助皇帝戰勝了對手。皇帝授予他海邊一塊封地，作為獎賞。

在第五幕中，他接手一個重大的工程技術專案——圍海造田。他毫不留情地把一對老夫婦的小屋子燒毀，因為它阻礙了土地的重新規畫。在這個過程中，老夫婦不幸喪命九泉。現在，浮士德可以不用仰賴魔法，而是借助於技術來創造奇蹟，於是他漸漸脫離對梅菲斯托的依賴。從中浮士德預見到一個令人滿意的將來，而梅菲斯托誤認為，浮士德即將履行自己制定的合約。

展望未來，浮士德相信自由組織的勞動社會即將出現（「我看到熙熙攘攘的景象」），並且說：「在這對幸福的憧憬中／我陶醉於最美好的瞬間。」於是，他便倒下死了。當梅菲斯托想逮住他的靈魂時，一隊天使像散花般從天而降。一個裸體天使讓魔鬼想入非非，他一個不留神，天使就趁機接走了浮士德，這個可憐的傢伙又被騙了一次。

天使開始吟唱浮士德獲救的理由：「孜孜不倦、永不懈怠的人／能得到救贖。」最後，就像等待但丁的貝德麗采，甘淚卿迎接他的浮士德，她在第一部中的詩句轉化為：「結束了，結束了／無與倫比者／你面容仁慈／注視著我的幸福／往日的愛人／不再迷惘／他已歸來。」那神祕的合唱曲為全劇做了最後的闡釋：「所有的過去／只是一個比喻／那些無法企及的／現在達到了／那些不可名

狀的／現在成真了／那永恆的女性／引領我們向上。」這個簡短的總結與全文的精采華麗相比，反而讓人留下草草了結的印象。

　　總而言之，透過現代與古代、異教與基督宗教、藝術與技術、詩歌與科學、浪漫與古典等一系列的對比，透過召神喚鬼、導演策畫和布景更換，《浮士德》展現了眾多的人物形象和紛繁的式樣，其他作品均難望項背。在詩歌的形式上，亦復如此，沒有哪個作品的格律變化是如此豐富多端。上帝說話的方式是五音步的抑揚格和交替韻；浮士德是在充滿渴望、流暢的四音步、三音步，和不押韻的三音步詩行之間切換；梅菲斯托的敘事歌謠，則以一種長短不一、懶散而文雅的田園抒情詩形式鋪陳開來：「我是常在否定的精靈／這自有道理；因為，生成的一切／總應當要歸於毀滅／所以最好，不如不生。」

　　《浮士德》這部作品充滿歌謠、舞曲、讚美詩與合唱，是所有詩歌形式的大觀園，堪稱詩學教科書以及文化解剖大全。無論是在語言的運用方面，還是在人物形象的塑造方面，都達到了極致。在《浮士德》中，德意志文化和歐洲文化融合在一起，還沒有

● 《浮士德》是詩學教科書與西方文化解剖大全。

哪部作品能達到如此完美的契合。其他國家和民族最早便是透過《浮士德》來了解德語文學的，而浮士德和梅菲斯托也就成為德意志民族的典型形象。

　　誠然，《浮士德》曾被人牽強附會地用於鼓吹為祖國和人民服務，而浮士德式的漫無節制亦被當作德意志沙文主義的絕佳辯護。湯瑪斯·曼就在他的《浮士德博士》（*Dr. Faustus*, 1947）中把這種傾向給糾正了過來。他將浮士德置於納粹時代之後的社會背景中，其中音樂、酒精、瘋狂和尼采扮演著核心角色，而且最後浮士德真的被魔鬼帶走了，因為他出賣了自己的靈魂。

中間思考：小說

　　德國的大詩人們統統把精力放在抒情詩和戲劇的創作上，寫實主義小說對他們來說顯得無足輕重。英國的情況截然不同。在魯濱遜·克盧梭之後的一百年裡，小說在英國得到長足發展。理查生創造了愛情故事的模式，並在小說中加入心理分析的元素之後，勞倫斯·斯特恩（Laurence Sterne, 1713-1768）於1759年推出了一部關於小說創作的詼諧小說——《項狄傳》（*Tristram Shandy*，又譯

《商第傳》）。

1764年，賀瑞斯・沃波爾（Horace Walpole）以一部《奧特朗托堡》（*The Castle of Otranto*）開創了驚悚小說之先河（即哥特式小說〔Gothic novel〕，十八世紀的一種文學風格，通常描述神祕或恐怖氣氛中的愛情故事），而蘇格蘭的浪漫主義詩人瓦爾特・司各特（Walter Scott）則創作了歷史小說《艾凡赫》（*Ivanhoe*，又譯《劫後英雄傳》，1819）。

還有，珍・奧斯汀在她的小說《愛瑪》和《傲慢與偏見》中發明了一種移動的敘事角度。其成功的祕密在於，她賦予小說一種新的塑造原則，即在敘事的過程中，一會兒站在某個重要人物的角度上去觀察全局；一會兒又跳出來，站在局外去觀察這個人物。透過這種方式，小說把個人心理世界的內部活動與社會全局結合起來，而向讀者展示了個人眼中的社會、社會眼中的個人，以及二者的相對性。可以說，十九、二十世紀文學的主導形式是小說，它是反映市民生活與社會的文學形式。

1830年，在巴黎又爆發了一場革命，反動的查理十世退位，取而代之上台的是路易・菲力普（Louis Philippe）。人們稱他為「平民國王」，從此開始了市民階層發展壯大的時代。在此之前的一年，也就是1829年，奧諾瑞・德・巴爾扎克（Honoré Balzac, 1799-1850）踏上了他的小說創作之路，他一生共發表九十多部長、短篇小說。他的小說集《人間喜劇》（*La comédie humaine*）真可謂是一幅描繪當時法國社會的全景圖。

1832年，歌德和司各特逝世，同一年在英國，查理斯・狄更斯（1812-1870）開始創作小說。1832年，英國發生一起重大事件，其後續效應類似一場革命，即選舉權改革，結果是政治權力從貴族轉移到市民階層手中。於是，市民社會的蓬勃發展帶動了市民小說的興起。

但只有德國沒有發生類似事件，為什麼？僅僅由於當時落後的社會狀況嗎？原因應不只這一點，因為另一個國家俄國，也突然投入了巨著的創作。而且，這些小說家衝到社會的最前線，用一種極為深廣的角度反映了社會的全貌與個體的心理特徵。他們是杜斯妥也夫斯基（Dostoevsky）和托爾斯泰（Tolstoy），小說的社會背景在莫斯科和聖彼得堡。

這正是當時德意志所缺少的，它沒有首都，沒有一個為社會提供舞台以展示自身的城市。長篇小說屬於大都市的類型，故事往往發生在巴黎、倫敦、聖彼得堡，即使是在外省發生的故事，也深受首都的影響。

　　與歐洲鄰國相比，德國在湯瑪斯‧曼之前，沒有能媲美狄更斯、福樓拜（Flaubert）或杜斯妥也夫斯基的長篇小說作家。在德國，敘事的能量沒有用於小說創作，而是挹注至撰寫歷史和構築歷史哲學中。於是，歷史的抽象推論代表了小說，意識形態取代了敘述。

《紅與黑》

　　1830年，法國最著名的長篇小說《紅與黑》（*Le Rouge et le Noir*）問世，作者是亨利‧司湯達爾（Henri Stendhal，本名亨利‧貝爾〔Henri Beyle〕）。它的副標題是「1830年紀事」，這說明作者把他的時代當成歷史來寫（小說直接取材現實，司湯達爾曾宣稱要到1880年才會有人讀，而要等到1935年才會有人理解）。

　　司湯達爾在書中敘述了一個鋸木廠主的兒子向上爬的故事。他名叫于連‧索瑞爾，來自外省，英俊而聰明，但不適合幹勞力的工作，所以于連可說是生在一個錯誤的社會階層中，於是他選擇擠上那條鄉下人通往上流社會唯一的道路──擔任神甫。因此，于連雖然是盧梭和拿破崙的仰慕者，卻必須偽裝成一個非常虔誠、篤信宗教的人。

　　由於他的拉丁文非常出色，因此他抓住機會進入維立葉爾市保守的市長家中，擔任家庭教師。其間，市長夫人愛上了他。于連把對上流社會女人的性征服，當作提升社會地位的工具。後來，在醜聞的威脅下，他逃入神學院。在那裡充斥著卑鄙與狹隘的作為，讓他有機會將虛偽的伎倆鍛鍊得更上層樓。

　　經過一位恩人的推薦，他成為巴黎的德‧拉‧木爾侯爵的祕書與親信，晉身為社交界名人。之後，于連與侯爵的女兒有染，她像于連一樣冷酷、意志堅定。她與他交往，是想逃離那個讓人窒息的社會；而他則是想利用她繼續往上攀爬。在二者的權力鬥爭中，于連贏了；當她期望有一個孩子時，便說服父親給于連弄了個貴族頭銜。終於，于連成了德‧拉韋爾奈騎士，登上生涯的頂峰。

但這所有的一切都因一封信而毀於一旦。這封信是于連的舊情人，維立葉爾市長的夫人寫給侯爵的，她在信中揭露了于連的偽君子面目。于連怒不可遏地來到維立葉爾，在教堂中找到他的舊情人，向她開了兩槍。她只是受了傷，而他最後被判處死刑。到了這步田地，于連的社會野心已經變得毫無意義，但也就在這一刻，他發現了自己對於那個毀掉他一生的舊情人的真實情感。

在于連身上，司湯達爾刻畫出那種生而優越的特質，它們會在活力與激情的驅動下蠢蠢欲動，不顧一切地去實現自我。在一個狹隘而庸俗的社會中，這些不尋常的人只能用虛偽來掩飾反抗，否則像于連這樣的人就只能成為芸芸眾生中庸庸碌碌的小人物。因此，《紅與黑》不僅是一部個性小說，也是一部社會批判小說。司湯達爾把一個社會底層人物的悲劇與矛盾衝突，完全合乎邏輯地從社會制度與現狀中引發出來，這種寫作手法讓他成為社會寫實主義小說的奠基人之一。

《孤雛淚》

查理斯·狄更斯（Charles Dickens, 1812-1870）是維多利亞時代的剪影大師，而《孤雛淚》（*Oliver Twist*, 1837-1839）是他最受歡迎的小說之一。

它描述了倫敦下層社會發生的故事：有一個陰森恐怖、規矩嚴格的機構——工作之家（濟貧院），專門收留失業者和孤兒，棄兒奧利弗在那裡慢慢長大。有一天，他為了請求再添一點兒燕麥糊而犯下「滔天大罪」，他被工作之家的負責人送到承辦教區殯葬事務的蘇爾伯雷先生那裡當學徒，他逃跑出來後落入竊盜集團的手中。它的頭目是個陰險狡詐的人，他像職業學校的老師一樣以嚴格訓練的手段，要把奧利弗培養成一個職業小偷，而南茜、比爾·賽克斯和機靈鬼都參與了對於奧利弗的「職業培訓」。

後來，富有的布朗勞先生像慈父一般救了奧利弗。但是，在討厭的孟可司的唆使下，他被黑幫綁架了，並且被迫參與一起破門竊盜案。奧利弗在這一連串的變故中受了傷，幸而受到好心人蘿斯的悉心照料而痊癒。其實，蘿斯正是奧利弗的姨媽。後來，真相大白。原來，一切的不幸緣起於同父異母的哥哥——孟可司，他想霸占應由奧利弗繼承的遺產。最後，壞人得到了懲罰，奧利弗被布朗勞收養，並開始接受正規的教育。

這部小說中許多選題立意後來廣被引用，並產生了「狄更斯效應」。首先是一個糟糕透頂的社會環境，它通常與一個機構捆綁在一起，在本書中是「工作之家」。這種為現代社會的紀律化提供服務的還包括學校、監獄、工廠、勒戒所、辦公室、法庭、警察局等。狄更斯是第一位將這類機構選為寫作對象的作家，他開創性地描述了隨著國家官僚體制的建立，而產生的一種人物類型——剝削者和監督者。他們以虐待狂的姿態，來捍衛那些規定。（→哲學｜傅柯、阿多諾）從這個階層中，狄更斯刻畫出一系列殘忍、心懷仇恨與忌妒的小暴君形象。在狄更斯的筆下，這類人顯得怪誕、滑稽而恐怖。

狄更斯是站在孩子的角度，來觀察這些暴君。因為孩子們像張白紙什麼也不懂，所以總是以好奇與不解的目光看待所有事物。在狄更斯作品的核心，就是無辜的孩子與心腸又狠又硬的怪物面對面地站著。

在大城市中，孩子們有強烈的失落感，狄更斯也是第一批將人們的大城市經歷透過文學表現出來的作家。他成為倫敦的詩人。直至今日，倫敦那相較之下親切得多的大都市形象，仍然或多或少帶有狄更斯的色彩。

在狄更斯時代，大多數情況下，孩子們對大城市的感受已經超出他們所能理解的範圍。所以，在狄更斯的筆下，城市是一個畸形、輪廓模糊、變形的怪物：倫敦消失在霧中，融化在雨中；街道被骯髒污穢淹沒；泰晤士河岸泥濘不堪，以至於人們分辨不出河道在哪裡；房子幾乎淹沒在垃圾堆中；人們也迷失在周遭紛繁蕪雜的世界。

同時，小說中生動而豐富的細節描寫，宛如一張現代化成就的清單。他花了不少篇幅著墨鐵路、警察局、官僚機構、學校、議會選舉、報業、煤氣照明、倫敦的交通、垃圾清理、公墓管理，以及各種各樣的職業，從店主到撿破爛的流浪者。歷史學家甚至根據他的小說從事考證。

勃朗特姊妹和福樓拜

以前，對於女人來說，社會習俗就是強迫她們在庸俗的安全和浪漫的冒險之間做出抉擇，而選擇後者往往會身敗名裂。十九世紀中期出現了三部書寫此一題材的小說，但手筆各不相同。它們分別是夏綠蒂‧勃朗特（Charlotte

Brontë, 1816-1858）的《簡愛》（*Jane Eyre*），她妹妹艾米莉・勃朗特（Emily Brontë, 1818-1848）的《咆哮山莊》（*Wuthering Heights*），以及居斯達夫・福樓拜（Gustav Flaubert, 1821-1880）的《包法利夫人》（*Madame Bovary*）。

在《簡愛》中，夏綠蒂・勃朗特對理查生「平民女子vs.貴族浪子」的模式做了細微的調整。女主角簡是一位瘦小、不起眼，但個性堅毅的家庭教師，她對學生的父親產生了熾烈的愛情。他就是古怪的鄉村貴族羅徹斯特先生。在他那不尋常的行為舉止背後隱藏著一個祕密：他把瘋癲的妻子悄悄地鎖在閣樓上。那瘋癲的女人經常製造出令人不安的怪異聲響。就在羅徹斯特和簡結婚的那天，她突然跑了出來，於是祕密被揭穿。此後雖然發生許多糾葛，但結局是皆大歡喜。其中，整座莊園遭到祝融之災，燒成灰燼，羅徹斯特也因而失明，那個瘋女人則是葬身火海。

在現實生活中，夏綠蒂・勃朗特有一個酒鬼弟弟，他經常在點燃著的蠟燭旁睡著，甚至曾經引發過火災。夏綠蒂把《簡愛》獻給了《名利場》（*Vanity Fair*, 1848）的作者薩克雷（Thackeray）。然而，她所不知道的是，薩克雷也有一個發瘋的妻子。

妹妹艾米莉・勃朗特的《咆哮山莊》則是一部風格迥然有別的小說，故事場景在約克郡的荒原沼澤地帶。這是一部家族小說，涉及咆哮山莊裡粗魯的歐肖家族與山谷裡文雅的林頓一家。在這兩個家庭之間，冒出一個吉普賽人的棄嬰希克厲。他被老歐肖撿回家，當作女兒卡瑟琳的玩伴。在卡瑟琳和希克厲之間發展出一種愛情，或許受到荒蠻自然環境的影響，這種愛情顯得是如此的必要和必須，就像大自然本身一樣。然而，由於希克厲在卡瑟琳哥哥的操控下，變得粗魯而毫無教養，所以卡瑟琳嫁給了彬彬有禮的愛德格・林頓。

希克厲帶著內心深處的創傷消失了幾年，並以不為人所知的方式發了財，成為一位紳士。然後他回來了，要報復所有拆散他和卡瑟琳的人。首先為了謀取林頓家的財產，他娶了愛德格・林頓的妹妹伊莎蓓拉，接著他將卡瑟琳已墮落成酒鬼的哥哥給趕走，並奪取了咆哮山莊的土地。希克厲放任卡瑟琳的姪子變成一個野孩子，就像當年這個野孩子的父親對他做的那樣。然而在第二代的身上，荒蠻的自然與文明之間出現了和解的跡象：年輕的小卡瑟琳在野孩子面前不再躲避，

而是親自把他教育成一個有教養的人。

福樓拜的《包法利夫人》（1856）則屬於唐吉訶德式的小說。女主角愛瑪・包法利嫁給了善良卻呆板的鄉村醫生查理斯・包法利。她是一個不安於現狀、多愁善感的女人，強烈渴望小說中那種羅曼蒂克式的愛情。結果她與人有了私情，並且欠下巨額債務，最後自殺身亡。這部小說以其對瑣碎日常生活入木三分的描述聞名於世，而「包法利」亦成為女性版唐吉訶德的代名詞。

這三部小說的共同之處是：女人以愛情的需索者形象出現，要求得到愛情上的滿足。

《戰爭與和平》

毫無疑問，列夫・托爾斯泰（1828-1910）的《戰爭與和平》在世界文學最偉大的小說之列。故事大約發生在1805至1820年之間，作者以其如椽大筆描述了拿破崙對莫斯科的戰役以及俄國人的抵抗。這部小說展示了一幅清晰的社會全景圖，其中刻畫了五百多個人物，涵蓋社會各階層。三位主角的命運是貫穿整部作品的線索，他們是娜塔莎・羅斯托夫、公爵之子安德列・包爾康斯基和彼爾・別祖霍夫。

安德列和彼爾這對好友代表兩種不同的生活態度，安德列試圖用理智來解釋這個世界；而彼爾則遵循俄國傳統的農民智慧，信任感覺與直覺。兩人都愛上了活潑嫵媚的娜塔莎，她的魅力照亮了整部小說。娜塔莎是托爾斯泰筆下塑造得最成功、最令人信服的人物形象。她從一個欣喜若狂的青春少女，經歷了第一場舞會和初戀，漸漸變成女人和母親，從中展現令人欽佩的性格，那就是無微不至的忠誠與體貼。

一開始時，她與安德列訂婚，卻被花花公子阿納托爾・庫拉金所迷惑。最後，她嫁給了彼爾。小說情節交替著個人命運的起伏，對戰場、時事、行軍和閱兵的描述，以及托爾斯泰的哲學討論。就在這些對比中，一幅描繪俄國社會概況的巨型歷史畫軸，在讀者眼前延展開來。一如書名所暗示的，「對比」是這部小說最重要的寫作原則。其中，彼爾和安德列這對朋友之間的差異，反映了自彼得大帝以降，俄國歷史上所出現的意識形態對立：一方宣揚以俄羅斯農村傳統和虔

誠信仰為基礎的舊式斯拉夫傳統；而另一方則是沿襲了源自彼得大帝的西方派傾向，藉由模仿西方來實現俄國的現代化。（→歷史｜彼得大帝）

《卡拉馬佐夫兄弟》

如果人們認識了西方派和斯拉夫派之間意識形態上的對立，就容易理解該世紀另一位偉大的俄國小說家的作品。這位作家堪稱小說界的心理學家，他就是費奧多爾·杜斯妥也夫斯基（1821-1881）。

他與一群知識分子為伍，因為閱讀法國社會主義者所撰寫的禁書，而以謀逆之罪判處死刑。杜斯妥也夫斯基和其他被告一起被押赴刑場，但就在最後一刻，他被改判在鄂木斯克（Omsk）服四年苦役，另外再加上四年兵役（1849）。在鄂木斯克服刑期間，杜斯妥也夫斯基有機會認識俄國社會底層的生活，這無疑成為他後來文學創作中一筆巨大的財富。而且，這段生活也為杜斯妥也夫斯基帶有舊俄羅斯色彩的思想奠定了基礎，即相信透過受苦才能得到解脫。1879-1880年，曠世鉅作《卡拉馬佐夫兄弟》問世了，它反映了杜斯妥也夫斯基生命中的另一個創傷——他的父親被其農奴所殺害。

小說敘述了富憂托爾·卡拉馬佐夫和他的四個兒子，德米特里、伊萬、阿留夏和斯麥爾佳科夫（一個患有癲癇的私生子）的故事。老富憂托爾是一個沒有原則、沒有尊嚴的小丑型人物。一位地方上的美女古魯仙卡讓父親與大兒子德米特里成了情敵，為了這個女人以及德米特里所能獲得的遺產，父子兩人激烈爭執。不久後，老富憂托爾的屍體被人發現，死於謀殺。德米特里遭到逮捕，並被控犯下謀殺罪。

這一情節與另外幾個兄弟的命運交織在一起，優秀的知識分子伊萬就必須承認，他私下盼望父親死掉，並將這個願望託付給同父異母的弟弟斯麥爾佳科夫。因為，這個弟弟比較順從他，而且在某個程度上，他是自己的變形寫照。此外，理性主義的擁護者伊萬又與認同舊俄羅斯虔誠信仰的么弟阿留夏，形成鮮明對比。在小說中，作者藉由阿留夏的精神導師佐希馬長老之口，表達了自己對宗教的看法。

當然，弒父的故事情節與西方理性主義的無神論有著相互呼應的關係。這在

伊萬所編造的寓言中有一番生動的描述，那是一則關於西班牙宗教法庭庭長的故事。其中提到，基督重返人間，並於十六世紀出現在西班牙。西班牙宗教法庭庭長馬上派人逮捕了他，控告他縱容魔鬼作亂並且放任獨裁者的統治；基督這種漠視人類惡行的態度正是一切災難的源頭。這位庭長還當著基督的面宣布自己反基督宗教的立場；庭長十分肯定，在自己的努力下，地球上的人類將會更幸福。於是，基督默默地親吻了他，然後轉身離去。

● 如果想要感受俄國在意識形態上的熱度，並了解前蘇聯發展的歷史背景，閱讀杜斯妥也夫斯基的小說是最聰明的選擇。

　　這則小故事可說是預告了二十世紀意識形態的發展；尼采宣布「上帝已死」，而獨裁者接掌了宗教法庭庭長的任務。

　　對於一個沒有上帝的世界，杜斯妥也夫斯基進行了極端的演繹，其所表達的觀點日後則由存在主義者從生存的荒謬中推論出。像尼采一樣，否定上帝的伊萬最後發瘋了；德米特里則背負了謀殺父親的罪名，實際上這樁謀殺案是斯麥爾佳科夫受到伊萬的挑唆幹下的，但伊萬本人並沒有真的想殺死父親。這是二十世紀俄國歷史的預演。如果想要感受俄國在意識形態上的熱度，並了解前蘇聯發展的歷史背景，閱讀杜斯妥也夫斯基的小說是最聰明的選擇。

《布登勃洛克一家》

　　與《卡拉馬佐夫兄弟》在某種程度上可堪媲美的德語小說是湯瑪斯‧曼的《布登勃洛克一家》（*Buddenbrooks*, 1910）。這是一部家族小說，描述了呂北克的一個商人之家。湯瑪斯‧曼和他的作家哥哥海因里希‧曼（Heinrich Mann，著有《垃圾教授》〔*Professor Unrat*〕）皆出生於呂北克。

　　這部小說講述了四代人的故事。約翰‧布登勃洛克是市民階層的代表人物，他具有不屈不撓向上爬的意志。他的兒子小約翰‧布登勃洛克儘管遵循同樣的原則生活，但是已經分裂為虔誠的信徒和冷酷的現實主義者，在商場上也未能保有一貫洞察事物的好眼力。

　　而在小約翰孩子們的身上，明顯出現了頹廢的跡象，其中克里斯提安是個債台高築、放蕩不羈的藝人；妹妹托妮儘管長得漂亮，而且性格開朗、討人喜歡，卻非常愚蠢，總是一再嫁錯人；克拉拉在婚後死於腦疾，於是只剩下湯瑪斯能夠

接管家業。他娶了一位富裕的荷蘭小姐，個性冷漠無情，但把藝術家的基因作為嫁妝帶進了家族，讓她的兒子漢諾具有極高的藝術天賦。然而，伴隨這種天賦而來的負面特質卻是：神經質和缺乏活力。因為托妮離婚，克拉拉去世，所以漢諾成了布登勃洛克家族的唯一繼承人。不幸的是，他死於傷寒，似乎與藝術家的極度敏感有關。與正派殷實的市民階層布登勃洛克家族的衰落形成鮮明對比的是，肆無忌憚的資本家哈根斯特羅姆家族的崛起。

為了提升感性能力與心靈智慧所須付出的代價，抵消了它對人類發展的正面影響，至少湯瑪斯·曼是這麼認為的。他相信，文化上的高度創造力只會讓人與真實生活漸行漸遠。儘管這部著作並非淺顯易懂，但很快在讀者群中流傳開來。德國的市民階層在其中看到了自己的影子和日後的衰亡景象。

《追憶似水年華》

漢諾·布登勃洛克與生俱來的超級敏感度，在湯瑪斯·曼的生花妙筆下顯得出神入化。而這種敏感正是著名作家馬修·普魯斯特（Marcel Proust, 1871-1922）的招牌特徵，他創作了現代以來最長的一部小說《追憶似水年華》（*Á la recherche du temps perdu*）。普魯斯特之所以聲名遠播，一方面因為他年紀輕輕就躋身其小說所描述的上流社會；另一方面則是，後來他為了專心寫作，而待在一間內牆貼滿軟木塞的孤立小屋中，與世隔絕。

該作品的第一部是〈在斯萬家那邊〉。敘述者在書中回憶他在巴黎家中，以及康魯雷城的親戚那裡，所度過的童年時光。其中包括對於斯萬的女兒姬貝德一股理想化的愛慕之情。然後，他跳回到從前，敘述了斯萬與奧黛特的愛情故事。

在第二部〈在少女們身旁〉中，敘述者來到了巴黎。他對於姬貝德的愛漸漸熄滅。幾年之後，他陷入幾個追求享樂的年輕女人的圈子裡，並且愛上了阿爾貝蒂娜。

在第三部〈蓋爾芒特家那邊〉中，敘述者描繪了他如何費盡心思，擠進排外的蓋爾芒特社交圈，並且終於得到了蓋爾芒特公爵的邀請。在這一部中，他親愛的外祖母去世了。

第四部〈索多姆和戈摩爾〉涉及到兩個相近的主題，一是夏呂斯男爵的同性

戀問題；二是德雷福斯事件（Dreyfus）中，社會對待猶太人的態度。在這一事件中，一個猶太上尉因軍方的偽證而被判叛國罪，在提出上訴之後，引起一場反猶太主義的浪潮。敘述者回到巴爾貝克，在那裡，夏呂斯把他的情人莫雷爾引薦到維爾迪蘭夫婦的社交晚宴。當敘述者懷疑阿爾貝蒂娜是女同性戀時，對她的愛苗又熊熊燃燒了起來。

在第五部〈女囚〉中，敘述者描繪了，他是如何片刻不停地監視著阿爾貝蒂娜。維爾迪蘭夫婦挑起夏呂斯和莫雷爾之間吵嚷不休的決裂，而阿爾貝蒂娜逃走了。

在第六部〈女逃亡者〉中，阿爾貝蒂娜死了。敘述者體會到，自己的悲哀是如何隨著時間而逐漸淡化。姬貝德嫁給了莫亥的新情人聖盧。

第七部〈重現的時光〉把我們帶到第一次世界大戰期間飛速變化的世界。敘述者得到蓋爾芒特公爵的新夫人，也就是以前的維爾迪蘭女士接見，並發現自己的舊相識變得如此陌生。他回憶起生命中三個燦爛輝煌的時刻，突然意識到，自己的使命就是將它們定格在文學中，成為永恆。

對普魯斯特來說，回憶是一種不可抗拒、不自覺的經驗形式，不是要透過事件去親身經歷，也無法藉由意識來操控。而是在不設防的時刻，忽然被回憶的潮水所吞沒，就在回憶中，過去與現在揉和在一起，使得那如煙的往事超越時空浮現於眼前。普魯斯特藉由這種回憶的形式所刻畫的情節片段，是整座小說迷宮中的精華。如果看不出這一點，普魯斯特就白讀了。

例如這一段：「我的味覺接觸到剛吞下的茶與蛋糕相混合的味道。這一刻，馬上讓我想起……這味道是瑪德蓮娜鬆糕，是星期天的早晨……我的萊奧妮嬸嬸給我吃的……當我記起這是瑪德蓮娜鬆糕的味道時……，眼前馬上浮現出那幢灰濛濛的房子和屋前的街景，於是，城市、大人在午飯前打發我去廣場的情景，以及許多街道都慢慢地在腦海中清晰了起來……。」

這部小說是在整個世界文學的回憶之海中，潛得最深的探索。值得一提的是，諸如此類的潛水探索，在佛洛伊德提出以回憶往事作為精神分析方法那段時期，尤為盛行。

《尤利西斯》

能與《追憶似水年華》相提並論的另一部小說是喬伊斯於1922年出版的《尤利西斯》；在某種程度上，它可與《浮士德》和《神曲》相媲美，因為它涵蓋了整個大千世界，並將所有的文學形式、社會歷史、文化象徵意義，以及現實生活中的千姿百態，熔於一爐。

《尤利西斯》描述了三個都柏林人一天的經歷，這一天就是1904年6月16日。這三個人是年輕的知識分子斯蒂芬‧德達路斯（Stephen Dedalus）、為報紙招攬廣告的經紀人利奧波德‧布魯姆和他的妻子莫莉。這部小說包含了十八章。前三章和第九章專門描寫斯蒂芬；第十章描寫了所有的人物形象；最後一章故事是莫莉的一段內心獨白；所有其他部分都在描寫利奧波德‧布魯姆。

利奧波德‧布魯姆是一個現代版的奧德修斯；然而，因為布魯姆是猶太人，所以他也是一個現代版的「亞哈隨魯」（《舊約‧以斯帖記》中的波斯王，猶太女子以斯帖的丈夫，此處泛指「流浪的猶太人」）。他帶著耶穌的詛咒，片刻不得閒地在世界上飄來蕩去，彷彿永遠的流放者，哪裡都不是他的家。藉由布魯姆的雙重身分，喬伊斯暗示了歐洲文化的兩個源頭，一個在古希臘，另一個則在猶太人所記錄的文獻聖經中。

《尤利西斯》中的「漂泊」意味著，一個中產階級的市民布魯姆在都柏林一天的漫遊。從早上起床上廁所，一直到逛過紅燈區之後，第二天清晨被斯蒂芬送回家，恍惚顛倒地鑽到老婆莫莉的床上為止。於是，布魯姆那綿延無盡的意識流在睡夢中像利菲河（Liffey）一樣流淌著，注入大海。在這之間，我們陪著他一起進入餐館，來到報社編輯部，還去參加一場葬禮，洗了個土耳其浴，進入一間酒吧，去了一趟醫院、圖書館、妓院，並且穿過都柏林的大街小巷，流連於廣場、公園之中。而且，我們是透過布魯姆的所思所想來經歷這一切的。

從來沒有哪位作家能如此徹底把讀者引入另一個人的思想中。在那裡，讀者感受到一種處於有意識與無意識狀態之間的回憶、私下陰暗的念頭、模糊的感觸、莫名的悸動，這些東西與畫面、氣味、嘈雜聲混合在一起，呈現出一種蓬勃的生機，既紛繁蕪雜，又充滿跳動的韻律，以至於最後讀者比布魯姆本人還了解布魯姆。我們也從來沒有在哪部作品中發現一個如此全面的「他人」。我們漫步

於「他人」無意識的各個區域，遍閱其頭腦中所沉積的文化的、個人的和日常的記憶存貨；我們從各個角落去看待私事、曖昧情感和氣氛的渲染；經歷所有生命的感動和各種微妙情緒。

小說的章節安排如此獨具匠心，它不僅採取了與《奧德賽》故事相平行的結構，並且每個情節段落都分別與一種藝術形式、一種色調、一種人體器官、一種原則和元素相聯繫。

人間萬象的五種形式在文中交織出現，包括有：一、家庭，由布魯姆、妻子以及他心目中的兒子斯蒂芬組成；二、漂泊，作為對世界的解釋；三、意識，對於所有事物的感受；四、一天的經歷，從早到晚，屬於那個時代的尋常日子，喬伊斯的崇拜者便把6月16日命名為「布魯姆日」；五、城市，現代版的宇宙。就這樣，《尤利西斯》成為現代文學中經典的都市小說。

結實壯碩的城市為社會這座巨大軀體重新灌注了生命活力。城市變成一個城市體，街道和鐵軌彷彿血管，在街道中流動的人群就像那條貫穿都柏林利菲河的河水。意識的流動性和無定形狀態，反映了大城市中湧動的資訊流、物流和人潮，它們像利奧波德·布魯姆腦海中的聯想一樣地迴圈流動著；城市和人腦共同的特性即在於，兩者都像迷宮般錯綜複雜。

作者年輕時的自畫像取名為「斯蒂芬·德達路斯」，自有其道理（喬伊斯另一部作品《青年藝術家的畫像》中的斯蒂芬·德達路斯可以看成是喬伊斯的「自畫像」，因為這個名字正是喬伊斯在這本小說出版前使用的筆名）。

不過，斯蒂芬的未來與喬伊斯的並不吻合，後者流亡到蘇黎士與的里雅斯特，對著都柏林市的地圖苦思冥想，將這座愛爾蘭的首都打造成令人矚目的世界中心，布魯姆的「漂泊」成了現代都市生活的解剖圖。這裡既有城市一天的流程，也有紀念碑式的畫面，還有攝影鏡頭中按下快門的一瞬間，以及文化的各個面向和那個時代人們的日常生活。

喬伊斯的手法類似普魯斯特的知覺美學，一種伴隨突然襲來的記憶而產生對事物本質的領悟。在喬伊斯那裡是「頓悟」（Epiphanie，又稱「天主顯靈」），它打斷了時間的流動性，並將現實帶到萬丈光芒的照射之下。兩部小說證明了，人類試圖從時間與歷史的束縛中跳脫出來，進入神話傳說，玩味突然之間的頓

悟，追求形式的穩定，留戀相同永恆事物的反覆。讀完了《尤利西斯》，我們等於將人生所有日子的經歷濃縮於一天，並在尾聲中，隨著那永恆女性意識流的河水，融入了漫漫夜色之中。

《沒有個性的人》

其實，普魯斯特和喬伊斯如此大手筆，描繪了整座文化宇宙，並以第一次世界大戰爆發前為背景，在戰時或戰後完成其作品，這並非偶然現象。當世界逐步走向毀滅時，人們會試圖透過回憶來重溫它的舊貌。這種情況也符合了長期住在德國、在文學創作上繼承德國思辨傳統的奧地利作家羅伯特・穆齊爾（Robert Musil, 1880-1942）的小說《沒有個性的人》（*Der Mann ohne Eigenschaften*）。

穆齊爾將他筆下的世界稱為「卡卡尼亞國」，即指奧匈帝國。主角是三十二歲的烏爾里希，他曾經是軍官、工程師和數學家，由於他不知道接下來該做什麼，於是他給自己放了一年的靜心假，以洗滌自我。乍看起來好像古典的成長小說，然而事實上烏爾里希是一個沒有個性、喪失光彩的人。他不認為人的個性是理解事物、決定事物發展的關鍵，他相信無關個人的系統邏輯。所以，烏爾里希在小說中總是處於意識形態與科學選擇的交叉點，他嘗試當一個「虛擬人」（Möglichkeitsmensch）來過生活並做出抉擇。

於是，這部小說變成一座實驗室，實驗物件便是各種思想與意識形態。在那裡，讀者認識了尼采的信徒、熱愛自由的猶太人、營養不良的社會主義者、滿懷仇恨的民族主義者、歌德式的完美主義者、佛洛伊德的性學實踐者、注重精神世界的將軍、像陀螺一樣忙得團團轉的家庭教師、愛好文藝的工業巨頭、華格納的狂熱崇拜者，還有許多的思想家、宗教狂和丑角。

故事情節的主線是烏爾里希成為一個委員會的祕書，這個委員會要籌備所謂的「雙軌典禮」，即皇帝弗蘭茨・約瑟夫在維也納的執政七十週年慶典，以及皇帝威廉在柏林的執政三十週年慶典。故事的諷刺性在於，這個雙料週年慶正好在1918年，而就是這一年，兩個王朝的壽命都走到了盡頭。

這部小說也像喬伊斯或普魯斯特的作品，描繪了十九世紀現代化洪流中瞬息萬變的世界，以及隨著世界大戰而來的沉淪。作品也指出了蘊含於這個世界內

部且將其炸毀的各種力量。隨之點爆的還有十九世紀最真實的體驗，也就是「歷史」此一概念（因為工業革命和戰爭，世界飛速變化，世人在此時此地的所見所聞隨著時間的推移很快就成為歷史，一去不復返）。由於小說的文學形式適合用來記述歷史，十九世紀便成為小說蓬勃發展的大時代。同時，這種藝術形式也最早體現了，歷史的概念變得極其脆弱。

喬伊斯、普魯斯特和穆齊爾進行了一次大綜合，他們的套路是相似的：透過回憶、頓悟和玄想跳出時間。在這個過程中，他們對人類意識的描述達到了前所未有的精確性，莫莉·布魯姆的意識流、普魯斯特的瑪德蓮娜經歷、烏爾里希的亂倫之旅等等，這些都屬於現代文學的「紫色章節」。

就在這最後的「大綜合」之後，形式的搗毀者來了，他們要表明一件事：小說這台「製造意義的機器」已經失靈。其中最極端的是弗蘭茨·卡夫卡（Franz Kafka, 1883-1924），他描繪了令人費解的官僚主義（《城堡》〔Das Schloß, 1926〕、《審判》〔Das Urteil, 1916〕）；還有撒母耳·貝克特（1906-1989，《莫洛伊》〔Molloy〕、《馬隆之死》〔Malone Dies〕和《無名》〔The Unnameable〕，1951-53）。荒誕派大師貝克特曾短時間擔任過詹姆斯·喬伊斯的祕書，筆錄喬伊斯口述的《尤利西斯》。

閱讀指南

對於前面所介紹的著作，有些行家可能會覺得缺少些什麼。這樣想也是有道理的，因為此處的選擇是根據以下三個考量點：

一、作品的主要人物是情節的具體呈現。例如：唐吉訶德，與風車搏鬥的人；唐璜，誘騙女人並挑釁地獄的人；浮士德，把靈魂獻給魔鬼的人。當然，這裡還缺少幾部作品，它們屬於神話傳說、兒童文學或特殊範疇，例如詩人雪萊的夫人瑪莉·雪萊（Mary Shelley），她與拜倫、雪萊一場創作賭注的結果就是，她在十九歲時寫下了一部經典的通俗小說《科學怪人》（Frankenstein, 1818）。幾乎是歌德在《浮士德》中讓瓦格納創造出一個人造人的同時，弗蘭肯斯坦在大學裡也進行著同樣的發明，但他的成果卻是一個渴望得到愛的醜陋怪物。

值得一提的是，按照民間風俗，創造者的姓氏會像父傳子一樣地傳給受造物

（弗蘭肯斯坦教授創造了怪物，他的姓氏彷彿約定俗成地作為怪物的代名詞，儘管怪物在小說中並不叫這個名字）。那是一個革命的時代，也是謀殺國王、向造物主抗議的時代（小說中也有怪物刺殺教授家人，並抗議「被造」的情節）。

我們是否一定要讀《科學怪人》，也許沒有標準答案。不過可以肯定的是，出自牛津大學教授路易斯・卡洛（Lewis Carroll）之手的「胡謅經典」《愛麗絲漫遊奇境》（*Alice in Wonderland*, 1865）和續集《愛麗絲鏡中奇遇》（*Through the Looking Glass*, 1872）非常值得一讀。之所以向大家推薦它們，除了娛樂性高之外，每個說英語的孩子都熟悉書中人物，一輩子不會忘記，它們甚至成為諺語般的詞彙了，例如瘋帽匠、三月兔、柴郡貓和蛋先生。那些把社會和語法規則搞得亂七八糟的邏輯，還有俏皮的文字遊戲，讓這兩本書成為科學理論者和語言學家採集寶石的礦場。（→語言之家）

談到兒童經典讀物當然少不了吉卜齡（Rudyard Kipling, 1865-1936）的《叢林故事》（*The Jungle Book*, 1894），書中刻畫狼孩子莫格利、他的朋友黑豹巴赫拉和棕熊伯魯的故事，以及米爾恩（Alan Alexander Milne）的《小熊維尼》（*Winnie-the-Pooh*, 1926）。屬於通俗傳說的還有史托克（Bram Stoker）的《吸血鬼德古拉》（*Dracula*, 1897），主角總是沒有例外地在陰森恐怖的幽光中出場。吸血鬼與科學怪人這類通俗故事拍成電影後，往往能創下票房佳績。

另外有兩部水準較高的科幻小說，一是史帝文生（Stevenson）的《化身博士》（*The Strange Case of Dr. Jekyll and Mr. Hyde*, 1886），內容敘述一個醫生在自己身上做試驗，結果導致人格分裂，出現好人與壞人的雙重性格；另一本是威爾斯（H. G. Wells）的《時間機器》（*The Time Machine*, 1895），書中講述一個時空旅行者偶然闖入了一個國家，那裡的人分成兩類，一類是頹廢而懶散的菁英，另一類是躲在地底下、個性陰森的無產階級分子，他們會趁著夜間從洞裡出來，吃掉菁英。

這些故事情節和人物形象已成為有文化、有教養者共同的精神財富。

二、德語經典的入門。就算它們無法與其他語言文化的著作等量齊觀，但無論如何是德意志民族的「傳家寶」。尤其是席勒，以前在學校讀過他的作品，而現在往往要大費周章，才有機會在劇院欣賞到他的劇作，儘管他原本天生就是屬

於舞台的。

　　之前我們遺漏了一位相當重要的作家，格奧格・畢希納（Georg Büchner, 1813-1837），他早在1830年就開始撰寫現代戲劇了。《丹東之死》是一齣革命劇，描寫羅伯斯比與丹東之間鬥爭的故事，前者代表憎惡享樂的美德暴政，後者對於改變歷史的邏輯感到無力，因而陷入哈姆雷特式的厭世情緒，最終在虛無主義中了結。他的《沃伊采克》（Woyzeck, 1836）是一部未竟之作，描述一個不幸的傢伙在社會上飽受刁難，還成為醫學實驗的犧牲品，最終失去理智，因妒忌而殺人。這部作品標誌著社會戲劇的濫觴，影響了諸多德語劇作家，例如魏德金（Wedekind）、布萊希特和弗里希（Max Frisch）的創作。

　　三、在文學史上占有一席之地，並開創新局的作品，例如《魯濱遜漂流記》、《格列佛遊記》、理查生的長篇小說。而其他入選的作品則展現了一整個文化宇宙，從某種意義上說，就像是教育手冊，例如《神曲》、《浮士德》、《尤利西斯》和十九世紀的長篇小說。

　　上述作品並非都是大家想讀的，之所以會介紹理查生，只是因為他太重要了，儘管現在幾乎沒人在讀他；大部分的現代人面對但丁也只是翻翻而已，恐怕只有極少數人會讀完《追憶似水年華》所有七卷。不過，《浮士德》真的不妨從頭讀到尾，因為它是一座精采生動的文化博物館，至少要進去參觀一次。

　　此外，從司湯達爾到穆齊爾，閱讀這些著名的長篇小說純粹是消遣，每一部都是一趟文化之旅。閱讀杜斯妥也夫斯基或托爾斯泰的作品，所獲得的俄國資訊比在當地旅遊一圈知道的還多，而且省下了一大筆錢。如果想去法國走一趟的話，請選擇司湯達爾或福樓拜的作品，當然，巴爾扎克、雨果、莫泊桑或左拉都是上上之選。如果目的地是普羅旺斯的話，可以考慮都德（Alphonse Daudet）；如果打算前往沃克呂茲一遊，最理想的就是馬瑟・巴紐（Marcel Pagnol）。

　　在英語文學中，有一部作品值得再詳談，它同樣展示了一座完整的宇宙與那個時代的文化。不過，大概要等到假期時，感覺似乎有無窮盡的時間，才有機會翻開它，而且是讀到哪裡算哪裡，隨時可以因為吃飯或洗澡而中斷。這本小說是勞倫斯・斯特恩的《項狄傳》，而它的主題就是「中斷」。故事開始於「製造」主角時的一次性交中斷。接下來，每個故事都因為故事的敘述本身而中斷，而每

個情節又因情節的鋪陳本身而停頓。整部小說都是如此。

內容是敘述者特里斯特拉姆‧項狄的生平，他是一個虛構的人物。然而，由於敘述者在講述每個故事時，都要回顧一下往事，彷彿前情提要，結果敘述的倒退要比前進的還多。在敘述者撰寫自傳的第一年，他只談到自己出生的那一天。直到小說末尾，他的描述還沒有超過人生的頭五年。然而，這短短一段時期卻發生一連串的意外：在「製造」他的時候，因為中斷而讓他的生命活力受損；出生時，一種新式的產鉗把他的鼻子給夾扁了（與佛洛伊德一樣，斯特恩相信生殖能力與鼻子之間有某種關係）；受洗時，由於誤解，他被取了個最糟的名字——特里斯特拉姆；後來，他又因為一塊掉下來的推移窗而割到了要害部位。

另一個聽來類似，然而後果更嚴重的事故，也傷害了項狄的叔叔托比。有一次他不得不講出自己被迫閹割的原由，然而，因為他已在某種程度上變成了女人，所以害臊得說不出口。結果作為心理上的補償，他找到了一個嗜好，一種無害的強迫行為，算是嚴重的精神官能症的症狀。

這本書充滿古怪的學問，到處都是強烈的影射，反映了斯特恩自己的信念：溝通時，所有東西都是模稜兩可的。他把牛頓的萬有引力理論與洛克（→哲學）的主體論進行對比，證明無意識發生在自我觀察暫時失靈的情況下；他將多愁善感的肢體語言揭露為發言與沉默之間的兩難選擇，例如：欲言又止的沉默、意味深長的語塞、孕育著玄機的戛然而止、默默地握手、強抑的淚水、昏厥，其實都是一種不可名狀之名。而且，這部小說的整體布局預示了當今最時髦的社會理論——尼克拉斯‧盧曼（Niklas Luhmann）的系統論。

總而言之，《項狄傳》是有史以來最怪誕、最具智慧，同時也是最幽默的小說之一。閱讀它的唯一條件就是：時間。

或許你想選擇一種值得追求的精神狀態，那麼《魯濱遜漂流記》絕對是個不錯的選擇。因為它能建立起人的信心，並給人以教誨，尤其當人陷入一種絕望處境時，如海難、破產、失業、被甩等等。這部小說向世人展示了如何在艱難困苦中求生存，最終克服逆境的方法。基本原則就是，每天都要有所規畫，以便完成長期而極端無聊的任務，例如參加入學考試，每天一小步一小步地進展，日起有功；然後還要講究方法，更要耐得住寂寞；可以藉由寫日記掌握自己的生活概

況，並且三省吾身；要嘗試所有的可能，絕不放棄，哪怕是只剩下最後一口氣，要知道在大多數情況下，上帝會幫助最勤奮的人。

如果你對政黨之間的明爭暗鬥感到厭惡至極，一打開電視或一翻開報紙便忍不住怒火中燒，那麼你應該讀一讀《格列佛遊記》。如果你對政治的反胃已經到了狂吐不止的程度，那麼《格列佛遊記》就是一帖良藥，它能把「噁心嘔吐」變為「一笑置之」。不過，只讀前面三個遊記即可，第四個就略過吧。如果你不聽勸告，執意要讀，之後若產生噁心不已的副作用，以至於想在極度沮喪中舉槍自盡，可別抱怨我沒有事先警告過你！

如果在你的生活周遭，有人長著一顆十字軍騎士的腦袋瓜，難以相處，那麼推薦你讀一下《唐吉訶德》。所謂「十字軍騎士的腦袋瓜」，指的是那些急於想為平庸的生活賦予某種神聖意義，把現實世界幻想成一齣劇，而且自己還在戲中扮演突出角色的人，就像一個形象悲慘的騎士，披著鏽跡斑斑的盔甲，每天高喊著要打倒法西斯主義一樣。唐吉訶德之於男人，正如包法利夫人之於女人，想要褪去世界的單調乏味是相當偉大的企圖，尤其當妳的枕邊人是個平庸的男人時。而且，哪個女人敢說，她的丈夫像小說裡的男主角一樣浪漫多情呢？

戲劇
Theater

十九世紀偏愛戲劇，在1880年之前，幾乎沒有出現意義重大的劇作。原因在於，當時整個文學領域在小說的影響下越來越注重內心世界的表達。同時，公開的角色扮演一分為二，由公領域和私領域的溝通所取代；前者顯得毫無感情而流於形式，後者雖然是真情流露，但是無關宏旨，難登大雅之堂。在人與人當面直接的溝通往來中，對於社會問題往往避而不談，於是上流社會的交際規則——禮儀、談吐、風度——喪失了魅力，它們空泛而不切實際，不再具有代表性，因為情感的表達必須是真真切切且令人信服的。

● 現代戲劇將其媒介（即溝通本身）主題化，而顯得矛盾、荒謬且怪誕。

到了十九世紀末，戲劇出人意表地死而復生，其所採取的手法是以自身的危機作為主題。就在「私領域崩塌」的廢墟上，戲劇向我們展示了：以私領域的溝通交流此一形式，來呈現社會與問題所在，這條路是行不通的。

亨利克・易卜生（Henrik Ibsen, 1828-1906，例如《玩偶之家》〔*A Doll's House*〕，1879）或奧古斯特・斯特林堡（August Strindberg, 1849-1912，例如《死魂舞》〔*The Dance of Death*〕，1901），他們所選擇的新穎主題都是破碎的婚姻，從中顯現的畫面是最深的沮喪、令人精疲力竭的平凡庸俗，以及消磨人的意志、將人擊垮的單調無聊。

當親密關係出現衝突時，不外乎就是打口水仗（「不管我說什麼，你老是與我爭辯／我並沒有與你爭辯／瞧，你這不又和我爭辯了嗎？」），於是便沒完沒了地聒噪下去。現代戲劇藉由將其媒介（即溝通本身）主題化，找到了它的主題與形式，因而顯得不合情理、似是而非、自相矛盾、荒謬怪誕。觀眾常常無法區分形式與主題，而被搞得一頭霧水。以下將二十世紀五位最著名的劇作家編入一齣

小品劇中，以解釋上述觀點，並且模仿了這些劇作家所代表的戲劇形式，包括喬治‧蕭伯納（G. B. Shaw）的討論劇、路易吉‧皮藍德羅（Luigi Pirandello）的後設戲劇（關於戲劇的戲劇，也就是利用戲劇創作，探討戲劇本身的問題）、貝爾托‧布萊希特（Bertolt Brecht）的教育劇、尤金‧尤奧斯高（Eugène Ionesco）的荒誕劇，以及撒母耳‧貝克特的玄妙鬧劇。乍一看，這部戲有點像瑞士劇作家杜倫馬特（Dürrenmatt）的《物理學家》（*Physiker*）。閱讀它時，請多留意它的形式與內容。接下來，好戲上場了！

果陀醫生或者六個人尋找第十八隻駱駝
一部關於戲劇本身的鬧劇

人物：喬治‧蕭伯納

　　　路易吉‧皮藍德羅

　　　貝爾托‧布萊希特

　　　尤金‧尤奧斯高

　　　撒母耳‧貝克特

　　　瓦茨拉維克醫生

　　　果陀醫生

我們現在位於美國加州帕洛阿爾托市（Palo Alto）精神病醫院嚴重精神分裂科的閱覽室。幾乎總是那幾位病人聚在那裡。他們是五個男人，其共同之處是：人人都以為自己是二十世紀偉大的劇作家，因此他們用下述名字來稱呼彼此，連醫生也不例外：蕭伯納、皮藍德羅、布萊希特、尤奧斯高和貝克特。眼下只有布萊希特和蕭伯納兩人在場，布萊希特正在勸導蕭伯納。

布萊希特：我說 G.B.S.，當然我跟皮藍德羅談過了，忘記你們那非理性的活力論吧！整個生命哲學都是胡扯八道，無非是頹廢資產階級的垂死掙扎，在意識形態領域放幾顆煙幕彈而已。然而，這種混亂給我們帶來了什

麼？法西斯主義！如果皮藍德羅對墨索里尼卑躬屈膝倒還可以理解，畢竟他是最落後的西西里資產階級硫礦主的兒子。但是，如果身為社會主義者的你卻要讚美墨索里尼的話，那就實在不能原諒！如果你還是一個費邊主義者，一位左翼的社會民主主義分子的話，那麼你就必須堅守正確的戰鬥方向。

蕭伯納：　　B.B.，我信任你，所以我告訴你一個祕密。

布萊希特：不要這樣，G.B.S.！可別相信我，因為背叛人者必為他人所背叛。

蕭伯納：　　即便如此，我也要告訴你，皮藍德羅瘋了！

布萊希特：這我相信。因為只要新秩序尚未建立，所有的人都是瘋子。我可以給你朗誦一下我的新詩嗎？是關於新秩序的。嗨？！皮藍德羅！

皮藍德羅擺著一副劇院經理的姿態出場了。

皮藍德羅：啊——哈！我瞧見觀眾了。很好！哪裡有觀眾，哪裡就有舞台嘛！可以開演了。

他擊掌了幾下。尤奧斯高身上捆著一條很長的繩子出場了；繩子的另一頭是貝克特，他一手拎著繩子，另一手揮舞著鞭子。

貝克特：　　（使勁地拉那根繩子）停！（尤奧斯高應聲跌倒了。）你們不覺得這個傢伙很卑鄙嗎？起來！你這隻豬！（他使勁拽繩子，尤奧斯高吃力地爬了起來。）

貝克特：　　（突然淚流滿面）是他逼我做出這種殘忍的事情，還讓我在夜裡暗自飲泣！因為他說「是」，所以我必須說「不」；（停頓）確切地說，因為他說「不」，所以我必須說「是」；（停頓）因為他想當好人，所以我得維持紀律；（停頓）因為他自行其事，所以我要頭腦冷靜。

皮藍德羅：（對蕭伯納）表演得不錯吧！貝克特在演布萊希特，尤奧斯高在演尤奧斯高。布萊希特是個教條共產主義者，尤奧斯高是他的受害者。

尤奧斯高：這就像我給世人的教誨。你們知道嗎？誰自以為能把思想灌輸給別人，誰就是膽大妄為之徒。因此，像羅馬教皇、史達林主義者、教授、染色體、郵局職員、皇帝和螺絲刀等等，就像先前的表演——都

是白癡一樣的「犀牛」[1]，或者是更糟糕的，……你知道最糟糕的是什麼嗎，貝克特？

貝克特：　評論家！

尤奧斯高：哦——！

蕭伯納：　只可惜尤奧斯高只能演他自己，因為他一點思想都沒有。

皮藍德羅：我們聽到有人對你的戲劇有完全類似的評價。G.B.S.，儘管你把十九世紀所有的思想都囊括進去了。

布萊希特：別爭了！你們的想法充其量只是被淘汰的活力論和貧乏的生命哲學，都是迷失在雲霧中的哲學而已。

皮藍德羅：（激動地）不！你們的思想才是教條社會主義加上瘋狂幻想，還打壓一切不同的意見。

尤奧斯高：多麼稀奇、古怪、獨特的巧合啊，蕭伯納和布萊希特都是社會主義者；多麼稀奇、古怪、獨特的巧合啊，二者都是理智壓抑了感情；多麼稀奇、古怪、獨特的巧合啊，二者都讓藝術服務於宣傳；多麼稀奇、古怪、獨特的巧合啊，二者都出於對無意識的恐懼而表現得律己、理智與死板；多麼稀奇、古怪、獨特的巧合啊，二者都站在拳擊手和賽車運動員的角度來評價社會；多麼稀奇、古怪、獨特的巧合啊，這兩個演員都在扮演他們自製的角色，並且把他們的名字簡化成G.B.S.和B.B.。哼！社會主義奸詐的雕蟲小技。最不人道的教義，是為了把人類變成犀牛而發明出來的。

皮藍德羅：（轉向其他人）剛剛都是尤奧斯高在演戲——純屬虛構，他事先就跟我說好了，當然也包括這一番感情的大宣洩。

貝克特：　還有完沒完？憑什麼要宣洩？誰的痛苦會比我大？（狠狠地咬了一口胡蘿蔔）。

著名的精神科醫生瓦茨拉維克醫生走進門來。

瓦茨拉維克醫生：大家早安！在幻想的世界中過得還好嗎？感覺不錯吧？可以告

1　在尤奧斯高的名作《犀牛》（*Rhinocéros*, 1960）中，「犀牛」指被異化的怪物。然而，當小鎮上的居民都一個個地變成了犀牛時，那最後剩下來的人形生物理所當然地被全體犀牛視為怪物。

訴我，有什麼新鮮事嗎？

貝克特：　（陰鬱）有些事情走上正軌了。

尤奧斯高：而且走得越來越快。

皮藍德羅：然而什麼都沒變。

蕭伯納：　這意味著死亡。

布萊希特：為什麼不讓我們出去？

瓦茨拉維克：你們可以走啊！沒人攔著你們。（停頓）我請求你們——快走吧！
　　　　　你們是自由的！

布萊希特：在資本主義社會中，沒有人是自由的。

貝克特：　你想擺脫我們嗎？

尤奧斯高：把我們踢出去？

貝克特：　這是個騙局，為的是讓它繼續進行下去。就算我們真的停下來了，總
　　　　　會發生點什麼事，讓一切再繼續下去。

瓦茨拉維克：總有一天會停下來的。貝克特，你會盼到這一天的。

貝克特：　（陰鬱）也許我已經不在人世了。

瓦茨拉維克：好，現在真的是要繼續下去。有一位新夥伴將加入你們。請大家幫
　　　　　助新人適應這裡的生活，向他解釋一下我們的規章制度，態度盡量友
　　　　　善一點，殷勤一點。設身處地體諒他人嘛！多多站在他的角度考慮一
　　　　　下問題。

皮藍德羅：我假設，我們是站在你的角度。

尤奧斯高：或者說是——他站在我們的角度。

蕭伯納：　他是誰？

瓦茨拉維克：是一位醫生。

尤奧斯高：醫生！不是病人？

瓦茨拉維克：他既是醫生，又是病人。我該怎麼解釋才好呢？他是一個把自己幻
　　　　　想成醫生的病人；具體地說，他把自己幻想成一位精神科醫生。因為
　　　　　你們都是劇作家，擅長角色的詮釋。所以我想，也許你們能幫他從自
　　　　　己的幻想中解脫出來。

蕭伯納：　我們該怎麼做呢？

瓦茨拉維克：嗯，身為一位精神科醫生，他會馬上嘗試治癒你們的疾病，這就是他瘋狂之所在了。他認為，自己有責任要將世上所有的人從精神的病態中拯救出來。因此，他會立即展開治療。幫我個忙，陪他玩一下。我有個理論，會臆想自己是精神科醫生的人，是因為強烈地擔心自己變得瘋狂。因此，他必須明白，人不必害怕瘋狂。如果你們當中有誰能教會他這一點，那麼就大功告成了。另外，他自稱是果陀醫生。

貝克特：　什——麼——！？

瓦茨拉維克：好吧，你們馬上就會見到他。他是多麼地自以為是，想要去影響別人啊！別讓我失望，幫他解開這個心結吧！他來了。

果陀醫生走了進來，穿著醫生的白長袍，滿臉笑容，大約有四十來歲。

　　　　　我能介紹一下嗎？這是我的新同事——果陀醫生。果陀醫生，這是蕭伯納、布萊希特、皮藍德羅、尤奧斯高和貝克特。

介紹時，大家回以友善的微笑、頻頻領首並輕聲細語地問候。

果陀醫生：久仰大名，各位的大作，我幾乎都拜讀過，實在是佩服佩服。

貝克特發出清脆的一聲「呵——！」其他人連聲說些「不敢當」、「沒什麼」、「過獎，過獎」之類的客氣話。

瓦茨拉維克：好吧，我走了。果陀醫生會向你們提出一些問題。最後，我提醒大家，十二點半開飯！

瓦茨拉維克醫生退下。

皮藍德羅：（在背後喊他）瓦茨拉維克醫生，能請教你一個問題嗎？（轉向果陀醫生）對不起，我馬上就回來！（他去追瓦茨拉維克醫生了。）

蕭伯納：　（對果陀醫生）果陀醫生？

果陀醫生：什麼事，請說。

蕭伯納：　我已經跟布萊希特說過，皮藍德羅瘋了。

果陀醫生：真的嗎？

蕭伯納：　是的。他根本就不是皮藍德羅。

尤奧斯高：什麼？

蕭伯納：　他只是在妄想，他的頭腦完全被「他是皮藍德羅」這個荒唐的想法所占據。

布萊希特：你同意吧，這種伯格森（Bergson）非理性主義會讓人導致瘋狂？

蕭伯納：　（悄悄地對果陀醫生）事實上，我才是皮藍德羅！

布萊希特：（同樣詭異地對果陀醫生）你知道嗎？我也是。然而，我不會洩漏祕密，這是矇騙法西斯主義者的手段。你想像一下，如果他發現，事實上他並不是，而我們才是皮藍德羅時，那會是怎樣的一場鬧劇啊！

當皮藍德羅回來時，大家都笑了起來。

皮藍德羅：啊，我都知道了，果陀醫生，有人對你說，我根本就不是皮藍德羅！他們只是拿新來的人開這種無聊玩笑。誰自稱是皮藍德羅來著？

果陀醫生：蕭伯納和布萊希特。

皮藍德羅：什麼？同時有兩個人！這真是太荒謬了！你難道不覺得很奇怪嗎，果陀醫生！

果陀醫生：當然不。各位先生，我也要向你們坦承一個事實，我根本就不是果陀醫生。

貝克特：　（失望）什麼？又不是了？

果陀醫生：對的，我不是。這都是瓦茨拉維克醫生的主意，他希望我假裝成一個病人，妄想自己是精神科醫生。「果陀醫生」這個名字也是瓦茨拉維克醫生想出來的。因為，果陀這個名字和我的本名「果德」很像。我是威廉‧H‧果德醫生。

皮藍德羅：而且，事實上，你也沒有幻想自己是一位精神科醫生，是嗎？

果德醫生：當然沒有。（停頓了一下）事實上，我就是一位精神科醫生。

蕭伯納：　啊！

果德醫生：哎，不瞞你說，這感覺並不好。因為果陀醫生的名字聽起來總讓人覺得有些怪異，不太真實。我可以向你們解釋事情的來龍去脈：瓦茨拉維克醫生想做個試驗；然而，我若以精神科醫生的身分出現，恐怕很難將你們引導入治療性的談話中；可是，假如你們把我當成病人的話，就不會對我有戒心了。

尤奧斯高：那麼你個人打算用什麼方法來治療呢？

果德醫生：嗯──，我有一個想法。

布萊希特：哇！我們洗耳恭聽。

蕭伯納：　　大夥的好奇心都被你撩撥起來了。到底你還真是位精神科醫生啊！

果德醫生：沒錯！因為瓦茨拉維克醫生認為，你們陷入某種分歧之中：蕭伯納和
　　　　　布萊希特代表社會的一方；尤奧斯高和貝克特代表個人主體性的一
　　　　　方；皮藍德羅則帶著他的「角色扮演」遊走於兩邊。我相信，如果你
　　　　　們嘗試去發現大家的共同點，也許能擺脫惡夢的侵擾，從此康復。

皮藍德羅：你所說的「康復」是什麼意思？當沙特（Sartre）在《聖熱內》（*Saint
　　　　　Genet*）中解釋，為什麼熱內變成了一個罪犯時，他忽然寫不下去
　　　　　了。

貝克特：　　而當布萊希特走進工人和農民的樂園時，他也寫不下去了。

尤奧斯高：這沒什麼奇怪的，因為他壓根就不會寫。

蕭伯納：　　住嘴，尤奧斯高！你認為果德醫生的主意如何，B.B.？

布萊希特：這應該是個有趣的實驗。你們不要老講自己的那一套，也該聽聽別人
　　　　　的解釋。你們的話早就了無新意，尤奧斯高和貝克特的點子不過就是
　　　　　──「觀眾同志們，對不起！我們沒有什麼想法。」

尤奧斯高：也許你已經有了一個解釋，而且想強迫我們接受它。

布萊希特：可是你們應該承認，我們之間真的有共同點。我們大家都認為，亞里
　　　　　斯多德的實在論已經落伍了，用這種方式來演戲已經毫無意義。為什
　　　　　麼呢？因為，在一個資本主義社會中，最直接的互動無法再表現出什
　　　　　麼了，它已經了然一空。問問G.B.S.，他認為很麻煩的事情是什麼？
　　　　　就是賦予這個「優秀」社會的行為模式某種意義！

蕭伯納：　　我的看法不盡相同。戲劇化的表演、激情式的情感宣洩、個人幸福的
　　　　　極力推崇，這些元素結為一體，奠定了十九世紀寫實主義戲劇牢不可
　　　　　破的基礎，並成為它的金字招牌。其中個人幸福又以感情關係為出發
　　　　　點，這在戲劇中的必要性，恰恰與它對社會的次要性形成鮮明對比。
　　　　　而易卜生則告訴我們，如何去解決這個問題。

尤奧斯高：是嗎？易卜生只停留在私人層面吧，我們不也都是嗎？皮藍德羅總
　　　　　是描寫夫妻之間由於嫉妒引發了一連串的戲劇化衝突；我呢，則
　　　　　是從《禿頭女高音》（*La Cantatrice chauve*）、經過《椅子》（*Les
　　　　　Chaises*），再到《傑克或順服者》（*Jacques ou la soumis*），一路探討
　　　　　夫妻和家庭問題；而貝克特筆下人物之間的親密關係早已不再新鮮，
　　　　　如同一顆乾癟的梨，不過是縮水之後的形式罷了。

布萊希特：這就說到重點了！你們唯一展現的就是，這些親密關係已經沒什麼意
　　　　　義了。

皮藍德羅：難道易卜生不也是這樣嗎？

蕭伯納：　從某方面來說，是的。然而，易卜生所展示的是一幅全新的景象，他
　　　　　改變了戲劇與觀眾之間的訊息交流方式。在傳統戲劇中，會伴隨著解
　　　　　說將所有必要的訊息傳達給觀眾；但在易卜生的戲劇中，觀眾完全是
　　　　　個局外人，就像現實社會裡，陌生人擦肩而過是件稀鬆平常的事情一
　　　　　樣。就這樣，易卜生將觀眾放在一個陌生人的角度。劇情剛開始的時
　　　　　候，觀眾看到的是中產階級家庭相愛相親、正派體面的一面；隨著劇
　　　　　情的發展，美好的外殼一片片地剝落，觀眾越來越驚愕，最後意識
　　　　　到：人們竭力頌揚的家庭親密關係原來建立在一堆謊言上！就算這些
　　　　　「親密關係」還有些意義，但絕對不像它表面所宣稱的那麼美好。

皮藍德羅：這沒有什麼奇怪的。易卜生和G.B.S.的戲劇主要在強調婦女解放的問
　　　　　題。

蕭伯納：　這種分析型的戲劇，情節中早已埋下了伏筆。

皮藍德羅：沒錯，就像精神分析一樣，全是「回首往事」，和古希臘悲劇沒什麼
　　　　　兩樣。

蕭伯納：　你是指父親的罪和幽靈等諸如此類的東西嗎？

皮藍德羅：是啊，在易卜生那裡還有遺傳的因素，然後是心靈創傷、記憶和潛
　　　　　意識中的罪惡深淵，因為他總是將壓抑的反撲和復仇女神、家庭詛
　　　　　咒等牽連到一塊。艾略特（Eliot）在他的沙龍喜劇中，以及歐尼爾
　　　　　（O'Neil）在關於俄瑞斯忒斯和伊萊克特拉的大型歷史劇裡也是這麼

做的。(→歷史｜悲劇小插曲) 不管怎麼說，一下子湧現了許多新版本的「古希臘悲劇」。

蕭伯納：　精神分析被搞得如此花俏，彷彿人們能借助它的力量，透過神話的形式來宣洩個人痛苦！

布萊希特：所以我說，結果是從情侶、夫妻、朋友，到家庭，看起來都像古希臘時期那樣。能用這種方式來描述社會嗎？或者就只靠一種分析方法？戰爭跑到哪裡去了？科學在哪？壟斷在哪？總而言之，社會到底在什麼地方？

尤奧斯高：讓我來回答你，社會在哪裡好了。你這個頂著一顆小市民探索腦袋瓜的笨豬！社會就在對永不安分的無意識的管制之中，就在把一個原本獨一無二的靈魂變成一頭隨波逐流的犀牛的僵硬、重複與機械之中。

布萊希特：尤奧斯高，別拿這種老掉牙的自由思想與僵硬社會的非辯證對立來煩我了。所有這些都是過時的伯格森主義。異化不是社會造成的，親愛的，資本主義社會才是罪魁禍首。

果德醫生：如果你這樣說……，對不起！我要插嘴了。如果社會的發展總是導致思想意識與社會之間的裂縫持續擴大；如果由於這種分裂，思想意識侷限於自我的圈子中；如果所有的溝通都變得像化裝舞會；如果人前的「我」是如此陌生，以至於再也不能表達「自我」了，請問各位，再爭辯資本主義和社會主義，還有什麼意義嗎？

皮藍德羅：說得好極了！果德醫生。

布萊希特：這是精神分裂症。

皮藍德羅：什麼精神分裂症？B.B.，彷彿你從來沒有這樣過似的。瞧瞧你自己塑造的人物形象吧！潘蒂拉——喝醉了，就是個好人；清醒的時候，就是個自私鬼。沈黛——四川好人，她好人的名聲之所以維持得下去，是因為她不時地裝扮成冷酷無情的隋大，以維護自身利益；看看你筆下的那些「適者」和「帥克」們吧，他們在你的劇本中搔首弄姿，不就是要把自己分裂成一個外在的面具和一個內在的自我嗎？全是一群傑基爾博士與海德先生。我們剛才還聽說，有人必須冷酷無情，並在

暗夜裡哭泣。你難道不也是這樣嗎？裝得人模人樣，彷彿自己跟精神分裂症絕緣似的！

尤奧斯高：對B.B.來說，這很正常，因為他少了一根筋。（對布萊希特大叫）你難道不知道，皮藍德羅的老婆有精神分裂症嗎？

蕭伯納：　天哪，某些劇作家就是這麼不知羞恥。人人都知道，皮藍德羅是怎樣利用他夫人的精神分裂症來取材的。他自己承認的，事實的確是這樣。你們難道不覺得他向我們展示的那個瘋狂世界是如此真實、合乎邏輯，簡直就和現實沒兩樣嗎？

貝克特：　沒錯！但是為什麼呢？

布萊希特：唉，靜一靜，馬上有人要宣布來自子宮的重要訊息了。

貝克特：　因為現實世界就像瘋狂世界一樣荒謬。每個解決問題的方法又再製造了它所解決的問題。這是邏輯之深層邏輯。布萊希特鋼鐵般的邏輯堅定了他那瘋狂而帶有強迫性的馬克思主義信仰，關於肅清、勞教和屠殺。為什麼呢？「世界革命」製造了它要以暴力來剷除的對手，消滅他們便成為「世界革命」的光榮任務。這本身就是瘋狂的。而且，把他們貼上瘋狂的標籤，對他們進行口誅筆伐也是瘋狂的。B.B.的瘋狂之所在就是，相信「進步」。然而，「進步」也會帶來「退步」。

尤奧斯高：哈！鞭辟入理！B.B.，你為何不在思想領域也來場革命，搞個進步，把你的那個馬克思主義給「革掉」，再建立全新的學說呢？

布萊希特：而你自己呢？貝克特，你也有精神分裂症嗎？

貝克特：　我跟你說件事，B.B.。我曾經有一個月的時間待在精神病醫院，和一個男人下棋。這個男人在這段時間沒有和我講過一句話。最後，我領他來到窗前，對他說：看呀！遠處的麥苗和白帆。但他卻說，他只看到了屍骸。

布萊希特：真可怕啊！

貝克特：　那個男人就是我。可是你，B.B.，你卻看不到他們，那些被埋葬的死人。看不到他們的人，就像能看到他們的人一樣，都患了精神分裂。

蕭伯納：　看來，這也是一個共同點囉。

皮藍德羅：這是不是很可笑？

蕭伯納：　所有的事物都是可笑的！

尤奧斯高：我們沒有共同之處，有的只是完全對立的戲劇創作目標。你們想要啟蒙，因為你們自認為看透了這個世界。而我們卻知道，我們看不透這個世界。我時常覺得有一種巨大的恐怖感襲來，那就是事物的神祕莫測，一種恐怖的、看不到的東西。這就是你們所無法忍受的。於是，它驅使你們進入那個彷彿能解釋這個世界的幻想體系之中。

布萊希特：如果不是為了啟蒙，那你們的戲劇目的何在？

蕭伯納：　就是啟蒙的反義詞嘛，神祕化！

皮藍德羅：絕對正確，神祕化，對祕密的表達。你肯定曉得，G.B.S.，因為你的哲學總體上是在頌揚生命中潛在的力量。

蕭伯納：　隨著人的成長，這種力量越來越了解自己，並學習去控制自己！知道嗎，皮藍德羅，你的劇本對我影響很大。因為我很明白這種感覺，一個演員去演他自己。B.B.，這一點皮藍德羅並沒有說錯，我們是裝腔作勢的人，你也是！然而又不是，為什麼呢？因為我們很自由，可以決定我們自己要成為什麼樣子。我們自己塑造自己，正如所有天才做的那樣。然而，尤奧斯高和貝克特所做的事情，已超越了我的理解能力。易卜生在分析型戲劇中教導我們，不要立即向觀眾洩漏全部的訊息，而是讓他們親身體驗那逐步發現的過程，這就是一個認知的過程。然而，在尤奧斯高和貝克特這裡，觀眾到最後都蒙在鼓裡；劇中人一直都比觀眾知道的要多；彷彿一切是不言而喻，事先商量好的，根本就不需要解釋。你們把觀眾完全當成局外人，根本就不給他們其他的訊息。

布萊希特：或者只是矛盾的訊息。

尤奧斯高：是誰一直在強調，這個世界是矛盾的？

布萊希特：是矛盾，但並非不可解釋。如果皮藍德羅在他那部關於岳母的劇本中，用兩種完全相反的說詞來表達同一事件，很好！那就是矛盾。但是，如果他賦予兩種版本同樣的可信度，其中任何一個都可能是瘋狂

的妄語，也可能是從理性的角度推導出來的。那麼，他就混淆了妄想與現實之間的界線，把觀眾看成是蠢驢了。

尤奧斯高：幫幫我，皮藍德羅！他在說哪部戲啊？

皮藍德羅：沒錯，就像你們所看到的那樣。你應該記得的，在一座小城新搬來一戶人家，並帶來不平凡的故事——女婿說，他的丈母娘由於喪女（也就是他的第一任妻子）而發了瘋，現在把他的第二任妻子誤認為是自己的女兒。

尤奧斯高：啊！沒錯。而這個岳母卻說，女婿因為在療養院待了一段時間，之後竟然不認得自己的老婆，還以為是和第二任妻子結了婚。是的，我想起來了。但是B.B.你並沒明白這個笑話的寓意，那就是：一個版本涉及到另一個版本的內容，而兩個版本都提出了充分的理由來解釋，為什麼另一個版本是錯的。這就讓世界變得不可解釋，一旦解釋，那便是矛盾。好比是，如果我們批評馬克思主義的根源之一是心理瘋狂；馬克思主義卻先下手為強，把思想分歧解釋為意識形態的武器，而階級鬥爭辯證法則為馬克思主義配備了一套免疫系統；它等待人們來反駁它，而每一次的反駁對它來說就是再一次的證實。

皮藍德羅：啊！真是高妙，尤奧斯高！B.B.，我的劇本中也涉及社會經驗。當我還是個孩子的時候，我確信自己有能力讓別人了解我。但是，當我有了老婆之後，卻發現我很難和她溝通。我越是努力嘗試，就越發感覺自己正被她扯向瘋狂。我越是努力去消除她的猜忌，搜腸刮肚找出的忠誠證據越多，她就越認為我是在強詞奪理，恰恰證明了我的不忠。激烈的爭辯之後，我感到沮喪透頂；而她更加堅定地認為，我欺騙了她。在沮喪和絕望中尋求溝通，恰恰阻礙了溝通的進行，而且每個人內心所設想的都不可能完全實現，正是這種切身經驗啟發了我創作的靈感。

蕭伯納：　儘管如此，你得容許我從社會的角度來審視這種經驗，那它就會是另一番樣子。皮藍德羅，你別想抗議，藉以獲得社會的共鳴。因為在你的劇中所展現的只是一處恐怖幽暗狹小的地方，一處喪失了現實性的

私人空間，那裡就像是第十八層地獄，只有一對市民階層的男女，鎮日被不斷激化的衝突矛盾拖著，在圓形跑道上永無止境地追逐。

布萊希特：令人拍案叫絕，G.B.S.！這不僅僅是皮藍德羅，而且也是尤奧斯高——那是他自己這麼說的，連貝克特亦是如此。瞧瞧他那些著名的哈姆、克婁夫、艾斯特拉岡、拉第米爾、普素、拉可吧，若撕掉他們臉上高深莫測的小丑面具，就會發現原來他們不過是一群緊繃著臉的小夫妻，不過是斯特林堡的《死魂舞》中庫爾特和愛麗絲的翻版而已。荒誕劇的看家本領就是：封閉的空間、幽暗恐怖的氣氛、永無休止的夫妻矛盾和劇中人如吸血鬼般的行徑。

尤奧斯高：請不要隨便影射別人剽竊好不好？B.B.，人人都知道，你自己在智慧財產權的問題上是如何的輕率隨便。誰不曉得，你營造敘事詩般舞台效果的機械裝置，是從斯特林堡的《死魂舞》與《到大馬士革去》（*To Damascus*）中照搬過來的。

布萊希特：好了好了，別爭論我剽竊與否的問題，首先我們要明白一個基本原則，精神財富是屬於集體的，大家都可以用！無所謂偷不偷的問題，關鍵是，怎麼去運用精神財富。尤奧斯高，如果提到斯特林堡，我想說的是：在你們那些神祕荒誕戲劇的背後並沒有多少高深的道理，至少不像你們所宣稱的那麼多；然而，斯特林堡筆下帶有社會色彩的家庭和婚姻要比你們描述的精湛得多。

果德醫生：允許我說兩句嗎？我覺得，荒誕劇把戲劇的發展引領到一個全新的境界。G.B.S.指出訊息告知上的差異。其實，這正是荒誕劇的高妙所在。不像斯特林堡，把瘋狂當作人物的特徵來刻畫，荒誕劇故意隱瞞某些重要的事，誘導觀眾產生一種迷失方向後的虛妄之感。

蕭伯納：　一點也沒錯！觀眾被你們搞得暈頭轉向，費盡力氣去揣測那虛妄的解釋。然而，皮藍德羅早就這麼做啦！

果德醫生：他是怎麼做的？

蕭伯納：　我認為，他在戲劇的框架上做文章。首先，他讓我們相信，舞台上的表演是在模擬現實生活，就像我們所熟悉的戲劇形式一樣。然後，他

突然讓我們摸不著底，因為他宣布：一切純屬虛構，只是在演戲而已。但是就在我們據此嘗試在現實中站穩腳步時，他又一棒子把我們掄到火星上去，因為他宣稱：這個新的現實其實也是在作戲而已。這使我們原本可靠的現實感遭到了致命的打擊。天啊！我們當時是多麼瘋狂於「皮藍德羅主義」啊！就連美國人也興高采烈地參與討論，更別說德國人了。也許是因為皮藍德羅研究的對象是德國的理想主義，以及與之唇齒相依的主觀主義問題，包括施萊格爾（Schlegel）、蒂克（Tieck）、謝林（Schelling）、費希特（Fichte），還有那個「我」——它不僅樹立了「自我」，而且還定義了「非我」。哈哈，我很慶幸，自己沒有搞這些玩意，而是與生物學與經濟學打交道！

尤奧斯高：然而，你們的黑格爾也是從這裡起家的。

果德醫生：我認為G.B.S.對皮藍德羅的技巧做了精湛的描述。但是他沒有提到隱藏在裡面的新東西。還記得莎士比亞的文學手法嗎？——戲中戲。例如，在《仲夏夜之夢》中，仲夏夜的夢是「外戲」，它裡面所包含「皮拉摩斯和提斯帕的故事」則是「內戲」。二者之間的區別是，「外戲」是虛構的現實，而裡面的「內戲」才是戲劇。在皮藍德羅那裡，二者之間的界線變得模糊不清。「內戲」沒有了那個圍繞在其外的「外戲」，內外混為一談。這使觀眾產生一種混亂的錯覺，甚至於把自己也扯進戲裡去了。這就意味著，戲劇不再能夠模擬現實，而劇作家便拿「它與現實之間的界線」玩花樣。戲劇只牽涉到它自己，就像是一個「同義反復」。戲劇僅能再現戲劇自身。然而，這標誌了社會發展過程中的某種現象：「互動」除了再現其自身以外，什麼也不是了，因為它致力於表現的只是「無法再現」。

蕭伯納：　這就叫作，社會作為一種「缺席」，以負面的形式出現。

果德醫生：沒錯！它說明了，社會已無法藉由直接溝通的形式去理解。

尤奧斯高：承認吧，G.B.S.，社會在你的劇中也是以所謂「理念」的形式出現的，以便為對話與溝通提供話題。但是，不可否認的，你是費了好一番心思，才將這些話題與人物情節扯上關係。這一切之所以能運作，是由

於你欣賞英國上流社會的社交文化，因為身為一位優秀的老費邊主義者，你相信上流社會終會皈依社會主義，願上帝寬恕你！你從英國人貴族式的行為文化中，看到的是共和公益的菁英原則。從你的語言學家教導他的「傑作」──賣花女──駕馭自我的語言中，可以清楚地了解這一點。在你這裡，對於行為的自我控制，與B.B.那裡的黨紀與無情，實在有異曲同工之妙。G.B.S.，你肯定聽了不順耳。你對上流社會文化的執著和以社會戲劇為導向的創作，已經像大英帝國一樣老套了；英國式的拘泥僵硬，連在張三李四身上都看得到。

布萊希特：尤奧斯高，分析得好！多麼犀利的社會眼光啊！精闢！我同意。

蕭伯納：　你同意！我老套？從來沒人這麼批評過我！我知道，總有一天我會被他人超越，長江後浪推前浪嘛。可是，難道你自己沒有寫過反映社會的理念劇嗎，B.B.？

皮藍德羅：沒有。現在我發現到，B.B.和我們一樣時髦。

布萊希特：啊？這個說法真令人好奇。和你們一樣時髦，聽起來頗具威脅性。

皮藍德羅：果德醫生說得沒錯。你的問題也是如此，社會已無法藉由「互動」去理解了。戲劇反映不了社會，而是繞著「自我指涉」打轉，成了一個同義反復。你那著名的疏離效果無異於一個同義反復。你的戲劇只是在講：「大家請看這裡，我是一齣戲劇，想向你們表明些什麼！」戲劇總是要再現些什麼的，但是現在你出場了，並展現你的展現。首先，你用食指指向某樣東西──你把它叫作「譬喻」，但是人們並沒有看到你指的是什麼；然後，你再用另一隻手指，指著你的食指。這就是同義反復。

尤奧斯高：妙極了！布萊希特是皮藍德羅的繼承人。我們都是皮藍德羅的繼承人。我坦率地承認這一點，因為在我看來，「戲中戲結構」反正都是晦澀的。貝克特，你怎麼這麼安靜啊？說點什麼吧！

蕭伯納：　他苦思冥想，如同已往。

布萊希特：這不僅僅是戲中戲的問題，尤奧斯高。皮藍德羅的意思是，演出的情景與戲劇的虛構之間界線變得模糊不清。在這方面，貝克特堪稱無人

可及、一流的玄虛大師。在我看來，他就是把舞台情節簡化再簡化，直到劇中人變得「透明」為止。

尤奧斯高：你能不能再講得確切一點？

布萊希特：樂意之至。我的意思是，許多貝克特劇中人物所說的話，也可以看成是演員針對當時舞台情境要說的話。就以《等待果陀》為例，對演員而言，整個晚上他們同樣是在等待果陀，而且他們也不知道果陀是誰，從前一天晚上他們就開始在等他了，他們期待這一晚快過去，然而他們還是得繼續等下去，他們等得都快麻木了，他們需要些什麼東西來鼓舞一下信心，他們看起來就只是存在那裡……。如果我們將舞台上所發生的一切看成脫離了時間與空間，那麼它似乎就蘊含著深刻的寓意。然而，貝克特對此仍然一言不發，高妙地沉默著。他這麼做彷彿發生的一切寓意自在其中。貝克特逕自做著他想做的事情，不理會別人說什麼。戲劇在他手中成了短路的電路，戛然而止，卻又令人回味無窮，就連演出本身也被他戲劇化了。就這樣，他誘導世人追尋戲劇背後所隱藏的玄妙意義，並墜入評論家探討深意的無底黑洞中，而且——他們全都掉進去了！所有人的反應都像皮藍德羅一樣，到處搜尋潛在的意義。其實，它不過是一個手段高超、達達主義式的誤導、[2]一個超現實主義的玩笑，不是嗎，貝克特？你得承認，你是牽著世人的鼻子搜尋深層意義的高手，是蠱惑荒謬的專家。

貝克特：我從未說過謊，若有學者問我果陀或其他角色的象徵意義，我總是這麼回答：這只是人物形象；為了存在而演出，為了演出而存在。

布萊希特：這我同意。實際上，他的戲劇什麼意義都沒有，它就意味著它本身。這是就是百分之百的自我指涉，一個同義反復的迴圈。它說：「我意味著我自己。」

蕭伯納：然而剛才你還說，它代表著斯特林堡的婚姻地獄。

布萊希特：一樣的呀！家庭就是直接互動的場域，就是舞台。你見過尤奧斯高、

2　達達主義追求清醒的非理性狀態；拒絕約定俗成的藝術標準；憤世嫉俗，表達出一種幻滅感；追求無意、偶然和隨興創作的境界等。

貝克特以及他們那一票模仿者所玩的招數了嗎？

蕭伯納： 哎，荒誕劇對我來說就像是陰森「刁難的世界」。那裡充斥著雞毛蒜皮的詭計、親密關係的陷阱、無法遵從的命令、模糊的準則和變態的小題大作。令人無法喘息的狹隘關係，還摻雜著卡夫卡式怪誕的專制統治，家庭竟然與監獄如此相似。尤其是，刁難的花樣不斷翻新、層出不窮，搞不清是在開玩笑還是認真的。

尤奧斯高：說得沒錯，你們知道嗎？chicane（詭詐刁難）這個詞從chicaneur（遊戲場地邊界線）演變而來。

蕭伯納： 看！那肯定是法文，而法國正是荒誕劇的發祥地。

貝克特： 然而作者卻是外國人。

蕭伯納： 又是一個「刁難」！不管怎麼說，刁難總與荒謬有關；惡毒為自己接生，然後根據下述原則運作：我拷打所有害怕我的人。於是，「貓捉老鼠的遊戲」開演，自我滿足的預言兌現，自相矛盾的規矩成立，一切的一切導致災難性的荒謬，最後讓彼此陷入絕境，也把觀眾拖入了瘋狂妄想之中。

布萊希特：你說得對！這就是那些小家庭衝突的基本模式，一旦有一絲戰爭的火苗出現，它便會自己升溫加熱，越演越烈。衝突中使用的語言通常都是話中有話，語帶玄機。劇中人被迫跟著它打轉，直到暈頭轉向，一不小心就掉進陷阱摔個粉身碎骨。所以，毫不奇怪，貝克特筆下的人物總是期盼著結束。

貝克特： 觀察得很細微嘛，B.B.，然而結束總是荒謬迴圈的開始。

蕭伯納： 不久，瘋狂便爆發了。

貝克特： 也許吧。但是每次爆發的只是瘋狂的一部分，並導致新的瘋狂。

蕭伯納： 但為什麼總是與瘋狂有關呢？除此之外，別無其他？

布萊希特：問問貝克特吧，他是個瘋子。

尤奧斯高：你又來了？

蕭伯納： 但是，如果一個人整天都在擔心自己精神分裂，此外什麼都不想，那麼他就是精神分裂。永遠陷在「瘋狂」這個題目中，簡直是瘋了。

貝克特：　的確是永遠。一旦你開始和「瘋狂」打交道，便會不由自主地一直下
去，這是無盡的折磨，是地獄！你們究竟知不知道，什麼是精神分
裂？那就是，有一堵透明的玻璃牆橫亙在你與世界之間。你只是委託
自己的一部分與這個世界打交道，他就像是一個「公共人」，與你自
身沒有關係，只是為了實現他人期望的一個幫手，是一個受到鄙視的
適者。而你自己越來越退縮到內心世界中，在那裡，你是自己唯一的
夥伴，和你打交道的只有自己。這是單獨一個人的世界。你擁有完全
的孤獨，這是活著的死亡！你聽著外面另一個「我」在唧唧歪歪地說
著話，還有別人搞出的其他聲響，但這些對你來說毫無意義。他們只
是些機械玩偶，說的全是廢話，就像閃亮的玻璃珠子，沒有任何價
值。你與別人的生活，甚至還有你自己的生活，斷絕了聯繫。不！是
從來就沒有聯繫過。你感覺自己毫無價值，甚至喪失了活下去的勇
氣。你沒有存在的權利。當你對現實提出稍微高一點的要求時，別人
馬上堵死你的活路。為了避免這種事情發生，你預先給自己披上偽
裝，塗一點什麼保護色上去，其實就是不把自己當人看。你戴上面
具，隱藏自我，融化在周遭環境的背景中，不敢洩漏蛛絲馬跡，彷彿
死了一般。出於對旁人惡毒目光的恐懼，你在幻想世界中把他們變得
毫無生氣。你也不把他們當人看，他們在你眼中成了機器人，甚至
是板凳、掃帚一樣的東西。然而，你的存在取決於「被看到」；如果
沒有任何人注意到你的存在，你就會像淒風苦雨中的小燭火一般熄滅
了。可是，因為他人的目光是惡毒的、充滿殺氣，所以你存在的唯一
證據就是你的自我意識。於是，你一刻不停地進行自我觀察，這種密
集的觀察扼殺了所有的靈感、衝動和本能反應。你在慢慢地枯萎、凋
零、縮水……。最後，你變得出奇的僵硬，像石頭一樣——原來你已
經成為自己的墳墓了。

皮藍德羅：妙！太妙了！刻畫得入木三分，貝克特！的確如此。你所描述的正是
自我與角色、個人與面具、存在的主觀與客觀之間的矛盾。內在的自
我不是獨立的，因為它失去了客觀性；外在的面具是不真實的，因

為它受到內心的拒絕。因此，人所表現的，肯定不是自己的真面目；而他的真面目，肯定是他所不能表現的。人——這個統一的個體，分裂成許多的角色，它們在自己狹小的舞台上擠來撞去，請求得到「自我」的認可與接納。

布萊希特：我想，我慢慢開始明白，尤奧斯高不喜歡我哪一點了。

貝克特：　沒錯。你代表那個冷酷、死板、自以為權威、非人性的外在世界。它是規定、教條與機械的世界。你注意到了嗎？尤奧斯高早期的作品描述的都是屈服於完全荒謬、毫無意義的規則的故事，如《課堂》（*Le Leçon*）、《傑克或順服者》。而且，他把這種「適者」非人格化，定義為「犀牛」。

尤奧斯高：貝克特，B.B. 並不是我所挖苦的犀牛，世界上有幾百萬頭犀牛。我生他的氣是因為，他本來可以更聰明一點，可是他偏偏要站錯邊。因為他知道這種衝突，他曉得精神分裂的結果。你們瞧瞧他筆下的帥克吧，他們那些名揚四海的伎倆不外乎是與敵人暗通、出賣與背叛、適應環境和偽裝自我，這些貝克特都說過了。然而，我們抗議這麼做，我們要揭穿這些鬼伎倆，這些白癡，荒謬而可笑！可是，B.B. 卻宣揚這種對環境的適應，並讚美它。看看他所寫的那些劇作，最噁心的一幕是，一位年輕人即將被他的共產黨同志處決，因為他為了表達人類的情感，而撕破了那石頭一般冰冷、非人性的面具。其實，這種事情在共產黨的天下稀鬆平常。然而，令人作噁的是，這位年輕人竟然同意，先自我批判再請求處決。這簡直是史達林公審的預演，是 B.B. 發明了「公審」！史達林只是模仿布萊希特而已。這種自我批判就是精神分裂的指導原則。三〇年代現實中發生的公審證明了：B.B. 是個史達林主義者，原本還可以成為一個納粹，假如他做的是另一種選擇。

蕭伯納：　什麼也別說，B.B.，讓我來反駁他。你說的這一番話，其實也是針對我。沒錯，B.B. 和我做出了同樣的決定，我們選擇站在社會的一方，反對個人的主觀性。但是，我們為什麼要這麼做呢？因為我們想生存下去！人只有在社會中，才是真正的人。然而，社會是不合理的——

我們都承認這一點。為了在社會中更好地生存下去，我們必須改變它；為了改變它，我們首先要在這個社會中生存，所以要適應它。我們必須和它一樣強硬，這樣才能對付它。

尤奧斯高：什麼？你們把這種強硬當成自我訓練的目標，滿懷敵意地對待那些主觀、軟弱、容易受傷害的人。

布萊希特：不是。我們之所以和你們對立，是因為：你們筆下那些退縮到內心世界的人物，代表著現實世界的懦夫、失敗者；你們對社會一味地譏諷，就像一個自戀的孩子發現世界並沒有帶給他所承諾的快樂，而做出不成熟的反應。

尤奧斯高：而我們之所以選擇和你們對立，是因為：你們所刻畫的人物對紀律的看法，以及對強勢社會的屈服，代表了與獨裁暴君的勾結串通，最後的下場就是死在史達林的公審大會上。

蕭伯納：　我同意，這就是家庭與監獄的對稱性！

布萊希特：尤奧斯高，你竟敢侮辱我，說我有納粹的素質，只是因為我跳起來與納粹鬥爭，而不是躺在那裡無病呻吟嗎？你們是失去心靈家園的流亡者，什麼也不做，因為你們相信，只要換個想法就行了。

尤奧斯高：這是對貝克特的侮辱。他冒著生命危險參加抗爭運動，而你卻在好萊塢被資本主義包養得肉膘體胖，腦滿腸肥。

果德醫生：是否你們雙方所刻畫的都是同一個瘋子，只不過是精神分裂兩個相反的方向呢？當你們抬高一方，而貶抑另一方時，只會加重他的病情，使問題更趨嚴重。也就是說，對二者的割裂，恰恰就是你們問題之所在，只是你們自己沒有發現而已。相信嗎？你們都能成為偉大的劇作家，如果你們不再只從單一方面來表現事物，也就是說，不再把個人互動與社會，情感關係與匿名、客觀、非個人的領域分割開來。難道你們沒有發覺，身為劇作家，大家面臨同樣的問題，互動只能再現其自身，其餘什麼也不是了；而戲劇僅存的作用就是去展現這一點，並在這個「同義反復」上製造效果。

布萊希特：的確，但是一切也證明了，親密關係的互動若與社會意義脫節，反倒

會因期望賦予生命意義，而背著過於沉重的負擔。

貝克特：　就是這樣的，B.B.。在私人互動中賦予其生命意義，這種期待是個沉重的負擔，同樣地對於戲劇藝術性的再現，這種期待也是不可承受之輕。我們倒還能夠忍受對意義抱持期待所導致的失望，然而你們卻不能，便逃到馬克思主義中尋求慰藉。也許「意義」的問題才是我們分歧的關鍵。

蕭伯納：　我現在知道你們是誰了，貝克特！尼采的追隨者！

門口閃出瓦茨拉維克醫生的頭。

瓦茨拉維克：討論結束，孩子們，該吃飯了！

他的頭又消失。

貝克特：　你們聽到了嗎？有飯吃了。

大家都站起來往外走，只有布萊希特沒動靜。

蕭伯納：　怎麼了，B.B.，你不餓嗎？

尤奧斯高：哎，B.B.？先吃飽喝足了，再談仁義道德啦。你不是一直喊餓？

布萊希特：我真的不餓。你們知道嗎，我想，我根本就不是布萊希特。

大家感到很驚訝，紛紛說：「什麼？」「此話怎講？」「那你是誰？」

布萊希特：我是某個想像自己是布萊希特的人。

皮藍德羅：啊哈，這種論調我懂，反正我也不是皮藍德羅。

布萊希特：我知道你不是，事實上，蕭伯納才是皮藍德羅，他說過的。

尤奧斯高：什麼？事實上他是想像自己是蕭伯納吧！

蕭伯納：　那你是誰呢，尤奧斯高？

尤奧斯高：既然布萊希特停止了扮演布萊希特，那麼我也不再宣稱自己是尤奧斯高了。

蕭伯納：　哈！你們明白了，矛盾就在自己的身上。這是痊癒的第一步。

皮藍德羅：你說「痊癒」？G.B.S.你到底是誰？

蕭伯納：　看來你們兩人已經開始走出瘋狂了。我是一位心理學家，正在研究是否可能透過參與精神病人的對話，來進行治療。皮藍德羅，在我看來，你是最理智、最平和的了。

皮藍德羅：哦，那你倒猜錯了。我是一位語文學者，正在撰寫一篇論文，探討知
　　　　　名人物的性格能夠在多大程度上得到再現——在一個妄想是他的人的
　　　　　身上。你本來是一個很好的例證，G.B.S.。可是現在關於你的實驗結
　　　　　果都沒有價值了。真是可惜，因為你與你的偶像是最相似的，同樣炯
　　　　　炯有神的目光，同樣的反平淡、反荒謬的立場。

蕭伯納：　啊，我讀過蕭伯納的許多作品，一個有趣的傢伙，然而絕對瘋狂。另
　　　　　外，他是皮藍德羅的狂熱崇拜者！他媽的，現在我從你身上蒐集到的
　　　　　資料也要扔到垃圾桶去了，皮藍德羅！

皮藍德羅：我擔心，我們大家都是正常人，只不過是曾經瘋狂——相信除了自己
　　　　　之外，其他人都是瘋子。

布萊希特：無論如何，尤奧斯高和我正是這樣。

尤奧斯高：許多人都是這樣，B.B.。

皮藍德羅：現在缺的只是，貝克特其實是位劇作家，正在編一部描寫關在精神病
　　　　　院裡、想像自己是劇作家的病人的戲劇。這倒真是一個皮藍德羅式的
　　　　　構思。

蕭伯納：　告訴我們吧，貝克特，你到底是誰？

貝克特：　我不是貝克特。

皮藍德羅：這我們已經猜到了。但是，你到底是誰呢？

貝克特：　何必裝模作樣地問我，皮藍德羅，你不是早就猜出來了嗎？

皮藍德羅：也許，但你必須親口告訴我們。

貝克特：　我不好意思說。

布萊希特：別這麼扭扭捏捏了！尤奧斯高和我也承認了，我們曾經瘋狂。

貝克特：　那——好吧！我是皮藍德羅。

尷尬的沉默，大家面面相覷。

布萊希特：夠了！朋友們，你們難道沒有發現嗎？我們每個人都曾宣稱，自己是
　　　　　皮藍德羅！G.B.S.曾宣稱他是。

蕭伯納：　B.B.也曾宣稱他是。

尤奧斯高：然而我沒說過！

布萊希特：你不必說，因為事實已經很明顯了。皮藍德羅宣稱，他是皮藍德羅。
而現在貝克特也自稱是皮藍德羅。這就是瓦茨拉維克醫生的計畫，我
們應該找出我們的共同之處。現在我們找到了，那就是——「皮藍德
羅主義」。

果德醫生：現代戲劇的精髓，透過自我指涉來表現親密交流的自我指涉。

蕭伯納：　是的。然而，你的治療見效了。也許你真的是一位精神病醫生？我們
一直都以為……

果德醫生：……以為我只是想像自己是。這我知道。你們聽過三個貝都因人的故
事嗎？他們的父親留下十七匹駱駝的遺產。

布萊希特：說來聽聽！

果德醫生：在這位憂心的父親把靈魂交給萬能的真主之前，他立了份遺囑，上面
寫著如何分配這十七隻駱駝：老大拿一半，老二拿三分之一，老三拿
九分之一。然而，他們算來算去，發現根本就沒辦法分。這時，正好
族長哈里木．本．巴克特從旁邊路過，他的智慧眾人皆知。於是，兄
弟三人向他請教對策。哈里木把他騎的那匹駱駝牽過來，和另外十七
隻放在一起，正好湊成十八隻。然後，他牽出一半來，也就是九隻，
給了老大；又牽出三分之一，也就是六隻，給了老二；最後，他把九
分之一，也就是兩隻，給了老三。於是，他騎上剩下的那頭駱駝，也
就是他自己的，說了句：「願真主與你們同在！」便揚長而去。讚美
真主！

尤奧斯高：也就是說，之所以會起作用，是因為我們相信了。然而，說實話，你
真的是果德醫生嗎？

果德醫生：不是。我只是跟別人這麼介紹自己，因為沒人會相信我的真名。

蕭伯納：　那麼，你的真名是什麼？

果德醫生：果陀。

眾人哄堂大笑。

3

藝術的歷史就是一部風格的歷史。

藝術史
Die Geschichte der Kunst

「現在請和我一起進入這座博物館！」當我們來到前廳時，博物館導覽員介紹說：「請看！這座博物館宛若希臘神廟。

「穿越柱式門廊，進入寬闊的前廳，這裡莊嚴的氣氛可以凝聚人們飄散的思緒。您的心思也完全沉靜下來了嗎？請繼續慢步向前。在門票裝置的後面，就是

● 風格的形成來自於作品整體性與藝術自主性二者之間的矛盾。

藝術史的祭壇和聖物的神龕。在那裡，我們的身心將盈滿藝術的聖靈，或安靜、或狂喜地領受藝術的聖餐之禮。準備好了嗎？現在讓我們一起參觀風格獨特的展廳。」博物館導覽員一邊往前走，一邊向我們介紹：

「從博物館的陳設布局可以看出，藝術的歷史就是一部風格的歷史。風格的形成來自於作品整體性與藝術自主性二者之間的矛盾。如果我們想將藝術和其他領域，如手工藝或技術，區隔開來，那麼我們就必須超越單件藝術作品，而將許多作品聯繫起來。這就引出了風格的概念。在義大利文中稱作maniera（德文Manier，法文manière，英文manner），這個詞也用來表示風度，也就是一個人的舉止風範。」

羅曼與哥特藝術

「現在我們置身於中世紀展廳。」當參觀者都聚集到那裡的時候，導覽員繼續往下說：

「中世紀藝術發展初期的風格是傾向質樸，先對過去形形色色的藝術品進行挑選，然後加以『複製』。藉由這種方式誕生了歐洲第一個通用的藝術語言——羅曼藝術。它的時期大約在西元1000年，並延續至十三世紀。教堂建築是它遺

留下來宏偉的紀念物，其獨具一格的特徵是半圓拱、門窗框上的雕像，還有門上方半圓形的凹陷，裡面是呈向心半圓形排列的各種形象，這就是所謂的『拱牆』（Tympana）。此外，法文中的『洋琴』（tympanon）一詞，即源於希臘文『小鼓』（Tamburin），並且有『鼓面』的意思，這是一段題外話。

「羅曼藝術的基本造形是正方形和半圓形。通常，教堂建築的一個廂堂有兩個方形的十字拱，而本堂中則有一個方形的十字拱，兩相輝映。看！在那裡，正方形又出現在圓柱頂端正六面體的柱頭上。」正當我們感到驚訝的時候，他又說道：

「從1150年開始，羅曼風格逐漸被哥特風格所取代。哥特風格的發源地在巴黎近郊。與羅曼風格不同的是，教堂內部不再只是不同空間的加疊總和，而是體現為統一的空間。教堂變得更高，拱的壓力增加，並經由十字肋傳給支柱；於是，支柱就得透過牆外的扶垛，或者是發揮支撐作用的斜柱來加固。與羅曼式相比，哥特式最突出的特點是尖拱。拱的跨距較窄，並且密集地排列在一起。扶垛之間的牆上鑲嵌著窗戶，上面是花飾窗格。教堂的西立面有高聳的鐘樓，有十字形的花飾、圓形花窗和各種形象的裝飾。

「在法國，巴黎聖母院，以及拉昂（Laon）、布林日（Bourges）、夏特（Chartres）、蘭斯（Reims）和亞眠（Amiens）的主教教堂都是哥特式的。哥特式風格在德意志地區的發展較緩慢，最著名的教堂建築是史特拉斯堡、弗萊堡和科隆的大教堂。然而，哥特式的建築藝術也傳入了所謂的世俗建築中，如市政廳、宮殿、城堡和市民住宅等。哥特風格在義大利的影響力限於北部（例如米蘭大教堂），在威尼斯大部分的城市建築也是哥特式的。

「哥特式的雕塑與建築密不可分，大家請看這邊！在我們眼前就有最佳例證。哥特式的雕像裝飾著教堂的大門，這些人物腳踩托架，頭頂花蓋，身穿多褶的衣服。德國班貝克的大教堂與騎馬者雕塑，以及法國史特拉斯堡大教堂的雕像都是源於十三世紀。

「現在，請和我一起進入文藝復興展廳。」

文藝復興

　　「中世紀藝術的特點是：第一、藝術並非自發的，而是服務於教堂，也就是宗教信仰；第二、藝術家認為自己是手工業者，並且組織了行會；第三、也因此，他們沒有完成原創作品的欲望，而只是臨摹樣品，所以沒沒無聞，名不傳焉。

　　「然而這一切都隨著文藝復興的到來而改變。(→歷史｜文藝復興) 文藝復興起源於佛羅倫斯，它的時代背景是：城市的繁榮以及新貴階層的興起。新貴階層因擁有財富而能藉由資助藝術，大擺場面，並且委託藝術家為大眾創作，以鞏固自身的領導地位。這時，藝術變得獨立了，藝術家也脫離行會的安排，以個人身分出現，形象鮮明。於是，藝術顯得獨具風格，與手工藝截然有別；手工藝是模仿，而藝術則是創新。就這樣，藝術家成了創造者，彷彿是上帝的小老弟。無怪乎，杜勒（Dürer）會將自己描繪成耶穌基督。

　　「在文藝復興時期，因為藝術可以將一切事物作為表現的對象，所以形成對人事物都過於注重細節的描繪。達文西畫花草樹木，畫水中的漩渦，畫動物以及人體的各個部位。這等於藝術家再次創造了自然，所以文藝復興的藝術首先表現為對自然的模仿。藝術家透過有系統地研究解剖學、數學和比例，而奠定了創作基礎。從1420年開始，建築師及工程師布魯內萊斯基（Brunelleschi）和他在佛羅倫斯的朋友們致力於將空間視覺感傳遞到平面上，並發展出透視美學。多那太羅（Donatello）和吉貝爾蒂（Ghiberti）將透視原理運用於雕刻上。就這樣，哥特式的構圖布局原則被打破了，這是美學上的一次革命。

　　「在印刷術發明之前，繪畫還必須向信徒傳遞訊息，因此中世紀的繪畫同時兼具文字的任務。繪者不僅畫下看到的東西，而且還要畫出想到的東西。畫面呈現的內容透過繪畫手法而產生了特殊意義，重要的東西畫得比較大，並在畫面中占主導地位。一般畫的是系列圖和故事圖，儘管故事發生的順序有先後，都可以同時展現在每張畫面上。

　　「隨著透視法的引入，繪畫轉而以真實的視覺感受為標準。其他的資訊，則放心地留給書本去傳達。構圖的組織原則僅僅是空間，它是人在某個時間點，站在某個角度所看到的。於是，在畫面上，時間與空間分離，並且能分別體會到二

者。例如有一條依透視法所畫的鋪石路，從漸漸變窄的路面，人們可以揣摩，穿越這地方需要多久的時間；同時人們還注意到，畫中展現的景像是從空間某個定點所看到的。就這樣，觀察者在空間中有了一個固定位置，而這個空間在尺度上是絕對的，體現了透視法中觀察與角度的相對性。

「這股浪潮標誌著經驗上的革命，存在不再以其全面性和意義豐富的符號來表現，而是人們能看到什麼，取決於他所處的位置。於是，觀看這件事就被區分出來，並以其自身為標準。人們由此發現了視覺的豐富性，它在空間中，在色彩上，在光線裡，也在人的身體上。在這間魔法般的鏡屋中，真實空間彷彿得到加乘，於是那些繼承自古典的題材，便與當下可見的真實性聯結了起來。

「人文主義者重新發掘出的題材，與宗教繪畫的題材並列出現。貴族和城市新貴樂於讓畫家將自己描繪成古希臘的神祇。現在畫中的世界可以自由發揮，不再受到特定機構（例如擁有宗教題材著作權的教會）所管轄。世人離棄了宗教，內心的敬畏之情轉為對人世間美麗事物的謳歌與讚美。人的軀體蛻去了華麗的裝飾，而以裸體美的形式展現出來；人的面部表情在肖像畫中被定格下來；大自然在波拉約洛兄弟（Pollaiuolo）和達文西的風景畫中煥然一新。

「這一切都是順應時代的召喚、社會的需要而產生的。在這個社會中，藝術作為獨立的範疇獲得了公眾的認可。人們興建藝術學院，撰寫藝術理論。喬吉奧・瓦薩里（Giorgio Vasari）以為著名藝術家作傳的方式，編寫了藝術史。『哥特式風格』此一術語正是出自瓦薩里，他原想藉此讓世人牢記哥特人的軍隊燒殺搶掠的野蠻行為。藝術對於那些委託人來說，成為一種超越死亡、流芳百世的工具。而且在遺囑中，藝術收藏品可不同於一般財產，要另行處理。

「在建築上，人們以古典建築和維特魯威（Vitrurius）的著作《建築十書》（*De architectura*，又譯《論建築》）為指標。這本書是唯一流傳下來關於羅馬建築藝術的手冊。作者受到希臘建築的啟發而創作此書，並為後世帶來長遠的影響力。維特魯威生活在凱撒與奧古斯都的時代。他在書中闡述了建築原理，展示了公共建築物、劇院、神廟、浴池、城市和鄉村別墅的建築圖，並對管道系統、壁畫和城市規畫提出了建議。文藝復興時期的建築師，如布拉芒特（Bramante）、吉貝爾蒂、米開朗基羅和帕拉迪奧（Palladio）等，都直接受到他的影響。而且，

建築藝術中的古典傳統——有規則的比例、對稱性,以及多里安式、愛奧尼亞式、科林斯式的柱子等等,(→歷史｜希臘)都可在維特魯威的書中找到蹤影。

「自文藝復興以來,歐洲的藝術家和藝術愛好者都喜歡前往義大利朝聖。整個歐洲的近代藝術都將義大利藝術家所創造的形式奉為圭臬。直至十九世紀,每個風格時期都從文藝復興中尋找藍本。義大利的文化之旅也成為英國紳士必經的養成之路。結果就是,英國的鄉村隨處可見帕拉迪奧風格的別墅。而且這股風氣還吹到了美國,並蔓延開來。

「從這裡可以看出,風格的演變如同演化一般;一種風格是一個物種,它的個體,如藝術品,以傳遞創作原則的方式進行繁衍。就在它開枝散葉的過程中,產生了諸多變體,其中能生存下來的,是因為它的創新最適合當時人們的品味。變體不斷地積累,終於達到了質的突變,於是,一個全新的『物種』誕生了。剛開始時,人們往往視其為怪異的離經叛道,例如哥特式和巴洛克式——這些風格的名稱最初是貶義詞。然而,這種偏離漸漸地風格化,扎穩了根基,成為新的藝術形式,並引入了『風格新紀元』。此時,舊的藝術形式仍在苟延殘喘。然而,它終於在大眾品味的爭奪戰中陣亡,新的藝術形式從此推廣開來。

● 風格的演變如同進化一般;一種風格是一個物種,它的個體以傳遞創作原則的方式進行繁衍。就在開枝散葉的過程中,產生了諸多變體,並且不斷積累,達到了質的突變,於是,全新的「物種」誕生了。

「若論文藝復興時期偉大的藝術家,回到歷史篇的介紹,他們是:波提切利、達文西、米開朗基羅、拉斐爾和提香。大家可以將這裡的所見所聞與前文的說明相互參照。」(→歷史｜文藝復興)

巴洛克

「現在我們穿過一間小迴廊,兩旁的牆上掛著年表。1517年起的宗教改革讓歐洲的藝術發展陷入停頓,破壞教堂藝術品、破壞聖像的浪潮席捲而來。宗教改革家認為,教堂的聖像是不符合基督宗教教義的偶像崇拜(聖經十誡中的第二誡是:不可為自己雕刻偶像,也不可作什麼形像彷彿天上、地上,和地底下、水中的百物。不可跪拜那些像,也不可事奉它,因為我耶和華你的上帝是忌邪的上帝……)。針對這一點有所回應,天主教國家實行了反宗教改革(從大約1550

年開始），並且發展出巴洛克風格。『巴洛克』一詞源於珠寶手工業（葡萄牙語 barocco 表示形態不規則的珍珠），引申為『浮華不實』。

「起初，巴洛克藝術是天主教羅馬教廷的一種宣傳藝術。他們發出無數的委託合約來建造宏偉華麗的教堂。出於類似的目的，巴洛克這種藝術形式為封建諸侯所採納，並演變成奢華的宮廷風格；在巴洛克式宮殿中，還建造了封建國家的戲劇舞台，其功能之一便是要讓貴族臣服。因此，無論是巴洛克式的宮殿，還是巴洛克式的教堂，都強調單一個別結構對全局的從屬。那無窮的張力從跳躍的形式與強烈的動感中湧現。巴洛克建築的裝飾極盡奢豪之能事，室內裝潢運用了許多繪畫，營造出富麗堂皇的氣氛。十七與十八世紀是巴洛克風格盛行的時代。

「在法國，情感豐沛的巴洛克風格受到樸素古典主義的馴服，於是宮殿綠地依照非常嚴謹的方式進行規畫。許多設計出自園林巨匠勒諾特爾（Le Nôtre）之手，其中最著名的就是凡爾賽宮。對巴洛克的發展發揮了決定性影響的是，建築師貝尼尼（Bernini）和波羅米尼（Borromini）位於羅馬的建築。而遲到的德意志民族則在1700年之後，掀起了後期巴洛克藝術繁榮的浪潮。

● 巴洛克藝術是天主教羅馬教廷的一種宣傳藝術。

「如果說義大利是文藝復興時期偉大畫家的故鄉，那麼巴洛克時代則由尼德蘭引領風騷。然而，當時的尼德蘭分裂為佛蘭德與荷蘭；佛蘭德由信奉天主教的哈布斯堡王朝掌權，以布魯塞爾和安特衛普為中心；而荷蘭則信奉喀爾文新教，以阿姆斯特丹為中心。十七世紀，天主教採取改革措施以對抗新教，而信奉喀爾文新教的荷蘭也迅速崛起，成為世界第一的海上貿易強權。

「因此，尼德蘭的畫家一方面為國王和貴族創作，另一方面也為奮發向上的商人與中產階級嘔心瀝血。現在請隨我進入下一個展廳。

「顯而易見，這裡的陳設是為了突顯魯本斯（Rubens, 1577-1640）和林布蘭（Rembrandt van Rijn, 1606-1669）之間的對立。連他們的畫作都面對面地懸掛起來，以便於參觀者進行比較。

「魯本斯是比利時總督的宮殿畫師，同時也為歐洲其他王公貴族繪畫。由於他們期望看到大幅、具有代表性的宏偉畫作，因此魯本斯的作品大都是光彩奪目、氣勢磅礡、富麗堂皇的宮殿圖。他尤其擅長表現豐滿女子那『巴洛克式』的

形體，這成了他的金字招牌。魯本斯的客戶五湖四海，遍布天下，從耶穌會的教士、大大小小的教堂、法國的國王、英國的王儲、巴伐利亞的選帝侯，到西班牙的國王，畫家的聲名遠播。為了完成數量繁多的委任，他設立一間分工明確、有組織、有紀律的繪畫作坊，那裡有許多學徒和沒有名氣的畫匠。魯本斯先親自打好草稿，然後交由他人來放大、上色。最後他再畫龍點睛地添上一筆，將這幅畫變成『魯本斯』的大作。

「魯本斯堪稱巴洛克風格的代表人物，藝術史學家公認魯本斯典型的調子是『絢爛且充滿激情與動感』。他筆下的人物經常纏繞在一起，並處於一種高度激昂的狀態中。

「現在，請大家瞧瞧另一面牆上的畫作。林布蘭的成長經歷在當時並不具代表性，他沒有去義大利求學，而是師從荷蘭萊頓（Leiden）的一名歷史畫畫家，並在阿姆斯特丹開設了一間自己的工作室。起初，他遵循歷史畫的風格，以聖經故事為創作題材，傳達了新教思想，並逐漸形成獨具特色的個人風格，藉由著墨於少許幾個人物形象，再加上對光的明暗大膽而新穎的處理，形成一種強烈的戲劇化效果。他的『招牌標誌』便是，在半明半暗的空間中，受到側光照射的人物形象。

與魯本斯一樣，林布蘭選擇了事物發生過程中最緊張的瞬間，例如：刀子即將戳瞎參孫眼睛的一剎那，或者被當作燔祭的以撒獲救前的千鈞一髮。可以說，林布蘭忠實闡釋了人類在緊張狀態下的情緒反應。

「有人認為，林布蘭對於人物心理的處理手法，展現了北方新教教徒身上所特有的誠實與認真。因此，他們也稱林布蘭是德意志精神狀態的代言人。尤利烏斯・朗本（Julius Langbehn）在1890年出版的暢銷書《教育家林布蘭》（*Rembrandt als Erzieher*），便以林布蘭為榜樣，呼籲德國人站起來反對虛偽、草率、膚淺與唯利是圖的風氣。這本書影響了沃普斯韋德（Worpsweder）藝術群體的鄉土藝術運動，不過這場行動宛如在藝術聖殿投下一束『林布蘭的側光』。

「林布蘭的特色就是，將傳統的描摹式繪畫轉變成一種瞬間式、戲劇化的表達。於是那些原本應該維持莊重的肖像，在他的畫筆下成為心理分析的習作。而他的自畫像中，甚至還出現了扮鬼臉與一些誇張的表情。荷蘭城市射擊手公

會一貫奉行的群體肖像傳統就是「嚴肅而挺拔」，但來到他筆下卻成為具有強烈戲劇色彩的一幕舞台劇，就是那幅著名的、描繪射擊手整裝待發的《夜巡》（*Nightwatch*）。

「儘管擁有不計其數委託創作的合約，但由於奢靡的生活方式，林布蘭還是於1657年破產了。他晚期的作品又回到聖經故事的題材上（例如《雅各祝福約瑟的兒子》〔*Jacob blessing the sons of Joseph*〕）。

「同時，林布蘭在風景畫方面，尤其是銅版畫，技冠群芳，超越了所有同時代的畫家。歷史上流傳下來的各種樣張，宛如他踏在藝術發展之路上的腳印，忠實反映了畫家不同時期的創作風格與技巧。

「直至今日，林布蘭仍然是尼德蘭最著名的畫家，這個盛產大畫家的國度，能與之媲美的只有義大利。魯本斯和林布蘭在宗教信仰上的不同，亦代表了十七世紀處於宗教分裂狀態下的歐洲。魯本斯是為天主教反改革派和封建專制君王服務的畫師；而林布蘭則是信奉新教的資產階級、城市新貴、社團和行會在繪畫藝術上的代言人。

「現在我們來到一個小邊間，欣賞另一位巴洛克畫家風格迥異的作品。請大家回想一下，繪畫的類型有哪些？剛才提到過肖像畫和歷史畫，尤其是以聖經和宗教為題材的畫作，有特殊的表現規則，並使用某種特定的『畫語』，但這套不適用於尼德蘭的一種畫作類型——風俗畫。它所描繪的是日常生活的場景，人物大多是販夫走卒與尋常的小老百姓。因為題材非常大眾化，例如農民的婚禮、酒店的筵席、冰湖冬趣、鄉村慶典和居家場景等，所以很多人都熟悉這些作品。風俗畫的代表人物是布勒哲爾（Peter Breughel the Elder）、揚・史汀（Jan Steen）和荷郝（Peter de Hooch）。

巴洛克時代風俗畫最著名的代表人物是荷蘭台夫特（Delft）的維梅爾（Johannes Vermeer, 1632-1675）。他的幾幅畫，例如《在敞開的窗前讀信的女孩》（*Girl reading a letter at an open window*）等等，成為現代月曆的流行掛圖，一再翻印，因而廣為流傳。維梅爾的成功之處在於，他所選擇的畫面僅僅是房間的某一部分，並且運用了類似於舞台燈光的手法，讓畫面煥發出一種親密而適意的氣氛；而畫中人物彷彿沉浸於某種思緒之中，恰與『讀信』或『創作音

樂』的主題相吻合（例如《站在小鍵琴旁的女子》〔*Young Woman Standing at a Virginal*〕、《吉他演奏者》〔*Guitar Player*〕、《音樂課》〔*Music Lesson*〕）。

「維梅爾在《信仰的寓意》（*Allegory of Faith*）中又有新的突破，他選擇畫家和模特兒為題材，來表現繪畫本身，凝思的氣氛渲染得更為濃郁，觀賞者更強烈地為畫面所擄獲，這就是維梅爾的作品廣受大眾喜愛的原因。二十世紀的天才贗品大師梅赫倫（Hans van Meegeren）對其作品幾可亂真的模仿，也起了推波助瀾的作用。

「請大家再隨我來。」

洛可可

「後期的巴洛克藝術在繪畫和建築方面十分強調花紋的裝飾。其中，貝殼花飾尤其占有一席之地，法語稱作『rocaille』，由此衍生出『洛可可』這個專有名詞，表示從1720到1760年間盛行一時的藝術風格。儘管洛可可風格一直帶有濃重的貴族色彩，但它逐漸脫離了封建專制下莊嚴的象徵作用，而走入了親暱、頑皮而輕浮的尋常生活中。

「為洛可可風格帶來深遠影響的是法國畫家華鐸（Antoine Watteau, 1684-1721）。他筆下的繪畫類型『優雅慶典與野宴』，成為洛可可繪畫藝術的代表性主題。它表達了宮廷貴族逃避現實、遁入田園的生活態度；人們在幽會中調情，夢想青春永駐、開朗快樂，絕不費心去想年老的事情。弗拉戈納爾（Jean Honoré Fragonard, 1732-1806）便受到國王的情婦杜白麗夫人（Madame Dubarry）之託，描繪纏綿的幽會場面，但因為過於大膽冶豔，委託人拒絕接受。在法國大革命中，他的作品還遭禁。

「洛可可派的第三大畫家是布歇（Françios Boucher, 1703-1770），他的運氣可沒那麼差。由於擔任龐巴度夫人（Madame Pompadour，杜白麗夫人的前任之一）的首席宮殿畫師，讓他找到晉升的機會，那風流且充滿情色的幽會畫作才得到認可。他畫的大都是關於神話中的豔遇，例如拐騙歐羅巴、麗達與天鵝等等。洛可可風格宛如性愛的凱旋，畫作中的女人那般嬌豔欲滴，是其他作品難得一見的。」

古典主義和浪漫主義

　　「現在，我們進入下一間展廳，此處面對面懸掛的是古典主義和浪漫主義的作品。在某種程度上，這是魯本斯與林布蘭對立的延續，魯本斯的後繼者漸漸成為古典主義者，他們主要在法國；而林布蘭的後繼者則發展為浪漫主義者，他們大多在英國和德國。」突然，導覽員停頓了一下，問道：「咦？其他人到哪兒去了？」我們猛然發現，大部分的男士仍然在洛可可展廳流連徘徊，沉浸在往昔纏綿悱惻的浪漫畫境之中，渾然忘我。直到導覽員拍了好幾下手掌，他們才戀戀不捨地向我們走來。導覽員繼續解釋：

　　「我們剛才已經介紹過，藝術的分裂始於法國大革命前後，並持續至十九世紀。當浪漫主義畫派在英國和德國萌芽時，法國則籠罩在古典主義的嚴謹風氣之中。古典主義畫派的奠基人是雅克‧路易‧大衛（Jacques Louis David, 1748-1825），他曾受到洛可可畫派大師之一，即首席宮廷畫師布歇的提攜。法國大革命前夕，他對洛可可風格進行的大膽變革廣獲好評。1785年，大衛在接受國王委任所創作的《賀拉斯兄弟之誓》（Le Sement des Horaces）中，重新引入了古典在構圖布局上的嚴謹縝密。以此為標誌，『草地上幽會的時代』結束了，生活再度變得嚴肅而認真。

　　「之後，大衛的身影便穿梭於大革命的街壘戰中；1792年他被選為國民議會的代表；1793年擔任雅各賓俱樂部的主席；1794年，出任國民議會的主席。他用畫筆向世人展現法國大革命的情景，以及廣大群眾崇高的革命激情。他最著名的作品是《馬拉之死》，描繪遇刺身亡的馬拉躺在浴缸中的一幕。後來，他成為御用畫家，為拿破崙歌功頌德。在學生安格爾（Jean Dominique Ingre）的運作推廣下，大衛讓古典主義牢牢地統治了法國，直至十九世紀中期。

　　「同樣身為政治畫家的還有西班牙的哥雅（Francisco Goya, 1746-1828）。他的生命軌跡與大衛的相仿。在法國大革命時期，他成為西班牙的宮廷畫師，不過他畫筆下的王室成員全是一群目光短淺的庸俗之輩。」

　　聽到這裡我感到很納悶，他的作品怎麼能夠過關呢？我忍住沒問，這肯定是一個尚待研究的歷史之謎。

　　「由於哥雅與酷愛自由的知識分子來往密切，他的作品變得越來越具有政

治批判的色彩。在《戰爭的災難》（*Desastres de la Guerra*）系列畫作中，他刻畫了西班牙人民在抵抗拿破崙侵略的戰爭中所遭受的可怕厄運，場面之恐怖令人不寒而慄。後來，他因一場重病幾乎失聰。從此，他開始進行沒有委託合約的創作，取材接近瘋狂的邊緣，包括陰森可怖的幻影、晦暗抑鬱的幻覺、頭昏腦脹的譫妄。他是首位鄭重其事描繪自身幻想的畫家，成為告別影像藝術的先驅。因此，哥雅堪稱是第一位現代派的畫家，他探索惡夢與幻想，用它們來表現戰爭的恐怖；他拋棄古典主義的構圖原則，將個別形象孤立出來，為日後的超現實主義指引了方向。

「現在，請大家看看對面牆上的畫。這些作品均出自英國人和德國人之手。威廉‧特納（William Turner, 1775-1851）是英國浪漫派畫家。然而，人們又稱他是印象派風格出現之前的印象主義畫家。直至當時，畫家往往只有在手頭很緊的時候才畫風景，而特納則直接把風景當成創作的主題，這正中了浪漫主義的下懷。浪漫主義畫作的核心主題是，孤獨的意識與無拘無束的自然之間所引發的共鳴，即所謂的『情調』。現在對此『情調』的渲染，變得極富詩意。而特納讓同時代人感到驚訝的是，他放棄用線條來勾勒事物，而是任其形體消融於色彩之中。自然在他筆下幻化成由光、雲和水形成的漩渦，充滿律動，吞噬了人的形體，以及一切賦予存在立足點與支撐物的輪廓。

「在周遊了尼德蘭與萊茵河地區之後，特納的繪畫風格有所轉變，並進入了創作生涯的中期；而1819年的首趟義大利之旅，更為他的畫風帶來革命性的影響力。自此之後，他醉心於光的表達。因為，他在威尼斯驚奇地發現，光與大氣共同作用竟然能改變物體的形狀。於是，他不再滿足於表現實物本身，而執著於傳達印象——實物與光相互輝映下所呈現的視覺效果。

「因此，他為自己最後所創作的那些畫取名為：《光與色彩》（*Light and Colour*）、《陰影與黑暗》（*Shade and Darkness*）等。人們稱他後期的創作生涯為『超驗』階段。他不再只畫實物，他還畫光輝、黑暗、影子、風暴等等。他若畫實物，就畫在大海的怒濤中沉浮顛簸的船隻、飛馳急騁的火車，就像《雨、蒸氣和速度》（*Rain, Steam and Speed*）中所表現的。從他的繪畫中溢出的是畫家在面對真實景物時，那萬千的感觸和縱橫時空的翻飛思緒。

「與特納相似，德國浪漫派畫家卡斯帕爾・大衛・弗里德里希（Caspar David Friedrich, 1774-1840）感興趣的不是大自然景色的如實再現，而是大自然在畫家身上，以及其畫作在觀看者身上所喚起的感觸。所以，弗里德里希經常將觀看自然風景的人入畫，從而使觀畫者在觀賞這幅畫時能夠看到自己。

　　「現在，請進入下一個展廳，我們會看到現代派的過渡風格——印象主義。」

印象主義

　　「大約到1860年為止，繪畫一直是一種工作室藝術。」我們的導覽員一邊走，一邊介紹說：「不僅如此，它還受到培育畫家的學院所控制。藝術的具體性成為不容置疑的信仰。然而，隨著攝影技術的發明，此一信仰開始動搖。

　　「十九世紀六〇年代，一群將巴黎當成朝聖地的畫家創造了印象派，這是前衛藝術出現之前的最後一個流派。於是，印象主義便具有了雙重意義：對於當時的人來說，它是一個過於時髦且近似於醜聞的震撼；對於我們來說，它則是對傳統的追溯，它現代性的形式，讓我們得以偷渡自己對於傳統藝術的偏好。它就像『美麗藝術』的末代王朝，雖然已經搖搖欲墜，但在印象派畫家的筆下仍綻放出耀眼光芒，儘管它已經沾染了一些『現代派的醜陋』。因此，印象派畫家在現今大眾的心目中占有一席之地，相當受到歡迎。

● 印象主義就像是「美麗藝術」的末代王朝，它同時也是現代的，此後就難免帶有「醜陋」的色彩了。

　　「最知名的印象派畫家有：雷諾瓦（Renoir）、馬奈（Manet）、莫內（Monet）、竇加（Degas）、塞尚（Cézanne）和梵谷（van Gogh）。

　　「他們的革命性創舉可從報紙對首場印象派畫展的報導中窺見一斑，『我慕名來到迪朗・呂埃爾（Durand-Ruel）的畫展，一進門便被眼前的恐怖景象嚇呆了：五、六個瘋子，其中還有一個女人，合夥展出他們的作品。我看到人們聚在畫前笑得前仰後合。仔細一瞧，我不禁心跳加速、血壓上升。這些所謂的藝術家自稱是革命分子——印象主義者。他們拿起畫布、顏料與畫筆，憑著運氣隨意甩上幾塊污漬，然後在下面簽上自己的名字。這簡直就像精神病院的瘋子撿起一塊石子，卻自以為發現了一顆鑽石，完全是自欺欺人。』

　　「評論家之所以如此尖酸刻薄，因為印象主義者在色彩的處理上進行了徹底

的革命。從近處，人們只看到筆痕的凌亂；只有當人們後退時，眼前才會浮現出驚人的秩序——彷彿描繪光與影的色彩並非存在於畫布之上，而是產生於腦海的印象中。基於舊有的觀看習慣，這對當時的人來說非常難以理解。就像今天世人對許多藝術家的看法一樣，當時人們也認為印象主義者是不會規規矩矩作畫的半吊子。因此，『印象主義者』甚至曾被當作罵人的字眼。

「而且，嚴格地講，印象派的選題也俗不可耐，從舞廳（雷諾瓦）、跑馬場（竇加）、酒吧（馬奈）、火車站（莫內），到裸體女人與衣冠楚楚的男人一同野餐（馬奈的《草地上的午餐》〔 Le Déjeuner sur l'herbe 〕）。這些主題在當時根本無法博得公眾的青睞。

「印象派的題材集中於大城市的匆忙生活、存在的流動（馬奈總喜歡在河上的船中作畫）以及林蔭大道上、公園中和娛樂場所內形形色色的人群。

「印象派之後的藝術家再也沒有回到描摹的老路上來，而是朝著相反的方向而去。其中兩個極端的人物便在南轅北轍的道路上探索，一是梵谷，他咚咚地扣響瘋狂的大門；另一是塞尚，他成為現代派之父。不同於梵谷，他從印象派的歇斯底里抽身而出，嘗試各種可能性，不再仰賴透視法，而是以色彩去組織景深；畫面不是以整體構圖，而是靠著單一形體來安排。於是，他的後繼者只需要放棄線條和靜態的構架，使形狀和色彩獨立起來，便成為立體派藝術家。

「還有前衛派和他們未來的國王——二十世紀繪畫藝術的傑出代表巴伯羅·畢卡索（Pablo Picasso）。到這裡，傳統藝術博物館的展廳已經參觀完畢。請跟我到這邊來。

「好的，現在我們搭乘電梯到另一區。出電梯時請小心，可能會有點兒頭暈，但很快就沒事的。我把你們交給專門介紹現代藝術的導覽員，每兩位參觀者有一位導覽員負責解說。好，目的地到了。現在我們面前是一間博物館的大模型。你們可以從那兒進去。」大家感覺有些受寵若驚，兩個人分配一個導覽員，真是高規格待遇。但是為什麼博物館會如此大方呢？答案很簡單，觀賞現代藝術需要非常深入而細緻的講解，對外行人來說尤其如此。

走進這座大模型，我突然發現身邊只剩下我的女伴。這時，不知從哪兒冒出一個男解說員，就像從畫框中跳下來的一樣。「你們好，我叫實際波羅，你們就

管我叫我小實好了。我的任務是，一旦你們在某件藝術品前駐足凝視，我就會立刻上前用解說和玩笑話去干擾你們。」

豈可對參觀者如此無禮？我很納悶。

「請不要在新世紀的『後設博物館』中對著一件藝術品凝視。根據經驗證明，這只會損害視力，無法再聚焦看清其他東西。所以，經常有參觀者驚魂未甫地回到傳統博物館，就像剛穿越沙漠、快要渴死的人發現了綠洲一樣，跌跌撞撞地撲向販賣明信片和畫冊的紀念品部門。只有當他們重新認出自己所看到的東西時，他們才恢復了正常的目光，再也不必做出一副彷彿『看』到了比實際上看到的要多的樣子。

「請這邊來，跟我進入這間展廳。正如你們所見，這裡除了一幅所謂的『文字畫』外，別無它物。讓我們來瞧瞧上面寫些什麼：

『繪畫是最矛盾的一門藝術。對人類來說，它是一種視覺感官的體驗。因為感受會直接滲入意識，所以畫面能喚起腦海中直接的印象。於是，我們就有一種感覺：彷彿在自我與眼前所見之物的中間，不存在任何媒介來表達象徵意義。』

「如果走近點，你們就會發現，這是一個螢幕。它的右上角有一行程式標記。請看，我點一下『繼續』，你們看到了什麼？沒錯，『向日葵』這幾個字。現在我們就來瞧瞧，從螢幕背景中如何慢慢浮現出梵谷的名畫——《向日葵》。請注意！千萬別陷入對畫作的觀看中嘛！對了，您何不在腦海中想想教皇克萊芒七世（Clemens VII）的模樣呢？」

「我做不到！」我的女伴抗議著。「我知道……」小實向她指了指螢幕下方的鍵盤。她伸手打了一行字：「我做不到，因為我根本就不認識這位教皇。」

當螢幕上閃現出「克萊芒七世」的字眼時，她盯了好一會，直到小實拿出一個帶著電線與電子器材配件的新式塑膠頭盔，並把它戴到她的頭上。螢幕上立刻出現一位教皇的模糊身影，從遠處看倒教人想起了教皇沃伊蒂瓦（Wojtyla，教皇約翰·保羅二世）。

「啊？這不正是當我看著教皇克萊芒這幾個字的時候，腦海所浮現的影像

嗎！」她驚訝地叫了出來。

她的話還沒說完，沃伊蒂瓦的幻像就消失了。當小實再次碰觸程式鍵鈕時，並排出現了兩個相同的影像。從下面的署名能夠辨認出，畫中人物是教皇克萊芒七世。

他坐在一截陰暗階梯前的椅子上，長袍蓋著他的腿，袍子的白色褶縐隱隱閃耀。他上身披了件血紅色的天鵝絨斗篷，與紅色的帽子相互輝映著柔順的光芒。從正面看，教皇是一個風華正茂的男人，然而他的姿態高傲，對觀畫者視而不見，下巴微微抬起，嘴角露出一種冷酷的神色。他的眼皮異常沉重，半開半合，目光居高臨下，睥睨著某個不討他喜歡的人，手中握著一張折疊的文件。畫面栩栩如生，即使他活生生地坐在我們面前，也不會比這更清晰。真是太神奇了！尤其是衣服的質料如此鮮亮，讓人真想伸手摸一摸。

小實拿起一支麥克風，好讓戴著頭盔的女士能聽到他講話。「您所看到的是塞巴斯蒂亞諾·德爾·皮翁博（Sebastiano del Piombo）於1562年受委託而創作的克萊芒七世肖像，現藏於那不勒斯（Neapel）博物館中。請您比較一下這兩幅畫。發現其中的不同了嗎？沒有？一幅畫是原件。當然，這並不表示它是真跡，真跡在那不勒斯的博物館中，這是真跡的電子拷貝版本。」

他按了一下螢幕上的符號Z，在左邊那幅畫的下方出現了一行字：「你好！外面的人。我是你所看到的畫。」而右邊的畫下方也有一行字：「你好！自己人。我是你腦中對這幅畫的拷貝。」

「請看！」小實繼續說：「這兩幅畫看起來一樣，因為這是您直接的印象。所以，一般情況下您看不出它們的差別。然而，這種直接的印象與這幅畫幾百年下來的相關知識有著相當大的落差。您對這位教皇了解多少？1526年發生了什麼事情？克萊芒是否指示過畫家依照他的期望作畫？塞巴斯蒂亞諾之所以能成為羅馬最炙手可熱的肖像畫家，是否因為他善於美化客戶，而讓對方顯得比真實的自己更高貴呢？如果真是這樣的話，克萊芒一定是個外表看起來非常不友善的人。肖像畫的作用是什麼？頌揚？給後世留作紀念？誰會請畫家為自己畫肖像？只有統治者和貴族嗎？或許還有平民？畫中隱藏了畫家個人的創意嗎？

「再進一步分析，可見事物的背後是否隱藏了加密的訊息？畫家是否使用了

一種現代人不懂的『畫語』？從構圖中能找到蛛絲馬跡嗎？將畫中主角截然分成紅色的上身和白色的下身，難道只是因為教皇法袍就是這種顏色的緣故嗎？是不是畫家想藉此暗示教皇所面臨的宗教分裂，所以他才會顯得如此陰鬱？教皇背後的階梯象徵著天梯嗎？在天梯的頂端，我們看不到的地方，只有上帝和他的天使們站在那裡嗎？教皇手中握的那紙文書，是不是這位神與人之間的溝通者剛剛從上面得到的重要消息？他拿著這個神諭要傳給萬民嗎？這幅畫是否暗喻摩西從西乃山帶了律法下來要給以色列人？如果是的話，那豈不是一個暗諷嗎？荒涼的西乃山在教皇這兒卻變成了一段舒適便捷的台階……。

「總而言之，感官印象的直接性包含了一系列微妙而複雜的轉換步驟，如果人們想正確理解畫的含義，就必須要了解上述資訊。因為，感官印象的直接性會說謊，它無法反映事物的真實面貌。人們通常並不知道，自己到底看到了什麼。

「請再仔細瞧瞧這幅畫，您就會發現，這幅畫本身反映了上述矛盾。我們對於教皇這個人物的直接印象，因其身上法袍的鮮明質感，而得到了強化，然而這點恰恰與教皇肩負的任務形成對比。因為作為基督在世上的代言人，教皇其實是上帝與人之間的媒

● 感官的直接性與「畫語」的間接性之間永恆的矛盾，開啟了藝術鑑賞的大門。

介，就如同聖經是上帝與讀經者之間的媒介一樣；教皇和聖經架起了人與上帝溝通的橋樑，而畫家卻運用了感官的直接性，來描繪這位發揮間接作用的媒介者。

「就是這無解的矛盾——感官的直接性與『畫語』的間接性之間永恆的矛盾，開啟了藝術鑑賞的大門。」

小實的演說戛然而止，因為這時螢幕上右邊的那幅畫突然消失了，取而代之的是咖啡廳的清晰影像。

博物館與蒙娜麗莎

我們進入下一間展廳，除了牆上一個被光照亮的正方形之外，四周一片漆黑。在方形亮塊中，是一個建築物的投影。它有一個古典式的三角牆和一排柱子，看起來像一座希臘神廟，下方依稀可見「博物館」字樣。有一個人正在對這幅畫進行講解。原來，這是一場幻燈片的放映會。於是，我們躡手躡腳走進去。

「……就像教堂是上帝的家一樣，」報告者說：「博物館是藝術的居所。人

們可以去那裡拜訪她，但她並非總是待在家裡。博物館是市民階層的產物，它誕生於法國大革命時期。就在路易十六被斬首次年（1793年）的同一天，第一間博物館羅浮宮開張了。」

這時，一張羅浮宮的影片出現在牆上。

「博物館繼承了君主政權的遺產。在此之前，名畫都在貴族手中。只有上流社會的人才有機會看到它們，一般的平民百姓根本無緣見得。革命的浪潮波及了藝術。直到十八世紀大革命爆發前夕，畫作才開始被當成獨立的藝術品。在此之前，繪畫不過是室內裝飾的一部分，並有特定用途，就像是今天的壁紙，因為貴族的家中往往並不只掛一張畫。」

這時，出現了一張展現多幅畫作的影像。它們的排列是如此緊密，沒有什麼空隙，牆面整個被覆蓋，讓人眼花撩亂，根本就看不清上面畫的是什麼。

「你們看！」報告者解釋：「為了讓畫作恰好填補空出來的牆壁，它們常常還會被剪掉幾塊。在這些精美絕倫作品誕生的那個時代，世人根本還不懂得尊重藝術作品的完整性和不可侵犯性。隨著歷史的演進，這個觀念逐漸形成，人們才學會珍藏藝術品。」

語音未落，那些畫消失了，取而代之的是一小段影片，一本大開本的書籍映入眼簾，封面有花紋圖飾，並寫著「歷史」兩個字。這本書被一隻無形的手徐徐翻開，於是我們讀到了下述文字：

關於歷史的小插曲

「誠然，在工業化（始於1770年）和法國大革命（始於1789年）之前歷史就已存在。然而，這個歷史指的是過去發生的事情。但是人們也相信，原則上歷史會不斷重演。歷史無法以集體單數的形式，去表達人類整體的歷史或生平。因此，歷史是複數的，並以樣本、履歷、重大事件、政治事件、君王的垮台、謀反、起義、發跡、風流韻事和知名人物的言行等形式存在。它們周而復始，反覆出現。重複性的累積造成了世間萬物的連續性。然而，這一切都隨著工業化和法國大革命掀起了巨變。人們腳下那片看似亙古不變的土地開始翻攪，不僅僅是國王換了人，憲法也徹底改頭換面；不僅僅是四季

更迭，衣食住行與耕種收割的技術也發生了翻天覆地的變化，就連千年不變的自然景觀也有了另一番風貌。日常生活的世界變得不同，於是，童年成為遙遠的過去；回憶引起懷舊鄉愁；遠方能讓人陷入夢幻的冥想；人們感覺得到時間的流逝，並將童年視為個人獨特的經歷場域，一些古代遺跡與斷垣殘壁也成了吸引大眾參觀的景點。而浪漫主義的文化革命，便是對時代齒輪加速前進這種新體驗所做出的回應。浪漫主義還提出了一個廣博的歷史概念，就像在政治上有激進派和保守派一樣，人們對歷史的看法也是雙重的。一方面，歷史意味著進步與改善，是技術和政治領域的革命，標誌著人類走向更加美好的未來；另一方面，歷史也意味著舊事物的失落、威權的衰敗，是一種逝去，並引起人們悠悠的眷戀之情，思慕那一去不復返的事物，例如：青春的真誠坦白、童年的親密率真——也就是哥德稱為『天真』的東西。於是，博物館的產生正好滿足了這股懷舊情緒。在那裡，所有的時代同時出現，人們以藝術的形式來敬拜歷史。」

這段文字結束後，突然出現了《蒙娜麗莎》（*Mona Lisa*）那幅畫。當她臉上令人驚恐地慢慢長出鬍鬚時，報告者仍絲毫不為所動，繼續說道：「因此，博物館所繼承的不只是王室的遺產，還有宗教的遺產。然而，它並沒有模仿教堂，而是模仿了神廟。大多數的博物館採用的是古典主義的建築風格。在那裡，歷史以直接性顯現，人們藉著駐足於作品前沉思冥想的方式來膜拜新的藝術之神。

「這其實是一個矛盾，過去的人事物竟然以感官存在的形式，展現在世人眼前，一覽無遺。這矛盾就像個謎，使人深陷其中。它是如此深奧，一如基督宗教上那個最根本的謎——道成肉身。歷史、過往以及令人費解的成因能夠以感官的直接性，具體成形，這是多麼神奇美妙的事情啊！博物館讓我們在這種直接性中，欣賞到歷史經驗的豐富多采。

「在這個背景下，牛津大學藝術教授沃爾特‧佩特（Walter Pater）在撰文與授課中將達文西的《蒙娜麗莎》推崇為新藝術信仰中最著名的偶像。她那曖昧的笑容被詮釋為一種心領神會，暗示著所有的歷史經驗她沒有不知曉的；她那高深莫測的表情被理解為一種盡在不言中，說明她是一個閱歷豐富的女人，嘗盡人

間滋味，一個歷史的美杜莎。就這樣，浪漫夢幻成為藝術欣賞的風格形式。人們陷入畫作的意境之中，就像醉心於無聲的祈禱；人們在默想中欣賞她，與她展開心靈的對話，因為她不會洩漏你的祕密，所以關係更加親密。她是不可褻瀆的。人們在藝術的面前，就像在神的面前一樣，一下子變得鴉雀無聲。當我們以這種方式觀賞一幅畫作時，彷彿也成了卡斯帕爾・大衛・弗里德里希《一個女人和一個男人在賞月》（*Eine Frau und ein Mann in Betrachtung des Mondes*）作品中的人物，思緒飄得很遙遠。」

蒙娜麗莎消失了，報告者更換幻燈片，出現弗里德里希的另一幅名畫，描繪站在呂根島（Rügen）的白堊岩上眺望大海的三個人。

「這又引出了另一個矛盾。」他繼續說明：「我們之所以認為藝術很深奧，恰恰是因為沒有理解它。越是不理解，解釋的空間就越大，能賦予的意義就越多。畫作變成了『裝載意義的百寶箱』，人們可以將任何一種意義投射其中。就是這個矛盾讓現代藝術發生一百八十度的大轉變，它不再描摹具體事物，而是破壞了感受的直接性，並增加理解作品的難度，讓人們陷入面對謎一般作品的百思不解之中，束手無策。這便揭發了苦思冥想的『真面目』：它是藝術信仰的禮拜儀式，而這種信仰即以『令人費疑猜』為其生存之道。」

藝術之藝術

「現在請跟我前往下一間展廳。」他打開燈，我們發現另外還有四組參觀者。此時，小實先生卻不知去向了。我們來到隔壁的大廳，圍在這位新解說員的身邊，他開始說道：「法國藝術家馬塞爾・杜象（Marcel Duchamp）違反了原創的誡命，他把日常生活中的工業製成品提升到了藝術世襲的貴族地位。」他指給我們看，那裡有一個嵌在廚房凳子上的自行車輪胎。有幾位參觀者發出嗤嗤的笑聲。

導覽員繼續說明：「它所引起的反應如同一個大老粗突然被授予英國勳爵的頭銜一樣。此外，它以挑釁的方式來傳遞所謂的『概念藝術』（Concept Art），且阻斷了感受的直接性。在概念藝術中，只注重概念與思想的發展，而藝術媒介物本身則退居到次要的位置上，觀察者要自己去想像畫面。於是，作品的性格彷

彿遭到摧毀，導致了藝術的不睦與分歧。然而，藝術作品就像人體，它的完整性是神聖不可侵犯的，並且是透過禁忌與表達尊敬的儀式來維護的。因此，基本上藝術品就像一個人，它表達出藝術家完整的性格，並與觀察者的性格進行交流。

「也許你們當中有人知道奧斯卡‧王爾德（Oscar Wilde）的小說《美少年格雷的畫像》（*The Picture of Dorian Gray*）。噢？不知道？這本小說透過畫與人之間角色的交換來闡明上述關係。小說的主角是一個放蕩之徒，他把自己的肖像藏在閣樓上。當這幅畫越來越顯露出主角惡習的痕跡時，格雷本人卻像藝術品一般年輕俊美。最後，當主角驚恐地用匕首猛刺那幅畫時，人們發現他自己卻死了，胸口上插著一把匕首。

「這種對藝術作品的謀殺也是現代藝術家會犯的『罪行』。他們破壞了藝術作品的神聖性，他們的創作不再是一個黑洞，在其中所有的問題都被吞噬了。現代藝術要呈現的正是過程，他們宣告的不再是感官的直接性，而是透過自己的古怪念頭去異化它，直至感覺本身能夠被感覺得到。換句話說，現代藝術簡直就是『藝術之藝術』。它因自我反省而碎滅，並形成一種『矛盾』。也就是說，它以自身的狀況為創作的題材。請大家看看這幅畫，內容顯然是一支煙斗。然而它卻有一個謎樣的標題——《這不是一支煙斗》（*Ceci n'est pas une pipe*）。」

幾位參觀者大笑。「噢！那它是什麼呢？」一位女士嘟囔了一句。

「嗯。」我們的導覽者接過問題：「如果它不是一支煙斗的話，那麼它是什麼呢？顯而易見。你們都看出來了嗎？喔——，我只看到了迷茫的表情。沒人能告訴我，他看到了什麼嗎？好吧，暫且不管這個問題，讓我們來看同一位畫家雷內‧馬格利特（René Magritte）的另一幅作品《卡特‧布蘭奇》（*Carte Blanche*）。

「大家可以看出來，畫面上一位女人正騎馬穿越樹林。然而，她的身影因為樹與樹之間的空隙而若隱若現，我們的目光彷彿穿透了樹幹看到她。現在讓我們一起瞧瞧標示牌上摩爾根斯坦（Christian Morgenstern）的詩〈木柵欄〉（*Der Lattenzaun*）：

曾經有個木柵欄，柵欄間隙有風景

來了一個小木匠，半夜三更叮叮噹

柵欄縫兒不見了，造出一座大木屋

新的柵欄蠢又呆，只見木板不見縫

「將這段文字與女士在林間的畫作兩相對照，我們就會發現一件事，馬格利特帶來的震撼比摩爾根斯坦大得多。為什麼呢？因為，對於確認我們的現實感受而言，感官作用更為重要。在這一點上，言語的蠱惑力遠遠不及親眼所見的真實感，因為五官感受是非常直接的。

「所以一旦現代藝術揮手告別了『描摹性』，繪畫的變革便顯得尤其突兀。

● 現代藝術是藝術之藝術。

然而，正當理解現代藝術的現代主義者輩出之際，拒絕現代藝術而推崇傳統的傳統主義者也應運而生。此外還出現了一批以對待傳統藝術的態度來對付現代藝術的傻瓜，他們參觀一場展覽，虔誠默立於一堆廢棄物前，對著一只鏽跡斑斑的茶壺沉思冥想，宛如在山中偶遇一尊耶穌受難的聖像。然後，他們突然憤怒地咆哮了起來，只因為他們把『一支煙斗的畫』與『一支煙斗』混為一談了。」

這時，我們都禁不住大叫一聲：「哎呀！」

「我能理解你們的反應，對煙斗這幅畫，你們肯定感到不可思議，因為按照慣例，一幅畫不能彷彿脫離了自身一般去評論它自己。如果它這麼做了，就會產生矛盾。因為同一時刻它不僅站在自己的位置上，而且還站在觀察者的位置上了。以現實生活中的例子來比喻，這情形就像是：一個瘋子與精神科醫生十分理性地談論他自身的瘋狂。這時，他等於跳出了人們設定的常規之外。特別要指出的是，這總是牽連到自我指涉的形式。

「由此可以得出結論，『自我』本身就是一個矛盾。如果我們想要認識自我，那麼誰是認識者，誰又是被認識的人呢？再換個說法，當我們照鏡子時，我們是看入鏡中，還是看出鏡外呢？誰是觀察者，而誰又是被觀察者？所以，如果把那幅《這不是一支煙斗》的畫與『這句話的最後一個字不是狗』這句話進行比較，也許就能理解畫中的含義了。」

面對現代藝術的三種態度

　　「請隨我進入隔壁展間好嗎？這邊走。好，請大家安靜地坐在後面，稍作休息。接下來我們要觀賞一部短片，內容關於先前提到面對現代藝術的三種態度，即現代藝術的鑑賞者、現代藝術的拒絕者，以及用傳統藝術的態度來面對現代藝術的傻瓜。這部影片的名稱是《藝術》（Art），根據法國劇作家雅絲曼娜・雷莎（Yasmina Reza）的同名作品改編而成，敘述三個朋友和一幅畫的故事。人物分別是澤爾熱、馬可和伊萬，畫作則出自一位畫家安德魯斯之手（Andrios），名為《白色平面上的白線》。畫面完全是白的，與一塊白色的平面沒有任何區別。」

　　螢幕上出現了兩個男人，他們搬來一幅巨大白色的畫，把它靠在牆上。

　　「這兩個人是澤爾熱和伊萬，現在上場的就是馬可。澤爾熱花了二十萬法朗買了一幅畫。這件事在三個朋友之間引發了一場衝突。馬可是古典教育的代表者，他對現代藝術抱持不屑一顧的態度；而伊萬，正陷入對這幅畫的思考之中，佯裝理解現代藝術，卻是以觀賞傳統藝術的眼光來看現代藝術的。我現在打開音效，大家將聽到一小段對話。」

　　伊萬：（指著那幅安德魯斯的畫）你想把它掛到哪兒？
　　澤爾熱：我還不知道。
　　伊萬：為什麼不掛到那裡呢？
　　澤爾熱：因為掛在那裡的話，會被陽光照壞。
　　伊萬：喔，沒錯兒。我們今天幫一個傢伙印了五百張海報，他在白色的背景
　　　　　上畫滿潔白的玫瑰。那時我還想到你。
　　澤爾熱：安德魯斯的這幅畫不是白的。
　　伊萬：喔，當然不是，我正想說這個呢。
　　馬可：你發現這幅畫不是白的嗎，伊萬？
　　伊萬：不，不完全是……。
　　馬可：喔！那你看到什麼顏色？
　　伊萬：我看到了黃色、灰色、泛點兒赭石色的線條……。
　　馬可：你喜歡這些顏色嗎？

伊萬：我……，我喜歡。

馬可：伊萬，你沒有半點個性，根本就是懦夫！

澤爾熱：你幹嘛對伊萬那麼凶？

馬克：因為他是一個奴性十足的馬屁精。他讓金錢迷住了雙眼，他讓一種他
　　　自以為是文化的東西沖昏了頭。而我瞧一眼這種所謂的文化就感到噁
　　　心透頂，再也不願看第二眼。

短暫的沉默。

澤爾熱：那你喜歡什麼？

馬可：（衝著伊萬說）你怎麼能夠，伊萬……？你怎麼可以當著我的面，當
　　　著我的面……，伊萬！？

伊萬：什麼當著你的面？當著你的面又怎麼樣？！我就是喜歡這些色彩！我
　　　才不管你喜歡不喜歡，你別想支配一切。

馬可：你怎麼能當著我的面說，展現在你面前的是一些美麗的色彩？

伊萬：因為這是事實。

馬可：事實？那些顏色真的展現在你眼前了嗎？

伊萬：是的。

馬可：那些顏色真的向你展現了嗎，伊萬？

澤爾熱：他看到的就是那些顏色。這是他的正當權利。

馬可：不，他沒有權利這麼說。

澤爾熱：為什麼他沒有權利？

馬可：沒有就是沒有。

伊萬：我沒有權利嗎？

馬可：沒有！

澤爾熱：為什麼他沒有權利？你知道嗎，你真有點不正常，你該去看看心理
　　　醫生了。

馬可：他之所以沒有權利說那些顏色展現在他眼前，是因為這不是事實。

伊萬：難道我不能品味出那些顏色來嗎？

馬可：它根本就沒有什麼顏色。你看不到它們，所以也不可能品味得出來。

伊萬：這種邏輯只適合你！

馬可：這是一種侮辱，伊萬……！

澤爾熱：但是，你以為你是誰，馬可？你憑什麼用你的規則強加於人？如果這樣的話，你就是一個什麼都不喜歡、蔑視一切的人；你拿自己的尊嚴做賭注，賭大家都錯……。

「我們並不需要看完整部影片，」導覽者按下了暫停鍵，說：「然而我想讓大家看一下結尾。你們也很想知道事情的發展吧！接下來，馬可把那幅畫痛批了一番；於是，澤爾熱便對馬可的女朋友寶拉大加貶抑，並指責他重色輕友；馬可也不甘示弱，控訴澤爾熱重『畫』輕友。兩人吵著吵著，竟然大打出手。當伊萬走到中間想拉開兩人時，不小心挨了一拳，頓時眼冒金星。最後，澤爾熱以行動來證明他與馬可之間的友誼比那幅畫更重要，他用黑筆在畫上塗了一筆。於是，馬可覺得很過意不去，又頗費心思把那筆塗鴉擦掉——顯然那墨水是可擦拭的，但馬可先前並不知道這一點。這段小插曲卻讓馬可突然理解了畫的含義。他現在終於看到了這些東西，並且在劇終時宣告了他的發現。請大家觀賞這一幕。」

馬可：白雲下飄著大片大片的白雪。人們分不清哪是雲，哪是雪，天地一片白茫茫。一個人孤零零地滑著雪橇，滑向遠方。大雪不停地下著，湮沒了他那越來越小的身軀。我的好友澤爾熱，我們相識相知已多年，他買了一幅畫。這是一幅 1.6×1.2 公尺的油畫，它描繪一個男人，穿越一個空間之後消失得無影無蹤。[1]

影片以馬可逐漸融入到白色的背景中作為結尾。導覽員關掉了放映機。

「現在請大家猜猜看，那個消失的人是誰？啊，怎麼舉手的總是這幾個人？」（實際上，此時根本就沒有人舉手。）「沒錯，就是馬可自己，一個對現代藝術一點都不懂的門外

● 自我指涉的荒謬性不就意味著，主體與客體之間的界線消失不見了？

1　"Art" de Yasmina Reza © Paris, Albin Michel 1998.

漢。他以文化之旅的形式穿越這幕短劇的空間，舊的馬可消失了，他變成另外一個人，一位現代藝術的有識之士。他不再叫馬可了，而是改名為「馬可龍哥」（擬音 Markierung，「做標記」的意思）。如何做標記呢？就是畫線啊！所以，這幅畫不叫《白色平面上的白線》又能叫什麼呢？它所表示的不正是自我指涉的荒謬性嗎？主體與客體之間的界線消失了，一如白線在它標記的白色平面上消失一樣。

「後設博物館的參觀到此為止，現在我們回到傳統博物館去。看得出，大家都鬆了口氣，一副如釋重負的樣子。我們再搭乘電梯下去，有一個驚喜正等待著各位！快跟我來。」

維拉斯奎茲

到了下面，我們被領進一個非常昏暗的房間，裡面擺設有一排舒適的沙發。短短幾秒鐘之內，幾乎所有的人都坐了下來。大家看到一幅畫，畫中有一個侏儒和一位衣著華麗的小公主正注視著我們；另外還有兩個侍女圍著小公主忙前忙後的；畫面前方趴著一條狗，左邊在一個比人還要高的畫布背後，可以看到畫家退到一旁，顯然正在比對他的畫作與模特兒。

導覽員開始解說道：「這幅畫用形象具體的語言，直接而生動地表現出現代抽象藝術的問題。它是西班牙巴洛克時期的藝術家迪埃哥·維拉斯奎茲（Diego Velázquez, 1599-1660）所創作的《侍女》（*Las Meninas*）。如果現在要我來評論這幅畫，那麼我首先想到了法國理論家傅柯（Michel Foucault）在《詞與物：人文科學考古學》（*Les Mots et les Choses. Une archéologie des sciences humaines*）第一章中的一段描述。維拉斯奎茲的這幅畫展現了他是如何為西班牙國王夫婦——菲利浦四世和瑪麗亞·安娜繪畫肖像的。然而，我們只看到了那位畫家，卻看不到他的畫作和模特兒——國王夫婦。此外，我們也看到了國王夫婦所看到的，即小公主瑪格麗特、宮廷侍女和侏儒。然而，我們怎麼知道維拉斯奎茲畫的是國王夫婦呢？請看，在畫室後方那扇向外打開的門旁有一面鏡子。它把空間同時向前與向後擴展，並且正好將模特兒映照了出來。國王和皇后正注視著我們所看到的畫中人物，而大部分的畫中人物也注視著他們兩人。

「傅柯想以此來闡明以下觀點：基於其文化底蘊，維拉斯奎茲不可能把觀察者同時作為主體和客體來看待。傅柯從三方面找到證據：作畫、畫作本身與觀畫，也就是指畫家、模特兒和觀察者，他們分別代表了『再現』的三個面向。然

《侍女》用具體的語言，表現出現代抽象藝術的問題。

而傅柯認為，在這裡模特兒只是鏡中像，觀察者並沒有出現，而畫家也沒有作品——至少沒有展示出來。

「傅柯觀察的是維拉斯奎茲所無法看到的；他觀察的是『觀察』本身，其方法就是將觀察的領域向視線的兩邊擴展。

「讓我們用傅柯的觀察方式來看看另一幅畫，這幾乎是同一時期所繪的小公主瑪格麗特的肖像畫。你們發現有什麼特別之處嗎？對的，小女孩的頭髮梳到這一側，而在《侍女》中則是分到另一邊。這幅肖像畫是反的嗎？你可以這麼認為。但是，事實上維拉斯奎茲的畫才是反的，這是一位特別研究過這間屋子的藝術史學家得出的結論。然而，如果真是如此的話，那麼維拉斯奎茲就不是在畫國王夫婦，而是在畫一面鏡壁。油畫《侍女》便是我們所看到這間屋子的鏡像。傅柯對這幅畫的描述是錯的，他被維拉斯奎茲所迷惑，把映像當成了真實的空間。他之所以看不到我們所看到的，是因為他對十七世紀抱有成見。

「然而，如果我們看到了傅柯無法看到的東西，那麼我們看到的究竟是什麼呢？我們看到了鏡子的雙重意義，它像悖論一樣將『不可見』與『可見』統一起來。我們看不到鏡子那玻璃之身，正因為如此，我們才能看到映照在其中的事物。當我們看到鏡中的自己時，我們在觀察什麼呢？對，是觀察者。而且，他也是左右顛倒的。

「今天，維拉斯奎茲《侍女》的主題成了繪畫藝術領域的主流原則，也就是對於觀察的觀察。它打破了我們在博物館中與藝術品進行親密交流的基礎——感官的直接性。因此，現代藝術作品展示給我們的不只是被描繪的物件，還有觀察的方式，它強迫我們進行『觀察之觀察』。

「為了具體解釋這一點，我們在隔壁展間舉辦了一場展覽，那裡所有的作品都屬於此類，是現代藝術家針對『博物館』這個機制創作的。請往這邊來。

「大家都看得清楚嗎？這個外觀奇特的櫃子是赫伯特・迪斯特爾（Herbert Distel）的《抽屜博物館》（*Schubladenmuseum*）。裡面有五百件由不同藝術家創作的迷你作品，沒錯，這是一個玩具小屋式的博物館。而窗戶下面這一堆箱子源於蘇珊・希勒（Susan Hiller）之手。她稱其為《來自佛洛伊德博物館》（*From the Freud Museum*），蒐集了與失誤、誤解和矛盾心理有關的主題。

「請大家再往那邊看！對，就是那個獨立的結構，它由整整三百八十七件物體所組成。如果從這個角度看過去的話，剛好就是米老鼠的輪廓。這個造型由瑞士出生的美籍普普藝術家克萊斯・歐登伯格（Claes Oldenburg）所創作，名稱是《老鼠博物館》（*Mouse Museum*）。這裡有一個手提箱，它是馬塞爾・杜象所創作的攜帶式博物館。

「現在我打開這台投影機，大家看到的是洛塔爾・包格登（Lothar Baumgarten）《不明物體》（*Unsettled Objects*）系列的幾張幻燈片，它們是受到傅柯的影響而創作的。（→哲學）接下來看到的是英國歷史最悠久的公共博物館，皮特・里弗斯博物館（Pitt Rivers Museum）中全部收藏品，洛塔爾・包格登認為它們是民族誌學分類下的犧牲品。

「看看這，許多現代派藝術家表達的是對博物館的不滿與抗議，從中形成了『地景藝術』（Land art）運動，其追隨者將藝術置於自然中。俄羅斯藝術家柯瑪（Komar）和梅拉米（Melamid）這兩件作品就是該運動的產物：一個題名為《未來景觀：古根漢博物館》（*Scenes from the Future: The Guggenheim Museum*），另一則是《未來景觀：現代藝術博物館》（*Scenes from the Future: Museum of Modern Art*）。他們的博物館成為田園環境中的遺跡。再來看看這個作品，也許您馬上就猜出它的創作者了。沒錯，正是包裝藝術家克里斯托（Christo），他所包裝的是瑞士首都伯恩的藝術廳。

● 現代藝術作品展示給我們的不只是被描繪的物件，還有觀察的方式，它強迫我們進行「觀察之觀察」。

「好吧，現在我們的參觀就要結束了。如果您順著箭頭所指示的方向走過去，會看到一間大廳。那是我們的紀念品部門，可以購買明信片和複製品一類的東西。商店後面是一間偽裝的咖啡廳，在那裡可以喝到即溶咖啡。但是請不要打擾站在護欄外的參觀者，他們把您當成了展覽品來觀賞。被觀賞一下對大家來說應該沒什麼關係吧？不過館方考慮到有些人還是會感到不自在，所以在那邊掛了些鏡子，您也能從鏡子中看到外面的參觀者。也就是說，當有人在觀看您時，您也能透過鏡子觀看他們，於是您就成為『觀察者之觀察者』了。好的，就到這裡吧，謝謝參觀！」

4

音樂是超越語言的語言。

音樂史
Die Geschichte der Musik

　　漫談音樂有點像在解釋一則笑話，儘管人們在直覺上已經理解了，卻很難透過概念去描述。正因為，音樂是超乎於語言之上的語言。正如德國浪漫時期詩人艾森朵夫（Eichendorff）所說——音樂是萬物的語言，且賦予它們生命力。天體在運行中產生音樂；提琴以樂聲來回答弦的顫動；而且，聽到音樂的人也會有所回應，身體隨著樂聲自然地擺動。

　　這種直接的共鳴，使得對音樂的描述和音樂本身形成很大的距離感，就像人們會覺得「小三度」對於樹林中、田野和草地上傳來的布穀鳥聲來說，純粹是個不必要的筆名。儘管如此，每門學科都有它的專業用語，音樂也不例外。

　　關於音樂起源的理論形形色色，但它們有一個共通性，即以音樂的震撼力為切入點。音樂使人們在心靈上產生共鳴，從而行動協調一致，因此音樂適合充當人與神之間交流的媒介。直到今日仍有人相信，天使特別會演奏和創作音樂。他們運用這種天賦，把屬於神的東西，透過音符的組合帶到人間。所以擁有音樂創作能力的人最是受到神的恩寵，例如薩滿教中的巫師薩滿和神父。所以當人們說：「上帝藉由這個神父之口講話」，意思就是：「這個人彈奏或演唱的樂曲非常美妙動聽。」

● 音樂是萬物的語言，且賦予它們生命力。

　　最早的「樂器」是人的聲帶和那些敲起來會砰砰作響的東西，二者仍持續發展至今。人們在原始社會用來敲打的物件演變為鼓，而吵吵鬧鬧的聲音總是隨處可聞，並在孩子的房間內得到新的演繹。它們蘊涵了音樂的兩個基本要素：節奏和音高。節奏規範時間，而音高則標誌聲響的大小。所有的音樂都建立在這兩個基本元素之上。

　　因此，音樂和舞蹈一開始就密切相關；節奏能帶動腿部，並使軀幹扭動起

來。其實，即使不跳舞，聽音樂仍然是一種全身運動。我們不僅僅用耳朵，而是用整個身心去聽音樂，尤其在聆聽低沉的曲調時更是如此，連心跳也會隨著音樂的節奏而起伏變化。

第一批真正的樂器是笛子和鼓；接著，金屬加工的發展促使喇叭（號）問世；然後，有各種各樣的弦樂器產生，而文字的發明讓人們開始嘗試把音樂譜寫下來。不過，從樂譜中並不能直接推斷出所演奏的音樂是什麼樣的，人們充其量只能從笛子音孔之間的距離來判斷，在一個八度音程中能用到哪幾個音。

這樣，我們就引入了第一個技術性的概念：八度音程。到底什麼是八度音程呢？以視覺的感受範圍做一個比方，八度就像是彩虹的光譜。緊挨著這七種顏色中的第七個——紫，是第一個顏色——紅。為什麼呢？因為紫色的光頻幾乎是紅色的兩倍。聲音同樣如此。聲音是由震動產生的，並以聲波的形式傳到我們的耳朵。振動得越快，聲音就越高。在一組八度音中，高音的振動速度恰好是低音的兩倍。因此，我們感覺這兩個音具有相同的音色，卻有不同的音高。

但是可見到的光譜並不像可聽到的八度音範圍那麼大。否則，雨後人們應該可以看到由許多不斷重複的色彩「紅橙黃綠藍靛紫紅橙黃綠藍靛紫紅橙……」所組成的系列彩虹。然而，在聲音的豐富世界中，我們確實可以聽到不只一條的「彩虹」。

最早的笛子與其他樂器使用五個音。我們稱這種使用五個音的音樂為五聲音階的音樂。如果你想聽聽這種音樂是什麼樣，只要用鋼琴的黑鍵去彈奏一下便可知道。

隨著哲學的產生，希臘人開始思考音樂的本質是什麼。於是，第一批論述樂理的文章誕生了（亞里斯多德、歐幾里德、尼科馬科斯〔Nicomachus〕、亞里士多塞諾斯〔Aristoxenus〕），並且發展出音階體系和記譜法。畢達哥拉斯（Pythagoras，大約西元前570-497/496年）的「天體和諧論」對後世產生了巨大的影響。按照他的假設，「萬物皆數也」，他相信行星之間的距離與各種諧音的弦長關係相對應，而這種關係又與人類靈魂的運動相對應。因此，天體在運行中產生音樂，然而如果一個人的道德修養不夠，很遺憾地就聽不到它。

莎士比亞在《威尼斯商人》中就引用了此一說法：「來，潔西嘉。看看那用閃

爍金片鋪起的天空走廊;每一顆微小的天體,在軌道上轉動時都像天使般歌唱,應和著嫩眼天嬰的妙唱。這樣的和諧就在我們的靈魂中,一旦它披上腐敗混濁的外衣時,我們便聽不見它了。」在這裡,作者認為道德品質是音樂的根:「歌聲響起的地方,使人平靜安寧。道德敗壞之人是不會唱歌的。」──這可是對欠缺音樂細胞的人的一種歧視,同時也強調用音樂來區分人的三教九流。諸如此類的觀點甚至會導致和諧癖。

　　古羅馬學者、哲學家波伊提烏(Boethius, 480-525)從畢達哥拉斯的學說出發,提出了「世界的音樂」(Musica mundana)、人類的音樂(Musica humana,人在靈魂上的平衡)和樂器的音樂(Musica instrumentalis)的概念;所追求的狀態則是所有層面的交互和諧。

　　毫無疑問,天體運行與音樂之間的關聯在於,二者都是週期性的過程,即在特定時間內重複發生的過程。節奏便是按照某個單位長度對樂曲在時間上進行的規範。音樂最重要的基本單位是小節,它把整個樂曲分成相同長度的段落,而其中又包含一定數量的音節。就像詩歌一樣,人們稱之為格律或節拍。最重要的音多置於小節之首,而且其他音的作用也視其位置而定。如果試著重複下面的音,很容易就可以了解:mmh-ta-ta-mmh-ta-ta……。在第二遍時就會發現,這是典型華爾滋的節奏。那個「mmh」就是節首的音,而後面則繼續接了兩個音。

　　根據畢達哥拉斯的學說,音樂反映了天體的週期運動,無怪乎大導演史坦利・庫柏力克(Stanley Kubrick)便在他的《2001太空漫遊》(*2001: A Space Odyssey*)片首曲中,讓太空船滑著華爾滋的節奏穿梭於太空。

　　應該要感謝希臘人發明了「音樂」(music)這個詞。它起源於musiké,意指古代的詩歌吟唱。另一個源頭可以追溯到musike techne(繆斯的藝術)此一概念。繆斯本來是泉源仙女和掌管韻律和吟唱的女神。九個繆斯中有六個與音樂有關,她們分別是:克麗歐(Clio,歷史、英雄讚歌)、卡莉歐碧(Calliope,詩歌、敘事歌曲)、特普西可兒(Terpsichore,合唱抒情詩、舞蹈)、愛拉脫(Erato,情歌)、歐特碧(Euterpe,音樂、笛子)和波莉海姆妮雅(Polyhymnia,歌唱與讚美詩)。從上面這份名單可以看出,音樂不只是一門獨立的藝術,它常常還是其他眾多藝術形式的組成部分。

在早期的古希臘（西元六世紀之前），普遍以弦樂作為英雄史詩的伴奏。西元七世紀，出現了用里拉（Lyra，古希臘的一種五弦或七弦豎琴）進行伴奏的抒情詩歌。合唱所扮演的角色越來越重要，尤其在慶典或宗教儀式上，例如歌頌神的讚美詩。而且，古典悲劇在很大程度上依賴音樂來感染觀眾，劇中合唱與獨唱便是交替出現。此外，還要感謝希臘戲劇中一個重要的音樂概念——樂團（在希臘文中，orchestra表示正式舞台前方的半圓形區域，它隨著時間的演變不斷地往下挪移，最終成為今天的樂池）。

在古希臘，兩個對立的人物形象代表了音樂兩種迥然不同的面向，他們是阿波羅和狄奧尼索斯。阿波羅是主宰音樂、光、真理和詩歌的神，天琴的演奏者和九個繆斯女神的領導者，他代表音樂中文明的力量；狄奧尼索斯是能讓人心醉神迷、渾然忘我的神，舞蹈之神和酒神，他能讓人陷入音樂的癡迷耽溺中。在後來的音樂史中，這兩種作用不斷以矛盾衝突的形式出現，例如聲樂對上器樂，宗教音樂對上世俗音樂，嚴肅音樂對上消遣音樂。傍晚在家中以鋼琴彈奏巴哈樂曲的父親，比起受到狄奧尼索斯吸引而沉醉於流行情歌的女兒，更接近阿波羅。

正如先前所述，八度音表示1：2的振動比例。那麼，其他音呢？為了搞清楚這個問題，我們先解釋一下什麼是「音程」。音程表示兩個音之間的高度差。因此，八度音也是一個音程。其他音程也是由兩個音之間的整數振動比得出的。所以，1：2（八度音）之後是2：3（五度音），音階的第五度音；然後是3：4（四度音），音階的第四度音，依此類推……。這也許抽象，卻是耳朵聽得見的。

當我們靠著聽覺來給吉他校音時就會發現，如果兩個弦的合聲聽起來突然清晰純粹時，那麼就達到了兩弦之間所期望的音程。所以，這種音程稱為純音程。耳朵容易捕捉到整數的振動比，由這種方式產生的音便構成了音階，即按照我們自然聽覺感受到的強弱程度，所排列出首尾相差八度的音的序列。自然音的背後是物理的振動比。儘管如此，和諧的音程比原理所提供的，並非唯一確定且一目了然的音階，它所展示的只是一個「音庫」，從中我們可以自行製造音階。

由此逐漸產生了一個由十二個音組成的集合，其中或者用五個音（五聲音階），或者用七個音來建構音階。若以鋼琴鍵盤作為例子，可方便說明。鋼琴的一個八度由兩兩音高差相等的十二個音所組成，包括七個白鍵和五個黑鍵。黑鍵

首先是以兩個一組的形式，然後是三個一組出現在白鍵之間。有兩處的白鍵之間沒有黑鍵，我們稱這兩鍵之間的音程為半音；此外，從一個白鍵彈到下一個白鍵，就得到一個全音。當我們從一個白鍵開始，彈所有接下來的白鍵，就得到一個音階。

現在我們面前是由五個全音和兩個半音組成的畫面。如果我們從不同的音開始，就會得到特徵各異的調式。而調式的特徵則取決於那兩個半音與主音之間的距離。我們簡單地用字母表述這一特徵，將白鍵依序從 A 到 G 標示。希臘的音樂理論家將調式系統化並為它們命名，而這些名字聽起來有點像建築術語：多里安式（dorian mode）、非利基安式（phrygian）、利地安式（lydian）、米梭利地安式（mixolydian）和愛奧尼亞式（ionian），並運用增加音節「亞」（hypo）的方式產生新的音階，如多里安亞式。

告訴大家一個好消息，從中世紀開始，音樂界摒棄了這種繁複的體系，只保留了兩個調式——愛奧尼亞式和伊奧利安式（aeolian），即今天我們常說的大調和小調。

中世紀的音樂

在早期教堂的禮拜中，完全禁止使用樂器，人們只能以讚美詩的形式來敬拜上帝。具體的方式有兩種，唱聖經詩篇和葛利果聖歌齊唱。葛利果聖歌齊唱是拉丁文的單聲部宗教歌唱，直至今日它仍出現在天主教的禮拜儀式上。西元六世紀末，教皇葛利果（Gregor）對禮拜儀式進行了統一，並從各教區和教堂中收集整理聖歌，在這方面，後繼者追隨了他的腳步。如此一來，人們迫切需要一種方法去記錄音樂。經過不斷的嘗試變化，義大利阿雷佐的桂多（Guido of Arezzo, 992-1050）將音階標示於線上的系統逐漸得到推廣，這是我們今天記譜法的最早形式。

根據此一淵源，中世紀流傳下來的音樂大多是讚美上帝的宗教音樂。在此值得一提的是，聖歌的效果與建築之間有著極為密切的關聯。如果我們從聲學的角度來觀察那高聳入雲的哥特式教堂，就會發現兩大效果：首先，上帝是無所不在的，因為聖歌的回聲響徹整座教堂；其次，上帝聆聽一切，哪怕是最輕聲的耳語

也能聽得到。拉丁文聖歌透過教堂建築的回聲增強了效果，或許這就是上帝的全能一種最有力的展示。

然而，中世紀的世俗音樂也是歌唱。從十一世紀開始，法國的吟遊詩人成為由貴族和騎士階層捧紅的歌星。後來是德國的宮廷抒情詩人。他們演唱的曲調往往與教堂歌曲相似。當時在宗教和世俗音樂之間有活躍的交流，即「曲留詞換」；曲調有足夠的自由度，可以從對上帝的謳歌直接轉為對心上人的讚美，只要歌詞改變一下即可。

城市中日漸富裕的市民和手工業者繼承了此一傳統，並將其引入了演唱學校：在法國稱為「歌手」（Puis），在德國是「工匠歌手」（Meistersinger）。其中最有名的是紐倫堡的漢斯・薩克斯（Hans Sachs, 1494-1576）。與吟遊詩人取悅貴族和宮廷抒情詩人歌頌愛情的風格不同，工匠歌手主要演唱有關聖經以及諷刺政治的歌曲。

中世紀宗教音樂最重要的發展就是多聲部。它的第一次高峰即所謂的「聖母院時代」，正好與巴黎聖母院從1163年到十三世紀中期的建築時間相吻合。然而什麼是多聲部呢？就是人們不再像齊唱那樣唱同樣的東西，而是多個曲調並存。這意味著音樂思想上的變革。因為音樂家不再像以前只需考慮什麼音相連聽起來好聽而已，他們還要斟酌哪些音同時響起來會很動人，進一步還包括，以什麼樣的順序去安排那些同時響起的音聽起來效果會更好。下面我們就來談談色彩斑斕的和聲學。

和弦是指至少三個音同時響起。我們知道，純音程聽起來很悅耳，反之，則不太好聽。人們稱效果差的和弦為不和諧音，反之則為和諧音。聽起來很舒適的和諧音實際上只有五度和大三度。我們已經知道什麼是五度了。而大三度是什麼呢？三度音是指一個音階的第三個音，有兩種不同的形式：小三度是指三個半音，而大三度則是四個。因為大三度的振動比是4：5，比小三度的5：6要大，所以大三度比小三度聽起來更純。小三度就像布穀鳥的叫聲，以前男人特別怕聽到它，因為那可能暗示——他戴了綠帽子（布穀鳥會在別的鳥巢中下蛋，讓其他鳥來撫養牠的孩子）。

然而，不停地演奏和諧音容易使人產生厭倦的感覺，而不和諧音可使曲調活

潑起來，但要保證曲子終了時以和諧的和弦結束。此外，作曲家還須在時間上組織安排什麼時候兩個調子合在一起。人們費了好長時間才發展出將兩個聲部的音符上下對應書寫的記譜方式。在此之前，兩個聲部的樂曲是分開譜寫的，這給樂曲的演奏者造成了很大的麻煩，他們必須格外注意兩個曲調之間的配合。

現在我們已經認識了音樂的兩大軸——旋律與和聲；旋律是由一個接一個響起的音符構成，而和聲則是合奏的音符，就像是組合（先後）和選詞（平行）是語言的兩大軸一樣。（→語言之家）

為使大家的聲音在合唱中聽起來很整齊，還必須對音長進行明確的定義。為此人們採用了一種簡便的方法，取一個長音，把它分成相等的兩半，就像把一顆蘋果從中間切開一樣；而每一份再以相同的方式進行分割，於是就有了全音符、半音符、四分音符、八分音符、十六分音符等等。而音符的絕對長度則與樂曲的速度成反比。當然，我們還可以把一個音符分成三份，於是就有了「三連音」。依此類推，還有五連音、六連音和七連音、但是一般很少使用它們。

幾乎所有的音樂都由二分法或三分法產生的音符所構成。然而，中世紀推崇三分法，並稱三分為「完美」，而二分則是「不完美」。藉此，世人將基督教的三位一體（聖父、聖子、聖靈是一體的）透過音樂的結構表現出來。在這種數字象徵意義上，畢達哥拉斯的影子依稀可見。

聖母院樂派中傑出的作曲家首推裴勞定．馬格努斯（Perotinus Magnus），他於1200年前後在巴黎創作音樂。裴勞定的音樂不像懺悔祈禱式的葛利果齊唱聖詠那樣蘊涵著沉思與冥想，而是節奏鮮明、生氣勃勃。在巴黎聖母院的聖殿中表演他的音樂效果特別好。其手抄古本流傳至今，最著名的是《眾人都坐下來》（Sederunt principes），在專門的音樂書店中可以找到它。

巴洛克

中世紀確定用音階來創作樂曲，並發明了記譜法與和聲原理，為樂壇的繁榮發展、百花齊放奠下扎實的基礎。然而，文藝復興為音樂帶來的創新比其他領域要少，它僅僅是中世紀音樂發展的延續。多聲部音樂從教堂走向民間。在宗教音樂中，合唱讚美詩占主導地位，正如中世紀晚期的情形；而多聲部的世俗音樂則

以牧歌為主。

在宗教改革時期，合唱讚美詩受到意識形態的質疑，認為它變得越來越複雜且難以演唱，因此，人們擔心出現喧賓奪主的後果——基督宗教的教義被聲音的潮水所淹沒。有人甚至建議取消禮拜中的音樂。在特倫多大公會議上（1546-1563），對音樂的角色進行了激烈的爭論。這時，教堂音樂的救星義大利作曲家帕萊斯特里納（Giovanni da Palestrina, 1525-1594）出現了，他發明的對位記譜法讓合唱的各聲部之間容易相互配合。根據大公會議對歌詞簡潔明瞭的要求，他修改了許多合唱歌曲，並用對位法進行了重寫。

在文藝復興末期，誕生了一種嶄新的藝術形式——歌劇。為了符合文藝復興的創作理念，並再現古希臘悲劇，世人依據亞里斯多德的著作推測，悲劇應該是一種有音樂的戲劇。於是，蒙特威爾第（Claudio Monteverdis, 1576-1643）就以悲劇的音樂為基礎，在佛羅倫斯創作了第一齣歌劇《奧菲歐》（Orfeo）。從此之後，義大利歌劇成為獨具風格的一派，並一直主宰著直到古典主義時期的歌劇舞台。那時的歌劇明星都是閹人歌者（去勢後的歌劇演員具有寬廣的童聲音域，因此風靡十七、十八世紀的歌劇舞台），不過由於這種作風早已斷絕，所以我們也無從得知最原版的義大利歌劇聽起來究竟如何。

隨著歌劇藝術的發展，音樂上的巴洛克時期開始了。器樂在文藝復興時期依然被聲樂的陰影所遮掩，而此時終於脫穎而出，成為一門獨立的藝術。由於巴洛克式封建的宮廷文化需要一種適合在國家劇院上演的新藝術形式。因此，音樂家便成為製造豪華轟動效果的宮廷藝術家。

其中一位就是韋瓦第（Antonio Vivaldi, 1678-1741）。因為音樂家在當時屬於比較崇高的職業，民間便流傳著一則軼事：韋瓦第原先接受的是從事神甫的培訓，然而在一次彌撒中，他竟然擅自離開工作崗位聖壇，為的是記下腦海中突然湧現的音樂靈感。其實，這也是音樂脫離教堂的徵兆。不久，韋瓦第便脫下神甫的長袍，加入宮廷樂師的行列。他譜寫下如此多的樂曲（大約有五百首），以至於有人說他不過是把一首曲子重複寫了五百遍而已。這並不是暗諷韋瓦第缺乏才華，而是反映了那個時代的品味：世人希望每一季都能看到新的東西，但又不能太偏離大家所熟悉的。

巴洛克音樂的特色之一就是所謂的「感情樣版」，我們在文學篇中已介紹過。它在人類的各種情緒與特定的音響之間建立起一種對應的關係。例如，表達友誼時使用大調、和諧音和快板，而哀傷時則用小調、不和諧音和慢板。畢竟，人們寧願敬拜阿波羅而不是狄奧尼索斯，那些透過音樂來表達的效果在很大程度上已經標準化和風格化。

接著，從舞台音樂和舞蹈音樂中發展出新的器樂形式。在當時，世人僅從聽覺上獨立去欣賞器樂，是個創新的想法。因為，歌劇是有故事情節的，而舞蹈中的音樂提供了節奏。在傳統運用音樂的藝術形式中，音樂總是需要一個載體，並在其框架中發揮特定功能。然而，此時人類在音樂史上終於邁出了新的一步：在歌劇序曲的基礎上產生了交響樂；在舞曲的基礎上產生了組曲。就像是舞者在快舞之後，需要換個慢舞，喘口氣一樣，交響樂和組曲中也是快慢交織的。

韓德爾（Georg Friedrich Händel, 1685-1759）是歌劇創作藝術中一位代表性人物，他受到音樂家史卡拉第（Scarlatti）的影響，而以歌劇征服了義大利，後來受任命為漢諾威選帝侯（即日後登上英國王位的喬治一世）的宮廷樂師。這樣，韓德爾又成為倫敦歌劇之王，並且在喬治一世統治時期，擔任卡洛琳公主的音樂老師。

當劇院觀眾開始對宮廷歌劇感到厭煩時，一群富裕的音樂愛好者一同出資於1719年建立了英國皇家音樂學院。在他們的協助下，韓德爾組織了一個陣容龐大的劇團，以歌劇《拉達密斯托》（Radamisto）揭開了演出季的序幕，並帶給觀眾耳目一新的感覺。該劇的輝煌成果引發了歌劇界的大戰。

伯林頓（Burlington）的侯爵勸說皇家音樂學院下一季以博農奇尼（Bononcini）的《阿斯塔托》（Astarto）為開幕式。此時的博農奇尼可謂春風得意，他還接了兩部歌劇和悼念馬爾堡（Marlborough）公爵輓歌的委託創作。韓德爾馬上予以反擊，他邀請具有傳奇色彩的知名女高音楚佐尼（Francesca Cuzzoni）在他的歌劇《奧托內》（Ottone）中擔任主角，因為她的歌聲令同行妒火中燒，讓倫敦的市民們如癡如醉。

國王和輝格黨支持韓德爾，而王儲和托利黨則為博農奇尼大肆宣傳，為了對付楚佐尼，他們將次女高音波唐尼（Faustina Bordoni）擁上了台前。於是，韓德爾

祭出了最狠的一招，讓雙方的鬥爭白熱化，他在歌劇《亞歷山卓》（*Alexandro*）中同時選用這兩位女高音，並為她們安排了多個獨唱與一個二重唱。博農奇尼也馬上跟進，在《阿斯蒂安特》（*Astianotte*）中玩弄了相同手法，欲與韓德爾一較高下。然而就在演出現場，兩位女高音的歌迷發生了嚴重的衝突，最後連她們兩人也大打出手。

這次爭鬥的結果是兩敗俱傷，並為約翰・蓋（John Gay）的崛起創造了良好條件。1727/28年的冬季，蓋推出了他的《乞丐歌劇》（*The Beggar's Opera*），其中主角不再是英雄或王公貴族，而是匪徒首領、乞丐頭子、小偷、地痞和倫敦街頭的輕浮女子。日後，德語劇作家布萊希特便曾效仿《乞丐歌劇》創作了《三毛錢歌劇》。當時，《乞丐歌劇》引起了巨大的迴響，連續演出了六十三天。隨著歌劇戰爭的落幕，韓德爾改變路線創作聖樂（神劇、清唱劇），他以聖經故事為題材譜寫合唱曲和交響樂，並以反抗埃及和巴比倫奴役的以色列人來比喻英國人，其中的代表作是《彌賽亞》（*Messias*）。

今天，我們也許會覺得非常不可思議，巴洛克音樂的超級大師──巴哈（Johann Sebastian Bach, 1685-1750）去世後不久就被人遺忘了。然而，到了十九世紀，他又登上世界音樂的舞台。今天，巴哈的作品已成為節日慶典的例行項目，《馬太受難曲》（*Matthäuspassion*）就像復活節的兔子一樣不可或缺，而《聖誕神劇》（*Weihnachts-Oratorium*）也像聖誕節的聖誕樹一般必不可少。

巴哈出生於一個音樂世家。在成為威瑪（Weimar）宮廷樂師之前，他曾擔任管風琴的樂師，在科騰（Köthen）宮廷樂師時期他達到了職業生涯的高峰。在這個階段，他創作了大量經典作品，如《布蘭登堡協奏曲》（*Brandenburgische Konzerte*）等。1723年，巴哈成為萊比錫的教堂管風琴師，社會與經濟地位都在走下坡，他偶爾會抱怨萊比錫人貪生怕死，因為他得靠在葬禮上伴奏賺錢。巴哈在萊比錫創作了他著名的受難曲和其他以聖經故事為題材的樂曲。巴哈並沒有將自己的工作視為一種藝術創作，而是看成遵循上帝旨意運作的一種手工藝。

事實上，巴哈作曲的確有點像手工勞作。特別是他發明了賦格（Fuge，源於拉丁文fugere，「逃跑」之意）這種音樂形式，也因此奠定大師地位。

巴哈所撰寫《賦格的藝術》（*Die Kunst der Fuge*）一書，介紹了相關原理：

首先是單聲部表達一個主題，藉此呈現樂曲的主旋律；當這個主旋律結束之後，在另一個音高上以第二聲部來演奏同一主題，聽起來好像是對主題的一種回應，所以也稱為答題。同時以第一聲部作為伴奏，但這時第一聲部演奏的是與主題呈對比關係的旋律——對題。透過這種方式，不斷加入新的聲部演繹主題，並由另外一個聲部以對題進行伴奏，與此同時，所有其他聲部根據作曲家的意圖進行高低音上的跳躍。按此方式進行下去，直至所有聲部都加入為止。各個聲部就像鐘錶的部件一樣有默契地相互配合，而當時正是牛頓發現萬有引力，世界被當成一個鐘錶模型的時代。

1747年，六十二歲的巴哈受邀來到腓特烈大帝的王宮，那裡的樂師是他的兒子卡爾·菲利浦·埃馬努爾（Carl Philipp Emanuel）。國王請他在一架嶄新的鋼琴前即興創作，於是巴哈根據給定的主題，一首接一首地彈奏賦格曲。回家之後，巴哈將當時的即興表演，整理創作出一首六部賦格曲，並作為獻給國王的祝贊《音樂奉獻》（*Musikalisches Opfer*）的部分內容。科學家、研究藝術天賦的專家道格拉斯·霍夫斯塔特（Douglas Hofstadter）在其重要著作《哥德爾、艾舍爾、巴哈：一條永恆的金帶》（*Gödel, Escher, Bach: An Eternal Golden Braid*）一書中宣稱，創作一首六部賦格曲，就像是六十組人馬同時參與一場下棋比賽，眾人蒙著眼睛上陣，但最後全都大獲全勝。

巴哈以其兩部《平均律鋼琴前奏曲與賦格曲集》（*Das wohltemperierte Klavier*）創造出全新的東西，即一連串的前奏和多聲部賦格曲。新在哪裡呢？為什麼稱作鋼琴平均律呢？因為巴洛克時代從古希臘流傳下來的諸多音階中，精選出兩種——大調和小調；大調表達明朗，小調闡釋哀傷。這有其物理上的原因。大調音階包含許多純音程，即先前介紹過的大三度，或是更上面的大六度；而小調中有較小、較不純的音程，使得樂曲聽起來充滿張力。二者之間就形成了精采的對比，如光明與黑暗、喜悅與憂傷、明朗與曲折等。

音階的名稱是根據它的第一個音，即主音來命名的。一個C大調音階以C音為開頭，而其他音則以此為依據。從十二個音中產生了十二個大調和十二個小調。那麼，創作各種調式的曲子有何困難呢？難處就在於，儘管每個音之間的關係很自然，但是聽起來就是不自然，原來大自然也會犯錯。

我們知道，一個音階是由若干純音程構成。所以十二個音之間的距離似乎應該是相等的。但是事實並非如此，因為十二個音不可能等距分布在一個八度內，並使兩兩之間為純音程，這是不可能的。長時間以來，在一架鋼琴上是不可能彈奏所有的調式，因為一個調中的純音程在另一個調中便不再純了，而是聽起來有些怪異。於是，人們採用了一種變通的方法，即透過校音讓鋼琴聽起來不再有絕對的純音程，而且即使在演奏中，聽眾也很難聽得出來。

總之，巴洛克音樂傾向於戲劇性的魔幻色彩，而且當時的人也很容易為那些把戲所迷惑，而稱其為「妥善的處理」（「平均律」的直譯法）。這樣，巴哈才能譜寫出所有調式的作品。然而，這種校音方式也讓各個調式風格迥異。有許多白鍵的聽起來會純正一些，而有許多黑鍵的效果則相反，但可能也同樣動聽。因此，巴哈平均律鋼琴創作的每首曲子都有其獨特的風格。

巴洛克時代還發展出和聲學的規則，但它不是要限制作曲家的創作，而是描述音樂的「語法」，並在藝術家和觀眾之間搭起一座理解的橋樑。

接下來將介紹一點和聲學的語法規則。每個音階都有一個和諧的三和弦。以C大調為例，它有一個由第一個音C、第三個音E和第五個音G組成的C大調三和弦。這是一個大三度和一個五度純音程。現在可以在音階各個音的基礎上，以這三個和弦與其餘任一個音來作曲，於是每個音階就有三個大調三和弦、三個小調三和弦和一個比較不和諧的和弦。

這就是所有可用來伴奏C大調的和弦，可視其情況選擇合適的，但是主要依據主音而定。如果出現了一個G大調和弦，並不意味著突然轉換成G大調了，而是會聽到G大調是C大調和弦效果的一部分。G大調和弦的作用在於將我們拉回到原位和弦上。

如果在一個C大調樂曲中聽到了G大調和弦，聽眾便能意會到，樂曲馬上要結束了。因為G大調和弦安排了C大調的結束和弦。還有，一組和弦明智的收尾自然不會是唐突的，而是在主音和弦做出漂亮俐落的結束，這樣才能給觀眾留下圓滿、餘韻無窮的感覺，就像電影的Happy End一樣。巴洛克時代的音樂追求這種和諧與完美，彷彿為後世留下一座充滿神奇效果的寶庫。

古典主義

到了巴洛克末期，世人對於複合的結構和高難度的賦格越來越感到厭倦，轉而崇尚活潑、明朗和自然的風格。這種品味上的改變造就了古典主義時期，從十八世紀後半葉到十九世紀二〇、三〇年代。儘管這個階段很短，卻是音樂史上發生重大變革的時期。在技術上，是指從巴洛克的多聲部結構返回到以旋律為主導的樂曲上。而且，作曲家的社會地位也有所變動，如果按照黑格爾的說法，從貴族的附庸轉型成為獨立藝術家有必經的三步曲，那麼相對應的也有三位知名作曲家，他們依次為：海頓、莫札特和貝多芬。

海頓（Joseph Haydn, 1732-1809）仍仰賴於他的貴族雇主，幸而他們給了海頓足夠的自由空間，讓他能夠有所突破，幾乎是獨力發展出古典主義時期音樂的各項重要形式。例如海頓將交響樂移植到管弦樂上，把奏鳴曲的適用範圍從鋼琴擴大到其他獨奏樂器，他還創造了弦樂四重奏。這些創造革新讓後來的貝多芬尊稱他為「海頓爸爸」。

這些音樂形式都是按照「奏鳴曲式」結構原理譜寫的，以「首樂章」開頭，大部分是較快的節奏，並包含兩個對比主題，製造張力。之後是緩慢的抒情樂章。就在聽眾即將被這種慢節奏所迷醉，甚至是催眠時，突然出現一段活潑的結束樂章、一段小型舞曲、小步舞曲，或是有趣的段落，如詼諧曲等，將他們喚醒。結束樂章賦予全曲一個圓滿的終了，並根據大、小調的不同，留下了或許是愉快的，或許是充滿戲劇性的印象。

● 海頓、莫札特和貝多芬，依序完成了從貴族的附庸到獨立藝術家必經的三步曲。

莫札特（Wolfgang Amadeus Mozart, 1756-1791）可謂藝術家中上帝的寵兒。他是個神童，三歲時就能在半小時內熟記一首小步舞曲，並在鋼琴上彈奏出來；五歲時就懂得作曲，他的父親利奧波德·莫札特（Leopold Mozart）也是位音樂家，帶著他前往歐洲各大宮廷，與姊姊安娜同台演出；九歲時他創作了第一首交響樂；十三歲時成為薩爾茲堡大主教宮廷樂隊的首席小提琴師。

在遊歷過義大利和巴黎之後，莫札特來到了音樂之都維也納，完成了從宮廷作曲家到自由藝術家的轉變。在維也納，他靠演出、作曲和授課為生。他生活優裕，與康絲坦茨（Constanze）共組了一個家庭。成為音樂之都收入數一數二的

獨奏者,他衣著考究、風度翩翩地出入上流社會。1784年,他成為共濟會會員,並為其譜曲。

莫札特的創作方式令人驚訝。他通常是在大腦中作曲,然後再寫下即可。1786年上演的歌劇《費加洛婚禮》(*Le nozze di Figaro*)引起了各界不同的反應,因為這是第一齣反映社會矛盾衝突的歌劇作品,內容描述一個西班牙貴族企圖染指一個平民少女,儘管她已經訂婚了。於是,貴族的妻子、青春少女和她的情人,三人聯手把貴族教訓了一頓。當時正值法國大革命爆發的前三年,貴族已不能為所欲為了。接下來,歌劇《唐喬萬尼》在布拉格首演,它賦予唐璜的故事一個如此完美的形式,日後丹麥哲學家齊克果(Søren Kierkegaard)推崇其為美學形式的典範。

在接下來的日子中,莫札特陷入了經濟危機。奧地利與土耳其之間的戰爭讓創作委託和音樂會的數量驟減。屋漏偏逢連夜雨,康絲坦茨病倒了,花了大筆的金錢進行治療。之後莫札特寫了《女人皆如此》(*Cosi fan tutte*)和《魔笛》(*Die Zauberflöte*)。1791年,出現了一位神祕使者,他以匿名的方式給了莫札特一份創作委託——譜寫一首《安魂曲》(*Requiem*,取自拉丁文 requiem aeternam dona eis, Domine〔讓他永遠安息吧,上帝〕第一個詞)。莫札特病倒了。在病榻上,他完成了創作,卻於1791年12月5日去世,剛滿三十五歲,正是風華正茂、青春大好之時。

關於莫札特之死眾說紛紜。有一說法是,小有才氣的宮廷作曲家安東尼奧・薩里耶利(Antonio Salieri)因妒忌才華橫溢的莫札特,毒死了他。這個謠言由俄國詩人普希金(Puschkin)傳播開來,並被英國劇作家彼得・謝弗(Peter Shaffer)寫入《阿瑪迪斯》(*Amadeus*)。導演米洛斯・福曼(Milos Forman)把它拍成同名電影,並贏得了八座奧斯卡小金人,片中由湯姆・霍斯(Tom Hulce)飾演天才音樂家莫札特。

莫札特在音樂上所展現的超凡天賦,也為他的早逝蒙上一層神祕面紗。後世傾向認為,這位上帝的寵兒必是受到低等生物的迫害。事實上,薩里耶利是無辜的,而那位神祕的信使是瓦爾德克(Waldeck)侯爵派來委託莫札特為他創作安魂曲的。

　　儘管莫札特廣泛運用了歌劇、交響樂以及各種器樂的變化，但其作品都有他獨特的個人風格。他的音樂是高雅、細膩，但絕非多愁善感的。他的歌劇對於古典題材（如古希臘英雄和亞歷山大大帝的命運等）避而不談，而是直指當時的社會問題。在《魔笛》（其腳本由一位共濟會會員編寫）中，薩拉斯托等人努力爭取的，恰恰是啟蒙運動所宣導的理想與正義；而塔米諾王子歷經了一番艱苦考驗，這反映了加入共濟會必須接受的種種試煉。

　　如果說莫札特是從宮廷作曲家過渡到自由藝術家的代表人物，那麼貝多芬（Ludwig van Beethoven, 1770-1827）就是一個典型的天才自由藝術家。起初他是位鋼琴演奏家。後來，他在多位贊助人的幫助下，開始走上自由創作之路。他在早年就有嚴重的聽力障礙，後來完全聾了。這讓他與社會隔絕，且必須透過想像來作曲。因此，作曲對他來說成了一項艱辛的工作。

　　與先前那些把作曲當手藝絕活來學習，並練得滾瓜爛熟的作曲家大相逕庭，貝多芬想要達到更高的境界，關於人類深層感受與人文主義的表現二者之間的關係，他要用音樂細膩地傳遞出來。他的每首曲子總是一改再改，有時竟然對一首曲子進行長達數年的創作，結果當然是品質上乘、卓爾不凡。他把音樂當成一門獨立的藝術，無視於貴族式消遣文化的淺薄期望。與莫札特相比，貝多芬的音樂創作要精細得多，前者是經常進行即興創作的獨奏者；而後者總是按照精密的總體構思來作曲。當時已經發明了節拍器，貝多芬便利用它來嚴格地控制曲速。

　　貝多芬主要是為器樂作曲，最著名的是他的交響樂和鋼琴奏鳴曲。他藉由極端的表現方式，並在音樂中融入戲劇性的非音樂思想，開創了奏鳴曲發展史上的新紀元。著名的《快樂頌》（*Ode an die Freude*）是《第九號交響曲》（*9. Sinfonie*）的結尾，它是作曲家革命形象的再現。透過強烈的表現形式，貝多芬將音樂從過去的桎梏中解放出來，並且引上新的征程，為浪漫主義的到來揭開了帷幕。

　　貝多芬他像拜倫和席勒一樣，流露出獨立藝術家特有的風貌。他們只對藝術負責，絕不屈服權貴而為其服務。這似乎可以從貝多芬的容貌中看出端倪，他的眼神迸發對內心世界強烈的關注之情，他的頭髮如獅鬃般豎起，令人過目不忘。無怪乎，貝多芬的半身雕像能成為炙手可熱的暢銷商品。

浪漫主義

　　早期浪漫主義的傑出人物是舒伯特（Franz Schubert, 1797-1828）。當貝多芬在表達驚濤駭浪般的激情時，舒伯特卻在探索平凡百姓的內心世界。他所摯愛的「舒伯特派對」（Schubertiaden，也是樂集名稱），就是一場歡樂的藝術家聚會，將音樂從威瑪的社會大舞台搬進小市民溫馨的家中。舒伯特主要因創作的歌曲、鋼琴曲和弦樂四重奏而聞名於世。所有這些音樂都是為了小市民起居室中的尋常生活而作，因此又稱作「室內樂」。然而，即使在陋室之中仍會出現驚世傑作，舒伯特歌詞與音樂之間的精巧搭配（如《冬之旅》〔Winterreise〕），以及旋律優美的器樂，是堪稱典範的上乘之作。

　　莫札特、貝多芬和舒伯特的音樂，將古典主義時期的音樂形式和平民的情感世界融為一體，為處於世紀之交的歐洲音樂舞台添上亮麗色彩。其時間點拿捏得恰到好處，因為就在十九世紀出現了許多推廣音樂，並促其商業化的新興行業，例如出版商、音樂評論家和藝術技巧名家；新思維崛起，音樂成為藝術品，不再是用來消遣而已。不久，便發明了市民階層的「音樂工廠」。然而在那裡，音樂遭受了和女人相仿的命運，不是被視為婊子就是聖女，音樂一分為二，於是有了消遣音樂和嚴肅音樂的區分。莫札特的《魔笛》可以說是最後一齣既用美滿夫妻——塔米諾和帕米娜，來謳歌道德，同時又以裝腔作勢、古怪精靈的配角——帕帕基諾和帕帕基娜，來增加笑料的音樂作品。

● 市民階層「音樂工廠」的形成，讓音樂一分為二，而有消遣音樂和嚴肅音樂的區分。

　　此外，貝多芬留給後世音樂家的遺產是沉重的。他完成了交響樂所能表達的一切東西。於是，人們開始尋找新的音樂形式。這就引起了創新派和保守派之間的爭鬥。保守派中必須一提的是布拉姆斯（Johannes Brahms, 1833-1897），然而連他自己也感到痛苦的是，他的交響樂聽起來很接近貝多芬的風格。而創新派則是新人輩出、花團錦簇的局面。

　　其中的一朵「鮮花」是「標題音樂」（Programme music），它不是按照某種形式（如奏鳴曲式）去譜曲，而是敘述一個故事。非音樂的故事內容主導音樂的進程。由此可見，早在電影問世之前，就已發明了電影音樂。標題音樂的典範之作是白遼士（Hector Berlioz, 1803-1869）的《幻想交響曲》（*Symphonie fantastique*），它描述了一個浪漫小夥子的失戀煩惱和對愛情的癡迷。這與作曲家本人的親身經歷不無相似之處。

李斯特（Franz Liszt, 1811-1886）創造了交響詩這種音樂形式，知名作品是《浮士德交響曲》（*Eine Faust-Sinfonie*）。理查·史特勞斯（Richard Strauss, 1864-1949）則把創新發揮到了極致。他宣稱能把啤酒倒入玻璃杯中的聲音轉化成交響樂，聽眾還可以從樂聲中辨別出啤酒的種類。這顯然是在開玩笑。

這時器樂是單獨出現的，沒有歌詞對其進行說明，聽者必須具備音樂以外的背景知識，才能理解其含義。如果缺乏這種知識，音樂對他們來說不過是一串忽強忽弱、忽快忽慢、在抒情與戲劇之間蕩漾、不知所云的聲響而已，只會讓人感到一頭霧水。

對舒曼（Robert Schumann, 1810-1856）而言，他的藝術生涯本身就是一個標題音樂。除了音樂之外，對他來說最重要的就是詩歌，詩人尚·保羅（Jean Paul）便是他的藝術家模範。然而，一個不太有詩意的意外差點毀掉他鋼琴演奏家的職業生涯，他曾製作了一個裝置去加強無名指的力量，卻因此罹患慢性腱裂傷。

日後，舒曼與女鋼琴家克拉拉·威克（Clara Wieck）結為連理，不過克拉拉的父親反對兩人的婚事，舒曼與他發生衝突，甚至對簿公堂。克拉拉·舒曼是一位奇女子，她是知名的鋼琴家，也作曲，並生了八個孩子。但是為了練琴，她把孩子們送到親戚家撫養。為了表達對孩子們的思念之情，舒曼創作了《兒時情景》（*Kinderszenen*）。另外，他還創辦了《新音樂雜誌》（*Neue Zeitschrift für Musik*, 1834），此雜誌至今仍存在。舒曼的晚年似乎印證了「天才與瘋子是近親」的說法，由於嚴重的憂鬱症，他跳入杜塞爾多夫附近的萊茵河中，企圖自殺，獲救後住進了一家精神病院，幾年之後死於院中。

舒曼和孟德爾頌（Felix Mendelssohn, 1809-1847）是重新發掘巴哈的作品，並將其推上音樂聖壇的作曲家。從孟德爾頌的身上，我們可以看到莫札特的影子；他從孩提時代就開始作曲，輕而易舉創作出膾炙人口的作品。但是，像莫札特一樣，他也是英年早逝。在他無數的精采作品中最出色的是《婚禮進行曲》（*Hochzeitsmarsch*），這首曲子讓孟德爾頌永遠地活在世人的心中。

十九世紀，另一個在音樂形式方面取得突破的是民族音樂（國民樂派）。首先，隨著民族主義的興起，大批作曲家將民族神話與民歌融入音樂創作中。其中著名的作品有布拉姆斯的《德意志安魂曲》（*Deutsches Requiem*）、史麥塔納（Friedrich Smetana, 1824-1884）的交響組曲《我的祖國》（*Ma Vlast*，其中有支曲子生動地描繪了水流湍急的莫爾道河〔Moldau〕）、葛利格（Edward Grieg, 1843-1907）的《皮爾金組曲》（*Peer-Gynt-Suite*）。

● 從孟德爾頌的身上，可以看到莫札特的影子。

其次，由義大利風格主導的歌劇世界分裂成法國式、義大利式和德國式歌劇。俄國人沒有蹚這渾水，而是建立了具有自身民族特色的芭蕾舞劇傳統。結果，音樂的國際主義因民族間的怨恨而四分五裂。例如，當時德國人瞧不起法國音樂，因為它不符合德意志民族所推崇「意義深刻、嚴肅認真」的精神。

蕭邦（Frédéric Chopin, 1810-1849）在波蘭與法國之間搭起一座友誼的橋樑。出生於波蘭的蕭邦，父親是法國人，母親是波蘭人，他像孟德爾頌一樣是個神童。巴黎這座城市吸引了許多音樂家，如李斯特和帕格尼尼（Paganini）都曾前往朝聖，它所散發的氣息也吸引了蕭邦，並激發他的靈感對鋼琴演奏進行革新。然而，由於健康因素，蕭邦不能經常登台演出，但這並不阻止千萬聽眾被他雙手流淌出的抒情樂曲所征服。此外，蕭邦還是一位熱情的旅行家，他曾與女詩人喬治・桑（George Sand）共遊度假勝地馬略卡（Mallorca）。然而，他也像莫札特一樣，太早離開世間。

在東歐，以作曲家葛令卡（Michail Glinka, 1804-1857）為首的一批俄國藝術家從民間故事和神話傳說中尋找靈感，他們自稱是「強大的一小撮」。在這群人中，至今仍赫赫有名的是穆索斯基（Modest Mussorgsky, 1839-1881），其傑作是《展覽會之畫》（*Pictures at an Exhibition*，1874年，在觀看已逝摯友哈爾德曼〔Hartmann〕的紀念畫展後所作），豐富多彩的樂章就如一幅能激發音樂靈感的繪畫。這是一組鋼琴曲，其音符所散發的絢爛魅力，讓日後許多作曲家紛紛仿效而為畫作配樂，從拉威爾（Ravel）的管弦樂、早期的電子音樂，到藝術搖滾（art rock），都有其脈絡可循。

而康定斯基（Wassily Kandinsky）為此添加了幾幅畫作，他是嘗試將音樂展

現在畫布上的藝術家，這也算是填補了穆索斯基作品的「空缺」。

「強大的一小撮」主要致力於創作俄國的民俗歌劇，柴可夫斯基（Pjotr
Tchaikovsky）也屬於「俄羅斯民族樂派」，不過與他的十一部歌劇相比，他的三
部芭蕾舞劇《天鵝湖》（*Swan Lake*）、《睡美人》（*The Sleeping Beauty*）和《胡
桃鉗》（*The Nutcracker and The Mouse King*）更受世人喜愛。經過這番轉折，接
下來要看看十九世紀音樂形式的第三項突破。

對歌劇來說，過渡到浪漫主義的道路還算平坦，山林草地上的浪漫故事和
天上人間的奇妙傳說已為劇本提供了豐富的素材。代表作品有韋伯（Carl Maria
von Weber, 1786-1826）的《魔彈射手》（*Freischütz*），其歌曲《給你編個新娘
花環》（*Wir winden dir den Jungfernkranz*）像流行歌曲一樣廣為傳唱，讓同時
代的人，例如詩人海涅（Heinrich Heine）幾乎為它瘋狂。

義大利歌劇則因羅西尼（Rossini, 1792-1868）、董尼才第（Donizetti, 1797-
1848）、威爾第（Verdi, 1813-1901）和普契尼（Puccini, 1858-1924），登上了
另一座高峰。他們幾乎沒有受到德國浪漫主義的影響，而是直接取材於莎士比亞
等大手筆的作品。歌劇在形式上的創新並不多，因為義大利的觀眾側重於欣賞演
員的唱功。

古典主義時期的歌劇主要由個別曲目、詠歎調、二重唱、合唱所組成，再藉
由宣敘調對情節進行說明解釋，如此連貫為一體。到了德國浪漫主義歌劇大師理
查·華格納（Richard Wagner, 1813-1883），這一切都改變了。華格納至今仍是
一個頗具爭議的人物。由於他的音樂受到希特勒的推崇，再加上他的反猶太主義
以及唯日耳曼是尊的思想，都讓他的形象充滿矛盾。

華格納從北歐的神話傳說中取材，進行「樂劇」（Musikdrama）的創作，
《尼布龍根指環》（*Der Ring des Nibelungen*）是其鉅作，具代表性的歌劇還有
《崔斯坦與伊索德》（*Tristan und Isolde*）、《紐倫堡的名歌手》（*Die Meistersinger
von Nürnberg*）和《帕西法爾》（*Parsifal*）。

另外，華格納與巴伐利亞的瘋狂國王路易二世（Ludwig II）之間的關係，
以及他熱中於導演人生的嗜好，都為他添加些許傳奇色彩。尤其當他在拜羅伊特
（Bayreuth）打造了一座聖殿——節日文藝匯演的劇院時，華格納的事業如日中

天。他的妻子也是得力助手科西瑪（Cosima，音樂家李斯特的女兒）籌募了建造劇院的經費。後來，他們把劇院傳給兒子指揮家齊格弗里德（Siegfried），之後又傳給孫子劇院經理維蘭（Wieland）。在「華格納文化」中，世代相傳的王朝是其特徵。

然而，華格納文化並非只是一種個人的怪癖，它顯示出藝術已達到了它統治的頂峰。那個時代許多人（包括叔本華）認為，藝術的頂峰就是音樂。在象徵主義中，作家嘗試將詩歌寫得像音樂一樣；而世紀遞嬗之際的唯美主義則讓生活完全融入藝術之中。

與此相符，華格納試圖將所有藝術形式都置於音樂的統帥之下，並匯聚成一件整體藝術品。他把音樂、歌詞、舞台布景和動作設計以一種神祕的方式交織在一起。他的歌劇並不能分解成一幕幕的形式，而是以某個貫穿全局的事件為線索，一氣呵成。

華格納採用了一種新的構思方式──主導動機。在一個故事中，所有重要元素都具備了某種音樂上的標誌，就像日常生活中透過某人的特徵去識別這個人一樣。但是，這裡的元素並不僅指人物，還包括對象、物件、感情和場合，例如用高亢的男高音來表達《尼布龍根指環》中英雄人物齊格菲的「劍之動機」。彷彿堆積木一般，華格納運用各式各樣的「動機」來創作歌劇。表達方式的變化即意味著情況有變，例如忽然用小調來表達劍之動機，就暗示著齊格菲力量的衰弱。

在其他方面，華格納也樹立了楷模。對浪漫主義來說，古典主義時期的和聲序列（每六個和弦構成一個基調）已經不敷使用。華格納增補了更加複雜的和聲序列與更多的音，那甚至是古典主義時期在和弦上所無法接受的，到了華格納，和弦的組合變化可謂是繁複多端。一些同時代的人認為，華格納在《崔斯坦與伊索德》開頭所展現的「崔斯坦和弦」已達到和聲的極限。他所使用的和弦序列儘管與某個主音相關，但是人們幾乎找不到這一主音在哪裡，因為它太複雜了。浪漫主義音樂在表達的豐富性、技藝的精湛性和意義的深遠性方面已達到了極限，而這個界線的另一邊則是現代主義。

現代主義

第一位現代主義的作曲家是馬勒（Gustav Mahler, 1860-1911），實際上他也是一個浪漫主義者和喜歡排場的華格納迷。他的《千人交響樂》（*Sinfonie der Tausend*，《第八號交響曲》）就需要1379位演奏者。他創作的交響樂是拼貼畫式、反映自我的音樂。四周嘈雜的聲音對他來說是組織音符的最佳範本。他用管樂器作為背景音樂，再配以人工音效，就能幾可亂真地表現出婉轉的鳥鳴聲。

馬勒的作品籠罩在一個極富表現力、傾聽潛意識的音響世界中，並傳達出他在現實中的疏離感受。馬勒深覺自己是個無家可歸者，從三方面看來如此：在奧地利身為波希米亞人；在德意志的統治下身為奧地利人；在這個世界上身為猶太人。如果有人在佛洛伊德的候診室中撞見他，實不足為奇。就在佛洛伊德的躺椅上，馬勒的童年回憶有其意義：當父親再次毆打母親時，小古斯塔夫絕望地離家出走了。他遇上一位街頭音樂家，那人如癡如醉地彈唱著一支小曲，歡樂的曲調摻雜著個人痛苦，給人的感覺極具震撼力，激發了小古斯塔夫超乎尋常的藝術稟賦。

● 就像其他藝術一樣，音樂也進入了「精神錯亂」時期。

以印象派為先鋒，音樂也像其他藝術一樣，進入了「精神錯亂」時期。德布西（Claude Debussy, 1862-1918）嘗試創造一種新的音樂，就像繪畫藝術上的印象派那樣，他運用產生渙散作用的和弦序列與音階覆蓋傳統的音樂形式，以達到渲染氣氛、反映情緒和突顯色彩的效果。例如，在他的管弦樂曲《大海》（*La Mer*）中，儘管音樂是和諧的，但是他所運用的和弦組合與音階是如此新穎奇特，結果當時聽眾的反應十分錯亂。

德布西的朋友薩提（Erik Satie, 1866-1925），是一位在各方面都顯得與眾不同的藝術家，他的音樂同樣給人帶來錯亂混淆的感受。薩提是個滑稽古怪的鋼琴家，與超現實主義者和標新立異的藝術家為伍。他曾說過：「我們不能因為聾子和啞巴不喜歡這首樂曲而小看作曲家。」

薩提創作關於音樂的音樂，例如《官僚派小奏鳴曲》（*Sonatine Bureaucratique*），滑稽地演繹了市民階層鋼琴音樂的現狀；他撰寫彈奏指南，規定某些段落必須長達十八個小時的反覆演奏；他出版一些音樂作品，卻禁止人們去聆聽；他創辦教會，但這個教會的第一條誡律卻是，只有他自己才能加入

該教會。他同時譜寫三首《吉姆諾培迪》（*Gymnopèdies*）和六首《吉諾西安》（*Gnossiennes*），二者都屬於「達達主義」無意義標題，旨在反映一種超越世俗，然而卻是完全不浪漫的美麗。法蘭克福學派的代表人物阿多諾獨具慧眼，對於薩提頗為激賞。

荀白克（Arnold Schönberg, 1874-1951）致力於擴展音樂的形式語言。他的出發點是，既然浪漫主義用盡了所有動聽的音響，那麼現在就必須在那些聽起來不是那麼動聽的音響上大作文章。這便意味著不和諧音的解放運動，也就是說，不和諧音不再充當讓和諧音在曲終顯得更為動聽的陪襯，而是要成為獨立的音響。

第二步就是破除舊有的大調、小調體系，因為在這個體系中，一切都已設定，了無新意，且禁錮了音樂的自由發揮。然而也不是要毫無顧忌地丟掉舊有音階，畢竟它們是以音的自然效果為基礎的。為解決這個進退兩難的問題，荀白克發明了「十二音列作曲法」。它有一個簡單的基礎規則，即在一串音中，十二個音中的每個音必須出現一次，這串音便稱為「音列」，而一首樂曲的其他部分必須建構在這個「音列」的基礎上。在音列中，不能為了突顯某個音符而去犧牲其他音符。這是一種絕對平均主義的原則，使音符傳達平均的訊息量。

荀白克的學說對其他作曲家產生了很大的影響，他門下有幾位學生也成為知名作曲家，如阿班‧貝爾格（Alban Berg）、安東‧魏本（Anton Webern）和馬克‧布利茨坦（Marc Blitzstein）。

大文豪湯瑪斯‧曼從荀白克處得到靈感，將其所開創的極端新氣象運用至小說《浮士德博士》中，（→文學）塑造了音樂家雷佛庫恩這號人物。就像荀白克一樣，主角眼見音樂的形式語言走到了山窮水盡的地步，因而效法浮士德將自己的靈魂出賣給魔鬼，讓魔鬼助其發展出「十二音列」。如果你想對現代音樂有更深一層的了解，不妨讀讀《浮士德博士》一書，也許你會發現，原來湯瑪斯‧曼曾向哲學家阿多諾請益過呢！

我們不能說荀白克的音樂廣受大眾歡迎，不過史特拉汶斯基（Igor Stravinsky, 1882-1971）的情況顯然好很多。他並非透過新的方法去發展音樂，而是在舊有半古典主義半古風的形式基礎上作曲。他曾戲謔地表示，自己把音樂當成公眾醜

聞去操作，尤其是他的《春之祭》（*Le Sacre du Printemps*），便以異教主題和瘋狂節奏引起轟動。就這樣，史特拉汶斯基反倒打開另一扇門，運用音樂史上的資源作為基石，來從事新的作曲。

相較於荀白克和史特拉汶斯基在資本主義社會中享有藝術家的創作自由，普羅高非夫（Sergej Prokofiev, 1891-1953）和蕭斯塔高維奇（Dimitrij Shostakovich, 1906-1975）卻必須躲躲閃閃，與蘇維埃的檢查制度進行周旋。因此，在他們身上出現了表面樂觀與內心壓抑不滿的矛盾情緒。

美國

談到美國對音樂的貢獻，首先想到的是非裔美籍黑人的文化——爵士樂。它源於藍調，並且揉合了傳統的非洲歌曲、基督宗教讚美詩以及歐洲伴舞樂隊。而且，那些傳統的猶太音樂家帶著他們的音樂，從東歐長途跋涉移民來到美國，用東方的黑管為爵士樂增添了異國色彩。

隨著黑人從農業投入工業，爵士樂也從鄉村進入城市。根據一種普遍被接受的理論，切分音節奏（Ragtime）發想自將黑人運往芝加哥的火車所發出的卡嗒卡嗒聲。很快地，白人也接受爵士樂，這股風潮席捲了歐洲，史特拉汶斯基和其他作曲家在他們的音樂創作中加入爵士樂的成分。反之，美國音樂家也想藉此找到與歐洲音樂的結合點，例如蓋希文（George Gershwin, 1898-1937）便創造了交響樂式的爵士樂。

隨著發展，之後出現了深受大眾喜愛的搖擺樂和傳奇式的大樂團爵士樂，這股風潮由「搖擺樂之王」班尼‧固德曼（Benny Goodman, 1909-1986）和艾靈頓公爵（Duke Ellington, 1899-1974）所引領。此外，藝術性很高的爵士樂形式，例如「咆勃爵士樂」（Bebop，原指爵士歌曲的無義音節）與自由爵士樂（Free Jazz），它們尤其是針對「專家聽眾」而作。

爵士樂將莊重拘謹的歐洲人所排斥的東西帶回到音樂世界中去。這緣於爵士樂是一種肢體音樂，也就是說，肢體作為「音樂器官」可以「同台演出」。二次大戰後，身體解放運動的標誌就是「搖滾」（Rock 'n' Roll，貓王性感的臀部擺動讓世人忍不住暱稱他為Elvis the pelvis。Pelvis有「屁屁」、「盆骨」的意思）。

儘管這條道路是漫長的，如今勝利已經到來，肢體與音樂的結合令人心蕩神馳，迅速風靡了青少年文化。

現在是流行音樂的國王君臨天下，各種族群、部落與宗教都臣服在他的腳下，各自擁有屬於自己的節奏、紋身、儀式與狂熱信徒。此外，還有電音（Techno）、浩室舞曲（House）、嘻哈（Hip-Hop）、drum and base，以及各種男孩團體、辣妹組合……，這個名單可以無限延伸下去。

當今最新的潮流就是綜合利用這種多樣性，即所謂的「跨界音樂」（Cross over），例如爵士樂手演奏古典音樂，古典管弦樂團大玩現代流行音樂，男高音像流行歌手一樣在舞台上又蹦又跳，引吭高歌流行歌曲，民俗歌謠與高雅音樂結合成為世界音樂，全都大剌剌地遊走於嚴肅音樂與消遣音樂之間。

如今，音樂已經成為文化產業為適應市場需求而低價促銷的商品，而二十世紀工業時代的觸角也沒有放過音樂領域，這要歸功於兩項技術的發明：唱片和收音機，讓音樂成為大眾商品。靠著它們，民主的音樂文化應運而生，形形色色的音樂成為生活的一部分。一台財源滾滾的娛樂機器啟動了，全世界不斷運用這項科技發展。就像踏上了莎士比亞《暴風雨》中的魔幻島，整個世界充斥著音響。

也許有些人會哀傷地懷想那逝去的美好時光，畢竟那時，音樂還是門藝術。不過，如果畢達哥拉斯今天還健在的話，他就能在任何一家大賣場輕而易舉實現他的夢想——買到傳說中只有神才聽得到的天體運行音樂。

5

哲學源起於「巨大的不確定性」。

哲學家

Philosophen

　　在歐洲，許多東西都要發明兩次，第一次是在希臘，確切地說是在雅典；而第二次則是在近代的歐洲，這些東西包括了民主、戲劇和哲學等。

　　有關希臘「三位一體」的哲學聖人蘇格拉底、柏拉圖和亞里斯多德，請參閱歷史篇關於希臘的部分。他們打破了傳統哲學家智者的陳腐形象。蘇格拉底是位詼諧的街頭演說家，他發明了一種辯論術，即透過巧妙的邏輯使對方越來越不確信自己的觀點，最後心甘情願一股腦兒接受為他預備好的解釋。

　　這其實反映了哲學的起源，即「巨大的不確定性」。有人說：真理是什麼？是鬼扯胡鬧，荒誕無稽；它無異於一堆源於人類的願望，因侷限的視野所形成的偏見而已。

　　所以，戲劇和哲學這兩大發明同一時期誕生，絕非偶然。對於哲學家來說，世界是個大劇院，台上的戲只能哄哄台下幼稚的觀眾，讓他們相信這就是現實。而哲學家自己感興趣的則是幕後所發生的事情，也就是：這場戲是如何導演的。簡而言之，哲學家看的是裙子底下的現實。他們追求的是赤裸裸的真理，目的是為了查明真相，啟蒙世人。

● 對於哲學家來說，世界是個大劇院，台上的戲只能哄哄台下的觀眾，讓他們相信這是現實。哲學家感興趣的是幕後發生的事情。

　　如同戲劇一樣，哲學也來自於宗教。尤其在整個中世紀歐洲，它不過是一只盛放神學之水的容器而已，換句話說，結論是早已確定的。這種局面一直持續到教派分裂，宗教在殘酷的信仰大戰中喪失信譽為止。

　　近代哲學的奠基者是法國人勒內·笛卡兒（René Descartes）。他曾是「三十年戰爭」（1618-1648）中的戰士，與軍隊橫掃德意志地區。同時代的英國人湯瑪斯·霍布斯（Thomas Hobbes）經歷過英國內戰（1642-1649），並因擔任王

儲查理一世兒子的數學老師而流亡。對他們來說，把心思從毫無意義的信仰之爭所造成的大屠殺上，轉移到數學和邏輯永恆的真理中，無疑是一種巨大的精神解脫。思考哲學上的最高原則能撫慰他們在戰爭中受創的心靈，而幾何帶來的啟示則令心頭豁然開朗。他們認為，這些永恆的真理比起導致屠殺的宗教能更適切地解釋這個世界。

勒內‧笛卡兒

在三十年戰爭中，笛卡兒（1596-1650）曾隨法軍攻打至烏爾姆（Ulm）。據笛卡兒回憶，駐紮在烏爾姆附近的那些日子天氣很冷，他爬進一個爐子裡睡著了，做了三個夢。當他從爐子中爬出來時，突然領悟到一個新的哲學典型——數學。

笛卡兒認為，哲學的觀點應該像數學一樣，基本且邏輯嚴謹。為了找到那個基本的原理，他開始懷疑一切，這也正是一切基礎的基礎、近代哲學的根基和磐石。於是，笛卡兒在「普遍懷疑」的基石上建造了一座嶄新的哲學教堂。

笛卡兒還說：我懷疑一切，但我不能懷疑「我懷疑」這件事本身。

由此產生了一種確定性，新的基本原則是「我」或主體，而每個否定必然有其自身的例外。所以，民主不可能讓自己置於投票表決之下；胃不會消化胃本身；貪吃者不食己；法官不能審判自己。總之，這個「我」無法撇開自身去進行思考。

笛卡兒所提出的，哲學史上最著名的命題是：「Je pense, donc je suis.」

關於這句話，柏林人倒有另一個版本，以詩句的形式寫成：

我端坐屋裡吃肉丸；

突然響起敲門聲，

我想，我驚奇，我訝異：是誰呀？

吞下丸子，打開門，

我走出門外瞧一瞧。

是誰在門外？

我！

笛卡兒那句話最著名的版本是拉丁文：「Cogito ergo sum.」

便是：「我思，故我在。」

這個命題是革命性的。因為，在此之前的哲學家總是從客觀世界出發去思考問題，而笛卡兒卻以人的意識作為哲學障礙賽的起跑點。他從那裡開跑，貪婪地撲向物質世界，並四下點燃思想的熊熊烈火，燒掉一切無關緊要的東西，只剩下那些能用數學來衡量的事物，包括大小、形狀、運動和數字。其餘的一切，如味道、冷熱、顏色等，則被他解釋為，由人的意識添加在「物質之湯」中的「主觀調味料」。

因此，笛卡兒認為，世界是無色無味且靜謐無聲的。這樣的一個世界不再神祕莫測，它只服從於數學定律和因果關係。從此之後，以前那個完整一體的宇宙出現裂縫，一分為二：在對客體世界的反思過程中，主體像專門給現實世界加調味料的廚師一樣脫穎而出，並自此能夠作為精神，與物質區分開來。從此之後，主體和客體等量齊觀，不分軒輊。客體的世界終於脫下其外衣，供科學的主體對其進行研究。自我的主觀化和科學的客觀化彼此相關。

這就是所謂的「二元論」（Dualismus，拉丁文 duo ＝ 二）。

因為笛卡兒把人們對世界的理解相對於世界本身獨立出來，所以他成為理性主義的奠基人。

湯瑪斯·霍布斯

與溫和的二元論者笛卡兒相比，同時代的英國人湯瑪斯·霍布斯（1588-1679）則是個陰鬱的極端分子。他將一切的「鬼扯胡鬧」歸咎於精神的特殊狀態，而一筆勾消，並將其也置於因果定律之下。霍布斯認為，我們的想法不過是各種感官印象的組合，而思想是符合因果定律並遵循聯想規則環環相扣的。即使意志，也並非全然自由，而是恐懼與貪婪編織而成的結果。善與惡也是相對的；我們稱自己喜歡的事物為善，反之，不喜歡的則被視為惡。而人就是一台機器而已。

縝密的因果關係沒有給上帝留下任何干預的空間。「人類由上帝看顧」變成了一紙空談，它被霍布斯發現的新原則所取代，那就是「自我看顧」。這很像聖經中魔鬼的口吻。而且，就是以這種魔鬼原則為基礎，霍布斯創立了他的

國家理論。

他在《利維坦》（*Leviathan*）一書中，對此理論進行了詳細的闡述。這本書至今仍能打動許多人。

霍布斯把人視為一種不安分、疲於奔命的動物。因為人要放眼未來，所以他會處於一種持續的憂慮之中，擔心自己的儲糧耗盡，或是被他人奪走。因此，他希望自己強大、強大、再強大。這又讓他變成孤獨、不關心公益的人。相對應地，霍布斯描繪出人類在社會化之前令人沮喪的原始狀態：人與人之間充斥著爭鬥，生命是孤獨、窮苦、可怕、血腥與短暫的。從他的描述中產生了一個著名的公式，一再地被引用：

「Homo homini lupus.」——人（homo）對人（homini）來說是匹狼（lupus）。

其結果就是，出於對殘酷死亡的恐懼，人類彼此簽訂了一個協定，即所謂的社會契約（英文是social contract，法文是contrat social）。在契約中，人們把行使暴力的權利交給他們中唯一的一個人，也就是統治者。藉由這種方式，整個社會變成了一個個體，也就是國家。國家是利維坦（聖經《約伯記》中力大無比龍形海怪的名字），一位會死的神。除了不死之神上帝之外，世人也要感謝利維坦給人類帶來的和平與庇護。這位神，也就是國家，是專制的，它凌駕於派系和道德之上。以今天的歷史經驗來看，霍布斯的觀點非常荒唐。

但霍布斯的標準與我們不同，他歷經英國內戰而得出上述觀點。他親眼目睹，各教派在道德倫理上剛愎自用，讓人民陷入自相殘殺之中。所以，他得出結論，誰在矛盾衝突中宣稱自己是道德的一方，那麼就是給對方扣上一頂不道德的帽子。這種將對方污名化、罪犯化的行為只會加劇衝突，最後引爆戰爭。唯一可行的解決方法就是，宗教與國家分離，使宗教變成私人的事情；而國家凌駕於各教派之上，以仲裁人的身分強迫那些「道德的鬥雞」和平共處。

霍布斯的《利維坦》引發各派系的憤怒，書中唯物主義的觀點觸怒了神學家；討論專制政體的觀點招致英國議會的敵意；道德私人化的觀點惹火了清教徒；而社會契約論則讓他失去了忠君派的好感，最終遭到流放。

人們對霍布斯學說的看法迄今仍存在著很大的分歧。一些人認為，霍布斯

不考慮基本的價值觀等因素，單從純技術的角度出發，把國家當成一位爭執衝突的調解人，這未免太不近人情。而另外有一些人則喜歡引用霍布斯的觀點，特別當他們想大聲告訴世人：「那些自以為是、無所畏懼、認為自己道德最崇高的人，恰恰是危險分子。」因為，霍布斯早已發現，沒有什麼東西比所謂的「道德」更危險。

● 霍布斯發現，沒有什麼東西比所謂的「道德」更危險。

約翰‧洛克

在約翰‧洛克（John Locke, 1632-1704）那裡，人的形象又光輝起來。洛克的父親是一位正直的議會黨派追隨者，而他自己曾擔任輝格黨第一位領袖沙夫茨伯里（Shaftesbury）伯爵的私人醫生兼其孫子的家庭教師。洛克這位學生後來也成為一位很有名氣的哲學家。

洛克寫了兩部影響深遠的著作，《人類理智論》（*An Essay Concerning Human Understanding*，又譯《人類理解論》）和《政府論二篇》（*Two Treatises of Government*）。

在《人類理智論》中，他一方面贊同霍布斯的觀點，認為沒有什麼天賦的觀念，我們所有的想法都來自於感官印象。每個人原本都是白紙一張，上面會陸續記載下他所有的經歷。另一方面，他也贊同笛卡兒的觀點，認為只有那些能夠透過數學方法去度量的現實特徵才是真實的，而其他的一切，則被洛克稱為「第二性質」，它們源自於「第一性質」的組合。洛克認為，起決定作用的是運動的第一性質。隨著萬有引力的發現，洛克的友人艾塞克‧牛頓將恆定不變的運動，推崇為自然秩序的理想模式（如同後世的愛因斯坦對光速的態度那樣）。

洛克將萬有引力的概念挪用到人類身上，並發現了精神上恆定不變的理念秩序，然而這種理念秩序必須從一個能夠被感知，且本身具有持續性的實體身上才能觀察到。這種持續與變換的內在觀察關係，洛克定義為「主體」，它的構成材料是時間，而組織形式則是反思。因此，持續的永恆與變幻的此岸之間的古老差異被移植到主體身上來。（→歷史｜中世紀）反思是隨著時間的推移而平行展開，並且藉由主體的自我聯繫而產生一種變換中的恆常。霍布斯的「不安分的人性」在洛克這裡被細化為「不平靜的思想」，它透過反思而產生，並且成為主體自我

感覺的基礎。

《人類理智論》是認識論的一座里程碑，也成為法國啟蒙運動的聖書。它提供了一個平台，其後的哲學家直到康德，都以此為基礎提出他們的問題；它也加速了小說中文學的主體化進程，並且為文學家、藝術家以及心理學家帶來深遠的影響。

與政治有關的《政府論二篇》應是洛克更重要的一部著作，尤其是第二篇。雖然洛克也以霍布斯所假設一個人類社會出現前的原始狀態為出發點，但他並不認為當時「人與人之間充斥著爭鬥」，而相信所有個體的平等與自由才是其特徵。就像霍布斯所說的那樣，他們訂了一個契約，但沒有將其權利授予一位專制的君主，而是授予集體本身。它才是統治者，它再授權於按權力分立原則組成的政府。於是，議會擁有立法權，國王和他的大臣們擁有行政權，而政府的目標在於保護私有財產。財產不僅僅是使利潤最大化的經濟資源，也是公民在政治上不依賴國家的保障，以及公民對國家盡義務的基礎。

在洛克這裡，自由與私有財產是整體考量，不像後來的社會主義那樣，將二者對立起來。因此，如果一個政府在沒有獲得當事人同意的情況下占用公民的財產或自由，那麼它就應該被推翻。（對北美殖民地來說，英國政府未先徵得同意而逕自徵稅，就屬於這種情況。）

這份文獻儼然成為人民民主的「大憲章」（1215年，是人權自由的第一份保障），並為1688年的光榮革命、1776年的美國獨立，以及1789年的法國革命提供了依據。美國的獨立宣言幾乎是一字不差地援引了洛克，同樣地，在法國革命的人權宣言中也能看到它的影子。洛克的憲法理論由孟德斯鳩和伏爾泰引入法國，並擴增司法權這一項，然後繼續出口到美國。它成為主權在民、基本人權、三權分立以及政治文明的基石。而霍布斯所謂的恐怖內戰，則演變為因執政黨和反對黨之間的意見分歧所導致的「和平的口水戰」。就這樣，洛克指明了文明社會應走的道路。

戈特弗里德・威廉・萊布尼茲

各個民族在哲學上表現出不同的氣質特點：英國人有一個民主國家，屬於經

驗主義者，凡事以經驗為依據；法國人有一個中央集權的國家，屬於笛卡兒一樣的理性主義者；而德意志人根本還沒有形成國家，更沒有什麼經驗，他們被迫走上空想和冒險之路，變成了不折不扣的理想主義者，對他們來說，所有的現實都是精神上的。

德意志人中第一位偉大的哲學家，戈特弗里德·威廉·萊布尼茲（Gottfried Wilhelm Leibniz, 1646-1716）就是一位理想主義者。他用有機的動態模型來取代英國人的機械論模型。他認為起決定作用的自然原則不是運動，而是其背後推動它的力量。而且，他不像洛克那樣熱中於經驗的多樣性，而是主體在整體上所遵循的原則。相應地，萊布尼茲給洛克的名言「理智中沒有什麼東西是感官以前未曾感覺到的」，補充了一個前提：「除了理智本身之外」。萊布尼茲又回到了固有（天賦）觀念論上，並以此為出發點，闡述了精神與力量之間的關係。

他把力量的載體設想成一種精神的原子——「單子」（Monad），它是不可再分的個體，是封閉而完整的靈魂。它沒有形狀和大小，但在其行動中有「欲求」、「欲望」。所以儘管「單子」沒有可供出入的窗戶，但其內部充滿運動，每個單子都是整個宇宙的反映，只是在反映的清晰程度上有差別。於是就形成了不同的層次，從物體處於夢遊狀態的單子，到動物有知覺的單子，再到人類的理智單子。根據這種分級次序的觀點，萊布尼茲描述了自我感官中的半意識、混亂和隱藏的領域，這算是對潛意識概念的早期闡述。

肉體的機械性與靈魂的動能性之間存在著什麼樣的關係呢？從機械的角度所看到那些諸如因果關係之類的事物，在單子領域則呈現為諸多意圖綜合而成的系統。肉體與靈魂之間的關係受制於一個事先設定好、穩定的和諧狀態，即所謂「前定和諧」，就像兩只鐘錶，儘管各由自身的原動力所驅使，它們的鐘擺卻像一對有默契的舞伴般跳著舞。根據「前定和諧」原則，所有事物在開始時都是彼此協調的，它們包括感知和被感知、精神和肉體、情緒和運動等。

這種和諧的創始者當然是級別最高的單子——上帝，世間萬物的創造者，理性的完美體現。上帝把人類的喜樂作為管理的目標，但「惡魔的代言人」反駁說：「現實情況難道是最好的安排嗎？人類常常遭遇不幸，而不幸的締造者上帝要如何證明他的全能和善良呢？」

上帝像所有的政府一樣道歉說：「我沒有更好的解決方案了。我必須要滿足完全不同利益集團的利益，盡最大可能地兼顧保守黨人所強調的秩序，以及左派無政府主義者所宣導的多樣性。我必須設法以最簡單的方式發揮最大的效果，然而，要實現這一目標必然會犧牲很多人的利益。經過對所有可能性的篩選，我的『電腦』挑出了最佳方案，要不要由你，再好的沒有了。」

這種觀點稱為「神義論」，在世界發生災難時為上帝辯解。

里斯本大地震（1755）之後，人們以譏諷的笑聲響應這種論點。伏爾泰寫了一部小說《憨第德》（*Candide*），整本書都在論證這種觀點的荒謬。世人可以自由地談論或批判上帝，因為上帝是不存在的。一切都是胡扯，但它是一個致命的胡扯，因為當人們

● 「要不要由你，再好的方案沒有了。」上帝這麼說。

不能歸功或歸罪於上帝時，就需要另一個新的「代罪羔羊」。是誰創造了歷史？如果不是上帝的話。啊，只能是人類自己啦！造成那些災難又是誰的過錯？還是人類自己。

從此之後，世界歷史變成了世界法庭。在革命的年代，總是有阻礙人民大眾獲得幸福的罪人，他們可能是國王、教士、貴族、資本家、反動派、害群之馬、人民公敵、走錯誤路線的人、極左派和革命的叛徒等等。因為上帝不存在，所以他們遲早會受到人民的審判。而這種審判往往是速戰速決的。

「世界的可能性不只一個」，這種觀點是一個地雷區，烏托邦的宣導者和反對者都踩上了它。

除此之外，萊布尼茲想要證明上帝全知全能的企圖也並非一敗塗地。他被譽為科學界的達文西，幾乎精通所有的學科，創立了微積分，並成為柏林科學院的第一任院長。

讓‧雅克‧盧梭

以德國人的眼光來看，盧梭（Jean-Jacques Rousseau, 1712-1778）不像個法國人，反而比較接近德國人，因為他對自然的崇拜癡迷、他對社會及其習俗的敵視，和身為受迫害邊緣人的自成一格，以及他對感覺的推崇——這一切都符合當時德國人的精神狀態。事實上，正是盧梭使「德國人」這個概念存活了下來。他

是法國人和德國人妥協的產物，他是一個瑞士人，生於日內瓦。

在個性上，盧梭是一個難以相處的人；他自以為是、不善交際、以自我為中心、常常以感覺為依據，並強調它的可靠性，控訴其他人都是偽君子，幾乎和所有的人發生爭執口角。然而，極少有一個具備上述個性的人能寫出影響如此巨大的作品。它們閃爍著時代精神的光輝，飽含了對生活的全新感悟。盧梭無疑是法國大革命和浪漫主義的播種者。他創造了革命性的哲學思想，並提出一個偉大的對立說法：自然是好的，社會是壞的。（雖然盧梭所指的社會是革命之前的社會，但後人卻常引用它作為社會批評的論據。）

由此形成了一系列的對立。所有非人造、真實的東西都屬於美好自然這一邊，包括感覺、直覺、真實、誠實、不由自主、鄉村生活、原始民族、未開化的人（他們是高貴的野人）和天真爛漫的兒童。最高的善是指自身最真的一面，因此盧梭在他的《懺悔錄》中毫無顧忌地暴露自己。

而屬於醜陋社會的則是，習俗、流行、偽裝、禮節、做作、面具、故作清高、討人喜歡，即一切為了顧及他人而克制自身衝動的手段和行為規範。以此為出發點，盧梭在他的作品《愛彌兒》和《新愛洛綺絲》（*La Nouvelle Héloïse*）中發展出一種全新、以兒童自然發展為重心的教育理念。為了能安靜地寫作，盧梭理所當然地把自己的孩子都送進了孤兒院。

像霍布斯和洛克一樣，盧梭的社會理論是以社會契約為出發點。在契約中，個體為了集體利益而放棄了自身權利。雖然盧梭嘟噥了幾句對國家權力分配的正面評價，但這裡他認為最高的善是人民的主權，它表現在「普遍意志」中，一種客觀的集體利益，但並不等同於大多數人的意見。在革命中，這種對於集體利益的強調往往成為恐怖活動的最佳辯護。

盧梭的影響是持久、廣泛且深入的。這個受到迫害的孤獨靈魂、正直的造反者，他滿肚子的苦水、不止歇的控訴，引起大半個歐洲的同情心。他影響了德國文學史上的狂飆運動、赫爾德（Herder, 1744-1803）的歷史哲學、關於原住民的人種學、裴斯泰洛齊（Pestalozzi, 1746-1827）的教育學、重農主義者的民族經濟學、整個浪漫主義文學及其對於感覺的迷信崇尚。日後，盧梭甚至還給德國人製造了一個機會，以重視內在真誠文化的傳承者自居，對於法國人的浮華嗤之以

鼻，彷彿回到德意志人的「盧梭起點」，就是一種「返祖」行為。

伊曼努爾‧康德

康德（Immanuel Kant, 1724-1804）是哲學界的哥白尼，他扭轉了視線的方向，而看到了理智不再圍繞著現實轉動，而是代表經驗世界的地球圍繞著理智的太陽旋轉。或者換個不太詩意的說法，康德不再把目光盯著現實，而是自問，理智如何正確反映現實。除此之外，他還觀察理智，並且自問，先於所有經驗的認知是怎樣的。

以此為出發點，康德構築了一套全新的邏輯體系：理智不屬於經驗世界，但它認識經驗；更確切地說，是理智以其建構經驗的方式創造了這個世界。它不是世界的一部分，而是其本源；它不是以經驗為依據，而是先驗的（transzendental）；它為經驗的世界做出規定，規定其應該是怎樣的。那些它用於觀察世界的工具範疇，如因果關係等，並不是世界的一部分，而是我們認知母體的組成部分。

● 康德是哲學界的哥白尼。

換句話說，理智並不怎麼屬於世界，就像是事物的類別不等於事物本身一樣，例如狗類，它的元素是狗，而狗類本身並不是狗；經驗的「小狗來福」和先驗的「狗類」處於不同的邏輯層面。

康德用這種構成主義的轉折來回答，理智是如何從經驗的多樣性中提煉出一致性來。它並不是在世界中發現了這種一致性，而是隨身帶來了這種一致性。至於康德稱之為「物自身」（das Ding an sich）的世界本身到底是什麼？我們無法得知。然而我們所認識的事物，有其認識的必要性，而且只有透過我們理智這種能提煉出一致性的力量，來認識它們。

康德把「先驗」作為「經驗」（涉及經驗）的反概念，並借助於它來描述一切與現實無關、而與認知可能性的條件有關的東西，所以他的哲學是先驗哲學。康德的哲學體系是批判性的，它把世界的可認知性與理智的條件聯繫起來，並以此界定前者的侷限性。因此康德將其三部最主要的著作命名為《純粹理性批判》（*Kritik der reinen Vernunft*）——論述認知前提、《實踐理性批判》（*Kritik der praktischen Vernunft*）——論述道德、《判斷力批判》（*Kritik der Urteilskraft*）

——論述審美和更高的目的。藉此，康德回答了三個重要的問題，也就是：我能知道什麼？我該做什麼？我能希望什麼？

同時，康德的「批判」已經有些類似人類精神的意識形態批判：如果我不知道自己經驗之可能性的條件或者前提，那麼我就會傾向於把它投射到現實中；因為Gott（上帝）這個詞聽起來和Brot（麵包）是如此地相像，它們在語法上的應用規則也並無二致，所以我認為上帝就像麵包一樣地真實，儘管他不符合任何感官的經驗。

雖然康德並沒有這麼明白地表示，而是語言學家、哲學家路德維希·維根斯坦（Ludwig Wittgenstein），但康德所說的已和維根斯坦相去不遠，他說：規範性理念是運用理智時的工作守則，而建構性理念是為了確認事實所採取的外部管理行為，兩者不能混淆，否則我們就會將幻象認作為真實。所以維根斯坦把康德的「批判」理解為理智的治療，這種理智還沒有看清自己是先驗的，因此尚無法將自己與其所建構出來的世界區別開來。

在康德這種哥白尼式的轉折之後，沒有哪個哲學家能夠不加證明地向人們推銷自己「前批判」的幼稚哲學理論。

康德三個「批判」所涵蓋的問題是下一個世紀哲學的起點，尤其是那不可認知的「物自身」，散發出不解之謎的魅力。

康德顛覆了我們對認知的理解，也就是說，幾乎沒有人相信精神是對外部世界的實物寫生了。事實上，所有嚴肅的理論都是構成主義的，即我們建構了我們的現實，只有那些合乎構造的才能被我們理解，就像我們只能聽到特定頻率範圍內的聲音，而不像狗一樣能聽到超聲波。同時，我們可以從康德推論出，儘管認知母體是先驗的，卻依賴可變的因素。這些因素可能與歷史、社會、性別、環境、文化有關，或者以潛意識的興趣為基準。無論如何，我們並沒有意識到它們，因為它們存在於所有的認知之前。

於是，接著就出現了一個新的奧林匹克競賽項目——普遍懷疑。現在每個人都在其他人身上發現了目光短淺的原因；如果他是一個資本家，那麼他除了將利潤最大化之外，不可能考慮其他問題；如果他是一個盎格魯撒克遜新教的白種人，那麼他除了在歐洲文化的理性範疇內思考之外，不可能有其他思考問題的方

式，而且在這個過程中他還根本不必費什麼腦筋。透過這種方式，人們的過錯都變成無辜的了；人們以錯誤的方式去看世界，卻沒有意識到自己錯了。康德之後的兩百年成為思想懷疑的時代。不過在此潮流開始之前，黑格爾得先把康德放在他的歷史巨輪下輾過一遍。

喬治‧威廉‧弗里德里希‧黑格爾

　　黑格爾（Georg Wilhelm Friedrich Hegel, 1770-1831）把康德拖到約旦河邊，用歷史之水為他施洗。換句話說，他將世界史當成一部成長小說來講述，（→歷史｜拿破崙；→文學｜文學教養）二者之間的相似性首次在小說中得到充分利用；就像魯濱遜在小島上將整個文明史重演一遍那樣，每個人也都把整個文化史再經歷一遍。

　　在此，黑格爾將康德的哥白尼式轉折運用到歷史的進步原則上。（→哲學｜康德）然而這種轉折指的是什麼呢？我們再試著解釋一遍：首先，精神忘我地觀察這個世界，而且不會想到自己（前批判的觀點；命題）；然後，他變成伊曼努爾‧康德，並將目光轉回到自己身上，為的是從認知的結果中過濾掉他自己的參與（批判的觀點；反命題）；最後，這位康德由世界精神的最高首長突變成哲學家黑格爾，並且認識到，這種對立不過是發展過程中一個必經的階段，於是便將這對矛盾提升到一個更高的層次（歷史哲學的洞察；綜合）。

● 黑格爾將世界史當成一部成長小說來講述。

　　也就是說：首先，精神以「自在」之物（意識，先於批判）的姿態出現；後來，意識發現了自我，精神便以「自為」（自我意識康德）的形式出現；最後，它以「自在自為」（黑格爾，他是這個今日仍常見的哲學術語創造者）此一歷史哲學的綜合命題出現。

　　「綜合」意味著矛盾的雙方在三重意義上的「揚棄」：它們同時被否定、保留，並提升至更高的層次。換句話說：它們在某一刻，變成一對新的關聯體；它們變得相對化、關聯化、鈍化，並由此成為了經驗。這個新的統一體則是下一輪過程的起點。這就好像是每一回合拳擊比賽之後，雙方都被淘汰，而裁判則在下一回合比賽中與新的對手較量。

　　黑格爾稱此原則為辯證法，並推崇其為世界史的發展規律，它的運動方向總是從意識（天真樸素的），到自我意識（批判的康德），最後到達絕對知識（黑格爾）。

　　如果它具體成為歷史形式，會是怎樣一番面貌？例如，天真樸素的意識把它自己的矛盾投射到世界上，並將世界畫分為此岸與彼岸，這就是中世紀的宗教意識。然後作為自我意識，它呈現出啟蒙運動的歷史形象，這是相對於中世紀宗教觀的理性的反命題。然而，只有當理性在外在世界為自己定下法則，並且付諸實現之際，才有可能發現綜合命題，道德就是這種情況。之後，當道德出現「驕傲自滿的瘋狂」，只希望根據感覺來改善世界時，原先的綜合命題又成為一個新的命題。這就像世界精神的名字變成了盧梭，他戴上雅各賓派的帽子，開始了革命。

　　如同成長小說中所描述的，(→文學) 世界精神拾級而上，跨步從錯誤走向明智，直到在黑格爾那裡達到了終極平台，這是一個絕對自我透明（自我了解）的狀態。在這裡，絕對精神成為往事在心靈的沉澱。統一的歷史和歷史的統一，就在大和解的氣氛下融為一體。

　　根據此一構思，黑格爾將歷史和哲學攬入小說中。漸漸地，小說也發生一場康德式的哥白尼轉折。就像是先驗的理智一樣，「我」不再是經驗世界的一部分，而是其本源。(→哲學｜康德) 敘述者也從小說世界中隱退，為的是透過主角的角度來敘述事情的發生。主角克服了一連串的危機，逐步擴大自己的視野，直到最後他看清自身的歷史，並且達到了敘述者的知識水準為止。

　　藉由這種方式，黑格爾將敘事的視野校準到每個時代的水平線上，把受到侷限的「時代精神」與其所錯失事物之間的差異，當作辯證的矛盾，並引導世界精神越過一連串的辯證危機去看清自身的歷史，直到它最後與無所不知的黑格爾站在同等高度上。

　　就這樣，黑格爾把人類變成小說人物。他們在世界史上扮演某一角色，並且證明自己是世界精神的助產士。看吧，那些阻擋歷史巨輪前進的人，終會被無情地輾個粉碎。

　　由於黑格爾，歷史像新的電影腳本進入歐洲的思想界，馬上成為駕馭一切的

現實模型。從這一時刻起，人們對於如何解釋歷史產生了激烈的鬥爭，誰取得了解釋權誰就贏了，因為這樣他就有權站在自己的角度上去演繹歷史。這種帶有排他性的詮釋稱為意識形態。這個概念最初用來表示錯誤的意識，因潛意識的興趣或利害所引起。（→哲學｜馬克思）。隨著黑格爾的出現，以歷史為基礎的意識形態時代來臨了。

　　黑格爾的哲學尤其在德國和俄國得到廣泛的傳播，因為那裡的知識分子極少有實際的參政經驗。他們把現實與小說混為一談，染上了唐吉訶德的色彩。這就是為什麼德國與其他歐洲國家相比，在十九世紀幾乎沒有創作出什麼偉大小說的原因。因為人們有了歷史小說，那位最偉大的小說家就是黑格爾，在他眾多讀者中最熱情的當屬卡爾・馬克思。

卡爾・馬克思

　　黑格爾有許多弟子，某些人繼承了他的觀點，某些人則埋葬了他的觀點。卡爾・馬克思（Karl Marx, 1818-1883）兩者皆為之。他繼承了黑格爾整個模型和辯證法作為驅動歷史前進的馬達，然而卻是「從腳到頭」顛倒地繼承。

　　馬克思認為現實不是精神的，而是物質的。對文化而言，具決定意義的是社會維繫其物質生存的形式，也就是經濟的模式。在以農業經濟為主的封建社會中，貴族是統治者；在以工業經濟為主的資本主義社會中，資產階級占統治地位。而辯證的矛盾不在

● 隨著黑格爾的出現，以歷史為基礎的意識形態時代來臨了。

於意識和自我意識之間，而在於生產條件和對生產資料不平等的占有權之間，即在於勞動和資產分配關係之間。這種矛盾導致人類分化為階級，因此，階級鬥爭就成為推動人類社會前進的動力。

　　接下來馬克思又表現出黑格爾學派的特徵，他認為，在一個階級的簡單意識和自我意識之間存在著矛盾。馬克思稱這種自我意識為階級意識，它是孕育革命意志的子宮。在這些前提下，對馬克思來說，歷史上最精采的事件就是法國大革命這齣大戲，它是封建社會矛盾下的產物。

　　於是馬克思認為，當資本主義的矛盾讓階級對立激化到頂點時，就會產生這樣的大革命。同樣地，當赤貧的無產階級大眾，與搾取勞動者血汗來占有生產資

料的少數資產階級形成尖銳對立時，也會發生革命。勞動者遭到剝削，因為資本家支付的工資並不符合勞動價值，僅是達到勞動者生存的最低標準，而那些剩餘價值就被資本家當成利潤，塞進自己的腰包。他們為了掩蓋自己的罪行，到處散播諸如「市場的客觀規律」等想法。也因為金錢與價值的內涵混淆不清，物品的價格似乎就等同於它的客觀價值。事實上，所謂「市場的客觀規律」不過是不公平所有制的一塊遮羞布而已。

因此，搗毀意識形態的假象，便成為馬克思主義者的首要任務。資產階級把自身的階級利益宣揚為全體社會的利益，這種意識形態顯而易見，並讓整個資產階級文化變得可疑。於是，馬克思主義成為揭露虛偽的高尚學派，以扯掉文明象徵系統的面具為職志。它造就了一大批的「偵探」，去揭開上帝和世界的面紗，並引導受壓迫者走上反抗之路。意識形態的普遍懷疑，成為馬克思主義的金鐘罩，能抵禦一切外來的侵犯，因為馬克斯主義把這套理論用在對手身上，誰要是反對它，誰就是階級敵人或是受到意識形態的蒙蔽。

阿圖爾·叔本華

為了埋葬黑格爾，叔本華（Arthur Schopenhauer, 1788-1860）求助於湯瑪斯·霍布斯和佛陀。雖然他以康德的論點為依據，並且同意，只有當世界和我們的範疇相呼應時才是可認知的，而「物自身」本身是不可認知的。但是就在他對康德深表贊同之時，他又忽然變成了笛卡兒：「世界對於我們來說只是以我們所想像的形式呈現出來，然而有一個例外：自我。它對我們來說亦是『物自身』，無論是從外面，還是從裡面，我都認識它。然而，『我』的本質到底是什麼？是生存的意志。作為主體的『我』就是意志，作為自我觀察客體的『我』則是表象。」

當叔本華達到這個境界之後，他將自己的重要著作命名為《意志與表象的世界》（Die Welt als Wille und Vorstellung）。因為凡是對「我」適用的，也適用於整個現實世界；它的外在就是表象，隱藏在後面的是意志，而物質、肉體則是意志的客觀化。

這個意志是霍布斯「自我生存本能」的變形。（→哲學｜霍布斯）它是盲目、毫無理由，而且不知滿足的。它以極其不同的形式顯現出來，從磁性，到器官的新陳

代謝過程，再到意識（在這裡，我們嗅到黑格爾強烈的氣息），而且它只以自身為目標。

由此，叔本華得出一個極為消沉的結論：因為意志是貪婪而不知滿足的，所以生活就像是件孩童的襯衣，短暫而污穢。在這裡，叔本華變成了霍布斯，並帶著悲觀的論調。他認為，生活是一個無趣的苦難歷程，是一條背負十字架的道路，人們只能在恐懼和憂慮之間徘徊。在這裡，叔本華搶先了海德格一步。

叔本華認為，若想自苦海中解脫，只有兩條路：

第一條路是以平淡之心去欣賞藝術。藝術能夠平靜欲望（此處叔本華繼承了康德的理念）。在藝術中，錯覺的面紗被掀開，意志顯露真面目，成為超越個體的原則。特別是當我們沉浸在音樂中時，最能感受到這一點。這種想法尤其影響了華格納和尼采，甚至還包括希特勒。

第二條路是透過否定和扼殺意志，來得到救贖。在這裡，叔本華遁入了佛教的觀點中。因為意志是現實的本質，所以解脫之路就是涅槃。

就這樣，叔本華翻轉了黑格爾的歷史樂觀主義，他看到的不是意識的不斷提升，而是表象背後無意識的生存本能；他講述的不是推動歷史前進的英雄主義，而是毫無意義的受苦；他看到的不是日新月異，而是一成不變；他發現的不是偉大的歷史，而是庸俗尋常的生活；他並不是建議世人去做歷史的助產士，而是要終結它。

兩個反黑格爾的學派

叔本華彷彿預見了一場新的信仰大戰，導火線是以馬克思主義為具體形式的黑格爾歷史樂觀主義，因為叔本華在許多方面與霍布斯類似，而霍布斯的思想則是他對於當時宗教戰爭的一種反應。在叔本華的結論中，他將生活視為現實的根本原則。他的觀點啟發了兩個新的哲學流派：

▶ 活力論和所謂的生命哲學：最重要的代表人物是法國人亨利・伯格森（Henri Bergson），然而其主流是在德國。它標榜一種生命之河的哲學，反對思想的條理分析；提倡非理性主義，反對理性；提倡熱情的沉醉癡迷，反對平庸的清醒；提倡肚腹哲學，反對頭腦哲思。有趣的是，由於它

的啟發，文學中發展出對於主觀時間流的描述（喬伊斯和維吉尼亞‧吳爾芙〔Virginia Woolf〕的意識流）。

▶ 存在哲學：它反對將單一的個人歸於黑格爾歷史小說的「意義」之下，而強調人在憂慮、恐懼和不安中確切存在的不可取代性、無可減損性。丹麥哲學家齊克果就反對黑格爾的觀點，而思考人的決斷所帶來的危機。

因其不同於黑格爾的歷史敵意，存在哲學和生命哲學遭到馬克思主義者的攻訐，並被視為資產階級的意識形態而加以批判。實際上，從這兩派哲學思想可以看出，資產階級對於歷史已不抱什麼期望。

弗里德里希‧尼采

毫無疑問，尼采（Friedrich Nietzsche, 1844-1900）是哲學家中最驚世駭俗的，他是一位脫離其角色的反哲學家。尼采並非有系統地闡明其思想，而是將它化為富有詩意的格言警句、先知式的預言、懺悔，甚至是抒情詩。他一點也不畏懼脫離「正常哲學」，並提出一些矛盾觀點與悖論，因而遭到批判。

他的核心悖論也許能夠藉由參考黑格爾關於「時代精神」的歷史觀，得到最好的解釋。如果人們從黑格爾那裡知道什麼是自己所處時代的精神，那麼便可以對它採取反對的態度，然後就退出了歷史。但是，因為在基督宗教沒落之後，歷史提出了最廣博的「意義模式」，那麼退出歷史也就意味著脫離意義。只有當人放棄從外在既定的意義模式中尋求慰藉，他才能真正活得高貴。在此之前，他都處於基督宗教加諸世界的「奴隸道德」控制之下。然而在上帝死了之後，人自己成為上帝，也就是超人、完人；人類重新獲得了基督宗教之前古希臘人的歡愉。

● 尼采是哲學家中最驚世駭俗的一位。

古希臘人從悲劇中理解悖論的含義，而尼采則從中辨認出誰是超人。因為自由，所以超人能坦然接受什麼是必須發生的事情，包括痛苦與死亡。這就將必然性、因果關係和自由意志聯繫了起來。抱持這種態度，人們就可以放棄歷史的意義，從時代精神的逼迫中解放出來，不帶任何幻想色彩地看清歷史的真面目——相同事件的不斷重演、週而復始。

所以，尼采對抗歐洲文化中猶太教、基督宗教的成分，為的是要發掘源於古

希臘那種高貴、充滿美感的生活方式。這種保持距離的態度,讓尼采成為目光銳利的時代診斷者,而他要診治的是一個沉溺於幻想、看不清自身虛無的時代。

有人有充分的理由來證明尼采的思想中,諸如奴隸道德、超人的權利、權力意志,以及對金髮猛獸的讚美,它們影響了納粹和希特勒;但是也有人發現了同樣充分的證據,表明尼采十分唾棄納粹之類的狐群狗黨,視他們為卑鄙的小人。或許這二者都是對的。

不過自相矛盾的是,尼采可能想做一個目光犀利的批判者,批判第一次世界大戰之前頹廢的時代精神,然而他自己卻過著頹廢的生活,像個花花公子。他對事情往往反應過度而且歇斯底里,自覺是個藝術家,最終精神錯亂。「狄奧尼索斯」或「那個被釘在十字架上的人」,是他寫信時的署名。

馬丁・海德格

從柏拉圖開始,哲學家把世界分為台前與幕後;台前僅是表象,而幕後才是真正的現實。康德把這種區分顛倒過來,並解釋成經驗與先驗之間的差異,所以人的理智位於幕後,在那裡一手導演經驗的這場戲。（→哲學|康德）海德格（Martin Heidegger, 1889-1976）將柏拉圖式台前與幕後的畫分解釋為哲學的原罪。表象這齣戲根本就沒有幕後,但是那裡有一個先驗的結構,它將我們對世界、科學與哲學的理解,組織起來,成為我們一切思想的前提,而這就是我們具體生存的形式。

這種先驗的結構,海德格稱之為存有（das Sein）。更清楚地講,它不僅涉及到單純的範疇,還有具體的人在具體的時間和地點所具備的一種多元的基本狀態。這是一個源頭,由此可以衍生出更高的範疇,如主體、客體等。只有在這個結構的基礎上,才有能夠有自我評述的東西,諸如經驗之類的事物。海德格稱其為「存有物」（Seiendes）。至今為止,科學和哲學所研究的都屬於「存有物」的範疇。然而,因為海德格想將存有作為使科學成為可能的結構來討論,於是他發明了一種古怪的語言,並以此標示了,普通的概念在這裡是行不通的。

例如,海德格把人類的存在定義為「此有」（Dasein）,並且寫下了這樣的句子:「此有是一個存有物……」（Das Dasein ist ein Seiendes）,而且它「在它

的存有中與這個存有自己有關」（in seinem Sein um dieses Sein selbst geht）。也許這句話可以翻譯成：人以這種方式存在著，即存在自身對他來說成為一個待解決的問題。或者再換個說法：人的定義是，他與自身之間有一個在理論之前的存在關係，至於他形塑這個關係的方式，則是開放的。

也因此，海德格把存在定義為「向可能存有的存有」（Sein zum Seinkönnen）。就在這個開放性中，他撞到了一個極限：死亡。在必然到來的死亡面前，他感到了存在的有限性。以此為啟發，海德格把人的本質模擬為時間的沙漏：從上方而來的未來中，出現各種可能性有待掌握，而透過當下的瓶頸，過去正由下方步步逼近。海德格將存在與一時性等量齊觀，他的重要著作即名為《存有與時間》（Sein und Zeit）。

由於謎一樣的語言，海德格的著作恐怕很少人讀過，讀懂的人更是少之又少。儘管如此，其影響力是驚人的，它清晰地表達了世界大戰時期的生活感觸。這應可歸功於下述事實：海德格將具體的人從黑格爾的歷史屠宰場中解放了出來；然而就在同一時刻，現實中的人正在那裡被屠殺。

誠然，海德格在1933年曾向希特勒行鞠躬禮，這個舉動直至今日仍未被歷史遺忘。但是，既然他的猶太情人漢娜・鄂蘭（Hannah Arendt），這位極權主義的分析家都能原諒他了，我們為什麼不能呢？

理論舞台與意見市場
Theorieszene und Meinungsmarkt

　　當神學在現代進入不省人事的彌留狀態，「世界觀」取代了它的地位。世界觀是全面解釋世界的模型，它最初是在哲學家的書房中拼湊起來的；但是，隨著時間的推移，個別學科也製造出企圖解釋世界的宏偉藍圖。它們被稱作某某主義，例如自由主義、馬克思主義、達爾文主義、存在主義等等。它們的背後是所謂的「知識分子幫派」，例如思想團體、觀點俱樂部、意識形態支部、世界觀集團、持相同政見者的社團和信念協會等等。而「理論」這個概念是哲學、意識形態和科學的最大公約數。

● 當今的理論舞台就是一個匯率波動的意見市場。它的統治者和其他市場的統治者一樣，都是時尚女神。

　　當今的理論舞台就是一個匯率波動的意見市場。它的統治者和其他市場的統治者一樣，都是同一位女神——時尚女神。時尚是靠著不斷翻新而生存的，因此掌握先機是生存之道，要持續前進、與時間賽跑、搶先一步超越所有人，然後就能享受瞧著別人氣喘吁吁在後面追趕的滋味。

　　有些理論是「當紅炸子雞」，也有些已是「過氣明星」。理論市場裡同樣充斥著冒牌貨與仿冒品、不正當競爭與廉價供應、次等貨與懷舊商品、廢品回收與清倉大拍賣；那裡也有繁榮與衰退、破產與崛起。為了能在其中如魚得水，人們要能綜觀市場，必須了解企業、辨識理論供應商的可信度，還要熟悉股票行情、價格、利潤、差額、配套供應，以及大眾口味。最後，對於理論的走勢培養出敏銳的嗅覺。

普遍的意識形態懷疑
　　下面是對供應商的簡介，以及若干建議方向。

首先要指出，之所以能在理論市場上快速掀起一股時尚熱潮，是因為理論市場遵循著競爭法則。我們再次援引馬克思主義來說明。（→哲學｜馬克思、康德）

馬克思主義有一條思想意識的理論，用來應付對手：對手一定是錯的，因為階級地位的限制讓他只能從資本家的角度去思考，在他思想意識的背後隱藏的是利益原則。在馬克思主義者身上也同樣如此，但是他們認為自己的利益和人類的利益彼此一致，兩相吻合，因此他們的思想意識是正確的。

這就帶來了一個可怕的後果：不會再有什麼無罪的意識了，意識要麼是道德的，要麼是不道德的；誰有了錯誤的意識，誰就是罪人。於是乎，啟蒙成為神聖的義務，它被稱作意識形態批判，因為在辯證的馬克思主義中，意識形態總是錯誤的意識。（由此看來，馬克思主義並不當自己是一種意識形態！）

在這種情況下，幾乎每家理論都設立一個部門，致力於對所有其他理論進行普遍的懷疑。因此，從某種程度上來說，理論天生具有攻擊性。每個理論在其他理論身上拚命發掘其潛在的結構，並借助它來指責對方。各種理論的相互競爭便成為一種遊戲，它的規則是：「我看到了你沒有看到的東西，它是你背後的結構，這個結構讓你的思想受到侷限。」

馬克思主義

在市場上最具有滲透力的，是那些擁有強勁懷疑部門的理論。很長一段時間以來，具體而言是從1968年開始，馬克思主義曾在德國的理論市場上占有領導地位。它在意識形態懷疑的領域可說是所向無敵。它的力道可從那一路堅挺的行情上略窺一斑。然而無法預料的是，它在現實世界中卻引發了災難。

當然，我們必須承認，馬克思主義在「賦予意義」方面提供了豐富的花色樣品，它可以為每位顧客量身打造一個宏偉壯麗的劇本，讓顧客扮演英雄的角色，大過其癮。也由於馬克思主義的顧客群主要是知識分子，他們對人生意義的追求仰賴熱忱與使命感，所以馬克思主義便藉由這方面的銷售佳績，大肆宣揚自己，並讓對手陷入被懷疑的境地。

在真實生活中，社會主義垮台之後，爆發了一場巨大危機。因為馬克思主義在迄今為止的論戰中，一直證明自己對於現實是有免疫力的，它沒有預見自己的

土崩瓦解，然而這件事卻如假包換地發生了，於是它只有下台一鞠躬。很難說馬克思主義是否能恢復元氣，或許是舊瓶裝新酒，或許走向極端化、形成教派，或必須歷經一番理論的蛻變。目前就連市場上最好的觀察員都對此三緘其口，沉默觀望。

自由主義

　　當馬克思主義在現實中破產時，最大的贏家要算是自由主義。它在德國沒有什麼本土的根基，它的精神之父是一群英國人，如約翰‧洛克、（→哲學｜洛克）亞當‧斯密（Adam Smith）和約翰‧史都華‧彌爾（John Stuart Mill）。（→改變世界的書籍）在英語系國家中，他們幾乎被尊為民族聖人。

　　自由主義的中心思想是什麼呢？

　　它的最高價值是個人自由。因此，自由主義的思想大師同時也發明了人權、民主立憲國家，提出了透過分權制度達到權力制約，並提倡以私有財產制保障個人相對於國家的獨立性等觀點。

　　此外，自由主義在經濟領域散布了下述觀點：經濟上利己主義的自由發揮，有利於總體福利，因為個人看似貪婪的行為，在市場魔力（一隻看不見的手）的轉化下，有助於生產力的提升，並能對經濟的和諧做出貢獻（這在英國屬於「個人惡德與公眾福祉」〔private vices and public benefits〕之間的辯論）。所以，不應該透過國家干預的方式，破壞這種經濟力量的自由發揮。因為，供給和需求的法則就具備了最佳的調節作用。

　　這種理論被馬克思主義斥為一種意識形態，企圖遮掩資本家的利益，因而首當其衝受到揭露與批判。事實上，純粹的經濟自由主義在任何國家，都無法避免國家為保護窮人而採取的干預手段。

　　現在，自由主義卻慘遭命運的捉弄。在西方民主國家，它所到之處，無不望風披靡，成為公共的精神財富。自由主義儼然是所有政黨的基本原則，結果自由主義的政黨反而因自身的「毫無特色」被迫退出政治舞台。自由主義的政黨可說在自身的成功上栽了個大筋斗，它的遺產通常還被對手所承接。

　　以德國為例，自由主義從未像在其他歐洲民主國家一般，扮演決定性的角

色。因此，德國對自由主義還有追加的需求。「財產作為個人相對於國家之獨立性的保障和公民義務的動力源泉」，這種觀念在德國並沒有向下扎根。自由主義的基本準則，「視一個人為獨立個體，而非團體的一部分」，這種價值觀不是被過度褒揚，就是遭到蓄意破壞，更奇怪的是竟然沒有人對此感到憤慨，可見在德國，自由主義原則並未滲透到政治的潛意識中。

此外，儘管馬克思主義破產了，但是它反自由主義的懷疑機構存活了下來，而它能夠從自由主義身上看到的，只有經濟自由主義而已。還有，結合了文化運動與政治責任心的公民人文主義傳統，基本上在德國也是新鮮事一樁，因而一併被列為懷疑的對象。

社群主義

現在，對於有教養的人來說，他們的自由主義之夢真的就只是一個夢。他們曾經夢想著，「教養」被當作「個人財富」，社會借助於整體人格而自我塑形，並發展出道德的聯繫，凝聚整個社會。

目前為止，這似乎只是一個立意良善的願景。但如果我們對社會繼續放之任之，它就有分裂的危險（想一想犯罪率、貧民窟、教育問題、特定族群的孤立等）。也因此，美國人特別推崇「小型共同體」（Community，由此引出社群主義的概念）的社會化功能，讚揚它們在教育方面發揮的作用。這裡的小型共同體指的是社區、鄰里、村莊和宗教性團體。

希拉蕊・柯林頓（Hillary Clinton）撰寫了一本關於社群主義的書《同村協力》（*It Takes a Village*），應該再加個副標補充說明，例如「為了教育一個孩子」。她以雄辯滔滔的言詞向世人強調，超越於個人之上的親密共同體享有比個人更高的優先權。

這個觀點並沒有受到美國人的質疑，儘管他們具有強烈熱愛自由的傳統。不過，這要是搬到罹患自由主義肺結核的德國，恐怕就會扯上聲名狼藉的傳統包袱，因為無論是社會主義者，還是保守主義者，一向善於挑起共同體與社會（或個人）之間的矛盾，結果是鷸蚌相爭，漁翁得利，退出共同體就會遭到嚴重懷疑。這激勵了苟且偷安主義的發展壯大，並使偏離者受到懲罰，甚至被納粹利

用，將共同體加工改造為「民族共同體」，各種偏離情況都會被視為背叛，而遭到迫害。

　　儘管德國比美國有更強的社群主義傳統，然而，因為它是偏右的，所以要先出口到美國，在那裡存放一下，貼上新的標籤，再輾轉進口到德國，這樣才能獲得許可，成為知識商品進入理論市場。

　　另一方面，市場上對於社群主義理論的需求持續看漲，因為它彌補了社會主義破產後所留下的空缺。至於它能否站穩腳跟則取決於，能不能從「馬克思主義康采恩」的廢墟中浴火重生，成為在市場上具攻擊政策、活力充沛的嶄新「理論企業」。就其本身而言，社群主義是一個比較「軟」的理論，這並不是說它站不住腳，或者不好，而是說它在市場上的形象並不善鬥。

精神分析

　　精神分析之於個人，如同馬克思主義之於社會一樣；精神分析是一門研究原罪（不是階級分化，而是精神官能症）的發展理論，是一種革命性的計畫（不是透過革命把無產階級解放出來，而是透過治療把潛意識解放出來），並且也擁有一個極其強大的懷疑部門（不是揭露意識形態，而是掀開壓抑的面具）。

　　那種資產階級、無產階級和貴族的階級畫分，相當於自我、本我和超我的精神畫分。就像是資產階級對它帶給無產階級的貧困痛苦視而不見一樣，自我在超我的協助下，壓抑那個骯髒而尷尬的本我；就像共產黨員在企業工廠中鼓動工人造反、搞地下活動一樣，本我也在暗處伺機而動，並且用滑稽的方式揭露自我冠冕堂皇的聲明，或是在夢的狂歡節中跑上大街跳舞。為了對付陰謀活動，自我設立了「壓抑」這個警察機構，並將潛意識的革命呼聲置於審查控制之下。

　　佛洛伊德對心理的描繪，就像同時代社會主義者對資本主義警察國家的描繪一樣。

　　因此，精神分析能與馬克思主義共棲共生。這發生在法蘭克福學派中，或是混合諸多理論的個別理論家身上，如賴希（Wilhelm Reich）、弗洛姆（Erich Fromm）、阿多諾（Theodor W. Adorno）、霍克海姆（Max Horkheimer）、馬庫色（Herbert Marcuse）。透過這些混合體，「精神馬克思主義」於1968年之後

攻下了意見市場的大片江山。在此過程中，兩大懷疑機構佛洛伊德主義與馬克思主義聯手出擊，結果功力大增。

從此以後，每一種理論與觀點不僅會因為資產階級的意識形態而飽受批判，還大有可能被揭發為口腔期徵兆、伊底帕斯情結的宣洩，或者掩飾與祖母交歡之意圖……。這種心理論述又區分為自我經驗與懷疑他人。整個社會的理解文化包裹上一層懷疑的黴菌，每個人都能從其他人身上找到，這個人不能看清自己的原因，包括壓抑、創傷、精神官能症、歇斯底里、心理情結等。

於是，在這個論述中，人們自作自受。誰願意承認自己認不清自己，而且還有怪癖呢？對此，最常見的反應就是「抵抗」，因為人們會覺得自己被看成一個無法自我負責的人，而沒有受到認真對待。但是，這樣又等於證實了「自我壓抑」與「排斥一切」的懷疑。

不同於馬克思主義，精神分析在市場上的制勝法則是，先製造出問題，然後再兜售解決方案。這讓市場永遠處於飢餓狀態；精神分析傳播得越廣泛，市場需求就越強烈。就像在喝一種使人口渴的飲料一樣，它是一種自我再生式的需求。簡而言之，就是一種毒品。精神分析家的社會功能就像販毒的黑手黨一樣，他們製造出需求，並讓它成為自身財富的來源。

儘管市場上呈現出某種程度的飽和，但精神分析並沒有像他社會主義的老夥伴一樣走向破產，甚至還從中獲取更大的利潤，因為他們接到了幾個新客戶。這

● 精神分析先製造出問題，然後再兜售解決方案。

種持久的夥伴關係是建立在黑格爾這筆共同遺產上。（→哲學｜黑格爾）黑格爾以個人成長小說的形式來敘述歷史。其中，「一邊是社會，一邊是個人」的發展模式，在精神分析與馬克思主義的理論中是相通的，無怪乎馬克思和佛洛伊德能聯手打造一家合資企業。

這家合資企業的子公司之一就是「女性主義」。在那裡，性別鬥爭取代了階級鬥爭，佛洛伊德的排抑理論被視為對性侵害的排抑。然而，為了使這杯理論的雞尾酒更加順口，還必須添加一些其他的成分。

地雷區：法西斯主義與法西斯主義的嫌疑

精確地說，法西斯主義是墨索里尼發明的（法西斯主義這個概念是從fasces

衍生出來，意為「束棒」，古羅馬高級官吏的標誌）。（→歷史）蘇聯時期，為了在口語與文字上與「社會主義」有明顯的區隔，蘇聯政府頒布一項語言規定，以「法西斯主義」一詞替代「國家社會主義」（納粹主義）。這則語言規定亦被西德的左派貫徹實施。今天，在德國以法西斯主義表示國家社會主義（納粹主義），已成為約定俗成的慣例。

那麼，法西斯主義的內容是什麼呢？

▶ 將達爾文適者生存的生物演化論挪用至人類歷史的發展上，並轉化成一個以培養優等民族為計畫、粗暴的種族學說。

▶ 以反猶太主義為手段，把現代社會一切的不如意歸咎於猶太人。當爆發經濟危機、社會分裂、無家可歸感、個體的異化疏離現象日趨嚴重時，藉由排除異己與尋找替罪羔羊，營造出封閉、內部團結的虛假感受。

▶ 反布爾什維克主義，將共產主義解釋為猶太世界陰謀的一部分。

▶ 把民族主義擴張為優等民族的帝國主義。並且在爭奪世界統治的過程中，罔顧道德規範，為達目的不擇手段。

▶ 頌揚軍隊、英雄主義、士兵忠誠順服的美德、榮譽、功績和戰爭，鼓吹一種充滿陽剛之氣、貴族式的生活方式。

▶ 與農業（「血統與土地」）緊密相連的信仰，例如認為德意志民族需要更多的「生存空間」才能存活下來。

▶ 唾棄民主、自由和個人主義的文化，提倡個體完全屈從集體的利益。

從上述反猶太主義的內容來看，所有與法西斯主義相鄰的理論區域都遭到高度懷疑，它們包括：

▶ 任何一種將生物模型轉換至社會學的嘗試。大體上指的是，將演化論作為社會演變的模型，或者把神經病學的模型作為系統模型的樣本。

▶ 任何一種關於天賦或智商在社會中分布的研究、關於遺傳病的研究和所有的基因研究。

▶ 某一種「民族」的概念，它阻礙人們認清一件事，對西歐許多國家來說，民族與民主是休戚與共的；然而，民族並不是一個命運共同體，而是一個政治俱樂部，它為自己制定了民主的規則。結果，誰在這個前提下仍然贊

成民族國家，反對歐洲聯盟的官僚體制，誰就會被懷疑有法西斯主義的傾向。尤其在德國，由於歷史因素，「民族」這個詞多少含有貶義。

▶ 任何一種關於菁英的思考。因為一提起菁英，難免會聯想到優等民族論。

相反地，也有一些非敏感區域，反將右派的思想貼上了左派的標籤：

▶ 那些把集體頌揚為「個體自由的擔負」的觀點；

▶ 將左派的反美主義銜接上右派宣傳戰爭的文化批判，藉此頌揚德國「內蘊的文化」，以對抗所謂功利主義的西方文明；

▶ 對自然的崇拜以及「新時代」（New Age）的非理性主義延續了過去右派的生活傳統，也就是：充分利用對人類有治癒力的自然，來抵消破壞人類健康的社會影響。然而，有時人們也能從中嗅到血統與土地的神祕主義氣息。

無論如何，這片領域遍布地雷，踏上之前一定要小心謹慎，步步為營。尤其，誰熟悉這裡的地形，誰就有可能把法西斯主義嫌疑的帽子扣到別人的頭上。

法蘭克福學派與批判理論

「法蘭克福學派」是一群來自法蘭克福社會研究所的理論家。他們在納粹時代移民美國，之後分裂成兩派，一派在戰後返回德國，重建法蘭克福研究所，他們是霍克海姆和阿多諾；留在美國的學者之中，影響力最大的是馬庫色。

就是這三個人，他們對1968年學生運動的刺激作用，僅次於馬克思和佛洛伊德，且遠遠超越其他理論學派。

然而，有意思的是，阿多諾和馬庫色所持的是截然相反的觀點。阿多諾的主題是一個紛亂龐雜的關聯。先來考察一下馬克思同時代的英國作家狄更斯的觀點，（→文學｜《孤雛淚》）將有助於我們了解阿多諾。

1850年，英國瀰漫著一股改革的風氣。改革者的計畫以自由主義大師邊沁（Jeremy Bentham）、詹姆士・彌爾（James Mill）與其子約翰・史都華・彌爾（→智力、天賦）的思想為基礎。他們的諸多建言，例如設立工作之家（勞動教養所）、改革監獄、規畫健康管理制度、打擊犯罪、藉由學校教育和流行病防治來監督人民團體。於是，理性、有計畫的官僚機構應運而生，然而就在追求進步的

名義之下，人類遭受到前所未有的恥辱與逼迫。

　　狄更斯也贊成改革，但他反對這種形式的改革。他在小說中把工作之家（《孤雛淚》）、學校（《尼可拉‧尼可比》〔 *Nicholas Nickleby* 〕）、監獄（《小杜麗》〔 *Little Dorrit* 〕）和官僚機構（《荒涼山莊》〔 *Bleak House* 〕），描繪成人間地獄。在那裡，殘忍的暴君利用規章制度去折磨無辜的孩子和婦女。狄更斯沒有提出改革的替代方案，而是透過感情和人性的溫情呼喚，抗議用冷血的理性來剝奪人類的權利，並聲討那些現代管理機構中欺辱他人的暴君。在他看來，進步並沒有把人類解放出來，反而使人類備受奴役。

　　這正是研究法西斯主義的理論家阿多諾的觀點。法西斯主義是非理性的，因此反法西斯主義者便將希望寄託於啟蒙的理性根基。然而，就在軍隊、工廠和現代管理的紀律化過程中，理性與非理性的暴力兩相結合，情況就像是警察投靠到匪幫那裡去一樣，啟蒙成為恐怖野蠻人的幫凶。也因此，霍克海姆和阿多諾合力撰寫了一本重要著作《啟蒙的辯證》（ *Die Dialektik der Aufklärung* ）。這種非理性、神祕暴力和最現代的理性之間的勾結，就在奧斯威辛（Auschwitz）的死亡工廠中，找到最露骨而驚悚的表達方式。

　　阿多諾認為，這種勾結已滲透到德國整個現代文化、語言和象徵系統中。那是一場令人無法擺脫的災難、一個普遍的故弄玄虛和一套徹底蒙蔽世人的把戲，它早晚會被人識破。因此，阿多諾點燃了思想的火花，激發了一些語文學者在文字中發現法西斯主義的痕跡，於是燎原大火一發不可收拾。由於阿多諾並沒有直接支持學生的政治運動，因此成為抗議的對象。有些人認為，就是這些抗議使阿多諾在1968年死於心臟病發作。

　　馬庫色選擇了一條相反的道路──激勵學生的行動。他認為，後資本主義與法西斯主義的相似之處在於，二者企圖平息社會矛盾，使社會整合為一體。然而，法西斯主義採取了暴力與恐怖的手段，而後資本主義則藉由文化事業進行普遍的意識形態操縱，以遂行其目的（在這裡，馬庫色與阿多諾的觀點一致）。意識形態的控制首先要遮掩如下看法：後資本主義所積累的巨大財富，現在就使「為全社會謀取幸福的解放」成為可能。

　　馬庫色把革命主體（革命行動承載者）的角色賦予給尚未被愚民教育洗腦的

人，他們就是大學生，他們尚年輕，仍在成長學習階段，可塑性高。對於馬庫色來說，體系的鬆土就在體系的整合處，即教育體系中，因此革命催化劑的角色就從工人移轉至學生身上。

阿多諾和馬庫色對學生的影響是相輔相成的。在阿多諾的影響下，一切都被揭露為法西斯主義；在馬庫色的影響下，人們能夠立即揭竿而起，最高的緊急狀態為最迫切的行動提供了合法依據。在阿多諾的影響下，人們回顧德國的過去，並將目光盯在奧斯威辛；在馬庫色的影響下，人們受到樂觀主義的鼓舞，雄心勃勃地展望未來。返鄉者阿多諾流露著德意志的憂鬱，而在聖地牙哥教書的馬庫色則代表了美國的樂觀主義。

另外，一整個世代的語言都被烙上阿多諾的印記。他們不管碰到什麼，總能

● 社會變成了一部偵探小說，而批判理論的追隨者則化身為偵探。

扯上普遍的蒙蔽關係，他們的話令人費解又充滿著渲染力，字裡行間還經常出現災難的預言，再加上迷宮般的句型結構，更顯神祕，教人捉摸不定，似乎有些宗教狂熱和麻醉入迷的成分。這種有趣而令人費解的語言便將公眾區分為知情者與門外漢。結果，門外漢之間爆發了一場「傳染病」，病源就是：每個門外漢都想得到那把解開謎底的萬能鑰匙。就在揭發「潛在」和「隱蔽」、「受排抑」和「受壓迫」這種語言中，散發出一種魅力，藉此法蘭克福學派的「批判理論」便將馬克思主義和精神分析熔為一爐。

帶著這種觀點去看問題，一切都變得像謎一般，所以那個時代最受歡迎的口頭禪就是「戴著面紗的」。一切事物因而蘊涵了雙重意義，潛在的與顯現的、公開的與隱藏的、直接的與間接的……。

社會變成了一部偵探小說，而批判理論的追隨者則化身為偵探。而且，因為人就隱藏在一件布局縝密的作品中，所以任何不對勁的小細節，都有可能是全盤錯誤的徵兆。阿多諾有一句名言：「在錯誤中不存在正確的生活。」這句話總能教人陷入苦思冥想。

阿多諾的學生尤根·哈伯瑪斯（Jürgen Habermas）以獨特的方式，繼承並發揚了法蘭克福學派的傳統。他研究「理想溝通」（ideale Kommunikation）的條件，並將它提升為達成民主協定的先驗前提。（→哲學｜康德）在這點上，他已經相

當接近法蘭克福學派在聯邦德國歷史上所發揮的實際作用——為一個具批判性的公眾社會進行催生。

不過，由於法蘭克福學派具麻醉效果的文字敗壞了一整代人的語言，所以，它們後來只能作為隱語而存在。它們把人搞得一頭霧水，甚至弄不明白「法西斯主義的恐怖與資本主義的意識短缺」之間的差別在哪裡，也搞不清「公民民主與集權統治」到底有什麼不同，嚴重影響了一整代人的政治判斷力。

批判理論的語言是mega-out（超級落伍）的了。不過倒是可以藉此辨認出老一代的「六八人」，其中許多人正坐在文化企業大老闆的位置上。因此，想進入那裡的話，不妨先學一點法蘭克福學派的方言。

論述理論與文化主義

論述理論幾乎全出自一人之手，這個人就是法國的米歇爾·傅柯（Michel Foucault）。其出發點與阿多諾類似，而且在「現代化就是一個紀律化的過程」此一觀點上，也與狄更斯相近。因此他研究一些機構的歷史，包括醫院、精神病院、監獄等，它們都曾是狄更斯小說描繪的對象。傅柯不僅把注意力放在對強制機構本身及其制度的分析上，並探討了隸屬於它們的「論述」（Discourse）。在論述中，會定義出什麼是瘋子、犯罪者、病人與病態。

換言之，傅柯研究的是，對人有定義權的語言。它們是官僚語言、科學語言、醫學語言、心理學語言，簡而言之，就是「權力的語言」。這些語言不是在描述，而是做結論與下定義。就像康德對「先驗」這個概念所表示的那樣，去制定其規則，也就是說，這些語言在進行建構。它們能「製造」出疾病、瘋狂和犯罪。它們就像聖彼得一樣，有權把個人從社會的天堂中趕出去，並且規定一些條件去限制他的行為，例如法定資格、義務、責任能力、教育、訓練、紀律、規矩等等。

傅柯像阿多諾一樣，研究語言與權力的糾結。語言的控制系統就像畫分國家領土一樣，透過界線來標誌主權區域。傅柯稱這些系統為「論述」。論述的研究方法類似空中攝影考古學。由於論述本身是隱密的，想要將它們挖掘出來，就必須先剷除表面空話，才有辦法確認其所在；想要辨識它們的結構，就要有一個極

為廣闊的視野，才有可能了解其梗概；若想獲得這張全景圖，就得站在遠處保持距離。

論述理論是in。如果您想知道為什麼是in，請先讀讀下面兩個詞條，它們與論述理論有親戚關係。

解構主義

解構主義也是由一人所打造，他就是法國人雅克·德希達（Jacques Derrida）。

德希達的出發點與傅柯不同，然而他所抵達的終點卻離傅柯如此之近。從兩者的混合中，便可推出女性主義和多元文化主義的基礎理論。

德希達所涉及的問題有些艱澀，而他的語言聽起來也頗費疑猜。這裡將以一個莫名其妙卻又令人發噱的句子作為開場白，這句話應該出自哥達（Gotha）的教授加萊提（Johann Georg August Galletti, 1750-1828）：

「豬（Schwein）之所以被稱為豬是理所當然的，因為牠實在是一種很骯髒的動物。」

是什麼讓我們感到驚訝了呢？就是這種認為Schwein（豬）這個發音表示髒的意思的假定。事實上這完全是任意的，Schwein這個發音本身與骯髒半點關聯都沒有。在西方的語音文字中，一隻豬之所以叫Schwein，並不是因為Schwein一詞特別適合這種動物，而是為了不使Schwein（豬）和Schwan（天鵝）相混淆。語言本身並不會反對把那種純白或黑的游禽鳥類稱之為Schwein，或把那種頭大眼小、軀體肥滿的長鼻目動物稱之為Schwan。果真這樣的話，那就會出現一座名為「新豬堡」的夢幻童話城堡（原本為「新天鵝堡」〔Schloß Neuschwanstein〕）。

值得注意的是，世人歷經很長一段時間才發現，在語音文字中，字詞的發音與意義沒有必然關係，而是任意的。提出這個論點的是現代語言學的奠基者，瑞士人索緒爾（Ferdinand de Saussure）。從此之後，「能指」（significant）與「所指」（signifié）區別開來。能指，可以是表達的語音，也就是承載意義的物質；所指，是被表達的意義，也就是聽者與說者的內在映像。

這項重要發現極度延遲的事實，便成為德希達研究的出發點。為了解釋這遲來的發現，他特別點出了語音文字的性質。

　　德希達認為語音文字是西方哲學的前提。它不像中國或埃及，在說話人與被說的字詞之間加入一個獨立的符號，而是直接把符號透明化成為語音。這就引起了聽覺上的迷惑，以為一個字詞的意義是「直接」顯現的，這就隱瞞了「能指」與「所指」之間的差別，而讓符號之所以是符號，成為一件難以洞悉的事。人們以為自己直接看到了符號所表達的意義，這就是長久以來，未能將「能指」從「所指」中抽離出來，並賦予其特殊地位的主要原因。世人的觀念一直就像加萊提教授一樣。

　　德希達認為，整個西方思想界受到這種聽覺迷惑的影響，其結果就是，對於邏各斯（Logos，意義）的「直接在場」存有幻覺，德希達稱之為「邏各斯中心主義」

● 「豬之所以被稱為豬是理所當然的，因為牠實在是一種很骯髒的動物」。

（logocentrism）。因為邏各斯中心主義的思想是以「在場」（presence）為其核心，所以會以第三人稱單數的形式作為陳述真理的優先選擇（而非「我們」或「你」的說法）。尤其是，邏各斯中心主義避而不談能指的獨立自主性，認為它微不足道，而罷黜至次要的位置上。

　　這種原始的不對稱性，出現在一系列對立的概念中，在其價值的天平上，總是有一端高於另一端，例如：精神／物質、男人／女人、觀念／物件、形式／內容、本質／表象、原創／複製、主動／被動、給予／接受、文化／自然等。這些不對稱的對立概念構成了西方文化的象徵秩序，並確定了意義的內涵。西方文化對於意義的理解，是以壓制符號系統中某些組成部分為前提，儘管這些符號在製造意義的過程中原本扮演著平等的角色。換句話說：意義就是統治。在符號系統中，壓制排抑隨處可見。

　　現在，在文學文本中，受壓抑者歷劫歸來，其中「文本詮釋」稱得上是一大功臣，它協助對立概念中被打壓的一方獲得應有的權利，將它們自意義的表層下面一把拉了上來。這個過程德希達稱為「解構」。它彷彿是一場「意義」的嘉年華會，在那裡原有的一切被顛覆，出現了顛倒的統治秩序，然後再基於特定理念推翻其統治，因為符號與符號所表示的、肉體與精神、女人與男人，其權利都是

平等的。來到這裡，我們已經離傅柯很近了。

德希達和傅柯兩人將象徵秩序系統解釋為精密、普遍存在的壓制工具，他們的分析特別受到文化與文學理論界的歡迎。在兩人的影響下，社會批判轉為對文化象徵系統的批判。此外，因為大學中社會人文科系，仍是女學生的天下，女性主義也在這裡磨利了刀槍。所以說，論述理論和解構主義是in（德語中，in是陰性的詞尾）。就這樣，「德希達隱語」成了「阿多諾隱語」的接班人，它的文字在令人費解的程度上，則是青出於藍而勝於藍。

女性主義與多元文化主義

德希達認為，歐洲文化不僅是邏各斯中心主義的，即理性的，而且也是陽物崇拜的，即陽性的。能指（符號）與所指（意義）的不對稱性，也顯現於女人與男人的對立概念中。在語言上，男人被當作人的基本模式，而女人則是這個基本模式的偏離，例如Bauer／Bäuerin（農民／女農民）、Politiker／Politikerin（政治家／女政治家）等。（→歷史｜創世紀）

西方文化不僅象徵性地沒收了其他文化的財產，而且還對女性文化進行殖民統治。從這種立場出發，女性主義將女性文化與第三世界的文化相提並論，並把自己定義為文化的少數派。

在德國，女性主義反抗的方式是，藉由推動符號政策來達到征服論述的目的。在這個過程中，她們強迫社會接受一種新的、女性主義的標籤，主要是把醜陋、歧視性的表達方式，透過委婉的語意加以美化，例如人們不應再用「矮」，而是說「受到垂直方向挑戰的」；而且也不應再說「傻」，而是說「在其他方面有天賦的」。除此之外，女性主義者也企圖在語言上建立性別平等，除了Killer（殺手）之外，甚至還創造了Killerin（女殺手）一詞。

政治正確

在社會主義垮台之後，文化主義繼承其遺產，在它身上可以看到論述理論、解構主義與女性主義的標記。就這樣，馬克思主義借屍還魂，繼續以挖掘錯誤的思想意識為武器，來削弱對手的力量。此外，文化主義的理論也有它自己的一套

運作方式，因為它把象徵系統當作隱蔽的統治工具，所以它希望透過道德說教來占領論述。

　　結果，老左派改弦更張，他們不再從歷史哲學的角度來攻擊敵人——「我們代表未來，所以是進步的；他者代表過去，所以是反動的」，而是回到道德差異上來——「我們是好人，他者是壞人」。這種語意上的表演賽和宣傳，導致意見市場上出現脣槍舌戰與文字運動，目標就是道德化。結果誰在公開場合說錯一個字，誰就有可能招致萬夫所指，眾人唾棄。在論述的喧鬧聲中，伴隨著對異教徒的審判和牧師勸人懺悔的佈道，他們手中操縱著指控系統，並將犧牲品的鮮血獻上「政治正確」的祭壇。

　　換句話說，意見市場變成了殺戮戰場，一個不小心，就會誤入陷阱，摔得粉身碎骨，所以千萬要謹慎啊！為了辨識正確的方向，一定要睜大眼睛看清楚那些醒目的警告標誌，上頭寫著：「法西斯主義，禁止進入——有生命危險」；「大男人主義——擅自闖入，後果自負，父債子還」；「注意！危險路段，歐洲中心、邏各斯中心、陽物崇拜」；「小心菁英主義的落石」；「注意！生物主義風雨區，小心打滑」。

科學及其世界觀

Wissenschafte und ihre Weltbilder

　　科學可分為自然科學和其他。這些「其他」以前曾稱為「精神科學」，不過這只出現在德國，因為那裡的人相信精神與科學。然而，現在他們卻覺得有些尷尬。在這方面，英語系國家根本就不說什麼科學，而是將那些與人類和文化有關的科學稱為「人文」（humanities）；與此相對應，德國人也稱「人文科學」（Humanwissenschaften）。

　　就這樣，在德國科學從社會中，社會科學又從舊有的精神科學（語文學）中，分離出來。如今，語文學以「文本科學」（Textwissenschaft）來稱之，似乎較為貼切。

　　與哲學和意識形態相比，科學顯得極為可靠。哲學總是攙雜空想的成分，而意識形態則是一種具救贖作用的政治信仰。二者有別於「精確的科學」。

　　關於「精確的科學」，首先會聯想到自然科學。

　　自然科學有兩個互為關聯的控制手段，可證明其觀點，一是對研究對象進行實驗；二是從事數學上的推演與計算。

　　透過純數學的語言來陳述自然，是這個世界難以解釋的奇蹟。為什麼說是奇蹟呢？因為數學有它自己的語法，完全不顧及外在世界，而是從內部關係的邏輯中得出規則。

　　因此，數學是自然的對立面，是純粹的理念。然而，自然卻又表現出一副模樣，彷彿它早已掌握了所有的數學定理，並且按照它們來行事。

　　文本科學和社會科學並不那麼精確。然而，無論如何它們也有一套嚴密的控管機制。

　　在文本科學方面，是指文章生產過程中精確的偵探工作，包括查閱文獻、蒐

尋證明、確定背景、追蹤影響，並把一切都附上註腳。如果說自然科學的特徵是實驗，那麼文本科學的標誌就是註腳。[1]

　　與文本科學相較，社會科學中有比較多的數學方法，包括運用統計、表格、不同因素之間的關聯（例如藉由數學來證明，出生率的降低與送子鳥的數量有密切關聯）、因素分析等控制工具。然而，與文本科學一樣，社會科學也在很大程度上依賴詮釋。

---

[1]　關於註腳的註腳

　　　　註腳的意義和目的何在？為了回答這個問題，我們要再附上一個註腳。當大學新鮮人或研究所學生，第一次鑽進這個由短短幾行文字組成的可怕世界時，總是飽受折磨。這個地下世界與科學性長篇大論的關係，就像給排水系統與城市的關係一樣，其作用在於吸收正確觀念並清除笨蛋同行的錯誤觀念。註腳的功能涵蓋了兩方面：進食與排泄、餐廳與廁所、宴會與嘔吐袋。就像一棟現代化的別墅，只有當有了電和水的供應、管道系統以及垃圾處理之後，才算是文明的棲息地；而一篇文章只有透過註腳才會變成是科學性的。因此，它的形成是對於笛卡兒式控訴的反應，其認為歷史性的科學不夠科學。

　　　　註腳作為文本科學的核實工具，可對應於自然科學中的實驗。這種發展趨勢始於十七世紀法蘭西學者貝勒（Pierre Bayle）於1697年發表的《歷史與批判詞典》（*Dictionnaire historique et critique*），並由十九世紀德國歷史學家蘭克（Leopold von Ranke）將其推上高峰。蘭克將熱情傾注於註腳領域的檔案整理工作，並且召開了專門討論「資料來源」的歷史研討會。

　　　　首先，註腳是學術性文章內容正確的證據。它援引出處、文獻和證據；它引用或駁斥前人；它相當於法庭上的證詞，同時還提供了交叉詰問的可能。所以只有透過審查註腳，才能對學術性文章下判決。

　　　　然而，註腳的另一用意在於「沽名釣譽」。集作家、文學評論家與學者等多重身分於一身的英國人大衛・洛吉（David Lodge），他在小說《世界真小：學術羅曼史》（*Small World: An Academic Romance*）中，便以一場關於騎士小說的學術會議揭開序幕。他把教授與漫遊騎士進行對比，騎士透過一場場的決鬥來追逐名聲，而教授則是透過參加一次次的學術會議來與對手比個高下。

　　　　對於真理的追求，也許是研究工作最大的動力。然而，緊隨其後的就是爭取其他研究者的認同。在這方面能夠提供服務的，就是註腳（或附注）。對學者來說，註腳就像是騎士的徽章一樣。它證明了他是個科學工作者，授予他參加比武的資格與權利。同時，它也是他的武器。他靠這項武器壯大自己的名聲，並減損對手的聲望。

在此過程中，註腳便以它無所不在的適用性，證明自己是件多功能的完美武器。有些人把它當成匕首，冷不防地刺在對手的背上；有人把它當成大棒，用來一棒讓對方斃命；還有人把它當成名劍，舞著它上演風度高雅的決鬥。因此，對於讀者來說，註腳往往顯得比正文精采有趣。就這點而言，註腳中的爭議等同於吵架，為了解決問題，爭執者離開了酒吧，跑到街上扭打對幹了起來。

因此，在註腳中，作者可以摘下他在正文中戴著道貌岸然的面具，露出自己的真面目來。在這一點上，註腳比正文誠實，它允許作者向對手展示真正的企圖。

註腳有幾個陰險狡猾的招數。其中之一就是，不引用對手的著作，完全忽視他，即使其著作與自己文章的相關性很大。誰沒有被引用，誰對於科學或學術界來說就是不存在、沒有貢獻的。因為他沒有什麼impact factor——影響指數，簡稱IF。這種指數是由費城科學資訊研究所的科學引文索引資料庫，針對被引用的頻率進行統計和調查得出的。那些沒有被引用過的人，就如同在科學（學術）地圖上沒有標注的地點一樣。

「忽視」這個武器能給對手造成重創。然而，它就像是奧德修斯的弓一樣，只能被高手拿來使用；一般人若亂耍這件武器的話，會被懷疑由於無知而遺漏他人的著作。

此外，輕量級選手可以透在註腳中攻擊名流，提高自己的知名度。這就像在美國荒蠻的西部，誰在挑戰知名歹徒中活了下來，誰就會一夕成名，所以人人爭相恐後找他對決。主要是那些有寄生蟲天賦的人會使用這招。這類研究者由於本身沒多大能耐，只能靠批判別人來建立名聲。然而這並不是說，他們在學術王國中沒有作用，其實就像專門食腐肉的鬣狗一樣，他們負責砍殺原本就有病的文章。動物奇觀影片中的禿鷹就很符合他們的形象，他們是論文界的健康警察，清除科學界的屍體是他們的責任。

如果把比武擴大成公開戰役的話，註腳就相當於部隊的標誌。借助於它，學術流派和同一理論的追隨者便能識別出朋友與敵人。因此，每個人都可以運用註腳來服務自己所隸屬的集團，其方法就是：在註腳中引用同集團成員的著作。藉由這種方式，就取得了進入某科學俱樂部的入場券。在通常情況下，某一學派的成員會相互引用。套句學術用語來說，這就是「引用卡特爾」（法語Cartel，聯盟之意），藉此來提高自己的「影響指數」。

出於相同原因，在自然科學界，經常有學者讓自己成為署名作者，其實他們和發表的論文之間的關係，就像「炒菜鍋的生產者」和「用此鍋炒好的菜」一樣；他們是實驗室的「老闆」，論文中所敘述的實驗是在那裡進行的，而該論文的發表可以提高他們的「影響指數」。

當然，每篇論文都希望成為其他著作註腳的原始材料，這是不言而喻的。所以它們的共同命運就是：從一字一句到完成，再從論文到在註腳中被引用。若套用佛洛伊德的學說來解釋：只要是有論文的地方，就會變成註腳的世界。每篇論文都像是從一堆「垃圾」上長出來的，這堆「垃圾」由許多化為註腳的論文所組成；每篇新論文都把它的前輩降級為「註腳的垃圾山」，任憑他挖掘看上眼的東西。在論文和註腳之間所發生的是一場沒完沒了的形變與質變。在論文之海中隱藏著一個基因庫，透過註腳無窮盡的排列組合，源源不斷地製造出新的論文。

每個大學新鮮人在第一學期都能得到深刻的體會，閱讀充斥著註腳的學術文章要有一定的耐心，也需要時間去適應。在正文中，我們讀到普魯士的歷史；而在註腳中，我們讀到關於這篇文章產生的歷史。這就像是我們聽到一個妙語的同時，也聽到了對它的解釋。或者一如英國演員、作家與作曲家諾維．考沃（Noel Coward）所形容的，就像在做愛時聽到門鈴響，不得不起身到門口去招呼來客，等到把他打發走了之後，再回來接著做一樣。必須先經過一番訓練，才能克服這種閱讀過程中的「性交中斷」。

大學及其學科

　　每種科學所具備的鮮明特點，與其研究對象及研究方法有關。物理學研究沒有生命的物質，方法是根據普遍定律對數學上可測量事物進行量的統計。它所研究的並不是有機物質（生物學），或者材料的轉化與重新組合（化學）。

　　關於大部分的學科，大學會設立科系，人們可以在那裡學習研究它們。

　　也有一些科系不是從科學的學科中衍生出來，而是與職業實務的準備工作有關。於是，醫學從生物學中分割出一部分，也從化學中分割出一部分，再將二者組合起來，這並不是因為人體是一個獨立的科學研究對象，而是基於治療實務上的需要。此外，法學和教育學根本就不算科學，而是以某種策略性思考為前提的實務方法。

　　科學的成功為自己贏得相當高的聲望。正因為如此，越來越多的學科披上科學的外衣，擠進大學之門。實際上，它們不過是掛著學術頭銜的實用伎倆而已，例如新聞、戲劇、語言教學研究、導演、政治學，以及從「薩滿教」到「變戲法」等各式各樣的心理學科目。而且，師範教育也受到實踐與科學紊亂雜交的影響，以至於無論是科學，還是實踐，都沒有得到應有的重視，還讓教師從一開始就習慣於帶著職業的表演面具。

科學的進步

　　長久以來，人們也從科學的成功中認識了科學的歷史，並將它想像成越來越多真理的不斷累積，如同藉由地理發現考察了越來越多的地區一樣。

　　這種觀點一直持續到科學理論家湯瑪斯・孔恩（Thomas Kuhn）。他在研究中發現，科學也製造出相當多的胡說八道，而駁斥這些胡言，同時促進了科學的進步。於是，科學不僅是真理的累積，還是謬誤的累積。例如，1670-1770年間，世人相信所有可燃材料中都含有一種叫作燃素的成分，在燃燒過程中被釋放出來。雖然這種假設引發許多新發現，但它本身卻是一個謬誤。燃素的真實性，就像喜馬拉雅山的雪人一樣。

　　當孔恩在這個問題上繼續深入研究時發現，科學進步的軌跡與人們迄今為止的假設完全不同。它不是由越來越多真理的不斷累積構成，而是經過多屆立法委

員任期，並伴隨激烈的選戰與政黨輪替。

孔恩認為，在每門科學中，都有一個占統治地位的學術觀點，建立在許多互補的主導概念和背景假設之上。這些假設被當成理所當然、毫無疑問、不證自明的。它們撐起科學的共識。這種由主導概念和假設組成的網絡大於理論，小於世界觀。孔恩稱之為「典範」（paradigm），它源於希臘文的「模式」（或「範例」）。大部分科學家的工作是，以他們的研究成果去證實占統治地位的典範。在某種程度上可以說，他們組織了所謂的「執政黨」，從事一般的科學活動。

● 科學不僅是真理的累積，也是胡說八道的累積。

然而，總是會有少數「持不同政見者」。他們被那些主導典範所不能解釋的問題吸引。他們自然會受到政府的猜疑和迫害，成為反對黨，或被逼上梁山。然而，他們蒐集到更多的事實，擁有越來越多的追隨者，直到他們對統治典範發動全面性攻擊，接管政府，並將他們的新學說樹立為科學教義，傳播科學的「官說新語」（Newspeak）為止。孔恩稱這個過程為「科學革命」。當然，人們也可以將它視為「民主的政權交替」。也就是，經過一場漫長的競選，反對黨打敗了執政黨而上台。

一方面，對於舊政府的成員來說，這是一個非常痛苦的過程，因為他們的學術生涯與成就頓時作廢，變成了破銅爛鐵，世人棄之如敝屣。因此，他們會捍衛舊的典範，直到嚥下最後一口氣。燃素的觀點就是一直堅持到自己推翻自己為止。從人為因素來看，這種韌性屬於既得利益者的固執己見，但對科學的進步來說是有建設性的，因為它能督促反對派嚴密控管他們的研究工作。

另一方面，新政府以新的典範進行統治，直到有不符合現有典範的新知識出現為止。於是，重演上述過程。

湯瑪斯‧孔恩的研究本身是革命性的，因為他炸毀了直線式科學的舊典範，徹底改變科學的形象。從此，人們意識到科學的殿堂並不是一所修道院，苦行僧在那裡不問世事，平靜和睦地埋首於各自的研究之中，定期召開會議，嘟囔著共同的祈禱詞，讚美上帝。事實上，它更像是議會，充斥著爭執和辯論的吵鬧聲。在那裡，反對黨用新發現對政府進行強烈的抨擊，而政府則是以當時公認的典範為炮火全力反攻，並且抓住反對黨學說中任何一個尚未澄清的小漏洞，大加責

難。如果原本可靠的學術觀點遭到推翻，便會出現混亂的無政府狀態。

由此可見，科學帶來的往往不是安全，而是不安。它的發展就像是循著喜劇模式的民主，（→文學｜基本類型）充滿爭議，甚至是論戰，而註腳就是它的戰場。（→關於註腳的註腳）並非所有的註腳都被證明過一百遍，是人們熟知的無聊玩意，某些註腳中上演的正是有趣的鬥爭。

在某些情況下，新典範具有開創性，並掀起轟轟烈烈的革命，推翻了政府，也徹底更新人類知識的核心，撼動了文化根基。

下面介紹的幾個重要理論，就是從科學論戰的硝煙彈雨中誕生的。

演化

今天大家都知道，查理斯・達爾文（Charles Darwin, 1809-1882）在《物種起源》（*The Origin of Species*）一書中提出了演化論的觀點。這對當時的世界來說是一場驚天動地的革命，尤其是以下推論，嶄新且令人震驚：

▶ 有創世紀報告的聖經並不是神的話語，也不是由聖靈逐字逐句口授的，而是一個相當不可靠的神話故事集。

▶ 就像世間其他萬物一樣，人類不是直接出自上帝之手，而是源於一個家族，其令人尷尬的祖先是接近黑猩猩和大猩猩的猿人。

▶ 世界並不像人們以前所相信的那樣，只有六萬年的歷史，而是存在了幾百萬年之久。

這就讓人產生了一種時間上的無家可歸感。人像是一個孤獨的時間旅行者，在蒼茫無垠的宇宙中漂泊。

直到達爾文出現之前，各式各樣的演化觀點都卡在一個僵局中，「均變論」和「災變論」這兩個陣營互不相讓地對峙著。

以英國地質學家查理斯・賴爾（Charles Lyell）為首腦的均變論者相信，地球以及地球上的生命在漫長的時間中，因受到氣候、風暴、地質構造變動等各種今天仍可觀察到的外力影響，而發生了變化。當時，均變論被視為兩個陣營中較為科學的。

而以法國古生物學、解剖學家喬治・居維葉（Georges Cuvier）為代表的災

變論者，則把注意力放在發展的斷層上，並從史前出土物、沉積物、化石和火山附近的覆蓋物中似乎得到了證實。他們由此推出一個命題：地球受到諸多大災難的侵襲，所有生命多次滅絕，然而上帝總是一再地造出新物種來。雖然聽來牽強，但這種說法有個優點，它讓科學與聖經及其對災難記述的口徑一致，世人不必拋棄「人類直接出自上帝之手」的觀點，而去認某種聰明的猩猩為祖先。

災變論的追隨者和均變論的鼓吹者分屬不同陣營，只要這兩個陣營不握手言和，演化理論就停滯不前。

達爾文之所以能獲得突破，因為他是一個科學的門外漢（他學過神學，屬於業餘生物學的愛好者），所以沒有受到那些爭論的影響。除此之外，他的思維方式是跨領域的。在前往加拉巴戈群島（Galapagos Islands）途中，他讀了英國經濟學家湯瑪斯・馬爾薩斯（Thomas Malthus）的著作。

馬爾薩斯認為，人口增加的速度總是快於食物增加的速度，因此福利事業只是把貧困的範圍縮小，永遠不可能消除貧困的現象。當達爾文登上加拉巴戈群島時，他透過馬爾薩斯的眼光看到了物種的豐富性，於是高聲驚呼：「我知道了！」他頓悟的是，人口增長極限所造成的壓力，促成了適者生存的篩選原則。

演化論中令人難以接受的，不僅僅是人類與猴子的親戚關係，它傷害到了人類的自尊。還有一點就是，人們簡直不能想像，一個沒有主體的進程既不是設計出來的，也沒有什麼目標，儘管如此，它既不混亂而且還有一定的秩序。

在達爾文出現之前，有一個很有名的「手錶理論」，出自十八世紀英國神學家佩利（William Paley）。他說，如果一個人在林間散步時突然發現一支手錶，他肯定會想到這支手錶的背後有一位製造者。後來牛頓也提出，這個世界就像手錶一樣的機械裝置。如此一來，肯定有一位上帝，他像製造手錶一樣製造了這個世界。於是，人們感到很開心，因為他們有了依靠，上帝能拯救他們。

然而，達爾文卻認為，演化是不需要什麼計畫者就能進行的，因為它是一個自我操控調節的過程。這種觀點摧毀了神學家的最後一線希望，他們認為世界是一項意義深遠的計畫，而且大自然的歷史有其發展的目標。如今，這些想法被證明為迂腐。人類從受造萬物的頂峰，跌進了充滿缺陷和不完美的過渡階段，成為隨機與偶然的產物，與將來出現的超人相比，他們不過是比較進化的猴子罷了。

事實上，生命的繁衍不是透過一位計畫者，而是性交。這對伴侶的名字叫作「混亂」與「秩序」。他們構成了第一對差異。

　　當由於偶然而在某處，例如在一個分子或細胞中，比其他地方有更多的秩序時，這種秩序就像是對於混亂的篩選原則。於是，就在創世的第一天，形成了變異與篩選。接著只需要將這種篩選的秩序穩定下來，便可有利於演化的開始。當變異、篩選和篩選的穩定化這三大原則組合後，那些原本不太可能出現的秩序變為可能。換句話說，出現了更高層次的生物——羊、狼、靈長目、足球迷和科學家，或是使之成為可能。

　　演化以及「物競天擇」、「適者生存」的概念被運用至社會，提出了社會應再度適應自然的建議，這稱為「社會達爾文主義」，它最瘋狂的代表就是納粹。他們忽略了下述事實：人類的演化改變的是行為的基本模式，演化的人類在文化中建立起自己的象徵世界與技術世界；而且，不同物種之間的競爭不能依樣畫葫蘆搬到同一物種的關係中。但是納粹就這麼做了。他們制定「優等民族」策略，並且把它當作一個「準物種」。

　　種族主義濫用了演化論，使其蒙羞。儘管達爾文的理論在當今生物學界已不容爭議（當然它還需要修正），但是，每當有人試圖將它引用到其他領域時，就會有人驚呼：「小心！生物主義危險路段！」「注意！前方有種族主義落石！」當然，這種「警報系統」是德國人的一大特長。但是這沒有什麼意義，只是阻塞思維而已。

　　現在，社會和文化科學領域將演化論再度發揚光大。例如，探討觀念的演化；生物學上的利己基因觀點，導致利己「記憶內容」的發現；系統理論則探討社會文化的演化。

　　演化典範的藍圖，徹底改變了人類的世界觀、思想以及人類在歷史中的自我定位問題；它告別了目的論的歷史觀，認為歷史的發展並不朝向某一目標，因此所有的意識形態，尤其是馬克思主義，將它視為魔鬼的工具；它對於「歷史是可計畫的」觀點表示懷疑，因而激怒了「進步」的支持者；它假設，發展基本上是無法徹底預見的，變異原則肯定會帶來意外，就像基因突變是藉由偶然來影響生物一樣。

　　由於這種懷疑論調，演化論對一些人來說，可以牽制草率行事的思想家；而對另一些人來說，則是保守派的意識形態面具。

愛因斯坦與相對論

　　只有極少數人完全理解相對論。不過，這個理論的名稱已經說明了最重要的一點：一切是相對的。據此足以動搖當時普遍的觀念。關於相對論，人們至少知道，它揚棄所有舊的保證與安全感，奠定了嶄新的世界觀。也因此，它的發明者阿爾伯特‧愛因斯坦（Albert Einstein）被譽為「科學之父」，成為和藹可親上帝的代言人。他那頂著蓬亂白髮的科學家腦袋，還有善良睿智的面容，彷彿一幅證明上帝全知全能的聖像，強化了世人對他的印象。

　　相對論到底講了些什麼呢？在狹義（1905）和廣義相對論（1914-1915）中，愛因斯坦徹底改變了我們對時間的理解，並像哥白尼式的轉折，讓我們的空間觀念發生一場大革命。藉由讓時間與空間緊密相連，並把時間解釋為第四向度（前三向度就是線、面、體），愛因斯坦便在我們的世界觀中，給了時間一個新的定位。

　　理解這場革命的關鍵是觀察者所處的位置。在愛因斯坦之前，為了避免自然科學的數據受到主觀因素的介入而失真，觀察者被排除在科學之外。現在，愛因斯坦把觀察者請了回來，並去觀察：觀察者是如何進行觀察的。

　　從某種意義來說，愛因斯坦是科學界的康德。他認為對觀察起決定作用的是光速，它是無法超越的，否則，原因就會比它所能被觀察到的，更快發生作用。換句話說，對於所有對象的觀察需要時間，而且與它們的距離越遠，所需要的時間就越長。假如有一個距離我們一光年遠的星球（光年是光在一年中以每秒三十萬公里的速度所跑的長度），那麼我們看到的它，是它一年前的樣子。也就是說，我們根本不可能看到它「現在」是什麼樣子。再換一種方式說明，當我們觀看它的時候，目光總是停留在過去。這就一舉摧毀了對於「同時性」的想像，讓它的可能性變得小之又小。

　　讓我們來想像一下，我坐在一個星球上，它正好處於雙子星之間的中間點上，在這兩個星球上各有一顆原子彈，藉由我的光炮所發出的信號可以點燃它

們。如果我按下按鈕，那麼我就會在十分鐘之後看到兩個星球上的爆炸。然而只有當我正好處於中間點這個位置上，我才能夠看到它們同時發生。如果我用計時器設定光炮兩小時之後發射，然後馬上

● 愛因斯坦是科學界的康德。

乘太空船飛向雙子星中的一個。那麼，我就會在兩個多小時的飛行之後看到，一個爆炸比另一個來得早，儘管它們依舊是在「同一時間」發生的。「同時」這個說法是相對於觀察者所處的位置。離開這種參照關係，它就變得毫無意義。

為了解釋這令人驚訝的結論，提出「大霹靂學說」的俄裔美籍物理學家伽莫夫（George Gamov），便仿照路易斯·卡洛的《愛麗絲漫遊奇境》寫了一部名為《湯普金斯先生漫遊奇境》（*Mr. Tompkins in Wonderland*）的書。在一個疑難的案件中，為了確認一項無罪證明，有一位科學家為湯普金斯先生舉了個例子：在星期天發生了一件事，而且湯普金斯先生知道，同樣的事情也會降臨到住得離他很遠的一位朋友頭上。如果他們之間最快的聯繫是郵政列車的話，那麼他就不可能在星期三之前讓他的朋友知道這件事。反之，假如他的朋友之前知道要出事，那麼他能夠預先通知湯普金斯先生的最晚時間是上個星期四。從因果關係的角度來看，他們之間相互的距離是六天。

「然而，」湯普金斯反問道：「就算郵政列車是所能達到的最快速度……，這與同時性有什麼關係呢？我的朋友和我還是會同時享用星期天的烤肉，不是嗎？」他所得到的回答是：「不，這樣的說法毫無意義。也許有一個觀察者會同意你說的話，但是其他那些從不同火車上對你們進行觀察的人會宣稱，當您在大嚼星期天烤肉的時候，您的朋友正在品嚐星期五的早餐或星期二的晚餐。然而，當你們兩頓飯的時間差超過三天時，任何一個人都不可能同時觀察到你和你的朋友正在進餐。因為，」他繼續解釋：「即使從不同的運動體系來觀察，速度上限必須維持不變。」

在聽了一場關於相對論的演講後，湯普金斯先生做了一個夢，他夢見自己來到一個奇妙的地方。在那裡，光速被削減到每小時二十公里。他看到一個騎自行車的人迎面而來。難以置信的是，那個人看起來扁得像塊板子。湯普金斯自己弄了一輛自行車並試圖超過那個人。這時，湯普金斯發現自己的外貌並沒有發生變化，而且當他最後趕上那個人時，那個人的外貌看上去又恢復正常。然而，道路

卻縮短了，而且當他到達火車站時，他的手錶慢了，因為他騎得太快了。突然，
他被眼前一幕情景給嚇呆。他看到一個老婦人叫一個年輕人為祖父。這人之所
以青春不老，是因為他必須經常搭乘火車，於是他就比總是待在家裡的人老得
慢得多。

這故事向我們說明了，如果我們騎著自行車穿越銀河系，並不像在地球上那
麼慢，而是直接受到光束的推動，那麼世界在我們眼中會變成什麼樣子。因此，
若將空間與時間剝離，一切就不再有意義了。

愛因斯坦相對論已在經驗上得到證明，他的預言應驗了。在牛頓的宇宙觀
中，絕對的時間和絕對的空間是分離的向度，二者有完全不同的測度形式：空間
是以同時性為前提的距離，而時間則是以連續性為前提的距離。因此與牛頓同時
代的哲學家約翰‧洛克會說：「儘管能夠想像的事物是如此多樣豐富，但是我認
為，找不出哪個例子是由這兩個截然不同的理念相結合而產生的……。」

然而，愛因斯坦卻把這種本質不同的東西融合在一起，空間與時間變得可
以相互換算。牛頓的絕對時間不復存在；它現在更像是一個可以從左邊推導到右
邊，也可以從右邊推導到左邊的函數。

愛因斯坦的相對論引起廣大的迴響，因為在十九世紀到二十世紀交替之際，
時間也成為其他領域研究的課題。法國哲學家亨利‧伯格森，生命哲學的創始人
之一，（→哲學｜反黑格爾學派）發現主體所經歷的「內在時間」是一個連續的流，他稱
之為「綿延」（durée），它有別於機械、外在時間。小說創作者援引此一概念，
描述了紊亂無序各種聯想的流動，由一連串無盡的印象、身體的感覺、思想的碎
片、畫面、話語和無定形的想法所組成，即「意識流」。喬伊斯的《尤里西斯》
和維吉尼亞‧吳爾芙的小說都是意識流的經典例子。

尼采認為歷史是永恆的重複，他帶著酒神的心醉神迷，企圖從歷史的時間
中跳脫出來。在喬伊斯和普魯斯特的文學作品中，「突然」這個概念變得非常有
趣。對兩人而言，事物的本質超然於時間之外，揭示為一種突然顯現的記憶。（→
文學）存在主義者，例如海德格，針對社會的歷史時間，提出了以存在為由、與個
人生活相關的時間性，它的標誌便是「被拋擲性」（無可逃避的生存實際）、死
亡和有限性（《存有與時間》），他們並將其他的時間概念解釋為次要的推導。

簡而言之，時間不再是固定、獨立、客觀的，而是變成相對的。

佛洛伊德與心理

　　馬克思、達爾文和愛因斯坦改變了我們的世界觀，人類的虛榮被他們各自踹了一腳。馬克思對我們說，我們的文化和整個思想意識是由經濟條件所決定的。這也是一個相對論，思想意識相對於社會地位。達爾文對我們說，我們並不像自以為的那樣長得和上帝很相似，我們是猩猩的表弟；演化的過程不需要計畫者和目的，儘管如此，它也不會雜亂無章。最後，愛因斯坦還把我們碩果僅存、唯一可靠的根基——外在世界可藉由物理方法測量出的客觀性——連根拔起。

　　這一切讓人類的自尊心幾乎降到了零點，而作為平衡，人類的混亂度也上升到了頂點。如果沒有西格蒙德‧佛洛伊德來關心這個問題，情況恐怕會更糟。

　　大概沒有哪位科學家像佛洛伊德一樣，對於西方人自我理解的方式與方法有如此深遠的影響力。他的影子無所不在，他的思想滲透整個西方文化，今天簡直很難想像，人類在佛洛伊德以前是如何理解自己的心理世界的。

　　最初，大約是在莎士比亞、蒙田和喀爾文時代（也就是十六、十七世紀），人們只相信人有靈魂，靈魂是永生、理性和恆常不變的；那些今天稱之為心理的東西，即激情、感覺、欲望和衝動則被當成肉體的一部分。而我們一般所說的性格，在當時是取決於體液——黑膽汁、黃膽汁、黏液和血。如果哪種體液（拉丁文是humor）所占的比重較高，人就會成為憂鬱者（愁眉苦臉的人）、暴躁者（容易發怒的人）、冷漠者（懶蟲）或爽朗活潑者（輕浮的人）。如果體液處於一種紊亂、不協調的狀態，那麼就要去看醫生了。（→歷史）

　　在十八世紀，在不死靈魂和終究一死的軀體之間出現了一個緩衝區，稱之為精神。特別是人們開始研究在過去被視為危險的非理性——激情。然而，只有當激情經過一番改造，剔除了無所顧忌，並養成有益於社會的稟性，它才能登堂入室。於是它不再叫作激情，而是感覺、感情、感傷、敏感、同情。因為感覺進一步引申為同感、同情，於是它就冠上了道德的光環。每個人都願意在自己身上發現這高貴的一面。

　　隨著對於人類感情的發掘，也開啟了精神的內在世界，將心情、感覺、精神

狀態、內在情緒波動，諸如震驚、衝動和本能反應等，予以明確定位。這是一個雲霧蒸騰的空間，像是洗衣間，漂亮的說法則是一處靈魂風景，那裡一會兒霞光萬丈、雲蒸霧蔚、暖風拂拂，一會兒暗香湧動、月色淒淒。怪不得浪漫主義發現到，精神的內在世界和大自然一樣，都是靈魂共振共鳴的空間。

在十九世紀，不死靈魂在其理性方面不知不覺被兩個實體所取代：一是「才智」，如今它常遭人在背後斥責為冷漠無情；另一是「性格」，與軟弱的感情相比，它更為堅定、有道德，並且向公理、義務和原則看齊。

這些心理實體也被套上性別角色的刻板形象。於是，女人成為感情方面的專家，她的領地是靈魂那個陽光普照的居所；反之，男人則待在比較不舒服，然而卻是必須的雙重包裝中，具備冷酷才智和道德強化的性格。在以前，這符合了性別分工。在職場和公領域，男人靠著冷酷的才智來保障家庭經濟利益，並以其堅強性格維繫家庭的社會尊嚴；女人則在家裡把這種「堅硬」放在感情的泡泡浴缸中，用心靈的溶劑來軟化它。

如果情感的流露是本能自發的，激動時未必輕易操控，這種不由自主會被視為真誠的一面，並蓋上善良的印章。然而，如果表現出的是不明衝動，讓人無法信任，這就被看成不良性格的徵兆，這個人也會被當作是有過錯的。

當時人們假定，人身為主人，住在自己的房子裡，符合利己原則，會去掌握自身感情與心理。惡習、缺點、沉迷、狂熱、上癮（如酒精）和強迫行為，將受到道德上的譴責。每個人被賦予自由，在努力實現自我意志的時候，能夠願意去做他應該做的事。如果他做不到的話，就會被認為是他不願意。

到了佛洛伊德，他翻轉了這一切；今天如果有一個人不做他應該做的事，那麼人們會認為，不是他不想，而是他沒辦法。佛洛伊德卸除了道德的藩籬，以心理取而代之。他能做到這一點，是因為他在心理的家園中又加蓋了一間公寓，供「潛意識」居住。從此之後，人不再是自家的主人。更確切地說，他與另外一個人同住在一個屋簷下，儘管他從來沒有見過對方，但是他卻在不知不覺中受到這個同住者的操控與影響。這個同住者是看不見的，佛洛伊德稱他為本我（Es）。

於是乎，舊有宗教上的著魔想法死灰復燃，這次與它一同現身的還有驅魔的實踐。不過，兩者之間有一個根本的差別：在念咒驅魔的祛邪術中，人們認為魔

鬼是一個陌生的霸占者，它來自於外部，必須將他驅趕回去；而佛洛伊德認為，是人自己將他不能忍受或不被允許的東西，從自身分離出去（佛洛伊德稱之為「壓抑」，或譯「排抑」、「潛抑」），並且把它變得不明顯、看不見，以至於人們再也覺察不到它。

然而，本我卻轉而以匿名的方式出現了，它戴上了面具，並且開始捉弄人，讓人做出他並不想做的事。一旦人鬆懈怠忽了監控，本我就會在人不自覺的情況下露出馬腳，例如在說笑話或是口誤時——人們直接稱它為「佛洛伊德口誤」，或是在其他的失誤情況，例如總是一再地忘記某個名字。甚至在某些時刻，趁著意識睡著時，本我接管了命令大權。於是，潛意識就在夢中開起了狂歡舞會，大肆慶祝。夢是潛意識傳遞給意識的重要訊息，但是它們被一種令人費解、象徵性的語言加密，這就讓潛意識彷彿受到詛咒一般，不能暴露自己的真實身分。

● 佛洛伊德卸除了道德的藩籬，以心理取而代之。於是乎，舊有宗教上的著魔想法死灰復燃，這次與它一同現身的還有驅魔的實踐。

是誰在詛咒呢？是意識，弗洛伊德稱它為「自我」（Ich）。自我是掌管理性和現實的機關。如果出現什麼不適合的東西，自我就會把它趕出去，並透過加密的方式來壓抑它。為了達到此一目的，佛洛伊德還給它配了一個幫手「超我」（Über-Ich）。超我包含的是自我的理想，也就是自我想要成為的樣子。它是透過接受外在的社會準則，而成為內在的一部分。佛洛伊德稱這種過程為「內化」，它也會帶進陌生的東西。同時，自我會把一些原屬於自身的東西分離出來，使之「異化」。

那麼被分離出來的東西是什麼呢？是那些不被社會允許的欲望、願望與興趣。因為它們在成年人身上不易發覺，所以佛洛伊德在小孩身上進行觀察，以此來推測潛意識被加密的願望。結果他發現，小孩很喜歡玩他們的排泄物；根據自己的願望來虛構世界；如果碰到什麼不如意的事，就憤怒地大喊大叫；一旦有什麼東西干擾了他，便用拳頭去打它；喜歡把自己想像成一位至高無上的王者；如果可能的話，像獨裁君主一樣，對一切事物和所有人施行暴政；拒絕負一切責任；而且如果是男孩的話，他最想剷除父親，然後與母親同床共枕。

尤其是最後一項願望，引起佛洛伊德極大的興趣。因為在希臘神話中，底比斯的國王伊底帕斯正是幹下了這檔事。因此，佛洛伊德將由此產生精神上的內疚

感稱為「伊底帕斯情結」。

伊底帕斯違反了社會的中心禁忌——亂倫，此一禁忌是家庭秩序的基礎。如果兒子像伊底帕斯那樣殺父娶母，那麼世代之間便會混淆不清，不知道誰是父親、兒子和丈夫；家庭的基本範疇將土崩瓦解，而威權的先決條件——等級制度，也將失去作用。由於這一禁忌影響到社會基本單位家庭的興衰存亡，而讓佛洛伊德能夠將他的心理學擴展成一種社會理論，藉此他向我們解釋了，社會、國家和宗教是如何從亂倫禁忌中蛻變而成的。

如果說，潛意識包含了後來被加密的幼兒時期的願望，人們未必要去理會它。事實上，佛洛伊德也不反對這一點，只要它們乖乖地待在心靈深處。然而，它們並非總是那麼安分，甚至根本就不安分。它們會跑出來，到處逛來逛去，喬裝打扮混在客人當中，模仿主人，學他的聲音，並讓他在眾人面前出醜，直到他深感痛苦為止。佛洛伊德稱之為「精神官能症」。有這種狀況的人，會做自己不願做的事情，弄得自己都不認識自己了，這就是該找精神分析師的時候了。

精神分析師知道應該做些什麼。因為潛意識用的是一種加密的語言，所以必須對其進行解密。而加密是一種伎倆，藉此自我把自身的一部分分離出來，並視其為異類。因此治療的方法就是，讓自我承認那些被他當成陌生異樣的東西，諸如害怕、壓力、憎惡，甚至是病態的恐懼等，都是自我的一部分。由於治療是對那些謎一般的象徵符號進行解密，所以精神分析的觸角也延伸至文學中。事實上，幾乎沒有哪個與語言和象徵符號有關的學科，沒有受到佛洛伊德理論的一番洗禮。

精神分析徹底改變了個人對自身的看法。佛洛伊德首先是對這個領域進行完全的淨空，然後再用他的理論攻下大片山河。他的理論是如此「細膩生動、淺顯易懂」，像絲絲涓流一樣滲入民俗與日常生活意識之中，讓成千上萬的人即使沒有讀過佛洛伊德的著作，卻能用他的方法來分析自己。從某種程度上來說，這是一場深刻的文化革命，其意義堪與十八世紀對感覺世界的發現相媲美。

在這場革命中，佛洛伊德不僅讓自我感受，也讓人們相互理解的方式，發生天翻地覆的變化。因為，現在每個人都必須考量到他人的潛意識，這讓觀察中了邪，因為一切都有可能是意識或潛意識的；而自我觀察也中了邪，因為對於自己

來說同樣如此。

現在基本上有兩種破壞他人名譽的方式。一種是道德上的，例如：「他是一個流氓。」然而，這是以自由為前提。也就是說，只有當他能夠不這麼做，卻這麼做了的情況下，才能這麼指責他。另一種是認知上的，例如：「他對事情的理解就這樣，但是他沒辦法，因為他有精神官能症、強迫症，也許還有些精神錯亂，總之就是不正常。」這種對意識和潛意識的切割，使得自我在與他人往來的過程中面臨一種選擇：是要撇開他的潛意識，從道德上去評判他，並讓他對自己的行為負責呢；還是考慮到他的潛意識，在道德上原諒他，聲明他不具有責任能力（他有精神官能症，這個可憐的魔鬼），而當他是個瘋癲的傢伙。

● 精神分析師知道應該做些什麼。因為潛意識用的是一種加密的語言，所以必須對其進行解密。

透過這種方式，我們同樣也可以減輕自己的壓力。然而，每一次道德上的卸責，就會加重認知上自我價值的負面感受。簡而言之，人們有權選擇，要當一個惡棍還是瘋子；或者換個較溫和的說法，要當一個自私自利者還是精神病患。

佛洛伊德理論的發揚光大與他良善的初衷有關，他希望把這份禮物送給世人：解密自身的潛意識，以點亮追求個人幸福的希望之燈。如今，對任何人來說，他的潛意識就近在咫尺，所以自由王國看來也不遠了。另一方面，潛意識正如它的名稱所暗示的，像個黑盒子，自我看不見裡面的東西。因此，自我可以把所有問題的癥結設想為就藏在黑盒子中。

解密的工作總是會追溯至個人的生活經歷中。於是，我們都成了家庭歷史學家，並在那裡發現真正的罪人——自己的父母，他們做錯了一切。我把自己的問題歸咎於他們，因為他們是我童年生活的統治者。於是，兩代人之間的對話變成了一場訴訟。原告是年輕的一代，被告是父母。這就讓父母這種角色變得黯淡無光，因為它與罪惡感緊密相連，為人父母者似乎已可預見日後的控訴。

在一個自由空間不斷擴大，選擇的可能性不斷增加的社會中，感覺自己有罪或是控告他人有罪的機會也越來越多。針對這種情況，精神分析提出一個通用的減壓法則：儘管人類不斷地犯錯，但事實上並不是他自己，而是那個搭霸王車的乘客——潛意識——幹的好事。

自從發明了潛意識之後，每個人都有一個攣生的兄弟或姊妹，可以把自己所

有的責任，推到他頭上去。這個學生的兄弟或姊妹就像鏡中花、水中月一樣虛無縹緲，似是而非。我們可以感覺到他的存在，但就是看不到他。他有些陌生，或者令人感到陌生。然而，他實際上就是我們自己。而且，他是我們永遠的代罪羔羊，一個悲劇英雄。我們把所有的罪責推卸到他身上，為了否認自己的罪過。

那些諸如「情結」、「壓抑」、「潛意識」、「投射」（把自己的狀況加諸於他人），「內化」（吸收到內部）等詞彙，透過佛洛伊德之手見諸報端，並逐漸流傳開來，成為日常生活用語。

還有一個詞「自我認同」（identity，又譯「同一性」、「身分」、「本體」），不是佛洛伊德，而是他的學生艾瑞克・艾瑞克森（Erik Erikson）提出的。艾瑞克森認為，一個人透過戰勝了一連串的危機，而構築出自我認同，其中最後一場自我認同的危機就是青春期（從青少年到成年人的過渡期）。因此，社會允許年輕的成年人享有艾瑞克森所說的「社會心理的延期清償」。也就是說，他們可以盡情嘗

● 精神分析提出一個通用的減壓法則：儘管人類不斷地犯錯，但事實上並不是他自己，而是那個搭霸王車的乘客──潛意識──幹的好事。

試各種不同的生活方式和關係類型。對於許多人來說，這是一生中最豐富美好的階段（上大學、第一次的關係），後來回想起那段時光，總會有一絲懷舊之情。

如果一切順利的話，人最終會找到他的自我認同，也就是讓自己的心理與社會的要求達到相互協調。社會要求是指所有的角色扮演，例如父親、丈夫、銀行經理、足球協會主席、陪審員、黨員等等。角色是自我認同概念的補充。擁有穩定自我認同的人，能將各種角色的要求整合為一體，並結合工作與愛的能力。

在這個過程中，自我認同就是扮演所有角色時所呈現的一種風格，它在角色的切換中始終如一。成功的角色切換是以正確拿捏角色之間的「距離感」為前提，例如做父親時的舉止行為不要像一個協會的主席，而擔任經理時的作風可不要像一位父親。簡而言之，自我認同就是在角色切換中保持不變的東西，而角色就是在演員更換時保持不變的東西。自我認同是心理學家研究的對象，而角色則是社會學家研究的對象。在此僅對二者及其關係進行初步的探討。

社會

直到十九世紀下半葉接近二十世紀的時候，社會學的大師才發現「社會」

也是科學的。他們之中除了馬克思之外，還有英國的赫伯特‧史賓塞（Herbert Spencer）、費邊社的創辦人兼倫敦政經學院的奠基者悉尼‧韋伯和碧翠斯‧韋伯（Sidney & Beatrice Webb）夫婦、法國的奧古斯特‧孔德（Auguste Comte）和埃米爾‧涂爾幹（Emile Durkheim）、德國的馬克斯‧韋伯（Max Weber）和喬治‧齊美爾（Georg Simmel）。

　　社會學隨著學生運動的發展而成為一門科學，並對日常的思想意識產生影響。於是，一切彷彿受到社會的左右。其他學科，如歷史或文學也變得社會學化；也就是說，世人致力於社會歷史的研究，並將文學回溯至社會發展的潮流。社會學尤其與政治緊密相連，並激發了許多社會運動，如反獨裁運動、新馬克思主義、性革命、議會外反對派運動、反核運動、和平運動、婦女運動等等。

　　這裡有一個相通的觀點：在通常情況下，人們不會去質疑社會，而是把它當作日常生活的前提。然而，當人們像在社會學中一樣去觀察它的全貌時，就會保持距離站在遠處，並想像它也可以是另一番樣貌。於是，人們思考選擇某種運動，透過它來改造社會成為另一種可能。

　　然而這不過是一個美好的願景罷了。由於社會過於複雜，人們不可能隨意去改變它。然而之所以會如此癡心妄想，原因在於，從傳統社會過渡到現代社會，是以革命為導向，人們相信面對現代社會如同傳統社會，並無二致。然而現代與傳統社會之間其實有著天壤之別。於是，一切變得亂七八糟，人們混淆了兩種社會類型，企圖用舊有概念來詮釋現代社會，結果是認識不清，教人暈頭轉向了。

　　因此，事情的關鍵即在於，釐清傳統社會與現代社會的差異。歐洲傳統的貴族社會是一個階層社會。階層並不是階級，而是擁有不同生活方式的地位、等級。上層由貴族和高級教士所組成；中間是城市平民、手工業者、商人、學者以及從事其他職業的人；底層是農民、僕人和侍從。

　　傳統社會的組織原則是把人歸入「群體」，例如家庭、家族和階層。人以整體的形式僅隸屬於某一個階層。也就是說，包括各個方面，如心理、法律、經濟、社會等，一個人要麼是王公貴族，要麼是農民或者教士等。個人身分等同於社會身分，在自我和角色之間沒有差別，對於獨特性也無需求，有典型就夠了。

　　然而，今天一切都改變了，階層不復存在。變化還不僅於此，取而代之的

是全新的社會分化原則，它不再把人畫分歸入不同的群體，它也不再與家庭、家族、種族和階層息息相關。更確切地說，社會擁有對它自己畫分的原則。那麼現代社會到底是由什麼組成的呢？不是由思想、感覺、有機體的新陳代謝，而是由「溝通」所組成。什麼是「溝通」呢？它是一種暫時、易逝的事件。此外，社會的結構又是如何？它是由那些能夠連結暫時、易逝的事件──溝通──的設施所架構而成。現代社會不再畫分人的群體，而是畫分溝通的類型。

就在社會功能的支撐點上，凝聚出不同的溝通類型。這些社會功能包括：調節衝突（法律）、保障集體的決定（政治）、學習（教育）、維生與物質上的保障（經濟）、控制自然（技術）、感知現實（科學）等。這些溝通的類型相互區隔，就像是鐳射不會因彌散而相互融合，而是把光束限定在自己的對象上。因此，在科學中，只有當一項訊息非真的時候，人們才能拒絕它；不能因為它不好聽、不道德、無涉教育、政治不正確、不符合經濟效益，而拒絕它。藉由這種方式，就能大幅提高溝通的效率和成功的可能性。

這些溝通類型與隸屬於它們的機構，如法庭、政府和政黨、中小學和大學、工廠、股票和市場等等，一起構成了社會的分支系統。它們不再遵循層級次序，每個部分對整體來說同等重要，一切按照分工原則各司其事，各盡其職。

從歷史上來看，這些分支系統是先後產生的，因此與傳統社會的階層多少有些糾葛。例如，隨著宗教信仰，教士階層應運而生，彼岸與此岸的世界也分化開來，教士被賦予特殊地位，因為他是二者之間的媒介。此後，隨著政治的發展，貴族和君主一起被分化出來，形成國家與社會對立的局面。在這種對立關係中，社會此一概念就是國家的對立面。當時，等級社會與宗教、政治這兩個領域仍是可以協調的。然而，隨著貨幣經濟的蓬勃發展、學校教育的普及以及科學的進步，舊有的等級社會遭到淘汰，並且強行過渡到了現代社會。這就從根本上改變了個人與社會的關係，以前個人身分與社會身分是同一的；然而，現在這種可能性不存在了，因為社會已改由眾多平等的分支系統結合而成。

人不再是以其全部，而是以某一方面，暫時地屬於某個分支系統；一個人有時扮演的是大學生（科學系統），有時是交易所的投機者（經濟系統），有時是競選助手（政治系統），然而這些都是暫時的，而且僅是片面的。人不會以其整體

（包括他所有的角色，以及角色所要求的特性），出現在社會的某一處，這樣的「個體」是被排除在外。因為如此，人需要一個「自我認同」。（→哲學 | 佛洛伊德）。

在傳統與現代社會之間出現了原罪，人作為一個整體被逐出了社會，現在只能視情況准許他回來，於是個人就像是進出不同單位的參觀者。作為一個完整的自己，他只能在荒野中晃蕩，也就是說邀遊在精神世界裡。在那裡他可以思考，應該從社會的衣帽間中取出哪件服飾，來搭配他自我認同的裝扮。就像每個人都有自我認同一樣，每個人也都有專屬的個人衣帽間。此外，潮流、風格以及時尚雜誌的推薦可供參考，也可以向形象設計師、裁縫師諮詢，或參考模特兒的造型；每一季，大型服裝公司會推出新的款式，而且理所當然地強力促銷一番。

然而，這些之所以存在，正是因為大部分人在漫無邊際的選擇自由中，不知該何去何從。因為每個人是自由的，可以按照自認為正確的方式來塑造形象，以體現其身分認同。

自我認同是放開的，今天每個人都可以不用考慮連貫性的問題，而當一個原創品；也因此，不能再從人的角度去理解社會了。社會是一個獨立的構成物，根據自身的社會規律，而不是根據人的規律運行著。這就造成了理解現代社會最大的障礙。

如果採用日常、直觀的思維方式去理解社會，只會誤入歧途。因為這種思維認為，社會就是一群人。這其實是大錯特錯的。就像有人說，一堆磚頭和樑柱就是房子，或者一桶水、一些脂肪以及各種器官就是一頭牛一樣。然而社會有別於一群個人，正如同房子有別於一堆磚頭。基於此點，人們也不能從單一個人去推斷出整個社會的結構。否則，這就無異於相信，一篇文章的結構就是一個字的結構一樣。社會與個人遵循的規則截然不同。

這便帶來了一些後果。例如，單純地希望建立一個最好的社會，並想透過直接的途徑來實現，這種做法早已行不通了。在私人領域，或許還能奏效，因為這塊領域相對來說比較簡單，一目了然。然而，迄今為止，在規畫社會的總體藍圖時，往往是最好的意圖導致了最壞的結果，其癥結就在於，人們對於社會的認識太幼稚。在大多數情況下，人們仍將現代社會想像得跟傳統社會一樣，於是每一次都招來致命的危機。

6

今天，男女平權是通識。

兩性議題史
Zur Geschichte der Geschlechterdebatte

兩性議題史
Zur Geschichte der Geschlechterdebatte

就像每個人伸出手來有五根手指，我們也可以判定，人類的一半是女人和女孩，還是應該說是男人和男孩呢？

語言的問題在於它很難維持性別平等。我們說工人和女工、司機和女司機、總統和女總統……。這看起來就好像男人是人的基本模式，而女人則是他的一個變數。在其他語言中，人們用同一個單詞來表達人和男人，就好像男人等同於「人」這個物種一樣。Man 在英語中表示人和男人（所以，男人的權利＝人權），而 homme 在法語中也同樣如此。

這一切都是不公平的。文化本身顯得十分大男人主義，並且有性別歧視。然而，今天一個社會的文明發展狀況，可以從它「對待女性周到體貼的程度」以及「女性對社會影響的大小」上看出端倪。因此，熟悉兩性議題，在現代文明的理解上才算跟得上時代潮流。毫無疑問，在文化中，若以愛好和平，憎惡殘暴和溝通能力作為衡量文明的標準，那麼女人肯定是文明化的性別。就算有人援引尼采的說法──弱者是

● 人類的一半是女人和女孩，還是應該說是男人和男孩呢？

有道德的人，對此加以反駁，文明仍舊是由弱者所創造，而強者則是透過發明禮節這些玩意，來強迫自己不要像野人那般行事。

性別論述

今天，男女平權是通識。

這項啟蒙的基本任務就是，區別 Sex 與 Gender 的不同。這概念源自於美國的婦女運動，Sex 表示生物上的性（生物性別），Gender 表示男人和女人在 Sex 的基礎上所具備的社會角色（文化性別）。這種區別考慮到，生物性別大多是固定

的，而社會角色則是文化上的創造發明，它並非一成不變。

有眾多證據顯示，在歷史上，當女人和男人的形象發生改變時，每一次人們都將這些不同的形象誤認為是女人和男人的生物本性。例如，在十八世紀以前，人們認為女人比男人更容易被性誘惑，也更容易享受到性的歡愉。這是因為當時原罪的故事對社會仍有潛移默化的力量。但是這種觀念卻在之後發生了大逆轉，甚至還創造出維多利亞時代無性欲女人的樣板形象。

● 今天，男女平權是通識。

即使到了今天，人們仍未弄明白，到底自然因素對性別特徵起多大的作用？而以教育與角色模式為手段的社會因素又發揮多大的影響力？然而，學術界一致認為，社會利用了兩性之間的差異來建設自身，主要方式便是從兩性差異中延伸出社會的基本細胞——家庭。因此，女性的地位取決於家庭的功能，而家庭的功能又取決於社會的類型。為了找出婦女在歷史上地位低落的原因，首先要了解那些在文化演變過程中興衰消長的社會類型。

各種不同的社會類型

人類學家，如瑞士的巴霍芬（Johann Jakob Bachofen, 1815-1887），出於對偉大母親和母系（血統上屬於母方的）親屬關係的崇敬，提出了：在歷史上曾經出現過女人占統治地位的母系氏族社會。（→改變世界的書籍）直到今天，這個論點仍受到爭議。儘管如此，可以確定的是，在有家庭體系的地方，如果男人想對他的孩子施加一定的影響力，就必須確保父親的身分，而這又以控制女人的性欲為前提。毋庸置疑，這是女性自主權受到限制的重要原因之一。男人為此付出的代價是，和家庭綁在一起。因此，當女人的性被駐紮下來之後，才能確定孩子從父親那邊的出身。

基本上有三種不同的社會組織類型。（→哲學｜社會）

一、氏族社會。它是由家庭的聚集排列而構成的。家庭的基本模式是一個女人和三個男人——她的兄弟、丈夫和兒子。這是三種基本的親屬關係：血親關係（兄弟）、婚姻關係（丈夫）和出身關係（兒子）。在大多數的社會中，都不贊成血親通婚，而是提倡異族通婚（結婚的對象不屬於本家族）。在一般情況

下，由女人嫁入男人的家族。直到近代為止，女人的社會地位和權利都是從她丈夫的社會地位和權利中派生出來的。

由於男人必須從家族外尋找配偶，所以家庭擴展成分支眾多的家族、氏族和宗族，這些體系都很強調性別的差異。所有的社會結構便按照性別差異的原則來構築，就連宇宙也遵循這個模式進行神化。於是，天空是陽性的（天父），大地是陰性的（大地母親；土地是肥沃多產，而上天降甘露於其上……）；精神是陽性的（他想去哪兒，就飄到哪兒）；風和氣息也具有流動性，都屬於上天，是陽性的。（→歷史｜波提切利）然而，物質是陰性的，源於拉丁文的mater（母親），就像陶製的容器，（→文學｜《碎罐》）植物種於其中，就會長大成熟。

一般而言，自然的東西大都用陰性表示，而與文化有關的東西則是陽性。因此，性別的安排便有了象徵意義：女人是由自然所生的，而男人則是人造的。所以，在與女孩共同度過相似的童年之後，男孩必須經過特殊的儀式，轉變為男人。原則上，他們要通過一個考驗，人類學家稱之為「成人禮」。在這個過程中，候選人被社會隔離，在荒野的孤獨中經受各種恐懼、緊張和勇敢的考驗。只有當他們通過了這些測試，才會被社會接受為男人。他們的新地位將透過象徵的方式標示出來，如紋身、特殊的髮型、割禮或者是衣著。

因此，在這種形態的社會中，男人的身分有其脆弱一面，如果他不能勝任角色的要求，那麼男人的身分就會崩潰。這體現於「榮譽」此一概念中。如果一個男人失去了榮譽，他就失去了依其地位所應得的社會認可。屬於男人榮譽範疇的包括有：他不是「妻管嚴」、他沒有「戴綠帽子」、他的行為舉止不像娘們……。

這樣的社會就像希臘神話描述的眾神的世界，它是一個枝葉龐雜的大家族，而社會的歷史則是一部家族傳說。這也像聖經中，整個以色列民族起源於一個家庭，它的祖先有亞伯拉罕、以撒和別名為「以色列」的雅各。親屬關係在這種社會中舉足輕重，而女人的忠貞是最重要的象徵性資本。

二、第二種社會類型在文字和城市的發明之後成形。它是一種高度發展的文明，以金字塔式的等級制度為組織架構，最底層是農民，往上依次是公職人員、貴族或教士，最頂端是一個統治者。中世紀的歐洲和工業革命之前的近代，均屬於這種社會類型。之後，在歐洲出現了一個嶄新的社會類型，它就是功能分化的

現代社會。

　　三、功能分化的現代社會。這個曖昧的概念表示，現在人們不再作為貴族或平民而根植於某個階層，並讓這個階層去決定他所具備的總體特徵——自我認同。現代社會不再由階層所組成，而是像一個大蛋糕，每個組成部分的地位相同，並根據分工（功能上的畫分）來形成，包括法律、管理、教育、經濟、治安、工業等等。個人儘管透過他的職業、所受的培訓，或者以顧客的角色進入這些領域中，但他又能夠抽身而出。因此，人是一個完整的個體，他可以在社會中來去自如，不固定僅限於某個領域。

從傳統社會過渡到現代社會

　　從等級式的階層社會過渡到現代工業社會，這個過程自近代一直持續到今天。其中，變化最劇烈的時期是在十八世紀的後半葉（法國大革命和工業革命時期）。

　　在此過程中起決定作用的，首先是上流社會的發展。十六、十七世紀，隨著大多數歐洲國家王權的強化，出現了規模宏大的宮廷。在那裡，貴族會遇到比自己地位更高的女士。對待這樣的女士，他們必須謹慎小心、體貼入微、彬彬有禮。由此誕生出一種行為文化，它表達了社會等級之間的尊敬態度，繼承了騎士精神中對女士獻殷勤的浪漫行為，融合成為「宮廷文化」。一個貴族的名聲不再單單因為他的權力，還取決於他的舉止、外表和談吐，取決於他是否討人喜歡、殷勤、幽默、善於言談、有感染力，簡而言之，就是取決於他的「風度」。對此進行判決的法官就是女士。因此可以說，文明的第一股巨大動力源於高雅女士對於行為舉止的期望。

　　同時，貴族的家庭卻維持著傳統的結構。階層社會的家庭與現代社會的家庭最大不同在於，它不是僅由父母和孩子所組成，且每一代都會重新建立的核心家庭，而是由數代人共同形成家務的大家庭，其中還包括沒有結婚的姑姑、阿姨、叔叔、舅舅、堂表兄弟，以及家僕、侍女、女傭、幫工和學徒。整個大家庭等同於一個企業體，它可以是農莊、手工作坊，或者貿易行。

　　在信奉新教的國家，家庭成為宗教信仰與道德秩序的基礎。在那裡，一家之

主會監督家人閱讀聖經，行為舉止符合基督宗教的教義。這樣的家庭與社會是高度一體化的，它不需要感情上特別的黏合力。這不意味著對這種黏合力的排斥，或其不存在。只不過，當時還沒有形成一種反映親密感情的文化形式，以作為夫妻以及父母和孩子之間聯結感情的特殊紐帶。

愛情關係也存在於夫妻關係以外，而且只發生在貴族身上；如果平民老百姓也想談情說愛，那就顯得滑稽可笑；人們不認為這種愛情是情感的流露，而視其為一種狂熱、一種受苦，確切地說，就是一種疾病。婚姻是出於家族聯姻的政策而締結。在這樣的家庭中，沒有什麼親密關係可言。

在十八世紀，現代社會的過渡時期，一切都在變化中。中產階級的興起動搖了貴族在文化上的領導地位。家庭的轉變成為意識形態爭論的焦點。在現代社會中，家庭不再保障個人的社會地位。除了哺育幼兒之外，家庭只專注於一項功能，透過父母和孩子之間的親密關係，來調和平衡日益趨向非人性的外在世界。這種轉變在十八世紀後半葉的文化革命，即所謂的「感傷主義運動」中，得到具體的實現。

小家庭的誕生

與等級社會不同的是，在流動性很大的現代社會中，社會地位無法繼承。因此，每一代人都要靠著自己的努力奮鬥，爭取個人的社會地位。家庭不再是五代同堂，每一代人都要自立門戶，組織自己的家庭。於是就形成了小家庭。在尋找配偶的過程中，家庭聯姻政策被愛情所取代。因此，在十八世紀感覺、感情冒出了頭。當然，在此之前，情緒、衝動或內心感動已不陌生，然而它們不是在心理，而是在身體層面，而且屬於醫學的管轄範圍（所以情愛被視為一種疾病）。

如今，感覺涵蓋了敏感、感傷、同感、同情、感受等，由此便引出了一種觀念，它是一種與社會契合的心靈狀態，擠入了精神與肉體之間，並在靈魂深處開發出一塊祕密空間。正是因為認識了它，才有日後心理學的風起雲湧。在思想意識上，感覺企圖成為「普遍的人性」，並跨越階層的界限，成為聯繫人類的共通點。於是，感覺抹上了革命的色彩，因為所有人都是一樣的，所有人也都能夠去感覺。

就在這個時期，英國人理查生創作了心理小說，一開始是愛情小說。（→文學）
從這些小說中，可以發現到性別角色是如何再次定位的。

　　愛情被指派新的任務——跨越階層的鴻溝，為婚姻奠定基礎。因此在文學
中，男人總是描繪成貴族（王子），而女人則是平民。身為貴族，男人有義務對
非婚姻關係的女人獻殷勤，自然也會想引誘平民姑娘。然而，她品性貞潔，在性
方面絕對堅守堡壘。

　　因此，對女人來說，道德尤其被限定在性道德上。美德、正派、純潔、端莊
等概念，幾乎都被塗上性的顏色。在這個愛情的腳本中，只有等到男人求婚時，
女人才會赫然發現自己對這個男人的感情。在此之前，若感覺受到性的吸引，對
她來說則是下流的。所以，一直是美德的力量讓她堅韌地抵抗誘惑。

　　這便導致了兩性角色的模式化。人們先是不合理地認為男人具有不道德的天
性，於是男人能夠實現的最高期望便是，把他不可抑制的衝
動侷限於婚姻關係中去享受。相反地，女人的天性則被視為
純潔得多。人們認為，她們在面對性衝動時能完全免疫。她
們結婚不是為了享受性的愉悅，而是因為婚姻的宗教基礎在

● 當然，以前世人對於情緒、
衝動或內心感動並不陌生，
但是它們屬於醫學的管轄範
圍。

她們的手上多少是安全穩固的。因此，她們被賦予的角色便是，約束並改正男人
不純潔的天性。這表現在歌德「那永恆的女性／引領我們向上」的詩句中。

　　在歷史上，這種模式屬於開天闢地第一遭。因為，在傳統的觀念中，女人像
聖經中的夏娃一樣，被定罪為誘惑者。

　　感傷主義的文化革命塑造了一種新型女人，在整個市民階級時代直至二十世
紀，一直統治著家庭的舞台。在所有的領域，包括言談、吃飯、運動、穿衣等，
她們都必須表現得端莊文靜。而且，由於她們的語言感受十分敏銳細膩，若有任
何具暗示性的雙關語，便會令她們陷入無力昏厥。

　　女人的纖細敏感把她們塑造成「家中的天使」，家庭成為抵禦冰冷世界的溫
暖港灣。除此之外，女人還得到一個新夥伴：孩子。當然，自古以來就有小孩
子，但是以前他們並沒有什麼特殊的地位，只是一個小的成年人。人們還沒有意
識到童年是人生發展中一個重要階段。當然人們知道，孩子是沒有經驗、無知和
頑皮的，但是這些都被當作缺陷。人們忽略了，孩子的世界充滿幻想，他們能賦

予事物靈魂，魔法在孩子的生活中扮演著神奇的角色。

　　人們把孩子的世界和成人的混為一談，將成人的遊戲規則套到孩子的頭上，在天真無邪的孩子面前，毫不避諱成人的下流玩笑和低級趣味。在文學中，兒童的經歷世界尚未得到正視。

　　然而，這一切在十八世紀發生了變化。許多母親閱讀了盧梭的作品，開始親自給她們的孩子哺乳，並重視符合兒童需求的教育方式。浪漫主義文學發現，童年是一個充滿詩意的王國。童話得到世人的青睞。人們沉迷於一種反璞歸真、追本溯源的文化中。當成年人回首往事時，童年對他們來說就像一個逝去的神奇王國。於是，人們懂得懷舊。

　　接著，孩子也出現在抒情詩和其他文學作品中。一種獨特的兒童文學誕生了，從彼得・潘到當代諾貝爾文學獎得主鈞特・葛拉斯（Günter Grass）《錫鼓》（Blechtrommel）中的奧斯卡・馬策拉特，到處閃爍著文學的夢想——永遠不要長大。

　　因童年以及女性特質的揭示，人們提高了對痛苦、無辜和被動的評價。誰去行動，他就是把責任與罪責套在自己頭上；誰如果像孩子或女人那樣，不能去行動，而只是去感受，那麼他就是純真無辜的。感受本身成為一種被動的形式。只有當一個人是敏感的，他才能陶醉於各種印象中；而且只有那些懂得感受的人才是善良的。人們認為，女人和孩子要比男人敏感得多，他們的感覺是如此細膩，必須保護他們不受到粗魯莽撞的言語行為以及性的侵害。

　　與孩子在一起的組合，讓女人的形象變得更堅強，散發母性的光輝，這也成為女人的特殊使命。當男人成為科學、市場和政治的化身，由此磨練出的冰冷堅硬就要靠女人用母性的溫暖柔情來軟化。嚴父與慈母成為平民家庭中一對相輔相成的形象。而且，女人越是像母親，她越會被無性欲化。這就導致女人的形象分裂為「聖女」和「妓女」。人們可以在佛洛伊德關於伊底帕斯情結（戀母情結）的理論中，看到這種分裂的影子；擁有聖女形象的母親，必須抗拒性的念頭，並壓抑它。

　　十八世紀中葉，在德意志地區，人們虔誠地慶祝聖誕夜，把它視為聖母與聖嬰的節日，在法蘭西則瀰漫著因妓女形象所帶來的迷惘。小仲馬（Alexandre

Dumas Fils）的《茶花女》（*La Dame aux camélias*）創造了一個高級妓女的神話，她雖墮入風塵，但心地良善，閃爍著耀眼的光輝。

《茶花女》的影響一直持續至今，女主角是一個被人包養的肺結核患者，具有致命的吸引力，但註定要走向毀滅；她正是經由令人心碎的死亡，從痛苦中解脫出來。與之相反，左拉（Zola）的《娜娜》（*Nana*）、于斯曼（Joris-Karl Huysman）的《瑪莎》（*Marthe*），以及艾德蒙‧德‧龔固爾（Edmond de Goncourt）於1877年出版的《勾欄女艾麗莎》（*La Fille Eliza*），則是對這種擺脫不了神祕色彩的職業的臨床描述。

直至十九世紀中葉，妓女這個行業仍被視為一種「必要之惡」。英國性學家艾克頓（William Acton）醫生在他的《賣淫》（*Prostitution*）一書中認為，這個行業是無法斬草除根的。然而，當接近十九世紀末時，社會學家、官員、醫生和道德改革者，從妓女的命運中看到了沒有解決的道德兼社會責任。這意味著一個集體的拯救幻想。男孩把發現母親性欲所帶來的失望衝擊，透過在幻想中將其貶低為一個可購買的女人形象來加以抵消。這樣，他便拯救了他的「初戀」。

英國──婦女運動的搖籃

誠然，婦女運動的序曲是在法國響起的。在法國大革命中，隨著人權宣言的大聲疾呼，奧蘭普‧德‧古傑（Olympe de Gouges, 1748-1793）提出了女權宣言，要求婦女享有平等的選舉權和被選舉權，並擁有擔任所有公職的權利。直到二十世紀初的選舉權運動，女權運動的核心都是，要做男人眼中女人所不能做的事情。

首先，婦女以平等的方式參與了法國大革命。她們成為政治俱樂部的成員，也組織了自己的俱樂部，還創辦相關刊物來宣傳理念。然而當她們的女指揮者開始要求婦女穿上男人的衣著時，國民大會取消了她們的集會權，並關閉了她們的俱樂部。

一位英國女士的文章為那個時代留下見證，瑪麗‧沃斯通克拉夫特（Mary Wollstonecraft, 1759-1797）提醒革命者注意，他們在人權宣言中忘記了婦女的權利，為了彌補此一缺憾，她寫了《為女權辯護》（*A Vindication of the Rights of*

Women, 1792）。在書中，她除了要求在議會中設立婦女權益的代表，還要求婦女首先應該享有接受完整教育和職業培訓的權利。

後來，沃斯通克拉夫特的論點震驚了整個歐洲，因為她把女權的重點放在性交時的滿足上；她控訴，女人被降格為男人的性玩偶、女管家和母親。這些在當時引起爭議的大膽控訴，讓瑪麗・沃斯通克拉夫特成為婦女運動的先鋒。之後，她成為自由婚姻生活倡導者威廉・戈德溫（William Godwin）的愛侶，並嫁給了他，生下《科學怪人》的作者瑪莉・雪萊。

之後，婦女運動沉睡了兩代，並於十九世紀下半葉在英國甦醒。十九世紀的七〇年代，人們開始討論有關婦女接受大學和職業教育的議題。起因是弗羅倫絲・南丁格爾（Florence Nightingale）所開拓的事業。

在1855年的克里米亞戰爭中，南丁格爾擔任戰地醫院的代理人，堅決抵制高層軍官的愚蠢作為，她重組醫療管理結構，延攬受過培訓的護士，保障醫療供給。透過這些措施，受傷士兵的死亡率從百分之四十二降低到百分之一。這種戰爭與女人的組合，讓她創造出輝煌成就。戰後，她改革了整個軍醫系統，並且參與亨利・杜南（Henri Dunant）所創紅十字會的擴建工作。她的影響力、事蹟以及她在世人心中享有的盛譽，改變了公眾對女人天賦的看法。

與此同時，約翰・史都華・彌爾（John Stuart Mill）發起了一場為婦女爭取選舉權的運動，他亦受到南丁格爾的支持。這促使劍橋和牛津分別成立了「女子大學」，於是婦女享有受高等教育的權利，並能夠參加畢業考試。從彌爾那篇著名的〈女性之屈卑〉（The Subjection of Women）一文中可以看出，他自1869年起，就對女性角色和性行為的自然依據提出了質疑。根據彌爾的分析，他已將「生物性別」轉換為「社會性別」，並把看似自然而然的性別法則解釋為純粹的習俗。

針對「被動的女人」這種陳腐的刻板印象，彌爾提出了獨立、對自己負責、在性愛方面擁有自主權的新女性概念。其中還包括，提倡避孕和以自我實現為目的的性行為。這些都成為婦女解放運動中，女性宣傳家們手中的利器，例如馬克思的么女愛琳娜・馬克思（Eleanor Marx）和南非女作家奧莉芙・施賴納（Olive Schreiner）等人，她們都是十九世紀末新女性的典型。

同時，婦女運動和活躍於十九世紀八〇年代的社會主義結為同盟。這是理所當然的，奉行社會主義的社會必然推動婦女解放，包括了性與婚姻方面。在1885年的《婦女問題》（*The Woman's Question*）中，作者卡爾‧皮爾森（Karl Pearson）將女權主義的水源引到社會主義的磨坊中，並在《社會主義與性》（*Socialism and Sex*）一書裡宣揚女性在經濟上的獨立。顯然，他此時已受到奧古斯特‧倍倍爾（August Bebel）1883年出版的《女性與社會主義》（*Die Frau und der Sozialismus*）的啟迪。

　　與佛洛伊德同一時代的哈威洛克‧靄理士（Havelock Ellis）以他在1888年出版的《婦女與婚姻》（*Women and Marriage*），以及十年後問世的《性心理學研究錄》（*Studies in the Psychology of Sex*），成為性學的奠基人。

　　社會主義和婦女運動的理想聯盟形式出現在查理斯‧布雷德洛（Charles Bradlaugh）的《根本計畫》（*The Radical Programme*, 1885）中，他要求國會中應有工人階級的代表，且婦女應享有選舉權。

　　安妮‧貝贊特（Annie Besant）是布雷德洛多年來的戰友，她用鋪天蓋地的傳單為婦女在政治上的平等權利進行辯護。她屬於「新馬爾薩斯學派」（Neo-Malthusians），宣導現代化的避孕措施。她的「王牌證人」是喬治‧德賴斯代爾（George Drysdale），因為喬治根據馬爾薩斯的貧困化理論，（→改變世界的書籍）提出一套全面的避孕措施和計畫性生育方案。於是，避孕不再像往常那樣，僅藉由禁欲來控制。就這樣，性交和繁殖一分為二，也因此德賴斯代爾被稱為「自由戀愛的大使」。

　　1878年，在一場對布雷德洛和貝贊特提出的訴訟中，上述思想迅速傳播開來，那些呈上法庭以供辯論的平價版本，竟然賣出數十萬本。1878年，為了廣泛傳播這些思想財富，成立了「馬爾薩斯聯盟」；而布雷德洛和貝贊特則在合著的《無神論的福音》（*The Gospel of Atheism*）中，聯手抨擊了基督宗教。

　　早在十九世紀七〇年代中期，愛瑪‧派特森（Emma Patterson）就專門為工作的婦女們成立了一個工會。喬治‧蕭伯納也把他大部分的戲劇天分貢獻給了婦女解放運動，他為易卜生做了大規模的宣傳活動，因為易卜生的戲劇展示了平民婦女是如何被剝奪權利的。蕭伯納結合了演化論與社會主義，並衍生出具有攻

擊性的女權思想。他認為婦女是人類演化使命的載體，並創造出一個嶄新而重要的角色──「新女性」，目的就是要把多愁善感的女主角趕下台。

二十世紀初，支持婦女選舉權的女鬥士們變得極具戰鬥性。1906年，潘克赫斯特女士（Mrs. Pankhurst）和她的女兒克里斯特貝爾（Christabel）建立了婦女社會政治聯盟。然而，在當年就有兩個成員被判監禁，因為她們拒絕繳交因公共集會混亂而被開出的罰款。

1907年，「支持婦女選舉權的男性協會」成立了，而雜誌《投婦女的票》（Votes for Women）則成為鬥士們的喉舌。之後，婦女參政權的戰士們採取了有意識破壞規則與法律的策略。她們絕食，並且以暴力舉動來打破文明行為的慣例，例如：毀壞國家畫廊的畫作，砸爛櫥窗玻璃，闖入俱樂部，甚至用鏈子把自己栓在隔離柵欄上。1913年在德比（Derby）的賽馬場上，女權主義者艾米莉·大衛森（Emily Davison）衝到皇室的馬前，被馬踐踏而死。

德國的婦女運動

德國的婦女解放運動是以英國為榜樣的。1865年，在萊比錫成立了「德意志婦女協會」。在其各項訴求中，婦女教育是當務之急，眾多的分會與支會均以爭取婦女進大學為目標。1893年，「改革協會」在卡斯魯爾（Karlsruhe）建立了第一所女子高級中學。自此之後，各地的「女子教育與研究協會」開始廣設女子中學。1896年，在柏林首次有六名女學生通過考試，獲得高級中學畢業證書。1908年，普魯士的大學開始招收女學生。今天，德國大學的女生多於男生。

1891年，社會民主黨接受了婦女爭取投票權的請求。1902年，「德意志婦女選舉權協會」成立。在此之間，第三產業的擴展為婦女提供了更多的就業機會。當時社會風氣普遍開放，這也影響了一般婦女的生活。時尚的改變讓年輕女孩擁有更大的活動自由。以前婦女在公共場合所穿著、由織物和魚骨製成裝甲般的服裝消失了，它們通常會對軀體產生擠壓與禁錮。取而代之的是帶有「青春藝術風格」（Jugendstil，1900年前後）寬鬆飄逸的服裝。

越來越多的女性成為健行和爬山協會的會員。自行車也為婦女解放運動做出了貢獻，大多數女性一下子擁有了連貴族女騎士都未必享有的行動自由。以前那

種男女分隔的游泳池也融合為「全家福式」。在那裡，身體的裸露超過了衛道者認為得體的尺度。

報紙開闢了婦女版，此外還出版了少女和婦女雜誌，其中有專門以女性為對象的廣告。在1908年的國際博覽會上，一座專門展示婦女工作的殿堂就位於正中央。

1891年，大不列顛的工具書《時代男性》（*Men of the Time*）改名為《時代男女》（*Men and Women of the Time*）。在它1895年的版本中，所列舉的知名女性大部分是女作家或女演員，三分之一屬於「女改革家與女慈善家」的範疇。

這顯示，當時女性主要是在與社會工作有關的領域，一展所長，代表人物包括馬克思主義革命家、德國工人運動領袖與德國共產黨奠基人之一的羅莎‧盧森堡（Rosa Luxemburg）、布爾什維克的女權運動家亞莉山卓‧科倫泰（Alexandra Kollontai）、俄裔美籍的和平運動家愛瑪‧戈德曼（Emma Goldman）等人。社會革命家，如恩格斯、倍倍爾或蕭伯納等，贊成自由戀愛的理想王國，並支持女性自由選擇配偶。

從美國那個家事很少假他人之手的國家，輸出了許多節省勞力的家務技術。1880年出現了煤氣爐；在第一次世界大戰之前迅速發展為電爐；1903年有了第一台吸塵器；1909年電熨斗問世。這些技術讓公眾在驚訝之餘感到十分興奮。社會民主黨宣傳建立集體設施，例如托兒所和午餐食堂。通常是在信奉社會主義的環境中，有人民公社之類新生活形態的實驗性行動。

自1873年起，中產階級開始流行打網球這種戶外運動，它的魅力就在於，女性也可以參加。基於同樣的原因，登山、自行車運動和溜冰也迅速推廣開來。

在第一次世界大戰中，很多婦女頂替參戰的男人，站上空缺的工作崗位。可以說，與所有其他因素相比，戰爭對於促進婦女享有平等政治權利，貢獻最大。因此，一次大戰之後，也就是1918至1919年間，幾乎在所有的西方國家，婦女都獲得了選舉權與被選舉。唯一的例外是瑞士，它於1971年才通過婦女在聯邦層級的選舉權；而瑞士最頑固的男人是在內阿彭策爾邦（Appenzell-Innerhoden），直至1990年底，他們才放棄抵抗。

1933年，德國的婦女運動被迫停止。婦女的生育能力被解釋成民族的資源，

它受到以種族政策為導向的優生管理，並且遭到極權主義以種族純潔、提高防衛力量和殖民政策為由的干預介入。當時的衛生政策、生育輔導機構「生命泉」、社團政策以及各種對於母親的高聲頌揚，都是以服務種族政策為目的。

第二次世界大戰後，德意志聯邦共和國的基本法終於宣布：男性和女性在所有生活領域都享有平等的權利。1958年的「權利平等法」只是對「婚姻法」進行補充。

女性主義

在美國的公民權運動中，1966年貝蒂·弗里丹（Betty Friedan）建立了女性主義的婦女組織NOW（National Organization for Women，國家婦女組織）。這標誌著女性主義文化革命運動的起點。它不僅涉及婦女在政治和社會權利方面的平等，並且主張改革文化象徵符號系統，聲討舊文化的觀點。於是，女性主義者把矛頭指向了父權文化的認知模式，例如語言上的範疇系統、思維習慣，以及潛藏其中藉由貶抑女性來抬高男性的價值觀。這類的反義詞組有，「陽性的精神」和「陰性的物質」。（→兩性｜社會類型）

改革文化象徵符號系統的理論依據，主要出自兩位法國思想家，傅科和德希達。傅科在其著作中表示，文化上的象徵秩序就是無形的壓迫工具。德希達在一篇承續海德格、針對西方哲學家的原則性批判中闡述，組織思想的主導概念是由不對稱的反義詞組所構成。在詞組中，有一方的評價總是高於另一方，例如：文化／自然、精神／肉體、理智／感情、男人／女人等。而且，這種思維模式已經與語音文字以及關於語言與意義的理性概念，連成一氣。（→哲學）。

由於女性主義者把加工和改變符號象徵系統視為一大任務，所以特別是在大學的文科領域中，她們孜孜不倦地耕耘，援引德希達的解構方法，在西方文化的文本中發現女性受壓迫的痕跡，並對此進行重構。

由於涉及「潛在」和「壓抑」，這也就意味著，重新挖掘文本的結果，有可能與其表面所傳遞的訊息，大異其趣，甚至是背道而馳。因此，從這個意義上而言，女性主義的詮釋工作類似於精神分析。

除此之外，女性主義者透過她們的政治代言人推行具體的符號與語言政策，

其方式就是在公開的官方文件中，倡導女性語法的標準化。然而，這有時會給人一種很搞笑的感覺。

　　與此同時，在由女性主導的社會基礎設施中，另一種相對的文化於焉成形。從女性商店、女性網路、婦女之家、女性出版社，到專為女性文學所設立的女性書店等，它們都在這個過程中扮演了重要的角色。此外，女性主義者還組織了一個強而有力的國會外活動集團，主要是針對政治上的連篇空話進行施壓。一方面，它就社會對待弱勢群體的方式施以文明化的影響；另一方面，它傾向於藉由道德上的恐嚇，阻止自由主義公眾輿論的任意發揮。因此，除了那些出於「政治正確」的立場所提出的語言規則頗受爭議之外，整體而言，有一點是毋庸置疑的：女性對於文化廣泛的影響力，代表著社會文明水準的提升。

● 女性對於文化廣泛的影響力，代表著社會文明水準的提升。

451

Können

關於能力，探討的是知識的應用規則。

能力

有教養的人之間的溝通規則入門指導（此章絕不可略過）
Einleitung über die Regeln, nach denen man unter Gebildeten kommuniziert

　　本書的第一部講述的是知識，而第二部側重於能力。前面主要是介紹教養的相關知識，而本章要說明它們的應用規則。相較於知識的公開與唾手可得，這些規則是隱藏且鮮為人知的。因為教養也是一種社會現象，所以有內行人與門外漢之分。本書也許是第一本具體提出規則並加以探討的書。

　　為了理解這一點，我們會問，到底什麼是教養呢？

　　關於這個問題有很多答案，在此提出幾種說法，大致羅列如下：

　　教養是對文明經過一番鑽研之後所獲得的理解。

　　如果把文明社會比喻為一個人，那麼他的名字就是教養。

　　教養是「新人文主義教育」的理想目標，這在歷史上，尤其是對德國的市民階層而言，有深遠的影響力。不同於英國帶有政治色彩的人文主義，它更強調文明的內涵，比較忽視其對國家和社會的作用，因此它在納粹面前曾經失靈，而在學生運動中受到批判。

　　教養是對文明歷史的基本特徵、哲學與科學的重要概念了然於胸，並熟悉藝術、音樂與文學的表達形式及典範篇章。

　　教養是一種經過鍛鍊、柔韌的精神，它形成於，一下子知道所有事情，但一下子又全部忘記。正如德國物理學家、作家利希頓貝格（Georg Christoph Lichtenberg）所說：「儘管大部分讀過的東西，我都會忘記，但心志卻逐漸趨於成熟，正如吃飯一樣，身體也是仰賴這種方式不斷地汲取營養。」

　　教養是一種能力，讓我們與有教養的人愉快地溝通互動。

　　教養以打造普遍認同的理想人格為目標；不同於此，職業訓練是要培養特定領域的專門人才。

百科全書對德文Bildung（教養）一詞所下的定義是：「它是形塑人類精神的過程與結果。透過對世界，尤其是文化內涵的探討，把人類僅憑本能無法確定的特質加以完善，徹底實現人類的存在，並成就其『人性』。」由此衍生出的詞彙包括「教養政策」、「教養綱領」、「教養危機」和「教養假期」等。

　　根據1973年百科全書出版社所出版的近義詞詞典，與教養有關的概念是文化、博學和舉止。英文中，相對應的詞為liberal education（通識教育），英文字典對「有教養的」解釋成educated、cultured、well-bred（受過教育的、有文化的、有教養的）；教養在法文中是culture générale（通識教育），而教養上的缺陷乾脆稱作ignorance（無知）或lacune dans les connaissances（學識素養的缺陷），有教養、有涵養則是cultivé或lettré；教養的拉丁文是mentis animique informatio（精神和靈魂的資訊）、cultus或eruditio；希臘文是paideia，俄文是obrasowanije。

● 教養是一種能力，讓我們與有教養的人愉快地溝通互動。

　　教養是一個奇妙的複合體，它既是理想，也是過程；它是知識、能力和精神的綜合體現。修飾此一狀態的定語是「有教養的」，或「文雅的」；反義詞則是「沒教養」，在英文中為uneducated，法文則是incult。

　　環顧一下社會現實，就不難發現：教養不僅是理想、過程與狀態的複合體，也是一種社會遊戲。遊戲的目標很簡單，就是表現出有教養的樣子，而不是沒教養。遊戲的規則就蘊藏於文化之中。如果不是從小就參與這種遊戲，不斷練習，長大之後是很難適應這些規則的。為什麼呢？因為要先了解規則，才能按規則進行練習。也就是說，這個「教養俱樂部」只讓那些掌握遊戲規則的人入會，想要成為遊戲高手就必須在俱樂部中練習，與他人過招，精益求精。

　　這好像很不公平，但是為什麼會這樣呢？

　　因為教養遊戲是一種「假設遊戲」。在社交活動中，每個人都假設對方有教養；而對方也假設，別人是這麼看待他的。

　　這種「假設」就像貸款的信譽一樣。在道德方面，情況也是大同小異，人們總是先把「正派」當成一般現象。因此，在社交場合中提出下面的問題，顯然是非常不得體的：

　　「伊薩布萊博士，您幹過搶劫的勾當嗎？噢，沒有？也沒有犯過強姦罪嗎？」

這就是講話犯忌，算不上有教養。

此外，有如智力競賽一樣故意去刺探對方的教養程度，也不是一種有禮貌的行為。例如：「您知道佛羅倫斯大教堂是誰建造的嗎？什麼，連這個都不知道？虧您還是研究所畢業？」

這些禁忌話題便形成了一片模糊不清、寬闊的沼澤地帶，暗示著一個有教養的人應該知道什麼、不必知道什麼。然而，在那鬆軟的土地上，普遍存在著一種不安全感，稍不留神，就會讓人陷入禁忌話題的泥淖中，難以脫身。因此，我們又可以得出一個新的定義：

教養是一種社會遊戲的代名詞，特點就在於，遊戲的參與者對教養抱有很高的期望，而且也強烈地期望別人相信自己是有教養的；至於具體內容是什麼，則是不言而喻。如果能夠立即察覺到這種期望，並加以實現，堪稱是技巧嫻熟；然而，即使沒有成功，也要做到不露痕跡，才算功夫到家。

所以，對教養的期望就像對愛情的期望一樣，都有些不現實，因此它們是不能被檢驗的。這就讓特定的問題變成了禁忌。在教養方面，如果對一件事情沒有把握的話，就應當假設：想必人們是知道這件事的，所以最好不要大放厥詞或是冒失開口。

在社交場合中，儘管你可以向別人提出這樣的請求：「對不起，我不明白熱力學第二定律，是否可以請您解釋一下？」

或許有幾個人也滿心歡喜地附和道：「我也不懂。」然後你會發現有人頗不以為然。因為，熱力學第二定律並不屬於教養的範疇。

然而，當你提出這樣的問題：

「梵谷是不是上一次世界盃足球賽中，踢斷德國守門員鼻梁骨的那個足球中鋒啊？」

如果對方發現你的問題是認真的，不是在開玩笑，一定會覺得很離譜，也有可能日後盡量避免和你往來。

這就繼續引出了教養的另一個定義：

教養就是知道什麼東西不該問。

千萬不要認為能提出這樣的問題，會讓人覺得你勇氣可嘉。相反地，這只會

讓大家覺得你冒冒失失，破壞了假設遊戲的規則。當場空氣凝結，談話頓時陷入無以為繼的窘境。而且，無論別人怎麼回答，都會讓你尷尬不已。

也許有人會說：

「不是的，老兄。我們談論的梵谷是一位畫家。」

這樣的回答是最直接的，聽起來好像常識課。然而，實際上它是一發惡臭彈，目的是為了讓大家知道，你是個大老粗。從此之後，你在大家心目中就像個鄉巴佬。

另一個可能的回答是：

「不會吧。不過，我對足球的了解肯定沒有您多。」

這樣巧妙的嘲諷會引起其他在座者的竊笑。它所隱含的暗示是：你是個足球流氓——雖然對足球這種野蠻的競技性運動很在行，但對西方藝術一竅不通。

第三種人會用正經八百的腔調回應你：「基本上，您說得沒錯。但是，恕我在此更正一下，他踢斷的不是鼻梁而是耳朵；還有，也不是守門員的耳朵，而是他自己的。」這種回答肯定會讓在場的人哄堂大笑，而你卻一頭霧水，並在大夥的眼中淪為白癡。

這些回答都會使你覺得沒面子，甚至無地自容。然而，並不是因為你暴露了自己知識上的漏洞，所以「信譽」掃地，而是因為你破壞了遊戲規則。「沉默是金」是教養遊戲奉行的規則，但是你卻強迫參與者揭開那無法言說的朦朧面紗，非得看清它後面隱藏的風景不可。

然而，為什麼這個小問題會招致大麻煩呢？為什麼解釋遊戲規則、說明什麼是必須知道的事，如此令人尷尬呢？在社交場合中，不遵行「沉默是金」的遊戲規則有這麼糟糕嗎？

原因非常簡單，因為人們自己也無法說明理由何在。

就連有教養的人也講不清楚，為什麼梵谷是一位公認的大畫家，而弗里茲·馮·烏德（Fritz von Uhde）卻僅為圈內行家所知曉。雖然他那幅《削馬鈴薯的女人》（*Kartoffelschälerin*），無論在色彩還是表現力方面，與梵谷早期的傑作《吃馬鈴薯的人》（*The Potato Eaters*）相比，毫不遜色。然而，我們必須認識梵谷，卻不必知道烏德是何許人也，這已是毋庸置疑的背景知識，屬於一般常識。

由此又可推出另一個定義：

教養是一種信仰。

教養信徒的主禱文如下：

「我信莎士比亞和歌德，信經典名著，他們是天上和人間所公認的。我信梵谷，他是上帝派到人間的畫家，生於荷蘭布拉邦省（Brabant）的小鎮，成長於法國巴黎和阿爾勒，與高更結為莫逆之交，卻爭執不斷，最後精神失常並自殺，升入天堂，坐在上帝的右手邊，在那裡審判藝術家和門外漢。我信文化的力量、天才的永生、藝術的聖殿、教養以及人文主義的不朽價值，直到永遠，阿們！」

就像教會有聖經一樣，教養也有自己的典籍。Canon一詞是由希臘文的「藤條」引伸而來，本義是「規則」。人們用藤條鞭打以捍衛規則，然後再將這些事情記錄下來。正如同聖經被視為對神的啟示所進行的蒐集、編纂與整理一樣，典籍在教養信仰中的地位同等崇高。

然而，這些經典著作不是指主教或牧師所宣講的那些東西，而是指在漫長的歷史發展中沒有遭到淘汰的東西，然而，這個過程仍在繼續。雖然人們可以影響

● 教養是一種信仰。

它，但是不能控制其走向。也就是說，教養的知識是歷史的沉澱，經過千挑百選後萃取的精華。並且，只有當人們不再懷疑這種共識，而是像宗教信仰的核心概念一樣去接納它時，它才能擁有教化世人的力量。

從人的知識水準、行為舉止、思想觀念中，可以區分出教養的內行人或門外漢。唯有通過明確的界線設定，高手才能脫穎而出，成為他人學習的模範。門外漢也會在無形之中感受到一種力量（或壓力），砥礪自我融入其中。

同時，教養典籍不問可知的適用性，也讓它更容易遭到質疑而搖動。乍看之下，這似乎很荒謬。然而，正因為如此，才可以弭平「經典應該永遠適用」，而「文化必須不斷發展」之間的矛盾。如果某一典籍遭到反對陣營的質疑，引發的效果往往要比「不假思索」、「不容置疑」的適用性，更具震撼力。當代哲學與文學所面臨的最大敵人，並不存在於現在，而是未來。教養領域的情況同樣如此。由於準則是如此地不可言說，以至於光是成為討論的主題，便足以引起軒

然大波了。

就像宗教是信仰的問題一樣，藝術是口味的問題，它壓倒了一切理由。正所謂「青菜蘿蔔各有所愛」、「海畔有逐臭之夫」，關於品味無可爭辯。這與教養方面的期望——期望每個人都知道一切，實有異曲同工之妙。

不過，這也導致修辭上的恐怖主義大行其道，嚇壞了對此一無所知的人。在學究文人的雞尾酒會上，也許就會聽到以下的高談闊論：

「眾所周知，結構主義只不過是喬裝改扮的新康德主義而已。當然您會質疑，那個先驗的主體在哪裡呢？我承認，也許從嚴格的意義上來說，它沒有主體，但有一個先驗的存在物。那麼，我現在就要問了，文化史難道不是結構主義的黑格爾化嗎？儘管它呈現出反人文主義的轉折，甚至還有些過時。」

對此，有些聽眾若有所思地點點頭，有些則會「嗯」幾聲，或者製造一些聲響，就像一頭牛哞哞叫了幾聲，思緒就飄向遠方。這表示人們思考了一下剛才那番話，覺得它高深莫測，必須認真探究才有可能理解。然而，他們裝出一副聽懂的模樣，儘管事實上沒人知道他在胡謅些什麼，但是誰也不會承認這一點。於是，這些聽眾就形成了一個「無知」的深淵，而演講者就像技術純熟的騎士，策馬一躍，輕鬆跳過這道深淵。

然而，假如真有人想要有所回應，那麼他絕對不會說：「您到底在說什麼啊？」儘管這是他內心最真實的感受，但他僅會發表如下評論：

「從康德主義到黑格爾主義不過是一步之遙。」

他也可能這麼說：

「康德和黑格爾之間還是有本質的區別。」或者，「黑格爾難道不是一個偽康德嗎？」

這樣，他不僅討了那位演講者的歡心，也讓其他聽眾刮目相看。

這類談話並不是為了交換資訊，而且也沒有什麼對錯可言。它就像是一場足球賽，以問答的形式將足球踢來踢去，回答其實也是在引導談話的方向，就好像在做球給對方一樣。為了讓球賽順利進行，球員無須研究足球，考察它是皮製還是塑膠的。但是當球出界或雙方對遊戲規則有意見時，球賽就會暫停。

球踢得好的人看得出來誰有球感，一旦他得到球，就會傳給那個人。這麼

一來，他自己也贏得下一步的發言權。遇到緊急狀況時，也不妨反問對方。就是說，對方的每一個詞你都可以挑出來，然後加上一個問號，再把球傳回去。例如：「過時的？喬裝改扮的？不是主體，然而卻是先驗的？」你不必非得了解每個詞的確切含義。相反地，如果你不知道的話，才會真的引人側目。儘管有了這些撇步，如果你想參與教養的遊戲，就不能肚子裡沒有半點墨水。知識與學養才能讓你真正縱橫全場，凝聚球迷讚賞的目光。

有教養者的知識

假設我們面前有一盤西洋棋進入最後的勝負關鍵：白方除了王之外，剩下三兵、一主教、一城堡和一騎士；黑方則有兩兵、兩騎士和兩主教。這可以說明教養知識的一般狀態。

對弈者便是有教養的人。就像手上大部分的棋子已經被吃掉，他們也忘記大部分的教養知識。然而正是那些殘子提醒了他們，哪些棋子被吃掉，所以他們知道自己曾經記得些什麼。

他們熟悉西洋棋，知道原本有十六個棋子。他們不會因為棋子被吃掉而喪失棋藝，儘管手上只剩下幾個棋子，他們仍然能下得像開局時一樣精采。

讓我們來想像一下，那個對結構主義和新康德主義發表長篇大論的是一位行棋者，他擁有全部的十六個棋子，而他的對手只有一個后。當然，下這盤棋的目的不是為了把對方將死。那個只有一個后的行棋者像是談話的參與者，雖然他對新康德主義一無所知，卻很會下棋。如同對弈一般，由於缺少棋子，他不可能採取主動攻擊，只能被動接招，先看對方怎麼出手，他的后再採取相對應的走法。所以他會從談論新康德主義者所傳遞給他的訊息中，找到可供運用的資料，然後透過自身的反應將其美化一下，再把「球」踢回去。

當然，為了讓遊戲繼續下去，他必須具備最起碼的知識水準，就像那個行棋者一樣，他至少還有一個后可以反應。不過，他必須嫻熟下棋的規則，如果以前他不曾以對方現在手上的棋子下過棋，他是不可能知道這些的。

教養知識不僅是由資訊所組成，就像下棋一樣，它是一個混合體，包含了遊戲規則、對棋局的洞察力與預測力、棋子的數量與價值。行棋者記得自己失去了

能力
Können

哪些棋子，但不會因而被判出局；所以教養遊戲的玩家，即使缺少對某些事物的知識，仍然可以下出一盤好棋來。這又導引出教養的另一個定義。

一旦有教養，終身有教養

我們不能總是把「假設遊戲」當成一種虛張聲勢，儘管它們之間確實存在著千絲萬縷的聯繫。它更像是撲克牌遊戲，每個打牌的人都認為對方的牌有兩種可能，要不就沒什麼好牌，要不就有一個同花大順。無論如何，人們不能說：「我想看看你的牌。」

為了不至於從觀察中得出錯誤的結論，新手必須認清一點，儘管他的印象與事實相符，許多有教養的人未必知道的很多，在某些方面甚至是一無所知，但是他們很少坦言自己的無知，而是盡量加以掩飾，混淆視聽。雖然如此，這也不能算是虛偽的伎倆，他只是用一種安全的方式去證明，自己在教養這塊領域是個行家。就像蘇格拉底了解自己的無知那樣。

對於有教養者而言，也許他以前知道那些知識，一旦別人提起，他馬上就能想起來；或者他知道這一類型的資訊，就像弈者知道「騎士」應該如何走。對他來說，棋子並非只是一堆東西，而是遊戲規則的集合。人們可以根據印第安人取名字的風格（例如「與狼共舞」），做出如下定義：「騎士」就是「越過其他子向前跳兩格再向旁邊跳一格，或者向旁邊跳一格再向前跳兩格的子」。但那實在太累贅了，於是就乾脆稱它為「騎士」，蘊含的意思不變。

這也正是在教養的溝通中大量運用縮略語的原因。它們是一種識別符號，藉以區別內行人和門外漢。所以，有教養的人喜歡引經據典。例如，以前的德國家庭中，威權在上的一家之主就喜歡在重要節慶的餐桌上，引用席勒詩作〈鐘〉裡的一句名言：「善良淳樸的女人操持家務。」這句反映父權思想的話早已嚴重過時，由此也證明了教養典籍的時代侷限性。

就在不知不覺中，另一句名言急起直追，廣被引用：「在錯誤中不存在正確的生活。」阿多諾這句話表達了整個「六八學生運動世代」的生活感受，誰不知道這句話，簡直就是不上道。而在討論德國歷史的談話中，若不引用布萊希特就不算言之有物，他曾說：「德國，這個女人的肚子還能生……。」詩人策蘭

（Paul Celan, 1920-1970）有一句：「死神是一位來自德國的大師。」

當然，並非所有古老的格言警句都被世人拋諸腦後，莎士比亞就是一個例外。在英國，莎翁的作品被奉為經典，光采依舊。在說英語的世界中，尤其喜歡引用莎翁名言，書名也是如此，例如赫胥黎（Huxley）著名的反烏托邦著作《美麗新世界》（*Brave New World*）出自莎士比亞的《暴風雨》：「哦！勇敢的新世界，只有勇敢的人才會待在那裡。」

美國作家賓·華倫（Robert Penn Warren, 1905-1989）的小說《國王人馬》（*All the King's Men*，又譯《國王供奉的人們》），其書名源於路易斯·卡洛的《愛麗絲鏡中奇遇》：「一切國王人馬再也不能把矮胖子攪和在一起了。」海明威那部描寫西班牙內戰的小說《戰地鐘聲》，書名出自英國詩人約翰·多恩（John Donne, 1572-1631）的祈禱詩：「無人知曉鐘聲為誰鳴，只知它敲了三下。」

在面對面的溝通中，引經據典的作用猶如眨眼睛示意道：「哦，我們了解彼此，反正都不是外人。」但是，當我們對所講的一竅不通時，就會有丈二金剛摸不著頭腦的感覺。但是即使如此，你也要表現出一副會意的樣子，很有智慧地微笑一下。無論如何，你不能顯得手足無措，或憤怒地要求別人解釋清楚，而是要等待；當談話繼續進行下去，問題自然就會迎刃而解。

社會學家稱這種觀望的策略為「等等原則」（etcetera principle），當人們在溝通中有所不明白時，首先會忍耐並且等待，一切將得到解釋。這很符合現實情況，只是在普遍推廣「等等原則」時，對於彼此理解上的落差，就必須展現格外寬容的態度。

正是因為所有人都期望得到這種寬容，於是社交場合就成了虛張聲勢者的最佳舞台，而那些偽君子和說謊家便能從中漁翁得利，人人都可以口吐箴言。比如某人表示：「歌德說過：『我們願意褒獎那些勤於思考的人。』」在這種場合下，沒有人會無聊透頂到去反駁，證明歌德沒有說過這句話，並引發一場爭論。

基本上，引用箴言與文學名句，在教養溝通中所起的作用相同，都是利用縮略語進行交流、相互理解的方式。

文學與教養

　　小說透過賦予主角一張面孔和一個位置，便使社會發展過程與個人生活經歷之間的複雜關係，成為可供人們援引的資料庫。在這些具體人物的身上，呈現出各種典型的命運，包括哈姆雷特、唐璜、浮士德、魯濱遜、唐吉訶德、伊底帕斯、馬克白夫人、安娜・卡列尼娜、羅密歐與茱麗葉、漫遊奇境的愛麗絲、科學怪人等。就像活生生的人一樣，他們本身就是一個「訊息的整合體」。

　　這些人物形象共同組成了一個朋友圈，社會上所有成員都可以和他們交朋友。文學評論尤其喜歡對這些公眾形象品頭論足，就在說長道短中，參與者能比較各家看法。

　　不論是對文學評論還是文學本身普遍存在一種偏見，認為它們以作者的主觀看法為依據，因此是不嚴謹的，只能用來給女人消磨時光。不可否認，女人比男人更熱中於文學。因為，她們對故事、人物以及命運更感興趣。然而，恰恰是男人曾經說過：只有透過故事才能洞察「時間」。故事呈現事物發展的邏輯，藉此那種非線性的過程才能順利實現，它們就像「自我實現的預言」，自己實現自己。例

● 小說透過賦予主角一張面孔和一個位置，便使社會發展過程與個人生活經歷之間的複雜關係，成為可供人們援引的資料庫。

如，「所有人都認為我是個瘋子」這個假設，誰一旦被這個念頭所困擾，假設馬上自動成立。只有藉由閱讀故事去觀察他人，人們才能認識自己的處境與發展。

　　再舉例，如果你不知道《唐吉訶德》，你自己很可能也會陷入與風車搏鬥的情況中；如果你沒讀過亞瑟・米勒（Arthur Asher Miller, 1915-2005）的《熔爐》（The Crucible，又譯《薩勒姆的女巫》），你很可能成為無知暴民中的一員，去迫害無辜的犧牲者；而一個剛剛把老父親扔進養老院的女兒，在看過《李爾王》之後，很可能會有另一番感觸。

　　當然，今天我們必須承認，大眾傳播媒體以電影或電視大幅滿足了人們對於故事的渴求。然而，還是有些東西只能在小說中表達清楚，例如人物的內心世界。只有在小說中，我們才能深切體會到一個暴民犧牲者的真實感受。在電影中，我們儘管目睹了受迫害者的種種遭遇，甚至有身臨其境的感覺，但這僅僅是從外部去觀察他們。然而在小說中，我們就能以犧牲者的身分去經歷他們所經歷的一切，也就是說，透過他們的眼睛去看世界，並和他們一起走過人生。

　　從這層意義上來看，小說是獨一無二、不可取代的。它做到了其他藝術形式或現實生活所做不到的——從另一個人的角度去經歷人生，同時觀察這種經歷。

　　現在，藉由文學作品來提升教養也變得很難伺候了，因為閱讀不可以強迫。也就是說，閱讀必須是自願的。從這方面來看，文學就像愛情一樣，閱讀也需要誘惑。如果是不得不讀的話，那就等於把愛情變為「婚姻義務」，一切顯得枯燥而乏味了。

　　然而，強迫式的自願閱讀，就像愛情中的無情測試一般，往往適得其反，所以光有意願仍嫌不足，因為若要測試是否真心，得從本能、自發性的反應中找出答案。誠然，人不必持續墜入情網、陷入熱戀，但是如果從來不曾真心愛過的話，靈魂豈不如槁木死灰。也就是說，你不必讀遍所有的世界名著，但是，如果你連一本也沒翻過的話，就不能怪別人把你當成尼安德塔人了。

　　因此，我建議男人至少要讀一本名著，讓自己也感動一把。女人大都不用建議，也會去讀了。

　　若以一個大膽粗俗的比喻來說明的話，就像以前為了讓懵懂少年領悟性愛而把他送到妓院，讓一個可靠的風塵女子為他揭開祕密一樣。從不讀小說的男人讀了一本名著之後，不管決定從此不再涉足此地，或是感覺好極了，都能彌補文學教養上的空缺，從而脫離過去沒有文化的「舊我」。我們假設，他讀過的那本小說是羅伯特·穆齊爾的《沒有個性的人》，(→文學) 順便提一下，這是一個很不錯的選擇，因為一般情況下幾乎沒幾個人讀過這本書。如果在社交場合中扯到了卡夫卡，而他沒有讀過卡夫卡的作品，也不必覺得沮喪，他倒是可以搬出一些諸如此類的話：

　　「卡夫卡？嗯，羅伯特·穆齊爾就與他不同。」

　　這樣他便讓大家感到有些驚奇，而且即使有人冒險追問說：

　　「為什麼呢？」

　　他也可以不假思索地回答：

　　「穆齊爾之所以令我信服，是因為他很有深度。卡夫卡固然是非常有影響力，但這豈僅是影響力的問題？」

　　諸如此類的回答不會有錯，而且對於每個接下來的問題，他都可以引用《沒

有個性的人》來作答。於是穆齊爾就變成了一座堡壘，他以此為屏障，對任何一個他不認識的作家進行點評，不過他必須迅速撤回到堡壘中，不露出馬腳，否則難保不會強敵環繞，四面楚歌。

如果他知道許多部名著，關於文學的交談就會晉級為棒球賽。假設這位「穆齊爾專家」還讀過喬伊斯、福樓拜和多斯‧帕索斯（Dos Passos，美國一次大戰後「失落的一代」主要作家之一），他扮演的角色就像是一位打擊者，正等著投手發球。這時，投手投出一個「卡夫卡」的好球，他奮力揮棒，擊出一支漂亮的安打，球飛得很遠，讓他能從容不迫地從他的「穆齊爾本壘」登上「喬伊斯一壘」，甚至是跑得更遠，經過「福樓拜二壘」與「多斯‧帕索斯三壘」，然後順利跑回本壘得分。當然，一切都必須在對手把「卡夫卡」的球傳回本壘之前；而「跑壘」的前提就是打擊者以他的回答擊中了「球」。在這種形式的遊戲中，也有可能是大家都對文學頗有見地，那麼球賽就精采可期了。

若回到之前的比喻，儘管妓院是關鍵性的一步，但它所引發的後果抹掉了它的痕跡。從此之後，愛情便接掌了指揮權。

這個比喻並非完全沒道理，因為人們從文學中獲得的愛情遠比其他地方的更多。原因即在於，文學與愛情十分相似，它引誘你一同體驗生活，並激發幻想，掃去生活的平庸。它建立了一種親密的形式，有時我們對自己的了解還不如某些小說人物，這種親密感也許是女人比男人對文學更感興趣的原因之一。因此，男人從文學中首先要學習的就是「愛之藝術」。

藝術與教養

「討論藝術」對於熱中提升教養的人來說是最容易學習的事情。方法就是沉默，而沉默的地點在博物館。博物館是從敬拜神的廟宇發展而來，在博物館中膜拜的是藝術之神。人們在一幅作品前虔誠而沉默地肅立著，沉默是因震撼於藝術的魅力。人們的表現基本上就像在教堂中，在一幅神聖的畫像前屏氣凝神並且沉思。與此相應，西方的繪畫藝術是以聖壇畫像為起點的。

● 「討論藝術」對於熱中提升教養的人來說是最容易學習的事情。方法就是沉默，而沉默的地點在博物館。

這種沉默的觀察與思考極其費神。有些人一跨入博物館便感到非常疲倦，而

有些人在幾分鐘之後就想去咖啡廳休息了。這是因為當我們站在畫作前,以「節慶觀看」取代了「日常觀看」的目光。

在日常情況下,我們把進入視野的東西分為相干的與不相干的,並將周遭環境分成「前景」與「背景」。舉個例子,假如我想給女朋友買一個包包當作生日禮物,而且我知道它應該是一個式樣簡潔、大小適中、暗紅色的皮包。於是我就在商店櫥窗中搜尋,把視覺焦點像手電筒的光束一樣掃過所有可能的包包,而其他的東西則沉入背景之中。這種情形一直持續到我把視線停留在一個入選的包包上為止。然後我對它仔細地研究一番,它便有較長的時間待在「前景」。接下來,我會進入商店,或者繼續找下去。

但是在博物館中,這種方法失靈了。因為在藝術中沒有不相干的東西,一切都同等重要。於是,也就沒有「前景」與「背景」之分,所有景象全都映入眼簾,結果瞳孔開始放大,畫面變得模糊。儘管如此,人們還是努力聚焦,這讓人感到眩暈,想找個地方坐下來,但是根本就不可能,因為到處都是畫作。接著,人們開始出現幻覺,彷彿看到了幾把椅子,而林布蘭的《夜巡》早已沉入一片晦暗的色調之中。

● 對於藝術,首先必須具備肉體上的抵抗力,或者學會在博物館中戒掉「博物館目光」,維持日常的感官接受力。

這時,某個人的眼前出現了咖啡廳的海市蜃樓,於是他頭腦昏沉地對同伴說:「要不要一起去喝杯咖啡?」朋友回答說:「現在就去嗎?可是,我們才來了五分鐘啊!」

對於藝術,首先必須具備肉體上的抵抗力,或者學會在博物館中戒掉「博物館目光」,維持日常的感官接受力。要做到這一點,最簡單的方法就是學習關於繪畫語言的知識。在較早期的繪畫藝術中,這種語言是象徵性的,例如:貓頭鷹代表智慧,狗表示憂傷,而統治者手中的三叉戟表示他像海神一樣威武,對海洋擁有控制權,也象徵他在一場海戰中獲得了勝利等等。

這種傳統繪畫藝術的聖像學盛行於文藝復興和巴洛克時期,援引了古希臘的神話傳說,並融入新柏拉圖主義哲學和聖經的內容,往往還予以加密,或多或少地做些改變。這些知識有助於將所看到的畫面進行分解,它近似於一種閱讀。這便開啟了理解之門,將我們從目不轉睛的凝視與苦思冥想的桎梏中解救出來。

另一種參觀方法是匆匆穿過博物館，不左顧右盼，也不流連徘徊，鎖定目標只尋找一位畫家，例如創作了許多怪異畫作、影響二十世紀超現實主義的荷蘭畫家耶羅尼米斯・波希（Hieronymus Bosch, 1453-1516），或者特定的一幅畫作，如《乾草車》（*The Haywain*，英國畫家康斯塔伯〔John Constable, 1776-1837〕所作），或是某一間展覽廳，那裡專門陳列十八世紀義大利畫家卡納萊托（Canaletto, 1697-1768）的城市景物畫。

　　採用「日常目光」的好處在於，它特別適用於現代藝術（大約始於1900年）。誰要是在一場現代藝術展覽中，入迷地站在一堆破爛旁，或是在一幅裝上畫框、堆滿油污的畫布前肅穆沉思的話，那麼他一定是把對傳統藝術的態度用在了現代藝術上頭。從他那鄭重其事的神色中可以看出，其實他什麼也沒看懂，而且他自己還渾然不知。（→藝術）

　　除了可以在博物館對藝術進行一下討論之外，對於藝術，一般還是應該堅持「沉默是金」的原則。我們唯一要具備的能力就是，辨認出畫家是誰。現代大眾藉由辨識知名品牌，早已練就出類似的技能。就像認出一件柏帛麗（Burberry）或香奈兒（Channel）的服裝一樣，要辨認一幅畫是出自魯本斯，還是范戴克（van Dyck, 1955-1641），或者根茲伯羅（Gainsborough, 1727-1788）、馬諦斯（Henri Matisse, 1869-1954）、寶加、雷諾瓦、馬奈，其實也並非難事。如果有心，還能練習將其歸入某一風格，如巴洛克、洛可可、新古典主義、印象派等。

哲學、理論與教養

　　哲學在教養遊戲中只作為背景，其作用在於陪襯舞台上那些當紅的理論。如果你既不是專業的哲學學者，又非笛卡兒或柏拉圖的粉絲，那麼對你來說，哲學知識只是有助於了解當前意見市場上各種理論交鋒的後方腹地。

　　在歷史上曾有一段時期，哲學涉及了所有可能的領域，包括政治、社會、倫理、美好生活、大自然等等。然而，現在各門學科或時代精神取代了哲學絕大部分的功能，唯一剩下的是關於思想本身的問題。整體而言，哲學唯一關心的是所謂的「認識論」（Erkenntnistheorie），它環繞著一個主題：我們是如何認識這

個世界的？

如果我們抱持這種觀點去回顧哲學的歷史，就會發現它只發展到康德。之後，哲學就被今天所謂的理論所取代。理論是一個由科學、意識形態與哲學所組成的混合體，並又分為各種不同的思想流派。

這些流派統治著意見市場，而各派系之間又相互競爭，爭奪領導地位。它們之所以能站得住腳，是因為手中握有利器，也就是概念。運用這項利器，便能得到針對規範、詞彙、描述、問題、提問方式和涉及範圍的定義權。

這些派系有特定的名稱，例如：結構主義，它已經相對過時了；極端的構成主義，它還在擴張中；系統理論，它與極端的構成主義結為聯盟；新馬克思主義，它只剩下一些老兵了；解構主義，它與多元文化主義、女性主義和論述理論結成某種形式的聯邦，而論述理論還接收了法蘭克福學派沒落之後無家可歸的幾個成員。

最有效、最快，同時也是最困難的教養之路，就是成為這些派系的成員。不妨先觀察一下各家派系，選一個最有好感的，然後將他的武器與彈藥庫占為

● 整體而言，哲學唯一關心的是所謂的認識論，它環繞著一個主題：我們是如何認識這個世界的？

己有。在此必須注意，一定要真正理解它的概念架構。只有當一個人將某一概念體系完全內化，到達融會貫通、舉一反三的地步，他才能成為理論舞台上受人尊敬的人物。他不必再畏懼任何人，而能自由地昂起高貴的頭顱。遇到爭議狀況時，他只要亮一下武器——實力，立刻就能讓他人佩服得五體投地，心悅誠服。

諸如此類的理論比想像的容易掌握。不過，越容易的理論，就越是講究。這聽起來好像有些矛盾，實際上並非如此。一個講究的理論通常就與傳統分道揚鑣，另闢蹊徑了。所以說，如果原本對傳統沒有什麼了解的話，在這種情況下恰好成為一項優勢，沒有什麼壞處，因為如果缺乏基礎知識的話，就不必去改變思想了。

一個真正優秀的理論能夠重新構築這個世界。因此，建議有心提升教養水準的人可以在這個領域多下點功夫，他所需要的只是韌性和貫徹到底的意志。

而且他應該選擇一個相對較新的理論，因為新理論在大多數情況下已經甩掉了歷史的包袱，這樣他就能與這個理論一起成長。不過，選擇的頭條標準應該

是，這個理論對他極具誘惑，散發出某種性感魅力。他並不必知道為何會這樣；相反地，如果他知道了的話，這種吸引力反而會消失無蹤。總是會出現一些徵兆，顯示這個理論對他的影響，也許是經驗中難以克服的問題、令人難以釋懷的事情，或觸動內心的東西。只要看到從理論中跳出一個火花，那就意味著：「快抓住，這就是你要的理論。」

接下來的發展就循著愛情的模式：理論受到追求、奉承、欣賞、撫摩與親暱，沒有人願意讓它從眼前溜掉，雙方如膠似漆；但是難免也會出現爭吵、危機與譴責，之後彼此大和解，然後攜手步入結婚禮堂。

如果是第一次和理論結婚的話，那麼從此便獲得了這個國度的國籍。在此要再度強調：這是最快、最直接，同時也是最難走的一條路，在戰略上卻是最聰明的，特別適合那些能愛會鬥的人。

1

有了語言，人才真正成為人。

語言之家
Das Haus der Sprache

語言之家

Das Haus der Sprache

　　有了語言，人才真正成為人。這裡說的語言包括了日常使用的有聲語言，以及有其特殊語法規則的無聲語言。語言使人類有別於動物。人類語言是一個符號系統，在這個系統中，象徵符號具有客觀的意義。因為這一點，人類語言便與動物的信號交換有了本質上的區別。

　　當一隻狗對另一隻發出警告的咕嚕聲時，牠便能在對方身上引發出相對的本能反應：夾起尾巴，快逃吧！但牠自己並不會有這種反應，因為一隻狗不會被自己的低鳴聲嚇著。該信號對於發出警告的狗和落荒而逃的狗而言，有著不同的含義。兩隻狗彷彿居住在不同的世界，對同一信號有著不同的理解，並各自表述。

　　人類的情況就不同。當人說話時，說話者所表達的也會傳入自己的耳朵，在他聽來，那源於自身的東西變得有些陌生，對於他所說的話，說者與聽者的理解基本上相同。由於雙方對於訊息的理解十分接近，說者同時也站在聽者的位置上，所以他能預見對方的感受與反應。因此，他可以控制自己的表達方式，讓口中所說的等同於內心所想的。語言表達並非像內心狀態不由自主的反應方式，例如臉紅，而是有意（識、圖）的。在這個關聯中，語言上的陳述具備了「客觀」意義，使交談雙方對它有一定程度相同的理解。

● 有了語言，人才真正成為人。

　　於是，人類便奠定了有別於動物的特殊地位：

▶ 人類創造了第二世界，由意義形成的象徵世界，並與他人共用且分享這些意義。

▶ 第一世界中不存在的東西，在第二世界成為可能，例如透過「否定」：
「狗沒有咬那個男人」；藉此，人類創造出各種虛擬的、非現實的、可能

的、虛構的、幻想的世界。

▶ 只有透過第二世界的間接管道，人類才能接收他人所扮演的角色，並理解他們。

▶ 符號的客觀意義是一切客觀性的基礎；因此人類能借助文字，從使用錘子等工具，發展到掌握科學利器。

▶ 透過語言，人類將內心渾沌的感情世界以一種較為簡潔的形式表達出來，進而為心靈開啟了一扇窗，並讓人類能夠思考與反省。

由此而引發的後果是：

▶ 如果一個人不能駕馭語言，無法明確地表達自己，那麼他就不可能清楚地思考。

▶ 如果一個人老是待在一個偏僻、閉塞的語言圈子中，那麼他就不可能完全融入這個社會，也無法分享博大精深與美妙的文化。

▶ 如果一個人不能用語言清晰地表達自我，那麼他的世界將是昏暗的。

蕭伯納的喜劇《賣花女》（Pygmalion）描寫的就是透過征服高難度的語言領域，從而改變命運、獲得新生的故事。它講述了賣花女伊麗莎的故事。她誘發語言學家海金絲產生一個念頭：教她學會上流社會最純正的英語，讓她像貴婦人一樣出現在外交官的宴會上。

百老匯的超級搭檔萊納與羅伊（Lerner & Loewe）以此為題材創造出音樂劇《窈窕淑女》（My Fair Lady），之後又搬上了大銀幕，由奧黛麗·赫本（Audrey Hepburn）和雷克斯·哈里遜（Rex Harrison）領銜主演。其中令人難忘的一幕是，當伊麗莎因辛苦的練習被逼得淚眼欲滴的時候，海金絲為了讓她重獲信心而安慰道：

「我知道，妳很累；我也知道，妳的頭很疼；我更知道，妳的神經快要崩潰了。但是，想想看，妳要透過語言實現偉大的夢想。它是上帝賜給我們最寶貴的禮物。沒有它，我們無法了解別人的心，我們無法和別人生活在一個共同的世界中，我們會像井底之蛙一樣可憐地活著，會像孤獨的狼一樣在荒野中徘徊遊蕩。正是這由音節構成的奇妙組合創造了一個活生生、有意義的世界。而妳的目標就是去征服它。」

● 語言是上天賜給我們寶貴的禮物，沒有它，我們會像井底之蛙、孤獨之狼。

473

由此可見，語言是成就教養的必經之路。

我們對於語言的信賴熟悉，應該就像待在自己的公寓或屋子裡一樣地舒適自在。你不必不停地使用每個房間，行話隱語的貯藏室、情感豐沛的洗衣間、熱情洋溢的暖氣機械房是不常去的地方，而出入頻繁的是日常用語的廚房、促膝談心的臥室以及一般居家閒聊與社交往來的客廳。

你也不會常去為了發表正式意見或慷慨激昂的演說而擴建的閣樓陽台，以及刻意安排了高雅談話、充滿著陌生詞彙的客房。儘管如此，你必須能夠自由出入語言之家的每一層樓、每一個房間，嫻熟而靈巧地穿梭其間，就算是在夢遊，也不會迷路。

不同的社交場合要使用不同風格的語言，在辦公室講話肯定和在家裡不同，在葬禮上肯定和在公共游泳池不同；講話的腔調也有明顯的區別，在學術會議上發言和與三五好友喝小酒時的調侃不同，在文藝氣息濃厚的晚會上交談和在迪斯可舞廳裡的吆喝不同。每個領域、每種事件都有其特定的語言、風格與遣詞用字。如果你不懂某個社交領域合適的語言，你就不可能進入這個圈子。

居住在語言之家的人能夠自由上下每個樓層、使用所有的房間，基本上他不會被排除在某個領域之外，因為他不會自絕於各種豐富的人生經歷。

這並不意味著，他必須住在每個房間裡，同時擁有許多住處的人畢竟是極少數，就像很少有人既是部長，又是演員，而且還是起重機的司機一樣。但是，

● 居住在語言之家要能自由上下每個樓層、嫻熟穿梭每個房間，即使夢遊也不會迷路。

他會維繫與各領域聯絡溝通的管道，並能順暢無礙地往來交流，相互理解。

除此之外，從學術會議到企業慶典等場合遵循相似的原則，人們不必一天到晚模仿那些慣用語。這情況就像四十多歲的中年人與青少年溝通時，不必完全像個孩子一樣講話。他會根據場合來調整說話的方式，絕不會不經大腦就脫口而出。這樣做並不是否定自身個性，而是隨著角色變化而採用適當的語言。

在語言上無法應付裕如的人，在社交往來上也會寸步難行。

語言能展現人的個性，但個性不是角色，而是人在演繹角色時所彰顯的風格。在文藝復興時期的藝術領域中，人們用義大利語maniera來表示風格，它也

有「風度」的意思。風度是人在表現自我時所形成的風格。風格與風度的上乘境界都是：使原本雕琢而成之物，渾然天成地呈現出來。語言也是一樣，經過勤奮練習而獲得的技能，最終會有如天性般地運用自如。不過，表面上的揮灑自如讓人忽視了背後的艱辛，而以為掌握語言的各種風格是自然而然的一件事。

這便引出了語言的**第一誡律**：

永遠不要把你和對方語言水準的差異當成話題，例如：「可惜我不能像你一樣誇誇其談。」或是：「對不起，能請你解釋一下這個詞的含義嗎？我的文化水準可不像你那樣高。」

而且，不要因為懷疑對方想讓你印象深刻，或者是有意貶低你，而抱怨他講的話教人聽不懂。因為，一旦這種懷疑不成立，就會顯得你的語言程度不夠；即使懷疑成立，最好也不要這麼做，否則就正中下懷，讓對方達到他的目的。兩種情況都令人很尷尬，倒不是因為對方發現自己被識破，而是他突然意識到，正和一個在語言和文化上沒什麼涵養與自信的人打交道，可必須小心行事。

如果你在語言上還應付得過去的話，不妨就誇張地模仿他的腔調和語氣，不動聲色地來點小小的還擊，就是不要把它當成話題，給人扣大帽子。

現實中也真的經常出現類似情形，你在語言上感到力不從心，總是有幾個問題領域困擾著你。造成這種情況的主要原因如下：

外來語

許多人會因為對方講了一個生澀的外來語，而明顯感覺到在溝通中遇到了障礙。因此，他們聽到一大堆陌生詞彙最常見的反應就是，厭煩地質問：「難道你不會說母語嗎？」於是，對難以理解外來語的厭惡感就轉嫁到了使用者身上。由此引出語言的**第二誡律**：

儘管在很多情況下沒必要使用外來語，但是也要知道它們的含義。儘管稱為外來語，但是就像已經取得國籍的外來移民一樣，它們也成為母語的一部分。討厭外來語其實就是一種排外的反應。

對外來語的過敏反應類似於對陌生人的恐懼感，反應最強烈的是那些什麼外語都不會的人。而糟糕的是，這種恐懼恰好暴露了自身外語素質的貧乏。

　　以德語為例，它的外來語大部分來自拉丁文，其次為法語和英語。法語本身直接源自於拉丁文，而英語則是法語和盎格魯撒克遜語的混合體。如果在中學時期學過其中任何一種（或多種）語言，那麼大多可以推測出外來語的含義。

　　以Suggestivfrage（暗示性問題）為例。

　　有許多人，但並非所有人，都了解這個詞。

　　舉個例子：當我與對方在爭論中僵持不下，這時出現了第三者，我請他擔任仲裁，並問他認為誰對。於是，對方立刻向我抗議說：「這根本是一個Suggestivfrage！」

　　如果我不明白他說的是什麼意思，會在心中揣測，也許是……，並在大腦的詞彙庫中搜尋。結果發現英文中有：

　　to suggest = 暗示、示意、提議、建議

　　suggestion = 暗示、示意、建議、聯想、挑動、影響

　　suggestibility = 可暗示性、可影響性

　　在法文中，我們從名詞suggestion中發現幾乎相同的解釋，而它的動詞是suggérer。在德文中也有動詞suggerieren與名詞Suggestion。它們全都源自於拉丁文的動詞：suggerere = 放在下面、附帶、使跟隨、使想起、勸告。

　　若把第一音節看成以前的介詞sub = 在……下面，那麼sug-gerere就是由一個介詞和一個動詞的詞幹所構成，這種組合是相當常見的。

　　於是，suggerere去掉前音節之後就剩下gerere = 肩負、執行、設法得到、處理。

　　接下來，我們還必須知道動詞gerere變化的基本形式是：

　　gero（第一人稱單數，現在式），gessi（第一人稱單數，過去式），gestum（過去分詞）。

　　因此，suggerieren = 建議、暗示，而suggestiv = 建議的、暗示的。前者是現在式，而後者則是從過去分詞變化而來。

　　所以，Suggestivfrage（＝suggestiv＋Frage〔問題〕）指的是，答案已經在問題中提示給被問者的問題。在法庭上，為避免證詞受到影響，通常不允許提出這樣的問題。不過，在日常生活中，這種問題倒是經常出現，例如：「難道你還

想再吃一口蛋糕嗎？」

　　如果你認識拉丁文介詞和一些常用動詞的基本變化形式，那麼就能推測出許多外來語的含義。

　　其實，學習語言比一般人認為的要容易得多。日常生活所需的大部分詞彙都可以透過快速擴詞法來掌握，這樣就能節省許多學習的時間。

　　此外，如果你能辨別出詞的類型（儘管它們或多或少也有些變化），基本上句子的意思也就出來了，以一句德文為例：Ich（代詞）muß（助動詞）das（冠詞）blaue（形容詞）Auto（名詞）waschen（動詞）。即使我不知道那些名詞、動詞或形容詞的意思是什麼，我也能猜出它們的類型。（Ich〔我〕、muß〔必須〕、das〔那〕、blaue〔藍色的〕、Auto〔汽車〕、waschen〔洗〕。）

　　讓我們用一首著名的英文「胡謅詩」第一節的德譯版本來做個實驗：

> Verdaustig wars und glasse Wieben
> Rotterten gorkicht im Gemank;
> Gar elump war der Pluckerwank
> und die gabben Schweisel frieben.

　　任何一個懂德語的人一看就知道這是一首德文詩，儘管他不明白，也不可能明白，這首詩到底在講什麼。但是，他仍能從那些堆砌的詞句中辨認出德語語法完整的句型結構，竅門就在於連接詞和固定的詞尾上。

　　在第一句中，Es war（它是）與一個 -ig 結尾的詞在一起（Verdaustig　wars ＝ Es war verdaustig，在德語陳述句中，只要動詞放在第二位即可），從詞類搭配上看，Es war 需要一個名詞或者是像 blutig、schaumig、lebendig、verdaustig 一樣的形容詞。接著 glasse Wieben 與 rotterten 在一起構成了下一個句子的主幹：形容詞＋名詞＋動詞過去式的複數形式。透過以上資訊，便可完整補充整個句子。這首詩的英文版本則是另一個樣子：

> Twas brillig and the slithy toves

did gyre and gimble in the wabe

all mimsy were the borogoves

and the mome raths outgrabe.

　　要指出的是，這裡使用的是舊詩體英語。這一點可從以下三個地方看出來：第一、it was縮寫成Twas；第二、在gyre and gimble前有一個既不表示疑問，又不表示否定，而是起強調作用的did（大家應該還記得這條語法規則，即在否定句和疑問句中必須給動詞加上助動詞do，例如：Do you understand?）；第三、outgrabe是舊式的過去式。當然，我們還是不明白這首詩的確切含義。再來看看它的「古篆」原本吧：

Coesper erat: tunc lubriciles ultravia circum

Urgebant gyros gimbiculosque tophi;

Moestenui visae borogovides ire meatu;

Et profugi gemitus excrabuere rathae.

　　我們馬上就可以認出，這是拉丁文。其法文版則是：

Il était grilheure; les slictueux toves

Gyraient sur l'alloinde et vriblaient:

Tout flivoreux allaient les borogoves;

Les verchons fourgus bourniflaient.

　　總而言之，語言的運作方式比想像的要經濟實惠得多。

　　首先，詞典並沒有像它外表看上去的那麼厚，因為許多詞其實屬於同一家族，是從一個詞幹衍生而來的。儘管這些詞又分為許多不同的部落與氏族，但是仍然可以從它們身上發現家族的相似性。

　　其次，變化的形式相對而言也不用太多（例如名詞格的變化：主格、所有格、

間接受格、受格；動詞字尾的變化：ich gehe〔我走〕、du gehst〔你走〕……），就可以不斷產生新的組合與連結。

最神奇的是，從這些變化形式中能獲得豐富的資訊，甚至是一而再、再而三地重複。以glasse Wieben rotterten為例，Wieben是某個東西的複數形式，這個資訊在三個地方體現出來：名詞Wieben的字尾n，動詞rotterten的字尾n以及形容詞glasse的字尾e。

但是，為什麼要如此浪費資源地去表達同一件事呢？因為透過這種Redundanz（英redundance，指通訊技術中的多餘資訊），可以防止訊息的流失。什麼是Redundanz呢？它的含義不難了解。前音節re是介詞（「回來」、「又」的意思）；d位

● 語言的運作方式比想像的要經濟實惠得多。

於re和undanzen之間，避免兩個母音連在一起；詞幹源自拉丁文unda，法語是onde＝波（德語中有外來語ondulieren，意為「燙髮」）。所以，整個詞與「不斷激發出的洶湧波浪」有關，意思是「豐富而多餘」、「重複」。語言之所以如此，就是為了方便理解，人們不用緊張兮兮地瞪大眼睛，唯恐漏掉什麼資訊。

啊哈，原來語言為了讓我們理解它，著實費了不少苦心！剩下的就要靠我們自己努力了！

句型結構與詞彙

進一步了解外來語之後，我們得到一個直覺印象，語言的組織原則就像是「交配」。這個比喻也許有些唐突，但旨在強調語言源源不絕的創造力。從浩瀚的詞彙海洋中進行選擇，好比是「雄性原則」；將選擇出來的詞彙，依其詞性放入句子結構中加以組合，就好比是「雌性原則」；二者進行「交配」便能創造出各種可能。

之前玩文字遊戲的「胡謅詩」尤其展現了句法的組合原則，因為在那些詩作中，儘管每個詞彙都符合其位置上應有的詞性，但就好像是一種「人工受精」，它們只是在占位子，充充數而已。由於詞彙的選擇是開放、任意的，所以就算認得每一個詞，組合後卻無法了解整句話的意思，結果就成了毫無意義的瞎扯。

句法原則相當敏感，它能夠洩漏說話者對語言掌握的程度。因為語法上的錯

誤，馬上就會引起對方的注意，而讓說話者的形象受損。所以語法上的錯誤絕不能等閒視之，尤其在正式的交談場合與語文應用上，應極力避免。

然而，即使語法都正確無誤，在各種不同的表達形式中，仍然有水準高低的差別，例如從樸實的簡單句，到結構複雜的主句與子句，就是不同語言能力的具體表現。因為主句和子句之間有特定的邏輯關係，所以複雜而正確的句型結構就是善於邏輯思考的最佳證明。

原則上，子句由關係代名詞或連接詞引導。關係代名詞是指代替主句中那個與子句有關的詞（例如：The student who studies hardest usually does the best）；而連接詞則表示主句與子句之間的邏輯關係，例如：而且、然後、就、因為、所以、雖然、但是、可是、然而、否則、不過、儘管、為了、以至於、當……。使用這些連接詞可以表示因果、時間、轉折、目的、結果等關係，例如：「因為……，所以……」表示因果；「一邊……，一邊……」表示時間；「雖然」表示轉折，「為了」表示目的，「以至於」表示結果。這裡有幾個例句：

● 語言的組織原則就像是「詞彙選擇」與「句型結構」的交配。

他先前是如此聚精會神地禱告，以至於得吸口菸來放鬆一下。（結果）

雖然他在禱告，還是手不離菸。（轉折）

因為他偷抽菸，所以必須禱告。（因果）

為了能夠抽菸，他虔誠地禱告。（目的）

他一邊禱告，一邊抽菸。（時間）

接著來看看，這則小笑話告訴了我們什麼：

某教會學校的班長問牧師說：「當人禱告時，他能抽菸嗎？」

「你在胡說八道什麼？」牧師怒聲喝斥。

「你得換個問法。」一個同學對班長說。然後，他走到牧師面前開口道：「當一個人抽菸時，他能禱告嗎？」

「當然可以啦！」牧師臉上頓時散發出喜悅的光芒。

對於主句與子句之間的關係，說話者時時應有清楚的概念。說話或寫作時若能經常應用這些複雜的結構，大腦就會習慣於同時處理多種邏輯關係，語言水準自然能夠提升。

　　除了主句與子句之間的關係之外，還要認識句子的構成部分，即主語、謂語、賓語、狀語等。因此，語言的**第三誡律**是：對句型結構的各個組成部分有一個整體上的認識，以便於隨時隨地辨識出它們，並了解它們在整個句子中發揮的作用。唯有如此，才能透過形式去區分不同的含義。做到這一點，才算是駕馭語言。為什麼呢？在回答這個問題之前，讓我們回到詞彙的選擇原則。

詞彙選擇的多樣性原則

　　在席勒的劇作《威廉·泰爾》（*Wilhelm Tell*）中有一句話：

　　「家中有斧頭，省得請木匠。」

　　由此做變化，我們也可以說：

　　「家中有起子，省得請電工。」

　　儘管以螺絲起子和電工替換了斧頭和木匠，但是句子的寓意並沒有改變。運用這種替換方法可以檢測寓意是否隨之變化，如果仍維持一致的話，就等於形成了一個固定的意義框架，不管形式怎麼變換多端，也只是換湯不換藥。

　　所以，我們還可以說：

　　「家中有工具，省得請工人。」

　　工人是木匠和電工的總稱，而斧頭和螺絲起子都屬於工具。詞彙變了，但是寓意沒變。在固定的結構中，我們可以選擇不同的詞彙來表達相同的含義。這就是為什麼要認識句子構成部分的原因。唯有如此，在換個說法時才不會張冠李戴。這就像進行器官移植手術的醫生必須熟悉人體構造一樣，否則把心臟摘了，塞進去一個肝臟，病人可要一命嗚呼了。

　　而且，只有那些能夠從語言形式中過濾出深層含義的人，才懂得不斷推陳出新。但是，這項能力為何如此重要呢？

　　因為若想與人順利溝通，就必須具備這種能力。

　　舉個實際狀況為例。老師在進入教室之前突然聽到一聲尖叫，他衝進門，看

到幾個學生站在那裡，不懷好意地笑著。於是老師問道：「發生了什麼事？」

現在讓我們想像一下，兩個學生小明與大華，以截然不同的方式回答老師的問題。

小明說：「啊老師，是這樣的。大華對我說：『你是一隻膽小的老鼠。』我說：『我膽小？混蛋！你再說一遍，我就賞你兩耳光。』『我敢打賭，你不敢使出吃奶力尖叫。』『你想拿我尋開心嗎？』沒想到他對大家說：『你們瞧，他真的不敢。』我生氣說：『我——不——敢？！』於是，我就尖叫了一聲。」

再來聽聽大華的回答：「老師，很抱歉，我們只是打了一個無聊的賭，看看小明是否敢放聲尖叫。」

哪個學生聰明？你也贊同是大華嗎？原因何在呢？

沒錯。因為小明不能從剛才所經歷場景的外在形式中抽出身來，他將經歷的內容與戲劇化的場面和對話，混為一談，所以無法對其進行概括、加工和總結。

相反地，大華把事件的內涵從表象中提煉出來，並冠之以「無聊」二字，道出其遊戲本質。他用簡潔的語言、尊敬的口吻和對遊戲嗤之以鼻的態度，描述了整個事件的梗概。

其實，許多人就像小明一樣，沒有發覺自己的表達能力十分貧瘠。別人根本不用去看他們的畢業證書，光從談吐就能做出判斷——沒有什麼涵養。

由此得出語言的**第四誡律**：

檢查一下，你在敘述事情或做報告時，是否能重新加以組織，或者你只是將當時所經歷的還原一遍，滿口掛著「那、然後」——千萬不要這樣！這個意思不是說，讓你的聽眾身歷其境是沒有意義的事，重點是若想要達到這個效果，除了報流水帳以外，語言還提供了各式各樣豐富的可能性。

從席勒的名言「家中有斧頭，省得請木匠」可以看出，精通一門語言，最重要的是克服兩方面的問題：一方面是不同元素之間的組合，例如：家中—有—斧頭，省得—請—木匠；另一方面是從眾多可能之中選擇合適的詞彙，就像席勒選用的是斧頭，而不是螺絲起子或打磨機。

這些相似詞彙往往不只是意義上的差別，而且還有風格上的不同。例如下面兩句話，雖然它們的意思一樣，但聽起來的感覺卻完全不同。

他吻她的唇。

他親她的嘴巴。

英國哲學家羅素（Bertrand Russell）便將這種風格上的差異，轉化為一種「不規則動詞的變化」，例如：

我很堅強。

你很倔強。

他是一頭冥頑不靈的驢。

尤有甚者，雜誌《新政治家》（*New Statesman*）還設獎徵集諸如此類的「不規則動詞」。以下是獲得前三名的作品：

我微醺。

你酩酊。

他爛醉如泥，酒氣沖天。

我仗義執言。

你得理不饒人。

他斤斤計較，最愛小題大作。

我的要求很高。

你令人難以捉摸。

他陰晴不定，根本無法相處。

這種語言現象廣為流傳，每個人都能創造出一套自己的「不規則動詞變化」。例如：

我口才便給。

你囉哩囉嗦。

她是個喋喋不休的老太婆。

我長得好看。

你長得不醜。

她還算上相，如果你剛好喜歡她那一型的話。

我是作家。

你有一點寫作細胞。

他是個搖筆桿的，只會寫一些庸俗的東西。

我有一點豐滿。

你不妨少吃幾餐。

他肥得像頭豬。

我沉浸在夢想中。

你異想天開。

他是個神經病。

我很誠實。

你的個性直了一點。

他橫衝直撞、粗魯冒失，是個不折不扣的莽漢。

下面再介紹一些「不規則動詞」，值得咀嚼其弦外之音：

我稱不上苗條，只是瘦了點。

我在跳舞方面，還算不上頂尖高手。

我相信古老而優秀的市場經濟。

我收集小眾的藝術品。

我認為自己的文化涵養還沒到出類拔萃的地步。

這種背誦文式的訓練能培養語感。

當我們對互換元素（如斧頭或錘子）之間的相似原則有更深的理解後，語感就會變得更加敏銳。

例如，「一些書淺嚐即可，一些要狼吞虎嚥，只有極少的一部分必須細細咀嚼並消化吸收。」

在這裡，「閱讀」的概念被喻為「吃飯」，於是淺讀、略讀和精讀之間的區別，便透過「淺嚐」、「吞嚥」和「咀嚼」的關係，讓人了然於心。

之前，我們提到詞彙的起源、它們之間的血緣關係，以及語言中的家族、氏族和譜系。不過「讀」和「吃」並非血親，彼此因愛慕而結為連理——「吃」（essen）嫁進「讀」（lesen）的家門。這種婚姻稱為「隱喻」。婚後，「讀」突然多了一堆表兄弟、表姊妹、叔叔、阿姨等新親戚。他們興高采烈全跑了來，要幫助這對隱喻的「新婚夫妻」布置新家。

之後兩人又生了許多孩子，大兒子就取名為「精神糧食」。接著幾個孩子的名字都與書相關：沒讀懂的是沒「消化」；匆匆讀完，並沒有理解其含義，稱為「囫圇吞棗」；一些「不合口味」的書不是「淡而無味」，就是「令人作嘔」；如果因此而不再讀書的

● 一些書淺嚐即可，一些要狼吞虎嚥，只有極少的一部分必須細細咀嚼並消化吸收。

話，就會爆發「精神饑荒」。然而，「對知識如飢似渴」則是有教養人的重要特質。於是，書籍文獻成為取之不盡的「糧倉」，以及用之不竭的「活水源頭」。為了享受這些美食，當然先要有個好「胃口」。

正如大家所見，吃和讀這一對夫妻生養眾多，他們的兒女又繼續組織了新家庭。許多概念便是透過「嫁娶」與「隱喻」而繁衍孳生的。一般而言，女兒會離開父母的家，嫁入夫家。她們的原生家庭是具體的，有一些就位於「人體」的附近。這些覓得新伴侶的「器官」包括：瓶「頸」、桌「腿」、法「眼」、幫派的「頭目」、山「腳」下、「齒」輪、市場那隻無形的「手」、「心臟」地帶等等。

　　許多與介詞連結在一起的拉丁文動詞，大都源於「隱喻」。它們的來源通常是對空間的想像，從單詞一般可以辨別出它們的老祖宗。例如德文Vorstellung（想像）的詞根stellen，拉丁文是ponere，意為「擺放」、「放置」、「平放」，在頭腦中擺上一個東西就是「想像」。

　　除此之外，我們也經常運用空間概念來描述精神上的東西，例如：某個人或事物對我們來說「高不可攀」；某一項分析「深不可測」或「完全不著邊際」；某人的評論「正中要害」，或者是「流於表面」；人們可以「順道提起」某件事，或者「掃除」某種顧慮；思想能形成「潮流」；論點循著某個「方向」；我們能「推出」某個結論，並「引出」新的概念。簡而言之，精神的國度就是一座宇宙。

　　經由隱喻這種充滿能量的聯姻方式，許多詞彙結為親家，並形成所謂的光譜。不僅古代的演說家擅長此道，在今天我們仍應具備這方面的語感。

　　在精神國度中，語言洋溢著青春活力，甚至有些浮躁不安，只要兩情相悅，馬上可以配對成功。不妨來看一下「語言」和「金錢」結合之後，所形成的光譜。啊哈！果然又衍生出許多新的詞彙，例如：人們在遣詞用字上既可以「惜墨如金」，也可以「揮金如土」；大腦中的詞彙量既可以是「富裕」的，也可以是「貧瘠」的；人可能因為「空話膨脹」（通貨膨脹）而信譽掃地，也可能由於「口出金言」而成為「大文豪」（Klassiker），他們的話語就像「硬幣上的烙印」，深深刻入世人的腦海中；有句箴言是：「說話是銀，沉默是金」，但是，如果你有一副「金嗓子」的話，那又另當別論了。另外還有：「書中自有顏如玉，書中自有黃金屋」……。

> ● 在精神國度中，語言洋溢著青春活力，甚至有些浮躁不安，只要兩情相悅，馬上可以配對成功。

　　如果你嫌這些話語早已過時，那麼就讓我們來看看，詩人是如何讓語言孔雀開屏的。莎翁在《哈姆雷特》中寫道，一個宮廷侍衛在引述格言警句時突然腦中一片空白，想不起下半句來。於是，哈姆雷特的密友赫瑞修便說：「他揮霍了錢包中所有華麗的詞藻，現在已經一貧如洗。」

　　還有許多類似的光譜，例如：「生命之旅」、「愛情的戰爭」、「國家之舟」、「靈魂的家園」、「智慧之光」等等。仔細品味這些詞彙就會發現語言兩

個向度之間的互補關係：一方面，不同句子成分之間的組合限制了詞彙的選擇範圍，這樣才不會因為選擇太多，而無從著手；另一方面，句子個別成分之間的平行對照，擴展為關係之間的平行對照，換句話說，一本書本身不必在各方面都與「牛排」相似，只要它對我們的功效如牛排一樣就足夠了，因此可以說：「身體以牛排為美食，精神則以書籍為佳餚。」

還記得那個古老的哲學問題：什麼將靈魂與肉體結合在一起？答案就是隱喻。我們在陳述這個問題時，也運用了隱喻的手法「結合」，即把靈魂與肉體比喻成「伴侶」、「連理」。這個隱喻並非空穴來風（又是一個隱喻），肉體是物質，而靈魂是精神。「物質」（Materie）這個單詞源於拉丁文的「母親」（mater），就像我們會說「大地之母」，而天空是靈魂居住的地方，所以有「天上的父」。

你一定也讀過這類的句子：「天空靜靜親吻過大地。」於是便有了一連串的詞組，父親與母親、靈魂與肉體、天空與大地。從父親與母親可以聯想到婚姻，以及靈魂與肉體、天空與大地的結合。

● 什麼將靈魂與肉體結合在一起？答案就是：隱喻。

你知道的，婚姻的緣分是上天註定的，然後在地上實現，直到死亡才能讓兩人分開，因為也是死亡區隔了天與地，那時肉體回歸大地，靈魂升入天堂。由此可知，語言的隱喻是我們認識世界的基石。

那個小明

移民美國的前蘇聯語言學家羅曼‧雅各布森（Roman Jakobson, 1896-1982），對於研究語言的兩個向度——句子成分的組合以及詞彙的選擇，有突出的貢獻。他曾對兒童和病人有各種語言疾患的情況進行觀察，結果他發現：語言疾患主要表現在兩方面，即語言的兩個向度上。有一組病人在組合能力上有障礙，語法一塌糊塗，句子之間的主從關係紊亂，誤用主句與子句之間的連接詞等等。結果說出來的話就像是沒有語法的「電報文」一樣，純粹只是詞彙。

反之，另一組病人的選擇能力受損，他們的情況是：雖然句法結構完整，有文法功能的字眼可順利運作，但是在詞彙選擇上出現障礙；如果有想不起來的字，他們就會以「那個東西」或「那件事情」來代替。他們也無法自行構造出上

下文，來描述與現實有所不同的情況，上下文必須先行存在，所以只有當真的下雨時，他們才會說：「下雨了。」他們能補充別人說的話、能回答問題、能延續話題，但是幾乎不會主動開口講話。

他們的語言行為完全是「反應式的」。尤其是，他們不會使用近義詞來定義詞彙，例如他們不會說：「歌劇院舞會是一種盛大的舞會」，或者「老虎是有條紋的貓科動物」。他們只能對已經開始的談話加以補充，也就是說，只能在「組合」這條路上走下去，無法以一個元素去替代另一個（用貓科動物替代老虎），也不會用兩種不同的表達方式去指稱同一件事（汽車／車輛）。

由於他們不會自行組織上下文，所以既不會撒謊（不會在沒下雨的時候說下雨），也不會幻想或構造虛擬的世界。也就是說，他們無法用語言去談論語言。

此外，從對一般人進行的聯想測試中，可以清楚看出他們與語言疾患者在這兩個向度上的差異表現。一組受試者要聯想與「房子」相近的詞，他們寫下了：山洞、木屋、公寓等；另一組則要聯想與「房子」相關的詞，他們寫下了：花園、籬笆、街道、樹木等。

如果我們稍微留意一下，就會發現，在現實生活中，有些人也會像組合能力有障礙的人一樣講話。例如，初學外語的人可能會說：「明天火車快巴黎」、「魚子醬俄國好」，就像是從詞典中隨手抓來幾個詞，然後毫無章法地堆在一起。

但是，選擇上的紊亂大多出現在母語者身上，他們的語言能力還停留在早期的發展階段。

之前我們看到類似的例子，就是學生小明。他不懂得從自身經歷的場景中跳脫出來，缺乏概括事件的能力，結果自陷於語言的束縛中。因為他不知道去區分語言的形式與含義，自然無法明白箇中奧妙。因此，他既無法藉由語言來與現實保持距離，更不可能藉由語言而與語言本身保持安全距離了。想達到這一點，就要能夠在意義不變的情況下，以富於變化的語言形式來表達。

謬論

我們住在語言之家（這是一個隱喻！），儘管可以在不同的房間中來去穿梭，但是我們不能離開這個家。當人們用語言來描述語言時，就會意識到這一點。

在語言的自我指涉中，談話的形式與主題混為一體，也就是說，談話的形式成為了主題本身。舉個例子來說：

Dieser Satz stand im Imperfekt.（This sentence was in past tense，這句話〔以前用的〕是過去式。）

本句的確是用過去式動詞，這方面它應該算是沒錯，但是因為它現在仍然是過去式動詞，所以同時它是不正確。如果把它改寫為現在式：

Dieser Satz steht im Imperfekt.（This sentence is in past tense，這句話〔現在用的〕是過去式。）

這句話又完全錯誤。

對於形式與意義之間的關係，這種謬論（paradox）能加強我們的敏感度，藉由自我指涉，問題就會浮上檯面。如果以這種方式，來審視我們日常所說的話，結果會令人十分驚訝。

如果你覺得改變語言習慣是一件很困難的事情，不妨瞧瞧一些讀者寄給《科學人雜誌》（*Scientific American*）知名專欄作家霍夫斯塔特（Douglas Hofstadter）的一些句子。無須費太大勁，瀏覽一遍即可。

我忌妒這句話的第一個字。

我不是這句話的主題。

我就是你正在想的念頭。

這個死板的句子是我的身體，而我的靈魂充滿活力，在你的腦波上跳著舞。

儘管這句話以「雖然」開頭，但仍是錯的。

我是這句話的意義之所在。

當你的目光掠過我的文字時，感覺很舒服。

無論你在什麼地方讀到這句話，請別把它當一回事。

你可以引用我。

這句話的結束是在你成功「說出」這個詞之前。

如果你剛好不看的話，這句話是英語。

這句話的讀者只存在於他讀我的這段時間。

這句話是最近才從中文翻譯過來的。

文學創作與自我指涉

　　某些自我指涉的敘述並非謬論，儘管其形式是內容的重複，以下面這一小段文字為例：

「Wild zuckt der Blitz. Im fahlen Lichte steht ein Turm. Der Donner rollt. Ein Reiter kämpft mit seinem Roß, springt ab und pocht ans Tor und lärmt.」

「那狂野跳動的是閃電，傾瀉的電光照亮一座城樓。雷聲滾滾而來，一位騎士揮鞭策馬而至。他跳下駿馬，鏗鏗鏘鏘地敲響了城門。」

　　第一句話描寫了閃電給人的感官刺激。在閃電突然亮起的瞬間，人們只看到閃電，因此句子中除了Blitz（閃電），就是和它十分相似的詞，而且都是單音節，wild（狂野）與Blitz有相同的母音，zuckt也是短小精悍，並以Blitz的結尾字母作為字首。這些相似性讓這四個詞營造出渾然一體的感覺。Blitz放在句尾，顯示理解是在感覺之後；人們先看到閃電，然後才領悟到剛剛看到的是閃電。透過wild人們已經看到、感覺到了，但是直到Blitz出現，它才告訴我們那是閃電。

　　然而打雷的情況正好相反，其語序與閃電的描述不同：Der Donner rollt（雷聲滾滾而來）。閃電之後，人們在潛意識中會不自覺地期待雷聲的出現。因此，當雷聲響起時，立刻就能知道是雷聲。而且與閃電相比，雷聲是悠長的，由遠而近，所以這裡用了rollen（滾滾而來）這個詞，表示雷聲從遠處傳來。

　　就在閃電和打雷之間，看到的是閃電所照亮的東西——城樓（Turm）。這個畫面稍縱即逝，就如這句詩本身一樣突兀。置於句末的Turm也傳達了理解相對於感覺的滯後性。

　　換句話說，這幾句詩不僅告訴我們閃電和打雷的事態，而且透過選詞和造句的外在形式也展現了閃電和打雷的情形。這是一段典型的形式模仿內容的文字。

　　上面援引的是一段詩歌，選自瑞士詩人邁耶爾（C. F. Meyer, 1825-1898）〈火中的腳〉（Die Füße im Feuer）開頭部分。詩人藉由遣詞造句成功模仿了閃電和打雷。這是一種反向的自我指涉：形式不是內容所談論的主題，而是對於內容的模仿。

我們曾經說過,相似性原則是隱喻所遵循的法則。比如說,書籍和牛排的相似性在於,它們都是「營養品」,只不過一個是提升精神層次,另一個用於滋養肉體。如果一句話的形式和內容相似,那麼兩者之間就產生了相互隱喻的關係。這種隱喻結構正是詩歌的特徵。語言學家羅曼・雅各布森以公式證明,隱喻的相似性原則在某種程度上改造了句法中組合的非相似性原則。

● 相似性原則是隱喻所遵循的法則,而隱喻結構正是詩歌的特徵。

以一個小故事為例,這個故事原本出自西元一世紀左右羅馬作家佩特羅尼烏斯(Petronius)描寫當時社會的小說《薩蒂利孔》(*Satyricon*),經常被引用和改寫,其中《以弗所的寡婦》(*Die Witwe von Ephesus*)最為知名。

「一個寡婦把丈夫的屍體放入家族墓室之後,便不再出來。她在哀悼中絕食,立志要追隨丈夫而去。有一個士兵負責看守被釘十字架的罪犯屍體,他愛上了這個寡婦。他想盡辦法讓她忘掉死去的丈夫,並愛上自己。就這樣,士兵拯救了寡婦,卻毀了自己。因為他擅離職守,一具罪犯的屍體被其家人偷走了。於是,士兵面臨死亡的懲罰。但是,士兵寧願選擇自殺,也不想束手等待審判的來臨。最後,寡婦獻出丈夫的屍體冒充被盜的那一具,救了士兵的命。」

顯而易見,這則小故事其實是由為數不多的幾個基本元素,或相似,或對比,環環相扣而成:
▶士兵救寡婦,
▶寡婦救士兵;
▶她需要一個活生生的男人,
▶他需要一個死去的男人;
▶她有一個死去的男人,
▶他是一個活生生的男人;
▶為了活下去,她必須擺脫那具屍體,
▶為了活下去,他必須保管好那具屍體。
這種相似性使得元素之間可以像隱喻一樣相互替代。於是,活生生的士兵

取代了寡婦死去的丈夫，而丈夫的屍體則頂替了罪犯的屍體。故事的巧妙之處就在於，當士兵正需要一具屍體時，寡婦恰好能藉由獻出丈夫的屍體而走出喪夫的陰影。換言之，用丈夫的已死，免去士兵的將死；用士兵對寡婦在未來歲月的陪伴，代替寡婦對亡夫的思念。

故事《以弗所的寡婦》同樣是自我指涉的，因為它正是運用了隱喻的結構來展示隱喻的結構；它自己就是它所呈現的。正如前面所介紹邁耶爾的詩，詩句的內容是閃電和打雷，而詩句本身亦如閃電和打雷一般。

最後，我還想以自己的方式來解釋語言的這兩個向度，並再次闡述自我指涉的形式。

這裡以「穿衣規則」來類比兩個向度之間的合作關係。

穿衣打扮也有它的「語法」，只不過這時不說主語、謂語、賓語、狀語或名詞性表語，而是帽子、上衣、外套、褲子、襪子和鞋子。人們可以不戴帽子，就像一個句子不必非有狀語一樣。但是，在通常情況下，最主要的幾件衣物是絕對不可少的。

穿衣服有很多種可能性；上身可以穿T恤、高領毛衣，或者襯衫套上毛背心，也可以是襯衫、領帶外加西裝。同樣地，腳上可以穿靴子、涼鞋、皮鞋、運動鞋或者拖鞋等。原則上，各組成部分之間可以自由搭配。打個比方來說，我上身西裝筆挺，下半身是百慕達短褲，頭戴大禮帽，腳踩運動鞋。這情況就像下面這句話：「然後他就大無畏地把辣椒打在雞蛋上。」

在語法上，這個句子並沒有錯，同樣地，上述穿衣方式也找不到「語法錯誤」，因為我並沒有把褲子套到頭頂上、襪子戴在手上，或者是把襯衫罩到屁股後面。

儘管如此，頭戴禮帽，身穿西裝和短褲，腳踏運動鞋，這一身裝扮給人的感覺是滑稽可笑的，因為它們在風格上完全不搭調。正如詩歌中，環環相扣的元素必須符合相似性原則，人在穿衣打扮上也同樣如此。就像詩歌有固定的格式一樣，服裝也有其相屬的「套」，例如禮帽、白襯衫、黑領帶、黑西裝和黑皮鞋是用來參加喪禮的；而籃球帽、T恤、運動短褲和運動鞋適合打球或慢跑時穿；牛仔褲、毛線衫、夾克和休閒鞋則是上小酒館喝兩杯時的裝束。

人類在自己發明的不同象徵秩序中發現了相似的語法規則，並對其進行比較分析，就像剛才對於服裝規則和語言的比較一樣。這種觀看事物的眼光就是結構主義式的。

　　結構主義的鼻祖是法國人克勞德‧李維史陀（Claude Lévi-Strauss）。他是一位人類學家，為了躲避納粹的迫害，他流亡到紐約，並在那裡結識了羅曼‧雅各布森。雅各布森向他解釋了語言兩個向度之間的相互作用，以及由此產生的語系、分支、流派、詞族和搭配。

　　李維史陀驚歎道：「太妙了！」他把雅各布森的理論引申至神話、氏族社會親屬體系的研究上，解開了長久以來的大謎團，諸如婚配原則、亂倫禁忌，以及為什麼世界上天南地北相距甚遠的地方，竟然流傳著同樣的神話故事；從俄羅斯的勘察加半島到西班牙、從阿拉斯加到阿根廷的火地島上，居然都敘述著相同的故事。

　　現在這一切有了答案，它們都與文化的「穿衣規則」有關，同時也包括違反規則所代表的意義，因為有些人是明知故犯，有些人則是由於沒受教育而不懂得規則。違反規則的行為就好像把褲子套到頭上，把背心纏到腿肚，把私處暴露在外面一樣。所以，神話故事中充斥著怪物、巨人、侏儒、野人、食人獸、半人半獸等各種怪誕的形象。

● 人類在自己發明的不同象徵秩序中發現了相似的語法規則，並對其進行比較分析。這種觀看事物的眼光就是結構主義式的。

　　按照神話的「語法」，他們都是沒有文化教養的人。他們的共同特徵是，不具備「人之所以為人」的某項必要條件，他們或是不會說話，或是只會嗷嗷亂叫；雖然直立行走，卻搖搖晃晃，因為他們用蹄，而不是用雙腳。其中有些成員還只能待在黑暗的地底世界，那可是與語言和文化的王國完全隔絕的地方啊！

2

文字能讓語言跳脫具體的場景，獨立出來。

書海泛舟
Die Welt des Buches und der Schrift

書海泛舟
Die Welt des Buches und der Schrift

書籍、文字與閱讀

現在，當一個孩子開始閱讀之前，他就已經看過電視了。這對教養沒有什麼助益，因為教養仍應是與書本，至少是與螢幕上的文字，息息相關的一項人生志業。為什麼這樣說呢？為什麼不能透過畫面來傳遞教養的重要訊息呢？為什麼不能藉由看電視來提高自身的教養呢？文字到底有什麼獨特魅力？

電視呈現的是「準現實生活」（即「模擬現實生活」）中的口頭溝通。在這種情況下，所要表達的意義與溝通的媒介（手勢、聲調、肢體語言等）密不可分，而表達的方式也與戲劇化的表演融為一體。所以，它們是當下就可理解的，但是難以轉述。

如果要透過語言來重新組織，對於語言表達能力不足的人來說，就是一項挑戰。所以我們常常會聽到一個孩子或是老實木訥的成年人，想要描述他剛經歷非常有趣的情景，結果就會出現零零散散引用他人話語的片斷，像是：「然後他說：『嗨！你？！』她說：『住嘴！聽我說。』我們都大笑起來！」但是，聽到這段敘述的人覺得一點都不好笑，他們並沒有被感染，無法體會那段經歷，反而有些丈二金剛摸不著頭腦。

● 教養仍應是與書本或文字息息相關的一項人生志業。

只有文字才能讓語言跳脫具體的場景，從直接的產生情境中獨立出來。經過這一番轉變後，依舊保持不變的就是所謂的意義。只有當口語轉換為文字，它的意義範疇才能讓人理解並且掌握住。因此，在幾大宗教（猶太教、基督宗教、伊斯蘭教）中，經文就等同於教義（聖經、《古蘭經》）。

口頭交流往往有失偏頗，它帶有感情色彩，會受到說話雙方的關係所影響；而寫文章則必須根據題目進行構思。口述是靠說話者當場的表演，像是一種自行

產生的能量，對原本要表達的意思既有可能添油加醋，也有可能偷工減料；而文字讓語言固定下來，使其變得可以控制，並遵循一定的語法規則確切傳遞訊息。

寫作比講話要慢，人們有時間進行構思與整理，使意思更加清楚明白與精確。透過主語、謂語、賓語的線性化順序（例如：人〔主語〕咬〔謂語〕狗〔賓語〕）以及所有的定語、子句和插入語，思維邏輯得以清楚展現，也讓文字變成控制邏輯思考的媒介。

運用文字需要訓練，因為它要求我們將視覺刺激轉換成連貫並有前後順序的訊息。因此，絕對不可太性急，需要耐心等待關鍵出現。

舉個例子，有人對你說：「你的叔叔，就是如你所描述有著一雙銳利眼睛的那位，在昨天下午五點，也就是他搭車正好經過市府廣場的時候，在電車上……」

「啊，怎麼啦？」你會禁不住叫出聲來。

「別吵，聽我講！」文字繼續道：「……在電車上，擠滿了人，這個時段人多並非怪事，雖然這種情況大多發生在平日上下班的尖峰時間，而非假日……」

這時，你的神經已瀕臨崩潰，大叫了起來：「他到底怎麼啦？我叔叔在電車上到底發生了什麼事情？我拜託你，快告訴我，他怎麼啦？」

「……撿到了十塊錢。」

在訊息終於出現之前，你得一直繃緊神經，直到最後一個動作拐彎抹角出現時，你才能總結前面所有的字詞，得出這段話的意義。

這種故弄玄虛、吊人胃口的伎倆經常出現在幽默小品裡，劇終突然峰迴路轉，現出點睛之筆。以下的笑話就是一例：

老李和妻子參觀一個現代藝術展。兩人在一幅畢卡索的畫前駐足觀看。

「這是一幅肖像畫，」老李說。

「胡說，」他妻子反駁道：「這明明是一幅風景畫。」

「誰胡說啦！睜大眼仔細看看，這是幅肖像畫！」

「風景畫！」

他們爭吵了起來，誰也不能說服誰，於是就買了本展覽目錄。

「你看，」老李以勝利者的口吻說：「到底還是一幅肖像畫。」

只見目錄上面寫著《河邊的桃樹》。

面對這種文字張力，缺乏訓練的人會感到很不適應。他們覺得，腦袋瓜頓時變得不靈光，對此類刺激毫無反應。隨著電視的普及，許多人都有類似的感受。學校老師抱怨連連，因為孩子們對挫折的忍耐力也大幅降低，他們不能忍受描述過程中時間上必要的遲滯，他們耐不下心來聽老師講課或自己看書，只希望上課能像聊天一樣輕鬆愉快。

國家的教育政策也出現集體精神錯亂的現象，書面作業不斷減少，口頭作業持續增加；在這個口語溝通大行其道的時代，教育官員也棄守了維繫書寫文字水準的最後一道防線。

在學生家庭中，學校教育的影響力日漸無足輕重。結果，只有那些在重視教養家庭中成長的孩子，才會養成讀書寫字的習慣。因為他們的家長會監督甚至限制孩子看電視的時間，小孩子會先從書籍中得到幻想上的滿足，當他們不再把閱讀當成苦差事，而能樂在其中之後，家長才會取消對電視的監控。否則的話，閱讀對孩子來說，一輩子都將是一件苦差事，只有當他不得不讀的時候，才會非常心不甘情不願地去做這件事。

於是，相同的教育體制下出現了兩種人：一種是習慣性閱讀者，他們不斷地汲取新知識，並且習慣於以文字為導向來整理思路，藉此他們培養出很強的語感，能夠快速分析出句子的組織結構，並掌握其含義與思考邏輯。同時，他們熟悉各種文體的架構（報告、論說文、記敘文、抒情文等）與寫作方法。於是，提筆為文難不倒他們。而且，他們還能夠按照書面文字的模式來組織口頭語言。

另一種人只在迫不得已的情況下才會閱讀，通常他們只看電視。然而，電視畫面與人腦對刺激的需求是同步的。於是，「電視迷」的內在感覺很難脫離外在刺激，也就是說，不容易集中精神。對於那些習慣於「哇——！」之類卡通語言的人來說，超出該水準的文字就是在刁難。於是，閱讀變成一種苛求，他們根本就無法理解，為什麼竟然有人喜歡讀書。

對他們來說，書籍的世界彷彿是一個充滿陰謀的世界，目的是要讓他們感到良心不安。對書籍的普遍厭惡感也讓他們排斥專業書籍，在工作上就難有突出表現。他們憎恨理論，對實踐大唱頌歌。他們渾然不覺，正是自己對書籍文字的厭惡與敵意，限制了口語溝通的能力。他們不理解，為什麼自己的經驗得不到認

可？為什麼人們對自己不屑一顧？看到他人能夠闡述完整的想法，以適當的方式準確地表達出來，讓他們的自信心遭受打擊，所以他們也盡量避免和那些喜歡閱讀的人打交道。漸漸地，他們陷入了「新文盲」的社會陰影中。

因此，那些不喜歡閱讀的人應該斟酌一下，是否要改變舊我，還是繼續停留在教養的悶鍋中，與加薪升級無緣。

那些還沒有養成閱讀習慣的人，也許應該從自己特別感興趣的書籍開始（即使是情色小說也無妨），培養自己的閱讀習慣，把它當成慢跑的訓練，讓你的精神與心靈朝氣蓬勃。最好每天都奉獻一點時間給閱讀，直到養成習慣為止。

汪洋書海

在書店或者圖書館都可以找到書籍，但是對新手來說，這些地方只會令人敬而遠之。一排排的書籍擺在那兒，就像軍隊製造的白色恐怖，向人吶喊著：「讀——！讀——！」在這種情況下，鮮少讀書的人漸漸感到頭皮發麻，就像醉漢站在萬馬奔騰的塵土中，什麼也看不清。排山倒海而來的書籍讓他們目瞪口呆、手足無措。圖書館的精神財富有多雄厚，他們的無力感就有多深。從成千上萬冊的書籍中，

● 不喜歡閱讀的人應該斟酌一下，是否要改變舊我，還是繼續停留在教養的悶鍋中，與加薪升級無緣。

僅挑選出一本，翻開來，然後閱讀，對他們而言根本就是不可能的任務，這彷彿乘著一葉扁舟想橫渡大西洋般困難重重，光是望一眼書架，就教人頭暈目眩了。

新手們深感失望與挫敗。眼前出現幻覺，圖書館角落的咖啡廳就像汪洋書海中的救命小島，在滅頂之前，他們奮力爬上小島，猛喝一杯咖啡，大喘幾口氣。在小島上，他們環顧四周，不禁感歎，這些書海中的土著是如何在此等惡劣的環境中求生存。頭一遭的圖書館之旅就充滿驚濤駭浪，讓他們心有餘悸，只想盡速遠離夢魘。

這種感覺儘管自然，但並非合情合理。因為沒有哪一個圖書館常客是這樣上圖書館的，他們不會注意那裡書籍的龐大數量，而是去尋找自己需要的那一本，或許再挑個幾本延伸閱讀，至於其他的書，他們全都視若無睹。就像正在赴約途中的年輕男子，他不會在意馬路上與他擦肩而過的洶湧人潮，因為他心中只有女朋友的身影。

所以，圖書館的常客是標準的好情人，對他來說，世界上只存在一本書，就是他正在讀的那本。而且，如果他要找新書的話，也不會考慮到數量，他只掛念不知在哪個角落等待著他的那一本書。總而言之，他習慣「階段性」的一夫一妻制，對他來說，每一本書都是忠誠的「人生階段伴侶」。

如果你對圖書館和書店仍有點望而生畏的話，不妨事先想好要看什麼主題的書，把注意力集中在很小的範圍，此外的書籍完全略過。這樣一來，「無力感」就能被強烈的「方向感」所取代。於是，你不會像無頭蒼蠅般盲目亂撞，而成為目標明確的圖書館老手。

只要腦海中有特定的主題，在書店中遇上任何情況，你都可以直接開口請教

● 圖書館常客是標準的好情人，對他來說，世界上只存在一本書，就是他正在讀的那本。

館員：「請問，關於巴塔哥尼亞島鳥類的書籍放在哪裡？」這樣，你就算是上道了。若是圖書館員過分殷勤，在你還沒有頭緒的時候劈頭就問：「你要找什麼特定的書嗎？」你也可以這樣回答：「請問如何能找到十八世紀三〇年代到六〇年代之間懷錶加工業的相關書籍？」這樣你便能支開緊迫盯人的圖書館員，得到充裕的時間安靜思考，自己到底想找哪一類的書籍了。

書籍的內在世界

並不是拿在手中的每一本書都必須從頭讀到尾。首先應該大致了解一下書的內容適不適合自己。

閱讀文學著作一般是仰慕作者之名，也許以前讀過這位作家的書，或者看過相關書評，在書店中發現了這本書，就會翻一翻，瀏覽一下封面上的介紹，之中肯定有「扣人心弦、激動人心、必讀佳作」之類的讚譽之詞。除此之外，還有一些很重要的資訊，例如書籍類型（恐怖小說、愛情故事、家族傳奇等）、出版社鎖定的目標讀者群（熟女、知識分子等）以及著作的高度（消遣文學、通俗文學、嚴肅文學等）。

一般來說，作者的照片對讀者也有一定的影響力。但是，請注意：不要根據作者外貌的美醜來推斷著作品質的好壞。俗話說，人不可貌相。要知道，優秀作家的外表絕對不及他卓越的文筆；事實上，他們也大多是其貌不揚的。

科學著作和專業書籍，只有在極少數的情況下要讀完。為了檢驗其內容，要先讀一下目錄與參考書目，也就是作者寫作時參考援引的書籍與文獻，如果發現有遺漏任何重要的研究，就說明這本書的參考價值不高，隨手翻翻便可安心地放到一邊去。

　　如果通過了書目檢測，那再翻看一下註腳，因為這裡往往是作者與其他研究者較勁的戰場。從這裡可以獲知作者系出何門何派，是專為小事與人爭辯，還是在原則性的重大問題上探究真理。如果只因雞毛蒜皮而與其他派別爭論不休，就表示他在重要問題上恐怕沒有什麼見解。

　　在學術界也分一流、二流和三流作者。一流作者開疆闢土，界定研究領域，他們確立題目、定義問題並且創造術語。從二流和三流作者的不斷引用即可知，他們屬於一流作者。一般情況下，當他們成為該領域的大師級人物後，書商就會為他們在書架上設立專櫃，貼上他們的名牌標籤。在德國社會學家中，幾個名字如韋伯、齊美爾（Simmel）、帕森斯（Parsons）、盧曼（Luhman），即屬此類。他們也出版了介紹自己研究成果與著作的入門指導專書。

　　在選擇科學性著作之前，最好先對該領域進行一番考察，再審慎決定。由此花費的時間會因選擇正確而得到補償，因為有太多的科學性著作不是多餘，就是無法閱讀。原因很簡單，許多著作不是寫給大眾看的，也不是為了提升知識水準，而是為了給審核委員留下深刻的印象。博士論文或升等論文是個人學術生涯

● 有太多的科學性著作不是多餘，就是無法閱讀。乍看之下似乎沒有什麼壞處，然而其中暗藏許多陷阱。

的重要里程碑，其他的論文或著作大多是為了增加著述的數量而已，有助於大學教師爭取有利的職位。

　　一些濫竽充數的科學性著作經常以語言的迷霧和華麗的詞藻，來掩蓋其研究創新上的貧乏。乍看之下沒有什麼壞處，然而其危險性就在於：它們偷走了讀者的寶貴時間，迷惑了新手的雙眼，讓有心追求真理的人失望沮喪，使剛拿起書本的人從此對科學性書籍不敢領教。

　　科學本來是件令人振奮、激動人心的事情，它能引導我們發現新世界，著迷於創新發明之中，所以濫竽充數的書籍是多麼罪孽深重啊！

　　新手需要花一些時間去分辨：哪些是一流的科學性書籍，哪些則是三流的

「反芻」，如此才不會把生命浪費在學術界的廉價產品上。剛開始進入專業的大學生也應擦亮眼睛。首先，要挑選該領域中「年輕輩大師」的著作（所謂年輕輩，是指這些人消化吸收了其他大師的思想），徹徹底底研讀一遍，掌握住該領域的基本概念，甚至能觸類旁通，之後若想深入研究也非難事了。

如果你想找到進入書籍王國的路徑，並且還能時時留意到最新的出版訊息，書店就是你要定期造訪的地方。那裡的書香味並不亞於圖書館，儘管書籍的數量有限，但是（女）店員殷勤關懷的態度可以扳回一城。當她笑容可掬地問道：「需要幫忙嗎？」她十分明白你不會回答說：「啊，太好了，麻煩請你先幫我介紹一下整個書市的概況。然後指點迷津，現在我該讀哪類的書，哪類書能引起我的興趣。最後再給我挑一本思想價值最高的書。」

然而，這種要求也不是了虛烏有，只不過發生的地點不在書店，而是在一本書中。它是穆齊爾《沒有個性的人》的一段情節：一個剛下船的海軍艦長來到國家圖書館，請圖書館員給他一本能展現全館精華的藏書。其實他已料到對方會拒絕這個無禮的要求。但是，圖書館員搬來一把梯子靠在大書架上，爬上去拿了一本書，下來之後遞給他。他翻開一看，原來是一本「圖書目錄總目」（也就是「目錄之目錄」）。所以，針對你先前的問題，估計書店的那位小姐也會提供類似的答案吧！

但是，擔心書店像沼澤一樣，稍不留意就會深陷泥淖，讓自己尷尬丟臉，這種顧慮是完全多餘的。在書店，你只要大大方方地開口問：「我可以在這裡看看書嗎？」保證就能激起全店店員的熱情，為你獻上無數飄著油墨香味的新書。從那一刻起，你就可以一直待到書店關門，盡情讀遍所有你認為有趣的書，也不必非買不可。

但是，當然啦，一直賴在書店到營業時間結束也不想離開的人，並不特別受歡迎，畢竟也要稍微體諒一下店員，他們也希望盡早趕回家繼續閱讀昨晚正看到精采處的那一本書啊！

如果你終於決定打道回府，空手而回雖略感良心不安，但你畢竟不想掏腰包，因為根本還無法做出抉擇。在這種情況下，你不妨問說，有沒有介紹哈瑞斯亞什·馮·盧克丹（Heresiarchen von Lucqtan）生平的書。他是一個異端學說

的創始人，只有1902年《大不列顛百科全書》與1917年再版的版本提過此人。算是一個無傷大雅的煙幕彈。

等到你找到一間有回家感覺的書店，才算真正開始了與書籍世界的親密接觸。這家書店就像經常光顧的小酒館，那裡有你的一幫夥伴，而且你與老闆也很熟稔，可以輕鬆自在地談天說地。敏銳的老闆很快就能嗅出你的興趣所在，並適時將相關領域的新書推介給你。他還會提供一些個人建議，講點文壇和學術界的小道消息。當你對新書平台進行巡禮之際，貼心的店員會在你耳邊輕聲低語，不著痕跡地留下了豐富的訊息，這比起在家當隱士苦讀要有趣得多了。

半路出家的讀書人便需要這樣的「貼心書店」，尋找時要注意一點，那裡必須有足夠的座位。這樣，大部分書籍可以在那裡閱讀，不必非得要買下來，只有真心喜愛的書才搬回家。

副刊與報紙

達到一定水準的報紙都會有「教養版面」，也就是副刊。Feuilleton是個法語詞，意為「小頁」，源自於法國的新聞業。發明者是阿貝・傑沃弗羅瓦（Abbé Geoffroy），最早出現在1800年前後的《辯論報》（*Journal des Débats*）中，當時只刊載戲劇評論，後來才逐漸擴展到傳媒、藝術、文學、音樂和科學等各個領域，包括了書評、雜文，以及關於藝術展覽、學術研討會、電影首映、電視評論等方面的報導。副刊的風格並非學院派，而是小品文式的，符合大眾口味。因此，學術文章若被貼上「副刊式」的標籤，那麼就是一種貶低。

如果你對書籍、文學和科學的世界很感興趣，就應該訂一份定期出副刊的日報、週報或電子報。以德語世界的情況為例，《法蘭克福匯報》（*Frankfurter Allgemeine Zeitung*）、《南德意志報》（*Süddeutsch Zeitung*）和《新蘇黎世報》（*Neue Züricher Zeitung*）的副刊最有內容。《世界報》（*Die Welt*）固定在週六推出相當不錯的文學特刊，而《法蘭克福匯報》在星期三有頗具分量的科學特刊。在德國發行量最大，以文學版和文評副刊著稱的週報是《時代週報》（*Die Zeit*），從中讀者能嗅出政治正確的氣息。

如果你的英語閱讀能力夠水準，想找資訊豐富的第一手書評，那麼《紐約書

評》（*New York Review of Books*）就是你的不二首選。它所採取的形式是：評論者在文章中，針對同一題材的多部作品進行評論；這種比較以共同的主題為中心，讓作品與評論之間達到一種完美的互補，相得益彰。

總而言之，定期掌握出版訊息與藝文界的動向，是提升教養的明智之舉。

但是，對於副刊或書評絕對不可盲目相信，因為那些文章在某種程度上已經過「加密」處理，多少反映了文化界的現實生態。為能「解密」，一般讀者必須具備基本的背景知識。以下將針對不同類型的評論，提供簡易的閱讀指南。

關於科學文獻的評論，一般讀者對評論家的期望是：他對該書主題的認識應比作者還要深入。否則他怎能進行評論呢？但實際情況並非總是如此，甚至根本就很少如此。然而，評論家並不會告訴讀者他不懂，那會嚴重損及他的專業權威。相反地，他會炮火全開，尖銳猛烈地抨擊作者，製造「愚笨作者」與「優秀評論家」二者之間的巨大差異，而且往往是他知道得越少，就批評得越猛烈。

因此，我們要明白一點：許多評論家是站在巨人肩膀上的小矮人，他越是矮小，就越是要混淆視聽，愚弄讀者，而不是給讀者有益的啟迪。他們不是在介紹書籍的內容，相反地，他們以此設限，彷彿世人早應瞭若指

● 許多評論家是站在巨人肩膀上的小矮人，他越是矮小，就越是要混淆視聽、愚弄讀者，而非啟迪讀者。

掌。他們經常玩弄的手法有，將評論作品與其他名不見經傳的書籍做比較（「在形式與內容上，這完全無法與阿貝勒的《啟程到昨天》相提並論……」），與內行人打暗語（「這讓我們立刻想起了那場永難忘懷的論戰……」），或是貼上一個主觀臆測的標籤（「總之，這本書就是譫妄之論」），而且他們所下的結論只會打消讀者的閱讀意願（「看這本書還不如去讀威騰伯格的著作呢」）。

這一切不是要讓讀者對所評之書產生一個真實的印象，而是在故弄玄虛，掩蓋自己的無知罷了。

文學新書評論

評論家對文學作品進行評論時的心情是錯綜複雜的，其中摻雜著一種手足之間強烈的妒忌情緒。因為，評論家自己當初也大多想成為作家。根據自己在「兄弟姊妹」中的排行，他會不自覺地將評論的作者視為競爭對手，或是應該照顧提

攜的小弟，或是令人愛慕與崇拜的大姊──如果是位女作家的話。

所以，如果是競爭對手，就會被貶得一文不值。他會拿對方與自己相比，既然他都有自知之明，自認沒有天分，而放棄了作家神聖的身分，對方光憑那一點能耐竟如此狂妄大膽、厚顏無恥，將見不得人的東西公諸大眾，居然還引起廣大讀者的迴響，真是天理何在！

因此，身為評論家的他責無旁貸，要擦亮群眾的眼睛；他必須端正衡量的尺度，撕下冒牌貨的假面具，讓讀者看清什麼是偽君子和佞性小人。

如果評論家把作者看成小弟，他就會扮演發現千里馬的伯樂。難道不是他獨具慧眼的褒揚，讓作家的處女作一夕成名？自此之後，難道不是他的一路關照，讓文壇新人備受矚目？評論家覺得自己就像足球教練，他的批評是為了激勵球員踢得更好，對於現有的成績，教練永遠也不會滿意。然而，他的批評絕非無的放矢，而是充滿建設性，並能鼓舞人心的。

如果評論家把作者視為大姊，他會為了能夠幫她搖旗吶喊而深感榮幸。他所做的一切都是為了引起文壇前輩的青睞，他會顯得比任何一個人都更了解她。這時，他不是與她競爭，而是在與其他的評論家一爭高下。在他下筆評論的時候，心中想像著她讀到評論那一刻的感受：「啊！終於覓得知音，別人都不了解我，只有他……。」

戲劇評論

戲劇評論應該是以尚未看過演出的人為目標讀者群。但實際上，評論家往往是為了那些看過首演的觀眾而寫，也就是其他的評論家、導演和劇團。因為他們大都是評論家認識的人，所以當他提筆為文的時候，眼前會浮現這些人的身影，而不是那些既沒有看過演出，也不認識編導的潛在觀眾。因為劇評家的熟人不是門外漢，而是些專業人士，所以他寫出的評論顯得很專業。他不是在描述，而是在評判；他不是藉由介紹作者和劇作，來讓他的評論具有說服力，而是一味地與讀者所陌生的戲劇與導演進行比較。

因為戲劇界是一個由行家組成的圈子，相當封閉。導演創作的第一要旨往往不是為了吸引觀眾，而是要突顯自己與其他導演的不同之處。這種傾向又在劇評

家比來比去的推波助瀾下，順勢增長。

也因此，相較於無名新作，評論家寧願去評經典劇碼，這樣比較省力氣。因為那些對他們來說早已是滾瓜爛熟，所以很快就能相互援引，並回想起各種舞台演出的版本。相對來說，關於新戲與其製作背景，他們就所知有限。若想言之有物，就必須在詳讀劇本、研究作者上下功夫。如果還是國外的知名作家，但在本地仍沒沒無聞，評論家更要花費一番力氣。

此外，針對導演與演出風格也沒有相對應的描述語言，結果就像那則笑話一樣：有一個人不是在遺失手錶的地方找錶，而是在明亮的燈光下，或者說：在那些能輕鬆愉快搜尋的地方。評論家也一樣，他們喜歡挑軟的柿子吃，例如舞台布景與服裝就是最容易描寫的部分。這形成了一種循環，因為劇評重視這些，導演便投下大量的精力與創意在這上面，於是觀眾就會看到在白宮的哈姆雷特、在地下室的哈姆雷特、在黑道的哈姆雷特等。

最後，戲劇評論便成了最容易將入門讀者引入歧途的文章。因此，首先要學會解開密碼，從中尋找觀眾的掌聲，因為那才是最重要的資訊。儘管評論家不會直接撒謊，但是觀眾的歡呼聲往往被隱藏在一個小小的子句中。事實上，觀眾的反應才是評判演出是否成功的唯一標準。

所以要能看透激昂的評論，判斷出觀眾到底是在交頭接耳，還是被台上的演出深深吸引。觀眾並不在意導演的創意、演員的藝術表現或是劇本的品質，他們注重的是整體感受，上述元素都在其中發揮了不同程度的影響力。然而評論家卻將它們支解分割，僅側重於導演和策畫的部分。至於整場演出的效果究竟如何，讀者常常只能自行想像。

其實，不管哈姆雷特有沒有穿著吊帶襪上場，不管舞台上有沒有多媒體或影音播放，只要聽得懂台詞，《哈姆雷特》仍然是一齣極具震撼力的戲劇。或者更確切地說：評論家越是重視舞台布景與創意（不論是褒是貶），他的評論越是可疑。所以，就算劇評將導演的創意與策畫批得一無是處，但仍輕描淡寫提到了首演場上觀眾長時間的掌聲與安可，那麼這齣戲還是值得一看的。

媒體的政治路線與政治書籍的評論

　　政論性的書籍或文章會受到評論家政治傾向的影響，評論家又受到報章雜誌政治路線所左右，報章雜誌的總編輯和主管則受到金主的監督控制。因此，報章雜誌反映了媒體與輿論的概況，形成了意見市場的「托拉斯」，這是政黨政治對社會無所不在的影響力。因此在這場遊戲中，媒體必須具備可清楚辨識的政治色彩。透過這種方式，它們能掌握特定的讀者，即那些具有鮮明社會特徵的團體，並不斷灌輸他們帶有某種政治色彩的訊息。

　　以德國媒體為例，有典型的《明鏡週刊》（ *Der Spiegel* ）讀者群（批判、開明、專業、時髦）、《法蘭克福匯報》讀者群（保守、體面、高雅、價值導向）、《德國日報》（ *taz* ）讀者群（環保、左派、反權威、多元文化、推動女權）、《時代週報》讀者群（左派自由主義、六八學生運動世代、重視教育、尊崇道德、公務員階層、政治正確）。

　　在德國，左派報紙與右派相比，往往更加教條主義和非自由主義。這是因為左派報紙強調意識形態，並藉由征服公共輿論、掌握文化制空權來鞏固勢力。因此，對左派來說，政治正確的路線非常重要；而對保守派來說，最重要的則是斂財。由於正確的路線仰賴道德上的規範，所以左派常喜歡搞思想領域的恐怖主義，打壓異端分子。與右派相比，左派的報章雜誌會刊出什麼東西，往往是可想而知。對歷史和政治書籍的評論也是口徑一致。

　　所以若想得到較客觀的看法與見解，有兩種選擇：一是閱讀兩份報紙，左派與右派的各一份，並且相互對照；二是只專心地看《紐約書評》。

3

與世界接軌不只會說外語，還要掌握與人交往的規則。

各國風俗
Länderkunde für die Frau
und den Mann von Welt

各國風俗

Länderkunde für die Frau und den Mann von Welt

在正式的社交場合中，舉止合宜的人是有教養的。今天，社交活動已有明顯國際化的趨勢，於是社會階層一分為二：一個階層參與的是國際性的社交活動；而另一個階層的交往範圍則侷限於國內本地。

如果想開闊眼界，那麼不僅要會說外語，還要掌握與他國人士交往的規則。想給國際友人留下一個可怕的印象並不難，只要拿出平常關起門來與人打交道的那一套，肯定能達到驚人的效果。

但是，如果你想在義大利和英國朋友面前表現得風度翩翩、魅力四射，讓他們覺得與你往來如沐春風，那麼你必須懂得轉換立場，以對方的角度看事情。

也就是說你要能想像，這個世界在義大利人、英國人的眼中是什麼模樣；你必須知道，在英國人的觀念中，何謂文明、有涵養、有教養的人。你已培養出一種直覺，能揣摩義大利人的自我形象是什麼，了解他們小時候讀過什麼樣的神話，並且看得到他們腦海中的偏見與期望。而且，你至少也有概念，外國人士是如何看待那些在你的國家中習以為常的事物。

外國人眼中的德國

這裡就以德國人的例子來說明。如果德國人問美國廣告商的意見，那麼他們會聽到這樣的回答：「德國人的形象大有問題。」

然而，這並不是從那個長得很像喜劇演員卓別林的希特勒上台之後才開始的。在那之前，德國人的形象就極不討人喜歡。在莎士比亞時代，他們被描寫成挺著啤酒肚、哼著鄉村小調的酒鬼。大約到了歌德時代，德國的文學、德國的大學，還有德國的「博學」，令世人眼睛為之一亮，德國人的形象才慢慢變得

可愛起來。

　　撐起這一片天的主要是那些待在大學裡的學者，他們沉浸在深邃的思維之中，執拗地建構出令人費解的理論體系；他們古怪可笑，卻又是忘我無私的真理追求者，一心探索人類的未知世界。其中一個婦孺皆知的人物就是浮士德，他也成了世人腦海中的刻板印象：只要有瘋狂的科學家，十之八九是德國人。典型人物就是瑪莉・雪萊筆下的弗蘭肯斯坦，以及蘇格蘭作家、歷史學家卡萊爾（Thomas Carlyle, 1795-1881）《衣裳哲學》（*Sartor Resartus*）中的托夫斯德呂克教授。

　　然而，隨著普魯士建立德意志帝國，和黷武主義者威廉二世在第一次世界大戰之前的出現，德國人的形象發生了徹底變化：他們變成戴著單眼鏡片、危險的「機器人」，穿著清一色的制服，戴著尖頂頭盔、軍紀嚴明；他們身上所有的正常情感，在軍事化的訓練中消失殆盡；人類的語言簡化成命令與「機關槍掃射」行動。這種形象在一戰時期透過宣傳廣為流傳，等到納粹上台之後，德國人的形象又進一步惡化了。

　　納粹為德國人的形象添加惡魔的元素，一種變態的瘋狂，就在最殘酷無情和最敏感的音樂天賦之間，形成鮮明對比。因此在美國的戰爭片中，德國人經常被描繪成多愁善感的禁衛隊，時而沉浸在華格納的音樂之中，時而大開殺戒，殺人不眨眼。

　　當然，任何一個有文化涵養的外國人都知道，這只是老掉牙的德國人形象。然而，他們確實也很難看到什麼新氣象。傳統形象中有三個要素依然保留了下來：精神錯亂傾向、土裡土氣的偏狹，以及威廉二世時代軍國主義所「薰陶」出粗魯的大男人主義。

　　其根源在於德國不同於其他歐洲國家，它沒有起示範作用的宮廷文化和城市生活。在其他國家，因為有宮廷文化與城市生活，人們的社交方式、舉止風度受到潛移默化的影響。在這種社會中，文雅禮節與人情練達成為競相追求的目標，並且講究男女平權，而男人對女人尊重體貼的程度就是衡量文明水準的尺規。

　　遺憾的是德國的情況並非如此，尤其是在普魯士，那裡有兩個典型、純粹由男人組成的圈子：軍隊和大學。誕生於此的大男人主義便隨著德意志帝國的統

一，普遍發展成一種民族性，那就是預備役軍官充滿命令式的口氣，以及大學教授的浮誇與好大喜功。二者在後來反權威運動的聲討撻伐下，才逐漸知所收斂。

直至1968年，德國社會還是一個由男性特質主宰的世界。隨著對於文明急起直追的熱切渴望，遲來的女性主義終於在德國萌芽，它以德國式的嚴謹作風對男人進行了一場「心靈重建」，並教導男人認清一點，社會文明的高低端視社交規則是否平等對待男女雙方的好惡，而不僅僅以男人的喜好為依歸。

德國女人說的一點也沒錯，我們德國男人在這方面做得不夠好；在德國，女人的權利和社會地位都有大幅改善的空間。

因此，當德國人與西方鄰國打交道時，我們給人的印象往往是，風度舉止仍處於一種未成熟的狀態，在孤僻的偏狹之中，摻雜著生硬的親切；在新教徒的誠懇之中，瀰漫著道德的怪味道。這一切被當成是掩蓋在真誠外表下的粗魯，反止就是與溫文爾雅、和藹可親無緣啦！

隨著女性主義者在「文明的葡萄園」中努力耕耘，絢爛的社交辭令和美德，如幽默、嫵媚、機智、得體、高雅等，也開始在德國生根發芽，一天天地茁壯。但在這項偉大的工程完成之前，德國人在有教養的外國人面前仍顯得缺乏魅力。一個有教養的法國人或義大利人，常會把德國人當成是揣著手機的野蠻人。其實他們多少也犯了以偏概全的錯誤，把個人的不愉快經歷推而廣之。事實上，整個德國已經有了大幅的改變。

因此對德國人來說，人際交往**第一定律**就是：

盡可能以一種近乎瘋狂的超級和藹可親的態度對待外國人，這樣他才會覺得你是正常人。（譯注：請注意！此一定律是針對德國人提出的。在這一點上，大多數華人只需保持本色，就足以當德國人的模範了。）

如果在聊天中涉及德國那段可怕而尷尬的歷史，德國人應該這麼想：對方站在自己祖國的立場上，胸中湧起的是一股正常的愛國情操。對他來說，德國式的瘋狂懺悔反而是一種異國風情，如果你在他面前表演這一段，會讓他十分驚訝。

假如你還把德國人的性格大大地數落了一番，他會基於禮貌無法表示贊同，儘管他內心可能非常同意你的說法。於是，他會益發覺得不自然，因為他無法與你沆瀣一氣大罵德國人，但他也說不出讚美納粹的違心之言。

所以，永遠不要利用過去那段不光彩的日子，去唐突冒昧地扮演一個改邪歸正的英雄。和你聊天的人不會總是停留在那段歷史上，你的戲劇性表演頂多讓他認為：德國人那種心理狀態不穩定的老毛病也許還沒有完全治癒。

如果是對方主動提起歷史話題，那麼你只要簡單地回應：這是德國人的「原罪」，不必扯出你與過去惡魔之間的關聯，以及你們在道德上的天壤之別，彷彿你已拜訪過了墮入阿鼻地獄的祖父，並從中得出某種深層的領悟。不過遺憾的是，你的談話夥伴由於自身立場的侷限，是無法理解的。你不必給他上歷史課，他學的是另一種歷史，也同樣得到認可。

別老咬住民族問題不放！你要知道，對方眼中的民族就是，手牽著手為了民主一起打拚奮鬥，最後站上歷史舞台上的一群人，這就是「主權在民」；然而德國的歷史經驗則是民族主義，二者截然不同。有機會的話你可以解釋一下，對方就不至於誤會，以為德國的歷史經驗總是偏離常規的特例。

現在介紹一下其他幾個國家的情況，由此可以清楚看出歷史在「民族性」上所鑄下的烙印。要特別強調一點，這裡介紹的是一個民族整體的特徵。在實踐中，具體狀況還是要個別分析，不宜以偏概全。儘管如此，各個社會的區別主要體現在所奉行規範的不同。

美國

就集體經驗而言，美國人與德國人最大的不同在於：他們的歷史是一部充滿成功經驗的歷史。他們將其歸功於自由的價值觀，它是美國社會的奠基石。美國人不是一個成長的集體，不像德國人是從歷史推移的迷霧中一路走來；更確切地說，美國人是透過個人的移民行為而形成的，在每個美國家族史的源頭幾乎都可以看到這種意志力的影子。

因此，美國人的民族特質在一定程度上受到移民處境的影響。在第一代移民與在美國成長的孩子之間往往存在著代溝。孩子們成為說著一口流利美語的美國人，而父母的美語仍蹩腳，在家裡寧願說母語（如波蘭語）。他們還保留著以前的習俗，例如：父親在家中擁有絕對的權威，這在美國社會是不合時宜的。為了融入美國社會，孩子們進入學校。在學校裡，他們看到的是：女老師當家作主，

而男老師很少見。這就促進了對女性的尊重、父權的相對削弱，以及青少年追隨同年齡層潮流的傾向。

為了促進不同移民之間的民族大融合，美國人發展出一種特別的憲法愛國主義與愛國儀式，即手放在胸口，向國旗致敬；並在每個可能的場合，使勁地揮舞國旗。請不要把這種行為誤認是一種激進的民族主義，因為他們不是在向對手搖旗示威，而是對那些新移民搖旗招呼，歡迎他們及其後代融入美利堅合眾國。

這種國旗儀式表白了自己皈依美國的一顆心。美利堅民族是一個基於共同政治意願而凝聚在一起的集體；它不是透過血統，而是透過認同。美國的建國神話就蘊含著這種告別過去、開創未來的精神。

這符合第一代移民的清教徒精神。他們透過轟轟烈烈對新教的皈依，開啟了生命歷程中嶄新的一頁。在美國社會，這種人生道路戲劇性的轉折、全新的開始、超越界限、開創未來的情況隨處可見，並不斷被好萊塢搬上銀幕，這就是人們常說的「美國夢」。這是美國人具有高度機動性、靈活性的一大原因；他們隨時準備更換工作、住家、心理醫生、教堂，甚至是車牌。

美國人這種內在靈活性的反面，應該就是德國人的公務員性格，與一切按照既定規畫生活的保守作風。因此在美國社會，個人是自己幸福的塑造者，沒人會幫你，如果你自己不動手的話。相對地，美國人民對國家似乎也沒有太大的期望，拿德國的標準來衡量，美國政府對自己人民做的並不算多。

在歐洲，政府盡心盡力為社會服務、照顧人民，是天經地義的一件事。而美國最初是由一群流亡者所建立的國家，制定法律是為了解決沒有法律的極度混亂。這種情況在美國西部尤為典型，手執槍械的地方治安官就像捧著十誡的摩西，推動法規，維護公平正義。

地方治安官的工資是由公眾支付的，每個美國人都很清楚這一點。他們把官員當成為他們服務的雇工，因此當雇工失職的時候，他們就可以把他趕走。所以，美國人對政府抱持一種不信任的態度，他們寧願相信自己而不相信政府，這或許可以說明為什麼美國人要求合法擁有槍枝。

這也促使美國人隨時都準備好與鄰居或社區居民，自發性地組織起來去解決周遭的問題。這種行為模式始於拓荒時代，並隨著拓荒運動的發展而強化，扎下

了穩固的根基。因此，美國人很坦率開放，喜歡幫助鄰居，這一點又與德國人大不同了。類似的行為在德國很容易引起誤會，並導致不愉快的結果。

若把鄰里之間的熟悉過程分為一到十個階段，美國人在第二階段所展現的誠摯熱情，德國人要等到第九階段才發揮得出來。因此，德國人會把美國人第二階段的熱情誤認為是第九個階段，而準備與之交心，締結一生一世的友誼。等到德國人後來發現，這位美國鄰居竟然以同樣的熱情去問候另一個鄰居時，他會突然覺得美國人好膚淺、好虛偽。事實上，這只不過是因為雙方使用著不同的文化密碼罷了。

美國的文化密碼完全配合一個流動性很高的社會，它會在朋友交往過程的初期階段，自動開啟「團結一致」、「相互歸屬」水道的閘門。可以說，美式的友好熱情不只限於私人情感，而是已經昇華為一種社會普遍的美德。因此，與其指責他們「虛偽膚淺」，不如說是「合群」。

還讓德國人十分驚訝的是，一個美國人會在他出遠門的期間，把大門鑰匙託付給剛認識、沒什麼交情的鄰居。一般而言，美國的社交往來似乎比德國輕鬆簡單得多。美國人總是把每個新認識的人當成好人，期待美好的互動，這對德國人來說無法想像。

在第二階段就迅速膨脹的信任感，讓美國人在交談中很快就會從稱呼對方為某某先生（例如魏特斯朋先生〔Mr. Witherspoon〕），進入到直呼其名（例如賀伯特〔Herbert〕），然而連這樣他們都覺得太浪費時間了，乾脆簡化為兩個音節（例如賀伯〔Herb〕）。

此外，一般美國人都有一個所謂的中間名，通常情況下會縮寫為首字母，例如賀伯特‧M‧魏特斯朋（Herbert M. Witherspoon）。這種中間名非常普遍，還有人開玩笑把耶穌基督稱為耶穌‧H‧基督。因此，美國官員往往會因為碰到一個沒有中間名的歐洲人而大驚小怪，就好像看到了一個沒有影子的鬼魂。因此，建議那些沒有中間名的人也取一個中間名，例如：亞歷山大‧J‧霍斯特曼——J是Juskowiak的縮寫，因為他老爸是這位足球明星的粉絲。

此外，德國和美國的差異還包括對於成功所抱持的態度：對德國人來說，一個很成功的人會成為眾人妒忌的對象，大家會懷疑他一定用了什麼見不得人的手

段；而對美國人來說，成功者值得大家爭相仿效。美國人喜歡成功者，因為他點亮了所有人的希望。

因此，美國人基本上都是樂觀主義者，他們的共同點就是相信自己的力量。所以，他們對於德國人多愁善感、怨天尤人、煩悶沮喪、眼淚汪汪的模樣，感到難以理解。美國人遇到問題，就會採取實際行動去解決，而不是陷入苦思冥想之中。對待個人心理問題同樣如此，他們認為，心理問題是可以治癒的。因此，美國是精神科醫生和心理分析師的樂園。美國人也相信，一個人在任何時候都可以展開全新的生活！

我們還要了解一點，美國社會中有相當大的一部分是坦誠而積極的基督徒。他們不是由牧師和主教為代表的官方教會所領導，而是透過各式各樣的自由教會組織起來。那裡有浸禮會、衛理會、貴格會、摩門教、路德教、長老會、基督復臨安息日會、聖滾者、震顫派、嚴緊派和其他諸多教派。因為它們大都起源於喀爾文教派，（→歷史）所以美國人喜歡在公開場合的演講或辯論中引用聖經的典故。這不是虛偽，而是一種文化傳統。

在美國，教會不僅關注宗教問題，還相當重視成員的社交生活。因為，從某種程度上來說，美國就像是一個有很多供應商的宗教自由市場，每個教會會為自己打廣告。如果一個美國人搬家了，有時他也會順便換一個教會。如果一個浸禮會教會的游泳池比衛理會的要好，也是值得考慮的，因為這對孩子來說可是一件意義深遠的事。

清教徒推崇社會能力，他們認為，財富是上帝恩典的標誌，因此宗教與現代化並不衝突。也由於美國不存在規範教義的官方教會，所以在那裡，宗教與科學之間也沒有太大的矛盾。美國個人化的宗教文化以及強調內心與上帝同在，讓基督宗教精神的根扎得比德國還要深。這在當代德國人眼中顯得有些怪異，但是，我們德國人應該把它當成民主精神的泉源加以敬重，並向他們學習。

美國是一個以民主為基礎的國家，不存在什麼「文化貴族」。美國人不怕暴露自己在知識上的缺陷，他們奉行這一原則甚至到了讓人覺得膽大魯莽的地步。一般的美國人對歐洲的了解並不多，他們可能會認為萊茵河注入地中海；德國的首都叫Hofbräuhaus（慕尼黑皇家啤酒屋，美國觀光客必造訪之地）。這種天真

無知可以從他們的建國神話中找到根源。對於展開新生活的人來說,他們不需要去看早已拋在腦後的歐洲,還有它的複雜糾葛。在美洲這塊處女地上,歐洲原罪應被徹底洗淨並且遺忘,人們想要輕輕鬆鬆地開始新生活。

這種「無知」其實也是「無罪」的一種表達形式;反之,「有知」並不等同於「有罪」,也不會被認為是在炫耀自己的博學,因為炫耀不會被美國人當成缺點,他們不在乎這個。他們所感興趣的是,談話是否有趣。出點風頭和討公眾喜歡絕對沒有什麼壞處。在美國,幾乎所有人都這麼做;公司老闆討員工喜歡,售貨員討顧客喜歡,老師討學生喜歡,教授討大學生喜歡,檢察官討選民喜歡,因為,美國有許多職位是透過選舉來決定任免的。

運動是人們的共同話題,尤其是在男人之間。運動能充分體現美國精神。美國最流行的兩大運動就是棒球(某種形式的「打」球遊戲)和美式足球(某種穿著手球球衣的戰爭);其中,美式足球尤其受到歡迎。歐洲的足球運動在美國男人中並不流行,但是作為婦女解放運動的標誌,女子足球卻在美國蒸蒸日上。

所以,如果你想博得美國人的歡心,就得非常熟悉棒球和美式足球的規則,並且對重要的球隊和明星球員如數家珍。這兩種運動在美國中學和大學的校園生活中占有一席之地。在一名美式足球四分衛的周圍,往往簇擁著花枝招展的女孩,而女孩身為啦啦隊的中堅分子,又對比賽發揮決定性的影響。在女孩仰慕崇拜的注視下,小夥子們會打得更好。

由此我們得出針對美國人的人際交往**第二定律**:

讓你的熱情再狂放一點,對你的美國朋友說,認識他是你莫大的榮幸,表現出美夢成真的狂喜。當他提出意見時,大加讚揚他的奇思妙想、高瞻遠矚;他的每一句話都讓你激動萬分,他的精闢分析令你佩服得五體投地。

(請注意:如果你覺得自己太誇張了,並懷疑對方很可能認為你若不是個瘋子,就是想嘲弄他,這時你才達到了恰當的熱情尺度。因為,你的感覺是基於德國標準的。你認為誇張的東西,美國人認為是正常的。如果你按照德國人的行為方式與美國人交往的話,他會覺得你是一條冰冷的魚、一個新納粹分子,這會讓他感到極大的不安。)

如果你沒有引起對方的反感,他就會問你,能直呼你的名字嗎?這是一種友

好的表示，你應該毫不猶豫地接受。當他請你直接叫他比爾時，你應該感到十分榮幸，不要大驚小怪，或露出一張咬了一口酸檸檬的嘴臉。美國人表達友誼的方式就是直呼其名。

和德國人相比，美國人更富有企業家精神。他們總是展望未來，積極規畫人生，這也體現在與他人的交際往來中。專家研究表示，美國人和一個陌生人見面平均五分鐘之後（有些專家認為是三分鐘），他就會擬定出一整套繼續交往的方案。例如：週末共進午餐；邀請你去他在懷俄明州的家中度假數月，而且你可以攜家帶眷一起去，他家有六個帶浴缸的浴室，也有給寵物住的地方。哈哈，先別高興得太早，比爾對剛才遇見的那位小姐也發出了同樣的邀請。

這只是他放出的一個探測氣球罷了，並非正式邀請。就像耶穌對撒種所做的比喻：大部分的種子落在石子地上，只有少數落在肥沃豐潤的土壤中；而落在土壤中的種子才會發芽。如果你在談話之後馬上訂了飛往懷俄明州的機票，那未免也太早了一點。然而比爾會感到很開心，如果你顯得很配合的話。所以，你要表現得積極一點，就好像你們兩個已是可以攜手共創美好未來的朋友。向周圍散播一些歡樂的氣氛吧！幽默一點！開個無傷大雅的粗魯玩笑，如果你嫌它太「粗」的話，就用自嘲的「砂紙」把它磨平。

另外，美國是「夫妻的國度」。他們比德國人早結婚，而且離婚之後再婚的速度也比德國人快。不結婚的人通常容易會被認為有同性戀傾向。因此，在邀請美國人的時候，一定不要忘記邀請他的伴侶，同樣地，在一般的交談中也要提及並問候對方的家庭。

值得注意的是：第一次見面介紹的時候，只有男人握手。如果你看到一個美國人吃飯時先把整塊牛排切成小塊，然後把刀子放在一邊，右手拿叉子進餐，而左手卻撐在桌子底下的膝蓋上，請不要感到奇怪，因為他隨時準備用左手拔槍。

大不列顛

如果你認為英國人和美國人因為都說英語，所以很相似，那你就大錯特錯了。事實上，在有些方面，他們甚至是完全相反的。

首先，英國歷史悠久，所以什麼都注重傳統，因此有些非理性。比如名稱，

我們通常會說英格蘭（England），指的就是大不列顛，然而這種習慣應避免。因為如果你在一個威爾斯人、蘇格蘭人、北愛爾蘭人面前稱他們是英格蘭人，他們會生氣。這就像把一個瑞士人稱為德國人那樣，令對方反感。

事實上，英格蘭從來就沒有征服過蘇格蘭，反而是蘇格蘭的國王登上了英王的寶座而統一了兩個國家。蘇格蘭有自己輝煌的文化傳統，現代經濟學（亞當・斯密等）和歷史小說（作家有瓦爾特・司各特）都是誕生於蘇格蘭；那裡既有蘇格蘭式的啟蒙運動，還有蘇格蘭式的浪漫主義（民族詩人羅伯特・彭斯〔Robert Burns〕）。

類似情況適用於大不列顛島上另一群帶有凱爾特族印記的人：威爾斯、曼島（Isle of Man，說曼島語）、北愛爾蘭和康瓦爾（Cornwall，說一種快要絕跡的康瓦爾語）。

英格蘭人只不過是前述以外的一部分島民而已，而且已分裂成許多群體。首先，這是指不同地區有不同的方言和口音，但主要也說明了，英國社會分化為不同的階層——其實就是「階級」一個比較好聽的代名詞。與美國完全相反，英國其實是一個階級社會，畫分的標誌則是語言和口音。

德語的口音不具備上述功能，所以德國人在與英國人交往時往往忽略了這一點。在德國，方言指的是地區方言；而在英國，則意味著社會方言，透過它可以分辨出一個英國人的社會地位。

上流社會的人說的是牛津英語或「女王英語」（Queen's English），大約就是標準英語；BBC的新聞播報員說的基本上是標準英語。

在英國，只有透過兩種途徑才能學習這種英語：一是從有文化、有教養的父母身上，二是就讀公學。與美國的公立學校相反，英國的公學是私立的住宿制學校。孩子們在公學中，除了學習傳統的學科之外，還要學習如何像紳士淑女一樣進行社交。

英國人是透過言談舉止來顯示自己身分的。紳士與淑女的舉止對他們的事業與社交起著至關重要的作用。在改編自蕭伯納名劇的電影《窈窕淑女》中，賣花女伊麗莎就必須不斷地練習說話、糾正口音，以擺脫低下階層的身分，成為他人眼中上流社會的淑女。

　　儘管金錢也很重要，但是一個人的社會地位更多時候是由他們的言談舉止，而不是由錢財來決定的。所以教育在英國是非常重要的。經典的成功之路就是透過上知名的私立公學與大學來實現，例如伊頓（Eton）公學、哈羅（Harrow）公學、拉格比（Rugby）公學、溫徹斯特（Winchester）公學、聖保羅（St. Paul's）女子中學、查特豪斯（Charterhouse）公學等，以及牛津和劍橋大學。

　　因此，英國的教育系統有時會給人一種很神祕的印象，彷彿在密謀什麼似的。然而，從這些教育機構學到的模範舉止和正確口音，統治了整個企業主管層、傳播媒體高層和政界。

　　實際上，這給每一個從正規教科書中學習英語的外國人提供了巨大的機會，因為他們的英語沒有階級口音。只要再注意一下穿著和舉止，英國社會的大門就會向他們敞開。

　　然而，什麼是純粹標準的英國舉止呢？

　　在英國，貴族文化已與部分的平民文化相融合，形成了所謂的「紳士文化」。所以，英國文化的行為標準是貴族式的，其中包括：絕對的自我克制。因此，英國人給人一種冷靜、內斂的印象，人們用「緊繃的上脣」來描繪他們。

　　感情的爆發和過度情緒化，都會被視為極其失態，唯一的例外是：當女人、藝術家或同性戀者，想透過戲劇化的表演來顯示自己的錯誤，或者顯示他們其實對情緒早已駕馭自如、游刃有餘，這時才可以展露他們的感受。（當然，非上層社會的人可以充分表現出自己的感情，而且也正是如此，他們才屬於非上層社會。戴安娜就是因為不理會這些規矩，所以受到廣大平民百姓的歡迎。）

　　因此，在大不列顛，人們不是表現得很酷，就是像在演戲一樣。無論如何，絕對不能控制不住自己。這裡有一個鐵則——保持低調、不誇張、懂得藏拙，尤其是涉及到自身時，如自己的成績、自己的痛苦、自己的天賦、自己的感受、自己的偉大等，只輕描淡寫一下，讓別人相信，這些根本就不值得一提。

　　例如，他們會說：「由於評審委員的失誤，我不小心獲得了諾貝爾獎」；「感謝跑道長度測量方面的誤差，讓我獲得了馬拉松比賽的勝利」；也許是由於名字的混淆，我得到貴族的頭銜」等等。其他的表達方式會被認為是在炫耀和賣弄。

絕對禁止的是：狂妄、大肆招搖、神氣活現的舉止態度。儘管人們不願挑明，但實際上這類作為被當成典型的「條頓風格」（條頓是古時歐洲北部各族的總稱，即今天德、英等國人民的祖先）。這一偏見的形成有其歷史根源，它讓英國人聯想到德國威廉二世時代的黷武主義，德國人這種形象深深烙印在英國人的腦海中，至今難以磨滅。

　　另一條規則是：文明人要懂得幽默。這裡的幽默並非德國人理解的那種受到政府許可的大眾娛樂，如狂歡節時大街上的吹吹打打，或是電視上的無聊小品。更確切地講，幽默是一種能力，也就是會委婉地講話，拿自己開開小玩笑。它是避免自大、保持低調的一種手段。

　　幽默是一台離心器，在高速轉動中，把重要的東西從荒謬可笑中分離了出來；幽默是對付紛爭的「免疫系統」；幽默是引導人們走出矛盾與謬論的導航裝置；幽默是民主的體現，因為民主本身建立在一個矛盾的基礎之上，這個矛盾就是——We agree to disagree（我們同意，我們意見不同）。團體的協調一致性是以長期的爭執為出發點。當意識形態遭遇偏執狂，爭得面紅耳赤、殺氣騰騰時，幽默便派上了用場。它能紓解矛盾，防止局面失控。簡而言之，幽默作為意識形態的防波堤，是最佳的民主態度。

　　幽默絕對不是英國人的一種怪癖，也不是古怪而可愛的民族性的暱稱。如果說民主是一個人的話，那麼幽默就是他的外表。因為大不列顛發明了民主，所以也發明了幽默，民主正是透過幽默而深植民心的。幽默，成為英國人最為推崇的性格。

　　幽默也顯示了自我批評的能力。二者絕非缺乏自我意識的表現；相反地，它們恰恰是沉著與自信的證明，很容易在氣勢上壓倒那些內心混亂不安的人。

　　這種自信源於百折不撓的民族性，就像美國的民族性源於長期成功的歷史一樣。英國人所凝聚的集體認同，正是他們在歷次戰爭中所捍衛的價值，即：自由、民主、公平與文明。

　　這種信念也使英國人或多或少有些目空一切，他們對英國以外的東西都不感興趣，只有兩個例外：法國和美國。因為，在英國人眼中，法國人是他們在文明競爭中唯一可敬的對手；而英國人看美國人就像是城市貴族看到了鄉村的富裕農

民；或者說，那是操著一口奇怪英語、能教人開心的滑稽人物。

對德國人來說，英國人總是抱著陳年舊事不放，精心地維護那塵封於歷史中的記憶。因此，他們解決事情有時候會重傳統輕現實。對於英國人來說，兩次世界大戰是大不列顛的英雄史詩（英國是兩次大戰中唯一沒有被征服的歐洲國家，所以英國人特別願意提起這些戰爭，以顯示其卓爾不群）。當然，他們念念不忘的還有手下敗將，被視為野蠻人的條頓對手（指德國，因為條頓精神是德意志民族的特徵之一）。

柴契爾夫人的作風就因為帶有條頓的威權色彩，所以英國人送給她「母雞阿提拉」（Attila the Hen）的綽號（源於匈奴阿提拉〔Attila the Hun〕，阿提拉是匈奴人的王）。

而這種稀里糊塗自嘲式、抱著陳腔濫調不放的態度也是英國式幽默的一部分。對此，人們不要太認真。

由此總結出人際交往**第三定律**：與英國人交往時，將優雅的風度與自我克制融為一體，避免任何情緒化以及內心感受的直接表露。如果你想表達正面的感受，那就在結尾添加一點自我嘲諷，或是做出戲劇性的誇張效果，表示一切都在掌控中，或是用不著認真看待。

千萬不要招搖賣弄，一副神氣活現的樣子，那會把自己搞得很可笑，而且最討厭的就是那些自以為是的人，所以任何的自我表現都要謹守「低調」的原則。做報告時，要先來個幽默的開場白，例如：「對不起，我用這無聊的討論盜取了大家的時間。」無聊是各種「違規」項目中較為溫和的。

擁有幽默感，表示你已達到文明的最低標準，可以進入社交俱樂部了。但是身為外國人必須接受的一個現實是：俱樂部的成員資格並非終生制，隨時隨地都有可能遭到取消。因為，英國人認為，人難保不會突然失去理智而抓狂。面對這種懷疑，如果你能輕鬆以對，並且毫不費力地遵循遊戲規則，並適時展現魅力，博得好感，你就有機會被接受。

法國

與諸侯割據的德國相比，理性的法國選擇了中央集權的形式。如果你想對此

有一個直觀的認識，那麼請看一看凡爾賽宮的花園，以及從四面八方通向凱旋門的林蔭大道。理性主義像太陽一樣散發出萬丈光芒：站在中央點可以將全景盡收眼底；而所有的視線又凝聚成束，從四面八方匯聚到中心來。

　　法國的中心就是巴黎，巴黎對法國的意義遠遠超出一般意義的首都，它是民族的大舞台，而這正是德國所缺少的。它不僅能夠反映出國家和民族的精神面貌，而且還決定著國家和民族的命運。這裡孕育了讓整個法蘭西民族仿效的行為文化，它是都市化的文化，推崇老練文雅、衣著光鮮、善於交際的作風。與英國相比，它顯得極其裝腔作勢、重表面功夫、並且強調形式。

　　法國是第一個發明中央集權管理的歐洲國家。（→歷史）法國大革命所完成的不過是黎塞留所開創的事業而已，那就是：把法國變成讓其他國家亦步亦趨、唯馬首是瞻的標準模範。

　　在中學教育體系也是如此。法國實行全國統一的中學畢業考試，以同樣的試卷，在同一天舉行考試，稱之為Bac（Baccalauréat的簡稱）。這確保了中學教育的知識水準，當然，也規範出文學教育的典籍。

　　法語本身也經過標準化。就像巴黎統治整個國家一樣，法國科學院（Académie Française）對法語制定了一套「核心語法」，頒發公告指出哪些是正確的，哪些是不正確的。二十世紀末時，他們的主要任務是針對英語外來詞，如computer（電腦）、hardware（硬體）等的入侵，進行防禦戰。

　　藉由比較就會發現，法國人非常重視陳規俗套。在德國人看來稀鬆平常的事，在法國人的行為模式中都有一套規範。法國人會不厭其煩地教導孩子學習各種禮節，日常交談中便充滿了下述的客套話，例如：merci, mon cher（謝謝，我親愛的）；s'il vous plaît, madame（請，夫人）；bonjour, monsieur（你好，先生）；excusez, mon ami（對不起，我的朋友）；au revoir, mesdames（再見，女士們）。

　　這些客套是必不可少的，如果你不說，就顯得你是個野蠻人。在每一句客套話中，都必須稱呼對方。只說「你好」根本就不夠，寧願省略「你好」也絕對不能漏掉先生或夫人的稱呼。比如說，當你走進一家麵包店，你可以用一種簡化的方式——Messieursdames！跟老闆和店中其餘人等打招呼。Messieursdames是

由Messieurs（先生們）和Medames（女士們）這兩個詞的組合簡化而成。

　　就這樣，持續散發著客套之光的太陽溫暖了法國人的日常生活，它讓世界變得明亮，人的情緒為之高昂，整個社會如沐春風。它是如此地自然而然、順理成章，就像空氣之於呼吸一樣，法國人的生活需要這種暖洋洋的氣氛。當太陽突然被烏雲遮住，就會讓人感覺不舒服、渾身不對勁。

　　因此，如果你想和法國人打交道，就必須學習這些客套，只在學校裡學一些基礎的法文知識是完全不夠用的。況且，法國人自詡為「語言貴族」。他們認為，法語是語言發展的頂峰，是唯一能既清楚又高雅地表達思想的語言。因此，法語才是唯一值得開口說的語言。他們以一種混合了同情與遷就的複雜心情，來看待那些滿口野蠻地方話的人。德語對他們來說就是一種嘰哩咕嚕的鄉下土話，很適合表達德國人的陰鬱、瘋狂與偏執——上帝保佑，法國人可和它一點都沾不到邊！

　　所以若想得到法國人的尊敬和欣賞，就必須能說一口語法無誤、發音準確的法語。對德國人而言尤其重要的是，發音一定要清晰明朗。任何夾帶德語口音的嘰哩咕嚕都會讓法國人產生德國再次入侵的感受，彷彿法蘭西民族最神聖的寶物被玷污了，連帶地他們自己也遭到虐待與摧殘。

　　如果你法語講得很爛，最簡單而有效的辦法就是背，背一段在許多場合都能派上用場的法蘭西美文，並且一有機會就脫口而出。也許你的聽眾會感到詫異，因為好像有些答非所問，但是至少他會覺得：不錯，孺子可教也。

　　當然，客套的形式取決於雙方的信任度、熟悉度，以及社會地位的差異。和德語一樣，法語中也有「您」（vous）和「你」（tu）的區別。交談時，雙方會視情況決定用尊稱的「您」或一般的「你」。法國人用您的場合比德國人要多得多，有些夫妻之間也用您；在某些家庭中，孩子對父母也用您來稱呼。

　　酒肉朋友、好夥伴之間勾肩搭背的親密舉動，在法國人眼中是不得體的，且不受歡迎。建議你把建立這種親密關係的主動權交給法國人，因為法國人很講究客套，所以如果你隨隨便便就與他稱兄道弟的話，對方會覺得不受尊重。

　　因此，在講話中應盡量多用華麗的詞藻，法國人在這方面的要求遠遠高於德國人的標準，當德國人覺得已經客套到了肉麻的程度時，才剛好達到了法國人禮

貌的最低標準。例如，法國人會在信尾署名寫道：「帶著最熱切的問候永遠忠實於您，我親愛而仁慈的某某女士，您溫順的僕人某某某。」這在德語中顯得過於殷勤，但是在法語中卻很尋常，如果說得少的話，對方還會覺得你很冷淡。

在政治領域和公共場合，法國人更強調修辭的華麗。與他們形成鮮明對比的就是英國人。英國通行的是「低調」原則，而法國則籠罩在「高調」之中。在奉行自我克制原則的英國人和強調貨真價實的德國人眼中，法國人的慷慨激昂顯得有些可笑；若將它轉譯為英、德的文化符碼，那就彷彿是通貨膨脹中貶值的紙幣。然而，要登上法國社會這個大舞台，首先必須通過修辭的檢驗，而慷慨激昂會使你的表演更加出色。

雖然德國和法國在政治上已經聯姻，但是德國人仍牢記自身文化認同的淵源，它誕生自推翻法國文化主導的解放運動。因此，德國走上與法國相反的道路來構建其文明：以神祕主義代替理性主義；用感覺代替理智；用誠實可靠代替高雅的舉止和華麗的表演。

對德國人來說，把「做戲」理解為符碼是很困難的。「做戲」意味著自我與角色之間有距離；「做戲」是為了讓別人理解自己的一種表演，為此也要考慮他人的感受，不可將自己的感情衝動以一種不加掩飾的方式表現出來，從而傷害到別人。因此，「做戲」是一種禮貌。

「風度」這個詞的原意為舉止風格。沒有風格就沒有文明。與德國這個「真實可靠之鄉」相比，法國更強調風格與風格化。他們不會像德國人一樣，認為這是一種異化，也沒有哪個法國人會將語法上的統一視為奴役，目的是為了服務大資本家，就像六〇年代曾在德國發生的情況。與德國人相比，法國人在社交往來中，對於討人喜歡、魅力四射、風趣、高雅、殷勤抱有更高的期望（絕非巧合，德語中這些詞彙幾乎都源於法語）。

每個人都知道，法國是倡導高雅生活、精緻生活的國家。這表現在他們陳設有致的廚房和優秀的餐館文化上。法國也是一個重視家庭的國家，家庭成員之間的親密聯繫和排他性比德國要強，因此家庭是一個獨特的領域。基於此點，法國人很少邀請別人到家裡吃飯，他們更樂意請人上餐館。如果法國人邀請你到家裡來，那表示他對你非常信任，所以你要格外重視珍惜。

因此，針對法國人我們得出人際交往**第四定律**：

盡量去說體面、修辭華麗、發音純正的法語。在問候、道歉、告別以及其他一切社交辭令中，千萬不要忘記稱呼對方為某某先生或某某女士。在日常生活的所有社交往來中，不放棄任何一個展示小小禮貌的機會，哪怕是和陌生人的短暫接觸也應如此。

在法國，對禮貌、和藹可親以及相應的修辭標準比德國要高得多，而且也較僵硬。德國人覺得過於誇張的表達方式，法國人聽來很順耳，因為雙方對於「做戲」概念的理解不同：德國人認為它是一種扭曲的形式；而法國人認為它是善於社交的人為維護自身的獨立性而做出的妥協，也是對於公眾的尊重。它值得人們去欣賞，沒有人會認為那是虛假做作。

「做戲」是社會「角色扮演」這場大戲的一部分，在法國，對於演技與風格意識的要求比較高。演技嫻熟的「演員」讓人覺得與他相處是一大享受，這正是所謂「懂得生活」（savoir-vivre）的基本條件。所以，在法國人眼中，任何有益於社交的美德，都會得到極高的評價，例如風趣、能說善道、出口成章，社交辭令應付裕如，對於所有的談話藝術了然於胸、揮灑自如。

西班牙和義大利

這兩個地中海國家有兩個極其重要的共通性：它們都是未經宗教改革洗禮的天主教國家；它們都在現代化的競賽中落後，儘管起跑時衝第一。因此，在某種程度上，他們仍保留諸多傳統特色。西班牙這方面的表現尤為突出。

首先，必須把西班牙分為幾個不同的地區來考察：

從庇里牛斯山脈到地中海北岸，包括首都巴塞隆納，稱為加泰隆尼亞（Catalonia）。它有自己的地區認同和語言，在通往民主的道路上曾進行過轟轟烈烈的自治運動，並讓加泰隆尼亞語成為獨立的語言且得到認可。

加泰隆尼亞自治區的工業化程度，比西班牙其他地區明顯高得多，在這裡也能強烈感受到歐洲啟蒙運動的傳統。西班牙內戰時期屬於共和派，所以感覺上比較接近歐洲國家，並且積極參與了歐洲藝術的發展。尤其，巴塞隆納是當年引領歐洲「青春藝術風格」（1900年前後）的國際大都市。

除此之外，位於西班牙西北部、葡萄牙北部的加利西亞（Galicia），也是獨立的語言區，講的是加利西亞語。在西班牙北部、與法國接壤的地方，比斯開灣（Vizcaya）和吉普斯夸（Guipuzcoa）地區有一個民族，他們以其獨特的小軟帽和恐怖組織艾塔（ETA）聞名於世，他們同樣有自己的語言，不過與印度日耳曼語毫無關係[1]，他們是巴斯克人（Basque）。

然而，西班牙的心臟地帶是卡斯蒂利亞——卡斯蒂利亞人的王國。（→歷史）從這裡開始了對穆斯林的反征服，此地區的文化與語言也影響了西班牙。

整體來看，西班牙從來沒有發展出強勢的市民階層，有錢的猶太人都被趕出了西班牙。相較於其他地區，西班牙的行為文化更明顯是由貴族所主導。然而，貴族是藉由與那些掙錢糊口的行徑保持距離，以顯示其生活方式的優越性。因此，西班牙人所推崇的形象就是：悠閒自在、喜好宴樂、熱愛交際、注重業餘嗜好。在西班牙，人是獨立而自由的，不做物質生活的奴隸，也不會為了生活而操勞奔忙。

這種生活態度讓他們極為崇尚榮譽。榮譽是公眾所認同、帶有貴族色彩、屬於男人的榮耀。它包括：光明正大的男子漢尊嚴、待人接物慷慨而熱情、喜歡呼朋引伴、遇事果斷而勇敢，並散發出陽剛之美。怕老婆的名聲、陽痿的傳言，或者被老婆戴了綠帽子的嫌疑，都與膽怯一樣，和榮譽無緣。喪失榮譽的男人是無臉見人的。

因此，無論是在西班牙，還是在義大利，幾乎每天都可以看到令大多數北歐人豔羨的一幕：在下午的某一時刻，反正是在午睡之後，年輕的男人挽著女伴，有家庭的就在妻小的陪伴下，或是在城市的廣場上散散步，或是聚在披薩店中閒話家常，向大家彰顯自己。他們穿著假日的盛裝，表現得帥氣爽朗、無憂無慮，目的是要消除一切關於公司破產、婚姻不睦、家庭紛爭的謠言。他們要向眾人展示，自己的榮譽仍然完美無瑕。

所以，像義大利和西班牙的地中海天主教國家又稱為「羞恥社會」，有別於歐洲北部清教徒的「罪責社會」。在羞恥社會中，榮譽還活著。它以傳統的兩性

1　印度日耳曼語，即印歐語，是一個古老的語種。大約在西元前3000年末開始分化，派生出方言，分布在從印度到冰島的遼闊地區。

角色分工為前提，因為榮譽與男子漢形象是密不可分的。因此，人們很容易從穿著打扮中分辨出西班牙和義大利男人，他們往往是西裝革履，絕對不會穿著邋遢的短褲和拖鞋，或者是其他可怕的東西在街上亂跑。

如果你想理解這兩個天主教國家的話，必須考慮到他們貴族式的男子氣概。這或許可以解釋他們在處理時間上的「大方」，以及對於約會或工作計畫的善變，因為他們不想讓自由受到工作和生意的限制，不想讓自己變成計畫的奴隸。相反地，只有隨機應變才能證明自己是工作的主人。

如果今天的事情沒有完成，有什麼大不了，延到明天好了，明天不行就後天啦，反正我們有的是時間！況且，如果不把事情推到將來，那將來要幹什麼？將來不過是一間儲藏室，所有不利於此刻享受的東西都可以扔進去。只有眼前才是實在的，及時享樂吧！「什麼，您今天要來拿車？可是昨天我和朋友米古爾見面，我要帶他去參觀我的別墅。明天吧，您的車明天一定能修好。」

在義大利，這種對待時間貴族式、獨立自主的作風，也許不像在西班牙所表現的那麼普遍和徹底，不過那裡同樣十分重視男人的榮耀。

於是得出人際交往**第五定律**：

德國人尤其不應該把西班牙人和義大利人對待時間的「慷慨大方」，視為一種不講信用、不可靠的表現，不要用自以為是的標準去衡量地中海國家的生活態度。不守時並不是沒有能力掌控時間，而是一種自由的表現，是拒絕按照計畫過死板生活，是為了維護隨性而為的天賦。他們心目中的最高價值不是奴隸般地遵循每日或每週的進度表，而是追求自由與自主，讓生活過得優雅而有尊嚴。

因此，在與西班牙人或義大利人打交道的時候，你不能板著臉，一副在生氣的模樣，這只能證明你不是自由的（因為你不敢想發怒就發怒）。在某種程度上，榮譽也與態度舉止相關，所以如果你失態的話，就會名譽掃地。

在這方面，西班牙的尺度比義大利更嚴苛。在義大利你可以發怒，只要你能以某種優美、富有感染力、戲劇化的形式來表達你的怒氣，給在場的人製造些消遣娛樂，或者讓他們感到震撼即可。若是緊繃著臉，半真半假地賭氣，讓別人搞不清楚你到底要發火還是會消氣，這種態度是非常不受歡迎的。

義大利人喜歡扮演的角色不是很有威嚴，就是多愁善感，他們大概是參考了

義大利歌劇的風格來塑造自己的形象；而西班牙人則是貴族式的，他們推崇一種尺度比較嚴格、莊重而優美的風度，就像弗朗明哥舞蹈中那種有節制的力度，或像是西班牙鬥牛士的矯健步伐與迷人身段。

這些都與西班牙高度發達的形式美感有關，這也讓西班牙成為一個非常吸引人的旅遊勝地。如果你想打動他們的心，那麼你就應當表達出你的感受：你驚歎於他們的高雅、莊重、優美、大方；他們的表達藝術讓你著迷；你要向他們在形式美方面的直覺以及優越穩健的貴族風範，獻上深深的敬意。

下面介紹的三個歐洲國家——奧地利、瑞士與荷蘭，屬於同一個特殊範疇，它們都是德國與其他國家之間不同方式的折衷（荷蘭與德國的相似度沒有前兩者那麼大）。因此，它們與德國之間都存在畫清界線的問題。結果，他們的表現就像一些功成名就的男人，深恐自己的聲譽受到家族中某個「殺人放火之徒」的影響，而一再強調自己與那人毫無親緣關係，企圖清楚分割。

奧地利

奧地利人存在嚴重的身分認同問題。然而，他們的問題其實也是德國人的問題，因為奧地利人實際上是德國人。這句話真的沒有什麼太大的錯誤。奧地利人一直都是德國人（德意志人）——無論如何，直到1870年是如此；1918年，他們獨立了出去；而1938年，在老鄉親希特勒的幫助下，奧地利人又變成了德國人；直到1945年，他們才發現自己原來是奧地利人，和德國人沒有半點關係。

這樣的想法當然會製造割裂並導致矛盾。最後，奧地利人甚至還必須否認以下幾點：哈布斯堡家族長期以來是德意志皇帝（具體地說是「羅馬皇帝」）；維也納是德意志民族神聖羅馬帝國的首都（如果人們能把皇帝住的地方稱為首都的話）；直到第二次世界大戰結束之前，沒有人會認為奧地利人和德國人有什麼不同。他們很難明顯有別於其他的德國人，因為長期的政治割據，德國人分裂為很多種，如巴伐利亞人、普魯士人、萊茵人、施瓦本人等。

1945年以後，奧地利才和德國分道揚鑣。畢竟，奧地利並不想背負那些無恥行徑的罪責，且為其懺悔。因此，他們扮演起德國的頭號受害者，即在1938年以

一種所謂「合併」的形式，遭到殘暴血腥的敵人占領與蹂躪。儘管這種自我定義是對歷史的扭曲（事實上，他們曾夾道歡迎這次「占領」；而且，在奧地利，反閃族的放肆行為既殘忍而且普遍）。其實，這種心態是可以理解的，基本上表明了他們對此感到羞愧萬分。

因此，奧地利並不像德國有「面對歷史的問題」，所以也未曾展開過反權威運動。

於是，奧地利是所有德語系國家中，唯一一個深受帝國宮廷文化和首都維也納的影響，仍保留著貴族氣質的「美好社會」。而且，奧地利在對抗拿破崙的民族解放戰爭中，也沒有和德意志其他地區並肩作戰。因此，在他們的自我意識中，並不是那麼排斥法國。在二十世紀七〇年代，他們也沒有參與反權威運動，這是一場反納粹主義的文化革命。

結果就是：奧地利人的行為還保留著傳統的文明性；男人也比德國的可愛得多；他們也沒有德國人的固執與神經質，所以他們會改變歷史的記憶，以適應當前的需要。簡而言之，他們根據偉大同胞佛洛伊德的理論，拚命忘卻往事，壓抑記憶，並獲得了令人振奮的成果。他們當然可以這麼做，因為如果他們想知道自己忘記了什麼，只要越過北疆瞧一眼被噩夢糾纏的「老大哥」就行了。

關於如何與這樣一位親戚交往，我只能給德國人如下的建議：如果你想與他爭執的話，那麼就把他當成親人對待；如果你想與他和睦相處的話，就要遵循社交禮儀，視他為一個有教養的陌生人。

唯有一點你絕對不能做，就是把奧地利人當成一個滑稽的德國鄉下佬，好像他們還沒有完全進化到「德國標準」似的。儘管帶有奧地利口音的德語聽起來令人想笑，但只有極少數的奧地利人會承認自己是專業的滑稽演員。如果人們用這種眼光看待他們的話，他們會覺得受到了侮辱。

瑞士

與奧地利人不同，瑞士人有足夠的理由，為他們的歷史與特殊發展道路感到驕傲。他們為了捍衛自由英勇奮戰，享有「不可征服」的美譽，並將瑞士建設成一個多元文化、獨立而民主的國家。

同時，瑞士還是一個地方主義與國際魅力相結合的複合體。它國際魅力的來源是：瑞士人講三種語言（德語、法語、帶有一點瑞托羅曼語〔Rätoromanisch〕口音的義大利語）；瑞士的國際飯店業很發達；而且瑞士是許多國際大機構的聚集地，例如：世界銀行、國際聯盟總部、紅十字會（由瑞士人創立）等。

　　瑞士在近代史上是一個非常幸運的國家，它沒有加入歐洲自我毀滅和大屠殺的行列。因此，瑞士人沒有德國人的精神創傷、固執和神經質。儘管如此，瑞士現在也遇到名譽上的小小危機，因為瑞士銀行幫人洗錢，協助納粹分子侵吞猶太人的財產。但這不過是一場輕微的感冒而已，它之所以引起大眾側目，主要是因為瑞士過去一直擁有模範生的好名聲。

　　不同於奧地利帶有貴族背景的文化，瑞士是一個非常平民化的國度。雖然在宗教信仰上是混合的，但是在文化上帶有濃重的新教色彩。瑞士的大城市是歐洲新教運動的堡壘，例如蘇黎世是宗教改革開山鼻祖之一慈運理主義的中心；巴塞爾（Basel）是宗教改革的要地；日內瓦是喀爾文主義的世界重鎮。這讓瑞士成為新教主義、中產階級，以及民主政治傳統的綜合體。它給人一種感覺，如果德國一開始就走上現代化的民主道路，今天應該也會是這個樣子。

　　不過，瑞士現在卻出現了一個矛盾。與德國不同，在瑞士不存在民主的證據危機，也就是說，人們不用去證明其民主的正確性，因此，在許多方面似乎也不必花費精力去維護民主了。在瑞士，個人資料的安全性沒有得到嚴密的保障；政府的活動也經常是不透明的；沒有人知道聯邦議會的成員或是政府官員到底有哪些人；安全與調查機構從事不為人知的勾當。其實，除了政府管理上的不透明以外，瑞士與英、美國家並無二致；它所展現的是一種老式、自信的民主。

　　因為現代一系列恐怖事件沒有降臨到瑞士人的頭上，所以我們很容易把他們那種堅定、平民式的自信和老法蘭克人（日耳曼蠻族部落）的我行我素混為一談。之所以產生這種錯覺是因為，瑞士德語有時聽起來像口音很重的方言，不過有時對德國人而言又是一種根本就聽不懂的特殊語言。

　　瑞士德語是一種阿雷曼方言，就像亞爾薩斯語一樣。它比低地德語更接近高地德語，（→歷史）而中世紀德語詩人福格威德（Walther von der Vogelweide, 1170-1230）用中高地德語創作的詩歌，以瑞士德語來朗誦，比用現代高地德語（即

現代標準德語）聽起來更優美。瑞士德語又還有許多區域性的差異，例如：在蘇黎世和伯恩就有明顯的不同。然而，這些僅是在口語方面，書面統一適用標準德語。

不過近年來，隨著瑞士德語越來越常出現在報章媒體中，口語與書面文字呈現統一化的趨勢。結果是：在正式的公眾場合中，如課堂、演講、國會辯論等，標準德語漸漸讓位給了瑞士德語。無形之中，瑞士和德國之間的距離感就進一步拉大了。

基於本身的歷史背景，瑞士人無法理解德國人為何在反權威的文化革命中，徹底拋棄了所有中產階級的優秀品質，過去那曾經是德意志民族引以為傲的美德，現在僅存於瑞士了，例如：規矩正派、熱愛秩序、乾淨整潔、學究氣質、執行任務時的信賴可靠、生產器械時的精密準確等，瑞士人的標準都遠遠高於歐洲平均水準，還包括對於規範與準則的堅信不移。

正是因為相似度高，卻又擁有完全不同的歷史，瑞士人和德國人在溝通時一不小心就會踩上誤解的地雷。

只有一點讓瑞士人略感自卑，那就是德國人的標準德語講得比他們好。其實，他們在語言方面的才能比德國人優秀得多；他們同時講兩種流利的德語，並且擁有三種母語。一切的一切都證明了，他們是更優秀的德意志人，所以他們不再這麼稱呼自己了。

荷蘭

如果把奧地利和瑞士比喻成德國的小妹妹，那麼荷蘭就是德國最親的表哥。如果德意志人當初沒有選擇高地德語，而是以低地德語作為標準來推廣的話，那麼今天荷蘭在語言上所扮演的角色，就相當於瑞士。荷蘭語則是從法蘭克方言演變而來的。

荷蘭有許多地方與瑞士相似，它透過1648年締結的「威斯特法倫和約」，而從德意志分離出去，主要是因為荷蘭的貿易孕育出一種新教激進式、民主的資產階級文化。十七世紀時，荷蘭是歐洲的強國。值得驕傲的是，它還是文化、書籍製造以及「族群包容」的中心。歐洲的異教徒和受迫害者都逃到荷蘭去，猶太人

在荷蘭受到的待遇最好，此外，幾乎沒有哪本引起爭議的書在荷蘭是不准印刷出版的。

在納粹占領時期的通敵行為，給荷蘭造成的精神創傷是如此之深，以至於許多荷蘭人回首往事時，有一種遭到收買賄賂的感覺。他們相信，是德國人偷走了他們的優秀品質。因此，荷蘭是德國的歐洲鄰居之中，情緒受德國戰時無恥行徑影響最劇烈的國家（二次大戰中，曾有許多荷蘭人積極地支持納粹）。

奧地利、瑞士和荷蘭，這些國家的好名聲是建立在與德國畫清界線的基礎上。唯有認識這些歷史條件，才有可能相互理解，而不會總是那麼敏感。因為德國與他們之間的關係，不僅取決於德國怎麼對待他們，也視他們是如何看德國的。如果他們認為正因為與德國之間的近親關係，而有必要刻意疏遠、保持距離以自清的話，德國人應當予以尊重，畢竟我們之中也有很多人想仿效他們這麼做的。

這讓我們陷入矛盾中，並左右了我們的行為模式。因為別人這樣對待我們，如果我們自己也承認與他們不同，畫清界線，這樣的親戚關係就變得一文不值、名存實亡；然而，恰恰是因為我們這麼做了，我們也和他們沒什麼兩樣，於是又成為實際意義上的親戚。

因此，瘋狂的懺悔並不受人歡迎，奧地利人覺得很難堪，瑞士人覺得很丟臉，而荷蘭人認為這種懺悔是虛偽無恥的，只是為了激怒他們。然而，與瘋狂懺悔截然相反的做法又絕對行不通。如果我們仍以老腔調說話，馬上會遭到嚴厲譴責，儘管大夥私底下仍對我們張開熱情的雙臂（由於經濟合作等原因）。不可否認，他們需要透過對比來樹立自己的良好形象。

這個矛盾是無法解決的，我們德國人不要執意去改變什麼，只能忍受。因為，並不是因為別人的掌聲，我們才擁有一個民主法治的國家，而是出於自己的信念。而且，也唯有這麼想並這麼做，我們才能贏得別人的掌聲。

智力並不代表一切，人還要有創造力。

智力、天賦與創造性
Intelligenz, Begabung und Kreativität

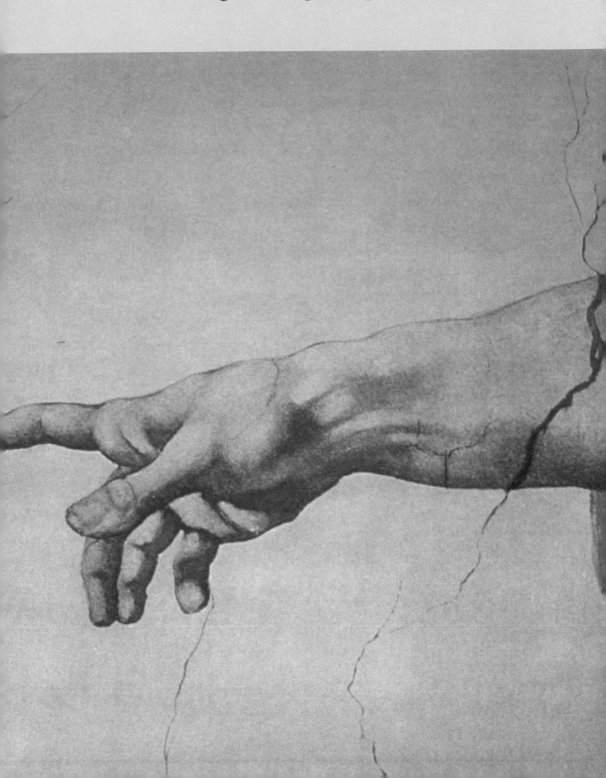

智力、天賦與創造性
Intelligenz, Begabung und Kreativität

　　我們的思想是如何作用的呢？

　　探索大腦的神經生物學、智力研究以及認知科學，這些目前很時髦的科學研究漸漸勾勒出一幅清晰而生動的圖畫，並解釋了智力的原理。

　　其核心想法是：我們的大腦是個封閉的體系。

　　舉個簡單的例子，就像蟻群不僅是單隻螞蟻的集合，文章並非單一字詞的組合一樣，大腦的特徵也無法透過各個組成部分的特徵解釋得清楚。

　　與上述例子類似的是，美國大腦研究專家馬文‧明斯基（Marvin Minsky）在《心智的社會》（*The Society of Mind*）一書中，把大腦比作一個政府機構，它有特定的部門、領導管理、組織結構以及行政程序。而各部門本身，就像現實世界中的官僚機構那樣——完全沒有思想，只接受並執行上級下達的指令。當各部門合作無間，才能導致意識的湧現。

　　在「心智的社會」中，運作的方式如下：當一個人聽到「請拿點雞蛋布丁吃吧」這句話時，「布丁聚合物」便啟動了，它是向其他部門傳遞訊息的信使，把負責尺寸、形狀和色彩的各個部門從睡夢中喚醒。「形狀部門」對命令做出的反應是，發出信號，顯示布丁的形狀是「不透明的膠狀體」；「尺寸部門」發出的信號是「碟子般的大小」；「色彩部門」發出的信號是「雞蛋黃」。於是，對於這道美味甜點的想像順利完成了。

　　這時，「請拿」的要求啟動了「辨識部門」所領導的一套組織複雜的代理機構。「辨識部門」不僅要接收外部圖像，還要對其他部門的狀態進行加工。因為甜點布丁的形象已經存在，所以這時「辨識部門」只要去尋找符合這個形象的物體即可。一旦發現目標，它就會出現一幅「示意圖」，顯示布丁所在的位置。之

後，「拿取部門」得到「辨識部門」發出的指令而啟動，它接下主控權，並依循示意圖對相應的肌肉組織發布行動命令。

　　這個例子所顯示的只是最高管理階層的協調運作，跟現實世界常見的情況一樣，下面的業務部門、辦事員和祕書的工作全被忽略了，儘管沒有他們是無法處理事情的，但是他們的行為本身並不具備思想；下層專業人員只是遵照遺傳密碼編好的程式來運作；這些又是複雜的管理系統賴以建構的基石。只有當所有環節共同作用時，才能產生「心智」。這種分工方式讓思考必須動用心智的全體機智，當最高管理階層的溝通順暢無誤時，整體的功能才能徹底發揮。

　　在心智的社會中，是透過語言、感覺和意識的參與來進行溝通的。這同時也意味著，在下層所發生的一切是默默無聲的。所以，我們不需要想，就能走路；不需要想，就能思考。最高層的部門透過把複雜的想法轉化成相對簡單的語言形式來進行溝通。因此，意識是對下屬機關的控制，並且以語言的形式再現。

　　如果部門之間發生衝突，「感覺」就會跳出來協調，以保障組織的正常運行。在這種情況下，「獲勝者」是仗著「感覺上的優勢」來戰勝對手的。（如果你又渴又餓，面前放著一杯水和一個包子。這時是先喝一口水，還是先咬一口包子呢？答案很簡單，就看是渴的感覺大，還是餓的感覺大了。）但是，「自我」並不是一位高高在

● 我們不需要想，就能走路；不需要想，就能思考。

上、神一般的控制者，而是一個在心智社會中起穩定作用的部門，它能防止這個官僚機構過於頻繁地變動組織架構。沒有「自我」，心智就不可能克服困難，達到既定目標。

　　這個模型的關鍵在於，大腦中只有極少的部分能直接感受外界刺激，它大部分的活動是在接收自身的刺激。這恰好也與現實中官僚機構的運行機制相符，大多數情況下，它都在處理自己產生的資料、檔案、通報流程和內部信件。因此，大腦會將外部刺激視為一種干擾，只有在經過內部進一步加工後，才會形成可辨識的特徵。因此，只有百分之二的腦容量在處理直接的外部感受，而百分之九十八則用於內部加工。

智力與智商

「大腦的大多數活動是在進行自我觀察」，這個事實讓人進一步提出假設：智力的高低與記憶力有關。只有儲存量很大的人，才能充分支援大腦的內部加工。事實上的確如此，許多專家聲稱，他們研究過的神童都擁有超乎常人的記憶力，不管後來是成為演員、數學家、作曲家還是小提琴演奏家等等。

當然，關於特殊天賦的研究引起了相當大的爭議。早期有義大利醫生兼犯罪學家切薩雷·龍布羅梭（Cesare Lombroso, 1836-1909），他在《天才與瘋狂》（*Genio e follia*, 1864）一書中討論了天才與瘋子之間的密切關聯。

美國的研究者以較客觀的方式駁斥了龍布羅梭的觀點。他們先找出智力的組成部分，並提出了一個綜合指數——智商（IQ），以此來衡量人的智力。以平均智商100為界線，智商在100以下者為較普通的人，而智商在100以上的則是社會中較聰明的另一半人。它的分布曲線是完全對稱的，所以又稱為「鐘型曲線」。赫恩斯坦（Herrnstein）與莫瑞（Murray）合著了一本極具爭議的書《鐘型曲線》（*The Bell Curve*, 1994），討論了天賦的遺傳性。

測出智商的方法是讓人完成各種類型的題目，包括概念歸類、數位排列、幾何圖形組合、詞彙記憶、空間想像力等。測驗標準是根據「比西量表」（Binet-Simon）設定的。智商有130的人具有優異天賦，達到140的人已近乎天才，不過為了避免過於誇張，或是讓人產生天才與瘋子的聯想，現在大多稱之為「資優」。

那種認為資優與瘋狂僅一線之隔的觀點，早在上個世紀二〇年代就經科學家透過實例研究而徹底否定了。美國的天賦研究者推孟（L. M. Terman）首次對智商超過140的人進行了長期的追蹤研究，結果他發現：大部分高智商者表現出比一般人更強的生存能力，心理上更穩定，甚至在身體上更健康。於是，天才便在某種程度上凡人化了，原本籠罩著他們的耀眼光環逐漸褪去。

然而，對於IQ的討論仍如火如荼。「IQ在很大程度上是天生的」，這一發現引起了尤為劇烈的反應。這給教育的理想主義者澆了一盆冷水，因為只有當人們相信，「智力主要取決於社會環境的影響」，才會希望藉由教育來增長智慧。畢竟這種想法能卸下所有不怎麼成功的人的心理負擔——不是我們缺少天賦，而是

環境太惡劣的緣故，讓我們在競爭中無法發揮自己的才能。

因此，當六〇年代末期（也就是學生運動中期），傑森（A. R. Jenssen）和艾森克（J. Eysenck）公布「智商百分之八十來自遺傳」的研究結果時，馬上招致媒體和大學的強烈抗議。情況甚至嚴重到，當艾森克在倫敦經濟學院演講時，竟然遭到人身攻擊。

此外，艾森克並追述了西瑞爾·伯特（Cyril Burt）的研究。伯特是智商和雙胞胎研究的先驅。他透過對不同環境中長大的雙胞胎的研究發現：儘管他們在迥異的環境中長大，成年後的智商卻相等。人們從心理上很難接受這一結果，於是指責伯特的資料做假，當證據顯示一切無誤時，他們仍不肯輕易放手。

等到赫恩斯坦與莫瑞發表《鐘型曲線》時，類似的情況再次上演；更有甚者，研究智力人口統計分布的福爾克·魏斯（Volker Weiss）遭到了德國人類學界的封殺。

這讓英國社會理論家麥克·揚（Michael Young）突發奇想，從2033年的角度出發，撰寫了一篇諷刺性的文章。揚在創作時，正值是否要引入綜合中學的大辯論之際。

在這篇文章中，人類發展到了由資質最優的人所統治的績效制社會。文中描述，社會主義者為了讓人的天賦得到自由的發揮，抗爭不懈，最後終於消除了對工人階級中天資優異者的特殊待遇。

然後，他們看到驚人的一幕：那些最聰明的人從底層爬了上來，進入菁英階級。「教育與天賦是成功的基礎」此一原則獲得了最終的勝利，整個社會一分為二——由傻瓜組成的下層階級和由聰明人組成的上層階級。

於是，社會學家又改變了立場，對「任由天賦優異者自由發展」的論點大肆抨擊。然而，當上層社會的聰明人想透過世襲來保障他們的特權時，下層社會的傻瓜們十分不滿，發起了一場革命。於是就有了二十一世紀初的反績效制運動。而作者本人，據這篇文章的編輯遺憾地告知，成了這場運動的犧牲品。

那些反對IQ來自遺傳的人，他們的行為正像麥克·揚文中所描述沒有天分的人一樣，也成了知名「普洛克洛斯忒斯誤解」（the Procrustean fallacy）的犧牲品。

這個故事源於古希臘。當時雅典的人民還未建立民主制度,最高法院派給科學院院士普洛克洛斯忒斯一項研究任務,從心理和生理外貌上進行測量,以確定雅典人不平等的狀況。普洛克洛斯忒斯立刻進入實驗室,製造出讓他聞名於世的測量儀器——床。他把所有受測試者放在這張儀器床上,或拉長,或截短,使之剛剛好合乎床的大小長度。然後,他向雅典科學院報告結果:所有的雅典人都是一樣的。

這個結果令最高法院非常驚訝,同時也清楚說明了:普洛克洛斯忒斯誤解了民主的本質。他以為,法律之前人人平等以及享有同等的政治權利,是源自於人類本身的平等。身為民主的狂熱分子,他要剷除了人類的差異。

但是,民主並不是要強制人人相同,而是忽略他們的不同。它不否認性別、出身、膚色、信仰和天賦之間的差異,重點是讓自己不受這些因素的影響。這樣,人的自然條件與社會發展就不必老是掛鉤。社會不是人類自然條件的延續,社會是選擇性地利用了自然條件的多樣性。

然而,政治並沒有考慮所有的自然差異,結果,這些差異又在其他方面有了「用武之地」,例如家庭的建立以男女之間的差異為基礎(如果女人選擇男人為婚姻伴侶,並不是因為她歧視其他女人的緣故),除此之外,教育體制也是根據天賦的差異,因材施教。

複合智力與創造性

我們越來越沒有理由去妒忌那些天才。因為,科學家對天賦和智力的研究也有了一番變化。原本集中化的IQ被分解成各種不同的智力元素,而它們之間是相互獨立的。霍華·迦納(Howard Gardner)率先在《智慧新科學:認知革命的紀元》(*The Mind's New Science*, 1985)一書中對相關研究進行了總結。他將其分成以下六種智力:人格智力(理解他人)、身體運動智力(運動協調)、語言智力、數學邏輯智力、空間智力(構造物體的虛擬形像,並在頭腦中對其進行操作)以及音樂智力。

單單為了區別出這六種基本智力,就進行了無數的巧妙測驗與複雜研究。其中包括腦傷的研究,所得出的結論是,語言智力會遭到破壞,而音樂智力則完全

沒有受到影響。透過實驗還考察了不同能力之間的不相干性（不會相互影響、缺少交互作用），也證明了不同符號體系（語言、圖畫、聲音等）之間的相似性，以及在某一種智力類型上展現出驚人天賦的無可置疑性。

有一個神童，他本身也是智商測量發展上的重要人物，即達爾文的表兄弟法蘭西斯·高爾頓（Francis Galton），他發明了指紋鑑定法，研究不同家族與人種的指紋與遺傳的關係；他兩歲半時就能閱讀《捕蒼蠅的蜘蛛網》（*Cobwebs to catch flies*）一書；六、七歲時，他能有系統地編排昆蟲和礦石標本的收藏；八歲時，他學習為十四、五歲的孩子所設計的課程；十五歲時，他成為醫學院的學生。根據從事這些事情的標準智力年齡推測，高爾頓的智商將近兩百。

當心理學家推孟讀了高爾頓的生平，他建議同事凱薩琳·考克斯（Catherine Cox）從所有可取得的資料中推測出歷史上著名人物的智商。根據一套複雜的指標，考克斯選出了三百位知名人士，並請三位心理學家進行客觀評判，得出他們的智商排名。前十名是：

1. 彌爾（John Stuart Mill, 1806-1873，哲學家、經濟學家）
2. 歌德（Johann Wolfgang von Goethe, 1749-1832，詩人、大文豪）
3. 萊布尼茲（Gottfried Wilhelm Leibniz, 1646-1716，哲學家、數學家）
4. 格勞秀斯（Hugo Grotius, 1583-1645，法學家）
5. 麥考萊（Thomas Babington Macaulay, 1800-1859，歷史學家、詩人、政治家）
6. 邊沁（Jeremy Bentham, 1748-1832，政治思想家、法學家、經濟學家）
7. 帕斯卡（Blaise Pascal, 1623-1662，數學家、物理學家、哲學家）
8. 謝林（Friedrich Wilhelm Joseph von Schelling, 1775-1854，哲學家）
9. 哈勒（Albrecht von Haller, 1708-1777，生物學家）
10. 柯立芝（Samuel Taylor Coleridge, 1772-1834，詩人、思想家）

關於「狀元」約翰·史都華·彌爾，我們可以從他的自傳中清楚了解他兒童與青少年時期的發展。

　　三歲時，他開始看原版的《伊索寓言》。接下來，他讀了希臘歷史學家色諾芬（Xenophon）的散文敘事作品《遠征記》（*Anabasis*），以及其他如希臘作家希羅多德（Herodot）、拉爾修（Diogenes Laertius）、伊所克拉底（Isocrates）和羅馬作家盧西恩（Lucian of Samosata）的作品。

　　七歲時，他讀了柏拉圖的第一篇對話，並在父親的指導下學習算數。課餘時間，他閱讀希臘哲學家布魯達克（Plutarch）著作的翻譯本和十八世紀英國歷史學家休謨（Hume）關於英國歷史的著作。

　　八歲時，他開始教弟弟妹妹拉丁文，並藉此閱讀了維吉爾（Vergil）、李維烏斯（Livius）、奧維德（Ovid）、德倫斯（Terence）、西塞羅（Cicero）、賀拉斯（Horaz）、薩盧斯特（Sallust）與阿提庫斯（Atticus），同時他繼續研讀希臘文經典，包括阿里斯多芬（Aristophanes）、修昔底德（Thucydides）、狄摩西尼（Demosthenes）、埃斯基涅斯（Aeschines）、呂西阿斯（Lysias）、忒奧克里托斯（Theocritus）、阿那克里翁（Anacreon）、波利比奧斯（Polybius）和亞里斯多德的著作。

　　他的興趣主要在歷史方面，作為一種「有益的消遣」，他自己編纂了關於荷蘭與羅馬法制的歷史。除了莎士比亞、彌爾頓（Milton）、高士密（Oliver Goldsmith）和格雷（Thomas Gray）的作品之外，他還閱讀非文學作品。關於同時代的作家他只提到瓦爾特·司各特。

　　他童年的最大樂趣就是做科學實驗。十二歲開始學習邏輯和哲學，十三歲時念完了政治經濟學的全部課程。

　　約翰·史都華·彌爾的父親與經濟學家亞當·斯密、大衛·李嘉圖（David Ricardo）是朋友。但是，在父親允許約翰開始閱讀他們的作品之前，他會在每天散步時給兒子上一課，並要求他以清晰而準確的書面形式整理複述；之後，他才能自己去閱讀李嘉圖和斯密的作品。他還引用李嘉圖的觀點反駁斯密作品中欠周詳之處。

　　十四歲時，他來到法國的蒙波里耶（Montpellier），在那裡學習化學、動物學、數學、邏輯和形上學。返鄉之後，他成為邊沁的追隨者，並與父親一起創辦了激進刊物《西敏寺評論》（*The Westminster Review*）。這份刊物有相當的影響

力，也讓他成為英國重要的知識分子。彌爾超群的智慧還表現在他那篇婦女解放運動的先驅之作〈女性之屈卑〉。

其實，大部分的研究者都一致認為：智力並不代表一切，人還要有創造力。

創造力

為了區分創造和智力，研究者把思維方式分為收斂型和發散型。

收斂型思維是指直接建立在已有知識基礎上的新訊息；而發散型思維則是遠遠獨立於已有知識之外的新訊息。

IQ所測試的是收斂型思維，而發散型思維則是創造力的基礎。前者所提出的問題只有一個正確答案，而後者的問題可以有許多具獨創性的靈活答案。但是，只有獨創性還是不夠的，發散型思維還

● 智力並不代表一切，人還要有創造力。

要求具備批判能力，以過濾沒有意義的突發奇想，並迅速判別一個念頭可行或是不可行。

然而，靈感是如何產生的呢？亞瑟‧柯斯勒（Arthur Koestler）在《洞察力與見解》（*Insight and Outlook*）和《創舉》（*The Act of Creation*）中，以生動的例子說明了他的理論。

柯斯勒提到，有人獻給敘拉古的暴君一頂金冠。像所有暴君一樣，他也是一個疑神疑鬼的人，擔心王冠不是純金而是摻雜了銀。於是，他就讓遠近馳名的數學家、物理學家阿基米德鑑定它的真偽。儘管阿基米德知道金子比銀子重，但這幫不了什麼忙，因為不知道金冠體積的大小，就無從判斷它的真假。如何去測量一個不規則物體的體積呢？這個問題太難了！然而，如果完成不了暴君交代的任務，後果不堪設想。假如能熔化金冠，澆入一個可測量的平底鍋中，就可以知道它的體積了……。

阿基米德一邊思考這個問題，一邊心不在焉地跨進浴缸裡洗澡。突然他注意到，當身體泡入浴缸時，水面升高了；而且水面的漲幅正好反映了身體的體積。他恍然大悟，興奮得跳了起來，高聲喊道：「我知道了！」他找到問題的解決方案，不用把金冠熔化掉，而是把它放入水中，水漲起的體積就是金冠的體積。

在阿基米德的頭腦中，兩個分立的概念在某一共通性的聯結下，經過瞬間的

對撞，產生了靈感的火花。雖然他以前就知道，當人進入浴缸後，水面會升高，但是這項觀察與測量金銀的重量毫無關係。然而，由於一個棘手的任務，兩個領域閃電般地聯繫在一起，一個領域的問題在另一個領域中找到了答案。柯斯勒稱之為「雙向聯想」（bisociation）。

「雙向聯想」就像是突然發生的「思想閃電」，點燃了靈感的火苗。歷史上許多創造發明就是這樣問世的，許多精采的隱喻和笑話也因而形成。

讓雙向聯想式思維放電的最佳環境就是，當許多想法接二連三地從腦海中汩汩而出。從潛意識奔騰的暗流中汲取靈感，這種才能是創造力中最重要的元素。關於藝術家的創造力，心理學家恩斯特·克里斯（Ernst Kris）有深入的研究，他將上述才能稱之為「服務自我的回歸」。也就是說，發散性思維與批判之間存在一種合作關係；潛意識負責提供各種天馬行空的點子，「自我」則從中盡情撿選。

之後有人提出了「腦力激盪法」（Brainstorming），「服務自我的回歸」也被提升為一種社會性的技術。其他創造性的思維策略還有：逆向思維、極端式思維（即設想一種最極端、荒謬的情況）和「偷換命題」。偷換命題是指變換出發點，讓新舊命題在結構和內涵上有其相似性。

透過上述方法，即使是最不可思議的點子，「自我」都能進行適用性的檢測。然而這並非一蹴可幾，而是要不斷練習直到不需要思考、渾然天成的地步，讓各種奇思妙想湧入腦海，大幅提升創造力，不僅很快看到事物之間的相似性，還可以為乍看不相干的事物搭起橋樑，讓它們產生關聯。

有創造力的人能把一般人覺得荒謬、不可行的想法變成現實，他們不會讓扞格不入的意見或彼此矛盾的判斷牽著鼻子走，甚至會故意以否定的態度去看待自己的想法，然後推敲新的可能性。他們會逆向思考問題，且不輕易下結論。矛盾、對立與複雜並不能嚇退他們，反而會激發出創造的熱情。

然而，創造絕對不同於狂熱，後者面對過於複雜的情形反而會陷入恐慌，而傾向於以粗暴的方式去簡化問題。狂熱就如德國物理學家兼諷刺作家利希騰貝格（G. C. Lichtenberg）所形容的，什麼事都做得出來，但什麼事都做不來。

創造性、幽默感以及對類比與隱喻的運用，在結構上有其相似之處，它們

都根植於「雙向聯想」的思維。美國教育學博士愛德華・德・波諾（Edward de Bono）所提出的「水平思考法」（與「垂直思考法」相反）與此相互呼應，它包括：捕捉靈感的敏銳度、不同層次間跳躍穿梭的傾向、對於挑戰不可能的情有獨鍾，以及發現新問題的能力。

如果說，隱喻是閃電般「雙向聯想」的結果，那麼在英語中，有一個隱喻就是在描繪創造本身——brainchild，直譯是「大腦的孩子」，指一件具有創造性的作品。由此可見，創造力原來是有「性」的意涵！就在創造的行為中，新生命誕生了。長久以來，神學家致力於將創造 ● 有教養的人重新創造自己。
這個概念無性化，所以上帝創造萬物是無性的；而藝術家遺傳了上帝的特質，他們都是受造物的「造物者」。上帝創造了世界，藝術家創造了自己的世界，而有教養的人則是重新創造了自己。

5

知識有時也會讓人尷尬。

不應該知道的事情
Was man nicht wissen sollte

不應該知道的事情
Was man nicht wissen sollte

在提升教養的過程中，我們也應該知道什麼事情是不應該知道的。迄今為止，相關研究仍寥寥可數。因為，人們堅信知識沒有什麼不好的，於是就有座右銘如「學海無涯勤是岸」、「知道得越多越好」。然而，聖經中描述的「原罪」至少讓我們領悟到一點，知識有時也會給人帶來羞愧與尷尬，與真正的教養格格不入。

例如，一般情況下，人們不會因為某人對所有大城市的紅燈區瞭若指掌，而認為他很有教養；對於黃色小說的沉迷，甚至是黃色文學的鑽研，恐怕也難登大雅之堂。

因此，奉勸那些剛剛跨入教養之國的人，首先要了解此地的風俗民情，謹慎打聽一下，哪些荒僻怪異的地方最好不要誤闖，若是你不小心去過那裡，就盡量保持低調，不必大肆張揚。主要幾處危險地帶列舉如下：

一、歐洲王室的領域。這對許多女人來說尤其危險。在那裡，歷史與現實之間存在巨大的反差。對於十八世紀哈布斯堡、波旁與維特爾斯巴赫

● 知識有時也會讓人尷尬。

（Wittelsbach）王朝的了解，屬於正宗的教養範疇；然而，今天如果有人對溫莎王室的家庭醜聞，或摩納哥王室的夫妻問題如數家珍的話，反而會引來異樣的眼光。

因此，在與人交談中，最好盡量避免涉及這類事情。如果你不小心觸及這個話題，最好輕輕帶過，把它當成一粒麵包屑一樣，無意深究，而且最好是拍掉後，轉頭就忘。

為什麼我們不應該知道這些事呢？

與歷史上的王朝相比，現代王室成員的婚姻問題只是「上流社會」的流言蜚

語而已。傳播媒體將這些「名人私生活」製造成花邊新聞，在大眾中廣為流傳。這就讓許多（女性）讀者有機會窺視豪門貴族或富商巨賈的生活，並將自己的感受包裹在昂貴的錦衣華服中，以一種誇張的方式來滿足渴望。這就像是，如果某人對黃色愛情小說感興趣，表示他的品味很低，只以一些沒有營養的東西充當精神糧食，對於真正有意義的事物毫無感受力。

如果你期望自己是一個有教養的人，那麼就不要顯示出對這類事情感興趣的樣子。最好的方法是，壓根就不知道它們。

二、另外一個更加危險的地雷區就是電視節目。每天的電視節目在日常交談中扮演了很重要的角色，因為大家都認為，這個節目可能別人也看過，於是就拿來當作話題。

基本上，從一個人所觀看的電視節目與類型，可以知道他的智識水準和興趣所在，以及他是如何安排自己的休閒生活的。如果有人興高采烈地對下午的談話節目大發議論，那麼他若不是一個作家，就是失業在家，頗有無產階級的品味，並且鮮少與社會接觸，太陽還沒下山他就一手啤酒、一手遙控器地坐在電視機前，而不是在閱讀莎士比亞的原著《哈姆雷特》之類的。

如果你對這類談話節目非常熟悉，知道它的規則、主持人、製作以及幕後花絮，那麼說話時一定要小心，不要露出馬腳，最好是避而不談，或者把它當作媒體理論研究的對象，如此才能發表你的「報告」。

對肥皂劇或連續劇也同樣如此，儘管其中有不少已成為風靡世人的「經典名劇」。要達到這個境界也是要有條件的，節目必須吸引無數虔誠的粉絲，讓他們組成後援會或俱樂部，就像做禮拜一樣地定期聚會，來崇敬他們的偶像。忠實觀眾會準時坐在電視機前，對每一集的情節發展抒發個人獨到的見解，不同陣營的甚至還會相互激辯。

在各類電視節目中，尤其要小心那些表達方式特別沒營養的遊戲節目以及各式各樣的「現場直播」，例如災難的連線報導、窺視他人情感的催淚秀，包括呼喚離家出走的孩子歸來、長期分離的家庭重新團聚、情人之間乞求原諒、大和解、求婚與婚禮等。

屬於同一範疇的還有低級趣味的搞笑節目，以及利用電視日復一日的播出進

行愚民的各式節目。對此，一概堅持相同原則，那就是「一無所知」，要做到這一點，最有效的方法就是，根本不去看。

然而，如果你實在忍不住瞧了的話，在社交場合的交談中，應該果斷地佯裝成毫不知情的樣子。要做到這一點並非易事，尤其是中午休息時間，當其他同事興致勃勃地討論起「神甫猥褻男童」的醜聞時，你必須具備相當強的自制力，才能控制住自己不參與發言。

當然，「戒電視」也是有分等級的。最高層次就是家裡根本沒有電視機。達到這個狀態，就可以高枕無憂。當辦公室話題轉到最近一次播出的某電視節目時，如果戒電視者不得不發表點意見時，他會小聲嘟囔一句：「可惜我沒有電視。」然後，再用幾乎聽不到的聲音說：「對不起。」

他之所以這麼說，是為了避免別人懷疑他含沙射影攻擊愛看電視的正常人。然而，其他人會覺得好奇，不禁追問：「什麼？沒有電視？你從不看電視嗎？」於是，他又滿懷歉意地笑了笑，為的是扼殺那些懷疑他故作清高的念頭，並得到其他人戰戰兢兢的尊重，不過也有可能是敵意：「哦？那個傢伙是不是認為他的品味比我們高啊？」

然而，有些類型的節目是可以看的，例如「中立客觀」的政論節目、專題討論和時事評述。關於提供深入報導與資訊的電視節目，可以放心坦言看過，其他的最好免談。

只有那些眾所公認的高級知識分子，才能對自己的電視消費直言不諱，因為他們能承擔坦白所帶來的後果。人們會認為，他們不過是對充斥著庸俗言語的低級趣味進行了一番考察研究而已。一個有教養的人去關注資訊垃圾和幾近腦殘的濫情節目，是憑著對於自身智慧相當的自信與自傲──「看，我能在當今世界的骯髒之處行走自如，並從廢物中發現有意義的東西。」無怪乎，有人能夠把「施虐與受虐的節目」和但丁的《神曲》掛上鉤。

三、上述情況也適用於某些雜誌，八卦雜誌和黃色書刊當然是談話中的禁忌，電視週刊與婦女雜誌大多是為了消磨上美容院的時間。上面的資訊或者是平庸通俗的東西，或者是「純屬技術性」，例如：吃喝玩樂、居家擺設、時裝和美體等。

話雖如此，那些所謂的技術性資訊，例如：食譜、家具、服裝、減肥計畫以及整個消費領域的種種，事實上也都成為象徵標誌，間接反映了教養的水準。在消費的世界中，每個人都可以在品味的地圖上，找到自己所在的位置。特定的樣式、風格、整體感、相關搭配等等，有時能與一個人的教養程度相互輝映、融為一體，有時候卻顯得十分突兀，完全不搭調。

　　例如，飲食習慣往往能反映出一個人的世界觀。有些人從某個祕密管道得知，中國人喜歡吃狗肉，於是就拒絕上中國餐館，這多少顯示了小市民狹隘的排外情結，這些人通常也厭惡外來語。同理可知，如果有人能對法國料理的各項特色津津樂道，推崇備至，人們自然會推測，他也接受法國的生活方式，甚至通曉法語。

　　因此在飲食文化方面，最好不要唐突地發表高論，暴露自己的無知，也不要一逮住機會就賣弄，牽強附會。保險的做法是，如果你略通一二，談到相關話題時就順便提起，一語帶過，並用自我嘲諷的口吻，避免讓人以為你有意製造「轟動」的效果。

　　關於居家布置的討論同樣也是如此。了解一些歷史風格沒有什麼壞處，如果你知道傳統畢德麥耶爾派和現代功能派之間的區別，也算是好事一樁。但是無論如何，如果你把一張二十世紀五〇年代的椅子說成是古董，或對大賣場中層次不高的裝飾畫作欣賞不已，肯定很難贏得他人贊同的眼光，甚至會被認為沒有什麼品味，有損個人形象。

> ● 在消費的世界中，每個人都可以在品味的地圖上，找到自己所在的位置。

　　四、雖然上述「最好無知」的領域有相當程度是針對女人的，其實對男人也適用。然而，在男人的世界中多少有些性別差異。

　　一方面，那裡也有與教養無關的一堆知識，平庸而淺薄。然而，男人對它們的追求往往會轉為一種狂熱，最大的誘惑便是「體育競賽」。

　　另一方面，男人的問題不僅僅在於與教養無關的知識，而且還有表達上的問題。男人在心理上最根深柢固的惡習之一就是「愛吹牛」。男人喜歡自吹自擂、誇誇其談、比手畫腳地表演、像孔雀開屏一樣展現自己的優勢。他們之所以會這樣（是遺傳基因還是社會影響，迄今尚未成定論），是因為他們在女人、財富、

威望等一切事物上都愛互相比較、競爭。這或許可以說明，男人為何如此熱愛競賽和體育活動。

建議男人在這方面最好保持某種程度的無知，尤其是涉及足球的時候。誰能如數家珍地道出1969年時，「沙爾克04隊」與「波魯士多特蒙德隊」的比賽實況，誰進了球以及誰被換下場等等，毫無疑問，別人肯定會認為他是位「足球專家」。於是，他就不太可能也是位從事地質學研究的科學家，在工作之餘致力於鑑賞歌德晚期的作品，並且優游其中，至少這種可能性非常低。

不過，以德國為例，在1968年學生運動以後，懂足球成為知識分子中的時髦現象，但這也僅限於馬克思主義者，或者至少是與工人階級、普羅大眾站在同一陣線的社會學者。所以，自由主義派或保守派人士，倘若是「波魯士多特蒙德隊」的球迷，恐怕只會暴露自身的庸俗素質。

與教養完全格格不入的，就是各種形式的吹噓，即使這種吹噓牽涉到教養本身。如果誰在誇耀自己的教養，那麼他就證明了自己的沒教養。教養不是用來展示的，不是為了博得他人的掌聲。萬萬不可用打破沙鍋問到底的方式，來顯示對方在教養方面不如自己。

誰故作風雅，抬高自己，貶抑他人，那麼他對教養的追求只是個謊言。教養含括了對文明舉止的正確理解，而它真正的目標是：達到一種不拘泥於形式、自然而然的交流，並讓這種交流充實人類的生活。

一方面，我們不要附庸風雅；另一方面，也不要對「驕傲的公雞」反應過於敏感，畢竟自卑情結並不在教養的項目之列。

教養上的自大自誇已經夠丟臉的了，而斥責教養炫耀者的偏執行為也同樣令人感到可悲。「您以為自己喝過洋墨水就懂得比別人多嗎？」諸如此類的攻擊其實是極不明智的。它們只顯露出，攻擊者自己缺乏自信。

如果你在日常生活中碰到了一個讓人感覺很不舒服的「驕傲的公雞」，所有的觀察者其實都會暗暗地支持你。如果你表現得寬宏大量，根本不和他計較，那麼這隻「公雞」就會慢慢地失血而死。

對與教養知識無關的事物口若懸河地發表演說，或是不合時宜、不看場合地高談闊論，同樣也是違背神聖靈魂的一宗罪。

有幾個領域的主題特別容易誘惑男人犯錯，排在第一位的就是「技術創造的奇蹟」，其中尤以汽車為首。如果誰在藝術展覽會上，強迫一位女士聆聽他半小時到四十五分鐘的演講，從深奧的發動機構造中，列舉出十二條原因來證明保時捷比法拉利好，而且講得興高采烈、口若懸河。就算他能像通用汽車總裁講得那般邏輯嚴謹、準確無誤、精采絕倫，在她的眼中，他也未必顯得比以前有教養、有魅力。這同樣適用於關於噴氣式殲擊機、太空站、核反應爐、變電所、火力發電機、抽水泵，以及各式各樣器械的宣講。

還有一些知識，會讓人迅速顯露出自己的無知。當然，經典知識、普及知識與禁忌知識之間的界線並不是一成不變的。今天禁止的東西，或許明天就會廣為世人接受。在通常的情況下，大眾文化中通俗的領域經過一段時間的淬鍊之後，就會提升到教養的範疇，例如新的文化形式或新的傳播媒介。

十八世紀，小說在英國剛出現的時候，只被當成一種庸俗的文體。受過正規教育的紳士是不屑與之扯上關係的，而且只有女人才會去讀小說。因此，小說的作者往往使用筆名。然而，到了十九世紀情況轉變，小說晉級為一種受公眾認可的藝術形式。

在過去的四十幾年中，同樣的情況也發生在電影上。六〇年代，電影只是美國的文化工業，一個有教養的人若從事這一行，多少有失身分尊嚴。然而今天，水準很高的報紙副刊會開闢專欄介紹評論新上映的電影；大學的文學教授也紛紛開課講授電影學，多少有點外行指導內行的味道。

電影進入了教養的範疇，有志者可以對其進行深入的研究，甚至達到精通的程度。今天，許多大型電影院不惜砸下鉅資裝潢得美輪美奐，讓觀眾上電影院的體驗堪與上劇院相媲美，這是電影接近高雅藝術的一項證據。

基本上，一個人必須隱藏的禁忌知識有多少，取決他個人的教養水準。此處遵循一個簡單的法則：教養之國的新居民應該遮掩起所有的禁忌知識，因為他對該地的風俗民情還不甚了解，還不能正確區分普及知識、邊緣知識與禁忌知識之間的細微差別，因此必須格外謹慎行事。

相反地，在教養上已有深厚修行的人可以自由俯瞰那最平凡、庸俗的知識領域。這反而有利於他的聲譽，因為大家會認為，他們是以探照燈似的目光自上而

下來審視這些黑暗的角落，或許還能從中得出驚人的發現。

此外，所謂「第二種文化」的領域是中性的。這個概念源於對教育政策的爭論，它是五十多年前由英國物理學家兼小說家斯諾（C. P. Snow）提出的。當時英國對於是否引入綜合性學校掀起了一番爭論，對此，斯諾發表了一篇引起世人關注的演說，日後成為其著作《兩種文化》（*The Two Cultures*）的主要內容。「兩種文化」指的是人文藝術以及科學技術的文化。

斯諾在演講中批評了英國紳士與業餘文化的傳統，它總是強調人文藝術的教養優於自然科學，結果導致了大不列顛在科技發展上，落後於美國和日本等重視技術的國家。因此，他強烈建議，在中學與大學的教學計畫和課程安排中，應加強對科學技術等相關知識的傳授。

他的一席話觸發了這兩種教育之間的廣泛爭論。「兩種文化」這個詞也變得家喻戶曉。儘管如此，斯諾的呼籲並沒有引起太大的作用。雖然中學裡也傳授自然科學的知識，有助於學生理解大自然，但是對於理解這種文化並沒有什麼幫助。因此情況和以前一樣，在西方如果誰不知道林布蘭，簡直不可思議。然而，如果誰完全不曉得什麼是熱力學第二定律、電磁的強弱效應和萬有引力之間的關係、什麼又是「夸克」（Quark）──儘管這個詞源於喬伊斯的小說──是不會有人據此而認為他缺乏教養。因此萬分遺憾，對許多人來說，自然科學知識就算不必遮掩起來，但也不屬於教養的必備條件。

在大學和職場上，可以觀察到這種現象：第一種文化是女人的天下，而第二種文化則是男人的領域（如果把經濟學以及相關學科也算在內的話）。這給社會

● 對許多人來說，自然科學知識就算不必遮掩起來，但也不屬於教養的必備條件。

發展帶來了某種不對稱性。讓我們來想像一下：有一個男孩與女孩是鄰居，從小青梅竹馬，他們具有相同的社會背景。女孩叫莎賓娜，男孩叫托斯特。高中畢業後，他們墜入愛河，並且有意在大學畢業之後步入禮堂，共組家庭。

男孩學的是機械工程，立志將來成為一位工程師；女孩學的是心理學、日耳曼語文學和藝術史。他在斯圖加特上大學，而她在漢堡，期間還前往巴黎和佛羅倫斯當交換學生。

大學畢業之後，他們再次相聚。托斯特成了一位出色的機械師，馬上可以得

到一份很好的工作;而莎賓娜經過這段求學生涯已經變成完全不同的一個人,對於人際交往的前提以及文化象徵體系,莎賓娜已有一番鑽研與體會。而托斯特雖然會設計機械,但是在舉止、觀點和行為上幾乎沒有進一步的成長。他的知識能讓他賺到養家活口的錢,而她未必做得到這一點。

但是,莎賓娜需要更豐富的交流。她會法文和義大利文,閱讀過很多書籍,在巴黎和佛羅倫斯的知識分子和藝術家圈子中交了許多新朋友,並且對當代流行的文學理論進行過研究。

當他們重逢時,托斯特就像是一個「尼安德塔人」。如果她能及時明白,自己不可能嫁給他,因為那意味著不幸。那麼,她就算是幸運的了。然而,如果她在尋找伴侶的過程中鎖定了托斯特,或是從相同成長環境中出來的另一個托斯特,那麼最終的結果就是:托斯特會賺相當多的錢,而莎賓娜會成為一個對男人野蠻本性深信不疑的女性主義者。同時,托斯特也會很不幸福。但是,他還有一個機會去改變這種狀況,那就是:閱讀這本書。

因此,教養就像一個「磁場」一樣,對於男女兩性的社會發展產生不同的影響。這甚至是許多婚姻問題背後的一大原因。

6

有教養的人，懂得管理自己的知識。

反思的學問
Das reflexive Wissen

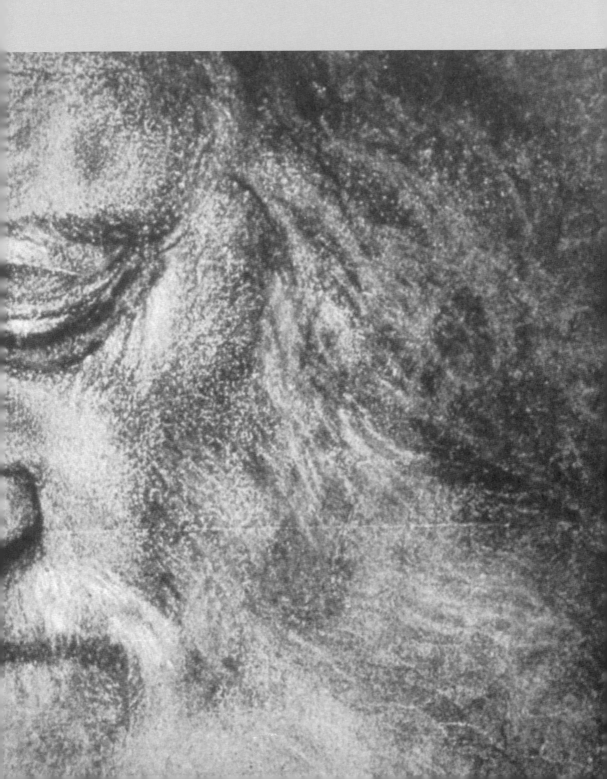

反思的學問
Das reflexive Wissen

要成為有教養的人，必須懂得管理自己的知識。

這不是指強硬去區分已知和未知，使其相互對立，其實它們之間更像是一種過渡關係。

這種過渡所採取的形式就是「問題」。例如，如果我們還不知道，社會理論研究的是什麼，我們至少可以知道，它涉及一個懸而未決的大問題：應當從人的角度，人性化地思考各種社會現象呢？

● 要成為有教養的人，必須懂得管理自己的知識。

還是應該從非人性化的角度，盡量排除人類的衡量標準，把社會當成一個類似蟻群的構成物去理解呢？

諸如此類的問題就像一座巨大的磁場，把無數龐雜的細節組織起來，形成特定的結構和條理，同時建立起與毗鄰學科的聯繫。例如，在神經生物學中所提出的問題是：應該遵循社會模式去想像神經系統或大腦嗎？還是根本就不應有這種類比？（→智力、天賦）

科學、理論和典範都是建立在未解決的問題上，如果能對這些問題多少有些了解是很有益的。

為此，倒不必重返學校修習某個學科的基礎知識，如果一定要學得扎實、縝密、有系統才肯學，這種想法不僅不合時宜，而且往往就是根本不想去學習的藉口。

其實在這些問題上，我們只要對該學科占主導地位的思維方式有一個直觀性的了解即可。

在這過程中，我們會發現那原來是開放的問題與爭論，這就是奧祕所在了，它馬上吸引了我們，並開啟探向這個知識領域的最佳視野。我們還會發現，科學

原來是最高水準的思想競賽，極富戰鬥性、緊張刺激，而且趣味無窮。每門學科會培養出一些出色的作者，將科學的奧祕與創造力轉化成淺顯易懂的文字介紹給外行人。

如果誰讀過康拉德·勞倫茲（Konrad Lorenz）[1]的行為科學研究、愛德華·威爾森（Edward O. Wilson）[2]的蟻群與社會生物學、海因茨·馮·福爾斯特（Heinz von Foerster）[3]的自我組織論、霍華·迦納（Howard Gardner）[4]的多元智能論、傑·古爾德（Jay Gould）[5]和理察·道金斯（Richard Dawkins）[6]的演化論、道格拉斯·霍夫斯塔特（Douglas Hofstadter）[7]的自我指稱問題、保羅·瓦茲拉威克（Paul Watzlawick）[8]的謬論與交流，就會知道研究者是如何探索並揭露世間奧祕的。

如果誰願意把心思沉浸於其中，受其薰陶與激勵，那麼他就儲備了龐大的樂觀能量，足以幫助他度過人生的灰暗與低潮。除此之外，他會認清人類精神世界的發展趨勢。

目前看來，自然科學與人文科學之間的鴻溝，正在慢慢弭平。反省和自我指涉，這些迄今為止幾乎只用於人文科學的概念，也開始應用於界定自然科學的諸多問題。

在上一章中，提到了物理學家兼小說家斯諾，他在五〇年代一篇著名的演說中首創「兩種文化」的概念，這指的就是：與人文藝術修養有關的文化，以及與科學技術職業有關的文化。當時，斯諾痛斥分裂二者所帶來的弊端。

從今日科學發展的趨勢不難看出，二者正逐漸靠攏。不再只有主體才能進行自我指涉，人們越來越常談到組織、企業、神經系統、社會或是蟻群的自我觀

1　康拉德·勞倫茲：1903-1989，奧地利動物學家，著有《所羅門王的指環》。

2　愛德華·威爾森：1929-2021，美國生物學家，著有《大自然的獵人》、《繽紛的生命》。

3　海因茨·馮·福爾斯特：1911-2002，美國控制論學家。

4　霍華·迦納：1943-，美國教育學家、心理學家，著有《智慧新科學》。

5　傑·古爾德：1941-2002，美國演化生物學家，著有《達爾文大震撼》、《貓熊的大拇指 》和《生命的壯闊》。

6　理察·道金斯：1941-，英國生物學家，著有《自私的基因》、《盲眼鐘錶匠》。

7　道格拉斯·霍夫斯塔特：1945-，美國物理學家、認知科學家，因著《哥德爾、艾舍爾、巴哈：一條永恆的金帶》獲得普立茲獎。

8　保羅·瓦茲拉威克：1921-2007，奧裔美國人，心理分析師、心理治療師、溝通研究者，與他人合著有《Change：與改變共舞》。

察、自我組織以及自我描述。

這也指出了教養必然的發展方向，那就是向第二種文化敞開懷抱。

為此，教養也要有一番自我觀察與反思。

對於當代社會的深入理解，是教養不可或缺的前提。這可以從與工業革命之前傳統社會的對比中找到線索。因此，現代人應當具備的西方歷史知識至少追溯到十八世紀，尤其要對法國和英國歷史有概括性的認識，這有助於理解歐洲其他國家的發展。

如果還能夠仔細研讀自1688年以來的英國歷史，對於當今世界的認識就絕非浮泛了。

除此之外，教養也是我們了解自己的最佳管道。

因此，對於人類描述自己、解釋自身行為的各種概念，也要有一個大致的認識，它們包括了：自我認同、角色、心理、情緒、熱情、感覺、意識、潛意識的動機、壓抑（排抑、潛抑）、規範、理想、主體、精神官能症、個性、原創性等等。

上述都是起指導作用的概念，如果不知它們所言為何，就不可能有進一步的自我反思。

只有在生命發展的過程中，個性才逐漸形成。

如果想要理解自我，就要對文學、電影或戲劇中所描述的類似故事或典型有一定的認識。

也就是說，我們應該要知道，個性上的發展有哪些典型？會出現什麼轉變？成年禮的儀式意味著什麼？人生會經歷什麼危機、震撼和創傷？治療的方法是什麼？

當我們在現實生活中遇到類似問題時，要能夠辨認出它們，才不會束手無策，任其擺布。

今天，個人與他人和社會的接觸是透過「溝通」來進行的。

因此，對於溝通的規則不可不知。首先，在所有傳遞的訊息中，都蘊含著一個「內容角度」與「關係角度」。

舉例來說，命令某人：「自動自發地去做某事！」這句話的內容「自動自

發」便與形式「命令」形成矛盾，而且可知雙方之間存在著上對下的關係。

這種矛盾很快就變成自我指涉，而且是個謬論，它能讓聽者將其理解為任何一種意思，反正就不是說話者所要表達的，而且看來也並非是聽者的錯。於是，人們變得語無倫次。關於溝通的溝通不僅能解決問題，也能讓問題永久化。如果在這種衝突的高峰，有一方認為自己與對方極其不同，那麼他就和對方極其相似了。

由於溝通是如此五花八門，且充滿戲劇性，所以教養還包括看清溝通的遊戲規則。

在運用這些規則時要能夠不自陷其中，並保持自身的主權與獨立。只有這樣，才能掌控自己的命運，避免淪為規則的犧牲品。對此，文學、戲劇和電影再次發揮了作用。因為，它們的例子不斷向我們展示關於誤解、理解上的衝突，以及各種不良溝通所引發的災難。

從中我們得知，溝通以及隨之而來的社會過程往往受到謬論的詛咒。

所以，一個預言可能會阻止它自己的應驗，最顯著的例子就是：馬克思主義對於「廣大人民群眾貧困化」的預言，並沒有成真，因為這個預言挑釁了對手採取相應措施去阻止它的發生。

然而一個預言也有可能會促成它自身的實現，例如：「我不久就會遭到精神病院穿著白色袍子男人的追捕」，誰真的相信它，那麼他恐怕馬上就會被精神病院的護理人員帶走。

這類預言的作用與希臘神諭的差別微乎其微。伊底帕斯的父親受到警告說，他的兒子會殺死他，並娶他的妻子，因為他相信這個預言，於是他所做的一切都促成了它的實現。

只有在文學作品中，我們才能在與主角一起經歷事件的同時，又對經歷本身進行觀察，然後了解到什麼是類比、謬論以及違反禁忌的後果；只有在文學作品中，我們才能讓內在觀點與外在觀點取得聯繫。

每個有教養的人，應能理所當然地接受下述觀點：一個人的現狀是社會建構下的產物，它取決於生活環境、出身、年齡、階層和文化背景的不同。

只有先了解這些，我們才能站在另一種立場上，去了解並接受他人與自己不

同的基本信念以及對現實的解釋。而且,只有這樣,我們才會意識到:如果從一個陌生的角度去看自己認為理所當然的事情,也許它也會變得稀奇古怪,甚至是不可理喻的。

除了直接的肢體表達之外,溝通最重要的工具就是語言。

了解語言的形式、規則以及各種各樣表達的可能性,並且盡其所能地將它發揮到淋漓盡致,這屬於最基礎的文化操練。

只有借助於語言,我們才能融入周遭的人際關係中,與之共享所擁有的豐富文化。

在語言中我們建構自己的現實,並透過語言創造出一個意義的第二世界,且與他人共有。

透過語言,我們能夠對他人施以魔法,找到開啟心靈的鎖鑰。

所有的沉默,所有勝過語言的肢體表達,事實上都只是語言表達的衍生物,若是沒有語言,它們根本就不會存在。雖然小狗真誠的眼神也像語言一樣在表達某種含義,但只有我們懂到底是什麼含義;而我們之所以能懂,是因為我們能夠用語言將它表達出來。

因為不同的氛圍和社會情境,要求語言有不同的風格與詞彙。所以,對語言的掌握程度,決定了一個人能否在社會中如魚得水。

如果一個人不知道「他應該說什麼」,他就會覺得自己在社交方面窒礙難行;對他來說,某些社會領域就如美國人所稱的是no-go-areas——無法通行的地帶,甚至是禁區。

在語言方面,我們都是共產主義者。

語言是全民共有的財產,所以每個人都應當享有屬於自身那一份財富,並與它建立良好關係,發揮最大的效益。這樣,一個人才能在社會中通行自如,他的世界才會變得廣闊,他才能跨越更多橫亙於環境與環境之間、經歷與經歷之間,以及人與人之間的界限。

反之,如果誰輕視、誹謗語言,只相信現實經歷的真實性和內心世界難以言傳的感觸,那麼他難免會被懷疑有「酸葡萄心理」——因為自己無法掌握語言,不能運用自如,所以誣蔑它。

在任何情況下，教養都有助於人與人之間的溝通交流。

它不應讓溝通變得沉重，而是要使之充實。

它不應被視為壓制的規範、令人不悅的任務、競爭的形式，甚至是神氣活現的自我吹噓。

它不應是虛有其表，或只是話題。

它應該是溝通交流的風格，能讓人與人之間的相互理解成為一種享受。

簡而言之，教養是一種形式，在這個形式中，精神、軀體與文化融合為「人」；教養能讓我們從他人映照出的鏡像中進行反思。

大事年表
Zeittafel

1　古希臘羅馬時期

西元前500年
- ▶ 雅典在抵禦波斯人中崛起
- ▶ 490馬拉松戰役勝利，480薩拉米灣（Salamis）戰役勝利
- ▶ 477波斯戰爭結束；雅典成為海上同盟（提洛同盟〔Delian League〕）的首領，民主在雅典蓬勃發展
- ▶ 443-429伯里克利領導下的繁榮興盛
- ▶ 431-404雅典與斯巴達之間的伯羅奔尼撒戰爭；蘇格拉底發揮影響力，399被判死刑

西元前400年
- ▶ 387柏拉圖學院的建立
- ▶ 底比斯的崛起
- ▶ 349年起，雅典將軍狄摩西尼（Demosthenes）領導雅典人民抗擊馬其頓的菲利浦
- ▶ 亞里斯多德成為亞歷山大的老師
- ▶ 自由城邦被馬其頓的菲利浦二世征服
- ▶ 334-323菲利浦二世兒子亞歷山大征服波斯

西元前300年
- ▶ 希臘化時期
- ▶ 羅馬的擴張以及與迦太基的衝突
- ▶ 264-241第一次布匿戰爭
- ▶ 218-201第二次布匿戰爭，對抗漢尼拔
- ▶ 勝利後，羅馬取得西地中海區域的統治權

西元前200年
- ▶ 與馬其頓之間的戰爭
- ▶ 征服東地中海區域
- ▶ 149-146第三次布匿戰爭
- ▶ 承接吸收希臘文化；格拉古風範
- ▶ 122內戰爆發
- ▶ 113-101對抗辛布里人（Cimbri）和條頓人的戰爭

西元前100年
- ▶ 社會動盪；馬略（平民派）與蘇拉（元老院派）之間內戰，蘇拉勝利並成為

獨裁者

▶ 70-44龐培和凱撒的統治

▶ 凱撒征服高盧；與龐培內戰，凱撒獲勝；凱撒於西元前44年遭謀殺

▶ 安東尼和屋大維戰勝了凱撒的謀殺者──加西阿斯與布魯圖；之後，安東尼
與屋大維之間展開鬥爭

▶ 西元前23年，奧古斯都‧屋大維成為終身統治者

▶ 共和國終結，帝國時代開始

西元元年	▶ 西元前7年，耶穌基督誕生
	▶ 奧古斯都統治下羅馬文化繁榮；古羅馬詩人有賀拉斯、維吉爾、梅塞納斯（Maecenas）、奧維德
	▶ 皇帝提比略；耶穌基督被釘十字架
	▶ 皇帝：克勞狄烏斯、卡利古拉、尼祿
	▶ 火燒羅馬，第一次對基督徒的大迫害
	▶ 提圖斯摧毀耶路撒冷，並驅逐猶太人
	▶ 龐貝城因火山爆發遭熔岩掩埋；羅馬帝國在德意志地區建立界牆
西元100年	▶ 過繼皇帝圖拉真、哈德良鞏固帝制
	▶ 文化再度興盛：重要作家有塔西佗、普林尼（Plinius）、布魯達克；帝國的征服與擴張；哲學家馬可‧奧熱流登上了皇帝的寶座，他死之後，帝國陷入危機
西元200年	▶ 藉由帝國的軍事化解決危機；軍隊決定，誰當皇帝
	▶ 再度嘗試以泛神崇拜作為政治基礎，迫害基督徒
	▶ 戴克里先建立東方專制政體。新的帝國管理體制。四帝共治
西元300年	▶ 君士坦丁戰勝對手馬克森提，並立基督教為國教
	▶ 325尼西亞宗教會議確定教義
	▶ 遷都拜占庭。教皇統治的開端

2　民族大遷移與中世紀

西元400年	▶ 日耳曼人不斷侵犯。西哥特人和汪達爾人征服羅馬
	▶ 451卡塔勞尼安平原（Catalaunian Plains）上的鏖戰（在今法國東北部特魯瓦〔Troyes〕附近）
	▶ 匈奴返回。盎格魯撒克遜人入侵英格蘭
	▶ 羅慕洛‧奧古斯都是西羅馬帝國最後一位皇帝。他的後繼者是奧多亞塞（Odoacer），接下來就是東哥特國王狄奧多里克大帝
西元500年	▶ 511克洛維統一法蘭克王國，並皈依基督宗教
	▶ 征服勃艮第王國，戰勝阿雷曼人

▶ 529本尼狄克‧馮‧努西亞建立了本篤會，成為中世紀修道院的典範
▶ 葛利果大主教鞏固教皇統治。向日耳曼民族傳教，包括盎格魯撒克遜人、阿雷曼人和巴伐利亞人

西元600年

▶ 法蘭克王國的統治權從墨洛溫家族轉入宮相，即大管事的手中
▶ 先知穆罕默德出現；伊斯蘭教的建立；征服地中海南部地區。地中海地區在文化上被伊斯蘭教和基督宗教一分為二
▶ 丕平以宮相的身分統治著整個法蘭克王國

西元700年

▶ 阿拉伯人征服西班牙；丕平的兒子查理‧馬特抵抗阿拉伯人；封建主義的發展；教皇斯提凡二世（Stefan II）封「矮子丕平」（丕平三世）為國王，因而獲得了教皇國。加洛林王朝
▶ 自768年，查理曼統治，他征服了義大利、北西班牙和薩克森地區

西元800年

▶ 查理曼在羅馬加冕；羅馬帝制的革新為西歐國家奠定了基礎（從北西班牙往南進行反征服；從諾曼第出發征服英格蘭）
▶ 路易一世（虔誠者）的統治；帝國分裂為法蘭西、德意志和義大利；由於國王的軟弱，在德意志產生了世襲公爵領地

西元900年

▶ 910薩克森大公海因里希一世（亨利一世）被選為德意志國王。從此之後，就出現了「德意志王國」這個名稱
▶ 他的兒子奧托戰勝了匈牙利，並於962年在羅馬加冕為皇帝。從此之後，便有了「德意志民族神聖羅馬帝國」，德意志國王會成為帝國的皇帝

西元1000年

▶ 羅曼藝術成為第一個歐洲整體的風格
▶ 王位落入法蘭克大公薩利爾王朝的手裡
▶ 教皇葛利果七世與海因里希四世對皇帝是否有權任命主教發生爭執
▶ 1077海因里希四世的卡諾沙（Canossa）懺悔之行；葛利果想獲得絕對的教會統治權
▶ 1066諾曼第人征服英格蘭
▶ 1096第一次十字軍東征
▶ 1099征服耶路撒冷

西元1100年

▶ 開始向東殖民
▶ 王位落入施瓦本大公國的霍亨史陶芬王朝手中
▶ 韋爾夫（Welfen）家族與霍亨史陶芬家族之間的衝突
▶ 接下來幾次十字軍東征；1152-1190紅鬍子弗里德里希，對抗英格蘭獅心王理查（Richard the Lionheart）

3　中世紀後期與近代早期

西元1200年
▶ 法國的阿爾比派（Albigenser）戰爭
▶ 英國的「大憲章」
▶ 中高地德語詩歌與宮廷抒情詩；弗里德里希二世成為德意志國王和西西里國王；承認選帝侯所擁有的權利
▶ 德意志騎士團征服普魯士；弗里德里希二世去世
▶ 德國中古史上沒有皇帝的空位期
▶ 1273魯道夫是哈布斯堡家族第一個被選為國王的人
▶ 1291瑞士的呂特利宣誓

西元1300年
▶ 1309-1377教皇遷居亞維農；教會大分裂
▶ 巴伐利亞的路易統治德意志；1346盧森堡王朝的查理四世開始了統治，首都在布拉格；黃金詔書規定如何從七個選帝侯中選出國王
▶ 1347開始，黑死病蔓延；為推動現代化付出很高的代價
▶ 在呂北克的引領下，漢薩同盟進入鼎盛時期
▶ 1340英法百年戰爭開戰
▶ 蘭開斯特家族的亨利四世推翻了合法的理查二世；莎士比亞以此為題材創作了國王劇

西元1400年
▶ 1400開始，梅迪奇家族在佛羅倫斯占有領導地位；這個城市成為文藝復興的搖籃；藝術的百花齊放
▶ 1429奧爾良的聖女貞德出現；波希米亞的胡斯戰爭（Hussite Wars）；1438開始，皇帝來自哈布斯堡家族
▶ 1453土耳其人征服君士坦丁堡，帶有強烈希臘色彩的東羅馬帝國滅亡
▶ 1453英法百年戰爭結束
▶ 1455-1485蘭開斯特和約克家族之間的玫瑰戰爭，都鐸王朝的奠基者亨利七世收拾殘局，坐收漁翁之利
▶ 在西班牙，卡斯蒂利亞與阿拉貢合併；重新引入宗教法庭制度
▶ 1492趕走了最後一個阿拉伯人，驅逐猶太人，發現美洲大陸
▶ 1493-1519馬克西米利安皇帝；他英俊的兒子菲利浦繼承了勃艮第，並與西班牙的女繼承人結婚

西元1500年
▶ 1517馬丁·路德揭開了宗教改革的帷幕；農民戰爭；宗教改革的極端化與蔓延
▶ 1519查理五世的統治範圍包括西班牙、美洲、尼德蘭、那不勒斯和神聖羅馬帝國；與德意志諸侯之間的摩擦
▶ 1541喀爾文在日內瓦推行宗教改革
▶ 1545-1563特倫多大公會；自此，天主教進行改革，並推行反宗教改革的措施；查理五世退位，兒子菲利浦二世管轄西班牙、尼德蘭與那不勒斯
▶ 1534英國教會脫離羅馬，亨利八世充公修道院財產
▶ 1558-1603伊莉莎白女王一世

▶ 1588擊潰西班牙無敵艦隊
▶ 文學高度繁榮，尤其是戲劇，莎士比亞創作期1590-1611
▶ 1562-1598法國的胡格諾戰爭；尼德蘭反抗西班牙的獨立戰爭

西元1600年

▶ 1618-1648德國飽受三十年戰爭的蹂躪
▶ 亨利四世為法國帶來和平
▶ 英國詹姆斯一世下令重譯英文聖經；查理一世與國會的憲法之爭導致1642爆發內戰，1649查理一世被斬首，克倫威爾領導共和國
▶ 1648威斯特法倫和約；布蘭登堡的大選帝侯；奧地利戰勝土耳其，崛起為強國
▶ 經過黎塞留（1624起）、馬薩林以及路易十四（1661起），法國建立中央集權政體
▶ 西班牙衰落，荷蘭崛起成為僅次於英國的海上強權
▶ 1660英國王權復辟
▶ 1688英國光榮革命：國會制定保障人民權利的憲法，對宗教信仰採取寬容的政策，允許言論自由；新聞出版自由的現代社會誕生了；輝格黨以及托利黨──兩黨制的形成；科學的繁榮發展；牛頓的世界觀
▶ 路易十四輝煌的宮廷文化及其輻射效應

4 近代

西元1700年

▶ 1700-1721瑞典與俄國之間的北歐戰爭；彼得大帝領導下的俄國現代化；北歐戰爭勝利之後，俄國以強國之姿登上歐洲舞台
▶ 1713-1740腓特烈·威廉一世將普魯士變成軍事化國家
▶ 1740起，腓特烈大帝執政；奧地利女王瑪麗亞·特蕾西亞
▶ 1756-1763七年戰爭：普魯士與奧地利爭奪西里西亞；英國與法國爭奪美洲和印度的控制權
▶ 1776美國獨立宣言；1783戰勝英國，美國獨立
▶ 英國工業革命；以感傷主義和浪漫主義為特徵的中產階級文化革命；德國古典時期的文化榮景
▶ 1789法國大革命；現代與中產階級社會的開端；直到世紀遞嬗，制憲與革命戰爭交替

西元1800年

▶ 1799拿破崙任首席執政官；1804拿破崙當上皇帝；隨著拿破崙的勝利，德意志建立新的制度
▶ 1806神聖羅馬帝國的終結；諸侯領地減少為37個；萊因聯盟；普魯士垮台，之後施泰因、哈登貝格和洪堡進行改革
▶ 1812拿破崙向莫斯科進軍，1813德意志響起了解放戰爭的第一槍；德意志民族運動；滑鐵盧戰役，拿破崙的隕落；維也納會議：根據貴族和基督宗教在革命前的合法性原則重建歐洲秩序

▶ 1815：復辟；三月革命前夜和畢德麥耶爾時期

▶ 1832英國的議會改革；英國的工業優勢

▶ 1848幾乎是整個歐洲的革命年；德意志聖保羅大教堂國民議會的民族統一企圖失敗

▶ 1859/60義大利統一

▶ 1862-1865美國南方十一州脫離聯邦，引發內戰，北方勝利，奴隸解放

▶ 1870/71在普魯士俾斯麥的領導下，北德意志邦聯戰勝法國，德國實現統一；德意志帝國建立

▶ 帝國主義的頂峰：歐洲強權瓜分非洲

西元1900年

▶ 1914-1918第一次世界大戰

▶ 1917俄國革命

▶ 奧匈帝國的衰落與解體；威瑪共和國成立

▶ 1922墨索里尼在義大利掌權

▶ 1929世界經濟危機

▶ 希特勒的納粹黨崛起，1933希特勒掌權

▶ 1939-1945第二次世界大戰

▶ 1945德國無條件投降；美國在日本投下原子彈

▶ 1947/48超級大國美國與蘇聯之間的冷戰，世界分裂為兩個陣營，一分為二的還有：東西德、東西柏林、中國與臺灣、南北韓以及越南

▶ 1949德意志聯邦共和國成立；歐洲殖民帝國的終結

▶ 1989冷戰結束，蘇聯解體，東西德走向統一

▶ 1999北約對南斯拉夫的戰爭

改變世界的書籍

Bücher, die die Welt verändert haben

▶ 奧古斯丁（354-430）：上帝之城，印行於1467
Augustinus, *De Civitate Dei.* 1467
奧古斯丁是北非希波（Hippo）的主教。他認為羅馬帝國衰亡後，將被一個由基督宗教教會主導的神權政體所取代。奧古斯丁把歷史的進程描述為兩城之間的鬥爭：一個是充滿神之愛的上帝之城；而另一個是由人類自己當家作主的塵世之城。二者其實是在影射現實社會中兩種不同的組織機構。而歷史的發展則被他解釋為上帝的安排，目的是為了以主的恩典來救贖人類。奧古斯丁堪稱是賦予了歷史目標與意義的歷史哲學的奠基人。

▶ 查士丁尼（482-565，東羅馬帝國的皇帝下令編纂）：法學階梯，印行於1468
Flavius Petrus Iustinianus, *Institutiones.* 1468
這是一本羅馬法大全，影響了整個歐洲法律的發展。

▶ 托勒密（死於西元161年之後）：宇宙學，印行於1477
Claudius Ptolemus, *Cosmographia.* 1477
以地心說為基礎的宇宙學總論。從西元二世紀到十七世紀，它一直是世界觀的依據。托勒密對亞洲幅員的錯誤估算，成為哥倫布航海探險的誘因（**→歷史｜從托勒密到哥白尼的世界觀**）。

▶ 歐幾里德（大約西元前300年）：幾何原本，印行於1483
Euklid, *Elementa Geometrica.* 1483
世界上最古老的數學教科書，至今仍可沿用。

▶ 聖托馬斯・阿奎那（1225-1274）：神學大全，1485
Thomas Aquinas, *Summa Theologiae.* 1485
它融合了亞里斯多德的哲學與基督宗教神學，是中世紀最重要的哲學書籍，原本是設想作為專用手冊。

▶ 蓋倫（129-199）：醫經，印行於1490
Galenus, *Opera.* 1490
古希臘名醫蓋倫的這部著作，一直到近代都被奉為醫學的基礎書籍。內容核心是研究體液混合的體液病理學，它對文學創作也產生了深遠的影響。

▶ 加伊烏斯・蒲林尼・塞坤杜斯（23-79）：博物誌，威尼斯，1496
Gaius Plinius Secundus, *Naturalis Historia.* **Venedig 1496**
囊括了古希臘羅馬時期所有知識的百科全書。它引用了四百多個古希臘和羅馬時期的原始資料，其內容無所不包，物理、農業、文學、地理、醫學、哲學等，是風靡中世紀的一本具權威性的參考書籍。

▶ 希羅多德（485-425）：歷史，印行於 1502
Herodotus, *Historiae.* **1502**
希羅多德被譽為歷史學之父。《歷史》描述了西元前 490-479 年，波斯對希臘的侵略。

▶ 湯瑪斯・莫爾（1478-1535）：烏托邦，萊頓，1516
Thomas More, *Utopia.* **Leiden 1516**
該書以虛構的手法描述了共產主義的理想國度——烏托邦，在那裡，莫爾人文主義的理想得到了實現。它是後來所有烏托邦的原型。

▶ 馬丁・路德（1483-1546）：新約（德文版）1522，新約和舊約，1534
Martin Luther, *Das Neue Testeament.* **1522,** *Das Neue und das Alte Testament.* **1534**
路德版聖經堪稱是德國文學史上最重要的書籍。它的廣泛傳播使高地德語成為日耳曼民族共同使用的標準德語，並讓日耳曼的文化空間透過語言的統一而凝聚。它也為佈道演講帶來深刻的影響，統一了德語的文風語感，為德意志民族創造了一個蘊藏著象徵比喻、成語和習慣用語的文化寶庫，很多人都從中採擷珍寶。路德版聖經的生動直觀與後世譯本的平白淺顯相比，的確是一本不可多得的好書。

▶ 巴德薩・卡斯蒂廖內（1478-1529）：侍臣論，1528
Baldassare Castiglione, *Il Cortegiano.* **1528**
這是一本行為手冊，旨在塑造理想的宮廷侍從與朝臣，對於宮廷中的行事風格以及貴族之間的往來模式有深遠的影響。（→歷史｜文藝復興）

▶ 馬基維利（1496-1527）：君王論，1532
Niccolò Machiavelli, *Il Principe.* **1532**
在這本國家利益至上的奠基之作中，政治被解釋成一種科學技術層面的東西，不再置於道德的觀點之下。個人魅力被讚譽為「維爾托」（Virtú），即一種結合了君王的充沛動能以及「獅子狐狸特質」（勇敢和機靈）的混合物。

▶ 喀爾文（1509-1564）：基督宗教之訓導，巴塞爾，1536
Jean Calvin, *Christianae Religionis Institutio.* **Basel 1536**
宗教改革最重要的著作。內容重心是喀爾文對於上帝絕對統治的奧古斯丁派觀點；世俗的統治者不過是上帝的工具，如果他們違背了上帝的意願，人們就有反抗的權力。同時，喀爾文闡述了他的宿命論學說（神恩是預定好的），以及人生在世的職責便是工作。喀爾文學說對荷蘭、英格蘭、蘇格蘭和美國產生一定程度的影響，喀爾文主義也成為民主自由運動的一股重要力量。

▶ 哥白尼（1473-1543）：天體運行論，1543
Nikolaus Copernicus, *De revolutionibus orbium coelestium libri VI.* **1543**
這本書給地心說的世界觀致命一擊。它以地球的自轉以及圍繞太陽的公轉來解釋人們所觀察到的
天象變化。1616年，它被教廷列為禁書。

▶ 公禱書，1549
The Book of Common Prayer. **1549**
它是第一部用通俗語言寫成的祈禱書，由神職人員和一般教徒共同使用。它確定了英國聖公會禮
拜的形式。該書的語言滲透到日常英語中，成為僅次於聖經的重要書籍。

▶ 禁書目錄，1559
Index Librorum Prohibitorum. **1559**
這是一本關於教廷禁書的名冊。所列書目均是教皇認為有害信仰或道德的書籍，其中包括：異教
書籍、新教書籍、所有未經教皇許可關於禮拜儀式和教義解釋的文章、所謂不道德和猥褻的書
籍，以及所有意識形態不恰當的出版物。最後一本目錄是1948-1962年出版的，共收錄了六千本
禁書書名。它的有效性一直持續到1966年。

▶ 喬吉奧・瓦薩里（1511-1574）：傑出藝術家傳記，1568
Giorgio Vasari, *Le Vite de più Excellenti Pittori, Scultori e Architettori.* **1568**
這本書堪稱是介紹文藝復興最珍貴的資料。書中描述極其生動，包括許多奇聞軼事。它還是第一
本提出「文藝復興」這個概念的書。

▶ 帕拉迪奧（1508-1580）：建築四書，1570
Andrea Palladio, *I quattro Libri dell'Architettura.* **1570**
建築藝術的教科書。如果想了解古羅馬建築藝術的話，這本書是最佳指南。帕拉迪奧影響了英國
和美國鄉村別墅的建築風格，甚至是美國白宮，這使「帕拉迪奧風格」廣為流傳。

▶ 蒙田（1533-1592）：蒙田隨筆，1580
Michel de Montaigne, *Les Essais.* **1580**
蒙田在這本書中採用了一種個人隨筆式的體裁，表達出帶有強烈主觀色彩的思想與經歷。蒙田這
位懷疑主義作家，便在文學發展的潮流中留下了印記。

▶ 英王詹姆斯欽定版聖經，1611
The Holy Bible or The authorized Version or King James Bible. **1611**
這本英文聖經是英王詹姆斯一世召集神學家開大會商討的成果。「這是唯一一本由一個委員
會共同編纂的大師級文學作品。只要有一個英國人讀過錫德尼（Sir Philip Sidney）或史賓塞
（Spencer）作品，或是在環球劇場看過莎士比亞的戲劇，同時就會有一百個英國人，他們曾經
認真地讀過或傾聽過這本聖經——上帝的話。與家庭成員一起持續研讀這本書，對這個民族在性
格、想像力和智力方面帶來的潛移默化之效，持續了三百多年的時間。歷史上任何一場文化運動
都無法與之匹敵。」（英國歷史學家特里維廉〔Trevelyan〕，1876-1962）

▶ 培根（1561-1626）：偉大的復興，1620
Francis Bacon, *Instauratio Magna.* **1620**

這本書以經驗為基礎，全面性、有條理地對自然科學重新論證。它將所有的學科進行分類，介紹了嶄新的科學研究方法，修正了亞里斯多德的哲學，並對未來的研究進行了一番展望。書中包含豐富的例子，揭示大膽假設對於研究的推動作用。作者並針對科學研究機構提出了廣泛的要求。他告別空想的傳統，強調以實踐作為檢驗真理的唯一標準。這為後世的科學發展樹立指標。因此，在法國的《大百科全書》上面寫著：獻給培根！國民公會甚至動用國庫的金錢來印刷培根的著作。

▶ 伽利略（1564-1642）：關於托勒密和哥白尼兩大世界體系的對話，佛羅倫斯，1632
Galileo Galilei, *Dialogo sopra i Due Massimi Sistemi del Mondo,*
Tolemaico e Copernicano. **Florenz 1632**

這是一個激進分子、一個保守主義者和一個不可知論者之間的對話。伽利略列舉了天文學的新發現，並將哥白尼的思想用一種簡潔的方式，以讚美的語氣描述出來，還取笑了無知者的固執己見。宗教法庭將伽利略傳喚到羅馬，強迫其收回所說的一切。這本書在1828年之前一直都在禁書之列。直到1992年，教皇才宣布對伽利略的判決無效。

▶ 笛卡兒（1596-1650）：方法論，1637
René Descartes, *Discours de la méthode.* **1637**

本書透過闡明最基本的原則，為科學奠定了基礎：一、透過思考，達到意識的自我確立（我思故我在）；二、真理是不斷進步的，是從人類有限的意識到無限理念的趨近；三、將紛雜的世界回歸到空間的兩個向度上：廣延性與運動。這本書為現代哲學打下了基石。（→哲學）

▶ 湯瑪斯·霍布斯（1588-1679）：利維坦，1651
Thomas Hobbes, *Leviathan.* **1651**

在這本論國家政治的書中，專制的國家被解釋為人們為了避免相互之間的殘害所達成的社會契約，它賦予國家機構唯一行使暴力的權力。同時，良心與道德被降級為私人的事情。霍布斯之所以有這樣的觀點，與他在內戰中的親身經歷有密切關聯。內戰的雙方都認為自己是憑良心做出對的選擇，自己是道德的，而對方是罪惡的，所以該殺，戰爭因而血腥殘酷。這本書在今天讀來，仍符合現實狀況。（→哲學）

▶ 布雷瑟·帕斯卡（1623-1662）：沉思錄，1670
Blaise Pascal, *Pensées.* **1670**

帕斯卡是法蘭西詹森教派（Jansenism）的追隨者。該教派強調人類天性的墮落以及人類對上帝恩典的需要。以此為出發點，帕斯卡把面對基督宗教的理性懷疑論，轉化為面對理性的懷疑論，從而得出「人心叵測」的結論——人心自有它的邏輯，可是這個邏輯並不遵循邏輯的原理。

▶ 巴魯赫·史賓諾莎（1632-1677）：神學政治論，1670
Baruch Spinoza, *Tractatus Theologico-Politicus.* **1670**

這既是一篇為維護公義、寬容，以及言論思想自由的國家進行辯護的精采演說，又是一則天賦人權的宣言，還是倡導宗教與哲學分離的有力論綱。由於他的學說，史賓諾莎這位西班牙猶太人在

荷蘭的後裔，早早就被阿姆斯特丹的猶太教會開除了教籍。

▶ 約翰・班揚（1628-1688）：天路歷程，1678
John Bunyan, *Pilgrim's Progress*. 1678
這是一本流傳最廣的清教主義書籍，它以寓言的形式描述了基督徒離開毀滅城，奔向天國城的經歷，途中充滿了誘惑與試煉。由於寫作語言真實、富有震撼力，再加上一系列生動的人物形象，還有隱藏在字裡行間社會激進主義的痕跡，使它深受大眾的歡迎，被譯成一百四十七種文字，風靡全球，堪稱是鐫刻清教徒精神氣質的一座紀念碑。

▶ 牛頓（1643-1727）：自然哲學之數學原理，1687
Sir Isaac Newton, *Philosophiae Naturalis Principia Mathematica*. 1687
該書闡述動力學理論，並證明了太陽系的所有現象都可以透過萬有引力和動力學定律來推導、證明和預言。《自然哲學之數學原理》堪稱自然科學史上最重要的著作。它把至當時為止所有的知識，透過嶄新、理性可以證明的方法，進行了綜述，進而向人類展示了一個全新的世界。在那裡，上帝的統治被因果關係和力學定律所取代。

▶ 約翰・洛克（1632-1704）：政府論二篇，1690
John Locke, *Two Treatises on Government*. 1690
這是自由主義的大憲章。洛克以「政府行為必須獲得受統治者的認可」為依據，論證了權力分配的必要性。政府不能為所欲為，而應當受到監督與制約。《政府論二篇》堪稱是民主和議會制發展過程中，影響最深遠的書籍。（→哲學）

▶ 詹巴蒂斯塔・維科（1668-1744）：關於民族共同性的新科學原理，1725
Giambattista Vico, *Principj di una scienza nuova d'intorno alla comune natura delle nazioni*. 1725
本書堪稱現代歷史科學的奠基之作。作者的出發點是，歷史源於人類自身的行為；我們對人類自身動機的理解，遠比對陌生的自然法則要深入得多。因此，我們應該以一種理性而科學的態度來看待歷史。作者認為，個人和社會是平行發展的，二者服膺於相似的演變規律，每種文化都會經歷少年、壯年和老年。作者還向我們說明了語言、神話等文化現象中所蘊藏的深刻含義。他啟發了歌德的靈感，並成為歷史哲學家史賓格勒（Oswald Spengler）的先驅者。

▶ 阿布雷希特・馮・哈勒（1708-1777）：瑞士詩歌集，1732
Albrecht von Haller, *Versuch Schweizerischer Gedichte*. 1732
作者在這本詩歌集中突顯了群山峻嶺的宏偉與神奇，在此之前，高山令世人產生恐懼與厭惡。於是，這本書為讀者開啟了一扇大門，通往新的體驗空間，同時也促進了高山旅遊業的發展。

▶ 卡爾・馮・林奈（1707-1778）：自然系統，1735
Carl von Linné, *Systema Naturae*. 1735
本書堪稱是現代植物學和動物學的奠基之作，它系統性地對植物與動物進行了分類。至今人們仍在使用林奈發明的拉丁語「雙名命名法」：第一個名字是屬名，第二個是種名；前者是後者的集合。例如：獅子和老虎都屬於「貓」科。那麼，用雙名命名法表示就是 felis leo（貓獅）與 felis

tigris（貓虎）。

▶ 狄德羅和達朗貝爾（主編）：大百科全書，17卷，1751-1765
Diderot & d'Alembert, *Encyclopédie.* **1751-1765**
它標誌著歐洲啟蒙運動的頂峰，也是批判法國大革命之前舊秩序的主要推動力（→歷史｜法國啟
蒙運動）。

▶ 伏爾泰（1694-1778）：風俗論，1756
François Marie Arouet de Voltaire, *Essai sur les moeurs et l'esprit des nations.* **1756**
在這本著作中，伏爾泰發明了「文化史」和「歷史哲學」兩個術語。他將世界史的發展描述為
「向著啟蒙的方向前進」，而各民族都對此前進做出了自己的貢獻。

▶ 盧梭（1712-1778）：社會契約論，1762
Jean-Jacques Rousseau, *Du contrat social.* **1762**
作者在書中充滿激情地呼喚回歸到自然，以及自然狀態下的人人平等。他控訴社會中那些人為的
障礙，阻撓了人與人之間的溝通與關愛。由於宣揚平等的精采言論，它成為法國大革命中極端主
義者的「聖經」。

▶ 約翰·約阿欣·溫克爾曼（1717-1772）：古代藝術史，1764
Johann Joachim Winckelmann, *Geschichte der Kunst des Alterthums.* **1764**
作者以「高貴中見純樸，靜謐中顯偉大」來頌揚古希臘藝術。這個觀念直到後來尼采提出了「酒
神文化」，才有所動搖。

▶ 約翰·戈特弗里德·赫爾德（1744-1803）：論語言的起源，1772
Johann Gottfried Herder, *Abhandlung über den Ursprung der Sprache.* **1772**
赫爾德將發展的思想運用於研究語言，並激發了語言學在語言與文化之間進行比較。他希望從語
言學的角度來解釋：人是如何看待和理解事物的。他的想法促進中東歐民族從語言中尋找他們的
民族認同，這一方面推動了語言研究的發展；另一方面卻也導致了語言沙文主義。

▶ 亞當·斯密（1723-1790）：國富論，1776
Adam Smith, *The Wealth of Nations.* **1776**
這是第一本關於國民經濟的經典之作，也是意義最重大的一本。亞當·斯密認為，競爭導致社會
分工，促進生產力的提升和經濟繁榮。但是，當國家透過干預的方式保護或者資助個別團體時，
這種進步發展就會受到阻礙。相反地，當所有的經濟力量都可以自由發揮時，就會出現一隻看不
見的手，將個人的私利轉變為社會的公益。這本書是自由主義的「聖經」，在社會主義者眼中則
是一本充滿謊言的書，以及典型意識形態的蒙蔽手法。

▶ 康德（1724-1804）：純粹理性批判，1781
Immanuel Kant, *Kritik der reinen Vernunft.* **1781**
康德把認識解釋為，作為經驗對象的外在世界以及人的先驗（與經驗無關）的理解能力，相互作
用的產物；也就是，感官經驗的世界引起了理智對它進行概括與綜合，而理智事先規定了經驗是

如何形成的。康德用這個「哥白尼式的轉折」給哲學史畫上了一個休止符，在此之前的哲學稱為
「前批判哲學」，之後則稱為「後批判哲學」。(→哲學)

▶ 艾德蒙·伯克（1729-1797）：對法國大革命的反思，1790
Edmund Burke, *Reflections on the Revolution in France.* 1790
伯克採取了給一位在巴黎的紳士寫信的形式，描述他對社會的認知。他認為，社會是一個成長中
的有機生態系統，暴力革命的介入會導致混亂和專制。他提醒世人提防「目的將手段神聖化」的
可能性。對他而言，憲法並不再是基於天賦人權而制定的社會契約，而是一份跨越時空，介於死
者、生者和未出生者之間的社會契約。這份契約所建立的傳統不應該被抽象、人為訂立的憲法結
構所摧毀。

▶ 湯瑪斯·潘恩（1737-1809）：人的權利，1791
Thomas Paine, *The Rights of Man.* 1791
作為對伯克的回答，潘恩在為革命的辯護中，以簡單易懂的語言重申了人權的重要性。他要求廢
除君主制和貴族統治，建立國家教育體系，並透過徵收累進收入稅的方式，重新分配財富。這本
書所引起的強烈共鳴讓整個英國突然出現了許多激進的社團。

▶ 瑪麗·沃斯通克拉夫特（1759-1797）：為女權辯護，1792
Mary Wollstonecraft, *A Vindication of the Rights of Woman.* 1792
本書作者是哲學家威廉·戈德溫的伴侶、《科學怪人》作者瑪莉·雪萊的母親。她呼籲，婦女應
當享有與男子相同教育的權利，這是平等兩性關係的前提。她也控訴，直到她那個年代，婦女仍
被迫只是扮演男人的性玩物、女管家和母親的角色。這本著作讓她成為婦女運動的先驅者。

▶ 湯瑪斯·馬爾薩斯（1766-1834）：人口原理，1798
Thomas Malthus, *An Essay on the Principle of Population.* 1798
此著作是對戈德溫樂觀主義的回覆。馬爾薩斯論證到：人類境況的每一次改善，會導致人口的增
長；而這種增長又抵消了改善所帶來的正面影響。人口增長的速度總是快於食物的供給，這導致
儘管貧困的狀況減少，但從來無法消除。這本書造成改革家的巨大困惑，引發對窮人生兒育女毫
無節制的譴責，也促使控制生育的機構成立。此外，這本書還激發了達爾文的靈感，而推論出，
當生物數量的壓力逼近食物供應的界線時，就會發生自然淘汰。

▶ 黑格爾（1770-1831）：精神現象學，1807
Georg Friedrich Wilhelm Hegel, *Phänomenologie des Geistes.* 1807
黑格爾把世界史描繪成「精神」不斷進行自我認知的辯證過程。意識與現實之間的關係：主觀精
神（心理）、客觀精神（道德、政治）和絕對精神（藝術、宗教、哲學、邏輯），決定了「他」
所經歷的階段。「黑格爾體系」正是建立在這種階段發展的基礎上。以他的「正命題、反命題、
綜合命題」辯證轉換的歷史觀為出發點，十九和二十世紀的思想家分裂成左、右兩派，即人們所
說的黑格爾左派和黑格爾右派。

▶ 瓦爾特・司各特（1771-1832）：威弗萊，1814
Walter Scott, *Waverley*. 1814
這是「威弗萊系列小說」的第一部，堪稱是歷史小說的典範。作者從自己的角度出發來描述歷史
場景，並將筆下所創造的各式英雄，與某歷史時期的真實人物聯結在一起，例如1740年在蘇格
蘭高地詹姆斯黨人起義中的小王子查理就是一例。後世許多人仿效他這種寫作模式，如美國作
家詹姆斯・費尼莫・庫珀（James Fenimore Cooper）的《最後的摩希根人》（*The Last of the
Mohicans*，電影《大地英豪》），以及雨果的《鐘樓怪人》、大仲馬的《三劍客》和托爾斯泰的
《戰爭與和平》。

▶ 弗朗茲・博普（1791-1867）：
關於梵文與希臘文、拉丁文、波斯語、日耳曼語之間的動詞變化比較，1816
**Franz Bopp, *Über das Conjugationssystem der Sanskritsprache im Vergleich mit jenen der
griechischen, lateinischen, persischen und germanischen Sprache*. 1816**
作者發現了這幾種語言之間的親戚關係，並稱之為「印度日耳曼語系」（印歐語系），進而為一
門新學科——比較語言學，奠定了基礎。

▶ 雅各布・格林（1785-1863）：德語語法，1819-1837
Jacob Grimm, *Deutsche Grammatik*. 1819-1837
在博普的基礎上，雅各布・格林（格林兄弟中的哥哥）進一步解釋了日耳曼語之間，以及它們和
其他印歐語之間的區別。他發現，在印歐語中，語音的變化也很有規律。依此他創立了「格林定
律」，描述了標準德語與其他印歐語在發音上的主要差異。

▶ 利奧波德・馮・蘭克（1795-1886）：對新興歷史學家的批判，1824
Leopold von Ranke, *Zur Kritik neuerer Geschichtsschreiber*. 1824
原本有副標「羅曼與日耳曼民族的歷史」。作者闡述了一種嚴肅的歷史寫作原則，反對「天馬行
空」的發揮，主張回歸歷史與材料的考證，反對站在教育者的角度去「說史」，主張僅僅展現出
歷史原有的面貌。就這樣，他讓歷史成為一門科學。

▶ 孔德（1798-1857）：實證哲學教程，6卷，1835-1842
Auguste Comte, *Cours de Philosophie Positive*. 1835-1842
孔德的理論可以說是從黑格爾的部分理論演變而來。它把人類精神的發展分為三個階段：神學階
段，萬物發展都靠神而立；形上學階段：萬物的背後隱藏的是理念；「實證」科學階段：不再去
追尋目的與起源，而是探索原因、規律與關係。科學區分為一種等級秩序，最上層的就是孔德所
建立的社會學。相應地，他把社會發展狀況也分為三個階段，其中工業社會屬於「實證」階段。
他的這個創新思維被稱為「實證主義」（知識侷限於科學可以證明的事實上），並為十九和二十
世紀的科學信仰提供了理論框架。直至二十世紀六〇年代，還爆發了一場「實證主義的論戰」，
這是新馬克思主義的法蘭克福學派與批判理性主義的「實證主義派」（阿爾伯特〔Albert〕、波
普〔Popper〕），雙方對於社會學正確的研究方法之爭。

▶ 卡爾・馮・克勞塞維茨（1780-1831）：戰爭論，1832-1834
Karl von Clausewitz, *Vom Krieg*. 1832-1834
作者讓政治凌駕於戰爭之上，並認為「戰爭是國家政治透過另一種方式的延續」。他特別強調：道德與紀律是決定戰爭勝負的關鍵因素；戰略則是不斷變化的攻防，他反對一切事先決定、確立不變的戰術。克勞塞維茨幾乎參加過每一場對抗拿破崙的戰鬥，曾對普魯士軍隊進行改革，並成為柏林軍校的校長。

▶ 羅蘭・希爾（1795-1879）：論郵政改革：重要性與實踐，1837
Rowland Hill, *Post Office Reform: Its Importance and Practicability*. 1837
作者希望郵政服務能夠更加合理化，因此提出了五項主張：引入郵票、信封、郵資預付、按重量收費，以及同一距離範圍內單一郵資。他的建議經英國國會審核予以通過，依此開始了郵政改革。第一枚郵票（黑便士）上便印著維多利亞女王的肖像。這項改革取得了出人意料的成功，因為它讓窮人也負擔得起，所以那些遷往美國的移民開始寫信回家鄉，導致移民規模迅速增長。

▶ 弗里德里希・李斯特（1789-1846）：政治經濟學的國家體系，1841
Friedrich List, *Das nationale System der politischen Ökonomie*. 1841
與亞當・斯密相反，李斯特認為，國家財富的來源並不是國際貿易與國際分工，而是國內資源的發展。他宣導德國取消國內關稅，建立統一的對外關稅制度。因此，他的著作成為貿易（關稅）保護主義者的聖經。

▶ 海莉耶・碧綺兒・史托（1811-1896）：湯姆叔叔的小屋，1852
Harriet Beecher-Stowe, *Uncle Tom's Cabin*. 1852
本書的主角是一位令人尊敬的非裔美國老黑奴。他對他的白人主人及主人的女兒伊娃都很忠誠，但是受到白人監工無數次的刁難，最後死於他的鞭打之下。小說中，小伊娃歸天，以及一個黑人女奴帶著她的小嬰兒在浮冰上跳來跳去的逃亡場景，令人流淚和深思。這部小說推動了美國的廢奴運動，並以其觸動人心的語言流傳世代。所以當林肯接見史托夫人時稱她為「小婦人」，戰爭的勝利應歸功於她。

▶ 亞瑟・格拉夫・馮・戈賓諾（1816-1882）：論人類種族的不平等，1853-1855
Arthur Graf von Gobineau, *Essay über die Ungleichheit der menschlichen Rassen*. 1853-1855
這是一部聲討法國大革命的檄文。作者認為，法國的貴族統治源於其日耳曼法蘭克血統優於高盧人。而在法國大革命中，貴族統治的失敗則應歸咎於法蘭克人自甘墮落，將自己的血統與其他人種混合而致。戈賓諾所定義的「雅利安人」（一個北方的人種），為後來納粹的種族主義提供了關鍵的依據。戈賓諾甚至認為，德國人並不是日耳曼人，而是凱爾特人和斯拉夫人的混血，所以導致了德國日耳曼血統的不純淨。

▶ 達爾文（1809-1882）：物種起源，1859
Charles Darwin, *The Origin of Species*. 1859
達爾文以「物競天擇，適者生存」為基礎，創立了物種（包括人類）演化論。他的學說動搖了千百年來的宗教思想，因為根據聖經《創世紀》記載，約六千年前，萬物（包括人）都是由上帝一手創造的；一切有目標的發展都在上帝的規畫之中；而且，人並不是猩猩的後代，而是依照神的

樣子所造的。《物種起源》對世界觀的衝擊是空前的，它大大刺傷了人類的自尊心。接下來許多年，知識界對它進行了激烈的辯論，思想領域幾乎沒有一塊地盤免遭演化論的波及。這種「沒有計畫，卻非任意發展，而是自我調控」的演化理念，至今仍炙手可熱。（→哲學｜演化）

▶ 約翰・史都華・彌爾（1806-1873）：自由論，1859
John Stuart Mill, *On Liberty*. 1859
這是一部倡導邊沁「功利主義」的代表作，強調「最多數人的最大幸福」為倫理與政治的評判標準。該理論是十九世紀改革的主要動力。彌爾還提到，「最多數人的最大幸福」與個人自由直接相關。因此，他對一整個世代倡導了言論自由，以及對新思維的開放態度與追求科學進步。

▶ 約翰・雅各布・巴霍芬（1815-1887）：母權論，1861
Johann Jacob Bachofen, *Das Mutterrecht*. 1861
透過對古希臘社會的研究，作者發現了一個社會體系的演變，並且指出，今天的父權社會起源於母權社會，而母權社會則起源於古代一種早期的「走婚」。在書中，巴霍芬主張崇敬女神文明，並採用母系的家譜系統。儘管他的論點對於當時的社會來說過於「超前」，但他為拓寬民族學的視野做出貢獻。

▶ 沃爾特・貝基哈特（1826-1877）：英國憲法，1867
Walter Bagehot, *The English Constitution*. 1867
因為英國並沒有一部明文憲法，所以這本著作就成了替代品。當出現有爭議的憲法問題必須進行討論時，就以這本書進行引證。

▶ 卡爾・馬克思（1818-1883）：資本論，1867
Karl Marx, *Das Kapital*. 1867
馬克思首先批判了資產階級的經濟理論，他將所謂的資本營運，從社會內部統治與被統治階級關係的角度來解釋；然後，他分析了商品的使用價值與交換價值之間的辯證關係，描述了社會關係是如何被貨幣所掩蓋，以及由此而導致的異化、物化現象，還有意識形態的蒙蔽——人們認識不到自己被剝削，以為是理所當然的事情。為了解釋清楚工人是如何被剝削的，馬克思引入了「剩餘價值」這一概念，並將市場的「客觀規律」又一次揭露為統治與被統治階級之間的關係。此書經過一些「教父」級人物，如列寧、考斯基（Kautsky）、普列漢諾夫（Plekhanov）、盧卡奇（Lukács）等人的詮釋之後，聲名大噪。《資本論》變成了社會主義的聖經，而馬克思主義則變成了一種信仰。

▶ 海因里希・謝里曼（1822-1890）：古代特洛伊，1874
Heinrich Schliemann, *Trojanische Alterthümer*. 1874
本書報導了特洛伊城的挖掘過程。事實上，謝里曼找到的是一座更早的城。後來，他的同事，也是繼任者德普費爾德（Dörpfeld），才挖掘出荷馬史詩中真正的特洛伊。然而，謝里曼確立的地點是正確的。

▶ **切薩雷・龍布羅梭（1836-1909）：犯罪者論，1876**
Cesare Lombroso, *L'Uomo delinquente.* 1876
作者透過把「罪行」歸結為生理上的「退化現象」，揭示了病理學與犯罪行為之間的關係。此書
影響了人們對於責任能力的觀念、判刑尺度、對待違法者的方式，並將偶然犯罪與慣性犯罪區分
開來。

▶ **尼采（1844-1900）：查拉圖斯特拉如是說，1883-1885**
Friedrich Nietzsche, *Also sprach Zarathustra.* 1883-1885
這是一本「散文詩體」的哲學敘事著作。書中借用一位波斯哲人「查拉圖斯特拉」的口，道出了
「超人」的學說：他用自我取代神，在此時此地盡情享受生命的歡愉，而不是把希望寄託於天
堂；他歌頌英雄主義，崇尚權力，並把基督的榮美揭露為由於軟弱而產生的幻覺。這本書給納粹
帶來的影響，引起了眾多爭議。

▶ **弗雷德里克・傑克遜・特納（1861-1932）：美國歷史上邊界的重要性，1894**
Frederick Jackson Turner, *The Significance of the Frontier in American History.* 1894
作者否認了獨立戰爭時界定的「美國精神」，而強調它的西部邊界是開放無限的。因此，社會需
要一再地去重新建立。拓荒者、農場主、傳教士和商人便成為不斷創造新世界的英雄，而法律和
文明機構也會隨著新世界的建立而持續改善。本書對美國的拓荒精神、美國人的自我意識、好萊
塢神話與西部電影的模式（俠義的警長就是法律的化身），產生潛移默化的影響。

▶ **希歐多爾・赫茨爾（1860-1904）：猶太國，1896**
Theodor Herzl, *Der Judenstaat.* 1896
在法國的德雷福斯（Dreyfus）事件中，帶有種族歧視色彩的反猶太主義，第一次成為聯結反動
的上流社會與廣大的小市民階層的思想紐帶。這使赫茨爾深刻地認識到，必須在巴勒斯坦地區建
立一個猶太人自己的國家。本書的出版促使1897年在瑞士巴塞爾舉行的第一次猶太復國大會，
會中並成立了猶太復國主義組織。然後，在查姆・魏茲曼（Chaim Weizmann，以色列第一任
總統）和那洪・索科洛夫（Nahum Sokoloff）的繼續推動下，英國首相貝爾福（Balfour）於
1917年正式宣布重建猶太國。然而，直到1948年，這個願望才真正實現。

▶ **佛洛伊德（1856-1939）：夢的解析，1900**
Sigmund Freud, *Die Traumdeutung.* 1900
這本書介紹了精神分析理論與實務的基本要素：夢的情慾特徵、伊底帕斯情結、原慾、願望達成
的理論、象徵符號的密碼、潛抑理論、本我與潛意識的畫分、精神官能症的理論與症狀，以及意
識形成的過程等等。精神分析徹底改變了西方世界對心理的看法。

▶ **列寧（1870-1924）：怎麼辦？，1902**
Wladimir Iljitsch Lenin, *Schto Delat?.* 1902
為了讓馬克思主義更臻完善，列寧提出建立一個由職業革命家所組成的中央集權式政黨，以武裝
革命奪取政權，代替工會所領導「溫吞吞」的對抗。一個想法卻產生了如此深遠的影響，真可謂
是前無古人。

▶ 弗雷德里克‧溫斯洛‧泰勒（1856-1925）：科學管理原理，1911
Frederick Winslow Taylor, *The Principle of Scientific Management.* **1911**
這本書有系統地介紹了如何透過規範化作業、分工合作和績效工資，來使生產流程合理化。經過社會主義者的強力抗爭，這套作業模式迅速於十月革命後在蘇聯推廣開來。

▶ 愛因斯坦（1879-1955）：廣義相對論基礎，1914/15
Albert Einstein, *Grundlagen der allgemeinen Relativitätstheorie.* **1914/15**
本書證明了所有的觀察都與觀察的所在地有關，所以不存在任何絕對的空間與絕對的時間。例如當一艘太空船以接近光速的速度飛往距離地球一百光年遠的大角星時，對太空船上的飛行員來說，時間只過了十年；當他們再飛回地球時，儘管地球上已過了兩百年，但是對他們來說，只過了二十年。這就是英國科幻小說家威爾斯（H. G. Wells）所描述《時光機器》的功能，對地球人來說，星際旅行者來自過去；而星際旅行者感覺自己降落到了未來。

▶ 奧斯維德‧史賓格勒（1880-1936）：西方的沒落，1918-1922
Oswald Spengler, *Der Untergang des Abendlandes.* **1918-1922**
這是一部歷史哲學著作。根據書中所言，所有文明類似生命有機體，依照一定的循環過程運行，歷經成長、繁榮、成熟、衰落時期。他把文明分為：埃及文明、巴比倫文明、印度文明、古希臘羅馬文明、阿拉伯文明、墨西哥文明和西方文明，並預言西方文明將從民主走向極權。由於第一次世界大戰後，歐洲瀰漫著慘澹的氣氛，所以這本書在當時獲得了廣大的迴響。

▶ 希特勒（1889-1945）：我的奮鬥，1925-1926
Adolf Hitler, *Mein Kampf.* **1925-1926**
就內容來說，這本書粗劣地將反猶太主義、種族主義、軍國主義、沙文主義、生存空間論、歷史意義和政治主張混淆在一起。當時人們也因為這些明顯的白癡想法，而沒有把這本書當回事。所以說，《我的奮鬥》是唯一一本借助於它的「沒有影響力」來發揮「影響力」的書。

推薦延伸閱讀書目

Bücher zum Weiterlesen

　　下述書目並不像往常一般，是關於寫作此書時查閱與參考的所有書籍。如果是那樣的話，它還會長很多。事實上，這些書籍文筆流暢、內容生動、說明清晰，能幫助讀者對相關領域有概括性的了解，它們甚至是在某些方面寫得特別引人入勝，值得鄭重推薦。這份目錄並非只侷限於專業書籍，例如在哲學的部分我列舉了一本小說，文學中也只提到兩本著作，因為文學應該直接去品味，而每個人的口味並不相同。在音樂的部分，我只選擇一本著作，因為它能讓讀者從中找到適合自己的作品。在這份書單的最後，我還列舉了一些書籍，它們不適合歸入特定的領域，但是有助於我們進一步理解自我。它們清楚展示了：我們是如何建構出眼中的世界，人與人之間遵循著哪些潛在規則、如何進行溝通。關於每本書都有簡短的解說，總共列舉了五十本。如果所有這些書您都讀過了，那麼您大可以休息一下，但也不是一定得如此。

世界史

▶ 宮布利希：《寫給年輕人的簡明世界史》，科隆，1998
Ernst H. Gombrich, *Eine kurze Weltgeschichte für junge Leser*. Köln 1998
這本書早在1935年就在維也納出版了。後來作者又重新編撰，補充了最新的內容。正如書名所言，它是根據年輕人的理解需求，以年輕人容易接受的風格，用通俗易懂的語言來講述世界史的。它被譯成多國語言。在英國，這本書非常暢銷，所以後來書商又邀請作者寫了一本通俗易懂的藝術史。

▶ 奧托·齊勒：世紀宏圖，37卷，居特斯洛，1961
Otto Zierer, *Bild der Jahrhunderte in 37 Bände*. Gütersloh 1961
本書以連載小說的形式敘述世界史，讀者對書中所描繪的英雄人物以及傳奇般的場景有身歷其境的感受，彷彿成了歷史的見證人。史實巧妙地穿插於故事情節之中，不著痕跡。所有史實都注明出處。齊勒的筆風時而充滿激情，時而不自覺地營造出一種特殊氣氛，彷彿相關人士在事件當時就已知道他們正在創造「歷史」。許多中小學生興致盎然地讀完了三十七卷，從中獲益匪淺。

▶ 威爾與艾麗兒·杜蘭（夫婦）：文明的故事，11卷，紐約，1935-1975
Will & Ariel Durant, *The Story of Civilization*. 11 vol., New York 1935-1975
這部文明史從古代文化開始，一直寫到十九世紀。整部書文筆流暢、語風幽默，對人物的描寫淋漓盡致、栩栩如生，給人過目不忘之感。《文明的故事》共有十一卷，但並不意味著要從頭讀到尾，您可以從中任選一卷，或消遣，或研究。讀杜蘭的作品堪稱是最美妙的「教養之旅」。其中，關於近代的歷史，最吸引目光的事件便是發生在英國和法國。

古代：希臘與羅馬

▶ **基托：希臘人，倫敦，1951**
Humphrey Davy Findley Kitto, *The Greeks*. London 1951
基托曾擔任英國布里斯托（Bristol）大學的古文教授。他在書中展示了希臘人和希臘文化不可思議的一面，令讀者十分驚訝。他認為希臘人代表一種生活方式，而政治以及與他人交談，就是希臘人生存所必需的氧氣。

▶ **特奧多爾·蒙森：羅馬史，科隆／維也納，1954**
Theodor Mommsen, *Römische Geschichte*. Köln/Wien 1954
身為一位自由主義的政治家和學者，蒙森參與了1848年之後企圖以民主的方式統一德國的嘗試（1848年正值歐洲革命風雲動盪之時）。這種政治傾向讓他的《羅馬史》成為歷史書籍中相當生動的著作。尤其是對凱撒歷史形象的處理，他將凱撒與克倫威爾相提並論，認為他們都是「生而為統治者，但骨子裡卻是個共和黨人」。喬治·蕭伯納從這本書中得到靈感，塑造其著作《凱撒和克麗奧佩特拉》（*Caesar and Cleopatra*）中凱撒的形象。

▶ **布萊希特：尤利烏斯·凱撒先生的事業，法蘭克福，1965**
Bertolt Brecht, *Die Geschäfte des Herrn Julius Caesar*. Frankfurt a. M. 1965
如果說蒙森將凱撒英雄化，那麼布萊希特則是將凱撒「狗熊化」。劇作家想以第二個布魯圖的身分「謀殺」凱撒的傳奇形象，其手段就是：舉證凱撒是藉由肆無忌憚的行賄登上權力的頂峰。書中情節跌宕起伏，險象環生，讀來扣人心弦。

▶ **羅伯特·格雷夫斯：我，克勞狄斯，倫敦，1934**
Robert Graves, *I, Claudius*. London, 1934
這是一本羅馬皇帝克勞狄斯（又譯革老丟）的虛構自傳。書中皇帝以閒聊的口吻講述了他的前任者奧古斯都、提比略和卡利古拉的醜聞、詭計與陰謀。它廣泛而深入地將宮廷醜聞描繪得淋漓盡致，宛如一幅生動的風俗畫。這本書在世界各地暢銷，並拍成了電影，由英國演員戴瑞克·傑寇比（Derek Jacobi）主演。作者還寫了續集《克勞狄斯、神和他的妻子麥瑟琳娜》（*Claudius the God and his Wife Messalina*）。

民族大遷移與中世紀

▶ **菲力克斯·達恩：羅馬之戰，萊比錫，1876**
Felix Dahn, *Ein Kampf um Rom*. Leipzig 1876
這是一部曾經深受德國市民階層喜愛，而如今幾已被遺忘的經典歷史小說。作者出於民族精神而將日耳曼人英雄化。他描寫了東哥特王國狄奧多里克大帝的後繼者，對抗東羅馬帝國皇帝查士丁尼的那場失敗的防禦戰。這一過程證明，真正的日耳曼英雄主義敵不過羅馬人的陰謀詭計。達恩是深受叔本華和達爾文影響的歷史悲觀主義者，他筆下的東哥特王國在如血殘陽中沒落。這本書也顯露了，民族大遷移這段歷史曾經在德國國民教育中扮演了怎樣的角色。

▶ 亨利・皮朗：歐洲史，1956
Henri Pirenne, *A History of Europe: From the end of the Roman World in the West to the beginnings of the Western States.* 1956
這位比利時歷史學家，第一次世界大戰時在德國的拘留營裡創作了這本書。儘管寫作時缺少了參考資料，但行文流暢、敘事生動。皮朗指出，伊斯蘭教的擴張破壞了地中海區域文化的統一，因而終結了古希臘羅馬文化。皮朗在其遺作《穆罕默德和查理曼》（*Mohammed and Charlemagne*）中專門考證了他的這項論點。

▶ 阿諾・博爾斯特：中世紀的生活形式，法蘭克福，1979
Arno Borst, *Lebensform des Mittelalters.* Frankfurt a. M. 1979
作者之所以用「生活形式」這個詞來描述中世紀，是因為它貼切地體現了中世紀的特點——社會地位決定了個人的全部特徵，於是人趨於類型化，例如有農民、市民、貴族、親王、神父、僧侶、學者等，這樣我們就已經列出了本書一半的目錄。另外博爾斯特還對中世紀的精神氣質與人情世故進行了生動的描述。

▶ 赫伊津哈：中世紀的衰落，1919
Johan Huizinga, *Herfsttij der Middeleeuwen.* 1919, translated as
The Waning of the Middle Ages. 1924, and as *The Autumn of the Middle Ages.* 1996
本書是歷史經典著作。赫伊津哈描述了十四和十五世紀的文化，但不同於一般觀點，他並沒有將這個時代視為文藝復興的前奏，而是當作一個沒落時代最後的盛世來講述。其重點是騎士精神和對待女人的態度、宗教和象徵思想。本書是分析中世紀和近代之間差異的優秀著作。

▶ 赫里伯特・伊利希：杜撰的中世紀，杜塞爾多夫，1996
Heribert Illig, *Das erfundene Mittelalter.* Düsseldorf 1996
這是歷史研究中驚世駭俗之作。作者認為，從西元614年9月到911年8月根本就沒有發生過什麼大事，這三百年的時間可以毫不猶豫地從歷史中刪去。這一論點乍聽之下很荒謬，但並非毫無根據。作者指出，這段時間只有很少的歷史記載。在這段平庸的歷史中，唯一閃亮的明星就是查理曼（卡爾大帝），但他認為，這號人物恰恰是杜撰出來的。杜撰者借用奧托三世和弗里德里希一世流傳下來的傳奇故事，把查理曼這個虛構的傳奇形象樹立為歐洲的第一位皇帝，並給他編了一份文獻記錄完備的生平事蹟。這一切到底是為了什麼呢？因為要從這位杜撰的皇帝身上派生出自己的皇權，來與教皇的權力相抗衡。那麼亞琛的查理曼教堂呢？那是亨利四世建造的。在研究中世紀的歷史學家中，這種觀點並沒有得到什麼迴響。然而，有一點是正確的：中世紀的掌權者，如皇帝、國王、教皇、主教、侯爵和城市官員等，都是偽造文書的頂尖高手。而且，他們往往偽造得心安理得，並能在事後出示一份據說是遺失了的合法證明，反正就是「先上車，後補票」。這種做法又稱為「善意的欺騙」。而教皇之所以能擁有教皇國的統治權，也是因為羅馬教皇自己偽造了一份假詔書。歷史研究是建立在以批判的目光對史料和文獻進行篩選整理，因此可以說，伊利希這本書向我們展示了歷史學家是如何自圓其說的。如果他的觀點正確的話，那麼學生們在準備考試時就可以少讀三百年的歷史了。

▶ 雅克・勒戈夫：另眼看中世紀，巴黎，1977
Jacques le Goff, *Pour un autre Moyen Âge.* **Paris 1977**
這位對中世紀相當熟悉的作者主張，應該刪除傳統的中世紀和近代之間那條位於西元1500年左右的分界線，並且把中世紀一直延續到工業革命。這種觀點的可取之處在於，其論據是建立在時代的典型特徵上。勒戈夫是重新點燃世人對中世紀熱情之火的歷史學家之一。

文藝復興、宗教改革與近代

▶ 雅各布・布克哈特：義大利文藝復興時代的文化，科隆，1959
Jakob Burckhardt, D*ie Kultur der Renaissance in Italien.* **Köln 1959**
這是一本不折不扣關於文藝復興的經典著作，我們從本書中獲得關於那個時代的印象比任何一本書都要多。布克哈特把文藝復興描繪成偉大的復甦、現代人類的新生、工業化的搖籃以及理智的燦爛朝霞。

▶ 彼得・柏克：文藝復興，倫敦，1987
Peter Burke, *The Renaissance.* **London 1987**
這本僅一百多頁的雜文，描繪的是與前一本書相反的畫面。它強調文藝復興與中世紀之間的連續性，並把文藝復興的特殊貢獻限縮於對古代藝術與文學的重新發掘。

▶ 諾貝特・埃利亞斯：文明的進程，2卷，伯恩／慕尼黑，1969
Norbert Elias, *Über den Prozeß der Zivilisation.* **2 Bde, Bern/München 1969**
作者向我們展示了歐洲上流社會的禮儀規範以及性行為模式的發展，並闡釋了在歐洲的宮廷中，如何從較強的自我克制、彬彬有禮、體諒他人、勾心鬥角、討人喜歡、精於算計、逢場作戲，以及內心與外在世界的明顯區隔中，產生出一種新的行為文化。該書的描寫輕鬆愉快、趣味盎然，可謂是文明史的經典著作。

▶ 馬克斯・韋伯：新教倫理與資本主義精神，漢堡／慕尼黑，1965
Max Weber, *Die protestantische Ethik und der Geist des Kapitalismus.*
Hamburg/München 1965
身為德國社會學的奠基人，作者在書中論證了一個著名的觀點：喀爾文主義對現代資本主義的產生起了決定性的作用。

▶ 瓊斯：國家與法庭：英格蘭1658-1714，倫敦，1978
J. R. Jones, *Country and Court: England 1658-1714.* **London 1978**
這本著作描繪了英國歷史上最關鍵的時期。在這一時期，英國確立了議會制和公民自由為憲法發展的方向。

▶ 阿爾佛萊德・科本：法國現代史1700-1945，2卷，哈蒙茲沃斯，1961
Alfred Cobdan, *A History of Modern France 1700-1945.* **2 vol., Harmondsworth 1961**
本書條理清晰地講述了法國歷史，以革命風雲和拿破崙時代為全書高潮。

▶ 戈洛・曼：十九與二十世紀的德國歷史，法蘭克福，1958
Golo Mann, *Deutsche Geschichte des 19. und 20. Jahrhunderts*. Frankfurt a. M. 1958
一位天才敘述者的鴻篇巨帙。

▶ 巴林頓・摩爾：民主與專制的社會起源，哈蒙茲沃斯，1969
Barrington Moore Jr., *Social Origins of Dictatorship and Democracy*. Harmondsworth 1969
本書以歐洲各國和日本的歷史為依據，闡述了現代化的三條道路：自由民主議會制、威權主義和
社會主義。

▶ 保羅・甘迺迪：霸權興衰史：1500至2000年的經濟變遷與軍事衝突，倫敦，1987
Paul Kennedy, *The Rise and Fall of the Great Powers:*
***Economic Change and Military Conflict form 1500 to 2000*. London 1987**
作者把近代史描述成一系列的嘗試，每次都有一個不同的歐洲國家試圖把歐洲，甚至整個世界統
一為一個帝國，然而每次都由於資源的過度擴張而失敗。十六世紀是西班牙，十八、十九世紀是
法國，十九世紀是英國，二十世紀是德國與俄國。

▶ 赫爾穆特・普萊斯納：遲到的民族，法蘭克福，1974
Helmuth Plessner, *Die verspätete Nation*. Frankfurt a. M. 1974
本書一針見血地剖析了德國的幾種社會病，並指出：當德國跌入自我毀滅的深淵時，其他國家正
借助於「貴族與平民文化」，為社會公眾生活提供一件文明的外衣；而德國卻用哲學來代替這個
形式。於是，德國在意識形態方面陷入混亂，不堪一擊。當它在世界觀上不再抱有任何幻想，在
哲學上陷入崩潰的境地之時，就變得暈頭轉向，失去了控制。

▶ 阿蘭・布洛克：希特勒與史達林，倫敦，1991
Alan Bullock, *Hitler and Stalin: Parallel Lives*. London 1991
這本書介紹了世界史上兩位最可怕專制暴君的發跡過程，它們是平行進行的，並最終交織在一
起，相互影響。因為這兩個人物的命運與整個二十世紀前半葉的世界史密不可分，所以他們跌宕
起伏的人生經歷給讀者帶來了巨大的震撼。從品質上看，本書不愧為悲劇中的上乘之作。

▶ 弗朗索瓦・菲雷：幻象的凋零，巴黎，1995
François Furet, *Le Passé d'une illusion*. Paris 1995
這位研究法國革命的著名歷史學家，在書中描述了共產主義的歷史，以及其與法西斯主義和西方
民主的交互作用。他認為，包括他自己在內的西方知識分子，為實現社會主義所做的一切，只不
過是個幻象而已。同時，他指出了兩個極權主義的共同根源：其父是第一次世界大戰，其母是中
產階級的自我厭惡。

▶ 漢娜・鄂蘭：極權主義的起源，紐約，1951
Hannah Arendt, *The Origins of Totalitarianism*. New York 1951
這位女作家把專制暴君希特勒和史達林的統治進行類比分析，認為它們是反猶太主義和帝國主義
所引起的後果。這一命題引發了左派法西斯理論家的強烈抨擊。

▶ 勞爾·希伯格：歐洲猶太人的滅絕，芝加哥，1961
Raul Hilberg, *The Destruction of the European Jews.* **Chicago 1961**
這是一本關於「猶太種族滅絕」的計畫與執行最全面的陳述。

文學

▶ 諾思羅普·弗萊：批評的剖析，普林斯頓，1957
Northrop Frye, *Anatomy of Criticism.* **Princeton 1957**
作者嘗試對眾多的文學作品進行整理，並按照文體、模式、風格和內容題材進行分類。書中列了
一系列的圖表，為埋首於浩瀚文海中的讀者提供了一幅清晰的導覽圖。

▶ 斯蒂芬·葛林布萊：莎士比亞的談判技巧，牛津，1988
Stephen Greenblatt, *Shakespearean Negotiations.* **Oxford 1988**
作者以多篇迷人的小品文向我們展示了，某些特定的文化實踐是如何隨著文化結構的變遷（如宗
教改革）而無所歸依（例如，新教徒取消了驅鬼的儀式）。而戲劇吸收了這些自由飄蕩的象徵性
實踐，並把它搬上舞台，透過這種方式，戲劇就成為昇華的媒介。作者以此證明，文學產生於對
現實生活進行美學的提煉與加工。本書極其貼切地表述了文學在社會中所扮演的角色，以及與其
他社會領域的符號交流。

藝術

▶ 維爾納·布許（主編）：功能變遷的藝術史，慕尼黑，1987
Werner Busch (Hrsg.), *Funkkolleg Kunst.*
Eine Geschichte der Kunst im Wandel ihrer Funktionen. **München 1987**
本書由多位作者共同編寫。當它在介紹某種藝術或某件藝術品時，總是聯繫到它們產生的背景和
功能，它向讀者呈現的是關於藝術品本身的客觀描述，而不像已往那樣侷限於藝術家的主觀性。

▶ 宮布利希：藝術的故事，倫敦，1995
Ernst H. Gombrich, *The Story of Art.* **London 1995**
這是一本藝術史的經典之作，無論是門外漢還是大學生都可以藉由此書了解藝術的概況。它被譯
成十八種語言，而且也再版了非常多次。

▶ 海因里希·沃夫林：藝術史的原則，慕尼黑，1915
Heinrich Wölfflin, *Kunstgeschichtliche Grundbegriffe.* **München 1915**
在這部經典著作中，作者提出了評價藝術的五個標準，每個標準均由一組對立的風格所構成：直
線對繪畫、開放對封閉、平面對立體、清晰對含混、統一性對多樣性。他以上述理論為依據研究
了波提切利、杜勒、霍爾班（Holbein）、布勒哲爾、林布蘭、維拉斯奎茲、提香、維梅爾等畫
家的一百五十幅畫作。

▶ 古斯塔夫・勒內・豪克：風格主義：迷宮的世界，漢堡，1957
Gustav René Hocke, *Manierismus. Die Welt als Labyrinth.* Hamburg 1957
作者透過風格主義的特色，看到了一個不變的常量，那就是不斷從新的動力中出發，去突破經典
形式平衡的格局，透過變形、扭曲、超現實和抽象的手法表達出現實世界中某種棘手的關係。經
由這種方式，作者對他所認為的風格主義的現代藝術以及風格主義的歷史流派，在形式上進行了
有趣的比較，從而在現代與傳統藝術之間建起了一座橋樑。

▶ 蘇西・加布利克：馬格利特，紐約／倫敦，1985
Suzi Gablik, *Magritte.* New York/London 1985
超現實主義畫家雷內・馬格利特（René Magritte）把畫作和所表現物件之間的關係擺弄得如此
有趣，讓本書的女作家得到靈感，藉由他的作品去突顯現代藝術探討問題的新形態。

音樂

▶ 庫特・帕倫：西方音樂大紀元，慕尼黑，1991
Kurt Pahlen, *Die großen Epochen der abendländischen Musik.* München 1991
這是一部宏偉的歷史巨著，敘述流暢、資料詳實，並且穿插了形象生動的逸聞軼事，以及充滿戲
劇色彩的藝術家生平。

哲學和意識形態

▶ 理查・塔那斯：西方心靈的激情，紐約，1991
Richard Tarnas, *The Passion of the Western Mind.* New York 1991
這是一位哲學教授所做的嘗試，即以一種盡可能淺顯易懂的方式，描述從柏拉圖到今天的哲學
史。作者是一位美國人，但是他對德國的理想主義情有獨鍾。

▶ 卡爾・洛維特：從黑格爾到尼采：十九世紀思想革命的爆發，蘇黎世，1941
Karl Löwith, *Von Hegel zu Nietzsche.*
***Der revolutionäre Bruch im Denken des 19. Jahrhunderts.* Zürich 1941**
該書將十九世紀的哲學視為一種「問題史」來研究：它的起源是黑格爾所建立的現實（歷史）
與理性（精神）之間的關係，接著是黑格爾的後繼者，包括齊克果、馬克思、叔本華、施蒂納
（Max Stirner）和尼采，對此一理論的發展與揚棄，於是黑格爾的歷史唯心主義被炸成碎片。從
這殘垣斷壁之中，冒出了二十世紀意識形態百家爭鳴的景況。

▶ 庫特・倫克：意識形態，諾伊維德，1967
Kurt Lenk, *Ideologie.* Neuwied 1967
這不僅是一本關於意識形態的文集，而且也是一部優秀的問題史導論，介紹了社會對意識的先決
影響。

▶ 沃爾夫岡・施泰格繆勒：當代哲學之主流，2卷，斯圖加特，1979
Wolfgang Stegmüller, *Hauptströmungen der Gegenwartsphilosophie.* **2 Bde., Stuttgart 1979**
這本書介紹了二十世紀的哲學。它是為那些熟悉哲學基本問題的讀者而寫。整本書主要談的是英國哲學，以及與邏輯和語言緊密相關的科學理論。

科學

▶ 湯瑪斯・孔恩：科學革命的結構，芝加哥，1962
Thomas Kuhn, *The Structure of Scientific Revolutions.* **Chicago 1962**
在本書中，作者對科學史進行了一場革命，徹底改變我們對科學的印象：科學的進步不再是真理的連續積累，而是由一系列的科學革命所構成。在革命中，反對派漸漸占了上風，直至顛覆現行的官方理論系統。從此之後，科學界總是存在兩種不同的研究戰略，即對現行理論系統的證實與顛覆。

▶ 亞歷山大・夸黑：從封閉世界到無限宇宙，巴爾的摩，1957
Alexandre Koyré, *From the Closed World to the Infinite Universe.* **Baltimore 1957**
作者描述了，從中世紀到近代，世界觀的轉變過程，以及在此過程中所跨越的種種障礙，就猶如一場緊張萬分的戲劇。

▶ 道格拉斯・霍夫斯塔特：哥德爾、艾舍爾、巴哈：一條永恆的金帶，紐約，1979
Douglas Hofstadter, *Gödel, Escher, Bach: an Eternal Golden Braid.* **New York 1979**
本書堪稱是曠世傑作，作者因此獲得普立茲獎的殊榮。書中涉及數學、資訊科技、遺傳學、系統論、神經病學、音樂、繪畫、大腦研究、人工智慧以及諸多相關課題。整本書的寫作與構思，讓人從它所散發出的純美神韻中，領悟到作者在談的是什麼，即使一般讀者並無法理解所有的細節。這本書引起廣大迴響，連外行人也能感受到尖端科技那激動人心、充滿奇幻色彩的一面，教人不禁有感而發：「啊！原來人是一種如此慧黠的動物啊！」如果你對現代世界感興趣的話，那麼一定不可錯過這本書。

▶ 愛德溫・艾博特・艾博特：平面世界，倫敦，1998
Edwin Abbott Abbott, *Flatland.* **London 1998 (1884)**
這本小說描繪了一個二度空間的世界，書中的人物是一些幾何圖形。那裡的社會是按等級畫分的：士兵和工人是銳角等腰三角形，中產階級是等邊三角形，上流社會的達官貴人則是從正方形到多邊形等各種圖形。有趣的是，這些人物在平面世界中對於彼此的感受，以及當錐或球這樣的立體物體突然闖入他們的生活時，所發生的事情。這部小說以遊戲的角度展示了，真實的世界與我們對世界的感受，這之間有多大的差異。

▶ 基斯・波可：四十個飛躍中的宇宙，紐約，1957
Kees (Cornelis) Boeke, *The Universe in 40 Jumps.* **New York 1957**
作者藉由四十個層面的描述，說明了宇宙和科學的各種面向。如果小孩子懂一點英語的話，這是一本很適合他們閱讀的書。

全方位視野擴展

▶ 沃茨勒威克、比文、傑克遜：人類溝通的語用學，紐約，1967
P. Watzlawick, J. H. Beavin, D. D. Jackson, *Pragmatics of Human Communication: a Study of Interactional Patterns, Pathologies, and Paradoxes.* New York 1967
這本書探討了溝通自我矛盾的問題。讀者突然以局外人的身分，看清自己以前身為當局者所看到的事情，並發現這之間的不同。由此我們領悟到，在什麼情況下，人與人之間的衝突會變得無法解決、根源何在。然後進一步認識，在溝通的衝突中，應負責任的往往不是對方，而是教人「無法看透」的溝通本身。這本書能讓人變得更加睿智，有助於我們理解那些溝通中令人「抓狂」的現象。

▶ 彼得・伯格與湯瑪斯・盧克曼：社會實體的建構，紐約，1966
Peter Berger & Thomas Luckmann, *Social Construction of Reality: A Treatise in the Sociology of Knowledge.* New York 1966
這兩位社會學家在書中探討了男人和女人是如何建構日常現實的。在此過程中，身體、溝通、習慣、語言、制度和社會角色發揮了什麼作用。為能駕馭現實，並讓自己生活在其中有如魚得水的感覺，世人是如何確保這種現實，並透過象徵性的提升，使自己能承受、理解這種現實，並且去適應它。讀了這本書，你就會理解我們的現實受制於無數的前提，危如累卵，萬一有一天它崩潰了，超出了我們所能理解的範圍，或者當我們找不到生存的意義時，到底會發生什麼事情。

▶ 艾瑞克・艾瑞克森：自我認同與生命週期，紐約，1959
Erik H. Erikson, *Identity and the Life Cycle.* New York 1959
這部經典書籍描述了年輕人在成長過程中所經歷的階段，每個階段有哪些特徵與問題，什麼因素形成他的自主感、自立感以及自我價值的確立，而讓他有能力去愛人，去工作，在社會上找到自己的位置，感覺獲得認同，並且能從事自己喜歡、可以發揮個人才能的事情。當然，他還會經歷一切可能陷入危機的情況。這也是一本適合父母親閱讀的好書。

▶ 赫爾穆特・普萊斯納：集體的界限，波昂，1924
Helmuth Plessner, *Die Grenzen der Gemeinschaft.* Bonn 1924
作者在書中大聲疾呼：以集權社會、共識、政治上的協調一致為特徵的烏托邦是極端的，很容易把人引入死胡同；完全真實的理想和道德上的自負會毒害社會。為了抵制極權主義的傾向，作者主張保持距離、委婉的溝通、處事的圓滑、角色的演繹和得體的舉止。他反對德國人那種近乎瘋狂的直接、對單一性的盲目推崇、對道德的吹毛求疵以及動不動就大驚小怪、怨天尤人的性格，因為這不符合一個文明社會的要求。這本書在納粹上台之前就問世已久，然而書中所指出的問題，我們直到現在還沒有完全擺脫掉。這本書其實是德國人隱隱作痛的自我剖析。

▶ 理查・桑內特：公共人之死，紐約，1977
Richard Sennett, *The Fall of Public Man.* New York 1977
桑內特重新提出了普萊斯納的呼籲，不同的是，他看到了公眾及其所屬角色的轉換能力，受到傳媒的威脅，媒體迫使政治家表現出一種偽裝的親密和虛假的真誠。此外，這本書還是一部精采絕倫的歷史，它描述了從十八世紀末到今天，人類行為文化的發展。它宛如一個百寶箱，擁有了

它，就能洞察人類各種自我表達形式背後的意涵。

▶ 尼克拉斯・盧曼：社會系統，法蘭克福，1984
Niklas Luhmann, *Soziale Systeme. Grundriß einer allgemeinen Theorie.* **Frankfurt a. M. 1984**
根據這位當代最有意思的社會學家的理論，現代社會不再像傳統社會那樣由人的集合（如階級、地位、族群）構成，而是由不同類型的溝通交流（經濟、政治、法律、教育、藝術等）構成。於是，個人失去了他在社會中的位置，而分裂成一個心理上存在於社會之外看不見的「自我」，以及無數的社會角色。這本書介紹的是一種全新的理論，因此比較艱澀難懂。但也正因為如此，所以不需要有什麼背景知識就可以閱讀。

文化史大事年表
Chronologie der Kulturgeschichte

西元前

1250	以色列人在摩西帶領下出埃及
1200	特洛伊戰爭
1000-950	大衛和所羅門，建造神殿
776	第一屆奧林匹克運動會
570-496	畢達哥拉斯
508	雅典的民主改革
499-477	波斯戰爭，雅典的崛起
472	雅典的希臘悲劇
522-446	品達，希臘抒情詩人
443-429	伯里克利統治下的雅典繁榮
431	歐里庇得斯《米蒂亞》（*Medea*）
431-404	雅典和斯巴達之間的伯羅奔尼撒戰爭
422	索福克勒斯《安蒂岡妮》（*Antigone*）
399	蘇格拉底之死
387	柏拉圖在雅典創辦了學院，亞里斯多德後來在那裡學習
342	亞里斯多德為亞歷山大大帝授課
334-323	亞歷山大大帝征服東方，希臘化時代的開始
308	斯多噶創立斯多噶學派
306	伊比鳩魯在雅典創立伊比鳩魯學派
300-100	希伯來文聖經譯成希臘語
146	羅馬征服希臘
58-48	凱撒征服高盧
45/44	西塞羅創作其哲學著作
44	尤利烏斯·凱撒遭謀殺
31	奧古斯都戰勝安東尼和克麗奧佩特拉，建立羅馬帝國
70bc-17ac	維吉爾、賀拉斯、李維
7bc-30ac.	拿撒勒人耶穌的事蹟

西元

35	保羅在通往大馬士革的路上歸主
64	彼得和保羅在羅馬死於尼祿對基督徒的迫害
64-80	馬太、馬可和路加福音書的形成
70	耶路撒冷聖殿遭毀
90-100	約翰福音
140	托勒密繪製地心說的世界地圖
250-260	德西烏斯（Decius）和瓦萊里安（Valerian）對基督徒的迫害
大約265	普羅丁嘗試將柏拉圖主義和基督宗教融合為新柏拉圖主義
303	戴克里先對基督徒的迫害
312	君士坦丁皈依基督宗教
325	尼西亞宗教會議確立了基督宗教的教義
330	拜占庭改名為君士坦丁堡並成為羅馬帝國的首都
370	民族大遷移的開始與蠻族的入侵
410	西哥特人摧毀羅馬
413-426	奧古斯丁《上帝之城》
475	最後一位羅馬皇帝羅慕洛·奧古斯都宣告西羅馬帝國滅亡
496	在克洛維統治下的法蘭克人皈依基督宗教
529	本尼狄克·馮·努西亞在卡西諾山建立了第一所本篤會修道院
622	伊斯蘭教開始傳播
732	法蘭克的宮相查理·馬特在普瓦捷戰勝穆斯林的軍隊
800	查理曼加冕為皇帝
1054	希臘東正教和羅馬教廷的徹底分裂
1096	第一次十字軍東征
1150	重新發現亞里斯多德的著作
1170	巴黎大學的創立
1170	阿基坦的艾利諾女公爵（Aliénor d'Aquitaine）的宮廷成為抒情詩人、抒情詩的中心以及宮廷生活的典型
1194	法國夏特（Chartres）主教大教堂開始建造
1210	戈特夫里德·馮·斯特拉斯堡（Gottfried von Straßburg）《崔斯坦與伊索德》
1215	大憲章
1266-1273	聖托馬斯·阿奎那《神學大全》，經院哲學的最高點
1310-1314	但丁《神曲》
1347-1350	黑死病
1353	喬萬尼·薄伽丘《十日談》
1429	聖女貞德的出現
1434	梅迪奇家族成為佛羅倫斯的統治者
1452	達文西出生
1453	土耳其人占領君士坦丁堡
1455	第一次印刷的古騰堡聖經
1473-1543	尼古拉斯·哥白尼

1492	哥倫布發現美洲，猶太人被驅逐出西班牙
1498	達文西《最後的晚餐》
1504	米開朗基羅《大衛》
1506	羅馬的聖彼得大教堂開始動工
1508-1512	米開朗基羅繪製西斯汀教堂
1532	馬基維利《君王論》
1513	杜勒《騎士、死神與魔鬼》
1516	湯瑪斯‧莫爾《烏托邦》
1517	路德的九十五條論綱，宗教改革開始
1534	路德完成聖經的翻譯工作
1542	宗教裁判所重新開張
1545-1563	特倫多大公會議，反宗教改革
1590-1611	威廉‧莎士比亞創作戲劇
1605	塞凡提斯《唐吉訶德》
1611	英文版聖經
1616	教皇宣布哥白尼的理論是異端邪說
1618-1648	三十年戰爭
1633	伽利略被宗教裁判所判刑
1636	哈佛大學創立於麻塞諸塞州的劍橋市（又譯坎布里奇）
1637	笛卡兒《方法論》
1642-1648	英國內戰
1649	查理一世被斬首
1651	湯瑪斯‧霍布斯《利維坦》
1660	英國皇家科學院的創立
1669	莫里哀《達爾杜弗》
1670	布雷瑟‧帕斯卡《沉思錄》
1677	史賓諾莎《倫理學》
1678	約翰‧班揚《天路歷程》
1687	牛頓《自然哲學之數學原理》
1688	英國光榮革命
1690	約翰‧洛克《政府論二篇》
1714	萊布尼茲《單子論》（*Monadologie*）
1719	狄福《魯濱遜漂流記》
1723	巴哈《約翰受難曲》
1726	斯威夫特《格列佛遊記》
1734	伏爾泰《哲學書簡》
1740	撒繆爾‧理查生《帕米拉》
1742	韓德爾《彌賽亞》
1751	狄德羅和達朗貝爾主持的《大百科全書》編纂工作開始
1756	伏爾泰《風俗論》
1760	勞倫斯‧斯特恩《項狄傳》

1762	盧梭《社會契約論》
1764	約翰・約阿欣・溫克爾曼《古代藝術史》
1769/70/71	拿破崙、貝多芬、黑格爾、賀德林（Hölderlin）和華茲華斯（Wordsworth）出生
1774	歌德《少年維特的煩惱》
1776	美國「獨立宣言」，亞當・斯密《國富論》
1781	康德《純粹理性批判》
1787	莫札特《唐璜》
1789	法國革命，宣布人權與公民權
1790	艾德蒙・伯克《對法國大革命的反思》
1792	瑪麗・沃斯通克拉夫特《為女權辯護》
1798	湯瑪斯・馬爾薩斯《人口原理》
1799	拿破崙任首席執政官
1807	黑格爾《精神現象學》
1808	歌德《浮士德》（I）
1813	珍・奧斯汀《傲慢與偏見》
1814	瓦爾特・司各特《威弗萊》
1815	滑鐵盧戰役，維也納會議
1819	叔本華《意志與表象的世界》
1830	司湯達爾《紅與黑》，孔德《實證哲學教程》
1832	《浮士德》（II），歌德逝世
1848	聖保羅大教堂德意志國民議會，馬克斯與恩格斯《共產黨宣言》
1857	福樓拜《包法利夫人》
1859	達爾文《物種起源》，約翰・史都華・彌爾《自由論》
1860	雅各・布克哈特《義大利文藝復興時代的文化》
1861	巴霍芬《母權論》
1867	馬克思《資本論》
1869	托爾斯泰《戰爭與和平》
1880	杜斯妥也夫斯基《卡拉馬佐夫兄弟》
1883/85	尼采《查拉圖斯特拉如是說》
1900	佛洛伊德《夢的解析》，馬克斯・普朗克（Max Planck）創立量子物理學
1905	愛因斯坦的狹義相對論，馬克斯・韋伯《新教倫理與資本主義精神》
1907	畢卡索《亞維農的姑娘》
1913	普魯斯特《追憶似水年華》
1914-1918	第一次世界大戰
1914/15	愛因斯坦的廣義相對論
1915	費爾迪南・德・索緒爾（Ferdinand de Saussure）《普通語言學教程》（*Cours de Linguistique Générale*）
1917	俄國革命
1918	奧斯維德・史賓格勒《西方的沒落》
1921	路德維希・維根斯坦《邏輯哲學論》（*Tractatus Logico-Philosophicus*）
1922	艾略特《荒原》（*The Wasteland*），詹姆斯・喬伊斯《尤利西斯》

1924	湯瑪斯・曼《魔山》（*Der Zauberberg*）
1927	海德格《存有與時間》
1933	希特勒上台
1936	約翰・梅納德・凱因斯（John Maynard Keynes）《就業、利息和貨幣通論》（*The General Theory of Employment Interest and Money*）
1939	完成第一次核裂變
1939-1945	第二次世界大戰，大屠殺
1948	諾伯特・維納（Norbert Wiener）《控制論》（*Cybernetic*）
1949	喬治・歐威爾（George Orwell）《1984》，西蒙・德・波娃（Simone de Beauvoir）《第二性》（*Le Deuxième Sexe*）
1952	貝克特《等待果陀》
1953	沃森（Watson）與克里克（Crick）首次發現DNA結構
1958	克勞德・李維史陀《結構人類學》（*Anthropologie Structurale*）
1961	傅柯《瘋狂史》（*Folie et déraison: Histoire de la folie à l'âge classique*）
1962	湯瑪斯・孔恩《科學革命的結構》
1963	馬丁・路德・金（Martin Luther King）的民權運動
1968-1970	學生運動
1980	個人電腦的推廣
1985	戈巴契夫的重建政策開始
1989/90	共產主義在東歐的崩潰，德國統一和冷戰的結束

修訂再版後記
Nachwort zur 12., überarbeiteten Auflage

　　一本書就像一個孩子，大腦孕育的孩子，就像雅典娜誕生自宙斯的頭部一樣。這本書是個幸運兒，很快就備受讀者疼愛。許多讀者寫信給我，提出許多問題。我試著將這些問題綜合起來，在此一併回答。

　　這些信件中有一位老師的來信，他從學生的作文裡收集了一些令人莞爾的「選粹」，例如：「古埃及的居民名叫木乃伊」、「大衛與集郵者大戰」（因將 Philister〔非利士人〕誤寫為 Philatelist〔集郵者〕）、「因為出售教皇的贖罪券，馬丁‧路德被釘在維騰堡的城堡大門上」……。

　　在一次作品朗誦會上，我從中擷取了一些以娛聽眾，講到「蘇格拉底因為吸食毒品過量而死」這一句時，一位年輕的聽眾站起來說：「蘇格拉底關我什麼事？我要的是新的資訊。」他的語氣讓我想起哈姆雷特，當一名劇團的演員因同情特洛伊王后而熱淚盈眶，哈姆雷特不解地說：「赫古芭之於他或他之於赫古芭，有什麼值得他為她而哭呢？」蘇格拉底之死與我們何干？為什麼我們該為他哭泣？

　　當時雅典這個城市剛發明了民主，整座城市就像一個辯論社，所有舊時的真理都受到質疑。此時蘇格拉底出現了，他給了年輕人新的思考基礎：哲學、自由辯論、理性，簡而言之，就是一種基本教養。藉由巧妙的辯證和邏輯的趣談，蘇格拉底的教育方式充滿了魅力。然而一個「正風易俗」委員會隨即成立，將蘇格拉底送入監獄並判處死刑，罪名是用邪說蠱惑青年。

　　我在朗誦會上講了這個故事之後，以「蘇格拉底是為教養而殉難的第一人」作結，說明我們為什麼必須認識蘇格拉底，同時強調「教養不同於資訊」。

　　「這兩者有什麼差別呢？」那個年輕人問道。

　　我正想慷慨激昂地再獨白一番，突然想起詩人安晨斯柏格（H. M. Enzensberger）曾打過一個比方，於是反問他：「十六世紀的人文學者與宗教改革家梅蘭希頓（Melanchthon）和一位美髮師相比，你覺得誰知道的比較多？」

　　「我想梅蘭希頓應該知道的比較多吧。」

　　他的回答正中我下懷。「不見得，」我說：「當然梅蘭希頓讀過古希臘羅馬時期的作品，精研文法、修辭、哲學與神學，還懂得拉丁文、希臘文和希伯來文。可是，一位美髮師知道所有的廣告詞和流行歌詞、幾百部電影、無數明星與名人的軼事八卦、各種化妝品的價格和用途，還深知許多保養、減肥和健身方法的奧祕。

　　「就數量而言，梅蘭希頓與美髮師所擁有的資訊可以等量齊觀。然而，美髮師的知識缺少秩序與結構，而且這些知識的壽命很短。梅蘭希頓的知識則井然有序，涵蓋了文化的主要特徵，涉及多種符號系統，以這些符號系統為基礎，就能進入其他的知識領域。同時這種知識壽命很長，這就是資訊與教養的差別。」

　　語畢，另一位聽眾站起來說：「我是學資訊的。我認為資訊大可交給電腦來處理，電腦能輕易將資訊儲存、複製與重新整理。將來，取得資訊不再是問題，問題在於篩選。我們需要的是能夠篩選資訊的程式。」

　　我只消再加上一句：教養就算得上這樣一種篩選程式。

　　然而，為什麼德國文藝界的知識分子總要惺惺作態，彷彿「教養」是個髒字，只能用嘲諷的方式提到這個字呢？為什麼他們對我群起而攻之，只因為我用了「教養」這個字眼？德國究竟怎麼了，為什麼文化官僚大言不慚地談論「整體教育計畫」，但是一聽到「教養」就本能地遮遮掩掩？

　　且讓我用莎翁的名著《哈姆雷特》來回答。大家都知道劇中的王子在午夜時分見到他遇害父親的鬼魂，成了鬼魂的父親說他此刻身處煉獄之中。可是哈姆雷特曾在新教的重鎮維騰堡求學，路德和梅蘭希頓廢除了煉獄之說，那是文化上的一大革命。

　　在煉獄裡，死者會繼續活著，雖然是在另一個世界，卻和生者活在同一個時間裡。生者可以和死者接觸，因為透過彌撒、祈禱或購買贖罪券，生者能減輕死者在煉獄裡所受的苦。煉獄之說被廢除後，死者就沒入時間的長河，消失在黑暗

的過去，與生者無涉。唯有這樣，死者才真正死去。

然而《哈姆雷特》告訴我們，死者可不願就這樣消失無蹤，遂以鬼魂之姿重回人間。

基於這個道理，我們可以說：一種文化秩序如果突然被廢除，就會變成鬼魂出沒，一如教養在德國。

在希特勒的第三帝國，有教養的市民階層的道德破產，讓教養顯得一無是處；在1968年的學生運動中，教養遂被宣判了死刑。在那之後，一有人提起教養，德國文藝界的知識分子就像遇見鬼一樣，毛髮直豎。

他們害怕什麼呢？這不難理解：教養是一種德國特有的文化概念，在其他西歐國家並沒有完全相同的概念。在其他西歐國家的首都和宮廷裡所形成的是一種行為舉止的文化，孕育自屬於貴族與城市的「高尚社會」。這種文化重視的並非教養與知識，而是社交生活中的能力與美德：見過世面、有見地、懂得應對進退、詼諧機智、談笑風生。

同時期的德國卻陷入三十年戰爭之中（1618-1648），其後則地方各自為政，既沒有首都，也沒有所謂的高尚社會足為社會其他階層的模範。德國有的是教養，那是新教徒虔敬生活的延伸，是個人對於內心平安的一種期望，教養成為一種全然內化的文化。在德國，教養雖然高於膚淺的社交生活之上，卻未與實際的行為舉止融為不可分的一體。以至於在現實生活中，教養沒有實際的著力點。當納粹第三帝國的考驗來臨時，教養毫無反抗之力。

1968年的學生運動中，教養受到控訴，然而教養的宗教內涵卻未被看穿。宗教內涵被借用於判決書中，繼續存在。教養就此成為一種否定的神學，充滿禁忌與禁令：在奧斯威辛集中營之後不准再寫詩；不准寫通俗故事，見到這樣的故事要表示鄙夷；所有令人愉快的事物都應加以質疑；不准享受豐富多元的文化；不准將教養與娛樂相結合；不准正面看待流行文化；你應該愁眉苦臉、悶悶不樂，並且視之為一種美德，因為世界是一場災難，而文化只存在世界的毀滅中。

我的書反對這種態度，因為這種態度將德國與其西歐鄰國分開，讓德國繼續走這種危險的特殊道路，讓我們注定被繼續鎖在《哈姆雷特》的場景中，一如那個陰鬱的王子。如同劇中所說，王子是個憂鬱而神經質的人，一個有自毀傾向的

角色，為意識形態的夢魘所苦，受出於自我懷疑的幻覺所折磨，被鬼魅所糾纏。

透過啟蒙，我的書擺脫了哈姆雷特的魔障，試著將鬼魂驅逐。這本書將德國人的文化記憶導向西歐文明，在此文明中，教養必須藉由真正的溝通來證明自身的價值。

身為德國人，唯有當我們成為西歐文明的共同繼承者，才不會注定得一再扮演哈姆雷特的角色。

許多讀者都針對此書提出了訂正與修改的建議，讓此書能更臻完善。由於無法一一致謝，在此謹提出一位讀者作為代表特別加以感謝：安妮·路斯（Anni Roos）不僅找出了最多的錯誤，對於作者也十分寬大為懷。

2000年5月寫於德國漢堡

這本書得以完成要感謝許多人

Über die, die zur Entstehung dieses Buches beigetragen haben

　　今天的大學生還是嬰兒時，我在漢堡大學英語系授課，當時我成立了一個戲劇工作坊，每學期都演出一齣英語舞台劇。每次演出時，我們都會發行一份介紹演出劇目的刊物，收錄大約三十篇文章，介紹該劇的作者、主題以及表演形式。

　　這份刊物有一個編輯小組，而每回為了當期的刊物召開首次會議時，大家提出的第一個問題都是：「哪些知識觀眾多半已經曉得？哪些我們必須要加以解釋？」這份刊物廣受中學生和中學老師喜愛，由此看來，我們顯然頗能掌握觀眾的程度。除了我以外，編輯小組的成員都是大學生。對於哪些知識應該收進您手中的這本書裡，我從他們那兒學到的最多。

　　當年，這個戲劇工作坊的成員包括了安德瑞亞斯・德林（Andreas Dedring），此書中有關音樂的那一章，他的貢獻最大，不過最後仍由我執筆，若有錯誤仍是作者的責任。我們曾將《馬克白》改寫成一齣諷刺劇，由安德瑞亞斯負責譜寫該劇的配樂，這齣劇後來在漢堡劇院上演。他也執導過英國劇作家彼得・謝弗（Peter Shaffer）以莫札特為主角的作品《阿瑪迪斯》（*Amadeus*），安德瑞亞斯在大學主修英文和音樂。

　　關於藝術的那一章，我則要特別感謝兩位在大學時主修藝術史的博士班學生，感謝她們的協助與指點：芭芭拉・格林德曼（Barbara Glindemann）也曾是戲劇工作坊的成員，曾寫過一篇有關英尼格・瓊斯（Inigo Jones, 1573-1652，英國建築家暨舞台設計家）的論文。目前她剛完成博士論文，題目是〈英國與德國的文學創作課〉，由法蘭克福匯報基金會（FAZIT-Stiftung）所贊助。克莉絲蒂雅娜・崔特（Christiane Zschirnt）則大幅拓展了我對現代藝術的視野，目前她正在寫博士論文，題目是〈文學中之昏厥與潛意識之發明〉，她同時也在寫一部

莎士比亞辭典。

　　為免此書受限於源出漢堡的北德經驗，此書在寫作過程中也參酌了南德一所中學的師生所提供的意見。在此特別感謝海德堡黑姆侯茲中學（Helmholtz-Gymnasium）的資深教師丹澤女士（Angela Denzel），她在本書定稿前曾和學生討論過大部分的內容，並且轉告我學生的反應，讓我在定稿時得以參考。為此我由衷感謝丹澤女士和黑姆侯茲中學。

　　我也要謝謝我的妻子葛西娜（Gesine）和我們的一雙子女克里斯多夫（Christoph）和亞歷珊卓（Alexandra）；也要感謝所有的親友以及曾致電與登門拜訪的人，包括送報生和郵差在內。有半年多的時間，我總是一問再問，想了解他們知道些什麼，還有他們是否知道別人知道些什麼，竟然無人因不堪其擾而揚言要拿百科全書砸我。

　　我也要特別感謝胡貝圖斯・拉伯（Hubertus Rabe），他曾為霍夫曼＆坎佩出版社（Hoffmann und Campe Verlag）工作，目前任職於羅沃爾特出版社（Rowohlt Verlag）。這本書的寫作念頭來自於我和他之間的多次暢談，至今令人難忘。

　　再者，我要感謝大學與戲劇工作坊裡的老同事及老朋友，包括派崔克・李（Patrick Li）、彼得・泰斯（Peter Theiss）、蘇珊娜・麥華德（Susanne Maiwald）、提娜・許恩（Tina Schoen）、瑪提娜・徐特（Martina Hütter）、妮娜・史德曼（Nina Stedman）、多明尼克・方思華斯（Dominic Farnsworth）、亞歷山大・科斯羅斯基（Alexander Koslowski）與史提方・穆西爾（Stefan Mussil）。

　　最後我要感謝負責本書初校的維吉妮亞・克瑞澤（Virginia Kretzer），她不厭其煩地讀了一再修改的初稿，並指出某些段落不易理解，某些說明過於繁複。經過修改之後，負責二校的編輯就輕鬆許多。但願千千萬萬的讀者能夠跟她一樣，將此書據為己有：這本書屬於你們。

教養：

關於歷史、文學、藝術、音樂、哲學與世界風俗文化，你必須知道的事

原 著 書 名／Bildung：Alles, was man wissen muss
作　　　者／迪特瑞希‧史汪尼茲（Dietrich Schwanitz）
譯　　　者／劉銳、劉雨生
企 畫 選 書／程鳳儀
責 任 編 輯／程鳳儀、楊如玉

版　　　權／吳亭儀、林易萱
行 銷 業 務／周丹蘋、賴正祐
總 　 編 　 輯／楊如玉
總 　 經 　 理／彭之琬
事業群總經理／黃淑貞
發 　 行 　 人／何飛鵬
法 律 顧 問／元禾法律事務所　王子文律師
出　　　版／商周出版
　　　　　　城邦文化事業股份有限公司
　　　　　　臺北市104民生東路二段141號9樓
　　　　　　電話：(02) 2500-7008　傳真：(02) 2500-7759
　　　　　　E-mail: bwp.service@cite.com.tw
發　　　行／英屬蓋曼群島商家庭傳媒股份有限公司　城邦分公司
　　　　　　臺北市104民生東路二段141號11樓
　　　　　　書蟲客服服務專線：(02) 2500-7718；2500-7719
　　　　　　24小時傳真專線：(02) 2500-1990；2500-1991
　　　　　　服務時間：週一至週五上午09:30-12:00；下午13:30-17:00
　　　　　　劃撥帳號：19863813　戶名：書蟲股份有限公司
　　　　　　讀者服務信箱E-mail: cs@cite.com.tw
　　　　　　歡迎光臨城邦讀書花園　網址：www.cite.com.tw
香港發行所／城邦（香港）出版集團有限公司
　　　　　　香港灣仔駱克道193號東超商業中心1樓
　　　　　　E-mail: hkcite@biznetvigator.com
　　　　　　電話：(852) 25086231　傳真：(852) 25789337
馬新發行所／城邦（馬新）出版集團【Cité (M) Sdn. Bhd.】
　　　　　　41, Jalan Radin Anum, Bandar Baru Sri Petaling,
　　　　　　57000 Kuala Lumpur, Malaysia.
　　　　　　電話：(603) 9057-8822　傳真：(603) 9057-6622　email: cite@cite.com.my
封 面 設 計／FE設計
內 文 排 版／豐禾設計
印　　　刷／韋懋實業有限公司
經 　 銷 　 商／聯合發行股份有限公司　電話：(02) 29178022　傳真：(02)2911-0053
　　　　　　地址：新北市231新店區寶橋路235巷6弄6號2樓

2022年（民111）12月二版
2023年（民112）9月二版2.5刷

■定價800元

Printed in Taiwan

城邦讀書花園
www.cite.com.tw

國家圖書館出版品預行編目（CIP）資料

教養：關於歷史、文學、藝術、音樂、哲學與
世界風俗文化，你必須知道的事／迪特瑞希‧
史汪尼茲（Dietrich Schwanitz）著；劉銳、劉雨
生譯；二版.--臺北市：商周出版；城邦文化事
業股份有限公司出版；英屬蓋曼群島商家庭傳
媒股份有限公司城邦分公司發行；民111.12

　面；公分
譯自：Bildung：Alles, was man wissen muss
ISBN 978-626-318-481-7（平裝）

1. 教育

520　　　　　　　　　　　111017349

Author: Dietrich Schwanitz
Title: Bildung. Alles, was man wissen muss
Originally published in Germany under the title „Bildung" by Eichborn Verlag, 1999.
Copyright © 1999, 2021 by Eichborn in der Bastei Lübbe AG.
Complex Chinese translation copyright © 2007, 2022 by Business Weekly Publications, a division of
Cité Publishing Ltd.
"Art" de Yasmina Reza © Paris, Albin Michel 1998
All Rights Reserved.

著作權所有‧翻印必究
ISBN　978-626-318-481-7